한국 정치제도와 개헌

어떻게 작동하며 무엇을 바꾸어야 하는가?

문우진

박영사

기연과 윤주에게

서문

저자는 2018년에 출판된 『한국 민주주의의 작동 원리』라는 책에서 한국 민주주의의 문제들을 진단하였다. 그리고 한국의 협애한 정당 체제와 단순다수제 위주의 선거제도의 조합이 지역주의 투표, 인물 투표, 정책 경쟁의 부재와 같은 한국 정치의 문제들과 어떤 연관이 있는가를 설명하였다. 『한국 정치제도와 개헌』은 『한국 민주주의의 작동 원리』의 후속편으로 기획되었으며, 저자는 『한국 민주주의의 작동 원리』에서 진단한 한국 정치의 문제들을 해결하기 위한 정치제도 개혁 방안을 『한국 정치제도와 개헌』에서 제시하려 한다. 2019년부터 이 책을 집필하기 시작하였으나, 한 출판사의 제안을 받아 누구나 쉽게 읽을 수 있도록 풀어쓴 저서로 2021년에 『누가 누구를 대표할 것인가』라는 책을 출판하였다. 『한국 정치제도와 개헌』은 사회과학도를 위한 전문 서적으로 집필되었으며, 한국 정치제도를 소개하고 분석하는 정치외교학, 법학과와 행정학과 수업 교재로 사용될 수 있을 것이다.

『한국 정치제도와 개헌』을 집필하는 동안 여러 정치적 사건이 발발하였다. 2022년에는 정당 기반이 없는 윤석열 후보가 당선되면서 정권교체가 이루어졌고, 여야 간 극단적 대치 상황은 정치를 양극화시키는 것을 뛰어넘어 정치의 실종을 가져왔다. 미국에서는 정당 기반이 없는 트럼프(Donald Trump)가 2016년에 45대 대통령으로 당선되었고, 2024년에 47대 대통령으로 다시 당선되었다. 미국에서 트럼프 지지 세력과 반대 세력 사이에 전개되는 극단적 대치 상황을 목격한 레비츠키와 지블렛(Levitsky and Ziblatt, 2018)은 이러한 상황을 미국 민주주의의 위기로 진단하였다. 영국 시사주간지 이코노미스트의 부설 경제분석기관인 이코노미스트 인텔리전스 유닛(EIU)이 발표한 전 세계 민주주의의 평균 점수는 2024년에 5.17점으로 하락했다. 민주주의 다양성 연구소(V-Dem)가 2025년 3월에 출판한 민주주의 리포트(Democracy Report 2025)에 의하면, 독재화 과정이 세계적으로 진행되고 있으며 세계 민주주의는 1985년 수준으로 회귀하였다.

급격하게 변하는 세계 정세의 소용돌이 속에서도 민주주의 체제를 안정되게 유지해 왔던 한국에서 2024년 12월 3일에 비상 계엄령이 선포되었다. 한국은 2020년에서 2023년까지 4년 연속 완전한 민주주의 국가로 분류되었으나, 2024년 12월 3일에 계엄령이 선포된 이후 완전한 민주주의의 범주에서 제외되었다. 정계 일각에서는 12·3 내란 사태로 후퇴한 민주주의를 회복하기 위한 방편으로 개헌을 통한 권력구조 개편을 제시하였다. 계엄령으로 노출된 한국 민주주의의 취약성은 한국의 제왕적 대통령제에 기인한 것인가? 한국 민주주의의 취약성을 보완하기 위해 어떠한 권력구조가 적합한가? 저자는 정치권 일각의 주장과 반대로 한국이 대통령제를 채택하고 있었기 때문에 더 심각한 민주주의 퇴행을 방지할 수 있었다고 주장한다.

이 책에서 제시된 한국 정치제도에 대한 분석은 이러한 주장에 대한 이론적 근거를 제공한다. 만약 두 정당이 지배하는 한국에서 내각책임제를 채택하고 있었다면, 다수당을 지배하는 행정부 수반이 어떠한 독재적인 결정을 내려도 그를 제도적으로 견제하기 어렵다. 그나마 대통령제를 채택해서 여소야대 정국이 형성되었으므로 대통령의 위헌적·위법적 행태들을 견제할 수 있었고, 국회가 계엄령을 해제할 수 있었다. 한국의 대통령제에서 대통령이 막강한 권한을 행사하는 이유는 한국이 대통령제를 채택해서가 아니다. 한국 대통령제가 대통령의 비상계엄 선포 권한과 같은 권위주의 유산과 행정부 법안발의권이나 예산편성권과 같이 행정부 권력을 강화하는 내각책임제의 요소 그리고 대통령이 당을 장악할 수 있을 정도로 제도화 수준이 낮은 정당을 가지고 있기 때문이다. 따라서 한국 민주주의의 퇴행을 억제하는 방법은 한국 대통령제에서 이러한 요소들을 제거하는 것이다.

이 책의 본문에서 자세히 설명하겠지만, 한국 권력구조에 대한 전술한 주장은 정치제도에 대한 이론적이고 분석적인 시각에 기반한 것이다. 이에 반해, 경험주의적 시각은 이론적 설명보다 경험적 사례에 의존한 주장을 제시한다. 이 시각은 미국이나 서구 국가의 정치제도를 관찰하고 이들 국가의 정치제도를 한국에 도입하면 한국 민주주의의 문제가 해소될 것이라 주장한다. 예컨대, 서구 민주주의 국가가 채택한 내각책임제를 도입하면 한국에서도 권력 분산이 촉진되고 협치가 강화되어 정치 양극화 문제를 억제할 수 있다고 주장하는 것이다. 그러나 이 책의 이론적 시각에 의하면, 양당제 국가에 내각책임제가 도입되면 행정부의 권력은 오히려 강화되며, 다당제 국가에 내각책임제가 도입된다 해도 협치가 항상 촉진되는 것은 아니다.

제도화 수준이 약한 정당에서 정치 엘리트가 권력 투쟁에 집중하는 한국과 같은 국가에서 다당제와 내각책임제가 조합되면, 유력 정치인을 중심으로 형성된 여러 정치세력이 이해관계에 따라 연합정부에 참여하거나 탈퇴하면서 정부 형성과 실각이 반복될 가능성이 높다. 한국과 같은 국가에서 다당제가 형성된다고 서구에서 발견되는 정당 간 정책 연합이 자동으로 발생하는 것은 아니며, 한국 정당이 시민사회의 다양한 집단들의 이해와 가치를 대변하는 역할을 담당하는 정책 정당으로 재편되어야 안정적인 정당 연합이 가능해진다. 서구의 내각제 국가에서 정당 간 연합이 가능한 이유는 이들 국가가 다당 내각제를 채택해서가 아니라 정당이 시민사회와 국가를 연계하는 기능을 수행하기 때문이다. 경험주의적 시각에서는 피상적으로 관찰하기 쉬운 요인이 인과적 효과를 가졌다고 오인하는 경향이 있다. 이에 반해, 이 책은 피상적인 현상 뒤에 가려진 인과적 메커니즘에 대한 이론적 분석에 근거한 주장을 전개한다.

이 책은 지난 7년 동안 제자들이 수집해 준 자료들을 분석한 결과물이다. 필자는 이 자료들을 수집하고 정리해 준 제자들에게 감사의 마음을 전하고 싶다. 아주대학교 손웅기 학생과 서지윤 학생은 2년이 넘는 시간 동안 국회의원 후보의 신상 자료, 입법 자료와 표결 자료를 수집하고 꼼꼼하게 정리해 주었고, 그 이후 아주대학교 김동진, 박인경, 정일주 학생과 고려대학교 김승엽, 박세인, 엄준희 학생이 자료 수집 작업을 마무리했다. 특히 엄준희 학생은 국회 표결 자료를 이용해서 법안의 종류를 분류하고 의원들의 표결 성향을 노미네이트(NOMINATE) 지수로 측정하는 작업을 수행하고, 이 책의 원고를 꼼꼼히 읽고 적지 않은 비문과 오탈자를 교정해 주었다. 엄준희 학생의 탁월한 자료 처리 능력과 치밀한 교정 업무가 없었다면, 이 책은 예정대로 완성되기 어려웠을 것이다. 이 책은 많은 그림과 표 및 수식을 포함하고 있기 때문에 매우 험난한 편집 과정이 요구된다. 그럼에도 불구하고, 3차례의 교정 작업을 신속하고 치밀하게 수행해 준 박영사의 박세연 선생님께 깊이 감사드린다.

저자는 동료 교수들로부터 여러 도움을 받았다. 충북대학교의 구본상 교수는 자신이 수집한 의원들의 이념 성향 설문조사 자료와 이들의 표결 성향 자료를 공유해 주었다. 고려대학교의 강우창 교수, 박선경 교수와 국회 입법조사처의 허석재 박사는 21대 국회의원 의식조사 자료를 공유해 주었다. 필자는 또한 동료 교수들과의 만남을 통해 유익한 학문적·정서적 교류를 할 수 있었다. 한국연구재단의 사회과학연구(SSK) 지원사업의 공동 연구자인 고려대학교의 권혁용 교수, 김동훈 교수, 이양호 교수, 장선화 교수, 지은주 교수, 조계원 교수, 경북대학교의 강우진 교수와 아주대학교 이한수 교수와의 학문적 대화는 이 책의 집필에 유익한 영감을 주었다.

저자는 가족이 베풀어 준 사랑과 희생 덕분에 학자의 삶을 유지할 수 있었다. 세월이 흐를수록 자식에 대한 사랑이 더 강해지는 부모님을 뵐 때마다 마음 아픈 감사함을 느낀다. 늘 옆에서 저자를 지켜준 아내에게 마음 깊이 감사하고 싶다. 자신의 분야에서 늘 성실하게 일하면서 심신을 건강하게 유지해 준 기연과 윤주에게 이 책을 바치고 싶다.

2025년 7월

문우진

목차

III부 한국에서의 입법적 충원과 대리인 문제

IV부 당간 차원 대표성과 당내 차원 대표성 증진을 위한 정치제도 개혁 방안

1장

들어가는 말

1.1 문제 제기

이 책의 목적은 한국 민주주의의 발전을 위한 정치제도 설계 방안을 제시하는 것이다. 이 책의 정치제도 설계 방안은 누가 누구를 대변할 것인가라는 규범적인 질문으로부터 출발한다. 민주주의는 다수 지배와 소수 보호라는 상충하는 원리를 기반으로 작동한다. 다수가 소수를 지배하면 소수의 권리가 침해될 수 있으나 소수가 다수와 동등한 결정권을 가지면 다수의 효율적인 지배가 어려워진다. 그렇다면 민주주의는 다수와 소수의 입장 중 누구의 입장을 얼마나 더 대표해야 하는가? 즉 대의민주주의는 누구를 대표해야 하는가?

이 책은 또한 대의민주주의에서 누가 대표할 것인가라는 질문을 던진다. 현대 민주주의에서는 시민들이 직접 자신을 대변할 수 없을 뿐만 아니라, 수많은 시민이 서로의 입장을 조율하고 합의를 도출하는 것은 불가능하다. 따라서 대의민주주의에서는 국민을 대신해서 국민의 이익을 대변하는 정치인이 대리인의 역할을 담당한다. 대리인이 주인의 이익을 대변하기 위해 위임받은 권한으로 자신의 이익을 추구하면 대리인 문제(agency problem)가 발생한다. 그렇다면, 어떠한 대리인을 선발해야 대리인 문제를 억제할 수 있는가? 즉 누가 국민을 대표할 때 대리인 문제를 최소화할 수 있는가?

이 책은 한국 민주주의에서 누가 누구를 대표할 것인가라는 질문에 답하기 위해 당간 차원 대표성과 당내 차원 대표성이라는 개념을 제시한다. 당간 차원 대표성은 누구를 대변하는가의 문제와 관련된다. 당간 차원 대표성이 높은 체제는 다수의 크기에 따라 다수의 입장을 효율적으로 대표하는 체제를 의미한다. 당내 차원 대표성은 누가 대표하는가의 문제와 관련된다. 당내 차원 대표성이 높은 체제는 시민사회 집단들을 대표하는 대리인이 자신이 대표하는 집단의 가치와 이해를 충실하게 대변하는 체제이다. 이 책은 당간 차원 대표성과 당내 차원 대표성을 증진하기 위한 정치제도 개혁 방안을 제시한다.

1.2 대의민주주의의 구조적 문제

1.2.1. 다수 지배 원리와 소수 보호 원리: 누구를 대표할 것인가?

민주주의는 다수 지배와 소수 보호라는 상충하는 원리에 의해 작동한다. 그렇다면 상충하는 다수 지배와 소수 보호의 원리 사이에서 최적한 의사결정 방식은 무엇일까? 뷰캐넌과 털락(Buchanan and Tullock 1962)에 의하면, 모든 정치적 결정은 두 종류의 비용을 수반한다. 하나는 거래비용(transaction cost)이고, 다른 하나는 순응비용(conformity cost)이다. 거래비용은 최종적인 의사결정을 도출하기 위해 들어가는 시간과 노력을 포함한다. 더 많은 소수를 보호하는 제도일수록 거래비용은 증가한다. 순응비용은 소수가 다수의 결정을 따를 때 치러야 하는 비용이다. 소수의 견제 없이 다수가 효율적으로 지배하는 제도일수록, 소수는 더 많은 순응비용을 치른다. 순응비용과 거래비용은 서로 역관계에 있다.

민주주의는 국민의 뜻을 모으기 위해 다양한 방식의 의사결정 규칙을 사용한다. 민주주의에서 국민의 뜻을 모으기 위해 주로 사용하는 방식은 다수결 제도이다. 대부분 국가에서는 다수결로 지도자를 선발하고 법안을 통과시킨다. 이처럼 많은 민주주의 국가들이 다수결 제도를 채택하는 이유는 빠른 의사결정을 하면서 소수보다는 다수의 뜻을 따르는 것이 더 옳다고 생각하기 때문일 것이다. 그러나 때로는 과반수의 동의를 구하지 않는 민주적인 의사결정도 있다. 단순다수제(plurality rule)에서는 과반에 미치지 못하더라도 지지를 가장 많이 얻은 대안이 채택된다. 의결을 위해 충족시켜야 하는 다수의 규모가 줄어들수록 소수가 치러야 하는 순응비용은 증가한다. 따라서 과반수제(majority rule)보다 단순다수제에서 더 많은 사람이 순응비용을 치러야 한다.

다수는 소수의 권리를 침해하는 위험한 결정을 할 수 있다. 이러한 결정을 막기 위해, 민주주의 국가에서는 소수를 보호하기 위한 제도적 장치들을 마련한다. 초다수제(supermajority rule)는 소수를 보호할 수 있는 의결 방식이다. 초다수 의결방식에서는 다수보다 더 많은 사람이 뜻을 모아야 의사결정이 이뤄진다. 따라서 초다수결 의결방식에서는 순응비용을 치러야 하는 소수의 비중이 감소한다. 소수를 가장 잘 보호할 수 있는 의사결정 규칙은 만장일치제(unanimity rule)이다. 합의제는 만장일치제의 일종이다. 구성원 중 한 명이라도 반대하면 의결이 이루어지지 않는다. 따라서 합의제는 소수를 가장 잘 보호할 수 있다.

그러나 합의제를 통해 의사결정을 하는 데에는 많은 시간과 노력이 필요하다. 따라서 합의제는 매우 비효율적이다. 이뿐만 아니라, 합의가 이루어지지 않으면 의사결정이 교착된다. 현 상황(status quo)을 타개하기 위한 변화가 필요할 때도, 모든 사람이 동의하지 않으면 현 상황을 변화시킬 수 없다. 따라서 합의제에서는 대부분의 사람들이 아무리 현명한 선택을 하더라도 어리석은 한 사람이 반대하면 결정을 내릴 수 없다. 다수결에서는 다수가 소수의 권익을 침해할 수 있는 반면, 합의제에서는 소수가 다수의 권익을 침해할 수 있다. 그렇다면 어떤 의결 방식이 최선인가?

뷰캐넌과 털락(Buchanan and Tullock 1962)에 의하면, 바람직한 의사결정 방식은 순응비용과 거래비용의 이상적인 조합을 통해 이 두 비용의 총합을 최소화하는 제도이다. <그림 1.1>은 뷰캐넌과 털락이 제시한 순응비용과 거래비용의 관계를 보여 준다. 세로축은 순응비용, 거래비용, 그리고 두 비용의 합을 나타낸다. 가로축은 N명으로 구성된 집단에서 의사결정을 위해 동의가 필요한 구성원의 수를 나타낸다. 독재의 경우 1명의 동의를 필요로 하고, 다수결은 (N/2)+1명의 동의가 필요하다. 초다수결은 (N/2)+k명의 동의를 필요로 하며, 만장일치는 N명의 동의가 필요하다. 세 실선은 각각 거래비용, 순응비용, 그리고 두 비용의 합을 의미하는 의사결정 비용을 나타낸다. <그림 1.1>은 다수결이 의사결정 비용을 최소화시킨다는 것을 보여 준다. 그러나 의사결정 비용이 항상 다수결에서 최소화되는 것은 아니다.

그림 1.1 집합적 의사결정 비용과 의사결정 규칙

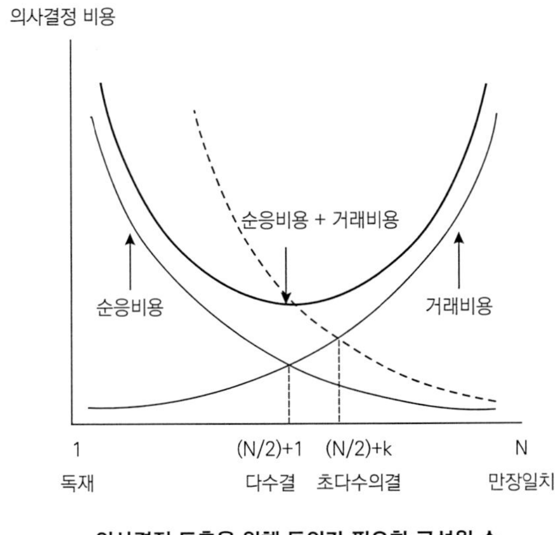

의사결정 도출을 위해 동의가 필요한 구성원 수

거래비용과 순응비용은 사안의 중요성에 따라 달라진다. 예컨대, 다수가 소수의 기본권을 침해할 정도의 엄중한 결정을 한다면, 이러한 결정이 초래하는 순응비용은 사소한 의사결정의 경우에 비해 훨씬 더 클 것이다. <그림 1.1>은 점선으로 표기된 바와 같이 순응비용이 증가하는 경우, 순응비용과 거래비용이 교차하는 부분이 우측으로 이동하는 것을 보여 준다. 이는 커다란 순응비용을 초

래하는 결정의 경우 다수결보다 더 까다로운 초다수결을 사용할 때, 의사결정 비용이 최소화된다는 것을 의미한다. 많은 국가에서 일반 법안은 과반수로 통과시키는 반면, 헌법 개정은 그보다 까다로운 의원 3분의 2의 동의를 요구하거나 추가로 국민투표를 요구한다. 이처럼 개헌에 필요한 조건을 까다롭게 하는 이유는 헌법이 매우 중요한 사안을 다루는 제도이기 때문이다. 헌법은 시민의 기본권에 대한 내용과 국가가 작동하기 위한 규칙을 담고 있다. 다수 정도로는 시민의 기본권을 침해해서도 안 되며 국가의 작동 규칙을 바꿔서도 안 된다. 따라서 중대한 사안에 대한 결정은 다수결보다 더 까다로운 조건이 요구된다.

최적의 의결 방식은 또한 구성원이 얼마나 이질적인가에 따라서 달라진다. 국가 구성원이 매우 동질적이라면, 다수와 소수의 뜻이 크게 다르지 않다. 이러한 국가에서는 다수의 결정이 소수의 이익을 크게 침해하지 않는다. 따라서 효율적인 결정에 유리한 다수결이 적합하다. 그러나 구성원의 선호가 매우 이질적인 국가에서 다수결을 사용할 경우 다수가 소수의 권익을 심각하게 침해할 수 있는 결정을 내릴 수 있다. 예컨대, 다민족·다인종 국가에서 다수결이 사용되면 다수계가 소수계를 차별하거나 소수계의 인권을 침해하는 결정을 내릴 수도 있다. 이뿐만 아니라, 소수계의 뜻은 의사결정에서 항상 배제될 수 있다. 미국은 유럽에서 온 다양한 이민자들로 만들어진 국가이다. 따라서 이질적인 이민자들로 구성된 미국과 같은 국가에서 다수결을 사용하는 정치제도를 채택하면 소수는 막대한 순응비용을 치러야 한다.

1.2.2. 대리인 문제: 누가 대표할 것인가?

이상적인 민주주의는 시민이 자신을 직접 대변하는 직접민주주의일 것이다. 그러나 의사결정 참가자의 수가 증가할수록, 모두가 직접 자신을 대변하는 상황에서 수많은 의견을 조정하는 것은 거의 불가능해진다. 직접민주주의의 의사결정 과정에서 발생하는 막대한 거래비용을 줄이기 위해, 적은 수의 대리인을 선발해 이들이 시민들을 대신해서 의사결정을 하도록 하는 제도가 대의민주주의이다. 그러나 대의민주주의는 거래비용을 줄이는 대신 대리인 문제(agency problem)를 초래한다.

대리인 문제는 주인과 대리인의 이해관계가 상충할 때(conflicting interests), 그리고 대리인의 지식이 주인보다 더 많을 때(asymmetric information) 발생한다. 즉, 대리인 문제는 대리인이 위임받은 역할을 충실히 수행하지 않거나 대리인 자신의 이익을 추구해도 주인이 이에 대한 정보가 부족해서 대리인을 통제할 수 없을 때 발생한다. 이럴 경우, 주인은 대리 손실(agency loss) 비용을 치러야 한다. 대리인 문제가 발생하면, 대리인은 자신과 자신의 측근에게 정책적·비정책적 특혜를 제공하므로 국가 자원은 대리인 주변의 기득권 집단들에게 집중되고 대의민주주의는 정상적으로 작동하지 않는다.

대리손실은 두 가지 방법으로 억제할 수 있다. 첫 번째 방법은 주인과 가치를 공유하거나 신뢰할 수 있는 대리인을 엄밀한 심사(screening)를 통해 선정하는 사전적(ex-ante) 제도들을 포함한다(Strøm, 2000). 예컨대, 정당의 공직선거 후보를 심사하는 정당과 행정부 각료를 선정하는 의회가 사전적 심사 역할을 담당한다. 두 번째 방법은 대리인이 임무 수행을 제대로 하는가를 감시(monitoring)하고 임무 성과를 보고(reporting)받는 사후적(ex-post) 제도들을 포함한다(Strøm 2000). 의회의 각료에 대한 연례 보고 요구, 구두 또는 서면 질의 요구, 청문회 소집, 그리고 정부 예산안 감사 등의 검증 절차(verification) 등이 사후적 제도에 포함된다. 이 밖에도 중요한 기관의 결정을 다른 기관이 거부할 수 있도록 하는 제도적 견제 장치가 대리손실 방지를 위한 사후적 제도에 포함된다. 미국 대통령제의 삼권분립을 통한 상호 견제 제도는 사후적 제도의 전형적인 예이다.

두 방법 중 사전적 제도가 더 효과적이다. 사전적으로 주인의 가치와 이해를 공유하는 대리인을 선발하면, 대리인이 자신을 위해 일해도 이는 주인의 이익을 위해 일하는 것이나 마찬가지이다. 따라서 대의민주주의가 이상적으로 작동하기 위해서는 주인의 가치와 이해를 공유하는 대리인을 선발하는 것이 필요하다. 의회를 구성하는 의원들의 입장이 시민사회에서의 국민의 입장을 왜곡 없이 반영할수록, 대의민주주의는 성공적으로 작동한다. 대의민주주의의 원리와 규범적으로 부합하는 의회는 시민사회의 소우주(microcosm)처럼 구성되어 있다. 시민사회의 구성과 의회의 구성이 서로 다를수록 대의민주주의의 규범적 이상으로부터 멀어진다.

한국에서 자주 발생하는 권력형 비리는 유력한 정치세력이 자신을 따르는 추종 집단에 특혜를 제공하고, 추종자들은 인적·재정적 선거자원을 제공하는 후견 관계 때문에 발생하는 대리인 문제의 일종이다. 정치의 유형은 ① 국가 자원의 분배규칙이 공적인가와 ② 국가 자원의 분배가 공적 규칙에 따라 실행되는가에 따라 정책적 정치(programmatic politics)와 비정책적 정치(nonprogrammatic politics)로 구분된다(Stokes et al., 2013). 정당들이 정책적 정치를 하는 경우, 선거 기간 동안 자신들이 표방하는 정책이 어떠한 방법을 통해 자원을 조달하여 누구에게 혜택을 얼마나 보장할 것인가에 대한 규칙들을 구체적으로 제시한다. 이러한 규칙들을 반영한 법안이 채택되면, 국가 자원의 분배는 법안에 명시된 규칙에 따라 시행된다. 반면, 비정책적인 정치가 이루어지는 경우 공적인 분배규칙이 없거나, 공적인 분배규칙이 있다고 하더라도 그에 따라 국가 자원이 분배되지 않는다. 예컨대, 1980년대와 1990년대 스페인에서 교통 기반 시설 지출에 대한 공적인 규칙이 있었으나, 선거경쟁력이 약한 여당 후보들을 위한 지역 예산을 공적 규칙과 무관하게 집행하였다(Stokes et al., 2013).

스톡스 외(Stokes et al., 2013)는 비정책적 정치를 네 종류로 분류하였다. 이들은 정당이 유권자들에게 혜택을 조건 없이 제공하는 경우를 당파적 편향(partisan bias)이라 명명하였다. 스톡스 외는 당파적 편향을 개인 대상의 개인 선심(nonconditional benefits to individuals)과 집단 대상의 지역 선심(pork-barrel)으로 구분하였다. 예컨대, 일자리 창출 지원금을 특정 유권자들에게 제공하는 경우는 전자에 해당하고, 특정 지역에 사회간접자본(SOC) 예산을 편성 또는 증액하거나, 선거경쟁력이 약한 지역구 의원을 위해 지역구 사업(constituency services) 예산을 할당하는 경우는 후자에 해당한다. 이러한 선심성 혜택은 여당

의원을 지지한 유권자들뿐만 아니라 지지하지 않은 유권자들에게도 돌아간다.

정당 지지 여부와 상관없이 제공되는 당파적 편향과는 달리, 지지표 또는 정치적 지지에 대한 대가로 특혜를 제공하는 경우는 후견주의(clientelism)라고 정의된다. 정당들은 충성스러운 지지자들을 집회와 같은 정치활동에 동원하고 그 대가로 공직이나 물질적 혜택을 제공한다. 스톡스 외는 이처럼 정당이 당원을 대상으로 혜택을 제공하는 경우를 후원(patronage)이라 정의하였다. 스톡스 외는 정당이 유권자들을 대상으로 지지에 대한 대가를 치르는 경우를 매표(vote buying)와 매수 동원(turnout buying)으로 정의했다. 정당이 일반 유권자에게 혜택을 제공하고 자신을 지지하도록 종용하는 경우가 전자에 해당하고, 일반인들을 투표장으로 동원하는 경우가 후자에 해당한다.

스톡스 외(Stokes et al., 2013)에 의하면, 비정책적 분배 정치는 민주주의에 부정적인 결과를 초래한다. 지역 선심(pork-barrel)은 지역 선심을 받지 못한 지역 유권자들이 얻을 수 있는 공공재를 못 얻게 하고, 조건 없는 개인 선심은 그를 받지 못한 유권자들이 얻을 수 있는 공공정책의 혜택을 박탈하는 결과를 초래한다. 선심정치는 이처럼 비효율적인 자원분배를 초래하여 국가 전체에도 부정적인 영향을 미친다. 후견주의는 유권자들의 자율적인 투표 결정권을 침해할 수 있으므로 규범적으로 정당하지 않은 결과를 초래한다. 고소득층과 정치인의 관계에서 이들은 서로 후견자의 역할을 담당한다. 고소득층은 정치인에게 정치자원을 제공하고 그 대가로 자신에게 유리한 정책적 혜택과 비정책적 특혜를 제공받는다. 이에 반해, 정치인과 저소득층의 관계에서 후견자의 역할은 정치인이 담당한다. 스톡스 외에 의하면, 후견주의적 자원배분을 통한 표의 매수는 주로 저소득층을 대상으로 이루어지고, 후견주의적 혜택을 받은 저소득층이 공공정책을 수립하는 입법자들에게 자신들의 이해를 요구하기 어렵게 만든다(Stokes et al., 2013).

1.3 대의민주주의의 구조적 문제와 정치제도

1.3.1. 다수와 소수의 이익 균형과 정치제도

정치제도란 국민의 뜻을 모으는 의사결정 규칙들의 집합이다. 우리는 사람들의 뜻을 모으기 위해 다양한 의사결정 규칙을 사용한다. 위계적인 사회에서는 권력을 가진 사람이 결정을 내린다. 직장에서는 상급자가, 가부장적인 가족에서는 아버지가, 학교에서는 선생님이 결정권을 가진다. 반면, 민주적인 사회에서는 모든 사람이 동등한 의결권을 가진다. 우리는 일상생활에서 가위바위보, 사다리나 제비뽑기 같은 무작위적인 의결 방식이나 다수결을 사용한다. 이러한 의결 방식의 공통점은 의사결정이 빨리 이루어질 수 있다는 것이다. 그러나 이들 방식에는 장단점이 있다.

무작위적인 선발 방식은 극단적인 결과가 초래되는 것을 막기 어렵다. 따라서 국가 지도자를 제비뽑기로 뽑지는 않는다. 제비뽑기는 직장에서 회식을 위한 식당을 선택하는 결정과 같이 결정에서 진 사람이 치르는 비용이 적을 때 주로 사용한다. 즉 무작위적인 선발 방식은 패자에게 낮은 순응비용을 부과하는 결정에서 주로 사용한다. 다수결은 제비뽑기에 비해 극단적인 결정을 내릴 가능성이 적은 편이다. 최소한 다수가 동의할 수 있는 결과가 초래된다. 그러나 다수가 항상 올바른 결정을 내리는 것은 아니다. 다수가 자신과 생각이 다르다는 이유로 소수를 따돌리고 괴롭힐 수도 있다. 이뿐만 아니라, 다수결이 항상 공정한 것도 아니다. 다수결은 의결에서 항상 소수가 될 수밖에 없는 집단에 공정하지 않다. 예를 들면, 미국과 같은 다인종 국가에서 유색인종은 항상 소수에 속하게 된다. 따라서 특정한 소수가 다수결에서 항상 패할 수밖에 없다면, 다수결은 불공정한 제도이다.

미국 헌법 창시자들은 다수결 제도가 소수의 권익을 침해할 수 있다는 사실을 잘 알고 있었다. 따라서 이들은 헌법을 설계할 때 다수 주로부터 소수 주를 보호하기 위한 제도적 장치들을 마련하였다. 연방정부와 주 정부의 독립적인 관할 영역을 헌법에 명시하여, 주 정부의 독립성을 보장해 주었다. 헌법 창시자들은 또한 다수 반영을 목적으로 하는 하원을 소수 보호를 목적으로 하는 상원이 견제하도록 하였다. 하원은 국민 다수 입장을 대표할 수 있도록 인구 비례로 각 주의 하원 의원을 선발한다. 인구가 가장 많은 캘리포니아(California)에서는 53명의 하원 의원을 선발하는 반면, 인구가 가장 적은 와이오밍(Wyoming)에서는 1명의 의원을 선발한다. 그러나 인구가 많은 주가 입법 결정을 지배하는 것을 막기 위해 상원을 마련하였다. 인구 규모와 상관없이 모든 주에서 2명의 상원 의원을 선발하고 하원과 상원이 서로 동의할 때만 법안이 통과되도록 하였다.

이에 더해 미국 헌법 창시자들은 상하원 의원의 선발 방식을 다르게 설계하였다. 선거 당시에 형성된 다수가 어리석은 판단을 할 수도 있으므로 하원 선거는 2년마다 치르게 하여 하원 의원을 자주 교체하도록 하였다. 동시에 2년마다 치러지는 선거 당시 형성된 여론에 의해 입법부 전체가 구성되는 것을 방지하기 위해, 상원 의원은 3분의 1씩만 교체하도록 하였다. 4년 전에 형성된 여론, 2년 전에 형성된 여론과 선거 당시에 형성된 여론을 각각 반영하는 세 종류의 상원 집단들이 서로를 견제하고, 이처럼 구성된 상원이 하원을 견제하도록 하였다.

미국 헌법 창시자들은 또한 매우 독창적인 정부형태와 입법 규칙을 창안하였다. 상원과 하원을 모두 통과한 법안은 대통령과 사법부가 받아들일 때만 법의 효력을 가지도록 하였다. 상원에서는 소수당이 무제한 토론을 할 수 있으며 이를 종료시키기 위해서 초다수(5분의 3)의 지지가 필요하다. 따라서 여당이 상하원의 다수를 차지한 경우에도 여당은 상원에서 5분의 3 이상을 얻어야 자신이 원하는 법안을 통과시킬 수 있다. 여당이 소수당인 경우, 다수 야당은 매우 까다로운 조건을 충족시킬 때 법안을 통과시킬 수 있다. 대통령은 입법부를 통과한 법안에 거부권을 행사할 수 있고, 입법부가 대통령 거부권을 기각하기 위해서 초다수(3분의 2)의 지지가 필요하다. 따라서 다수 야당은 3분의 2 이상의 의석을 얻어야 대통령 거부권을 기각하고 자신이 원하는 법안을 통과시킬 수 있다.

미국 헌법은 또한 사법부의 독립성을 보장하기 위해, 대법관의 임기를 종신으로 하였다. 따라서 새로운 대통령이 취임하면 전임 대통령이 임명한 대법관을 자신의 입맛에 맞는 대법관으로 교체할 수 없다. 민주당 대통령은 전임 공화당 대통령이 임명한 보수적인 대법관들과 함께 국정을 운영해야 한다. 마찬가지로, 공화당 대통령은 전임 민주당 대통령이 임명한 진보적인 대법관들의 견제를 받을 가능성이 크다. 미국의 이러한 대법관 임기제도는 다수로부터 소수를 보호하기 위한 치밀한 정치 공학적 사고의 산물로 볼 수 있다.

미국의 정부형태는 소수 보호에 유리할 수는 있으나, 다수가 원하는 개혁을 실현하기 어렵게 만든다. 예컨대, 미국 사회에 필요한 공공 의료보험 개혁 또는 총기 규제 개혁이 실현되기 위해서는 개혁을 추진하는 정당이 행정부와 하원 과반수, 상원 5분의 3 이상을 장악할 정도로 지배적인 여론이 형성되어 있어야 한다. 그러나 이럴 가능성은 매우 낮을 뿐만 아니라, 이러한 조건이 충족된다 해도 사법부의 반대가 없어야 한다. 따라서 미국의 삼권분립 체제는 중요한 개혁을 거의 불가능하게 한다. 정당의 역할은 시민사회의 다양한 갈등을 입법적으로 조정하고 해소하는 것이다. 그러나 정당이 사회갈등을 해소하지 못한다면, 이에 따른 불만이 누적되고 정치 불안정이 초래될 수 있다.

미국의 삼권분립 제도는 다수 견제와 소수 보호에 초점을 맞춘 반면, 영국의 정치제도는 효율적인 다수 지배에 초점이 맞추었다. 영국은 단순다수 선거제도와 함께 내각책임제 또는 의원내각제라고도 불리는 의회제를 채택한다. 의회제에서는 삼권이 분리되어 있지 않다. 의회제에서는 다수당의 지도부가 행정부를 구성하고 법안을 발의한다. 의회는 행정부 법안에 대해 동의 여부를 결정하며, 의회 다수가 동의하면 법안은 통과된다. 이론적으로는 의회가 정부의 실정에 맞서 불신임안을 행사할 수 있으나, 다수 여당이 자신의 지도부로 구성된 행정부에 반하는 결정을 할 가능성은 희박하다. 영국과 같이 전형적인 의회제에서는 명문화된 헌법이 없으므로 의회 다수가 헌법과 같은 역할을 한다.

의회제와 대통령제는 서로 다른 방식으로 서로 다른 국민의 뜻을 모은다. 의회제에서는 국민의 뜻이 모여 정책으로 산출되는 과정이 직렬적이다. 국민은 총선에서 다수당 또는 다수 연합을 결정하고, 다수당 내지 다수연합은 정부를 형성하여 자신들을 지지한 다수를 대변하는 정책을 만든다. 의회제에서는 국민이 직접 행정부 수반을 선택하지 않으며, 국민 대신 의회 다수가 정부를 형성하고 행정부 수반을 선발한다. <그림 1.2>의 좌측 그림이 보여 주듯, 의회제에서는 국민의 뜻이 건전지의 직렬연결처럼 효율적으로 행정부에 전달된다. 정당들이 지지자들의 정책적 선호를 충실하게 반영하지 않거나, 의회 다수가 다수 여론을 반영하지 않거나, 의회 다수를 반영하는 정부가 형성되지 않으면, 국민의 뜻이 정책결과로 산출되는 과정에서 왜곡이 발생하고, 민주주의가 정상적으로 작동하지 않게 된다.

그림 1.2 의회제와 대통령제 민의 수렴 방식

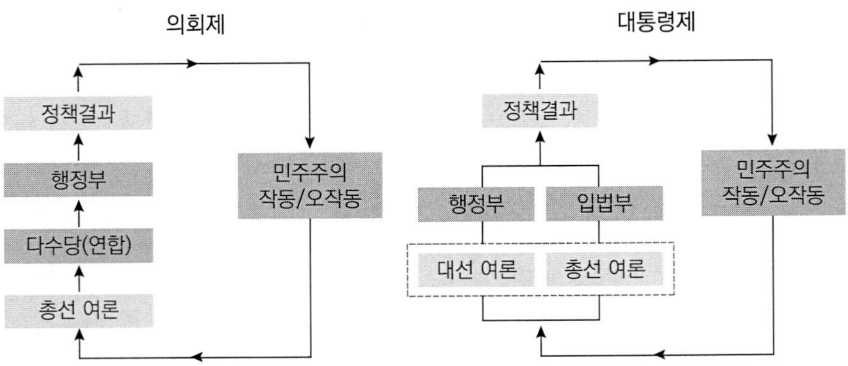

출처: 문우진. 2021. 『누가 누구를 대표할 것인가』.

의회제와는 달리 대통령제에서는 국민의 뜻이 정책결과로 산출되는 과정이 병렬적이다. <그림 1.2>의 우측 그림이 보여 주듯, 대통령제에서 국민의 뜻은 건전지의 병렬연결처럼 대선과 총선을 통해 행정부와 입법부로 전달된다. 총선에서 승리한 의회 다수가 자신을 선발한 다수 입장을 대표하지 않으면, 여론 대변 과정에 왜곡이 발생한다. 이럴 경우, 대선 당시 형성된 다수를 대변하는 대통령이 의회를 견제한다. 마찬가지로 대선에서 승리한 대통령이 자신을 선발한 다수를 대변하지 않으면, 총선 당시 형성된 다수가 선발한 의회 다수가 대통령을 견제한다. 총선에서 형성되는 다수가 입법부와 행정부를 모두 지배하는 의회제와 달리, 대통령제에서는 대선에서 형성된 다수와 총선에서 형성된 다수가 서로 견제한다. 총선과 대선에서의 다수가 서로 일치할 정도로 지배적인 여론이 형성되었을 때만, 같은 정당이 행정부와 입법부를 지배한다. 대통령제에서는 이러한 경우에만 다수가 소수를 지배한다.

대통령을 지지한 다수와 총선에서 다수당을 지지한 다수가 서로 다른 경우, 대선 당시 형성된 다수와 총선 당시 형성된 다수가 서로 견제한다. 이와 같은 여소야대의 상황에서는 대통령과 다수 야당이 서로 동의하는 영역이 존재할 때만 정책결과가 산출된다. 미국같이 순수한 대통령제 국가에서는 의회가 의제 설정 권한을 가지고 있으므로 대통령 입장보다 의회 다수의 입장을 더 반영하는 정책이 산출된다. 즉, 대선 당시 형성된 다수보다 총선 당시 형성된 다수에 더 유리한 결과가 초래된다. 대통령과 다수당이 서로 동의하는 영역이 존재하지 않으면 입법적 교착이 발생한다. 따라서 대통령제에서는 현행 상태의 변화가 시급할 때도, 대선 당시 형성된 다수와 총선 당시 형성된 다수가 일치할 정도로 지배적인 다수가 형성되지 않는 한 현행 상태를 바꾸기 어렵다.

1.3.2. 대리인 문제와 정치제도

대리인 문제와 직접적인 관련이 있는 첫 번째 정치제도는 정부형태, 즉 권력구조이다. 서로 다른 정부형태는 서로 다른 방식을 통해 대리인 문제를 해결한다(Strøm, 2000). 의회제는 간접적, 다층적인 권한 위임구조를 가진 반면, 대통령제에서 위임구조는 직접적, 다면적이다. 대통령제에서는 대통령, 의원, 주지사, 검사, 교육감 등 다양한 수준의 정책 책임자들을 직접적으로 선출하는 반면, 의회제에서는 의원을 제외하면 정책 책임자들을 시민이 직접적으로 선출하는 경우는 별로 없다. 대리인 문제를 해결하기 위해 대통령제는 사후적 방법에 더 의존하는 반면, 의회제는 사전적 방법에 더 의존한다. 의회제에서 사전적 방법이 더 선호되는 이유는 대리인을 심사하고 선정하는 역할을 담당하는 정당이 발달했기 때문이다. 정당과 시민사회 집단들과의 연계가 잘 구축되어 있을수록 자신들의 대리인을 사후적으로 상호 견제하는 장치보다는 내부에서 신뢰할 수 있는 대리인을 사전적으로 선정하는 방법이 더 효과적이다.

대리인과 주인의 이해관계가 일치하고 대리인의 선정이 투명하고 신뢰할 수 있는 환경에서 의회제는 효과적으로 작동한다. 의회제의 직렬적인 위임구조는 효율적이라는 이점이 있지만, 권력 위임이 상층으로 전달되는 과정에서 왜곡이 일어나면 이를 해결할 수 있는 장치가 부재하다. 반면, 대통령제는 한쪽의 권한 위임구조가 왜곡되면 다른 쪽에서 회복시켜 주는 병렬적인 위임구조를 가지고 있다. 따라서 대리인과 주인의 이해관계가 유동적이고 대리인의 선정 과정이 사적이며 불투명한 환경에서는 사후적 제도가 잘 정비된 대통령제가 대리인 문제를 효과적으로 해결한다.

대리인 문제와 직접적인 관련이 있는 두 번째 정치제도는 선거제도이다. 선거제도는 어떠한 유형의 대리인이 선발되는가를 규정하는 제도이다. 비례제를 채택한 국가에서 정당들은 지지 집단의 규모만큼의 지지를 확보할 수 있다. 따라서 단순다수제에 비해 비례제에서 정당은 비조직적인 유권자 일반의 이해보다 조직된 집단의 이해를 대변할 동기가 강하다(Bawn and Thies, 2003). 그러나 최다득표자만 당선되는 단순다수제에서는 후보들이 가능한 많은 유권자의 지지를 얻어야 한다. 후보들은 특정 집단의 이익을 대변하면 다른 집단의 표를 잃을 수 있다. 따라서 단순다수제에서 의원들은 정책 경쟁을 전개하기보다 지역구민이 모두 선호하는 지역개발 사업이나 지역구 사업에 치중하게 된다.

선거제도의 명부 유형(list types)은 어떠한 유형의 정치인이 의회에 진입하는가에 영향을 미친다(Siavelis and Morgenstern, 2008). 개방 명부(unordered open list)에서는 유권자가 후보에 투표하고 후보는 득표수에 따라 당선된다. 따라서 개방 명부를 사용할 경우, 단순다수제에서와 같이 후보의 개인적인 특성이 당락에 영향을 미친다. 개방 명부가 소 선거구와 결합하면 지역구 사업형(district servant)이 산출된다. 이와 달리 대 선거구와 결합하면 적은 수의 득표로도 당선될 수 있으므로 당에 충성하기보다 특정 집단과의 사적인 관계를 통해 표를 얻는 사업가형(entrepreneur)이 산출된다.

정당 지도부나 중앙당 기관이 후보를 공천하고 명부 순위를 결정하는 폐쇄 명부(closed list)에서는 공천권자에 충성하는 의원들이 의회에 진입할 가능성이 크다. 상향식 정당에서는 정책 대변 역할에 충실한 정당 충성형(party loyalist)이 산출되는 반면, 하향식 정당에서 의원들은 당 전체의 이익보다 정당 지도부나 계파 수장과 같은 공천권자에 충성한다. 당내 결정이 제도화되지 않은 정당에서는 공천권자가 자신에게 충성하는 의원들에 높은 순위를 배정하거나 자신의 지대추구(rent-seeking) 권한의 일부를 배분하여 의원들의 충성을 확보한다. 의원들은 자신에게 권한을 위임한 유권자를 정책적으로 대변하지 않고, 공천권을 행사하는 지도부에 충성한다.

부분 개방(ordered open list) 명부는 개방 명부와 폐쇄 명부의 단점을 보완하기 위해 만든 제도이다. 유권자는 명부에 표시된 정당 또는 후보를 선택해서 투표할 수 있으며, 당선에 필요한 최소 득표 기준을 통과한 후보는 순위가 낮더라도 자력으로 당선된다. 당선 최소 득표 기준 이상을 얻은 후보의 잉여표는 정당표와 합산되어 명부의 후보 순위에 따라 차례로 이양된다. 부분 개방 명부는 후보들이 개인 표만 추구하거나 정당에만 충성할 동기를 억제한다. 부분 개방 명부에서 정당이 대표하는 다양한 기능단체나 지역단체가 당에서 영향력을 행사할 수 있으면 이러한 집단을 위해 일하는 후보들이 높은 순위를 얻을 수 있다. 동시에 자력 당선도 가능하므로, 다양한 집단으로부터 조직표를 얻어 당선될 수 있다. 이럴 경우, 집단 대리인형(group delegates)이 산출될 수 있다. 부분 개방 명부는 오스트리아, 벨기에, 덴마크, 노르웨이, 스웨덴 같은 선진 민주주의 국가와 체코 공화국, 그리스, 슬로베니아와 같은 후발 민주주의 국가들이 채택하고 있다.

대리인 문제와 직접적인 관련이 있는 세 번째 정치제도는 정당이다. 캐츠와 메이어(Katz and Mair, 1995)에 의하면, 정당이 국가와 시민사회 사이에서 어떤 역할을 하는가에 따라 정당의 모형이 변모해 왔고 정당의 모형에 따라 대리인의 역할이 달라져 왔다.[1] 19세기 말에 형성된 엘리트 정당(elite party)의 목표는 기득권 세력들의 특권을 서로 분배하는 것이었다. 엘리트 정당의 역할은 국가에 참여한 대리인들이 기득권의 이익을 추구하는 것으로 이해되었다(Katz and Mair, 1995). 20세기 초부터 국가와 시민사회가 분리되었고, 국가와 시민사회의 연계를 담당하는 대중정당(mass party)이 출현하였다. 대중정당은 자신을 지지하는 계급 또는 집단의 이익을 대변하는 것을 목표로 하였다. 대중정당은 자신들이 대표하는 시민사회 집단들을 국가와 연결하는 교량과 같은 역할을 담당하였다.

특정 계급이나 집단의 이익을 대변하는 대중정당이 가진 선거경쟁력의 한계가 드러나면서, 국가 전체의 이익과 같은 포괄적 가치에 호소하는 포괄정당(catch-all party)이 등장하였다. 포괄정당은 국가와 시민사회 사이에서 중립적인 중개인(broker)의 역할을 담당하게 되었다(Katz and Mair, 1995). 포괄정당이 중개인의 역할을 담당하게 되었다는 사실은 정당 자체의 이익이 존재하게 되었다는 사실을 의미한다(Katz and Mair, 1995). 정당들이 독자적인 이익을 추구하게 되면서, 이들은 점점 시민사회의 대리인 역할을 담당하는 대신 국가 내부로 침투하였다. 원내정당들이 자신의 기득권을 지키기 위해 서로 공조하게 되면서 카르텔 정당(cartel party)이 등장하게 되었다(Katz and Mair, 1995). 카르텔 정당은 시민사회의 편에서 국가에 통제나 제한을 가하는 시민사회의 대리인이 아니라, 국가의 입장에서 시민사회에 자원과 편익을 제공하는 국가의 대리인으로 바뀌었다(Krouwel, 2008).

1.4 이 책의 개요

이 책은 대의민주주의에서 누가 누구를 대표할 것인가라는 문제를 논의하고 정치제도가 이 문제에 어떻게 연관되어 있는가를 이론적으로 설명한다. 이 책은 또한 한국 정치제도에서는 누가 누구의 입장을 대표하는가를 경험적으로 분석

---

1 캐츠와 메이어(Katz and Mair, 1995)의 정당론에 대한 자세한 설명은 8장 2절 참조.

한다. 이러한 이론적 논의와 경험 분석 결과를 근거로 한국 정치제도 설계 방안을 제시한다. 이 책은 4부 15장으로 구성되어 있다. I부와 II부에서는 누구를 대표하는가의 문제를 다룬다. I부에서는 선거제도가, II부에서는 정부형태와 입법제도가 다수와 소수의 이익 균형에 미치는 영향을 분석한다. III부에서는 누가 대표하는가의 문제를 다룬다. IV부에서는 당간 차원 대표성과 당내 차원 대표성을 증진하기 위한 정치제도 설계 방안을 제시한다.

2장에서는 단순다수제 국가에서 누구의 입장이 대표되는가를 분석한다. 다운스(Downs, 1957)의 중위투표자 이론(median voter theorem)에 의하면, 선거 승리를 목표로 하는 두 정당이 일차원적인 정책대결을 하면 두 정당 모두 중위투표자 입장으로 수렴한다. 이 이론이 타당하다면, 단순다수제를 채택한 국가에서 두 정당은 모두 중위투표자 입장을 대표할 것이다. 그러나 현실 세계에서 두 정당 모두 중위투표자 입장을 대표하는 국가는 존재하지 않는다. 다운스 이론과 현실 간 괴리를 해소하기 위해, 2장에서는 정치거래 이론(political transaction theory)을 제시한다.

다운스 이론에서는 유권자와 정당이 소비자-판매자 관계에 놓여 있다고 본다. 이 시각은 유권자가 정당 정책에 영향을 미칠 수 없고 단순하게 정당 정책을 선택하는 역할만 한다고 가정한다. 그러나 정치거래 이론은 유권자는 단순한 정책소비자의 역할을 뛰어넘어 정치투자자의 역할을 한다고 본다. 이 시각에 의하면, 유권자는 지지 정당에 선거자원을 투자하여 정당 정책을 자신이 원하는 방향으로 바꾸려 한다. 정당은 다운스가 가정한 것처럼 정책만 제시하는 것이 아니라, 정치투자자가 제공하는 선거자원을 이용해서 자신의 유인 가치(valence)를 가공하고 홍보한다.[2] 선거 환경을 이처럼 설정한 정치거래 이론에서는 두 정당이 중위투표자 입장으로 수렴하지 않으며, 두 정당이 각각 온건 진보 유권자와

2 "Valence"라는 개념은 원래 화학에서 원자가 다른 원자를 "끌어당기는 힘"을 의미한다. 심리학에서는 다른 사람을 감정적으로 끌어당기는 또는 유인하는 매력의 정도를 의미한다. 정치학에서 이 개념은 유권자의 지지를 끌어내는 후보의 비이념적·비정책적 가치를 의미하므로, 이 책에서는 valence를 유인 가치로 번역한다.

온건 보수 유권자의 입장을 선택하는 결과가 산출된다.

2장의 정치거래 이론은 단순다수제에서 누구의 입장이 대표되는가라는 질문에 대한 답을 일부 제공한다. 정치거래 이론에 의하면, 유권자의 분포뿐만 아니라 선거자원을 제공하는 열성 지지자의 입장과 재력이 선거 결과와 승리 정당의 입장에 영향을 미친다. 더 많은 선거자원을 확보해서 유인 가치를 더 효과적으로 가공하고 홍보할 수 있는 정당은 선거에서 승리할 가능성이 높다. 단순다수제는 양당 체제를 산출하는 경향이 있으므로, 총선에서 승리한 정당은 의회에서 다수 의석을 차지하고 총선 당시 선거자원을 제공한 지지자의 입장을 대표할 가능성이 높다.

3장에서는 시민사회와 의회의 이념적 조응성 문제를 탐구한다. 비례제 국가에서는 의회가 시민사회의 다양한 이념을 대표하는 정당의 의원들로 채워진다. 단순다수제 국가에서 두 정당이 다운스 이론을 따르면 이들은 중위투표자 입장으로 수렴하고 의회는 중위투표자 입장을 대표하는 의원들로 채워진다. 그러나 현실 세계는 다운스 이론을 뒷받침하지 않는다. 정치거래 이론에 의하면, 두 정당은 자신에게 선거자원을 제공하는 열성 지지자의 이념을 대표하기 위해 중위투표자 입장으로부터 멀어진다. 이 장에서는 1997년 15대 대선부터 2022년 20대 대선 사이에 한국의 두 주요 정당이 어떤 이념을 대표하는가를 분석한다. 3장의 분석은 두 주요 정당이 중위투표자 이념을 대표하지 않는다는 사실을 보여 준다. 이 장의 분석은 시민사회와 의회의 이념적 조응성과 정당 양극화에 대한 중요한 함의를 제공한다. 한국의 두 주요 정당은 시민사회의 다양한 이념을 대표하기보다 지지 집단보다 더 급진적인 이념을 취해 왔다. 지지자보다 정당이 더 급속하게 양극화되어 왔다는 사실은 정당이 양극화를 주도하고 있다는 것을 의미한다.

4장에서는 선거제도가 어떠한 요소들로 구성되어 있는가를 소개하고, 이러한 요소들이 가지고 있는 정치적 효과를 설명한다. 이 장에서는 민주화 이후 한국 선거제도의 구성 요소들이 어떻게 변해 왔으며 이러한 요소들이 한국의 정당 체제에 어떠한 영향을 미쳐 왔는지를 분석한다. 4장에서는 또한 단순다수제 중심의 선거제도가 한국 정치에 미치는 행태적 영향을 논의한다. 첫째, 두 주요 정당이 경제성장 능력, 안보 능력, 도덕성 및 지역주의와 같은 유인 가치를 선거 경쟁에 어떻게 활용해 왔는가를 설명한다. 둘째, 한국의 선거 경쟁에서 어떠한 쟁점이 현저하게 작동해 왔는가를 살펴보고, 두 주요 정당이 자신에게 유리한 쟁점을 부각하는 전략을 살펴본다. 셋째, 두 정당 간 정책 차별성이 모호한 선거 경쟁이 어떻게 한국 정치를 개인화(personalization)시키는가에 대해 논의한다. 넷째, 정치의 개인화 및 사적화(privatization) 현상이 유권자의 정서적 양극화에 미치는 영향을 설명한다.

5장에서는 한국의 권력구조와 대통령 권한을 논의한다. 이 장에서는 먼저 한국에서의 입법부-행정부 관계에 대한 거부권 행사자 이론 분석을 통해 한국 대통령이 어떤 조건에서 입법적 의제 설정 권한을 가지게 되는가를 설명한다. 이 분석에 의하면, 한국에서 대통령의 권한이 강한 이유는 한국이 대통령제를 채택해서가 아니라, 행정부도 법안을 발의하는 의회제의 요소를 가졌기 때문이고, 대통령이 여당을 장악할 수 있는 다양한 제도적 권한을 가졌기 때문이다. 이러한 입법부-행정부 관계에서 대통령이 다수 여당을 장악할 경우, 국회는 정부안을 수정하기 어렵기 때문에 대통령이 실질적인 의제 설정 권한을 가지게 된다. 이 장에서는 한국 대통령이 가지고 있는 입법적·비입법적 권한을 측정하고, 한국 대통령의 제도적 권한이 남미 권위주의 국가의 대통령 권한에 필적한다는 사실을 보여 준다.

5장에서는 민주화 이후 여당의 의석 점유 정도에 따른 정부 유형의 변화를 분석한다. 이 분석은 총선 결과를 통한 여대야소의 상황은 주로 최근의 총선(17대, 18대, 19대, 21대)에서 형성되었으며 한 정당이 행정부와 입법부를 동시에 지배하는 경향이 점점 강해진다는 사실을 보여 준다. 5장에서는 또한 헌법재판소와 대법원 구성 제도의 특징을 통해 사법부의 대통령 견제 능력을 설명한다. 이 장의 분석에 의하면, 대통령이 9인의 재판관 중 7인의 임명에 영향을 미칠 수 있게 설계된 한국의 헌법재판관 임명제도는 헌법재판소의 대통령 견제 기능을 약화한다. 이와 동시에 대통령과 헌법재판관의 임기 차이가 1년에 불과하므로 대통령은 자신이 임명한 헌법재판관과 임기를 같이 할 가능성이 크다. 이 장의 분석은 또한 헌법재판관과 마찬가지로 대법관의 임기가 6년이기 때문에, 대통령 이념과 대법관들의 판결 성향이 일치할 가능성이 상당히 높다는 사실을 보여 준다. 이는 대법원 구성 제도에도 사법부의 독립성을 보장하기에 불리한 요소가 많다는 것을 의미한다.

4장과 5장의 분석은 ① 양당 체제를 창출하는 경향이 있는 단순다수제 위주의 선거제도, ② 두 주요 정당 간 유인 가치 경쟁을 촉진하는 단순다수제와 협애한 정당 체제, ③ 행정부도 법안을 발의할 수 있는 의회제적 요소, ④ 대통령이 여당을 장악할 수 있게 하는 다양한 제도적 무기, ⑤ 단점정부 출현 빈도의 증가, ⑥ 사법부의 독립성을 보장하기에 부족한 사법부 구성 제도는 행정부가 입법부와 사법부에 비해 상대적으로 막강한 권한을 행사할 수 있도록 하는 제도적 환경을 제공한다는 사실을 종합적으로 보여 준다. 4장과 5장의 분석은 이러한 제도적 환경이 대통령의 권한을 강화하여, 대통령을 지지하는 다수와 그에 반대하는 소수 간 경쟁에서 전자에 유리한 결과가 초래될 가능성을 증가시킨다는 사실을 보여 준다.

II부에서는 한국의 정부형태와 입법제도의 조합이 다수와 소수의 이익 균형에 미치는 영향을 분석한다. 6장에서는 국회에서의 입법 절차를 다수 지배와 소수 보호라는 민주주의의 두 원리의 균형 문제로 설명한다. 정부 유형(단점정부 대 분점정부)과 입법 규칙(다수결 대 초다수결)이이 입법 결과에 미치는 영향을 이론적으로 분석하고 다음과 같은 가설들을 도출한다. 첫째, 다수결 의회에서 다수당이 쟁점 법안을 통과시킬 가능성은 분점정부에서보다 단점정부에서 더 커진다. 둘째, 다수당이 쟁점 법안을 단점정부에서 통과시킬 가능성은 초다수결 의회에서보다 다수결 의회에서 더 커진다. 셋째, 정부 유형이나 입법 규칙은 비쟁점 법안의 통과에 영향을 미치지 않는다. 6장에서는 16대 국회에서 20대 국회에서 표결된 법안을 이용해서 위 가설들을 검증한다. 이 장의 경험 분석 결과는 위 가설들을 뒷받침한다. 이 장의 분석 결과는 국회에서 쟁점 법안처리를 위한 주요 의사결정 방식은 합의제와 같은 관행이 아닌 입법 규칙이라는 함의를 제공한다.

7장에서는 한국 대통령제에서의 입법 메커니즘을 거부권 행사자 모형을 통해 분석한다. 한국에서는 두 주요 정당이 지배하나 때로 다당 체제가 형성되기도 했고, 2012년에 통과된 국회선진화법은 국회에서의 의사결정 규칙을 다수결에서 초다수결로 바꾸었다. 정당 체제가 이처럼 일정하지 않고 입법 규칙의 변화를 경험한 한국에서의 입법 생산을 하나의 분석모형을 통해 설명하는 것은 어려운 문제이다. 이뿐만 아니라, 한국에서는 입법부뿐만 아니라 행정부도 법안을 발의한다. 따라서 한국 국회에서의 입법을 설명하기 위해서는 다양한 정당 체제와 입법 규칙에서의 입법 생산을 설명할 수 있을 정도의 보편적인 이론이 필요하다. 7장에서는 서로 다른 입법 규칙을 가진 다당 대통령제에서의 입법 생산을 설명하는 보편적인 모형을 제시한다. 이 모형에서는 행정부도 법안을 발의할 수 있는 한국에서 대통령이 다수 여당을 장악하면, 다수결 의회에서 대통령이 실질적인 의제 설정 권한을 가지게 된다. 그러나 국회선진화법이 통과된 이후에는 여당이 180석의 의석을 확보하지 못할 경우, 소수 야당은 행정부와 다수 여당을 견제할 수 있게 된다. 따라서 국회선진화법은 대통령을 지지하는 다수와 반대하는 소수 간 경쟁에서 소수를 보호할 가능성을 높인다.

7장의 이론적 분석 결과는 대통령 권한을 약화하기 위한 정치제도 개혁과 관련된 중요한 함의를 제공한다. 대통령이 여당을 장악할 수 있는 제도적 무기를 약화하거나, 비례제를 도입해서 여당이 중위정당의 지위를 확보하기 어렵게 하거나, 여당이 중위정당의 지위를 확보해도 초다수결 입법 규칙을 통해 여당의 의제 설정 권한을 제한하면, 대통령의 입법적 권한은 약해진다. 이러한 방법들은 권력구조 개편을 요구하지 않는다. 현행 대통령제를 유지한 채, 미국과 같이 의원 자율성을 증가시킬 수 있는 당내 후보 선발 방식을 도입하거나, 국회선진화법을 유지해서 소수 야당이 다수 여당을 견제할 수 있도록 하면 된다. 즉 초다수결 입법제도나 비례제 도입만으로도 대통령의 입법적 권한은 상당히 약해진다.

7장은 또한 정당 체제와 입법 규칙의 서로 다른 조합이 산출하는 입법 체제의 특성을 분석한 결과, 다음과 같은 결과를 얻었다. 양당 체제와 다수결 입법 규칙이 조합된 체제는 책임정치 또는 다수의 효율적인 지배에 가장 유리하나, 소수 보호와 정치 양극화 해소에 가장 불리하다. 양당 체제와 초다수결 입법 규칙이 조합된 체제는 입법 생산성, 책임정치 실현 능력, 소수 보호 능력, 정치 양극화 해소 능력 모두 하위권에 속한 것으로 나타났다. 다당 체제와 다수결이 조합된 체제는 입법 생산성과 책임정치 실현 능력이 가장 우수했고, 소수 보호 능력이나 정치 양극화 해소 능력도 상위권에 속하였다. 다당 체제와 초다수결 입법 규칙이 조합된 체제는 소수 보호 능력과 정치 양극화 해소 능력이 가장 우수했으나 입법 생산성과 책임정치 실현 능력은 하위권에 속하였다. 네 체제가 가진 정치적인 효과를 종합적으로 평가하면, 다당 체제와 다수결 입법 규칙을 조합한 체제가 가장 우수한 특성을 가졌고 양당 체제와 초다수결 입법 규칙을 조합한 체제가 가장 열등한 특성을 가진 것으로 분석되었다. 이러한 분석 결과는 양당 체제를 산출하는 현행 선거제도와 초다수결 국회선진화법이 조합된 한국의 정치 체제가 입법 생산성, 책임정치 실현 능력, 소수 보호 능력, 정치 양극화 해소 능력 측면에서 종합적으로 가장 열등한 결과를 산출하는 체제라는 사실을 의미한다.

III부에서는 한국에서의 대리인 선발과 대리인 문제를 분석한다. 8장에서는 대리인 선발을 위한 첫 번째 관문인 정당을 다룬다. 이 장에서는 기존의 정당 이론이 제시한 정당 모형들과 한국 정당을 서로 비교해 공통점과 차이점을 알아본다. 이 장의 분석에 의하면, 정당 제도화 수준을 비교분석에 포함하지 않으면 한국 정당을 서구의 정당 모형의 일종인 카르텔 정당이나 지도자 정당으로 오인할 수 있다. 서구정당은 대중정당 시기에 시민사회의 대리인 역할을 수행했었고 포괄정당 시기에 시민사회와 국가의 중개인 역할을 담당했었다. 이러한 과정에서 당원, 원내 정치인과 이익집단이 시민사회와 국가를 연결하기 위한 체계적인 후보 선발 방식과 의사결정 규칙의 제도적인 기반을 구축하였다. 이에 반해, 대중정당의 경로를 거친 적이 없는 한국 정당은 시민사회의 대리인 역할을 담당하는 대신 정치 엘리트의 권력 유지 수단으로 작동해 왔다. 8장의 분석은 한국 정당은 대중정당-포괄정당-카르텔 정당의 경로를 거쳐서 형성된 서구의 개인화된 정당 모형과도 일치하지 않는다는 사실을 보여 준다. 이와 같은 분석 결과를 근거로 8장에서는 파벌 간 세력 관계가 당내 의사결정을 지배하는 한국 정당을 설명하기 위한 정당 모형으로 제도화 수준이 낮은 파벌 정당(factional party) 모형을 제시하였다.

9장에서는 대리인의 사전적 선발과 사후적 평가에 대한 경험 분석을 통해 한국에서 발생하는 대리인 문제의 특성을 검토한다. 이 장의 경험 분석은 대리인의 사전적 선발에 대한 다음과 같은 결과를 산출하였다. 후보의 현직 지위와 선수 및 중앙·지방 정부 관료 경력과 같은 정치 자본이 후보의 당선 가능성을 증가시킨다. 언론이나 방송을 통해 높은 인지도를 확보할 수 있는 국회의원, 중앙·지방 정부 관료나 언론·방송인 출신 대리인이 과대 대표되는 반면, 직능집단 출신 대리인은 과소 대표된다. 이러한 분석 결과는 한국 선거에서 대리인 선발이 다양한 시민사회 집단으로부터 이루어지기보다는 주로 정치 자본을 가진 정치 엘리트 집단으로부터 이루어진다는 사실을 보여 준다.

9장의 경험 분석은 또한 대리인의 사후적 심판에 대한 다음과 같은 결과를 산출하였다. 첫째, 대통령 재임 기간에 초래된 장기적 경제 상황뿐만 아니라 선거 당시의 단기적 경제 상황도 여야 후보의 당락에 유의미한 영향을 미치지 않는다. 둘째, 후보가 소속된 정당의 지역적 이점이 후보의 당선 가능성에 가장 유의미한 영향을 미친다. 셋째, 여당의 집권 기간이 길어질수록, 여당 후보가 당선될 가능성은 작아지나 야당 후보가 당선될 가능성은 커진다. 이러한 분석 결과는 한국에서는 후보가 속한 정당의 경제성과와 무관하게 후보가 어떤 지역에서 출마하는가와 선거가 언제 치러지는가가 후보의 당락에 가장 유의미한 영향을 미친다는 사실을 의미한다. 한국 유권자는 자신들의 투표 결정에 경제 상황이 가장 중요하다고 인식한다(문우진, 2018). 이러한 인식에도 불구하고, 한국에서는 대리인에 대한 심판이 경제투표를 통해 효과적으로 이루어지지 않는다는 사실을 9장의 경험 분석이 보여 준다.

10장에서는 국회의원의 정치 성향과 유인 가치가 지역구 당선자의 득표와 입법 성과에 미치는 영향을 분석한다. 이 장의 경험 분석은 후보의 정치 성향이 온건 진보 또는 온건 보수에 가까울수록, 그리고 후보가 중앙 관료 경력이나 의정 경력을 가졌을수록 후보의 득표율이 증가한다는 결과를 산출했다. 이 장은 또한 중앙 관료 경력이나 의정 경력처럼 유권자들로부터 더 높은 지지를 끌어내는 유인 가치를 가진 의원이 다른 의원보다 입법 성과가 오히려 더 낮다는 사실을 발견하였다. 한국 유권자가 중앙정부 관료 경력이나 의정 경력이 풍부한 후보를 지지하는 이유는 이러한 경력이 국회의원의 업무 수행에 유리하다고 믿었기 때문일 것이다. 이러한 믿음과 반대로 그러한 경력을 가진 국회의원의 입법 성과가 더 낮다는 10장의 분석 결과는 한국에서의 대리인 문제가 사전적 선발 단계부터 정상적으로 작동하고 있지 않기 때문에 발생한다는 것을 의미한다.

IV부에서는 바람직한 정치제도 설계 방향에 대해 논의하고 국회의원 선거제도, 대통령 선거제도와 지방선거 제도의 개혁 방안을 제시한다. 11장에서는 다음과 같은 작업을 수행한다. 첫째, 권력 분산과 민주주의의 질과의 관계에 대한 이론적 논의를 전개하고, 권력 분산형 정치제도가 민주주의의 질에 미치는 영향에 대한 경험 분석을 수행한다. 이 장의 경험 분석은 권력 분산과 민주주의의 질은 서로 무관하다는 결과를 산출한다. 둘째, 한국 정치제도의 어떠한 요소들이 각각 다수 지배와 소수 보호의 원리에 유리한가를 살펴보고, 한국 정치제도는 종합적으로 다수 지배에 더 유리하다는 사실을 보여 준다. 셋째, 바람직한 정치제도 설계 방향을 위한 규범적 준거 틀로 당간 차원 대표성과 당내 차원 대표성이라는 개념을 제시한다. 넷째, 선거제도와 정부형태 및 입법 규칙의 서로 다른 조합이 산출하는 여덟 종류의 정치 체제가 당간 차원 대표성에 어떠한 영향을 미치는가를 분석한다. 이 분석에 의하면, 다당 체제 대통령제와 다수결 입법 규칙이 조합한 체제에서 온건한 중도 정당이 중추 정당의 지위를 차지할 때 당간 차원 대표성이 가장 증진된다.

12장에서는 지역구 의원과 비례대표 의원을 모두 선발하는 혼합형 선거제도의 장단점을 평가한다. 슈거트(Shugart, 2001)는 혼합형 선거제도를 단순다수제와 비례제의 장점을 모두 지닌 일거양득(the best of both worlds) 체제로 평가하였다. 혼합형 선거제도가 일거양득 체제라고 주장하는 시각은 당간 차원과 당내 차원에서 양극단의 결과를 초래하는 서로 다른 선거 공식을 혼합해서 극단적인 결과를 완화할 수 있다고 믿는다. 이 시각에 의하면, 양당제를 산출하는 다수제 공식과 다당제를 산출하는 비례제 공식을 혼합하면 당간 차원에서 중간 정도의 정당 체제가 초래되고, 개인주의적인 다수제 체제와 중앙집중적인 비례제 공식을 혼합하면 당내 차원에서 지역 책임성과 국가정책 대표성이 동시에 촉진된다. 이에 반해, 털락(Tullock, 1998)은 혼합형 선거제도를 기괴한 혼종(bizarre hybrid)이라 비판했고, 먼로(Monroe, 2003)는 혼합형 선거제도가 의도하지 않은 일거양실(the worst of both worlds)의 결과를 초래할 가능성을 제기하였다.

12장에서 수행된 혼합형 선거제도에 대한 비교분석은 혼합형 선거제도가 일거양득 체제라는 주장이 다음과 같은 이유에서 재검토될 필요가 있다는 것을 보여 준다. 첫째, 다양한 혼합형 선거제도는 서로 다른 특성을 가지며 일부 혼합형 선거제도는 극단적인 선거제도의 특징을 가진다. 둘째, 일부 혼합형 선거제도는 치명적인 문제를 안고 있다. 특히 연동형 선거제도와 준연동형 선거제도는 위성정당의 출현을 촉진하여 선거 결과를 왜곡하고 표의 등가성을 훼손한다. 당간 차원과 당내 차원에서 양극단의 결과를 초래하는 서로 다른 선거 공식을 혼합해서 양극의 결과를 평균화할 수 있다는 믿음은 검증된 바가 없다. 양극단의 결과를 피하는 것이 선거제도 개혁의 중요한 목표라면, 양극단의 결과를 초래하는 두 선거제도를 섞어 양극의 결과가 평균화되기를 바라는 것보다 처음부터 양극단의 결과를 산출하지 않는 선거제도를 채택하는 것이 효과적이다.

13장에서는 선거제도 개혁을 위한 규범적 기준으로 당간 차원 대표성과 당내 차원 대표성이라는 개념을 제시한다. 다수의 크기에 따라 다수와 소수의 이익 균형이 효율적으로 변하는 체제가 당간 차원 대표성이 높은 체제이며, 다양한 시민사회 집단들을 대표하는 의원들로 구성된 의회가 정책 대변 기능을 충실하게 수행하는 체제가 당내 차원 한성이 높은 체제이다. 이 장에서는 당간 차원 대표성과 당내 차원 대표성을 촉진하기 위한 국회의원 선거제도 개혁 방안으로 부분 개방 명부 권역별 비례제를 제안한다. 한 선거구에서 평균적으로 6인에서 7인 정도를 선발하는 이 방안에서는 다당 체제가 산출될 가능성이 높고 중도 정당이 중위정당의 지위를 확보하면 당간 차원 대표성이 증진된다.

이 장의 개혁안은 또한 당내 차원 대표성을 증진하기 위한 후보 선발 방식을 제안하였다. 시민사회의 집단 구성원이 자신이 소속된 집단의 이익을 대표하는 후보를 직접 선발한 후 집단이 지지하는 정당에 후보를 추천한다. 이들은 또한 지지 정당에 가입하여 비례대표 명부의 후보 순위 결정에 참여한다. 이 장이 제시한 개방 명부 비례제에서는 유권자가 정당 또는 후보에 투표하고, 명부 순위와 후보가 얻은 개인표 모두 후보의 당락에 영향을 미친다. 당선 기준을 충족시킬 정도로 많은 개인표를 얻은 후보는 자력으로 당선되며, 충분한 개인표를 얻지 못한 후보의 당락은 명부 순위에 의해 결정된다. 후보는 명부에서 높은 순위를 얻기 위해 당에 충성해야 할 뿐만 아니라 더 많은 개인표를 얻기 위해 지역구 유권자에 봉사할 동기를 가진다.

13장에서는 또한 대통령 선거 개혁 방안으로 순위 투표제를 제안하고 순위 투표제가 정치 양극화 해소에 미치는 긍정적인 영향을 설명한다. 순위 투표제는 호불호가 강한 후보보다 광범위한 유권자로부터 비교적 높은 선호를 얻을 수 있는 온건한 후보에게 유리하다. 순위 투표제는 온건한 후보가 당선될 가능성을 증가시키므로, 정치 양극화를 약화하기에 유리하다. 이 장에서는 또한 연임제가 단임제보다 항상 더 나은 제도가 아니라는 사실을 설명한다. 정책에 대한 책임 소재를 묻기 어려운 환경에서 연임제를 채택하면, 국정운영에 실패한 대통령이 재선되는 최악의 결과가 초래될 수 있다. 이 장에서는 한국과 같이 대통령이 여당에 막강한 영향을 행사하는 국가에서는 대통령의 통치 효율성을 증진하는 것보다 대통령 권력을 견제하기 위한 보수적인 개혁 방안이 더 적당하다고 주장한다. 이러한 취지에서 이 장에서는 대통령 권한을 견제하기 위해 임기 중반에 중간선거를 치르는 4년 단임제 또는 6년 단임제를 제안한다.

14장에서는 지방선거 제도개혁 방안으로 개방 명부 중층 비례제를 제안한다. 이 제도에서 유권자들은 비교적 작은 하위선거구에서 후보에게 직접 투표하고, 정당 간 의석 배분은 상위선거구 수준에서의 정당 득표수를 기준으로 이루어진다. 광역의원 선거의 경우, 국회의원 지역구 2개 또는 3개를 하나로 통합한 하위선거구에서 4인 또는 6인의 광역의원을 선발하고, 하위선거구 두 개를 통합한 상위선거구에서 8인에서 11인을 선발한다. 기초의원 선거의 경우, 유권자들은 4인에서 5인을 선발하는 하위선거구에서 투표하고, 기초단체의 인구 규모 및 읍면동 수에 따라 하위선거구들을 2개에서 9개까지 통합한 상위선거구에서 정당 간에 의석을 배분한다.

개방 명부 중층 비례제는 ① 군소정당 후보의 의회 진입을 촉진하고, ② 지역 유지나 토호가 지역 인맥을 통해 의석을 확보하는 것을 억제하고, ③ 같은 정당 후보끼리의 경쟁을 억제하는 효과가 있다. 중층 비례제에서 유권자들은 하위선거구에 출마한 적은 수의 후보들로부터 후보를 선택하기 때문에, 이 제도는 유권자들이 정당 이름을 보고 투표할 동기를 억제하고 중앙당의 지방정치 지배 능력을 약화한다. 중층 비례제는 작은 선거구들을 통합한 상위선거구에서의 정당 득표율을 기준으로 의석을 배분하기 때문에, 비례성이 높은 의석 배분을 촉진한다. 같은 정당 후보 간의 경쟁 때문에 지역 인맥을 가진 무소속 후보에 유리한 단기비이양식 선거제도와 달리, 개방 명부 중층 비례제는 하위선거구에서 같은 정당 후보들이 얻은 표를 모아서 의석을 배분하므로 군소정당 후보의 당선 가능성을 높여 준다.

I 부

단순다수제는 누구의 입장을 대표하는가

2장

단순다수제는 누구의 입장을 대표하는가? 중위투표자 이론과 정치거래 이론

2.1 서론

인민주권론에 의하면, 민주주의는 국민이 통치하는 체제이고 국가는 "국민의 뜻"을 반영한다, 국민의 뜻을 반영하기 위해서는 그것을 정의할 수 있어야 한다. 그러나 수많은 개인의 입장을 어떻게 하나의 일관된 국민의 뜻으로 정의할 수 있는가? 국민의 뜻은 매우 드물게 일치할 수도 있다. 전쟁이나 금융위기와 같은 파국적 사건이 발발하면, 국민의 뜻이 하나로 수렴할 수도 있다. 그러나 이러한 국가의 위기 상황에도 모든 국민의 뜻이 일치하기는 어렵다. 전 국민이 하나의 뜻을 갖는 것은 현실 세계에서 불가능하다. 그렇다면 국민의 뜻이란 누구의 뜻을 의미하는가? 국가는 서로 다른 국민의 뜻 중 누구의 입장을 대표하는가?

국민의 뜻이 하나가 아니라면, 민주주의 국가에서는 헌법이 규정한 의사결정 규칙에 따라 대표할 입장을 결정한다. 다수결 입법 규칙을 사용하는 국가에서는 다수 여당이 자신을 지지한 다수의 입장을 대표한다. 여당이 의회에서 과반 의석을 얻지 못하면, 권력구조 또는 정부형태에 따라 의회가 대표하는 정책이 달라진다. 의회제 국가에서는 연합정부에 참여한 정당들이 합의해서 국가정책을 만든다. 대통령제에서 소수 여당은 다수 야당의 동의를 얻을 때만 여당 안을 통과시킬 수 있다. 소수 여당은 다수 야당의 동의를 얻을 수 있는 정책 중 자신이 가장 선호하는 법안을 통과시킨다.

한 정당이 의회의 과반 의석을 얻을 가능성은 선거제도에 따라 달라진다. 비례제에서 정당 의석은 득표율에 따라 비례적으로 배분된다. 비례제에서는 군소정당도 의석을 확보할 수 있어 다당 체제가 산출되므로 한 정당이 과반 의석을 얻기 어렵다. 이에 반해 단순다수제에서는 소선거구에서 가장 많은 표를 얻은 후보가 당선된다. 유권자는 자신의 표가 사표가 되지 않도록 당선 가능성이 있는 후보에게 투표하려 한다. 이러한 전략적 투표 성향은 두 주요 정당 후보가 선거에서 승리할 확률을 높인다. 따라서 단순다수제에서는 양당 체제가 산출될 가능성이 크다(Duverger, 1959).

이 장에서는 단순다수제 국가에서 누구의 입장이 대표되는가에 대해 논의한다. 민주화 이후 한국은 단순다수제를 통해 지역구 의원을 선발하고 비례제를 통해 비례대표 의원을 선발하는 혼합형 선거제도를 채택하고 있다. 그러나 지역구 의석이 전체 의석의 80% 이상을 차지하므로, 단순다수제를 채택한 국가에서와 마찬가지로 양당이 지배하는 정당 체제가 형성된다. 그렇다면 양당 체제 국가에서는 누구의 입장이 대표되는가? 이 질문에 답하기 위해 이 장에서는 양당 체제에서는 두 정당이 선거 승리를 위해 중위투표자 입장을 채택한다는 다운스(Downs, 1957)의 중위투표자 이론(median voter theorem)을 소개하고 이를 비판적으로 검토한다. 그리고 다운스 이론에 대한 대안으로 정치거래 이론(political transaction theory)을 제안하고, 이를 통해 양당 체제에서 두 정당이 서로 수렴하지 않는 이유를 설명한다.

2.2 다운스의 중위투표자 이론

호텔링(Hotelling, 1929)은 두 사업체가 가능한 많은 소비자를 유치하기 위해 직선상의 거리에서 어떤 위치를 선택해야 하는가를 분석하였다. 호텔링은 소비자의 효용에 영향을 미치는 요인이 오직 소비자의 집과 사업체 간의 거리라고 가정했다. 이 가정으로부터 호텔링은 두 사업체가 거리의 중간에 위치할 때 가장 많은 소비자를 유치할 수 있다는 결과를 도출하였다. 다운스는 호텔링의 모형을 선거에 적용해서 두 정당이 일차원적 정책 공간이나 이념 공간에서 경쟁한다면 어떠한 입장을 선택할 것인가를 분석하였다. 다운스는 호텔링의 모형과 같은 결과를 도출하였다. 두 정당은 선거 승리를 위해 일차원적 정책 공간의 중간에 있는 투표자의 입장, 즉 중위투표자 입장으로 수렴해야 한다.

다운스의 중위투표자 이론은 기존의 선거 연구와 구분되는 기념비적 성과로 평가된다. 그 이유는 다운스 이론이 가정들을 명시하고 이로부터 결론을 연역적으로 도출하는 논리적 정연성(logical elegance)을 갖추었기 때문이다. 그러나 다운스의 이론은 현실 세계와 부합하지 않다. 양당 체제 국가에서 두 정당 모두 중위투표자 입장을 선택한 사례는 발견되지 않았다. 두 정당 간 입장 차가 작은 미국과 같은 국가에서도 공화당과 민주당의 입장에는 상당한 차이가 있다. 양당 지배 체제인 한국에서도 두 주요 정당이 중위투표자 입장으로 수렴하지 않는다. 미국과 한국에서 정치 양극화 현상이 심해지면서 두 주요 정당의 입장은 오히려 더 멀어지고 있다.

다운스 이후의 공간 이론가들(spatial theorists)은 다운스 이론과 현실 간의 괴리가 무엇 때문에 발생하는가를 연구하기 위해 다운스가 제시한 가정들의 적실성에 대한 검토를 시도하였다. 다운스는 유권자의 정책 선호와 상대 정당의 입장에 대한 완전 정보(complete information)를 가진 두 정당이 일차원적 정책 공간에서 선거에 이기기 위해 경쟁하며, 정당에 대한 유권자 효용은 유권자와 정당의 입장 차에 의해 결정된다고 가정했다. 즉 다운스의 공간모형에서는 *a* 정당의 목적(선거 승리), *b* 정당 정보(완전 정보), *c* 양당 경쟁, *d* 정책(이념) 대결, *e* 비용 없는 정책 변경을 포함하는 다섯 가정이 동시에 충족되면, 두 정당이 중위투표자 입장으로 수렴한다. 중위투표자 이론의 가정들과 결론을 연결하는 연역 관계는 아래와 같다.

선거승리∩완전정보∩양당경쟁∩정책대결∩무비용 정책변경 ⇒ 수렴 결과

가정 a∩가정 b∩가정 c∩가정 d∩가정 e ⇒ 수렴 결과

그러나 현실 세계는 수렴 결과를 뒷받침하지 않는다. 현실 세계에서 두 정당이 수렴하지 않는 결과(~수렴 결과)가 초래되었다면, 이러한 결과와 부합하는 연역 관계는 아래와 같다. 즉, 비수렴 결과가 초래되었다는 것은 다섯 가정 중 최소한 한 가정이 현실과 부합하지 않았다는 것을 의미한다.

$$\sim\text{수렴 결과} \Rightarrow \sim a \cup \sim b \cup \sim c \cup \sim d \cup \sim e$$

공간 이론가들은 비수렴 결과의 원인을 분석하기 위해 먼저 정당과 관련된 가정들을 수정하였다. 이들은 불완전 정보를 가진 정당이 지지자의 입장을 대표하기 위해 선거 경쟁을 한다($\sim a \cup \sim b$)고 가정하거나(Wittman, 1983), 제3정당의 출현 가능성($\sim c$)을 가정하면(Palfrey, 1984), 비수렴 결과가 도출된다는 것을 보여주었다. 다른 공간 이론가들은 유권자와 관련된 가정을 수정하였다(Adams et al., 2005; Hinich and Ordeshook, 1970). 다운스 이론에서는 유권자와 정당의 정책 차이만 유권자의 효용에 영향을 미친다. 따라서 다운스 이론에서는 자신이 지지하는 정당이 아무리 자신으로부터 멀어지더라도 여전히 상대 정당보다는 자신의 선호에 가까운 정책을 취하고 있다면 해당 정당을 계속 지지하는 것이 합리적이다. 그러나 현실 세계에서는 지지 정당이 자신으로부터 너무 멀어질 경우, 소외감을 느끼는 유권자가 투표 참여로 얻는 효용보다 투표 비용이 더 크다고 생각해 기권할 수 있다. 따라서 지나친 정책 온건화는 급진적인 유권자의 기권으로 인한 표의 손실을 초래할 수 있다. 이러한 경우, 비용 없는 정책 변경 가정이 성립하지 않아($\sim e$) 비수렴 결과가 도출될 수 있다.

그러나 후속 공간이론들이 제시한 수정된 가정들이 다운스가 제시한 가정들에 비해 현실 세계와 더 부합한다고 보기 어렵다. 우선, 위트만(Wittman, 1983)이 제시한 가정($\sim a \cup \sim b$)과 달리, 정당의 가장 중요한 목표는 선거에서 승리하는 것

이다. 정당은 지지자의 입장을 대표한다는 목표를 달성하기 위해서라도 선거에서 승리해야 한다(가정 *a*). 정당은 또한 설문조사를 통해 유권자에 대한 정보를 확보할 수 있으며 표본의 크기가 충분하다면 유권자 정책선호 또는 이념분포에 대해 거의 완전한 정보를 확보할 수 있다(가정 *b*). 따라서 다운스가 제시한 가정 *a*와 *b*는 위트만의 가정보다 현실에 더 부합한다. 팰프리(Palfrey, 1984)가 제시한 가정 ~*c* 역시 다운스가 제시한 가정보다 현실에 더 부합한다고 보기 어렵다. 단순다수제 국가에서 군소정당 후보를 선호하는 유권자도 당선 가능성 있는 주요 정당 후보를 전략적으로 지지한다(Duverger, 1959). 따라서 주요 정당이 제3정당의 출현 가능성에 대비하기 위해 중위투표자 입장에서 멀어질 정도로 제3정당이 주요 정당에 큰 위협이 되기는 어렵다.

정당의 정책 변경이 비용을 초래한다는 가정(~e)은 현실에 부합하나, 비수렴 결과를 도출하기 위해서는 비현실적인 가정을 추가해야 한다. 정당이 지나치게 온건한 정책을 취하면 급진적인 유권자가 기권하므로 비용이 초래된다. 그러나 정당이 온건한 정책을 취해서 얻는 중도 유권자들이 기권으로 잃는 급진적인 유권자보다 더 많다면, 유권자의 기권 가능성을 허용해도 정당은 중앙으로 수렴할 때 더 많은 표를 얻을 수 있으므로 수렴 결과가 유지된다. 유권자의 기권 가능성을 허용할 때 비수렴 결과를 도출하기 위해서는 온건한 유권자들보다 급진적인 유권자들이 더 많다는 가정을 해야 한다. 그러나 이러한 가정은 <그림 2.1>이 보여 주듯이 현실과 부합하지 않는다. <그림 2.1>은 17대 총선부터 20대 대선 설문조사에서 측정한 선거 당시 유권자의 이념분포를 보여 준다. 유권자의 이념은 0점(진보)에서 10점(보수) 사이에 분포되어 있으며 모든 선거에서 5점의 이념을 가진 중도 유권자가 중위투표자이다. <그림 2.1>은 0점과 10점 근처의 급진적인 이념을 가진 유권자가 5점 근방의 온건한 이념을 가진 유권자보다 더 많은 적은 한 번도 없었다는 사실을 보여 준다. 따라서 급진적인 유권자가 투표에 불참하여 이들의 표를 잃는다고 가정해도, 더 많은 온건한 유권자의 표를 얻기 위해 중앙으로 수렴하는 것이 합리적이다.

그림 2.1 17대 총선 이후 유권자 이념의 분포

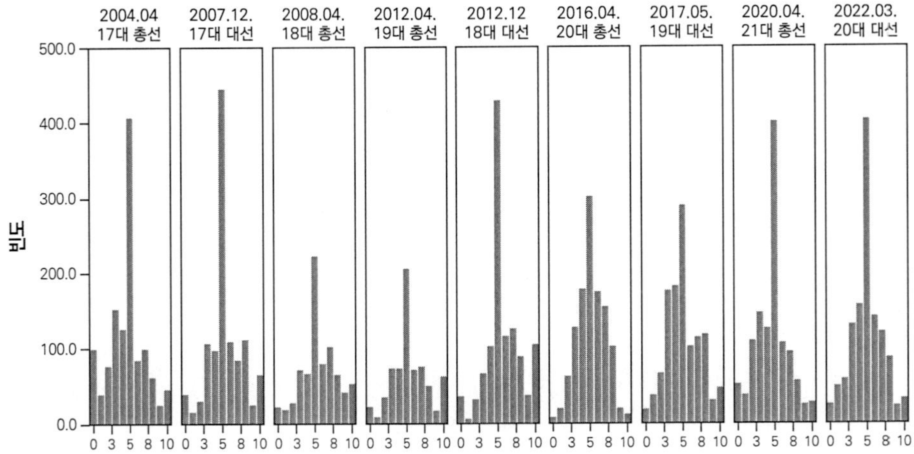

자료: 17대~20대 대통령 선거 관련 유권자 의식조사와 17대~21대 국회의원 선거에 대한 국민 의식조사

이 절의 논의를 정리하면, 후속 연구들은 다운스의 가정을 수정해서 비수렴 결과를 도출하였으나, 다운스의 가정보다 비현실적인 가정을 할 때 비수렴 결과를 얻을 수 있었다. 후속 연구들이 제시한 가정보다 다운스의 가정이 더 현실적이라면, 그럼에도 불구하고 현실과 부합하지 않는 결론을 도출하는 중위투표자 이론의 딜레마는 어떻게 해결할 수 있는가? 다운스의 가정 중 어떤 가정이 비현실적이며, 그 가정을 수정하면 어떻게 비수렴 결과를 도출할 수 있는가? 다음 절에서는 이 수수께끼를 풀기 위한 새로운 시각을 제시한다.

2.3 정치소비자 모형 대 정치투자자 모형

2.2절에서 살펴본 비수렴 결과를 도출한 공간모형들과 다운스 이론은 공통점이 있다. 이들 이론은 모두 정당이 정책 경쟁을 한다고 가정한다. 또한 유권자는 소비자가 선호하는 상품을 선택하듯이 자신이 더 선호하는 정책을 제공하는 정당을 선택한다고 가정한다. 후속 모형들이 다운스 이론의 가정을 공유하는 이

유는 이들 모형이 호텔링 모형을 선거 경쟁에 접목한 다운스의 접근 방법을 수용하기 때문이다. 호텔링 모형에서는 소비자와 사업체의 거리가 사업체에 대한 소비자 선호를 결정하며, 사업체가 소비자를 유치하는 유일한 방법은 사업체의 위치를 바꾸는 것이다. 마찬가지로, 다운스 이론에서 정당이 유권자의 표를 확보하는 유일한 방법은 정책 입장을 변경하는 것이다. 호텔링의 모형에서 소비자가 상품생산에 관여하지 않고 구매자 역할만 담당하듯이, 다운스의 모형에서 유권자는 지지 정당의 정책생산에 적극적으로 참여하지 않고 정당이 제시한 정책을 소극적으로 선택한다. 이러한 시각에서 유권자와 정당의 관계는 소비자와 판매자의 관계로 이해된다.

그러나 현실 세계에서 유권자와 정당의 관계는 호텔링 모형의 소비자-판매자 관계와 본질적으로 다르다. 유권자와 정당의 관계는 단순한 소비자-판매자의 관계가 아니라 주인과 대리인(principal-agent)의 관계이다(Lupia and McCubbins, 2003). 이러한 시각을 따르는 공간 이론가들은 일부 유권자들이 적극적으로 정치에 참여하고 인적·재정적 자원을 제공하는 정치투자자라고 가정한다(Aldrich, 2010; Moon, 2004). 정당 활동가들(party activists)은 자신의 정당이 자신이 원하는 정책을 채택하도록 하기 위해 지도부에 압력을 행사하고, 자신이 지지하는 후보의 당선을 위해 예비 선거나 공천 과정에 적극적으로 개입한다(Aldrich, 2010). 이처럼 정치투자자의 역할을 하는 정당 활동가들은 대부분 급진적인 이념을 가진 열성 지지자들이다.

다운스 이론에서 정당은 급진적인 열성 지지자의 이탈에 대한 염려 없이 중앙으로 수렴할 수 있다. 달리 말하면, 정당은 집토끼의 도망을 우려하지 않고 산토끼를 좇을 수 있다. 다운스 이론에서 이러한 가정이 성립하는 이유는 지지 정당이 자신으로부터 아무리 멀어져도 상대 정당보다 조금이라도 더 가까우면 유권자가 지지 정당에 투표하기 때문이다. 다운스 이론에서 유권자가 자신으로부터 멀어지는 지지 정당에 꾸준히 투표하는 까닭은 원치 않는 정당이 당선될 때 치러야 하는 비용이 지지 정당에 투표하기 위해 치러야 하는 투표 비용보다 항상 크다는 가정에 있다. 따라서 다운스 이론에서 정당은 급진적인 유권자의 기권으로 수반되는 비용을 치르지 않고 자유롭게 중앙으로 수렴할 수 있다. 즉, 정당은 집토끼의 탈출에 대한 염려 없이 산토끼를 쫓을 수 있다(가정 *e*).

그러나 다운스의 정치소비자 모형과 달리 정치투자자 모형은 정당이 정책 수렴으로 인해 치러야 하는 비용이 급진적인 유권자의 기권표에 국한된다고 보지 않는다. 열성 지지자도 일반 유권자와 같은 한 표를 행사하지만, 이들이 제공하는 선거자원을 통해 벌어들일 수 있는 표는 그 이상이다. 경제적 유력집단은 막대한 정치자금을 제공하고, 열성 지지자들은 활발한 SNS 활동과 선거운동을 통해 표심에 상당한 영향을 미친다. 따라서 정당은 인적·재정적 선거자원을 제공하는 열성 지지자의 목소리를 무시하고 온건한 입장으로 수렴하기 어렵다. 현실 세계의 정당이 집토끼의 탈출에 대한 염려 없이 산토끼를 쫓지 못하는 이유다.

2.4 현실 세계에서의 선거 전략

2.4.1. 유인 가치 경쟁

정치투자자 모형은 정당이 구사하는 선거 전략에 대해 다운스 이론과 다른 가정을 한다. 다운스 이론에서는 정당이 정책 경쟁만 한다고 가정하기 때문에(가정 *d*), 더 많은 표를 얻기 위한 정당의 선택에는 정책을 온건하게 변경하는 방법밖에 없다. 그러나 현실 정치에서 정당은 정책을 변경하지 않고도 유인 가치(valence) 경쟁을 통해 유권자의 표를 얻을 수 있다(가정 ~*d*). 스톡스(Stokes, 1963)에 의하면, 정치쟁점에는 위치 쟁점(position issues)과 유인 쟁점(valence issues)이 있다. 위치 쟁점은 정치인과 유권자의 입장을 좌우에 배열할 수 있는 쟁점이다. 위치 쟁점은 특정 유권자의 효용을 증가시키고 다른 유권자의 효용을 감소시킨다. 위치 쟁점에 대한 유권자 효용은 단봉형(sinlge-peaked)의 모습을 가진다. 예컨대, 복지정책에 국가 예산의 30%를 지출하기를 원하는 유권자의 선호는 30%에서 극대화되고, 이로부터 멀어질수록 효용이 감소한다. 유인 쟁점은 좌우 공간에 배열하기 어려운 쟁점이다. 유인 쟁점은 공적 업무 수행에 필요한 덕목인 경제 활성화 능력, 의정활동 능력, 지역구 사업 능력이나 도덕성과 같은 공적 유인 가치와 유권자들이 후보에게 느끼는 이미지나 매력과 같은 사적 유인 가치를 포함한다. 유인 가치에 대한 유권자 효용은 단순하게 증가한다. 유권자는 후보가 경제를 활성화할 능력이 있다고 생각하거나 후보에게서 매력을 느끼면 더 큰 효용을 느끼는 것이다.

다운스 이론이 가정한 것처럼 정당이 위치 쟁점 경쟁만 한다면 정당이 표방하는 위치 쟁점에 반대하는 유권자의 표를 잃을 수 있다. 예컨대, 한 정당이 진보적인 정책을 취하면 보수적인 유권자를 잃게 되고 보수적인 정책을 취하면 진보적인 유권자를 잃게 된다. 이러한 위험을 회피하기 위해 정당은 정책 입장을 선명하게 제시하기보다 유인 가치 광고에 집중한다. 유인 가치는 모든 유권자가 선호하는 정당의 특성이므로, 유인 가치 광고는 표의 손실을 초래하지 않는다. 예컨대, 모든 지역구민은 지역구 예산의 증가를 선호한다. 그러니 후보가 지역구 사업에 필요한 정부 예산을 유치할 수 있는 능력을 홍보하는 전략을 구사할 경우, 일부 유권자의 표를 잃을 염려가 없다.

유인 가치는 정당의 국가 경제 활성화 능력, 외교 능력, 후보의 지역구 사업 능력과 같이 유권자에게 경제적인 혜택을 제공할 수 있는 능력을 포함한다. 그러나 유인 가치가 반드시 경제적 혜택 제공 능력에 한정되는 것은 아니다. 후보의 도덕성이나 봉사적인 태도 역시 유권자에게 긍정적인 효용을 유발한다. 이뿐만 아니라 후보와 유권자 사이의 혈연·학연·지연과 같은 정서적인 유대감 역시 후보의 유인 가치로 작동할 수 있다. 이러한 유대감은 후보에게 느끼는 심리적인 기대감을 충족시킨다.

문제의 핵심은 정당이 유권자들이 좋아하는 유인 가치를 가공하고 이를 효과적으로 홍보하면, 이러한 유인 가치가 경제적인 것이 되었건 심리적인 것이 되었건 유권자의 표를 얻는 데 도움이 된다는 것이다. 이러한 유인 가치의 실체가 존재하는가는 중요하지 않다. 대부분 유권자는 후보의 능력과 도덕성 같은 유인 가치를 정확하게 평가하지 못한다. 대통령 후보의 국정운영 능력이나 경제 개발 능력은 더욱 검증하기 어렵다. 따라서 정당은 후보의 유인 가치를 실제 이상으로 포장한다. 정당은 또한 상대 정당에 부정적인 유인 가치를 덧씌우는 전략을 구사한다. 상대 정당의 도덕성과 능력에 흠집을 내고 부정적인 프레임을 통해 흑색선전에 몰두한다.

2.4.2. 유리한 쟁점 부각 전략(프레임 전환 전략)

정당은 자신에 더 유리한 쟁점을 부각하는 전략을 구사한다. 쟁점은 쟁점으로 덮는 전략을 구사하는 것이다. 2000년 이후에 실시된 설문조사 자료에 의하면, 대북 지원을 반대하는 유권자가 찬성하는 유권자보다 더 많으나 복지 확대를 찬성하는 유권자가 반대하는 유권자보다 더 많다(문우진, 2018). 따라서 선거에서 대북 쟁점이 부각되면 보수정당에 유리할 수 있고, 복지 이슈가 부각되면 진보정당에 유리할 수 있다. 정당은 또한 자신에 불리한 쟁점을 유리한 쟁점으로 전환하는 전략을 구사한다. 예컨대, 문재인 정부에서 민주당은 다수가 지지하는 검찰개혁을 시도했으나, 국민의힘은 검찰개혁 쟁점을 추윤 갈등 프레임으로 전환했다. 보수언론이 추미애 법무부 장관에 부당하게 핍박당하는 윤석열 검찰총장의 이미지를 형성하고 유포하면서, 검찰개혁에 대한 여론은 희석되었다.

2.4.3. 정당 입장에 대한 유권자 인식 변경 전략

다운스 이론에서는 정당 입장에 대한 유권자들의 인식이 고정적이라 가정한다. 그러나 유권자들이 정당의 정책 입장에 대한 충분한 정보를 가지고 있지 않으므로, 정당은 캠페인을 통해 자신과 상대의 입장에 대한 유권자 인식을 바꿀 수도 있다. 정당은 자신의 입장이 온건한 것처럼 광고하거나 상대 정당의 입장이 급진적인 것처럼 광고한다. 예를 들어 보수정당은 자신의 친자본적인 입장을 숨기고, 진보정당은 증세라는 표현을 회피한다. 보수정당과 진보정당 모두 중산층이나 국민 전체를 대변한다고 주장한다. 이와 동시에, 정당들은 상대 정당의 입장이 극단적인 것처럼 보이게끔 하려는 전략을 구사한다. 보수정당은 진보정당을 급진적인 종북 세력으로 몰아가고, 진보정당은 보수정당을 친일 세력으로 몰아간다.

2.4.4. 위치 쟁점의 유인 쟁점화 전략

다운스 이론은 두 정당이 위치 쟁점을 두고 정책 경쟁을 한다고 가정한다. 그러나 정당은 자신의 정책 입장을 명확히 하면 해당 정책에 반대하는 유권자의 표를 잃을 수 있다. 이뿐만 아니라, 정당이 지나치게 급진적인 정책을 취하면 온건한 유권자들의 표를 잃을 수 있고, 지나치게 온건한 정책을 취하면 급진적인 지지자들의 표를 잃을 수 있다. 이러한 딜레마에 봉착한 현실 세계의 정당은 자신의 정책 입장을 선명하게 유지하면서도 지지자와 비지지자의 표를 동시에 얻을 수 있는 전략을 구사한다. 이러한 전략은 위치 쟁점을 유인 쟁점으로 포장하는 것이다. 진보정당과 보수정당은 각각 자신의 정책이 경제를 발전시킨다고 주장하면서 자신의 정책을 유인 가치로 포장한다.

경제정책은 소득재분배를 초래하므로, 그를 찬성하는 유권자들과 반대하는 유권자들을 가른다. 따라서 경제정책은 유권자들의 입장을 좌-우 또는 진보-보수 사이에 배열할 수 있는 위치 쟁점이다. 1930년대 경제 대공황에 직면한 미국의 루즈벨트(Roosevelt) 행정부는 국가의 적극적인 시장개입 및 복지정책 확대를 표방하는 케인지언(Keynesian) 경제정책을 채택하였다. 1970년대에 발생한 석유파동과 인플레이션으로 민주당 정권이 쇠퇴하면서, 공화당의 레이건(Reagan) 대통령이 집권했다. 레이건은 국영기업 민영화 또는 부자 감세와 같은 신자유주의 경제 정책을 내세웠다.

케인지언 정책은 저소득층에 유리하고 신자유주의 정책은 고소득층에 유리하므로, 민주당과 공화당의 정책은 이에 대한 유권자들의 선호를 좌우에 배열할 수 있는 위치 쟁점이다. 그러나 두 정당은 자신의 정책이 특정 집단에게 더 유리하다는 것을 노출하지 않고 모든 국민에게 혜택을 주는 것처럼 포장한다. 미국의 레이건 대통령과 영국의 대처(Thatcher) 수상은 기업과 부자들에 대한 감세정책이 이들의 투자를 촉진함으로써 일자리를 증가시켜 결국 모든 국민에게 혜택으로 돌아온다는 낙수효과를 주장하였다. 반면, 민주당 정부는 국가의 적극적인 일자리 창출 정책과 복지 확대 정책이 저소득층의 소비를 촉진하여 경제를 활성화한다는 분수효과를 주장하였다. 한국 정당 역시 이러한 전략을 구사한다. 보수정권은 친재벌 감세정책을 낙수효과로 포장하는 반면, 진보정권은 소득주도성장 정책을 분수효과로 미화한다.

2.5 정치거래 이론

2.3절에서는 다운스의 중위투표자 이론이 비현실적인 가정들로부터 도출되었다는 사실을 지적했고, 2.4절에서는 현실 세계에서 정당이 어떠한 선거 전략을 구사하는가를 살펴보았다. 그렇다면 현실적인 가정들을 도입할 경우, 양당체제에서 두 정당은 누구의 입장을 대표할 것인가? 정당이 위치 쟁점뿐만 아니라 유인 가치 경쟁을 한다는 가정이 두 정당의 입장에 어떠한 영향을 미치는가? 유권자를 정책소비자로 보는 다운스의 가정을 수정해서 유권자가 정치투자자의 역할을 한다고 가정하면 다운스의 결론에 어떤 변화가 발생하는가? 아래에서는 이러한 질문들에 답하기 위해, 유권자를 정치투자자로 간주하는 정치거래 이론을 제시하고, 정치거래 이론에서는 두 정당이 어떠한 입장을 채택하는가를 설명한다.

2.5.1. 정치와 경제의 차이

정치거래 이론은 정치와 경제를 모두 사회적인 가치를 배분하는 일종의 거래 행위로 본다. 정치에서 정당과 후보는 시장에서 생산자와 판매자에 해당한다. 시장에서 소비자가 자신이 원하는 상품을 사기 위해 돈을 내는 것처럼, 정치에서는 유권자가 원하는 정책을 얻기 위해 표를 행사한다. 시장에서 상품을 광고하듯이, 정치에서는 정당이나 후보가 선거운동을 한다. 이뿐만 아니라, 구매제도와 광고제도가 시장거래를 규제하듯이, 공직선거법과 정치자금법이 정치거래에서 정치상품(정책)의 구매규칙과 정치광고 규칙을 규제한다. 즉 정치와 경제는 일종의 거래 행위라는 점에서 본질적으로 유사하다.

그러나 정치거래 이론은 정치와 경제의 차이에 주목한다. 정치와 경제를 구분 짓는 차이는 두 거래를 규제하는 제도에 기인한다. 시장거래에서 소비자들은 자신이 원하는 상품을 개별적으로 구입한다. 사고자 하는 상품이 아무리 비싸도, 그 값을 지급할 여력과 의향이 있는 소비자는 자신이 원하는 상품을 살 수 있다. 그러나 정치시장에서 유권자들은 자신이 원하는 정치상품을 개별적으로 구매할 수 없다. 이뿐만 아니라, 정치상품 구매에 필요한 표는 모든 유권자에게 동등하게 배분된다. 따라서 아무리 재산이 많은 유권자라 해도 자신이 원하는 정책을 구매할 수 없다. 예컨대, 삼성의 이재용 회장이 애플 핸드폰의 판매를 금지하는 정책을 구매할 수 없다. 경제에서는 개별적 구매를 허용하고 정치에서는 집단구매만 허용하는 구매 제도의 차이에서 경제와 정치의 차이가 발생한다.

경제와 정치는 또한 서로 다른 소비 제도의 규제를 받는다. 시장거래에서 소비자는 자신이 원하는 상품을 개별적으로 소비하면 되나 정치거래에서는 다수가 구매한 상품을 국민 전체가 의무적으로 소비해야 한다. 시장거래에서는 원치 않는 상품을 반품하거나 소비를 중단하면 되지만, 정치거래에서는 모든 국민이 예외 없이 원치 않는 정책도 소비해야 한다. 따라서 정치거래에서는 원치 않는 정책의 영향을 받는 집단이 치러야 하는 순응 비용이 발생한다. 소수가 지배하는 권위주의 국가에서는 다수가 순응 비용을 치르나, 다수가 지배하는 민주주의 국가에서는 소수가 순응 비용을 치른다.

정치거래에서 발생하는 순응 비용은 제도적 효과(institutional effect)를 가진다. 시민들은 불합리한 순응 비용으로부터 자신들을 보호하기 위한 제도를 고안하고 유지한다. 시장거래에서는 평등의 원리보다 효율성의 원리가 규범적인 정당성을 확보한다. 예컨대 국가가 모든 사람에게 똑같은 소득을 지급한다면, 소득 증가를 위해 더 열심히 일할 동기나 자신의 역량을 최대한 발휘할 곳을 찾을 필요가 줄어든다. 그러나 정치거래에서는 경제적 능력이 정치적 권한으로 전이되지 않도록 보장하는 정치적 평등의 원리와 정경분리의 원리가 규범적 정당성을 확보한다. 정치거래에서는 소수가 다수에게 순응 비용을 부과할 수 있으므로 이를 방지하기 위해 효율성의 원리보다 평등의 원리가 더 중요하다. 예컨대, 대기업이 생산과정에서 발생하는 공해물질에 대한 규제를 완화하는 정책을 돈으로 살 수 있다면, 국민은 이 회사의 공해물질로부터 얻는 피해를 감수해야 한다. 따라서 민주주의 국가에서는 경제적인 능력이 정치적인 영향력으로 전이되는 것을 방지하기 위해 불평등한 투표권(구매력)을 허용하지 않으며, 정치적 평등이라는 원리가 정치거래의 구매제도를 지배한다.

정치거래와 시장거래는 서로 다른 광고제도에 의해 작동한다. 시장거래에서 정부는 허위광고나 특정 집단에 해로운 상품의 광고를 규제한다. 예컨대, 미성년자를 대상으로 한 주류나 담배의 광고를 금지한다. 그러나 시장상품 광고에 비해 정치상품 광고에는 더 엄격한 규범적 원리가 적용된다. 정치거래에서는 정치광고 내용뿐만 아니라, 광고비(정치자금) 조달 방법 및 규모, 광고비 지출 규모, 광고(선거운동) 기간과 같은 다양한 내용들을 엄격하게 제한한다.

시장거래에 비해 정치거래에서의 광고제도가 더 엄격한 이유는 광고제도가 기초하고 있는 규범적 원리가 서로 다르기 때문이다. 시장상품 광고의 기본원리는 효율성이다. 광고가 공익을 침해하지 않는 한, 광고의 내용, 광고비의 조달 방법, 광고비 지출 규모는 이윤추구를 목표로 하는 판매자의 재량권에 맡겨둔다. 이에 반해 정치광고는 경제적 능력이 정치적 권한으로 전이되어서는 안 된다는 정경분리 원칙의 지배를 받는다. 이러한 규범적 원리 때문에 여러 국가는 다양한 법적 조항들로 정치광고를 규제한다. 예컨대, 영국은 정당의 지출 규모를 제한하고 있으며, 프랑스는 기업의 정치자금 기부를 금지하고 있다.

정치거래에서 발생하는 순응 비용은 또한 행태적 효과(behavioral effect)를 가진다. 시민들은 원치 않는 정치상품 소비가 초래하는 순응 비용을 회피하고 자신이 원하는 정책을 얻기 위해 인적·재정적 자원을 투자한다. 즉 정치거래가 초래하는 순응 비용은 유권자를 소극적인 정책소비자가 아닌 적극적인 정책생산자와 투자자로서 활동하게 만든다. 그러나 일반 시민이 직접 정책 결정에 참여하는 상황은 막대한 거래비용을 수반한다. 이러한 비용을 줄이기 위해, 유권자는 정당이라는 대리 기관과 의원이라는 대리인에 정책결정권을 위임한다. 그러나 후보와 유권자의 목표는 일치하지 않는다. 후보는 관직이 동반하는 다양한 이권을 얻기 위해 선거에서 승리하려 하나 유권자는 자신이 선호하는 정책을 얻으려 한다. 유권자들은 자신들의 입장을 잘 반영하는 후보가 선거에서 승리할 수 있도록 선거운동에 참여하고, 정치자금 기부를 통해 자신이 지지하는 후보에게 영향력을 행사한다. 자신들이 선발한 후보가 대리인의 임무를 충실하게 수행하지 않으면, 공천 과정에서 다른 후보로 교체하거나 선거에서 심판한다.

2.5.2. 정치의 시장거래화

시장거래와 달리 정치거래에서 유권자는 정책상품을 집합적으로 구매하고 소비해야 한다. 예컨대, 특정한 복지정책을 원하는 유권자가 다수를 형성해서 이 정책을 표방하는 정당이 승리하면, 모든 국민은 이 정책을 소비해야 한다. 이에 반해, 특정 지역이나 집단을 위한 정책적·비정책적 특혜는 소수의 권력 집단이 정치 로비나 정치자금 지원을 통해 구매할 수 있다. 이러한 정치상품에 대한 소비는 사적인 절차에 의해 이루어지고, 혜택은 자금을 지원한 소수의 권력 집단에게만 돌아간다. 특정 지역에 고급 실버타운을 건설해 주는 지역구 사업, 특정 기업에 제공되는 개발 특혜와 같은 정치상품은 전체 유권자가 아닌 일부 소수집단이 재력을 통해 구매하고 소비하는 것이다.

정책적·비정책적 특혜는 구매와 소비가 특정 집단에 의해 개별적으로 이루어진다는 점에서 시장상품과 유사하다. 정경유착 상황에서 주로 발생하는 정치상품의 개별적 거래는 정치가 시장거래화(marketization of politics)되었다는 사실을 의미한다. 대통령 측근이 개입한 권력형 비리는 정치의 시장거래화 현상의 전형적인 사례다. 정치가 시장거래화되면, 사회경제적으로 유력한 집단이 시장거래에서와 같이 자신들이 원하는 정책상품을 구매한다. 정치의 시장거래화는 합법적인 영역에서도 이루어진다. 만약 거대자본이 정치자금 지원을 통해 자신이 원하는 정당의 집권을 도와 원하는 정책을 얻을 수 있다면, 시장거래에서와 같이 자신이 원하는 정책상품을 사게 되는 것이다.

자본주의 선거에서 정치자금은 정치광고에 매우 중요하다. 정당이나 후보가 효과적인 선거 전략을 수립하기 위해서는 유권자의 선호에 대한 정보를 수집해야 하고, 정보 분석을 위한 전문 인력을 확보해야 한다. 선거 전략을 집행하기 위해서도 상당한 인적 · 재정적 자원이 필요하다. 이뿐만 아니라, 언론을 이용해서 자신에게 유리한 정치정보를 확산시키는 것이 매우 중요하다. 이러한 모든 방법에는 막대한 정치자금이 필요하다. 경제적으로 유력한 집단은 이를 제공할 수 있다. 따라서 소수 경제 세력은 정치자금 기부를 통해 자신에게 유리한 정책을 살 수 있다. 정치가 이처럼 시장거래화되면 소수가 다수를 지배하게 된다.

선거가 유인 가치 광고와 무관하게 정책 경쟁으로만 전개된다면, 다운스 이론의 결론처럼 정당은 중위투표자의 입장으로 수렴한다. 그러나 자본이 선거 경쟁을 지배하면, 정당은 온건한 입장을 선택하지 않고도 유인 가치 광고를 통해 표를 얻을 수 있다. 정당은 더 많은 인적 · 재정적 선거자원을 확보하기 위해 이를 제공하는 집단의 입장을 대표한다. 선거자원을 제공하는 유권자들이 일반 유권자들보다 더 보수적이면, 정당은 일반 유권자들이 원하는 것보다 더 보수적인 정책을 취하게 된다. 이러한 정당 정책의 우경화 현상은 보수적인 정당에만 해당하는 것이 아니다. 진보정당도 더 많은 정치자원을 제공하는 보수적인 유권자가 선호하는 정책 방향으로 이동하게 된다. 이럴 경우, 소수의 재력가가 다수의 일반유권자를 지배하게 되고, 다수는 소수가 원하는 정책에 대한 순응 비용을 치르게 된다.

정치의 시장거래화는 대의민주주의의 작동에 대한 중요한 함의를 지닌다. 대의민주주의에서 유권자가 다수의 결정을 따르는 이유는 모든 유권자가 동등한 정치적 영향력을 행사한다는 정치 평등의 원리가 작동한다고 믿기 때문이다. 그러나 예컨대 정치자금의 10%를 제공하는 한 명의 유권자가 행사하는 영향력이 0.1%를 제공하는 100명의 유권자의 영향력과 같은 상황은 정치 평등이라는 민주주의의 기본원리를 훼손한다. 이럴 경우, 돈의 힘(power of money)은 수의 힘(power of numbers)과 같은 효과를 가지게 된다. 정치가 시장거래화되고 불균등한 기부가 심화할수록, 경제적인 지위가 정치적인 영향력으로 전이된다. 정치가 시장거래화될수록, 경제적으로 유력한 집단이 자신이 원하는 정책을 구입할 수 있게 된다.

2.5.3. 정치거래 이론과 비대칭적 비수렴 결과

다운스 이론은 유권자를 정책소비자로 보고 정당은 정책 변경을 통해 표를 얻는다고 가정한다. 이에 반해 정치거래 이론은 유권자가 정치투자자의 역할을 하고 정당은 정치투자자로부터 얻는 정치자원을 이용한 유인 가치 광고를 통해 표를 얻는다고 가정한다. 이러한 가정에서의 차이 때문에 정치거래 이론은 다운스 이론과 다른 결과를 도출한다. 그렇다면 정치거래 이론에서는 어떤 결과가 도출되는가?

정치거래 이론에 의하면, 유권자들은 원치 않는 정책이 부과하는 순응비용을 회피하기 위해, 자신이 원하는 정당이나 후보에게 인적·재정적 선거자원을 제공한다. 정당은 선거 승리를 위해 정책 변경만 하는 것이 아니라, 자신의 유인가치를 가공하고 캠페인을 통해 광고한다. 선거자원은 주로 급진적인 입장을 가진 정당 활동가들이 제공한다. 정당 활동가들은 자신이 지지하는 정당이 지나치게 온건한 입장을 선택하면 선거자원의 지원을 줄이거나 지지를 철회한다. 다운스의 모형에서는 정당이 온건한 정책을 취할수록 더 많은 표를 얻지만, 정치거래 이론에서는 온건한 정책이 항상 더 많은 표를 가져다주는 것은 아니다. 정당이 온건한 정책을 제시하면 온건한 유권자들의 표를 얻을 수 있으나 정당 활동가들이 제공하는 선거자원이 감소한다. 따라서 정치거래 이론에서는 표와 자원 간의 상쇄(tradeoff) 효과가 나타난다. 이와 같은 상황에서 두 정당은 정책 온건화로 인해 얻게 되는 표와 잃게 되는 선거자원 사이에서 표를 극대화할 수 있는 균형점을 찾으려 한다.

정치거래 이론은 균형점에서 두 정당이 수렴하지 않는 결과를 산출한다. 두 정당이 수렴할 정도로 온건한 입장을 선택하면, 얻게 되는 온건한 유권자의 표보다 선거자원의 감소로 잃게 되는 표가 더 많을 수 있기 때문이다. 정치거래 이론은 또한 한 정당이 유인 가치나 선거자원에 있어 상대 정당보다 우세하다면, 두 정당은 중위투표자 입장으로부터 비대칭적인 입장을 선택할 것으로 예측한다. 우세한 유인 가치를 가진 정당은 상대 정당보다 온건한 정책을 취할 동기가 강한 반면, 열세한 유인 가치를 가진 정당은 자신을 상대 정당으로부터 차별화하려는 동기가 강하다. 유인 가치가 우세한 정당의 경우 자신과 상대의 입장 차이를 모호하게 할수록 자신의 우세한 유인 가치를 더 효과적으로 광고할 수 있기 때문이다. 만약 두 정당의 정책이 서로 같다면 유권자는 두 정당의 정책으로부터 효용 차이를 느끼지 못하므로 유인 가치에만 근거해 투표한다. 누구의 유인 가치가 더 우세한가에 따라서 당락이 결정되는 것이다. 따라서 우세한 유인 가치를 가진 정당은 상대 정당과 가능한 한 비슷한 입장을 채택하여 자신의 유인 가치의 이점을 살리는 전략을 구사한다. 이에 반해, 열세한 유인 가치를 가진 정당은 자신의 입장을 상대 정당의 입장과 차별화시키는 전략을 구사한다.

2.6 정치의 시장거래화와 민주주의의 위기

2.6.1. 정치 개인화와 정치 양극화

정당 기반이 없는 도널드 트럼프(Donald J. Trump)의 부상, 그리고 트럼프 지지 세력과 반대 세력 사이에 전개되는 감정적 대치 상황을 목격한 레비츠키와 지블렛(Levitsky and Ziblatt, 2018)은 이를 미국 민주주의의 위기로 진단하였다. 이러한 현상은 미국뿐만 아니라 여러 민주주의 국가에서 전반적으로 전개되고 있는 정치의 개인화(personalization of politics)와 정치 양극화(political polarization) 현상을 반영한 것이다. 한국에서도 정치 개인화와 양극화가 동시에 진행되고 있다. 2012년 대선 당시 비정치인 출신 안철수 후보에 대한 지지와 2020년 윤석열 검찰총장의 대통령 당선은 한국에서도 정치의 개인화가 전개되고 있다는 사실을 의미한다. 2006년 5월 박근혜 한나라당 대표 피습 사건과 2024년 1월 이재명 더불어민주당 대표 피습 사건은 한국에서 정치 양극화가 극단으로 치닫고 있다는 사실을 의미한다.

1994년 사업가 출신 베를루스코니(Silvio Berlusconi)의 이탈리아 총리 당선과 2016년 사업가 트럼프의 45대 미국 대통령 당선은 정치 학자들이 정치의 개인화 현상에 주목하도록 하였다. 라핫과 쉬퍼(Rahat and Sheafer, 2007)에 의하면, 정치의 개인화 현상은 제도적(institutional) 차원, 미디어(media) 차원, 행태적(behavioral) 차원에서 진행된다. 제도적 차원의 개인화는 정치 집단이나 정당보다 개별 정치인을 더 강조하는 규칙이나 제도를 도입할 때 발생한다. 예컨대, 개방 명부 또는 예비 선거제도와 같은 개방적인 당내 후보 선발 제도는 제도적 개인화 현상을 촉진한다. 미디어 차원의 개인화는 미디어가 정당이나 정치 집단보다 개별 정치인을 더 강조하는 현상을 의미한다. 행태적 차원의 개인화는 유권자와 정치인의 행동에서 정당보다 개인이 더 중요해지는 것을 의미한다. 정당 가입률 하락이나 정당 충성도 약화는 유권자의 행태적 개인화 현상을 반영하고, 후보 중심적 선거운동 및 의원 발의 법안의 비율이나 당론에 반하는 법안 투표 비율의 증가는 정치인의 행태적 개인화를 나타낸다. 정치에서 후보 개인이 더 중요해지는 정치의 개인화 현상뿐만 아니라, 후보의 정치적 특성보다 사적 특성이 더 중요해지는 정치의 사적화(privatization of politics) 현상도 심화하고 있다.

정치의 개인화 현상과 함께 미국에서는 1970년대 이후부터 공화당과 민주당의 이념적 간극이 커지는 이념 양극화 현상이 시작되었다(Abramowitz, 2010;

Fiorina, 2009; McCarty et al., 2006). 이러한 미국 정당의 이념 양극화는 <그림 2.2>가 보여 주듯이 민주당의 좌경화에 비해 공화당의 우경화가 더 심해지는 비대칭적인 양상으로 전개되었다. 1981년에 -0.287이었던 민주당 하원 의원의 평균 이념은 2015년에 -0.384까지 진보화되었으나, 같은 기간에 공화당 하원 의원의 평균 이념은 0.250에서 0.693까지 보수화되었다.

그림 2.2 미국 정당 체제의 비대칭적 양극화

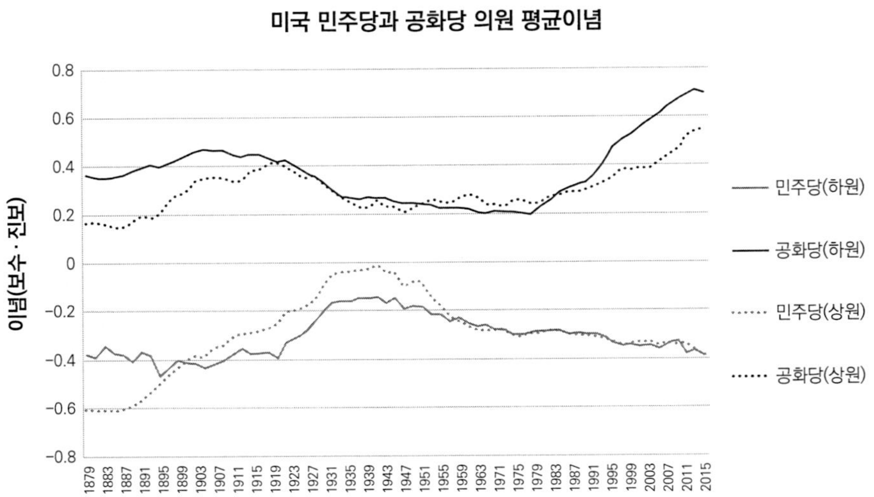

출처: https://legacy.voteview.com/ (검색일: 2023.11.26.)

주: <그림 2.2>에서 공화당과 민주당의 이념은 두 정당 상·하원 의원들의 DW-노미네이트 점수(DW-NOMINATE score) 평균이다. 의원들이 법안투표에 있어서 서로 얼마나 비슷한 투표 행태를 보이는가에 따라 의원들 간의 상대적 이념 위치를 측정한 값이 노미네이트 점수이다. 한 의원이 동료 의원들과 비슷하게 투표할수록 중도적으로 측정되고 다르게 투표할수록 급진적으로 측정된다. 가장 진보적인 이념은 -1로 측정되고, 가장 보수적인 이념은 1로 측정된다.

미국에서의 비대칭적 양극화를 설명하기 위해 버틀러(Butler, 2009)는 민주당과 공화당 지지자가 각각 더 진보적이고 보수적으로 변했을 뿐만 아니라, 진보적인 민주당 지지자의 규모는 감소한 반면, 보수적인 공화당 지지자의 규모는 증가했다고 주장했다. 이와 달리, 맥카티 외(McCarty et al., 2006)는 이러한 현상의 근원이 거액 기부자들에 대한 미국 정치인들의 의존도가 갈수록 높아지는 데 있다고 주장했다. 이들에 의하면, 2002년의 초당적 선거자금 개혁 법안(Bipartisan Campaign Reform Act: BCRA)은 초고소득자의 무제한적인 선거자금 기부를 가능하게 하여 공화당 의원들의 보수화에 중요한 역할을 하였다. 이 법안으로 공화당 의원뿐만 아니라 민주당 의원도 거액 기부에 의존하게 되어, 공화당 의원의 우경화에 비해 민주당 의원의 좌경화는 완화되었다.

2.6.2. 정치의 비대칭적 양극화와 정치거래 이론

정치거래 이론은 미국에서 진행되는 비대칭적 양극화를 설명하기 위한 유익한 이론적 근거를 제시한다. 문우진(2014)의 수리 모형 분석에 의하면, 정치거래 이론에서는 몇 가지 변수들이 정당의 이념 양극화에 영향을 미친다(문우진, 2014). 두 정당의 입장은 ① 유권자가 유인 가치에 민감하게 반응할수록, ② 유인 가치 광고가 효과적일수록 양극화된다. 유권자가 유인 가치에 민감하게 반응할수록, 유권자의 투표 결정에서 유인 가치가 차지하는 비중이 증가한다. 마찬가지로, 유인 가치 광고가 효과적일수록 유권자의 투표 결정은 정책보다 유인 가치에 의해 이루어진다. 유권자의 투표 결정에서 유인 가치가 중요해질수록, 정당은 유인 가치 광고에 필요한 선거자원에 더 의존하게 된다. 정당의 선거자원은 급진적인 열성 지지자들이 제공하므로, 정당은 더 급진적인 입장을 선택하게 된다. 이에 반해, 선거가 정책 중심으로 치러지면 정당은 유인 가치를 통해 유권자의 정책투표 결정을 흔들기가 어려워진다. 따라서 정당은 유인 가치를 광고하기 위해 선거자원에 의존할 동기가 약해진다. 정당은 급진적인 선거자원 제공자들의 영향으로부터 더 자유로워지므로, 온건한 정책을 취할 수 있다. 유권자가 투표 결정에서 유인 가치를 전혀 고려하지 않으면, 선거 경쟁은 다운스 모형에서와 같이 정책 경쟁로만 치러지고 두 정당은 중위투표자 입장으로 수렴한다.

정치의 개인화 현상(personalization of politics)과 정치의 미디어화 현상(the mediatization of politics)은 조건 ①과 ②를 충족시키기 쉬운 선거 환경을 조성

하였다. 기성 정당이 시민사회의 갈등을 조율하는 기능을 수행하지 못하게 되자 기성 정당에 대한 불신과 혐오가 증가하고 정치가 개인화되면서(Rahat and Kenig, 2018), 유권자들은 개인 정치인이 제시하는 유인가치에 민감하게 반응하게 되었다. 언론은 유권자들이 이해하기 어려운 정책내용을 전달하기보다 시청률과 구독률을 높이기 위해 후보의 표면적인 이미지나 추문에 집중한다. SNS 역시 조회 수를 늘리기 위해서 지루한 정책적인 내용을 다루기보다는 후보와 관련된 자극적인 내용에 집중한다. 유권자는 정책적인 내용을 다루는 SNS 대신 자신이 좋아하는 인물을 옹호하는 내용과 싫어하는 인물을 비판하는 내용을 취사선택하며 자신의 견해를 더욱 강화한다(Levendusky, 2013).

정당이 의존하는 선거자원의 특성은 후보의 정책 양극화에 영향을 미친다. 문우진(2014)에 의하면, 정당의 선거자원은 정당의 정책에 따라 변하는 내생적 자원(endogenous resources)과 정당 정책과 상관없이 조달되는 외생적 자원(exogenous resources)으로 구분된다. 내생적 자원은 정치투자자가 선호하는 정책을 얻기 위해 정당에 제공하는 이념적 자원이다. 정치투자자는 정당이 자신으로부터 멀어지면, 내생적 자원의 제공을 줄이거나 철회한다. 외생적 자원은 후보의 사적 자금, 후보의 당선 가능성 때문에 기부되는 정치자금, 또는 국고 보조금과 같이 후보의 이념과 상관없이 제공되는 비이념적 자원이다. 재력가 후보는 자신의 재력을 이용하면 되므로 열성 지지자의 영향을 덜 받는다. 반면, 정당이 내생적 자원에 의존적일수록, 정당은 내생적 자원을 제공하는 급진적인 열성 지지자의 영향을 받는다.

내생적 자원 제공자의 참여권을 확대하는 정당제도 개혁이나 내생적 자원제공의 범위를 확대하는 정치자금제도 개혁은 정당 양극화를 촉진한다. 이러한 제도는 내생적 자원을 제공하는 급진적인 열성 지지자에 대한 의존성을 높이고 정당은 이들이 제공하는 내생적 자원을 이용해서 유인 가치 중심의 선거경쟁을 전개하도록 한다. 피오리나(Fiorina et al., 2010)에 의하면, 1960년대 미국 대통령 예비 선거 제도의 변화는 공천권을 행사할 수 있는 핵심 세력을 정당의 전문 정치인에서 정당 활동가로 대체하고, 후보 중심적인 선거 경쟁의 출현을 초래하였다. 거액 기부자들에 무제한적인 기부를 허용한 2002년의 "초당적 선거자금 개혁 법안"(Bipartisan Campaign Reform Act: BCRA)의 통과는 보수적인 거액 기부자들이 제공하는 선거자원에 대한 미국 의원들의 의존도를 증가시켰다(McCarty et al., 2006). 이 법안은 공화당뿐만 아니라 민주당의 보수적인 거액 기부자에 대한 의존성을 높여 민주당의 좌경화에 비해 공화당의 우경화가 더 심하게 나타난 비대칭적 양극화를 초래했다.

미국에서 진행되고 있는 비대칭적 양극화 현상은 정치의 시장거래화 현상의 일종이다. 정치의 시장거래화는 소수의 재력가가 재력을 통해 원하는 정책을 구입하는 현상을 의미한다. 이 절에서 살펴본 바와 같이, 거액 기부자들이 자신들이 원하는 정책을 대표하는 보수적인 정당의 유인 가치를 홍보하기 위해 선거자원을 제공하고, 그러한 자원을 활용한 정당이 승리하는 방식으로 경제적 유력집단이 원하는 정책을 구입할 수 있게 된다면, 정치는 시장거래화된다. 정치가 시장거래화되면 시장거래에서와 같이 경제적인 영향력이 정치적인 영향력으로 전이된다. 이러한 현상은 정치적 평등이라는 민주주의의 원리가 정상적으로 작동하지 않는다는 것을 의미한다. 레비츠키와 지블렛(Levitsky and Ziblatt, 2018)이 민주주의의 위기로 진단한 정치의 개인화와 정치 양극화 현상을 달리 말하면 정치가 시장거래화되고 있다는 것이다.

미국에서는 보수 쪽으로 치우친 비대칭적인 양극화가 심화된 반면, 한국에서는 민주당의 진보성향이 강해지면서 보수 쪽으로 치우쳤던 정당 체제가 대칭적인 모습으로 변하고 있다. 이러한 차이에도 불구하고, 정치의 개인화와 정치의 시장거래화 현상은 최근 한국에서 진행되는 정치 양극화와 무관하지 않다. 한국에서 보수 쪽으로 치우친 비대칭적인 정당 체제가 형성되었던 이유는 6·25 전쟁 및 남북분단의 상황에서 권위주의 정권을 경험한 한국에서 선명한 좌파 정당이 형성되기가 어려웠기 때문이다. 이러한 역사적 환경 때문에 한국에서는 좌파 정당과 우파 정당이 선명한 정책 경쟁을 전개하는 대신, 권위주의 정당의 맥을 이어온 우파 세력과 중도적인 민주주의 세력이 권력 투쟁을 전개해 왔다. 두 주요 정당이 제시하는 정책적 입장 차가 모호한 환경에서 유권자의 투표 결정은 지역주의나 후보의 유인 가치와 같은 비정책적인 요소를 중심으로 이루어졌다. 두 정당의 입장 차가 불분명한 협애한 정당 체제는 인물 중심의 팬덤 정치가 활성화될 수 있는 구조적 기반을 마련하였고, 시각 중심의 미디어와 소셜 네트워크 서비스(SNS)는 정치의 개인화를 촉진하였다.

미국에서는 비규제적인 정치자금법 덕분에 거대자본이 합법적으로 후보의 입장에 영향을 미칠 수 있으나, 한국에서는 엄격하고 제한적인 정치자금법 때문에 거대자본이 정치자금 기부를 통해 정당 입장에 직접적으로 영향을 미치기 어렵다. 대신 한국에서는 거대자본이 간접적이지만 다양한 방식으로 정당에 영향를 미치려 한다. 거대자본은 광고 계약 공급자로서 회사 수익의 대부분을 광고비에 의존하는 언론사에 막강한 영향력을 행사할 수 있다. 재벌은 친자본적이고 보수적인 언론사를 장악해서 보수정당에 유리한 여론을 조성하도록 하고, 극우 집단에 집회 및 시위 비용을 지원해서 보수정당의 집권을 도울 수 있다.

거대자본은 또한 권력기관과 사법부에도 막강한 영향력을 행사할 수 있다. 거대자본과 보수정당에 유리하게 법을 집행하고 판결하는 판검사는 퇴임 후 거대자본이 운영하는 법률 회사로부터 고소득을 보장받거나 보수정당으로부터 국회의원 공천을 받을 수 있다. 예컨대, 재벌총수는 조세 포탈, 배임 및 횡령, 수천억대 비자금 조성뿐만 아니라 폭력 같은 중범죄를 저질러도 대부분 '징역 3년·집행유예 5년'이라는 '정찰제' 판결이 내려진다(경향신문 2008.07.17).[1] 윤석열 정부에서 이준석 대표 이후 김기현 대표, 한동훈 대표, 권영세 비대위원장으로 이어지는 국민의힘 지도부는 판검사 출신이 보수정당을 장악하게 되었다는 사실을 보여 준다. 이처럼 거대자본이 간접적인 방법으로 정당과 사법부에 영향력을 행사하여 자신이 원하는 선거 결과나 정책적 특혜를 얻는다면 정치가 시장거

1 징역 3년과 집행유예 5년을 의미하는 3·5 법칙이 재벌총수 판결에 적용되는 이유는 징역 3년 이하를 선고할 때만 집행유예가 가능하기 때문이다.

래화된 것이다. 보수 쪽으로 치우친 한국의 정당 체제는 남북분단의 역사적 환경과 거대자본이 언론과 국가에 막강한 영향력을 행사해 온 정치의 시장거래화 현상이 복합적으로 발현된 것으로 볼 수 있다.

정당의 핵심 세력을 전문 정치인에서 정당 활동가로 바꾸게 된 미국 대통령 예비 선거 제도의 변화가 정치 양극화를 촉진했듯이, 한국 두 주요 정당에서의 당원권 확대는 정치 양극화를 촉진하는 제도적 요인으로 작동했다. 당원투표 70%와 여론 조사 30%를 합산해서 당대표를 선발하는 기존 방식을 100% 당원 선거인단이 선발하는 방식으로 바꾸어 치러진 2023년 3월 8일 국민의힘 전당대회에서 보수적인 김기현 대표가 온건한 입장의 안철수 후보와 천하람 후보를 누르고 선발되었다. 민주당은 2023년 12월 7일에 개정한 당헌에서 대의원과 권리당원의 비율을 기존의 60:1에서 20:1로 바꾸어 권리당원의 목소리를 대폭 강화하였다. 21대 국회에 비해 22대 국회에서 진보적인 민주당 국회의원이 대거 진입하게 된 것은 권리당원의 참정권을 확대한 제도 개혁에서 비롯된 바가 크다. 두 정당에서의 이러한 제도 개혁은 급진적인 당원이 당내 의사결정과 후보 선발에 더 큰 영향력을 행사하게 하여 정치 양극화를 촉진하였다.

2.7 결론

이 장에서는 한국과 같이 단순다수제 선거제도를 채택한 국가에서 대표되는 국민의 뜻이 무엇인가라는 문제에 답하기 위해, 다운스의 중위투표자 이론을 검토하였다. 다운스의 이론은 두 정당이 선거 승리를 위해 일차원적 이념 공간에서 정책 경쟁을 할 경우 중위투표자 입장으로 수렴한다는 결론을 도출하였다. 이 결론에 의하면, 단순다수제를 채택한 양당제 국가에서는 두 정당 모두 중위투표자 입장을 대표한다. 그러나 다운스 이론의 예측과 달리 두 정당 모두 중위투표자 입장으로 수렴하는 국가는 현실 세계에 존재하지 않는다.

이 장에서는 다운스의 이론이 경험 세계와 부합하지 않는 이유를 찾기 위해 선거 경쟁에 대한 다운스의 시각과 가정들을 검토하였다. 유권자와 정당의 관계를 소비자-판매자 관계로 본 다운스는 유권자가 정당 정책에 영향을 미칠 수 없고 단순하게 정당이 제시한 정책을 선택하기만 하는 것으로 가정하였다. 그러나 유권자는 단순한 정책소비자의 역할을 뛰어넘어 정치투자자의 역할을 하며, 유권자와 정당의 관계는 주인과 대리인의 관계다. 이 장에서는 이러한 시각을 반영한 정치거래 이론을 제시하였고, 이 이론이 예측하는 두 정당의 입장을 도출하였다.

정치거래 이론에서 유권자는 단순히 정당을 선택할 뿐만 아니라 선거자원을 정당에게 제공하여 정당 정책을 자신이 원하는 방향으로 바꾸려 한다. 정당은 정책 경쟁만 하는 것이 아니라, 급진적인 정당 활동가들이 제공하는 선거자원을 이용해서 자신의 유인 가치를 가공하고 홍보한다. 선거 환경을 이처럼 설정한 정치거래 이론에서는 두 정당이 중위투표자 입장으로 수렴하지 않으며, 두 정당이 각각 온건 진보 유권자와 온건 보수 유권자의 입장을 선택하는 결과가 산출된다. 또한, 정치거래 이론에서 정당이 선택하는 입장은 두 정당이 가진 유인 가치와 선거자원의 상대적 크기에 따라 달라진다. 정치거래 이론에 의하면, 우세한 유인 가치나 선거자원을 가진 정당이 상대 정당에 비해 온건한 입장을 선택한다.

이 장의 정치거래 이론은 단순다수제에서 누구의 입장이 대표되는가라는 질문에 대한 답을 일부 제공한다. 정치거래 이론에 의하면, 유권자의 분포뿐만 아니라 선거자원을 제공하는 열성 지지자의 입장과 재력이 선거 결과와 승리 정당의 입장에 영향을 미친다. 더 많은 선거자원을 확보해서 유인 가치를 더 효과적으로 가공하고 홍보할 수 있는 정당은 선거에서 승리할 가능성이 높다. 단순다수제는 양당 체제를 산출하는 경향이 있으므로, 총선에서 승리한 정당은 의회에서 다수 의석을 차지하고 총선 당시 선거자원을 제공한 지지자의 입장을 대표할 가능성이 높다. 다수당이 지지자의 입장을 대표할 가능성은 권력구조나 입법제도 등 다른 정치제도의 영향을 받는다. 특히 의회제 국가에서는 다수당 지도부가 구성한 행정부가 법안을 발의하고 의회에서 이를 승인하므로, 다수당 지도부가 발의한 법안을 다수당이 반대할 가능성은 작다. 반면, 대통령제에서는 다수당이 야당이 되면, 소수 여당의 견제를 받는다. 이 책은 II부에서 권력구조와 입법제도에 따라 입법 결과가 어떻게 달라지는가에 대해 논의한다.

3장

국민과 의회의 이념적 조응성: 이론적 논의와 한국 사례 분석

3.1 서론

소규모 집단들의 의사결정에서는 집단의 구성원들이 직접 자신들의 이해를 대변하고 의사결정에 참여한다. 이처럼 작은 집단에서 직접 민주주의가 가능한 이유는 집단의 크기가 작을수록 거래비용이 적기 때문이다. 그러나 국가와 같은 대규모 집단에서 국민이 직접 의사를 결정하는 것은 불가능하다. 따라서 대의민주주의에서는 주인인 국민이 대리인인 정치인에게 자신의 이해를 대변할 권한을 위임한다. 이러한 권한 위임은 대리인 문제(agency problem)를 발생시켜 주인의 대리 손실(agency loss) 비용을 초래할 수 있다. 대리인 문제는 주인의 이익이 아닌 자신의 이익을 추구하는 대리인을 주인이 통제할 수 없을 때 발생한다. 대리인 문제를 가장 효과적으로 방지하는 방법은 주인과 같은 가치와 이해관계를 가진 대리인을 선발하는 것이다. 의회를 구성하는 의원들의 입장이 시민사회의 다양한 집단들의 입장을 왜곡 없이 반영할수록, 대의민주주의는 성공적으로 작동한다. 이상적인 대의민주주의에서 의회는 시민사회의 축소판처럼 형성된다. 시민사회와 의회의 구성이 서로 조응할수록 이러한 대의민주주의의 이상과 가까워진다.

선거제도는 시민사회와 의회의 조응성 정도를 결정한다. 선거제도는 정당의 수에 영향을 미치고, 정당의 수는 각 정당이 대표하는 집단의 규모에 영향을 미친다. 비례제에서는 작은 집단도 득표율에 비례하는 만큼의 의석을 얻을 수 있으므로, 의석을 얻기 위해 선거연합에 참여할 동기가 강하지 않다. 비례제에서는 이질적인 집단들과 연합을 형성하는 것보다 동질적인 집단끼리 자신들의 이익을 가장 잘 대표할 수 있는 정당을 형성하는 것이 나을 수 있다. 따라서 다당체제 국가에서는 가치와 이해가 비슷한 집단끼리 결속력이 강한 정당을 설립하고, 의회에서 여러 정당이 서로 다른 집단의 이익을 각각 대변한다. 반면, 단순다수제에서는 지역구에서 최다득표를 한 후보만 당선되므로 여러 이질적인 집단들이 선거연합을 할 때만 승리할 수 있다. 따라서 단순다수제 국가에서는 다양한 집단의 대표가 의회에 진입하기 어렵다. 양당 체제를 산출하는 성향이 있는 단순다수제에서는 이질적인 가치와 이해관계를 가진 집단들이 연합하여 정당을 구성하고, 그렇게 구성된 두 정당이 서로 경쟁한다. 다당 체제에서는 여러 정당이 각각 자신이 대표하는 집단의 이익을 대변하나 단순다수제에서 두 정당은 당을 구성하는 연합 세력의 공동 이익을 대변한다.

이 장에서는 시민사회와 의회의 이념적 조응성 문제를 탐구한다. 이를 위해 먼저 시민사회의 선호와 의회의 조응성이 비례제와 단순다수제에서 어떻게 달라지는가를 이론적으로 설명한다. 이 설명에서는 시민사회의 서로 다른 유권자 이념이 다당제 의회와 양당제 의회에서 어떻게 대표되는가를 검토한다. 이 장에서는 또한 15대 대선 이후 한국의 두 주요 정당 이념과 유권자 이념에 대한 경험 분석을 수행한다. 마지막으로 유권자와 두 주요 정당의 이념 양극화에 대해 논의한다.

3.2 비례제에서 시민사회와 의회의 조응성

선거는 국민의 뜻을 모으는 첫 번째 단계다. 단순다수제에서는 지역구에서 최다득표를 한 후보만 당선된다. 단순다수제에서는 군소정당 후보를 선호하는 유권자도 당선 가능성이 있는 주요 정당 후보를 지지할 가능성이 높다. 따라서 단순다수제는 지역구에서 선거경쟁력이 있는 두 정당만을 남기게 된다(Duverger, 1959). 이에 반해, 비례대표 선거제도에서는 군소정당도 확고한 지지기반을 가진다면 득표율만큼의 의석을 확보할 수 있다. 따라서 다당 체제가 형성될 가능성이 높다. 그렇다면 단순다수제와 비례제를 각각 채택한 두 국가에서 의원들의 이념분포에는 어떠한 차이가 있는가?

그림 3.1 전국구 비례제가 산출하는 의회 구성

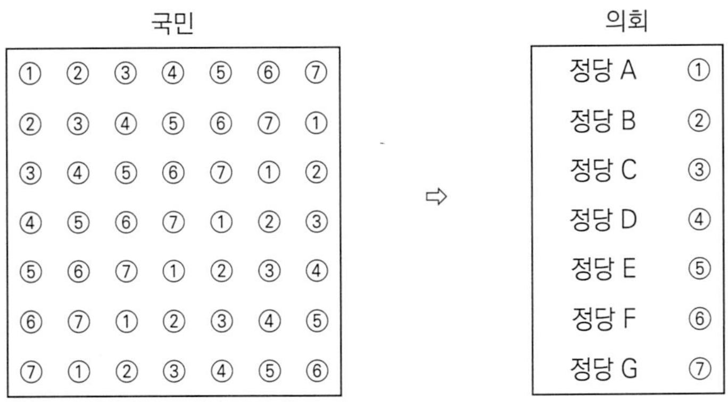

출처: 문우진. 2021.『누가 누구를 대표할 것인가』.

이 질문에 답하기 위해, ① 좌파, ② 진보, ③ 온건 진보, ④ 중도, ⑤ 온건 보수, ⑥ 보수, ⑦ 우파 이념을 가진 일곱 집단이 전국에 골고루 분포되어 있다고 가정하자. <그림 3.1>의 왼쪽 부분은 이와 같은 국민의 이념분포를 보여 준다. 이 국가가 전국구 비례제를 채택한다면, 일곱 집단은 각각 자신의 이념을 대변하는 정당을 만들 것이다. 이들이 선거를 치른다면 일곱 집단을 각각 대변하는 일곱 정당이 1/7에 해당하는 14.3%의 지지를 얻는다. 이럴 경우, 일곱 이념을 대변하는 정당의 의원들이 의회를 구성하여, 시민사회 집단과 의원의 이념이 서로 조응하게 된다. 따라서 의회에 다양한 국민의 이념이 골고루 반영되고 다수가 소수를 지배하기 어렵다.

<그림 3.1>에서는 국민의 이념이 균등 분포(uniform distribution)의 모습을 보인다고 가정했다. 그러나 현실 세계에서 국민의 이념은 종 모양(bell-shape)의 분포를 보인다. 2장의 <그림 2.1>이 보여 주었듯이, 대부분의 정상적인 사회에서는 중도적인 유권자의 비율이 양극단의 급진적인 유권자의 비율보다 훨씬 더 높다. <그림 3.2>는 20대 총선 당시 유권자의 이념분포를 보여 준다. <그림 3.2>는 유권자의 이념이 0점(진보)에서 10점(보수) 사이에 거의 대칭적인 종 모양으로 분포되어 있다는 사실을 보여 준다. 0점 또는 10점의 이념을 가진 가장 급진적인 유권자의 비율은 2.04%에 불과하나 5점의 이념을 가진 중도 유권자의 비율은 25.47%에 달한다. 정당이 유권자를 이념적으로만 대표한다고 가정할 경우, 완전 비례제는 <그림 3.2>가 보여 준 11개의 이념집단을 대변하는 11개의 정당으로 구성된 의회를 산출할 것이다.

그림 3.2 비례대표 선거제도에서의 가상적 정당 체제

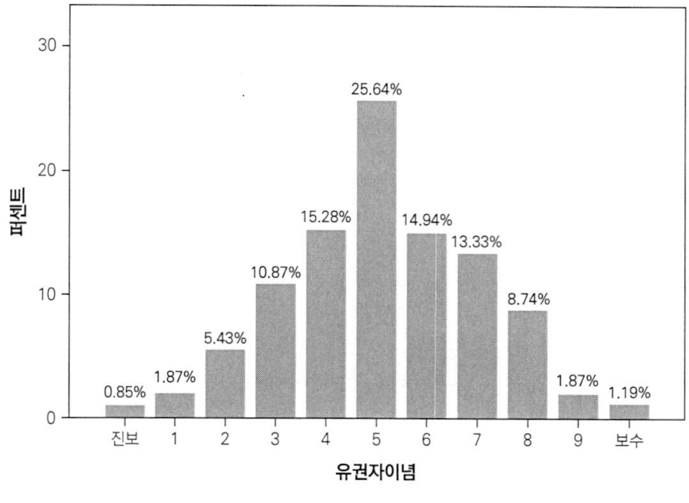

자료: 20대 "국회의원 총선거 관련 유권자 정치의식 조사"

<표 3.1>은 비례제의 헤어(Hare) 방식이라는 비례제 의석 배분 방식을 통해 300석을 11개 정당에 배분할 경우, 각 정당이 차지하는 의석수를 보여 준다. "최대잉여"(largest remainder) 의석 배분 방식의 일종인 헤어 방식은 각 정당의 득표율에 전체 의석수를 곱한 숫자에서 정수만큼의 의석을 먼저 배분하고 남은 의석을 소수점 아래 나머지의 크기 순서대로 배분하는 방식이다. 11개 정당은 필요에 따라 합당할 수 있으나, 독자적인 정당으로서 타협과 교섭을 하는 것이 더 유리하다고 판단할 수도 있다. 따라서 비례제에서는 <표 3.1>이 보이는 바와 같이 좌우의 다양한 이념을 대표하는 정당들이 시민사회의 다양한 입장을 대표할 가능성이 있다.

표 3.1 비례대표 선거제도에서의 의석 배분

집단	집단의 크기	7석 배분	100석 배분	300석 배분
A	0.85%	0	1	2
B	1.87%	0	2	6
C	5.43%	0	5	16
D	10.87%	1	11	33
E	15.28%	1	15	46
F	25.64%	2	26	77
G	14.94%	1	15	45
H	13.33%	1	13	40
I	8.74%	1	9	26
J	1.87%	0	2	6
K	1.19%	0	1	3
합	100.0%	7	100	300

자료: 20대 "국회의원 총선거 관련 유권자 정치 의식조사"

3.3 단순다수제에서 시민사회와 의회의 조응성

3.3.1. 중위투표자 이론의 예측

단순다수제에서는 의회가 어떻게 구성될 것인가? 단순다수제에서는 행정구역에 따라 지역구를 구성한다. 따라서 지역구가 어떻게 획정되는가에 따라 선거결과가 달라진다. 전국에 골고루 분포된 일곱 이념을 가진 유권자들이 각 지역구에서도 <그림 3.3>이 보여 주는 바와 같이 골고루 분포한다고 가정하자. 다운스의 이론에 의하면, 모든 지역구 후보는 중위투표자의 입장인 중도 입장을 선택한다. <그림 3.3>에서 각 지역구의 중위투표자는 ④의 이념을 가진 중도 유권자다. 따라서 각 지역구에서 ④의 이념을 대표하는 후보가 당선되어 이들이 의회를 구성한다. 이러한 경우 ④의 이념을 가진 중도 유권자의 뜻만 대표된다.

그림 3.3 다운스 이론이 예측하는 의회 구성

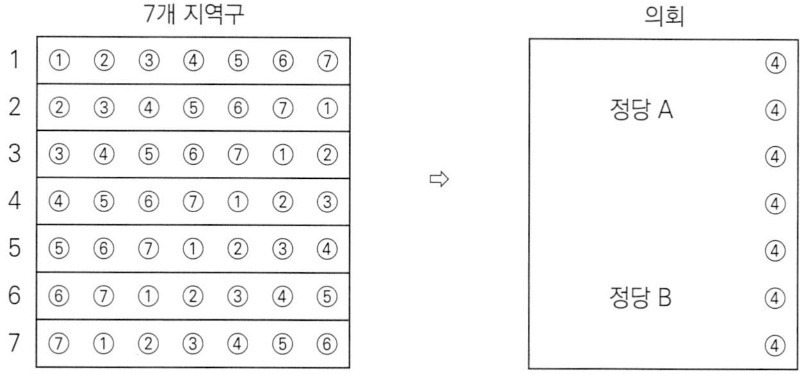

출처: 문우진. 2021. 『누가 누구를 대표할 것인가』.

<그림 3.3>에서는 7개 지역구민의 이념이 모두 1과 7 사이의 균등한 분포를 보인다고 가정했다. 그러나 현실 세계에서는 지역구에 따라 지역구민의 이념분포가 서로 다르므로 중위투표자의 이념도 지역구마다 다르다. 지역구민의 이념분포 자료를 확보하기 어려우므로 한국 유권자의 이념분포를 지역구별로 살펴

보기는 어렵다. 대신 설문조사 자료를 활용해서 한국 유권자의 이념분포를 지역별로 살펴볼 수 있다. 한국 유권자의 이념은 1997년 "제15대 대통령 선거에 대한 유권자 의식조사"부터 측정되었다. 그러나 설문조사마다 유권자 이념 측정에 사용한 척도가 다르다. 예컨대, 15대 대선과 16대 대선 설문조사는 유권자의 이념을 5점 척도(1점에서 5점)로 측정하였고, 16대 총선 설문조사는 유권자의 이념을 3점 척도(1점에서 3점)로 측정하였다. 17대 대선과 17대 총선 이후부터는 유권자의 이념을 11점 척도(0점에서 10점)로 측정하였다. 따라서 유권자 이념을 통시적으로 비교하기 위해서 같은 척도로 표준화시킬 필요가 있다.

유권자 이념은 다음과 같은 과정을 거쳐서 0점과 10점 사이의 점수로 표준화할 수 있다. 각 설문조사의 응답 값에서 최솟값을 차감하여 얻은 값에 최댓값을 10으로 만드는 계수를 곱하면 응답 값은 0점에서 10점 사이의 값으로 전환된다. 예컨대, 유권자 이념을 1점에서 5점으로 측정한 경우, 최솟값은 1이므로 각 유권자 이념에서 1을 빼면 유권자의 이념은 0점에서 4점으로 전환된다. 여기에서 최댓값인 4점을 10점으로 만드는 2.5를 각 응답 값에 곱하면 1, 2, 3, 4, 5점이 0, 2.5, 5, 7.5, 10점으로 전환된다.

<그림 3.4>는 1997년 이후 치러진 12번의 선거 당시 측정된 일곱 지역에서의 유권자 이념을 0점에서 10점 사이의 척도로 표준화한 이념을 보여 준다. <그림 3.4>는 지역주의 정당이 없는 서울, 경기·인천, 충청 및 강원 지역에서의 지역민 이념은 비교적 대칭적이라는 사실을 보여 준다. 이들 지역의 중위투표자는 중도적인 이념을 가졌을 것으로 예측할 수 있다. 이에 반해 대구·경북 지역과 부산·울산·경남 지역에는 보수 유권자들이 더 많고 호남·제주 지역에는 진보 유권자들이 더 많다는 사실을 관찰할 수 있다. 대구·경북 지역과 부산·울산·경남 지역의 중위투표자는 5점을 초과하는 보수적인 이념을 가진 반면, 호남·제주 지역의 중위투표자는 5점 미만의 진보적인 이념을 가졌을 것으로 예측된다.

그림 3.4 일곱 지역 유권자의 이념분포(1997~2022)

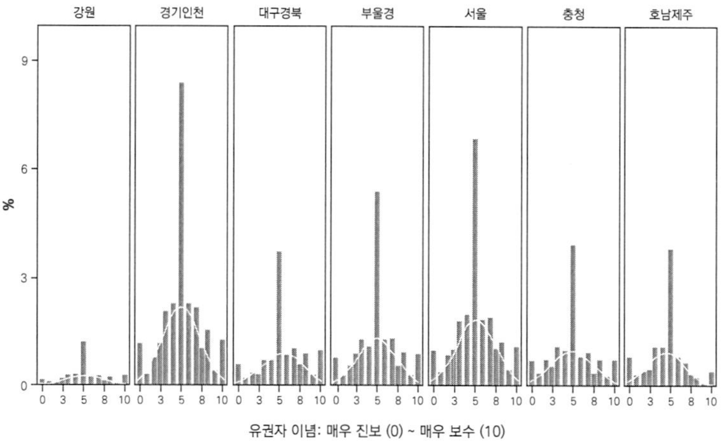

자료: 15대~20대 "대통령 선거 관련 유권자 의식조사," "EAI 2007 대선 패널 조사," "EAI 2012 총선·대선 패널 조사" 및 16대~21대 "국회의원 선거에 대한 국민 의식조사." 이 장의 모든 표와 그림은 같은 자료를 활용하였음.

표 3.2 15대 대선 이후 선거 당시 지역별 중위투표자 이념

지역 / 선거	강원	경기 인천	대구 경북	부울경	서울	충청	호남 제주	평균
15대 대선	5.00	5.00	5.00	5.00	5.00	5.00	5.00	5.00
16대 총선	5.00	5.00	5.00	5.00	5.00	5.00	5.00	5.00
16대 대선	5.00	5.00	5.00	5.00	5.00	5.00	5.00	5.00
17대 총선	5.00	5.00	5.00	5.00	5.00	4.00	5.00	4.86
17대 대선	5.00	5.00	5.00	5.00	5.00	5.00	5.00	5.00
18대 총선	5.00	5.00	5.50	5.00	5.00	5.00	5.00	5.07
19대 총선	5.00	5.00	7.00	5.00	5.00	5.00	5.00	5.29
18대 대선	5.00	5.00	5.00	5.00	5.00	5.00	5.00	5.00
20대 총선	5.00	5.00	5.50	5.00	5.00	5.00	5.00	5.07
19대 대선	5.00	5.00	6.00	5.00	5.00	4.00	4.00	4.86

21대 총선	5.00	5.00	5.00	5.00	5.00	5.00	5.00	5.00
20대 대선	5.00	5.00	5.00	5.00	5.00	5.00	5.00	5.00
평균	5.00	5.00	5.54	5.00	5.00	4.83	4.92	5.04

주: 짙게 표시된 칸과 옅게 표시된 칸은 각각 보수화와 진보화가 심했던 선거와 지역을 나타낸다.

<표 3.2>는 일곱 지역의 중위투표자 이념을 보여 준다. 가장 짙게 표시된 칸은 중위투표자 입장이 5점보다 0.1점 이상 보수적이었던 경우를 나타내며, 약간 짙게 표시된 칸은 5점보다 0.1점 이상 진보적이었던 경우를 나타낸다. <표 3.2>는 거의 모든 선거와 지역의 중위투표자는 중도 유권자의 입장(5점)을 가졌다는 사실을 보여 준다. 중위투표자 이념의 일곱 지역 평균을 선거별로 살펴보면, 평균값이 5.1점 이상인 선거는 이명박 정부에서 치러진 19대 총선(5.29점)으로 나타났다. 일곱 지역의 평균값이 4.9점에 못 미치는 선거는 노무현 정부에서 치러진 17대 총선(4.86점)과 문재인 대통령이 당선된 19대 대선(4.86점)으로 나타났다. 다운스가 예측한 바와 같이 중위투표자 이념을 선택한 후보가 국회에 진입했다면, 18대, 19대, 20대 총선에서 선발된 대구·경북 의원과 17대 총선에서 선발된 충청 의원을 제외하면, 국회는 중도 이념을 대표하는 의원들로 채워졌을 것이다.

<표 3.2>에 표기된 대부분 지역과 선거에서 중위투표자의 이념이 5점으로 나타난 이유는 유권자 이념을 11점 척도의 명목변수로 측정했기 때문일 수 있다. 만약 유권자 이념을 연속변수로 측정했다면, 지역 차이와 선거에 따른 변화를 조금 더 세밀하게 포착했을 수 있다. 또한, 중위투표자 이념은 중간값(median)이기 때문에 이념분포의 변화를 섬세하게 반영하기 어려울 수 있다. 중위투표자 이념에 비해 평균 이념은 진보적인 유권자와 보수적인 유권자의 상대적인 비율 변화에 따라 더 쉽게 변하기 때문에, 선거별 이념 변화와 지역별 이념 차이를 더 분명하게 드러낸다. 따라서 평균값을 관찰하면 선거별·지역별 이념 차이를 포착하기 쉽다.

표 3.3 15대 대선 이후 선거 당시 지역별 평균 이념

선거＼지역	강원	경기 인천	대구 경북	부울경	서울	충청	호남 제주	평균
15대 대선	4.93	5.27	5.79	4.76	5.15	4.62	4.98	5.07
16대 총선	6.45	4.06	5.34	4.51	5.05	5.16	3.85	4.92
16대 대선	4.44	4.58	5.31	4.44	4.49	4.54	4.01	4.54
17대 총선	4.30	4.68	4.62	4.78	4.69	4.04	4.76	4.55
17대 대선	5.61	5.24	5.55	5.21	5.29	5.42	4.52	5.26
18대 총선	5.35	5.61	6.54	5.48	5.50	5.38	4.67	5.50
19대 총선	5.52	5.35	6.34	5.65	5.42	5.24	4.30	5.40
18대 대선	5.47	5.36	5.87	5.30	5.32	5.34	4.99	5.38
20대 총선	5.14	5.27	5.67	5.19	5.04	5.05	4.71	5.15
19대 대선	5.40	4.97	6.32	5.62	4.95	4.58	3.73	5.08
21대 총선	4.56	4.77	4.68	4.89	4.85	4.47	4.50	4.67
20대 대선	4.73	5.04	5.32	4.83	5.13	5.08	4.47	4.94
평균	5.16	5.02	5.61	5.05	5.07	4.91	4.46	5.04

주: 짙게 표시된 칸과 옅게 표시된 칸은 각각 보수화와 진보화가 심했던 선거와 지역을 나타낸다.

<표 3.3>은 15대 대선 이후 선거 당시 지역별 평균 이념을 보여 준다. 중위투표자 이념에 비해 평균 이념은 선거와 지역에 따른 차이가 큰 것으로 나타났다. 평균 이념은 대구·경북과 강원 순으로 보수적이며 호남·제주와 충청 순으로 진보적이라는 사실을 알 수 있다. <표 3.2>에서 충청 지역의 중위투표자 이념이 호남·제주에 비해 평균적으로 약간 더 진보적이었으나, <표 3.3>에서는 호남·제주민의 평균 이념이 충청민보다 더 진보적으로 나타난다. 이러한 이유는 충청에 비해 호남·제주에서 매우 진보적인 유권자의 비율이 더 높기 때문이다.

<표 3.3>은 또한 평균 이념이 선거에 따라 어떻게 변해 왔는가를 보여 준다. 이명박 정부에서 치러진 18대 총선과 19대 총선, 그리고 박근혜 대통령이 당선

된 18대 대선 순으로 유권자들의 보수성이 강하게 나타났다. 반면, 노무현 대통령이 당선된 16대 대선과 노무현 정부에서 치러진 17대 총선 그리고 문재인 정부에서 치러진 20대 총선 순으로 유권자들의 진보성이 강하게 나타났다. 후보들이 선거에 이기기 위해 유권자 평균 이념으로 수렴한다고 가정하면, 국회는 지역구의 평균 이념을 대표하는 의원들로 채워질 것이다. <표 3.3>의 자료에 의하면, 15대 대선 이후 가장 진보적인 의원은 16대 국회의 3.85점의 이념을 가진 호남·제주를 대표하는 의원이었을 것이며, 가장 보수적인 의원은 18대 국회의 6.54점의 이념을 가진 대구·경북을 대표하는 의원이었을 것이다.

3.3.2. 정치거래 이론의 예측

정치거래 이론은 다운스 이론과 다른 결과를 예측한다. 2장에서 설명했듯이, 정치거래 이론에서 유권자는 단순한 정치소비자의 역할을 하는 것을 뛰어넘어 정치투자자의 역할을 한다. 급진적인 이념을 가진 정당 활동가나 열성 지지자는 선거자원을 제공하고, 후보는 자신의 유인 가치를 홍보하고 상대를 비난하기 위해 선거자원을 사용한다. 선거의 승패는 유권자의 이념분포뿐만 아니라 누가 더 많은 선거자원을 유치해서 후보의 유인 가치를 더 효과적으로 홍보하는가에 따라 달라진다. 후보가 지나치게 온건한 입장을 선택하면, 이로 인해 얻게 되는 온건한 유권자의 표보다 감소한 선거자원이 초래하는 표의 손실이 더 클 수 있다. 따라서 후보는 정책 온건화로 인해 얻는 표와 잃는 선거자원의 상쇄 효과를 고려하여 입장을 선택한다. 이러한 경우, 진보 후보와 보수 후보는 수렴하지 않고, 각각 중위투표자 좌우 측의 입장을 선택한다.

그림 3.5 정치거래 이론이 예측하는 의회 구성

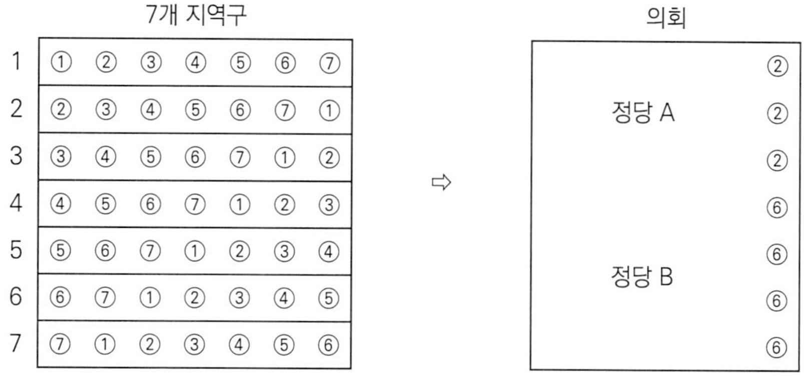

출처: 문우진. 2021. 『누가 누구를 대표할 것인가』.

<그림 3.5>는 정치거래 이론에서 예측되는 결과를 보여 준다. 정치거래 이론에서는 열성 지지자들이 지지 정당에 선거자원을 제공하여 정당 입장을 자신이 원하는 방향으로 끌어당긴다. 예컨대, 진보적인 열성 지지자는 진보정당 후보에 선거자원을 제공하여 ②를 선택하도록 하고, 보수적인 열성 지지자는 보수정당 후보가 ⑥을 선택하도록 한다. 4개 지역구에서 우세한 선거자원을 확보한 보수정당 후보가 승리했고, 3개 지역구에서는 진보정당 후보가 승리했다고 가정하면, 보수 유권자를 대변하는 네 명의 의원과 진보 유권자를 대변하는 세 명의 의원으로 의회가 구성된다. 따라서 의회는 <그림 3.5>가 보여 주듯이 다수의 뜻(⑥)을 대변하는 의원들과 소수의 뜻(②)을 대변하는 의원들로 구성되고 다수결 의회에서 다수당은 소수의 견제 없이 의사결정을 지배할 수 있다.

3.4 한국의 두 주요 정당 이념

3.4.1. 정당과 유권자 이념의 조응성

<그림 3.6>은 15대 대선 이후 실시한 대선 또는 총선 설문조사에서 응답자들이 인식한 민주당 계열 정당(이하 진보정당으로 통칭)과 국민의힘 계열 정당(이하

보수정당으로 통칭)의 이념과 대선 후보의 이념을 보여 준다.[1] 또한 각 설문조사에서 응답자들이 자신의 이념을 자가 평가한 값의 중간값과 평균값을 보여 준다. <그림 3.6>에 의하면, 1997년 이래 치러진 12번의 선거에서 중위투표자 이념은 모두 중도 이념(5점)과 같았다. <그림 3.6>은 또한 유권자의 평균 이념은 중위투표자의 이념보다 약간 더 진보적이거나 더 보수적으로 변해 왔다는 것을 보여 준다. 유권자의 평균 이념은 선거 승리 정당과 밀접한 관계가 있는 것으로 나타났다. 유권자들이 진보화되었던 네 선거 중 세 선거(16대 대선, 17대 총선, 21대 총선)에서 진보정당이 승리하였고, 보수화되었던 다섯 선거 중 네 선거(17대 대선, 18대 총선, 19대 총선, 18대 대선)에서 보수정당이 승리하였다.

<그림 3.6>은 다운스 이론의 예측과 다른 결과를 보여 준다. 다운스 이론을 따라 두 정당이 모두 중위투표자 입장을 선택했다면 모든 선거에서 두 정당은 중도에 있는 이념을 취했을 것이다. 그러나 두 정당의 입장은 중위투표자 입장으로부터 떨어져 있다. 그렇다면 두 정당의 이념은 유권자의 평균 이념을 반영하는가? 16대 총선과 17대 총선 사이에 유권자들이 평균적으로 진보화되면서 두 정당 모두 진보화되었다. 17대 총선과 18대 총선 사이에 유권자들이 평균적으로 보수화되었으나, 17대 대선 당시 이명박 후보는 온건한 입장으로 방향을 바꾸었고 18대 총선 당시 통합민주당은 더 보수적인 이념을 취하지 않았다. 18대 총선부터 19대 대선까지 유권자들은 평균적으로 진보화되었으나, 보수정당은 오히려 더 보수화되었고 18대 대선에서 문재인 후보는 19대 총선 당시 통합민주당보다 더 온건한 이념을 취하였다. 이러한 관찰 결과는 두 정당이 유권자의 평균 이념으로 수렴하지 않는다는 사실을 보여 준다.

---

1 16대 대선 설문조사는 대선 후보의 이념을 측정하지 않았다. <그림 3.6>에서 16대 대선 후보 이념 값은 16대 총선 당시 후보의 소속 정당 이념 값과 17대 총선 당시 후보의 소속 정당 이념 값의 평균값이다.

그림 3.6 두 정당의 이념과 중위투표자 및 유권자 평균 이념

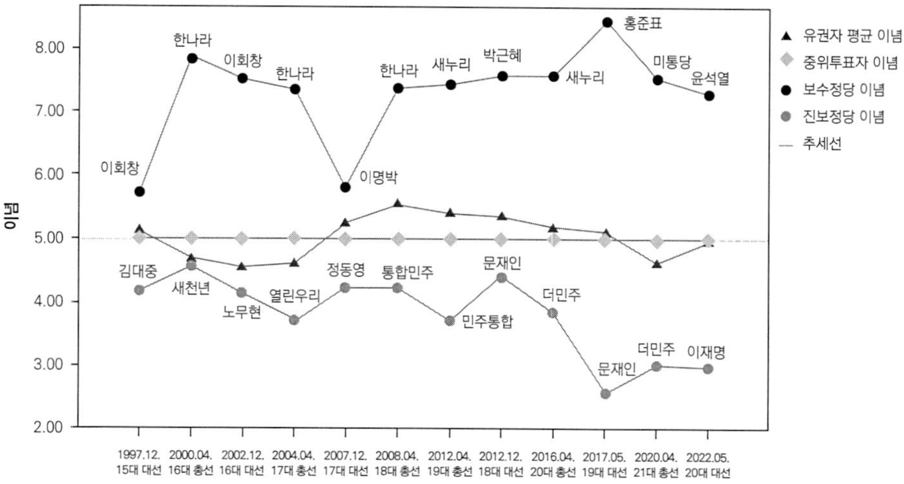

<그림 3.6>이 보여 준 두 정당의 입장은 정치거래 이론의 예측과 부합한다. 15대 대선 이후 치러진 12번의 선거에서 두 정당은 중위투표자 이념으로 수렴하지 않았다. 이뿐만 아니라, 보수정당과 진보정당의 이념은 중위투표자 입장으로부터 비대칭적으로 분포했다. 보수정당은 중위투표자 입장보다 평균적으로 2.28만큼 더 보수적인 이념을 취했으나 진보정당은 평균적으로 1.20만큼만 더 진보적인 이념을 취하였다. <그림 3.6>은 또한 온건한 이념을 취하는 것이 항상 선거 승리에 더 유리한 것이 아니라는 점을 보여 준다. 예컨대, 16대 총선에서 새천년민주당은 중위투표자와 가까운 이념을 취했으나 패하였고, 한나라당은 중위투표자로부터 먼 이념을 취했으나 승리하였다.

그림 3.7 두 정당 후보의 이념 온건화가 득표율 차이에 미치는 영향

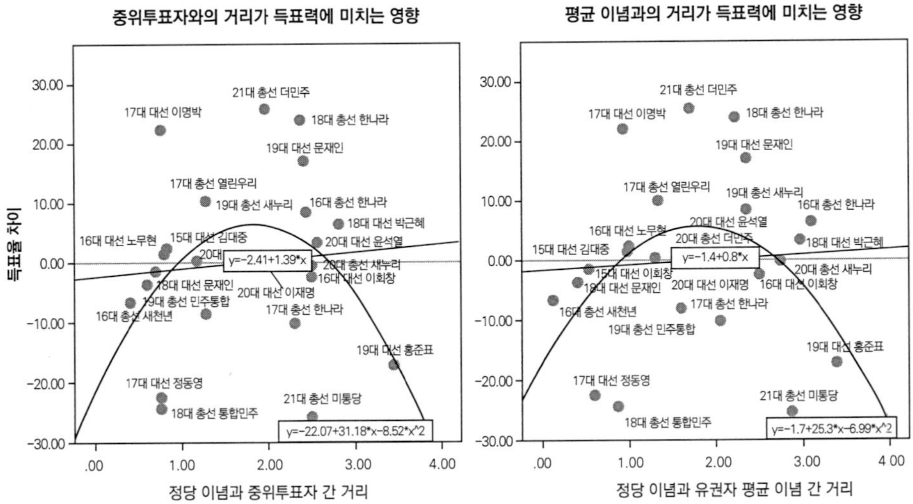

<그림 3.7>은 정당의 이념 온건화가 득표력에 미치는 영향을 보여 준다. <그림 3.7>의 좌측 그림의 독립변수는 정당과 중위투표자 간 이념 차이고 우측 그림의 독립변수는 정당과 평균 유권자 간 이념 차이다. 종속변수는 해당 정당의 득표율에서 상대 정당의 득표율을 뺀 것이다. 예컨대, 17대 대선에서 이명박 후보는 정동영 후보보다 22.53%p 더 많은 득표를 했다. <그림 3.7>에서 옅게 표시된 가로선은 두 정당의 득표율 차이가 0%p인 경우를 나타낸다. 가로선 위에 놓여 있는 사례는 선거에서 승리한 정당을 나타낸다. 짙은 직선은 선형회귀(linear regression) 분석에서 추정된 독립변수의 영향력을 나타낸다. 좌측 그림과 우측 그림 모두 정당이 중위투표자의 입장이나 유권자 평균 이념으로부터 멀어지면 상대 정당과의 득표율 차이가 오히려 미세하게 증가한다는 사실을 보여 준다. <그림 3.7>의 짙은 곡선은 다항회귀(polynomial regression) 분석에서 추정된 독립변수의 영향력을 나타낸다. 두 그림 모두 정당이 중위투표자 이념이나 유권자의 평균 이념으로 접근하면 일정 수준까지 득표율이 증가하지만, 너무 가까워지면 득표율이 오히려 감소한다는 것을 보여 준다.

표 3.4 정당 후보의 이념 온건화가 득표율 차이에 미치는 영향

종속변수 / 독립변수	상대 정당 후보와의 득표율 차이							
	단순회귀분석				다항회귀분석			
	B	s.e.	t	p값	B	s.e.	t	p값
상수	-2.415	6.588	-.367	.717	-22.072*	12.415	-1.778	.090
중위투표자와의 거리	1.386	3.388	.409	.686	31.175*	16.562	1.882	.074
중위투표자와의 거리^2					-8.525*	4.649	-1.834	.081
N	24				24			
R^2	.008				.145			
상수	-1.397	6.311	-.221	.827	-16.996*	9.767	-1.740	.096
평균 이념과의 거리	.802	3.208	.250	.805	25.303*	12.570	2.013	.057
평균 이념과의 거리^2					-6.995*	3.484	-2.008	.058
N	24				24			
R^2	.003				.163			

*p<0.1; ** p<0.05; *** p<0.01

<표 3.4>는 두 정당의 이념 온건화가 득표율 차이에 미치는 영향에 대한 두 종류의 회귀분석 결과를 보여 준다. 단순회귀분석 결과는 정당이 중위투표자 입장으로 접근하거나 유권자 평균 이념으로 접근하여 온건한 정책을 취하는 것이 상대 정당과의 득표율 차이에 통계적으로 유의한 영향을 미치지 않는다는 사실을 보여 준다. 이에 반해, 정당과 중위투표자의 거리가 득표율 차이에 미치는 영향을 분석한 다항회귀분석의 이차항은 10%의 유의수준에서 통계적으로 유의한 영향을 미치는 것으로 추정되었다. 마찬가지로 정당 이념과 유권자 평균 이념의 거리가 득표율 차이에 미치는 영향을 분석한 다항회귀분석의 이차항은 10%의 유의수준에서 통계적으로 유의한 영향을 미치는 것으로 추정되었다. <표 3.4>는 정당이 중위투표자 이념이나 유권자의 평균 이념으로 접근하면 일정 수준까지 득표율이 증가하다가 너무 가까워지면 득표율이 오히려 감소한다는 사실을 10%의 유의수준에서 뒷받침하였다.

<표 3.4>가 보여 준 분석 결과는 다운스의 중위투표자 이론의 예측을 기각하는 반면, 정치거래 이론의 예측을 뒷받침한다. 정치거래 이론에 의하면, 정당이 지나치게 온건한 이념을 취할 경우, 온건한 이념을 취한 덕분에 얻게 되는 표보다 열성 지지자들이 제공하는 선거자원의 감소로 잃게 되는 표가 더 많아진다. 반면, 정당이 지나치게 급진적인 이념을 취할 경우, 열성 지지자들이 제공하는 선거자원을 통해 얻는 표보다 잃게 되는 온건한 유권자의 표가 더 많게 된다. 따라서 정당은 표와 선거자원의 상쇄 효과를 고려해서 표를 극대화할 수 있는 이념을 선택해야 한다. <표 3.4>의 첫 번째 다항회귀분석 결과에 의하면, 진보정당과 보수정당의 표를 극대화하는 이념은 중위투표자 이념으로부터 각각 좌우로 1.83만큼 떨어진 4.17점과 6.83점으로 나타났다. 두 번째 다항회귀분석은 두 정당이 유권자 평균 이념으로부터 각각 좌우로 1.81만큼 떨어졌을 때 표를 극대화할 수 있는 것으로 추정하였다.

3.4.2. 정당과 지지자 이념의 조응성

두 주요 정당이 중위투표자나 유권자의 평균 이념에 수렴하지 않는다면, 이들은 누구의 이념을 대표하는가? <그림 3.8>은 두 주요 정당의 이념과 두 정당에 투표한 유권자들의 평균 이념을 보여 준다. 또한 두 주요 정당이 중위투표자 이념보다 자신을 지지하는 유권자의 이념과 더 가까운 이념을 취했다는 사실을 보여 준다. 보수정당은 두 번의 선거(15대 대선과 17대 대선)에서만 자신에 투표한 지지자들과 비슷한 이념을 취했고, 나머지 선거에서는 모두 지지자들보다 더 보수적인 이념을 취했다. 진보정당은 17대 총선과 18대 대선에서 지지자들과 거의 같은 이념을 취했고, 16대 총선과 16대 대선에서는 지지자들보다 더 온건한 이념을 취했으나, 나머지 선거에서는 더 진보적인 이념을 취하였다.

그림 3.8 두 주요 정당(후보) 지지자 이념과 두 주요 정당(후보) 이념

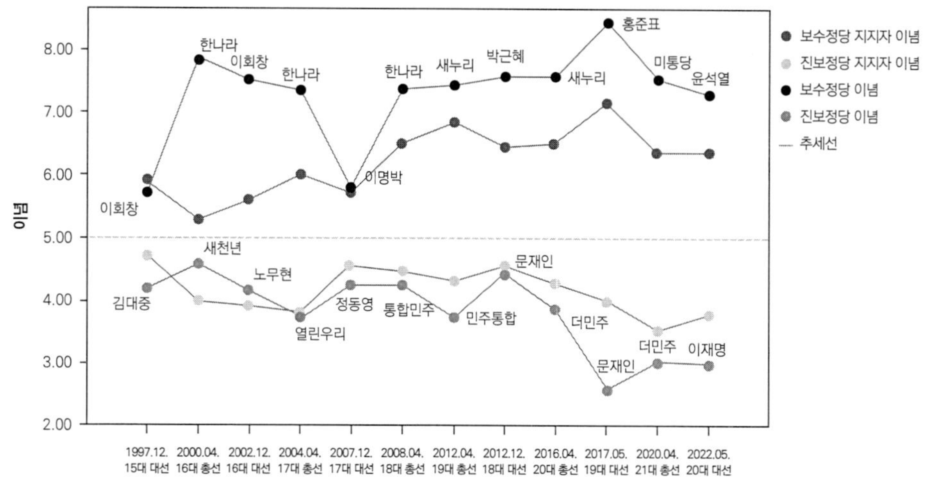

<그림 3.8>에서 두 정당의 이념이 ① 중위투표자 이념, ② 유권자 평균 이념과 ③ 지지자 이념 중 누구의 이념과 가장 가까운가를 측정해 보면, 두 정당은 지지자 이념과 가장 가까운 이념을 취한다는 것을 알 수 있다. 두 정당이 중위투표자나 평균 유권자보다 지지자들의 입장과 더 가까운 이념을 취한다는 사실은 두 정당이 중위투표자 이념이나 유권자 평균 이념으로부터 어느 정도 멀어질 때 득표에 도움이 된다는 것을 보여 준 <표 3.4>의 분석 결과와 부합한다. <그림 3.8>은 또한 보수정당과 진보정당은 중위투표자 입장으로부터 비대칭적으로 떨어져 있다는 사실을 보여 준다. 평균적으로 보수정당은 중위투표자 이념으로부터 2.28만큼 그리고 유권자 평균 이념으로부터 2.25만큼 떨어져 있었으나, 지지자 평균 이념으로부터 1.09만큼 떨어져 있었다. 진보정당도 마찬가지로 중위투표자 이념으로부터 1.20만큼 그리고 유권자 평균 이념으로부터 1.23만큼 떨어져 있었으나, 지지자 평균 이념으로부터 0.57만큼 떨어져 있었다.

표 3.5 정당-유권자와 정당-지지자 간 이념 조응성[2]

유권자 이념 / 정당 이념	중위투표자 이념	유권자 평균 이념	보수정당 지지자 이념	진보정당 지지자 이념
보수정당	.	-.189 (.556)	.434 (.158)	-.551* (.064)
진보정당	.	.169 (.599)	-.665** (.018)	.572* (.052)

*: p<.1; **: p<.05; ***: p<.01

<표 3.5>는 두 정당의 이념이 ① 중위투표자 이념, ② 유권자 평균 이념과 ③ 지지자 이념과 상관된 정도를 나타내는 피어슨 계수(Pearson coefficient) 값을 보여 준다. 괄호 안의 숫자는 상관계수의 유의수준을 나타낸다. <표 3.5>는 두 정당의 이념은 중위투표자 이념과 무관하며 유권자의 평균 이념보다 지지자의 이념과 더 강하게 상관되어 있다는 것을 보여 준다. 두 정당의 이념이 지지자의 입장과 상관되어 있다는 결과는 열성 지지자가 정당의 입장을 자신 쪽으로 끌어들인다는 정치거래 이론의 예측을 뒷받침한다.

3.5 결론

이 장에서는 한국의 시민사회와 의회의 이념적 조응성 문제를 논의하였다. 비례제 국가에서는 의회가 시민사회의 다양한 이념을 대표하는 정당의 의원들로 채워진다. 다운스 이론을 따르면, 단순다수제 국가에서는 두 정당이 중위투표자 입장으로 수렴하고 의회는 중위투표자 입장을 대표하는 의원들로 채워진다. 그러나 현실 세계는 다운스 이론을 뒷받침하지 않는다. 이 장에서는 정치거래 이론에서 도출된 예측을 경험 자료 분석을 통해 검토하였다. 정치거래 이론

2 12번의 선거 동안 중위투표자 이념은 변하지 않은 상수이기 때문에 상관관계를 구할 수 없다.

에 의하면, 양당 체제에서 두 정당은 서로 수렴하지 않으며 자신에게 선거자원을 제공하는 열성 지지자의 이념을 대표하기 위해 중위투표자 입장으로부터 멀어진다. 정치가 시장거래화되면 막강한 선거자원을 제공하는 경제적 유력집단은 보수정당뿐만 아니라 진보정당의 이념도 자신 쪽으로 끌어올 수 있다. 따라서 보수정당은 더 보수화되고 진보정당은 상대적으로 덜 진보화되는 비대칭적 양극화 현상이 초래된다.

이 장에서는 1997년 15대 대선부터 2022년 20대 대선 사이에 수행된 대선과 총선 설문조사 자료를 분석하였다. 이 장의 분석은 두 주요 정당이 중위투표자 이념을 대표하지 않는다는 사실을 보여 주였다. 이 장에서는 또한 정당 양극화와 유권자의 이념 양극화에 대한 분석 결과를 보여 주었다. 첫째, 유권자가 인식한 두 정당의 이념은 거의 모든 선거에서 지지자들의 자가 평가 이념보다 더 양극화된 것으로 나타났다. 둘째, 두 정당의 이념에 대한 유권자 인식뿐만 아니라 지지자들의 자가 평가 이념도 양극화되고 있다. 셋째, 지지자는 자신의 이념보다 두 주요 정당의 이념이 더 급속하게 양극화되는 것으로 인식하였다. 넷째, 두 정당이 양극화되고 있다는 유권자 인식은 두 정당 의원의 법안 표결 행태와 부합하였다.

이 장의 분석은 시민사회와 의회의 이념적 조응성과 정당 양극화에 대한 중요한 함의를 제공한다. 한국의 두 주요 정당은 시민사회의 다양한 이념을 대표하거나 중위투표자 이념을 대표하지 않아 왔으며, 자신을 지지하는 집단보다 더 급진적인 이념을 취해 왔다. 정당 양극화와 지지자의 이념 양극화 중 정당 양극화가 더 급속하게 진행되고 있다는 사실은 정당이 양극화를 주도하고 있다는 사실을 의미한다. 두 정당 의원의 양극화된 표결 행태는 유권자 양극화를 촉진하고, 정당은 양극화된 유권자의 지지를 얻기 위해 더 양극화되는 악순환이 반복되는 것으로 보인다. 양극화가 심해질수록 의회가 시민사회의 다양한 입장을 대표하기는 어려워지고, 다수 정당이 자신을 지지한 급진적인 유권자의 입장을 대표할 가능성이 증가한다.

4장

한국 선거제도의 기계적·행태적 효과: 양당 체제와 유인 가치 중심의 선거 경쟁

4.1 서론

비교정치학자는 선거제도가 가진 다양한 정치적 효과를 연구하였다. 두베르제(Duverger, 1959)는 단순다수제와 비례제는 각각 양당 체제와 다당 체제가 창출될 가능성을 높인다고 주장하였다. 콕스(Cox, 1990)는 단순다수제는 두 정당이 모두 온건한 정책을 취하도록 하는 구심적(centripetal) 효과를 가지는 반면, 비례제는 다수의 정당이 폭넓은 정책을 취하도록 하는 원심적(centrifugal) 효과를 가진다는 분석 결과를 제시하였다. 캐리와 슈거트(Carey and Shugart, 1995)는 선거제도들을 정책 경쟁을 촉진하는 것들과 인물 대결을 촉진하는 것들로 분류하였다. 후버와 파웰(Huber and Powell, 1994)은 단순다수제에 비해 비례제가 중위투표자의 입장을 더 잘 반영한다는 사실을 보여 주었다. 시아벨리스와 모겐스턴(Siavelis and Morgenstern, 2008)은 서로 다른 선거제도가 정당 충성형, 지역구 사업형, 집단 대리인형, 사업가형과 같이 서로 다른 유형의 의원들을 산출한다고 주장하였다.

이 장에서는 선거제도가 어떠한 요소들로 구성되어 있는가를 소개하고, 각각의 요소들이 가지는 정치적 효과를 설명한다. 이어 민주화 이후 한국 선거제도의 구성 요소들이 어떻게 변해 왔는가를 다루고, 이러한 요소들이 한국의 정당 체제에 미쳐온 영향을 분석한다. 이 장의 분석에 의하면, 한국 선거제도는 투표방식(1인 1표 대 1인 2표), 의석 배분 방식(병립형 대 준연동형), 비례 의석 배분 기준(득표율 대 의석률), 봉쇄조항(법적 진입장벽)과 같은 세부적인 요소들을 바꾸어 왔으나, 이러한 세부적인 요소들의 개혁은 양당 지배 체제 변경에 큰 영향을 미치지 못했다. 이 장에서는 한국의 양당 지배 체제를 고착화시키는 가장 중요한 제도적 요소가 지역구 의석이 80% 이상을 차지하는 단순다수제 위주의 선거제도라는 사실을 보여 준다.

이 장에서는 또한 단순다수제 위주의 선거제도가 선거 경쟁 행태에 어떠한 영향을 미치는가를 분석한다. 단순다수제에서 후보들은 정책 경쟁을 회피하며, 유인 가치를 가공하여 광고하고, 상대 후보에 대한 네거티브 캠페인에 집중한다. 이 장에서는 경제성장 능력, 안보 능력, 도덕성 및 지역주의에 호소하는 유인 가치 중심의 선거 경쟁이 어떻게 전개되어 왔는가를 설명하고, 두 주요 정당의 유인 가치에 대한 유권자들의 인식에 실체가 있는가를 검토한다. 이 장에서는 또한 어떠한 위치 쟁점들이 선거 경쟁에서 현저하게 부각되어 왔는가를 살펴보고, 정당들이 위치 쟁점을 어떻게 유인 쟁점으로 전환하는가를 알아본다. 마지막으로, 두 정당 간 유인 쟁점 경쟁이 한국 정치의 개인화와 정서적 양극화에 어떠한 영향을 미치는가를 설명한다.

4.2 이론적 논의: 선거제도의 구성 요소와 효과

4.2.1. 선거제도의 구성 요소

레이파트(Lijphart, 1994)는 “선거 공식”(electoral formula)이라는 개념을 제시하고 다양한 선거제도를 다수제, 비례제, 그리고 준비례제 공식으로 구분하였다. 다수제 공식은 비례성이 가장 낮고 양당 체제를 산출하는 경향이 있다. 비례제 공식은 비례성이 가장 높고 다당 체제를 산출할 가능성이 크다. 준비례제 공식은 다수제와 비례제의 중간 정도의 비례성과 정당 체제를 산출한다.

소선거구에서 1인을 선발하는 다수제 공식은 단순다수제(plurality system), 결선투표제(runoff system)와 즉각결선제(instant-runoff system: IR)를 포함한다. 단순다수제에서는 최다득표 후보가 과반수의 표를 얻지 않아도 당선된다. 단순다수제에서는 유권자들이 당선 가능성이 높은 주요 정당 후보에게 전략적인 투표를 하므로 군소정당 후보가 승리하기 어렵고 양당 체제가 형성될 가능성이 높다. 결선투표제에서는 후보가 당선되기 위해서 과반수를 확보해야 한다. 과반수를 확보한 후보가 없는 경우, 1위와 2위 후보만 겨루는 2차 투표가 치러지고, 둘 중 더 많은 표를 얻은 후보가 당선된다. 즉각 결선제에서는 유권자가 후보들에 대한 선호의 순서를 표시한다. 최상위 선호를 기준으로 과반수를 확보한 후보가 없는 경우, 가장 적은 수의 최상위 선호를 얻은 후보를 제거한 후, 제거된 후보를 첫째로 꼽았던 표들에 나타난 차선의 선호를 기준으로 최하위 후보에게 던져졌던 표가 남은 후보들에게 이양된다. 최상위 선호 표와 이양된 선호 표의 합으로 과반을 확보한 후보가 나타날 때까지 최상위 선호를 가장 적게 받은 후보부터 순서대로 한 명씩 제거한다. 이 선거제도들은 모두 소선거구에서 한 명의 후보를 선발하므로, 지역구에서 1-2위권에 있는 주요 정당 후보들이 의회에 진입할 가능성을 높인다.

준비례대표 공식은 단기비이양식 제도(single non-transferable system: SNTV), 병립형 제도(parallel system)라 불리는 혼합형 다수제(mixed member majoritarian system: MMM), 다수보강 비례제(reinforced PR system)를 포함한다. 단기비이양식 선거제도에서는 유권자가 후보에게 한 표를 행사하고, 한 선거구에서 선발하고자 하는 수만큼의 후보들이 득표순에 따라 당선된다. 단순다수제에서는 각 선거구의 최다득표자만 선발하므로 군소정당 후보들이 당선될 가능성이 없다. 반면, 단기비이양식 선거제도에서는 여러 명을 선발할수록 군소정당 후보들도 당선될 가능성이 증가한다. 병립형 선거제도에서 유권자들은 비례대표 후보와 지역구 후보를 선발한다. 각 정당의 비례석 수는 봉쇄조항을 충족시킨 정당들이 얻은 득표율의 합에서 각 정당의 득표율이 차지한 비율에 따라서 결정되고, 지역구 의석수는 각 정당의 후보들이 승리한 지역구의 수에 따라 결정된다. 각 정당의 비례석 수와 지역구 의석수를 합하여 각 정당의 총 의석을 결정한다. 다수 보강 비례제에서는 지나치게 파편화된 다당 체제가 형성되는 것을 방지하기 위해 제1당 또는 특정한 득표율을 얻은 정당에 보너스 의석을 제공한다.

비례제 공식은 단순 비례제(simple PR), 단기이양식(single transferable: STV), 연동형 선거제도라 불리는 혼합형 비례제(mixed member PR system: MMP)와 복층형(two-tier) 비례제를 포함한다. 단순 비례제는 일정한 득표율을 넘긴 정당에 득표율만큼의 의석을 배분하는 제도이다. 단기이양식은 유권자들이 표시한 선호의 순서에 따라 당선기수(quota)를 충족시킨 다수의 후보가 의석을 얻는 제도이다. 준비례제인 병립형 제도와 달리 연동형 선거제도에서 정당 간 의석 배분은 비례적으로 이루어진다. 병립형 제도에서는 비례대표 의원과 지역구 의원을 각각 비례제와 단순다수제로 선발하며, 두 선거제도에서의 결과가 서로 영향을 미치지 않는다. 비례 의석의 정당 간 배분은 봉쇄조항을 충족시킨 정당들의 득표율에 따라 이루어지고, 지역구 의석 배분은 지역구 선거 결과에 따라 결정된다. 각 정당이 서로 다른 두 선거제도에서 얻은 두 종류의 의석을 단순히 합할 뿐이다. 따라서 비례 의석 배분은 비례적으로 이루어지나 지역구 의석 배분은 불비례적으로 이루어진다.

<표 4.1>은 병립형 제도와 연동형 선거제도에서 의석 배분 결과에 어떤 차이가 발생하는가를 보여 준다. <표 4.1>이 보여 준 예에서 비례대표와 지역구 의석은 각각 100개로 구성되어 있다. <표 4.1>의 좌측 부분이 보여 주듯이, 병립형 제도에서 비례 의석은 각 정당의 득표율에 따라 비례적으로 배분되는 반면, 지역구 의석은 큰 정당이 득표율에 비해 더 많은 의석을 가져갈 수 있다. <표 4.1>의 좌측 부분은 50%의 득표를 한 정당 A가 득표율에 비례하는 50석의 비례 의석과 100개의 지역구 의석 중 80개를 가져가는 경우를 보여 준다. 병립형 제도에서는 지역구 선거에서 초래된 불비례적인 선거 결과를 보완해 주지 않는다.

표 4.1 혼합형 다수제와 혼합형 비례제에서의 의석 배분

정당	정당 득표율 V_i(%)	혼합형 다수제 (병립형)			혼합형 비례제 (연동형)		
		승리 지역구 수 D_i	비례대표 의석수 $R_T \times V_i$	전체 의석수 $D_i + R_T \times V_i$	전체 의석수 $S_T \times V_i$	승리 지역구 수 D_i	비례대표 의석수 $S_T \times V_i - D_i$
A	50%	80석	50석	130석	100석	80석	20석
B	34%	20석	34석	54석	68석	20석	48석
C	16%	0석	16석	16석	32석	0석	32석
합	100%	100석 (D_T)	100석 (R_T)	200석 (S_T)	200석 (S_T)	100석 (D_T)	100석 (R_T)

병립형 제도와 달리 연동형 선거제도에서 의석 배분은 비례적으로 이루어진다. 연동형 선거제도에서 의석 배분이 비례적으로 이루어지는 이유는 지역구 득표에 비해 의석을 적게 얻은 정당의 손해를 비례 의석을 통해 보상해 주기 때문이다. <표 4.1>의 우측 부분이 보여 주듯이, 연동형 선거제도에서는 먼저 전체 의석 200석을 정당 득표율에 따라 각 정당에 배분한다. 다음으로 각 정당이 확보한 의석에서 지역구 의석수를 차감한다. 정당 A처럼 대부분의 지역구에서 승리한 정당이 얻을 수 있는 비례석 수는 그만큼 줄어든다. 반면, 정당 C처럼 지역구 의석을 한 석도 얻지 못한 정당은 모든 의석이 비례 의석으로 채워진다. 이처럼 지역구 선거 결과에서 초래된 불비례적인 선거 결과를 비례 의석을 통해 보상해 주기 때문에, 연동형 선거제도에서는 비례제와 단순다수제 선거 결과가 서로 연동되어 있다. 지역구 경쟁력이 강한 정당은 비례 의석 비율이 낮아지고, 지역구에서 약한 정당은 비례 의석 비율이 높아진다.

12장에서 자세히 설명하겠지만, 연동형 선거제도는 명부형 비례제가 가지고 있지 않은 단점을 가지고 있다. 연동형 선거제도에서 각 정당이 정당 득표율에 의해서 확보한 의석수보다 더 많은 지역구에서 승리하게 되면, "초과의석"(overhang seats)이 발생한다. 예컨대, <표 4.1>에서 정당 A, B, C는 각각 정당 득표율에 의해

서 100석, 68석, 32석을 얻을 자격이 있다. 그러나 <표 4.1>이 보여 준 결과와 달리 세 정당이 각각 20, 80, 0곳의 지역구에서 승리했다면, 정당 B는 자신이 확보한 68석보다 더 많은 12곳의 지역구에서 승리한 것이다. 이럴 경우, 비례적인 의석 배분을 위해 정당 B에 지역구 의석 12석을 차감하고 68석만 배분하는 것이 아니라, 80석 모두를 배분한다. 따라서 정당 B는 비례적인 의석 배분 결과보다 12석이 많은 지역구 의석 80석을 얻게 되는 대신 비례 의석은 1석도 얻지 못하게 된다. 이처럼 지역구 경쟁력이 강한 정당이 정당 득표율에 따라 배분된 의석수보다 더 많은 지역구에서 승리하게 되는 경우, 의회의 전체 의석수는 그만큼 증가하게 된다.

복층형 비례제는 비교적 적은 수의 후보를 선발하는 낮은 수준(lower tier)의 선거구들과 이들을 통합한 높은 수준(upper tier)의 선거구들로 구성되어 있다. 혼합형 비례제는 일종의 복층형 비례제로, 한 명을 선발하는 소선거구를 낮은 선거구로 이용하고, 이들을 권역별 또는 전국적으로 통합한 선거구를 높은 수준의 선거구로 이용한 제도이다. 복층형 비례제에서는 대신 낮은 수준의 선거구에서도 여러 명의 후보를 선발한다. 이처럼 선거구를 두 층으로 나눈 이유는 명부형 비례제의 단점을 보완하기 위해서이다. 명부형 비례제에서 선거구 크기가 클 경우, 수많은 후보가 포함된 명부를 보고 투표해야 하므로 이들에 대한 정보를 확보하기 어렵다. 따라서 유권자들을 비교적 작은 선거구에서 투표하게 하여 후보에 대한 정보 습득을 쉽게 만든다. 그러나 이처럼 작은 선거구에서의 투표 결과를 기준으로 의석을 배분할 경우 불비례적인 의석 배분이 이루어질 수 있다. 따라서 복층형 선거제도에서는 하위선거구를 통합한 상위선거구에서 정당 득표율을 기준으로 의석 배분을 하도록 하여 비례성을 높인다.

선거제도는 군소정당의 의회 진입 가능성과 비례성에 영향을 미치는 세부 요소로 구성되어 있다. 첫 번째 요소는 선거구의 크기(district magnitude)이다. 선거구의 크기가 커질수록 한 선거구에서 더 많은 후보를 선발하므로 작은 정당의 후보가 당선될 가능성이 증가한다. 두 번째 요소는 봉쇄조항이라 불리는 선거진입장벽(electoral threshold)이다. 비례제 국가들은 군소정당이 난립하는 것을 방지하기 위해 의석을 배분받기 위해 얻어야 하는 최소한의 득표율을 법적으로 정해 놓고 있다. 선거구의 크기가 작은 경우, 후보들은 의석을 얻기 위해 충분히 많은 표를 얻어야 하므로 법적인 진입장벽 없이도 높은 수준의 실질적 진입장벽(effective threshold)이 작동한다. 실질적 진입장벽이란 후보가 의석을 얻기 위해 얻어야 하는 득표율을 의미한다. 레이파트(Lijphart, 1994)는 실질적 진입장벽을 계산하기 위해 아래 공식을 제안하였다. 이 공식에 의하면, 4명을 선발하는 선거구에서 후보는 16.25% 이상을 얻어야 의석을 얻을 수 있다.

$$\frac{50\%}{\text{선거구 크기}+1} + \frac{50\%}{2 \times \text{선거구 크기}}$$

표 4.2 세 최대 잉여법에 따른 쿼터의 수 및 의석 배분 결과

정당	선거구의 원정수 M	득표율 V_i	헤어 쿼터 수 (의석수) $V_i \times M$	드룹 쿼터 수 (의석수) $V_i \times (M+1)$	임페리얼리 쿼터 수 (의석수) $V_i \times (M+2)$
A	5	50%	2.50 (2석)	3.00 (3석)	3.50 (3석)
B	5	36%	1.80 (2석)	2.16 (2석)	2.52 (2석)
C	5	14%	0.70 (1석)	0.84 (0석)	0.98 (0석)

세 번째 요소는 의석 배분 방식(allocation method)이다. 의석 배분 방식은 최대 잉여법과 최고 평균법으로 구분된다. 최대 잉여법에는 헤어(Hare), 드룹(Droop), 임페리얼리(Imperiali) 등의 방식이 있다. <표 4.2>는 세 종류의 최대 잉여법에서 세 정당 간 의석 배분이 어떻게 이루어지는가를 보여 준다. 정당 A, B, C의 정당 득표율이 각각 50%, 36%, 14%이고 한 선거구에서 5명의 후보를 선발하는 경우, 헤어 방식에서는 각 정당의 득표율에 의원 정수 5를 곱해서 각 정

당이 확보한 헤어 쿼터 수(2.5, 1.8, 0.7)를 각각 계산한다. 각 정당이 얻은 헤어 쿼터 수의 정수에 따라 의석을 배분하면, 정당 A와 정당 B가 각각 2석과 1석을 얻는다. 전체 5석 중 3석이 배분되었으므로 2석의 잔여석이 발생한다. 잔여석은 각 정당이 얻은 헤어 쿼터 수의 나머지 크기에 따라 배분한다. 따라서 나머지가 0.8인 정당 B와 0.7인 정당 C가 각각 잔여석을 1석씩 차지한다.

드룹 방식에서는 선거구 의원 정수에 1을 더한 값에 각 정당의 득표율을 곱한다. 이럴 경우, 각 정당의 드룹 쿼터 수는 3.00, 2.16, 0.84로 계산된다. 각 정당이 얻은 드룹 쿼터 수의 정수에 따라 의석을 배분하면 정당 A와 정당 B가 각각 3석과 2석을 얻게 되어 잔여석 없이 5석이 모두 배분된다. 임페리얼리 방식에서는 의원 정수에 2를 더한 값에 각 정당의 득표율을 곱한다. <표 4.2>에서 각 정당의 임페리얼리 쿼터는 3.50, 2.52, 0.98로 계산된다. 각 정당이 얻은 임페리얼리 쿼터 수의 정수에 따라 의석을 배분하면 정당 A와 정당 B가 각각 3석과 2석을 얻게 되어 잔여석 없이 5석이 모두 배분된다. 임페리얼리 방식에서는 임페리얼리 쿼터 수의 정수에 따라 배분되는 의석수가 의원 정수를 초과할 수 있다. 이럴 경우, 임페리얼리 방식보다 쿼터 크기가 더 큰 드룹 방식으로 의석을 배분한다(Lijphart, 1994). <표 4.2>는 헤어 방식에서 가장 작은 정당 C가 1석을 확보한 반면, 다른 두 방식에서는 1석도 차지하지 못했다는 사실을 보여 준다. 일반적으로 헤어 방식에 비해 드룹 방식이, 드룹 방식에 비해 임페리얼리 방식이 작은 정당의 의석 확보에 더 불리하다.

최고 평균법(highest average)은 각 정당의 득표수(또는 득표율)를 정수 또는 그 밖의 수로 나누어 산출된 평균을 비교하여 평균이 큰 순서대로 의석을 배분하는 방식이다. 최고 평균법에는 동트(d'Hondt), 쌩 라귀(Saint Lague), 수정된 쌩 라귀(modified Saint Lague) 방식이 있다. 세 방식 중 동트 방식이 작은 정당의 의회 진입에 가장 불리하다.

표 4.3 세 최고 평균법에 따른 평균의 크기 및 의석 배분 결과

분모 \ 방식	동트			쎙 라귀			수정된 쎙 라귀		
	정당 A	정당 B	정당 C	정당 A	정당 B	정당 C	정당 A	정당 B	정당 C
$V_i/1$	50.0% (1번째)	36.0% (2번째)	14.0%	50.0% (1번째)	36.0% (2번째)	14.0% (4번째)			
$V_i/1.4$							35.7% (1번째)	25.7% (2번째)	10.0% (5번째)
$V_i/2$	25.0% (3번째)	18.0% (4번째)	7.0%						
$V_i/3$	16.7% (5번째)	12.0%	4.7%	16.7% (3번째)	12.0% (5번째)	4.7%	16.7% (3번째)	12.0% (4번째)	4.7%
$V_i/4$	12.5%	9.0%	3.5%						
$V_i/5$				7.1%	5.1%	2.0%	7.1%	5.1%	2.0%
의석수	3석	2석	0석	2석	2석	1석	2석	2석	1석

<표 4.3>은 세 방식을 이용할 경우, 세 정당의 의석이 어떻게 배분되는가를 보여 준다. 동트 방식에서는 각 정당의 득표율을 정수로 나눈 평균값이 큰 순서대로 의석을 배분한다. <표 4.3>이 보여 주듯이, 가장 큰 평균값(50.0%)을 가진 정당 A에 첫 번째 의석을 배분하고, 두 번째로 큰 평균값(36.0%)을 가진 정당 B에 두 번째 의석을 배분한다. 이 같은 방식으로 계속 진행하여 다섯 번째 큰 평균값(16.7%)을 가진 정당 A에 다섯 번째 의석을 배분한다. 쎙 라귀 방식에서는 각 정당의 득표율을 홀수로 나눈 평균값이 큰 순서대로 의석을 배분한다. <표 4.3>이 보여 주듯이, 가장 큰 평균값(50.0%)을 가진 정당 A에 첫 번째 의석을 배분하고, 두 번째로 큰 평균값(36.0%)을 가진 정당 B에 두 번째 의석을 배분하고, 같은 방식으로 계속 진행하여 다섯 번째 큰 평균값(12.0%)을 가진 정당 B에 다섯 번째 의석을 배분한다.

동트 방식과 쎙 라귀 방식에서의 의석 배분 결과를 비교하면, 동트 방식에서는 정당 C가 1석도 얻지 못했으나, 쎙 라귀 방식에서는 1석을 얻었다는 사실을

알 수 있다. 이러한 차이가 발생하는 이유는 쌩 라귀 방식에서는 큰 정당의 득표율이 더 큰 수로 나누어질 가능성이 크다는 데 있다. 동트 방식에서는 분모를 1씩 증가시키면서 큰 정당의 득표율을 나누기 때문에 평균값이 천천히 감소하는 반면, 쌩 라귀 방식에서는 분모를 2씩 증가시키면서 나누기 때문에 평균값이 급격하게 감소한다. 예를 들면, 동트 방식에서는 정당 A의 득표율을 3번 나눌 경우 평균값이 50.0%에서 25.0%, 16.7%로 줄어드는 반면, 쌩 라귀 방식에서는 평균값이 50.0%에서 16.7%, 7.1%로 급격하게 줄어든다. 이처럼 큰 정당의 득표율을 여러 번 나눈 평균값을 작은 정당의 득표율을 1~2회 나눈 평균값과 비교하게 되므로, 동트 방식에 비해 쌩 라귀 방식에서 작은 정당이 의석을 얻을 기회가 증가한다. 따라서 쌩 라귀 방식은 큰 정당에 지나치게 불리하게 작동하고 군소 정당이 의회에 난립할 수 있게 한다.

이를 방지하기 위해, 수정된 쌩 라귀 방식에서는 쌩 라귀 방식과 마찬가지로 득표율을 홀수로 나누나, 첫 번째 단계에서 1 대신 1.4를 이용해서 득표율을 나눈다. <표 4.3>은 쌩 라귀 방식에서 정당 C의 평균값이 4번째로 큰 반면, 수정된 쌩 라귀 방식에서는 5번째로 크다는 사실을 보여 준다. 만약 의원 정수가 4명이라면, 정당 C는 쌩 라귀 방식에서 1석을 얻을 수 있는 반면, 수정된 쌩 라귀 방식에서는 1석도 얻을 수 없다. 따라서 정당 C의 의회 진입을 막을 수 있다. <표 4.3>의 예처럼 의원정수가 5명일 경우, 첫 번째 분모의 크기를 1.4보다 더 크게 하면 정당 C의 의회 진입을 막을 수 있다. 예컨대, 첫 번째 분모를 1.4에서 2로 증가시키면, 정당 C의 득표율을 한 번 나눈 평균값은 7.0%가 되는 반면, 정당 A의 득표율을 세 번 나눈 평균값은 7.1%가 된다. 따라서 정당 C 대신 정당 A가 5번째 의석을 차지하게 된다.

선거제도는 명부 유형에 의해서도 구분된다. 명부는 엄정구속식이라 불리는 폐쇄 명부(closed list), 비구속식이라 불리는 개방 명부(unordered open list), 단순구속식이라 불리는 부분 개방 명부(ordered open list)와 자유 명부(free list)로 구분된다. 정당투표만 허용되는 폐쇄 명부에서는 유권자들이 정당이 제시한 명부의 후보 순위를 바꿀 수 없다. 폐쇄 명부에서는 높은 순위를 얻을수록 당선 가능성이 커지므로, 후보들은 개인 표를 얻기보다 정당에 충성하여 높은 순위를 얻으려 한다. 폐쇄 명부와 반대로 개방 명부에서는 후보의 당락이 유권자들이 던진 후보 표에 의해서만 결정된다. 따라서 후보들은 정당에 충성하기보다 지역구민으로부터 개인 표를 얻으려 한다.

두 가지 방식을 혼합한 부분 개방 명부에서는 정당투표와 후보 투표를 모두 허용한다. 이 명부에서는 후보가 일정한 당선기수를 확보하면 자력으로 당선될 수 있다. 당선기수를 확보하지 못한 후보의 당락은 명부 순위에 의해 결정되므로 명부에서의 순위 역시 중요하다. 자유 명부로는 유권자가 여러 정당의 명부에서 후보를 선택할 수 있고, 지역구 의석수만큼의 표를 후보들에게 선호의 정도에 따라 누적해서 행사할 수 있는 배합제(panachage)가 있다. 무제한 자유 명부에서는 정당명부에 등재되지 않은 후보도 유권자가 지명하여 명부를 재구성할 수 있다. 배합제와 무제한 자유 명부는 각각 룩셈부르크와 스위스에서 사용된다.

4.2.2. 선거제도 구성 요소의 효과

선거제도의 구성 요소는 기계적 효과와 행태적 효과를 가진다. 기계적 효과는 어떤 정당이 의회에 진입하는가를 결정하는 "정당 선택 효과"와 어떤 정당이 정부를 구성할 것인가를 결정하는 "정부 구성 효과" 및 어떤 후보가 의회에 진입할 것인가를 결정하는 "후보 선택 효과"로 구성된다. 행태적 효과는 선거제도에 따라 정치인들의 선거행태와 의정 행태가 달라지는 것을 의미한다. 아래에서는 선거제도의 구성 요소들이 가지고 있는 기계적 효과와 행태적 효과를 설명한다.

1. 선거 공식

(1) 기계적 효과

선거 공식은 정당들의 의석수에 영향을 미친다. 단순다수제에서는 지역구 경쟁력이 강한 정당들이 득표율에 비해 더 많은 의석을 확보한다. 지역구에서 3~4

위 정도의 지지기반을 가지고 있는 정당 후보들은 의석을 확보하기 어렵다. 예컨대, 한 정당이 모든 지역구에서 단순다수제의 실질적 진입장벽을 넘지 못할 정도의 지지기반(35% 이하)을 가진다면, 이 정당은 1석도 얻기 어렵다.[1] 그러나 비례제에서는 제3당이나 4당도 입법적인 영향을 미칠 정도의 의석을 확보할 수 있다. 비례제는 이런 정당의 의회 진입을 도와준다. 이뿐만 아니라, 의회제 국가에서는 제3당이나 4당도 연합정부에 참여할 수 있다.

표 4.4 지지기반이 10%~30%인 정당이 얻을 수 있는 의석 비율

선거 공식 / 지지기반	다수제 공식 (단순다수제)	비례제 공식 (비례제)	준비례제 공식 (병립형 선거제도) 비례 의석 비율			
			러시아 1/2	멕시코 2/5	이탈리아,1993 1/4	한국 1/6
30%	0%	30%	15%	12%	7.5%	5%
20%	0%	20%	10%	8%	5%	3.3%
10%	0%	10%	5%	4%	2.5%	1.6%

<표 4.4>는 각각 10%, 20%, 30%의 지역구 지지기반을 가진 세 정당이 단순다수제, 비례제 및 세 종류의 병립형 제도에서 확보할 수 있는 의석 비율을 보여 준다. 지역구에서 30%를 득표할 수 있는 정당의 경우, 단순다수제에서는 1석도 얻을 수 없으나 비례제에서는 30% 정도의 의석을 얻을 수 있다. 따라서 비례제를 채택하면 제1당이 과반 의석을 얻을 가능성이 상당히 감소한다. 병립형 선거제도에서는 비례 의석의 비율에 따라 확보할 수 있는 의석의 비율이 달라진다. 비례 의석이 전체 의석의 50%라면, 득표율의 50% 정도를 얻을 수 있다. <표 4.4>가 보여 주듯이, 비례 의석이 전체 의석의 50%인 러시아에서 정당 득표율이 30%인 정당은 15%의 의석을 얻는다. 반면, 비례 의석이 전체 의석의

1 레이파트(Lijphart, 1994)는 지역구에서 4~5명의 후보가 경쟁한다는 가정하에 단순다수제의 실질적 진입장벽이 35% 정도 될 것으로 추정하였다.

1/6에 불과한 한국에서는 정당 득표율의 1/6만큼의 의석을 얻을 수 있다. 예컨대, 군소정당이 10%의 정당 득표율을 얻으면, 10%의 1/6인 1.6%의 의석을 얻는다. 즉 한국의 병립형 선거제도에서는 군소정당이 얻은 득표율의 5/6만큼의 의석을 손해 본다.

(2) 행태적 효과

3장에서 설명한 바와 같이, 정치쟁점은 위치 쟁점과 유인 쟁점으로 구분된다(Stokes, 1963). 선거 공식은 후보들이 위치 쟁점과 유인 쟁점 중 어떠한 쟁점을 집중적으로 공략할 것인가에 영향을 미친다. 비례제에서 정당은 자신을 지지하는 집단의 규모만큼의 지지를 확보할 수 있으므로 지지 집단을 대변하는 정책을 표방할 동기가 있다. 따라서 비례제는 정당이 조직된 집단의 이해를 대변할 동기를 촉진한다(Bawn and Thies, 2003). 반면, 최다득표자만 당선되는 단순다수제에서는 후보들이 가능한 많은 유권자의 지지를 얻어야 한다. 후보가 특정 집단을 위한 정책을 표방하면, 이를 반대하는 유권자들의 표를 잃는다. 따라서 단순다수제에서 후보들은 선명한 정책 경쟁을 피하며 모든 유권자가 선호하는 유인 가치를 가공하고 이를 홍보하는 작업에 집중한다. 동시에 상대 후보의 무능력과 비도덕성을 공략하는 네거티브 정치공세에 치중한다.

준비례제 역시 유인 가치 중심의 선거 경쟁을 촉진한다. 단기비이양식 제도에서 후보들이 개인 표를 추구할 동기는 단순다수제에서보다 강하다(Carey and Shugart, 1995). 단기비이양식 제도에서는 유권자가 후보에게 한 표를 행사하고, 득표순으로 다수의 후보를 선발한다. 따라서 같은 정당의 후보들끼리 서로 경쟁하게 되고, 이념적으로 비슷한 입장을 선택하는 같은 정당 후보들은 자신을 차별화시키기 위해 유인 가치 중심의 선거 경쟁을 전개하게 된다. 병립형 제도에서도 지역구에서 후보들이 인물 대결을 펼치며, 지역구 의석수가 증가할수록 유인 가치 경쟁에 집중하는 후보들이 증가한다.

2. 선거구 크기, 봉쇄조항과 의석 배분 방식

(1) 기계적 효과

선거 공식이 주요 정당들의 의석 배분에 영향을 미치는 반면, 세부 요소들은 군소정당들의 의회 진입에 영향을 미친다. 첫째, 선거구 크기가 커질수록 더 많은 후보를 선발하므로 낮은 득표력을 가진 군소정당 후보도 의석을 확보하는 것이 가능해지고, 군소정당도 어느 정도의 의석을 확보하게 되므로 비례성이 높아진다. 둘째, 봉쇄조항이 낮을수록, 군소정당 후보도 의석을 확보할 수 있게 된다. 4.3절에서 자세히 살펴보겠지만, 한국에서는 13대 총선에서 16대 총선까지 최소 5석을 얻거나 5%를 득표한 정당만 비례 의석을 확보할 수 있었다. 17대 총선부터는 봉쇄조항을 3%로 낮춰 5% 이상을 득표하지 못하거나 지역구에서 5석을 얻지 못한 정당도 의석을 얻을 수 있게 되었다. 셋째, 의석 배분 방식이 비례적일수록 군소정당이 의회에 진입할 가능성은 증가한다. 한국에서는 비례성이 가장 높은 헤어 방식을 사용하고 있으므로, 배분 방식은 군소정당에 유리하다.

(2) 행태적 효과

선거구 크기는 명부 유형에 따라 후보들의 개인 표 추구 동기에 상반된 영향을 미친다(Shugart, 2005). 폐쇄 명부를 채택한 국가에서는 선거구 크기가 커질수록 후보들이 개인 표를 추구할 동기가 약해진다. 반면, 폐쇄 명부를 채택해도 소선거구에서는 후보들이 개인 표를 추구한다. 개방 명부에서는 개인 표를 많이 얻은 후보가 높은 순위의 같은 정당 후보들을 제치고 자력으로 당선될 수 있다. 개방 명부제에서 선거구의 크기가 매우 클 경우, 낮은 득표율의 후보도 의석을 얻을 수 있다. 따라서 후보들은 폭넓은 계층이나 기능집단을 정책적으로 대변하기보다 자신을 지지하는 특정 집단에 공직이나 경제적 혜택과 같은 후견주의적(clientelistic) 특혜를 제공한다(Siavelis and Morgenstern, 2008).

3. 명부 유형

(1) 기계적 효과

명부 유형은 서로 다른 유형의 의원을 배출한다. 폐쇄 명부를 채택한 국가에서는 공천권자(기관)에 충성하는 공천권자 충성형이 의회에 진입할 가능성이 크다. 정당의 의사결정 구조 및 제도화 수준에 따라 공천권자는 달라진다. 상향식 의사결정이 이루어지는 정당에서는 정책 대변 역할에 충실한 정당 충성형(party loyalist)이 산출된다. 반면, 하향식 의사결정이 이루어지는 정당에서 정당 지도부, 대통령, 수상과 같은 계파 수장이 공천권을 장악하면, 이들에 충성하는 계파 충성형(faction loyalist)이 산출된다. 그리고 정당이 명부 순위 결정 권한을 기능집단에 부여한 경우, 집단 대리인형(group delegate)이 산출될 수 있다.

개방 명부를 채택한 국가에서는 공천권자보다 선거구의 열성 지지자, 기능집단, 이익단체에 충성할 가능성이 증가한다. 개방 명부에서는 후보들이 누구를 공략하는가에 따라 다른 유형의 의원들이 산출된다. 후보들의 공략 대상은 선거구 크기에 따라 달라진다. 주요 정당들이 단수 후보를 공천해야 할 정도로 크기가 작은 선거구에서는 제1정당 또는 2정당의 후보들이 당선될 가능성이 크다. 이처럼 작은 선거구에서는 공천을 받는 것이 당선과 직결되므로 공천권자 충성형이 산출될 가능성이 있다. 예컨대, 지역구에서 2명을 선발하고 개방 명부를 채택한 칠레에서는 공천권자 충성자형이 산출된다.

같은 정당 후보끼리의 선거 경쟁을 할 정도로 선거구가 크지만 유권자들이 서로 다른 후보의 지역구 사업 성과를 구분할 수 있을 정도로 선거구가 작은 경우, 지역구 사업형(constituency servants)이 산출될 가능성이 있다. 결집력 있는 상당수의 구성원을 확보한 기능단체들이 조직된 국가에서는 집단 대리인형이 산출된다. 이러한 국가에서는 후보들이 분산된 표를 끌어모으는 것보다 직능단체 또는 이익단체의 조직 표를 확보하는 것이 효과적인 득표 전략이 될 수 있다.

개방 명부제의 선거구 크기가 커질수록 사업가형(entrepreneur)이 산출될 가능성이 커진다(Siavelis and Morgenstern, 2008). 선거구가 커질수록, 어떤 후보가 선거구를 위해 어떤 활동을 했는가를 유권자들이 파악하기가 어려워진다. 여러 후보가 지역구 혜택에 대한 공적을 서로 주장하기 때문에, 공적 인정(credit taking)이 어려워진다. 선거구가 큰 경우 다수의 같은 정당 후보들이 서로 경쟁하므로 후보들은 서로 중첩되지 않는 지지집단을 공략하려 한다. 대선거구에서는 적은 수의 득표로도 당선될 수 있으므로 특정 지지집단과의 개인적 관계를 통해 표를 확보하려는 사업가형이 산출될 가능성이 커진다.

(2) 행태적 효과

명부 유형과 선거구 크기의 조합이 산출한 여러 유형의 후보들은 각각 서로 다른 선거운동 행태와 의정 행태를 보인다. 폐쇄 명부 국가에서 민주적인 정당이 산출하는 정당 충성형 후보는 선거운동에서 정당 정책을 홍보한다. 이들은 이념적이고 정책적이며 공적인 성격을 가진 재화를 추구한다(Siavelis and Morgenstern, 2008). 그러나 폐쇄 명부를 채택한 국가에서 정당이 비민주적인 경우, 의원들은 당원 전체의 이익보다 공천권자에 충성한다. 폐쇄형 비례제에서 정당 지도부는 부정한 지대추구(rent-seeking) 기회를 집중적으로 확보할 수 있다. 계파 수장이 정당 지도부를 장악한 경우, 계파 수장은 자신에게 충성하는 의원들에 높은 순위를 배정한다. 계파 수장은 특정 이익집단들로부터 정치자원을 제공받고 이들에게 비정책적 특혜를 제공하는 상호 후견주의적 관계를 형성한다. 계파 수장은 자신에게 충성하는 의원들에게 자신의 지대추구 권한의 일부를 나누어주거나 공천권을 행사하여 의원들의 충성을 얻어낸다. 따라서 계파 충성형은 계파 수장의 권력 유지를 도와주는 의정활동을 한다.

개방 명부는 폐쇄 명부에서 공천권자에게 권력이 집중되는 것을 방지하기 위한 제도이다. 개방 명부에서 후보들의 행태는 선거구 크기에 따라 달라진다. 선거구가 작은 경우 산출되는 지역구 사업형은 정당이 대변하는 기능집단과 자신이 대표하는 지역 집단을 동시에 대변해야 한다. 따라서 단순다수제에서와 마찬가지로 서로 이해가 다른 기능집단과 지역 집단을 대변해야 하는 이중 대표의 딜레마에 빠지게 된다. 이러한 딜레마에 봉착하여, 후보들은 반대 집단을 소외시키는 정책 경쟁을 전개하기보다 모든 지역구민이 선호하는 지역개발 사업이나 지역구 사업에 집중한다. 지역구 사업형은 지역의 유력세력으로부터 안정적인 지지를 얻기 위해 이들과 후원적 관계를 맺기도 한다(Siavelis and Morgenstern, 2008).

선거구가 커질수록 사업가형은 무소속 의원과 비슷한 행태를 보인다(Siavelis and Morgenstern, 2008). 사업가형은 지역구민과 장기적인 연계를 구축하려고 하지 않는다. 이들은 주로 인기영합적인 수사를 중심으로 선거운동을 하며 정치자금은 자기 스스로 조달하거나 정당과 연계되어 있지 않은 이익집단들로부터 확보한다(Siavelis and Morgenstern, 2008). 따라서 사업가형은 지지집단에 특혜를 제공하기 위한 의정활동을 한다(Carey and Shugart, 1995).

전술한 바와 같이, 폐쇄 명부는 공천권자가 자신의 권력을 추구하기 위해 자신에게 충성하는 의원들을 선발하는 문제를 초래할 수 있다. 반면, 개방 명부는 후보들이 개인적인 이해를 추구하는 것을 통제하기 어렵다. 부분 개방 명부는 후보들의 자력 당선을 가능하게 하여 공천권자의 권력으로부터 자유롭게 하면서도, 정당의 이익을 침해하는 후보들의 당선 가능성을 낮추기 위해 만든 제도이다. 폐쇄 명부에서와 마찬가지로 부분 개방 명부에서는 정당 전체의 이익을 위해 일하는 후보들이 높은 명부 순위를 얻을 수 있다. 이뿐만 아니라, 개방 명부와 마찬가지로 후보에게 표를 행사할 수 있으므로, 정당이 대변하는 기능집단에 대한 대표 활동을 충실히 하는 후보는 이들 집단으로부터 개인 표를 얻어 자력으로 당선될 수도 있다. 따라서 정당이 대표하는 기능집단들이 명부 순위 결정에 참여하면 기능집단의 이익을 대변하는 후보는 명부에서 높은 순위를 배정받으면서도 개인 표를 확보할 수 있다.

4.3 한국 선거제도의 기계적 효과: 양당 지배 체제 산출

4.3.1. 한국 선거제도의 구성 요소

<표 4.5>는 민주화 이후 한국 선거제도의 구성 요소를 보여 준다. 한국은 13대 총선부터 16대 총선까지 병립형 선거제도를 채택하였다. 병립형 선거제도는 준비례대표 공식으로 분류되나, 한국의 병립형 제도는 지역구 의석이 전체 의석에서 차지하는 비율이 80%가 넘으므로 다수제 공식과 더 가깝다. 병립형 제도에서는 유권자가 일반적으로 정당과 후보에 각각 1표를 행사하고, 정당 득표율을 기준으로 비례 의석을 배분한다. 그러나 13대 총선부터 16대 총선 사이에 사용된 병립형 제도에서 유권자는 후보에 1표만 행사하였다. 이 시기에는 각 정당의 지역구 의원들이 얻은 후보 표를 합산해서 정당 득표율을 계산하고 이에 따라 비례 의석을 배분하였다.

표 4.5 민주화 이후 한국 국회의원 선거제도 변화

연도 (총선)	소선거구 의석수 (비율)	전국구			
		선거구 크기 (비율)	봉쇄조항	배분 기준 (배분 방식)	선거 공식 (다수제 공식에 근접)
1988 (13대)	224석 (74.9%)	75석 (25.1%)	5석	의석률 (Hare 방식)	과반 의석 미달 다수당에 전국구 의석 50% 배분
1992 (14대)	236석 (79.2%)	62석 (20.8%)	5석	의석률 (Hare 방식)	3% 이상 득표한 정당에 전국구 의석 1석 배분
1996 (15대)	253석 (84.6%)	46석 (15.4%)	5석 또는 5% 득표율	지역구 후보 합산 득표율 (Hare 방식)	1인 1표 병립형 3%~5% 득표 정당에 전국구 의석 1석 배분
2000 (16대)	227석 (83.2%)	46석 (16.8%)			

2004 (17대)	243석 (81.3%)	56석 (18.7%)	5석 또는 3% 득표율	정당 득표율 (Hare 방식)	1인 2표 병립형
2008 (18대)	246석 (82.0%)	54석 (18.0%)			
2012 (19대)	245석 (81.9%)	54석 (18.1%)			
2016 (20대)	252석 (84.3%)	47석 (15.7%)			
2020 (21대)	253석 (84.3%)	47석 (15.7%)	3% 득표율		준연동형, 비례석 수: 연동형 30석과 병립형 17석
2024 (22대)	254석 (84.7%)	46석 (15.3%)			준연동형, 비례석 수: 연동형 47석

출처: 중앙선거관리위원회 및 국회법

13대와 14대 총선에서는 각 정당이 얻은 득표율이 아니라 의석률을 기준으로 전국구 의석을 배분하였다. 지역구 선거에서 두 주요 정당이 승리할 가능성이 크므로 지역구 선거 결과에 따른 군소정당의 의석률은 거의 0%에 가깝다. 따라서 비례 의석을 득표율로 배분할 때보다 의석률로 배분할 때 군소정당은 비례 의석을 얻기 어렵다. 이뿐만 아니라, 13대 총선에서는 과반수를 확보하지 못한 다수당에 전국구 의석의 절반을 배분하였다. 이는 권위주의 정권이 국회 과반수를 확보하기 위해 제1당에 전국구 의석의 일정 부분을 배분했던 제도를 이어받았기 때문이다.[2]

15대 총선부터는 의석률 대신 득표율을 기준으로 전국구 의석을 배분하여 불비례성을 개선하려 하였다. 그러나 새로운 선거제도에서도 유권자가 지역구에서 후보에게만 1표를 행사하고, 지역구 후보들의 표를 합산해서 정당 득표율

2 제1당은 득표율과 상관없이 6대 총선에서 8대 총선까지 전국구 의석의 1/2을 물려받았고, 유신체제에서는 유정회라 불린 박정희 친위 입법기구의 100%를 배정받았다. 전두환 정권에서는 제1당이 전국구 의석의 3분의 2를 배분받았다.

을 계산하는 기존 방식은 유지되었다. 이러한 방식은 군소정당에 불리하게 작동한다. 유권자들은 지역구 선거에서 사표 방지 심리 때문에 작은 정당에 행사할 표를 큰 정당에 행사한다. 이러한 전략적 투표 심리 때문에 새로운 선거제도는 여전히 작은 정당에 불리하게 작동하였다. 따라서 지역구 선거 결과에 따라 전국구 의석을 배분하는 문제를 개선하지 않은 새로운 의석 배분 방식은 기존 방식보다 군소정당에 특별히 더 유리한 결과를 초래하지 않았다.

이러한 문제점이 제기되면서, 17대 총선부터 1인 2표 병립형 선거제도를 채택하였다. 이 제도에서 유권자들은 1표는 지역구 후보에 투표하고 1표는 정당에 투표한다. 비례 의석은 정당투표에서 각 정당이 얻은 득표율을 기준으로 배분되므로, 이 선거제도는 1인 1표 병립형 선거제도에 비해서 더 비례적으로 의석을 배분하게 되었다. 낮은 득표율도 의석 배분 결과에 비례적으로 반영되므로, 유권자들은 정당투표에서는 자신의 선호대로 투표할 수 있게 되었다. 일부 유권자들은 2표 중 1표를 작은 정당에 행사하기도 하였다. 새로운 선거제도는 또한 5석 이상 또는 5% 이상의 득표율이던 기존의 봉쇄조항을 5석 이상 또는 3% 이상의 득표율로 낮추어 군소정당의 의석 확보 가능성을 증가시켰다.

그러나 새로운 선거제도는 비례 의석이 전체 의석의 20%에도 못 미치는 기존 방식을 유지하였다. 17대 총선에서 18.7%를 차지하던 비례 의석의 비율은 점점 줄어들어 20대 총선에서는 15.7%까지 줄어들었다. 이처럼 비례 의석이 전체 의석의 20%에도 못 미치기 때문에, 1인 2표 병립형 선거제도는 거의 단순다수제와 유사한 의석 배분 결과를 초래한다. <표 4.4>의 사례가 보여 주듯이, 한국의 선거제도에서는 정당 득표율이 10%인 정당도 지역구에서 승리하지 못하면 전체 의석의 1.6%만 얻을 수 있다. 예컨대, 17대 총선에서 12.9%를 득표한 민주노동당에 비례적으로 의석을 배분했다면 민주노동당은 38석에서 39석을 확보했어야 하나 1인 2표 병립형 선거제도에서 10석만 얻을 수 있었다. 따라서 1인 2표 병립형 선거제도는 여전히 군소정당이 얻은 득표율에 비해 훨씬 적은 수의 의석을 배분한다.

병립형 선거제도가 양당 지배 체제를 고착화한다는 비판이 제기되면서, 선거제도 개혁의 필요성이 다시 대두되었다. 특히 정의당과 같은 군소정당들은 독일의 연동형 선거제도와 같은 비례성이 높은 선거제도를 도입할 것을 오랫동안 요구해 왔다. 민주당과 군소정당(바미당권파, 정의당, 민주평화당 및 대안신당)은 4+1 연합체를 구성하여 2019년 12월 27일에 준연동형 선거법 개정안을 통과시켰다. 공수처 법안 통과를 위해 군소정당들의 지지가 필요했던 민주당은 의석수가 줄어들 것을 감수하고, 준연동형 선거제도에 합의하였다. 연동형 선거제도의 도입이 현실적으로 어렵다고 판단한 정의당도 결국 준연동형 선거제도에 합의하였다.

준연동형 선거제도는 병립형 선거제도와 연동형 선거제도의 중간 정도의 의석을 군소정당에 배분한다.[3] 따라서 준연동형 선거제도는 병립형을 유지하기를 원하는 민주당과 연동형을 원하는 군소정당들의 타협안으로 채택될 수 있었다. 그러나 21대 총선에서 민주당과 미래통합당이 위성정당을 만들었기 때문에 군소정당들은 준연동형 선거제도에서 기대했던 의석을 얻을 수 없었다. 22대 총선 역시 민주당과 국민의힘이 위성정당을 만들어 군소정당들은 결국 병립형 제도에서 얻었을 의석과 마찬가지의 의석을 얻었다. 준연동형 선거제도에서 위성정당이 출현하는 이유는 준연동형 선거제도를 포함한 연동형 선거제도가 위성정당이 출현할 수밖에 없도록 하는 제도적 특성을 가졌다는 데 있다. 위성정당의 출현은 비례성을 향상하기 위한 연동형 선거제도의 취지를 무색하게 만들었다.

4.3.2. 한국 정당 체제

한국의 선거제도가 정당의 수에 미치는 기계적 효과는 실효 정당의 수로 측정될 수 있다(Lijphart, 1994). 만약 한 정당 체제에 두 거대 정당이 존재하고 5개의 군소정당이 존재한다면, 이 정당 체제를 양당 체제로 규정하기도 어렵고 7당 체제로 규정하기도 어렵다. 이러한 문제를 해결하기 위해 개발된 실효 정당의

---

3 준연동형 선거제도의 의석 배분 방식과 문제에 대한 자세한 설명은 12장 참고.

수라는 개념은 실제로 효력을 가질 수 있는 정당의 수를 의미한다. 실효 정당의 수는 실효 선거 정당의 수(effective number of elective parties: ENEP)와 실효 의회 정당의 수(effective number of parliamentary parties: ENPP)로 구분된다. 실효 선거 정당의 수는 실제로 의석을 얻을 수 있을 정도의 득표를 한 정당의 수를 의미한다. 실효 의회 정당의 수는 의회에서 실제로 효력을 발생시킬 수 있는 정당의 수를 의미한다.

실효 정당의 수는 아래의 공식을 통해 계산한다. 실효 선거 정당의 수는 x_i에 정당 i가 얻은 득표율(%)을 대입해서, 실효 의회 정당의 수는 정당 i가 얻은 의석률(%)을 대입해서 계산한다.

$$\mathrm{N} = \frac{100\% \times 100\%}{x_1 x_1 + x_2 x_2 + \ldots + x_{n-1} x_{n-1} + x_n x_n}, \qquad 0\% \leq x_i \leq 100\%$$

위 공식에서 x_i에 x_i를 다시 곱하는 이유는 정당의 수를 계산할 때 정당의 크기를 반영하기 위해서이다. 위 공식에 의하면, 실효 선거 정당의 수는 득표율이 높은 정당에 높은 득표율만큼의 비중을 두고 득표율이 낮은 정당에 낮은 득표율만큼의 비중을 두어 계산한다. 예컨대, 선거 결과 두 정당이 각각 45%를 득표하고 다섯 정당이 각각 2%를 득표했다면, 실효 선거 정당의 수를 계산할 때 두 주요 정당에 각각 45%의 비중을 두고 다섯 정당에 각각 2%의 비중을 두어 정당의 수를 계산한다. 이러한 방식으로 정당의 수를 계산하면 실효 선거 정당의 수는 2.46으로 계산된다. 실효 의회 정당의 수는 각 정당의 의석률에 의석률을 곱해서 계산한다. 각 정당이 얻은 득표율과 의석률이 완전히 일치하면 실효 선거 정당의 수와 의회 정당의 수는 같아진다. 그렇지 않을 경우, 선거에서 경쟁한 정당들에 비해 더 적은 수의 정당들이 의석을 얻으므로 실효 의회 정당의 수는 실효 선거 정당의 수보다 더 적게 계산된다.

그림 4.1 한국 정당 체제의 변화

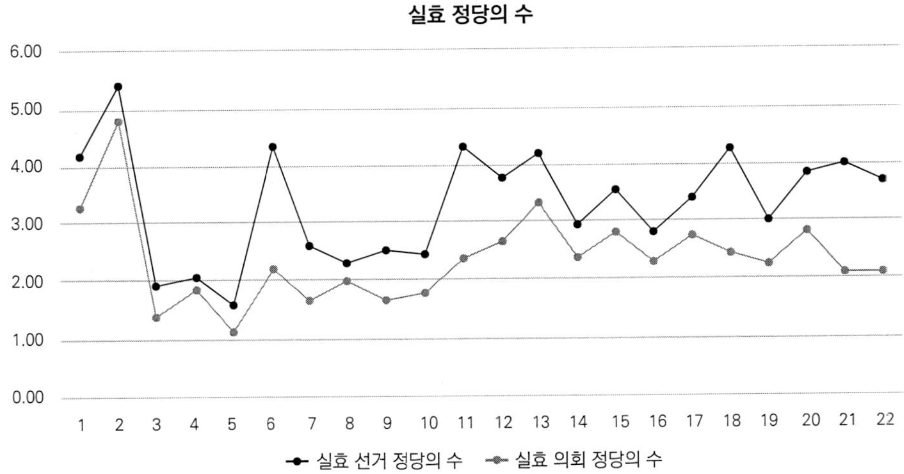

출처: 중앙선거관리위원회

<그림 4.1>은 1대 총선부터 21대 총선까지의 실효 선거 정당의 수(ENEP)와 실효 의회 정당의 수(ENPP)의 변화를 보여 준다. 민주화 이후 한국의 ENEP와 ENPP의 평균값은 각각 3.26, 2.40으로 계산된다. 파웰(Powell, 2000)이 분석한 23개 국가 중 다수제 국가들의 ENEP와 ENPP의 평균값이 각각 3.30, 2.40이고,[4] 비례제 국가들의 평균값이 각각 5.00, 4.46이었다. 따라서 한국의 정당 체제는 다수제 국가들과 거의 유사하다고 볼 수 있다. <그림 4.1>은 민주화 이후 ENPP가 조금씩 감소하는 패턴을 보여 준다. 이러한 관찰 결과는 비례성을 증진하기 위한 여러 차례의 선거제도 개혁이 군소정당의 의회 진입을 촉진하는 효과를 발휘하지 않았다는 것을 의미한다.

이처럼 양당 중심의 정당 체제가 유지되도록 하는 가장 중요한 원인은 한국의 선거제도에서 지역구 의석이 전체 의석의 80% 이상을 차지한다는 것이

4 파웰(Powell, 2000)이 다수제로 분류한 국가들은 그리스, 뉴질랜드, 영국, 캐나다, 프랑스, 호주이고 비례제로 분류한 국가들은 네덜란드, 노르웨이, 덴마크, 독일, 벨기에, 스웨덴, 스위스, 오스트리아, 이탈리아, 핀란드이다.

다. 단순다수제는 불비례적인 선거 결과를 초래하여 군소정당의 의회 진입을 억제한다. 선거제도가 얼마나 불비례적인가는 갤러거 지수(Gallagher Index: GI)를 사용해서 계산할 수 있다(Lijphart, 1994). 갤러거 지수는 아래의 공식을 이용한다. 아래 공식에서 $v_i - s_i$는 득표율과 의석률의 차이를 나타낸다. 아래 공식에서 $v_i - s_i$에 $v_i - s_i$를 곱하는 이유는 득표율과 의석률의 차이가 클수록 더 큰 비중을 두기 위함이다.

$$GI = \sqrt{\frac{(v_1 - s_1)(v_1 - s_1) + (v_2 - s_2)(v_2 - s_2) + \cdots + (v_n - s_n)(v_n - s_n)}{2}}$$

그림 4.2 역대 총선에서의 불비례성

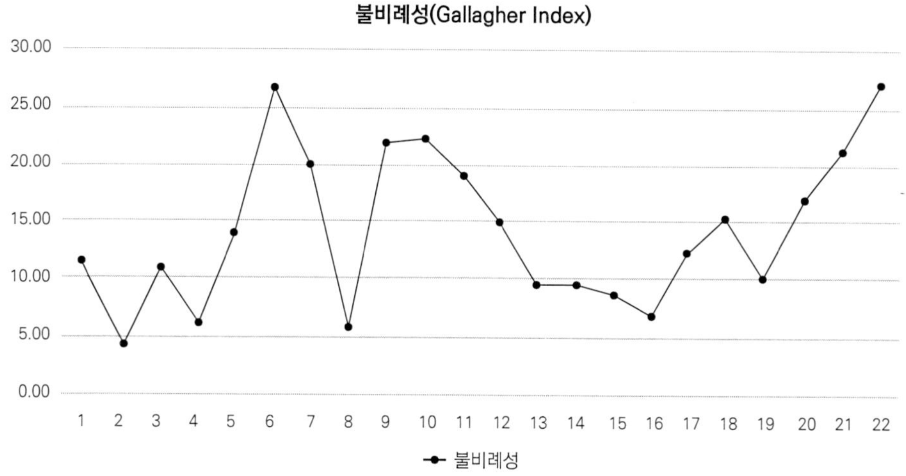

<그림 4.2>는 1대 총선부터 21대 총선까지의 불비례성(GI)의 변화를 보여 준다. <그림 4.2>에서 민주화 이전에 불비례성이 매우 크게 나타나는 이유는 제1당에 전국구 의석의 50% 또는 그 이상을 배분하는 변칙적인 제도 때문이다. 민주화 이후 이러한 제도가 폐지되자 불비례성은 대폭 감소하였으나, 민주화 이후에도 GI 값이 네 번의 선거에서 10.0을 상회하였고 점점 증가하는 추세에 있다.

한국 선거제도의 GI 값과 소선거구를 채택한 다른 국가들의 GI 값을 서로 비교해 보면, 한국의 선거제도가 다수제 공식과 비례제 공식 중 어디에 더 가까운가를 알 수 있다. 민주화 이후, 한국의 GI 평균값은 12.2이다. 파웰이 분석한 23개 국가 중 다수제 국가로 분류된 여섯 국가의 GI 평균값은 12.2이다. 비례제 국가들의 GI 평균값이 2.37에 불과하다는 사실을 고려할 때, 한국의 선거제도는 다수제 공식에 가깝다고 할 수 있다.

17대 총선부터 비례 의석 배분 방식이나 봉쇄조항 같은 세부 요소들을 개정했음에도 불구하고, <그림 4.2>는 불비례성이 오히려 증가하고 있다는 사실을 보여 준다. 이는 지역구 선거에서 초래된 불비례성이 상당히 증가했기 때문이다. 주요 정당이 정당 득표율에 비해 지역구에서 더 많은 의석을 얻는 경우, 불비례성은 많이 증가한다. 예컨대, 17대 총선에서 열린우리당은 38.0%를 득표했으나 지역구 의석의 53.5%를 얻었고, 18대 총선에서 한나라당은 37.5%를 득표했으나 지역구 의석의 59.5%를 얻었다. 더불어민주당은 20대 총선에서 25.5%를 득표했으나 지역구 의석의 43.5%를 얻었고, 21대 총선에서는 33.4%를 득표했으나 지역구 의석의 64.4%를 얻었다. 17대 총선 이후 나타난 불비례성의 증가가 대부분 지역구 선거에서 초래된 불비례적인 결과 때문이라는 사실은 한국 선거제도가 가진 불비례성의 제도적 기원이 비례 의석 배분 방식이나 봉쇄조항 같은 세부 요소에 있지 않다는 사실을 의미한다. 지역구 의석이 전체 의석의 80% 이상을 차지하는 단순다수제 위주의 선거 공식이 유지되는 한, 양당 지배체제는 지속될 가능성이 크다.

4.4 한국 선거제도의 행태적 효과: 유인 가치 선거 경쟁과 정치 개인화

한국 선거제도는 80%가 넘는 의원을 지역구에서 선발하고 20%에 못 미치는 비례대표 의원을 폐쇄 명부로 선발한다. 당 지도부는 비례대표 후보뿐만 아니라 지역구 후보 공천에 막강한 영향력을 행사한다. 한국 정당의 하향식 공천 방식은 당 지도부에 충성하는 후보들을 산출한다. 단순다수제로 후보를 선발하는 지역구 선거에서 후보는 정책 경쟁을 피하고 유인 가치 중심의 선거 경쟁을 한다. 2장에서 소개한 바와 같이, 단순다수제에서 후보들은 다음과 같은 전략을 구사해 왔다. 첫째, 자신의 긍정적인 유인 가치와 상대 후보의 부정적인 유인 가치를 가공하고, 둘째, 자신에게 불리한 쟁점을 유리한 쟁점으로 덮는 프레임 전환을 시도하며, 셋째, 위치 쟁점을 유인 가치로 포장하고, 넷째, 위치 쟁점에서의 상대 후보의 입장을 극단적으로 몰아간다. 이 장에서는 한국의 선거 경쟁에서 이러한 전략이 어떻게 활용되었는가를 살펴본다.

깊은 계급 균열이 형성된 서구에서는 복지정책이나 조세정책과 같은 재분배 쟁점을 중심으로 좌파 정당과 우파 정당이 경쟁하였다. 남북이 분단된 상황에서 한국전쟁을 경험한 한국에서는 서구에서와 같이 경쟁력 있는 좌파 정당이 등장할 수 없었다. 이런 역사적 배경 때문에 민주화 이전 한국에서는 우파 정당끼리 경쟁하는 정당 체제가 형성되었다. 쿠데타로 정권을 장악한 박정희는 경제 성장론과 안보 이데올로기라는 유인 가치를 개발했고, 야당은 민주주의라는 유인 가치로 대항했다. 1979년 유신 체제가 무너지자 쿠데타로 정권을 장악한 전두환은 박정희 정부의 경제 성장론과 반공 이데올로기 유산을 정권 유지를 위한 유인 가치로 재생산했다. 군사정권 시기 경제성장 대 민주주의라는 대결 구도는 1987년 민주화 이후 급속히 사라지게 되었다. 이념적으로 큰 차이가 없는 중도 정당과 우파 정당들은 지역주의라는 새로운 유인 가치를 생산했고, 지역주의 투표가 한국에서의 선거 경쟁을 지배하게 되었다.

지역민이 자신의 지역정당에 압도적인 지지를 몰아주는 것을 의미하는 지역주의 투표는 지역적 요소와 이념적 요소 때문에 발생한다(Moon, 2005; 문우진, 2017). 지역적 요소는 상대 지역 또는 상대 지역정당에 대한 감정 또는 편견(김용철·조영호, 2015; 지병근, 2013), 지역정체성(이갑윤, 2002; 김성모·이현우, 2015), 지역적 혜택에 대한 기대(조기숙, 2000)와 같은 다양한 심리상태를 포함한다(문우진,

2017). 이념적 요소는 지역민 간의 이념 차이를 의미한다. 영남민은 평균적인 유권자보다 더 보수적이고 호남민은 더 진보적이기 때문에, 두 지역민은 각각 자신의 이념과 더 가까운 이념을 가진 지역정당을 지지한다.

영남민과 호남민이 분명한 이념 차이를 보인다고 해서 지역주의를 서구의 계급 균열과 같은 사회 균열로 해석하는 것에는 논란의 소지가 있다. 서로 다른 이념을 가진 두 집단 간 갈등이 사회 균열 수준으로 발전하기 위해서는 그것이 대립적인 규범을 중심으로 경쟁하는 정당 체제로 제도화되어야 한다(Bartolini and Mair, 1990). 예컨대, 계급 균열로 형성된 노동계급과 중산계급 간 갈등은 경제적 평등 대 시장 효율성이라는 대립적인 규범을 중심으로 좌우 세력이 경쟁하는 정당 체제로 제도화되었다.

한국의 지역주의가 사회 균열이 되기 위해서는 다음과 같은 조건을 충족시켜야 한다. 첫째, 영호남민 사이에 상호배타적인 이념적 정체성이 존재해야 한다. 둘째, 지역정당은 자신의 지역주의적 대표성에 대한 규범적 정당성을 제시해야 한다. 셋째, 지역주의적 대표성은 정강과 정책을 통해 제도화되어야 한다. 즉 영호남 정당은 자신이 대표하는 지역을 위한 정책을 제도적으로 마련해야 한다. 한국에서의 지역갈등은 첫 번째 조건을 어느 정도 충족시킨다. 영호남 간 지역갈등은 지역적 요소뿐만 아니라 이념적 요소를 포함하기 때문이다. 그러나 한국 지역주의는 두 번째 조건과 세 번째 조건을 충족하지 못한다. 지역주의를 부추기거나 특정 지역을 지원하는 정책은 규범적 정당성을 확보하기 어렵고, 지역정당이 자신의 지역을 발전시키기 위한 정강과 정책을 제도화했다고 보기 어렵다.

지역주의를 위치 쟁점으로 보기 위해서는 지역주의가 위치 쟁점이 가진 특성에 부합해야 한다. 그러나 지역주의는 위치 쟁점보다 유인 쟁점의 특징을 가진다. 2장에서 서술한 바와 같이, 위치 쟁점과 유인 쟁점은 두 측면에서 서로 다르다. 첫째, 위치 쟁점에 대한 효용은 단봉형이고 유인 가치에 대한 효용은 단순하게 증가한다. 지역민이 지역정당이 제공하는 지역적 혜택이 크다고 생각할수록 더 큰 효용을 느끼므로 지역주의에 대한 효용은 단순하게 증가한다. 둘째, 위치 쟁점에 대한 선호는 좌우에 배열할 수 있으나, 유인 가치에 대한 선호는 한 입장에 집중된다. 예컨대, 조세정책 같은 위치 쟁점에서 유권자의 세율에 대한 선호는 좌우에 배열된다. 그러나 지역주의에 대한 선호를 좌우에 배열하는 것은 불가능하다. 예컨대, 서울, 경기, 강원, 충청, 호남, 영남, 제주에 제공하는 지역적 혜택에 대한 선호나 각 지역에 느끼는 정체성을 좌우에 배열할 수 없다. 유권자는 자신 지역에 대한 혜택이 커질수록 더 큰 효용을 느끼므로 지역적 혜택에 대한 선호는 자신 지역에 최대 혜택을 주는 정책에 집중된다.

지역주의의 이러한 특성, 즉 지역민이 모두 선호하는 유인 가치로서의 특성 때문에 한국 정당은 지역주의에 호소하는 전략을 구사해 왔다. 민주화 이전 여당과 야당은 지지를 얻기 위한 유인 가치로 각각 경제성장 혹은 민주주의를 내세운 반면, 민주화 이후 정당은 지역 발전을 내세웠다. 두 지역정당의 위치 쟁점 입장에 별 차이를 느끼지 않는 지역민의 투표 결정에는 지역 발전에 대한 기대감이 중요한 변수로 작용했다. 지역주의 구도는 더 많은 인구를 확보한 영남 대표 정당에 유리하게 작동하였다. 13대 대선에서 경북에 기반을 둔 노태우 대통령이 당선되었고 14대 대선에서 영남 지지를 받는 김영삼 대통령이 당선됐다. 1997년 김영삼 정부에서 발발한 IMF 사태는 민주화 이후 최초로 영호남 정당 간 정권교체를 가져온 파국적인 사건이었다.

IMF 사태의 경험으로 유권자의 투표 결정에 대통령의 경제 운영 능력이 중요한 유인 가치로 인식되면서 김대중 대통령이 15대 대통령으로 당선되었다. 김대중 정부가 표방한 햇볕 정책과 2000년 6월에 개최된 남북정상회담은 북한에 대한 국민의 인식을 변화시켰다. 강력한 반공 이념이 지배하는 권위주의 정권에서는 대북 쟁점에서 대립적인 구도가 형성될 수 없었다. 그러나 김대중 정부의 햇볕 정책으로 인해 이를 지지하는 세력과 반대하는 세력 간에 대립 구도가 형성되었다. 15대 대선 이후 대북 지원 찬성 여론이 53.7%로 반대 여론 46.3%보다 더 강해졌다. 김대중 대통령은 IMF 사태를 성공적으로 극복하였으나 대통령 자녀와 측근들이 비리에 연루되면서 깨끗한 정치에 대한 국민적 요구가 분출되었다.

2002년 16대 대통령 선거에서 노무현 후보가 낡은 정치의 청산 및 반칙 없는 사회라는 표어를 내세우면서 지도자의 도덕성이 중요한 유인 가치로 대두되었다. 그러나 도덕성이라는 규범적인 유인 가치는 경제성장 능력이나 안보 능력과 같은 유인 가치에 비해 큰 효과를 발휘하지 못했다. 유권자들은 추상적인 규범적 가치보다 먹고사는 현실적인 문제에 더 치중하였다. 보수언론과 야당은 노무현 정권을 아마추어리즘이라는 프레임을 통해 공격했고 진보 정권은 경제적으로 무능하다는 프레임을 만들어 냈다.

성공한 경영인이라는 개인 경력과 서울 시장으로서 시정 경험은 이명박 후보가 경제 활성화를 성공적으로 수행할 것이라는 기대를 2007년 17대 대선에서 유권자들에게 심어 주었다. 이명박 후보는 경제성장 7%, 1인당 GDP 4만 불, 한국경제의 7대 강국을 약속한 747 공약을 내세웠고, 이러한 선거 전략은 효과적으로 작동하였다. 이명박 후보는 또한 종부세를 완화하고 소득세와 법인세의 세율을 인하하는 우파 정책을 표방하였다. 그러나 이명박 후보는 낙수효과로 인해 부자 감세정책이 서민도 잘살게 만든다는 논리를 통해 우파 정책을 유인 가치로 포장했다. 선거운동 중에 BBK 스캔들이 터졌음에도 불구하고, 경제성장에 대한 유권자의 기대를 효과적으로 공략했던 이명박 후보는 대통령에 당선되었다.

이명박 정부가 들어서면서 남북 관계는 다시 악화하였고 북한의 지속적인 핵무기 개발로 인해 대북 지원 반대 여론이 찬성 여론을 다시 압도하게 되었다. 이명박 정부는 대북 쟁점을 유인 쟁점으로 전환하기 위한 색깔론 전략을 구사하였다. 이명박 정부는 북한의 핵 공격에 대한 공포심을 확산시켜 "내부의 친구 대 외부의 적"이라는 대립 구도를 형성하였다. 2012년 말 국정원 댓글 조작 사건으로 여론이 악화하자 유우성 간첩 조작 사건을 터뜨리면서 색깔론을 동원하였다. 이러한 대립 구도에서 강경한 대북 입장은 안보 능력이라는 유인 가치로 포장됐다.

이명박 정부가 약속한 낙수효과는 실현되지 않았고, 이명박 정부의 경제성장률은 역대 정부 중 가장 낮은 수준인 3.2%에 머물렀다.[5] 이뿐만 아니라, 이명

---

5 이전 정부의 경제성장률은 노태우 정부에서 9.06%, 김영삼 정부에서 5.61%, 김대중 정부에서

박 정부의 감세정책은 OECD 국가 중 미국 다음으로 높은 수준의 소득 불평등을 초래하였다. 이러한 경제환경에서 이명박 대통령이 추진한 4대강 사업 전반의 부정과 부실이 드러나고 민간인 사찰 문제가 불거지자, 이명박 정부에 대한 지지가 급락하였다. 국정운영의 위기를 극복하기 위해 이명박 정부는 19대 총선 직전에 박근혜 전 대표를 비상대책 위원장으로 추대하였다. 한나라당은 당명을 새누리당으로 바꾸고 상징색도 파란색에서 빨간색으로 바꾸면서 이명박 지우기에 나섰다. 19대 총선을 승리로 이끈 박근혜 비대위원장은 새누리당을 장악하였다.

18대 대선에서 박근혜 후보는 이명박 정부의 실정과 금융위기가 초래한 소득 불평등 문제를 우회하기 위해 진보정당 정책들을 선점하였다. 박근혜 후보는 기초노령연금을 20만 원으로 인상하고 4대 중증질병에 대한 무상 건강보험을 제공하겠다고 약속하면서, 국민 행복, 기술혁신, 창조경제와 같은 추상적인 유인 가치를 선거운동 표어로 내세웠다. 박근혜 후보는 자신의 아버지인 박정희 대통령이 한국 경제 발전에 큰 공을 세웠다고 믿는 사람들의 향수를 자극하였고, 박정희 향수를 지우지 못한 노년층들은 박근혜 대통령에게서 박정희 시대의 경제 발전을 기대했다. 박근혜 후보는 아버지의 후광 효과로 18대 대통령에 당선되었다.

박근혜 정부가 들어선 후 2016년 20대 총선에서 공천 파동이 발발하기 전까지만 해도 새누리당은 180석을 얻을 수 있을 것으로 기대했다. 그러나 박근혜 정부에서의 경제성장률은 2.95%에 머물러, 이명박 정부가 기록한 최저 경제성장률을 갱신했다. 두 보수 정부에서 경제침체를 경험하면서 유권자들이 가졌던 "보수가 경제에 강하다"라는 믿음에도 균열이 가기 시작했다. 박근혜 정부 3년차에 터진 최순실 사태는 기존의 정치 지형을 송두리째 바꾸어 놓았다. 한국 유권자는 민주화 이후 거의 모든 정부에서 보수정당을 더 지지할 정도로 보수 쪽으로 기울어져 있었다. 그러나 최순실 사태 이후 진보 진영 정당들의 지지율은 65% 전후를 기록했으나 보수 진영 정당들의 지지율은 15% 전후를 기록했다.

8.05%, 노무현 정부에서 4.48%를 기록하였다.

19대 대선에서 문재인 후보는 "준비된 대통령"이라는 표어를 통해 국정운영 능력을 유인 가치로 내세웠다. 또한 보수정당이야말로 "가짜 안보 세력"이라는 표어를 내세우며 보수정당이 안보 능력을 유인 가치로 내세우는 것을 미리 차단하였다. 그리고 아동수당, 치매 책임제, 청년과 신혼부부 무주택자를 위한 공공임대주택 제공과 같은 복지확대 정책을 공약으로 내세웠다. 그와 함께 일자리 창출을 국정운영의 제일 목표로 내세우면서 대기업과 중소기업의 임금 격차와 비정규직 근로자에 대한 차별을 줄일 것을 약속했다. 문재인 후보는 이러한 정책들이 서민들의 소비를 촉진하여 경제를 발전시킨다는 분수효과를 주창하면서 좌파 정책을 유인 가치로 포장하는 전략을 구사하였다.

19대 대선에서 당선된 문재인 정부는 2018년 4월과 9월에 두 차례의 남북 정상회담을 개최하였다. 문재인 정부에서 남북 화해 무드가 조성되면서 7회 지방선거에서는 대북 지원 찬성 여론이 60.8%로 최고조에 달했다. 보수정당이 점해 왔던 유인 가치 우위의 상황은 문재인 정부에서 커다란 변화를 맞게 되었다. 2018년에 실시된 제7회 전국동시지방선거 직후에 실시된 설문조사에 따르면, 대다수 유권자는 민주당이 자유한국당보다 도덕성뿐만 아니라 경제성장 능력과 안보 능력에서도 더 우월하다고 인식하였다. 21대 총선 직후에 실시된 설문조사에서는 95.6%의 응답자가 민주당이 미래통합당보다 국가안보 능력에서 더 우월하다고 대답했고, 98.5%의 응답자가 민주당의 불평등 해소 능력이 미래통합당보다 낫다고 대답했다. 코로나 방역을 성공적으로 수행한 민주당은 21대 총선에서 180석을 얻어 압도적으로 승리했다.

문재인 대통령은 대선 공약으로 내세웠던 검찰개혁을 시도하였다. 노무현 대통령 집권 이후부터 진보 정권은 보수언론과 정치검찰로 구성된 기득권 카르텔의 강력한 저항에 부딪혔었다. 노무현 대통령에 대한 정치검찰의 무리한 수사는 노무현 대통령의 서거로 이어졌고, 이런 경험은 문재인 정부의 검찰개혁 의지를 강화한 계기가 되었다. 그러나 보수언론과 야당은 쟁점을 쟁점으로 덮는 프레임 전환 전략을 구사하였다. 이들은 검찰개혁 이슈를 추미애-윤석열 갈등 프레임으로 전환하고 추미애 장관에 비판적인 여론을 형성하면서 검찰개혁에 대한 찬성 여론을 약화했다. 야당과 보수언론은 또한 조국 사태를 계기로 내로남불 및 위선 프레임을 형성시켜 진보 정부가 내세운 도덕성이라는 유인 가치를 무력화시켰다. 소득주도성장을 위해 추진한 최저임금 인상 정책은 자영업자에게 큰 타격을 주었고 문재인 정부의 부동산 정책 실패는 여당에 결정타가 되었다. 21대 총선까지만 해도 견고했던 문재인 정부에 대한 지지가 급락하면서 민주당은 2021년 4·7 보궐선거에서 참패하였고, 20대 대선에서 윤석열 후보의 승리로 정권이 교체되었다.

2022년에 치러진 20대 대선은 선거에서 정당보다 후보 개인이 더 중요해지는 정치의 개인화 현상뿐만 아니라, 후보의 공적 특성보다 사적 특성이 더 부각되는 정치의 사적화(privatization of politics) 현상을 모두 보여 주었다. 20대 대선에서는 민주화 이후 치러진 대선 역사상 처음으로 두 주요 정당의 대통령 후보가 원외에서 선발되었다. 두 후보 중 야당 후보는 정당 외부에서 영입한 검찰총장 출신이었다. 20대 대선에서는 정책 경쟁이 사라졌을 뿐만 아니라 이전의 어떠한 선거에서보다 상대 후보의 사적 영역에 대한 공격이 부각되었다. 국민의힘은 이재명 후보를 대장동 비리 연루 의혹으로 공격하였고 민주당은 윤석열 후보의 부인 김건희 여사의 이력 조작 및 주가조작 개입 의혹을 공략하였다. 20대 대선은 상대 후보뿐만 아니라 가족에 대한 인신공격이 난무하면서 지지자들은 감정적으로 양극화되었다.

20대 대선은 두 대통령 후보가 내세운 유인 가치 측면에서 이전 대선과 다른 모습을 보였다. 20대 대선에서는 보수정당이 유인 가치로 내세워 왔던 경제성장 능력을 이재명 후보가 자신의 유인 가치로 내세웠다. 공정과 상식이라는 표어를 내건 윤석열 후보는 진보정당이 내세워 왔던 도덕성을 자신의 유인 가치로 내세웠다. 20대 대선에서 경제성장 능력과 도덕성이라는 유인 가치는 진보정당과 보수정당 중 어느 한쪽의 전유물이 아닌 것이 되었다. 이러한 변화는 진보정당과 보수정당이 내세워 왔던 유인 가치의 실체가 없다는 사실이 선거가 반복되면서 점점 노출되었다는 점에 기인한다. 보수 정부에서 IMF 경제 위기와 저성장을 경험한 유권자에게 보수정당이 경제에 강하다는 프레임이 작동하기 어렵게 되었다. 진보정당 정치인의 비리가 반복적으로 드러나면서 진보정당이 보수정당보다 더 도덕적이라는 프레임도 효력을 발휘하기 어렵게 되었다.

20대 대선에서 나타난 정치의 개인화 현상과 정치의 사적화 현상, 이에 따른 유권자의 감정적 양극화 현상은 단순다수제 선거제도와 무관하지 않다. 단순다수제를 채택한 미국에서도 정당 기반이 없는 트럼프가 대통령에 당선되었고, 트럼프 지지 세력과 반대 세력 간의 감정적 대치가 점점 심해지고 있다. 단순다수제는 선명한 정책 경쟁 동기를 억제하고 유인 가치 경쟁을 촉진한다. 따라서 정당 간 정책 차이를 인식하기 어려운 유권자는 정당들이 내세우는 공적인 유인 가치인 경제성장 능력이나 도덕성을 보고 투표하게 된다. 보수정당과 진보정당이 내세운 공적인 유인 가치에마저 차이가 없다는 것을 인식하게 되면, 유권자는 후보의 외모, 이미지 또는 후보와의 혈연·학연·지연과 같은 사적 요소에 의존하게 된다. 정당 입장에서는 이러한 사적 요소를 얼마나 잘 포장하는가에 따라 승패가 달라질 수 있다. 유권자는 비인격체인 정당에 느끼지 못하는 정서적인 감정을 후보에게 느끼게 되므로, 후보에 대한 정서적 선호에 따라 감정적으로 양극화된다. 이럴 경우, 선거는 인기 연예인을 선발하는 대회로 전락하고 정치에서 공적인 영역을 사적인 영역이 지배하게 된다. 이처럼 정치가 사적인 영역으로 추락하면, 유권자는 후보의 실체 없는 사적 이미지에 현혹되어 자신에게 정책적으로 손해를 끼칠 정당에 투표하게 될 수 있다.

4.5 결론

이 장에서는 한국 선거제도가 가진 기계적·행태적 효과를 설명하였다. 한국의 선거제도의 기계적 효과는 양당 지배 체제를 고착화시켰다는 것이다. 한국 선거제도의 여러 요소 중 양당 지배 체제 고착에 가장 큰 공헌을 한 요소는 전체 의석의 80% 이상을 단순다수제로 선발하는 제도이다. 단순다수제 중심의 선거제도는 또한 정책 경쟁 대신 유인 가치 경쟁을 촉진하였다. 보수정당은 경제성장 능력과 안보 능력이라는 유인 가치를 가공했고 진보정당은 공정이나 정의와 같은 규범적인 유인 가치를 내세웠다. 보수정권에서 경험한 경제 위기와 저성장은 보수정당이 경제에 강하다는 프레임이 허구라는 사실을 유권자에게 인식시켰고, 진보정당이 내세운 공정과 정의라는 유인 가치는 조국 사태 이후 효력을 발휘하기 어렵게 되었다.

위치 쟁점 경쟁에서는 재분배 쟁점보다 대북쟁점이 부각되어 왔다. 선명한 위치 쟁점 경쟁을 억제하는 제도적 환경에서 정당들은 위치 쟁점을 유인 쟁점으로 전환하려 하였다. 보수정당은 북한을 대화의 대상이 아닌 공공의 적으로 만들고 안보 능력을 부각하는 색깔론을 통해 대북쟁점을 유인 쟁점으로 전환하려 했다. 보수정당은 또한 낙수효과라는 프레임을 통해 복지축소 및 감세정책을 유인 쟁점으로 전환하려 했다. 이에 맞서 진보정당은 분수효과라는 프레임을 통해 복지 확대 및 소득주도성장 정책을 유인 쟁점으로 전환하려 했다. 그러나 낙수효과와 분수효과는 모두 일어나지 않았다.

이러한 일련의 선거 과정을 거치면서 한국 유권자는 진보정당과 보수정당의 정책뿐만 아니라 경제성장 능력이나 도덕성과 같은 공적인 유인 가치도 별 차이가 없다는 것을 알게 되었다. 국회가 시민사회의 다양한 집단들의 이해를 대변하고 이들의 갈등을 제도적으로 조정하는 역할을 해야 함에도 불구하고, 국회를 권력 투쟁의 장으로 전락시킨 원내 정치인에 실망한 유권자들은 비정치인 출신 안철수 서울대학교 융합과학기술대학원장을 지지했고 20대 대선에서 윤석열 검찰총장을 대통령으로 당선시켰다. 이러한 현상은 한국 정치가 개인화되고 있을 뿐만 아니라 사적화되고 있다는 것을 의미한다. 정치가 개인화되고 사적화되면, 정당을 통해 검증된 후보의 능력이 아닌 언론이 가공한 후보의 허구 이미지가 유권자의 투표 결정을 좌우하게 되고, 후보에게 감정을 이입한 유권자 간의 감정적 양극화가 심해진다.

그렇다면 비례제를 도입하는 선거제도 개혁은 이러한 문제를 해소할 것인가? 단순다수제가 정책 경쟁을 억제한다고 해서 비례제를 도입하면 정책 경쟁이 자동으로 촉진되는 것이 아니다. 비례제는 정책 경쟁의 필요조건은 될 수 있으나 충분조건은 되지 못한다.[6] 달리 말하면, 정책 경쟁이 촉진되기 위해서 비례제가 필요하나 비례제가 도입된다고 해서 정책 경쟁이 항상 초래되는 것은 아니다. 이 책의 III부에서 자세히 설명하겠지만 의원직을 통해 경제적·정치적 특권을 누리려는 직업 정치인을 공천하는 관행이 계속되는 한, 비례제만으로 정책 경쟁을 촉진하기 어렵다. 시민사회의 다양한 집단들의 이해를 대변할 동기가 있는 대리인을 선발하기 위한 정당 개혁 없이 비례성이 높은 선거제도만 도입한다면, 당내 공천에서 탈락한 정치인들이 급조한 군소정당과 18대 총선 당시 등장한 친박연대나 자유선진당과 같은 소지역주의 정당들이 이합집산하는 정당 체제가 형성될 것이다. 준연동형 선거제도로 치러지는 22대 총선에서 공천 탈락 정치인이 급조한 군소정당들의 우후죽순식 출몰은 비례성이 높은 선거제도가 도입될 경우 초래될 상황을 보여 준다.

6 단순다수제를 폐지하고 비례제를 채택하면 정책 경쟁이 촉진될 것이라는 주장은 비논리적이다. 단순다수제→비정책 경쟁의 부정은 ~단순다수제→정책 경쟁이 아니라 정책 경쟁→~단순다수제이다.

II부

정부형태와 입법제도가 다수와 소수의 이익 균형에 미치는 영향

5장

한국 정부형태와 삼권분립: 입법부-행정부 관계와 사법부 독립성

5.1 서론

초법적 권한을 가진 대통령을 의미하는 제왕적 대통령제(imperial presidency)라는 표현은 한국 대통령의 막강한 권한을 지목하는 용어로 자주 사용되었다. 1987년 민주화 개혁 이후 대통령의 권한이 약해질 것으로 기대되었고, 참여정부 당시 대통령의 권한은 상당히 약해지기도 했다. 그러나 대통령 임기 말에 측근 비리가 발생할 때마다, 정계와 언론은 제왕적 대통령제를 비리의 근원으로 지적했다. 대통령제가 한국 정치문제의 원인이라는 인식은 정계와 언론에만 국한되지 않았다. 정치학자들 역시 한국 정치의 문제들이 대통령제에서 비롯되었다고 주장하면서, 권력 집중을 해소하기 위한 권력구조 개혁 방안을 제시하였다. 이들은 대통령제를 대체할 권력구조로 의회제(안순철, 2004; 최진욱, 1996), 준대통령제(강원택, 2001; 황태연, 2005), 혼합형 대통령제(양동훈, 1999), 또는 부통령제(이명남, 1996; 김용호, 2000)를 제시하였다.

그러나 삼권분립이라는 원리를 기반으로 작동하는 대통령제의 본질은 권력분산이다. 대통령제의 근간이 되는 삼권분립의 원칙은 입법부, 행정부, 사법부가 서로 견제하게 하여 권력 집중을 막으려는 방안이다. 따라서 한국 대통령의 권력 집중 문제는 대통령제의 문제가 아니라 삼권분립 원리와 배치되는 제도적 문제에서 찾아야 한다. 이 장에서는 한국 대통령의 권한을 비교정치학적 시각에서 평가하고, 한국 대통령의 권한을 강화하는 제도적 요소를 분석한다. 이 장에서는 한국 대통령 권한이 강한 이유를 거부권 행사자 이론(Tsebelis, 2002)을 통해서 설명하고, 한국 대통령의 입법적·비입법적 권한을 검토한다. 이 장에서는 또한 대통령 권한에 영향을 미치는 여야 간 역학관계를 살펴보기 위해 민주화 이후 단점정부와 분점정부가 어떻게 형성되어 왔는가를 검토한다. 이 장에서는 마지막으로 한국의 사법부 독립성에 영향을 미치는 변수에 대한 이론적·경험적 분석을 수행한다.

5.2 정부형태와 입법부-행정부 관계: 이론적 논의

기존 연구는 서로 다른 정부형태가 초래하는 정치적 결과에 대해서 의견을 달리한다(Linz, 1990; Horowitz, 1990). 린쯔(Linz, 1990)에 의하면, 대통령제는 행정부와 입법부가 서로 독립되어 이들의 갈등을 해소할 장치가 없고 무능한 정부도 교체하기 어려운 경직성을 가지고 있다. 이뿐만 아니라, 승자가 독식하는(winner-take-all) 대통령 선거제도는 제로섬적인 적대 정치를 초래한다. 반면, 내각책임제라 불리는 의회제에서는 행정부와 입법부가 서로 동의하지 않을 때 불신임 절차를 통해 새 행정부를 구성할 수 있으므로 유연한 권력구조를 가진다. 유연한 의회제에 비해 경직된 구조를 가진 대통령제는 정치 불안정을 초래하기 쉽다.

이와 같은 입장에 대해 호로위쯔(Horowitz, 1990)는 린쯔가 비판하는 대통령제의 문제는 대통령제의 특성 때문이 아니라 반대로 의회제의 특성 때문에 발생하는 것이라 주장한다. 예컨대, 승자독식과 적대 정치의 문제는 다수당이 권력을 번갈아 가면서 독점하는 영국식 양당 체제의 특징이지 대통령제의 특성이 아니라는 것이다. 동시에 호로위쯔는 린쯔가 의회제의 장점으로 여긴 협력적 정책 산출은 의회제라는 정부형태 때문이 아니라 의회제를 채택한 국가가 비례대표 선거제도를 채택했기 때문에 발생하는 것이라고 주장한다.

체벨리스(Tsebelis, 2002)는 린쯔가 대통령제 탓으로 돌렸던 많은 문제가 사실은 대통령제 때문에 발생하는 것이 아니라는 사실에 대한 이론적 근거를 제시하였다. 체벨리스에 의하면, 대통령제의 문제로 지적된 권력 집중은 영국과 같은 의회제 국가에서도 발견되며, 대통령제에서 나타나는 입법부-행정부 간 교착 관계는 다당 의회제에서 정당 간의 교착 관계로 나타난다. 즉 권력 집중이나 정치 불안정은 정부형태 때문에 발생하는 것이 아니라 거부권 행사자(veto player)의 수와 이들의 입장 차이 때문에 발생하는 것이다. 정부형태와 무관하게 거부권 행사자의 수가 적어지면 권력은 집중되고 이들의 입장 차이가 벌어지면 입법적 교착과 정치 불안정이 초래될 가능성이 증가한다. 이 시각에 의하면, 다당 의회제는 소수의 거부권 행사자를 가진 양당 의회제보다 다수의 거부권 행사자를 가진 대통령제와 더 유사하다.

거부권 행사자 이론에서는, 먼저 제안하는 행위자의 입장을 상대가 수정할 수 없고 수용이나 거부 중 하나만 선택할 수 있는 경우, 먼저 제안하는 행위자를 의제 설정자(agenda setter)라 부른다. 의제 설정자는 상대가 얻을 수 있는 결과보다 더 유리한 결과를 얻을 수 있다. 미국 대통령제에서는 입법부가 법안을 발의하며, 대통령은 입법부 법안에 수정을 가할 수 없다. 대통령이 할 수 있는 것은 그를 수용하거나, 거부권을 행사하는 것뿐이다. 반대로 의회제에서는 행정부가 법안을 발의하고 입법부는 행정부 법안에 찬반 투표를 한다. 따라서 미국과 같은 순수한 대통령제에서는 의회가 의제 설정자이고, 의회제에서는 행정부가 의제 설정자다.

한국에서 대통령의 권한이 강한 것은 대통령제 때문이 아니라 반대로 한국 대통령제가 의회제의 요소를 가지고 있기 때문이다. 한국에서는 의회제에서와 같이 행정부도 법안을 발의할 수 있고, 행정부가 막강한 입법 권한인 예산편성권을 가진다. 이러한 제도적 환경에서 대통령이 다수 여당을 지배하는 경우, 의회는 대통령이 지지하는 안에 수정을 가할 수 없다. 이럴 경우, 대통령은 의회제

다수 정부의 수상과 같은 독점적인 권한을 갖게 된다. 한국 대통령의 권한은 의회제의 특성인 행정부의 의제 설정권과 대통령이 여당을 장악할 수 있게끔 하는 다양한 제도적 무기들로부터 비롯되는 것이다. 이 장에서는 행정부도 법안을 발의할 수 있도록 한 입법제도, 국회의 다수결 의사결정 방식 그리고 강력한 정당 규율성이 서로 조합될 경우, 대통령은 단점정부(여대야소)에서 의제 설정권을 갖게 된다는 점을 설명한다. 이러한 제도적·정치적 환경이 갖춰지면, 대통령은 의회의 견제 없이 자신의 의제를 실현할 수 있다.

많은 학자가 의회제를 권력 분산 체제로 오인하는 이유는 의회제 국가가 주로 비례대표 선거제도를 채택해서 권력을 분산시킨다는 점에 있다. 의회제 국가가 비례제를 채택하는 것은 의회제가 양당 체제와 조합되면 다수당을 견제할 제도적 장치가 없기 때문이다. 대통령제에서는 입법부와 행정부와 사법부가 서로 견제하게 만드는 반면, 의회제에서는 비례제를 통해 산출된 여러 정당이 서로를 견제하게 만드는 것이다. 체벨리스(Tsebelis, 2002)는 최종적인 결정을 도출하기 위해 서로의 동의를 필요로 하는 국가 기관과 정당을 각각 제도적 거부권 행사자(institutional veto player)와 정파적 거부권 행사자(partisan veto player)라 불렀다. 대통령제는 다수의 제도적 거부권 행사자를 산출하여 권력을 분산하고, 의회제는 다수의 정파적 거부권 행사자를 산출하여 권력을 분산한다.

거부권 행사자 이론은 대통령제와 의회제의 차이를 거부권 행사자의 수와 의제 설정자로 설명한다. 체벨리스에 의하면, 입법 경쟁은 이해관계가 서로 다른 거부권 행사자들이 자신의 선호에 가까운 입법 결과를 얻기 위해 벌이는 게임이다. 입법 게임에서 거부권 행사자의 동의가 없으면 현행 상태(status quo) 또는 현행법을 바꿀 수 없다. 각 거부권 행사자는 자신이 가장 선호하는 정책을 가진다. 이러한 정책을 최적점(ideal point)이라 부른다. 현행법을 sq로 표기하면, sq를 통과하면서 거부권 행사자의 최적점이 중심이 되는 원을 그릴 수 있다. 거부권 행사자의 최적점과 원 위에 놓여 있는 모든 정책 간의 거리는 서로 같으므로, 거부권 행사자는 원에 놓여 있는 모든 정책에 대해 효용 차이를 느끼지 않는다. 거부권 행사자 이론에서 이 원을 비차별 곡선이라 부른다.

<그림 5.1>은 전술한 개념들을 그림으로 표현한 것이다. <그림 5.1>은 각각 X와 Y를 가장 선호하는 두 거부권 행사자의 비차별 곡선(원)을 보여 준다. 각 거부권 행사자의 비차별 곡선에 놓여 있는 모든 정책과 *sq*는 거부권 행사자의 최적점으로부터 같은 거리만큼 떨어져 있다. 따라서 거부권 행사자는 비차별 곡선에 있는 정책들과 *sq*에 같은 효용을 느낀다. 반면, 원 안에 있는 정책은 원상에 있는 정책보다 거부권 행사자의 최적점과 더 가까운 위치에 놓여 있으므로, *sq*보다 더 큰 효용을 제공한다. 거부권 행사자는 *sq*와 원 내부의 정책 중 원 내부의 정책을 선호한다.

그림 5.1 거부권 행사자, 의제 설정자와 입법 결과

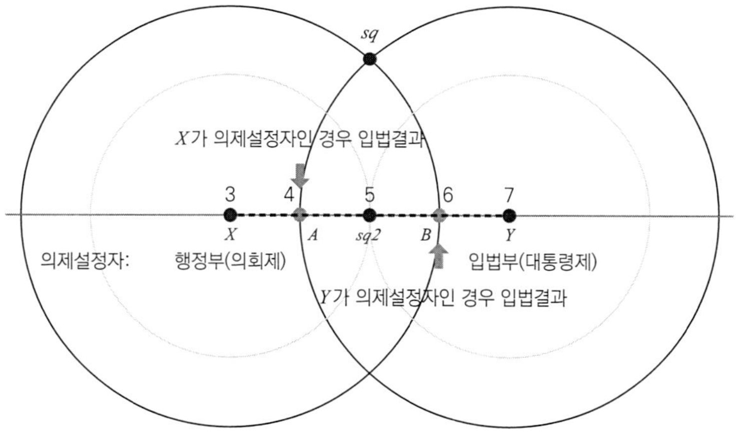

<그림 5.1>에서 두 원이 교차하는 렌즈 모양의 영역을 *sq*의 승리 집합(winset)이라 부른다. 렌즈 모양 안에 있는 정책들은 두 거부권 행사자의 비차별 곡선 내부에 있다. 승리 집합 내부에 있는 정책들은 *sq*보다 두 거부권 행사자의 최적점에 더 가까우므로 두 거부권 행사자 모두 *sq*보다 승리 집합 내부의 정책들을 선호한다. 한 거부권 행사자가 승리 집합 내부에 있는 정책을 제안하면, 다른 거부권 행사자는 이를 *sq*보다 선호하므로 이를 받아들이고, *sq*는 새 정책으로 교체된다. 예컨대,

<그림 5.1>에서 X가 4.1 정도에 놓여 있는 A를 제안하면, X뿐만 아니라 Y에게도 A가 *sq*보다 더 가까우므로 X와 Y 모두 A를 선택하고 *sq*는 A로 교체된다.

거부권 행사자들이 만장일치를 통해 대안을 찾을 수 없는 정책들의 집합을 만장일치 중핵 또는 간략하게 중핵(core)이라 부른다. <그림 5.1>에서 굵은 점선으로 표시된, X과 Y를 연결하는 선분 위에 놓여 있는 정책들의 집합이 중핵이다. *sq*가 중핵 밖에 있는 경우 이를 바꿀 수 있으나, 중핵 안에 있는 경우 바꿀 수 없다. <그림 5.1>에서 *sq*는 중핵 밖에 있으므로, 두 원이 교차하는 영역 안에 있는 A와 같은 대안을 제시하면 *sq*를 A로 바꿀 수 있다. 그러나 *sq*가 중핵 안에 놓여 있으면, *sq*에 승리할 수 있는 정책은 존재하지 않는다. 따라서 *sq*를 바꿀 수 없다. <그림 5.1>의 *sq2*와 같이 중핵에 있는 5에 현행법이 놓여 있다면, *sq2*를 통과하는, 옅은 색으로 표시된, X과 Y의 비차별 곡선은 서로 겹치지 않는다. 이럴 경우, *sq2*의 승리 집합은 존재하지 않고 *sq2*에 승리할 수 있는 대안은 존재하지 않는다. 그 이유는 *sq2*와 같이 현행법이 중핵 안에 놓여 있는 경우, 거부권 행사자 중 하나가 *sq2*보다 자신의 최적점에 더 가까운 대안을 제시하면 상대는 이보다 *sq2*를 더 선호하기 때문이다. 예컨대 <그림 5.1>에서 X가 *sq2*보다 자신과 더 가까운 위치에 있는 A를 제시할 경우, Y는 A보다 *sq2*를 더 선호하므로 A에 반대한다. 따라서 중핵 안에 놓여 있는 현행법은 바꿀 수 없다.

전술한 바와 같이, 의제 설정자란 상대가 수정할 수 없는 대안을 먼저 제안하는 행위자이다. <그림 5.1>에서 *sq*가 현행법이고 X가 의제 설정자라면 X는 승리 집합 내부에 있는 대안 중 자신의 최적점과 가장 가까운 A를 제시할 것이다. 반면, Y가 의제 설정자라면 승리 집합 내부에서 자신의 최적점과 가장 가까운 B를 제안할 것이다. 따라서 의제 설정자는 거부권 행사자보다 자신에게 더 유리한 정책을 얻을 수 있다. 그 이유는 의제 설정자의 제안에 상대가 수정을 가할 수 없기 때문이다. 만약 수정을 가할 수 있다면, 여러 차례의 타협을 통해 상대의 제안보다 자신의 최적점에 더 가까운 대안을 얻기 위해 노력할 것이다. 그러나 한쪽의 제안을 수정하지 못하고, 이를 받을 것인가 말 것인가만 결정할 수 있는 의사결정 규칙에서는 거부권 행사자보다 의제 설정자에게 더 유리한 결정이 내려진다.

입법과정에서 누가 의제 설정자가 될 것인가는 정부형태에 따라 달라진다. 순수한 대통령제에서는 입법부가 법안을 제출하고 대통령은 입법부 법안에 대해 거부권을 행사할 것인지 아니면 공포할 것인지의 두 가지 선택만 할 수 있다. 반면, 의회제에서는 행정부가 법안을 제출하고 의회는 이에 대한 동의 여부를 결정한다. <그림 5.1>에서 만약 X가 대통령(행정부)이고 Y가 의회라면, 정부형태에 따라 다른 결과가 초래된다. X가 의제 설정자인 의회제에서는 A가 선택되는 반면, Y가 의제 설정자인 대통령제에서는 B가 선택된다. 비분석적인 시각에서는 대통령제에서는 대통령에게 유리한 결정이 내려지고 의회제에서는 의회에 유리한 결정이 내려질 것으로 생각된다. 그러나 거부권 행사자 이론은 이와 반대되는 결과를 보여 준다. 즉, 대통령제와 의회제에서는 각각 입법부와 행정부에 유리한 입법 결과가 초래된다.

5.3 한국 대통령의 입법적·비입법적 권한

슈거트와 케리(Shugart and Carey, 1992)는 대통령의 권한을 입법적 권한과 비입법적 권한으로 구분한 후, 이들을 계량적으로 측정하였다. 대통령의 입법적 권한에는 수동적 입법 권한이라 불리는 다양한 거부권과 행정명령(decree) 권한, 행정부의 독점적 입법 권한, 국민투표 발의권이 포함된다. 비입법적 권한에는 대통령의 내각 구성과 해산 권한, 의회 해산 권한, 의회의 내각 해산 권한이 포함된다.

대통령은 다양한 거부권을 행사할 수 있다. 대통령의 재의 요구권이라 불리는 총체적 거부권(package veto)은 법안 전체에 대해 행사할 수 있는 거부권이다. 국회는 대통령이 거부한 법안에 대해 재의결을 결정하여 대통령의 거부권을 기각할 수 있다. 대통령 거부권을 기각할 수 있는 조건은 국가마다 다르며, 기각 조건이 까다로워질수록 대통령의 권한은 증가한다. 한국의 경우 재적의원 과반수의 출석과 출석의원 3분의 2 이상의 찬성으로 대통령 거부권을 기각할 수 있다(헌법 53조 4항). 슈거트와 케리의 측정법을 따르면 한국 대통령의 총체적 거부권은 4점 만점에 2점으로 측정된다.

대통령의 부분적 거부권(partial veto)은 제출된 법안 내용 중 대통령이 원치 않는 항목만 거부할 수 있는 권한이다. 대통령에게 부분적 거부권이 있으면, 대통령이 법안에서 원치 않는 내용을 삭제하고 원하는 내용만 통과시킬 수 있으므로, 대통령은 강력한 입법적 권한을 행사할 수 있다. 대부분의 민주주의 국가에서 대통령은 입법부 안을 수정할 수 없고, 이를 수용하거나 거부해야 한다. 따라서 대통령제에서는 의회가 의제 설정권을 가진다. 부분적 거부권은 대통령이 입법부 안에 수정을 가할 수 있다는 것을 의미하므로 의회의 의제 설정권을 무력화하는 효력을 가진다. 한국 대통령은 부분적 거부권을 가지고 있지 않다(헌법 53조 4항). 따라서 한국 대통령의 부분적 거부권은 0점으로 측정된다.

대통령이 국회에 재의요구를 한 법안이 재표결 결과 가결될 것이 분명하다면, 대통령이 재의요구를 하는 것의 의미가 없어진다. 이럴 경우, 거부권 행사 없이 회기가 만료될 때까지 법안을 공포하지 않으면, 법안은 자동으로 폐기된다. 대통령이 법안을 공포하지 않고 회기 말까지 보유할 수 있는 권한을 보유 거부권(pocket veto)이라 부른다. 한국 대통령은 국회를 통과한 법안을 5일 내로 공포해야 하므로(헌법 53조 6항), 보유 거부권이 없다. 따라서 한국 대통령의 보유 거부권은 0점으로 측정된다.[1]

대통령은 법률의 효력을 가지는 다양한 행정명령(decree)을 발동할 수 있다. 한국 대통령은 "법률에서 구체적으로 범위를 정하여 위임받은 사항과 법률을 집행하기 위하여 필요한 사항"에 대해서만 대통령령을 발할 수 있다. 대통령은 국가가 위기에 처하면 시민의 자유를 제한할 수 있는 비상 권한(emergency power)을 행사할 수 있다(헌법 75조). 한국 대통령은 "국가의 안전보장 또는 공공의 안녕질서를 유지하기 위하여 긴급한 조치가 필요하고 국회의 집회를 기다릴 여유가 없을 때에 한하여" 법률의 효력을 가지는 명령을 발할 수 있다. 그러나 명령을 발한 후 지체 없이 국회의 승인을 얻어야 하며, 승인을 얻지 못하면 명령

1 대통령이 국회 회기 5일 전에 통과한 법안의 공포를 회기 말까지 미루면 법률은 자동 폐기된다.

은 효력을 상실한다(헌법 76조 1-3항). 대통령은 또한 국가비상사태에 법률의 한계에서 계엄을 선포할 수 있으나, 국회 재적의원 과반수가 계엄을 반대하면 이를 해제하여야 한다(헌법 77조). 한국 헌법은 이처럼 다양한 방법으로 대통령의 명령 발동권을 제한하였다. 슈거트와 케리는 제한적인 행정명령 권한에 1점을 부여하였다.

일부 국가에서는 행정부가 특정 영역에서 독점적인 입법 권한을 행사할 수 있다. 예컨대, 우루과이에서는 대통령이 제안한 최고가격을 의회가 낮출 수 없다. 한국에서는 행정부가 다음과 같은 독점적인 예산편성 권한을 가진다. "정부는 예산안을 편성하여 회계연도 개시 90일 전까지 국회에 제출하고, 국회는 회계연도 개시 30일 전까지 이를 의결"해야 한다(헌법 54조 2항). 국회는 "정부의 동의 없이 정부가 제출한 지출예산 각 항의 금액을 증가하거나 새 비목을 설치"할 수 없다(헌법 57조). 국회의 예산안 수정 권한은 지출예산 각 항에 대하여 전액의 삭감 또는 비목의 삭제에 그치는 것이 원칙이다. 예산편성에 대한 독점적 권한이 행정부에 주어졌다는 사실은 행정부를 통솔하는 대통령이 예산편성에 대한 의제 설정권을 가진다는 것을 의미한다. 따라서 한국에서는 입법부보다 행정부에 더 유리한 예산이 편성된다. 슈거트와 케리의 측정 방법을 따르면 한국 대통령의 독점적 입법 권한은 4점으로 측정된다.

국민투표 발의권은 국회를 우회하여 대통령 의제에 대한 정당성을 국민에게 직접 물을 수 있는 권한이다. 대통령이 국민투표를 발할 수 있는 영역에 제한을 두지 않을수록 대통령 권한은 증가한다. 한국의 "대통령은 필요하다고 인정할 때에는 외교·국방·통일 기타 국가안위에 관한 중요정책"에 관해서만 국민투표를 발할 수 있다(헌법 72조). 슈거트와 케리는 제한적인 국민투표 발의권에 2점을 부여하였다.

대통령의 비입법적 권한 중 가장 중요한 권한은 내각 구성 및 해산 권한이다. 미국 대통령은 국무위원을 임명하기 위해 상원의 동의를 얻어야 한다. 반면, 한국 대통령은 국무총리를 제외한 국무위원을 국회의 동의 없이 임명할 수 있다(헌법 86조 및 87조). 대통령은 국무총리의 제청으로 국무위원을 임명하나, 대통령이 국무총리를 임명하므로 국무총리의 제청권은 실질적인 효력을 발휘하기 어렵다. 국회는 인사청문회를 통해 대통령의 국무위원 임명권에 어느 정도 영향을 미칠 수 있으나 대통령은 인사청문회의 결정에 따를 필요가 없다(손병권 2010). 슈거트와 케리는 대통령의 내각 구성 권한을 측정할 때, 총리 임명에 국회의 동의가 필요 없는 경우 4점을, 국무위원 임명에 동의가 필요한 경우 3점을 부여했다. 한국 대통령은 총리 임명에는 국회의 동의를 필요로 하고 국무위원 임명에는 동의를 필요로 하지 않으므로 3.5점을 부여하였다. 한국 대통령은 제도적인 제약 없이 국무위원을 해임할 수 있으므로 한국 대통령의 내각 해산 권한은 4점으로 측정되었다.

대통령의 비입법적 권한은 의회의 내각 해산 권한과 대통령의 의회 해산 권한을 포함한다. 의회의 내각 해산 권한은 의회제의 특성으로, 내각의 의회 해산 권한에 대응하는 의회의 권한이다. 한국 국회는 재적의원 3분의 1 이상의 발의와 과반수의 찬성으로 국무총리 또는 국무위원의 해임을 대통령에게 건의할 수 있다(헌법 63조). 대통령에게는 국무위원 해임 건의권을 수용할 법적 의무가 없지만, 국회의 해임 건의 거부가 정치적인 부담으로 작용할 수 있다. 그러나 국회의 국무위원 해임 건의는 매우 제한적으로 적용되었다. 역대 국회에서 제출된 82건의 해임건의안 중 8건이 통과되었으며, 8건 중 5건이 수용되었고 3건이 거부되었다.[2] 의회가 이처럼 내각을 해산할 수 없는 경우, 대통령 권한에 4점을 부여한다. 한국 대통령의 의회 해산 권한을 살펴보면, 권위주의 정권에서는 대통령이 국회를 해산할 수 있었으나 1987년 민주화 헌법에서 대통령의 국회해산권은 삭제되었다. 따라서 한국 대통령의 국회해산 권한은 0점으로 측정된다.

전술한 논의를 기초로 한국 대통령의 권한을 계산하면 대통령의 입법적 권한은 9점으로, 비입법적 권한은 11.5점으로 측정된다. 슈거트와 케리는 35개 대통령제 국가의 44개 헌법 체제에서의 대통령 권한을 측정하였다. 슈거트와 케리의 측정 결과와 한국 대통령 권한을 비교하면 현행헌법 체제에서 한국 대통령의 입법적 권한은 1988년 헌법 체제의 브라질 대통령의 권한에 상응하는 것으로 나타났다. 대통령의 입법적 권한이 9점보다 더 높은 사례는 1969년 체제의 칠레가 유일

2 역대 국회에서 해임 건의를 대통령이 거부한 사례는 박근혜 정부 이전까지 없었으나, 박근혜 대통령과 윤석열 대통령이 각각 1권과 2건을 거부하였다.

했다. 10점보다 높게 측정된 한국 대통령의 비입법적 권한은 남미 권위주의 국가의 대통령 권한에 상응하는 것으로 나타났다. 입법적 권한과 비입법적 권한의 합이 20.5점보다 높게 측정된 국가는 1988년 체제의 브라질과 파라과이밖에 없었다. 이러한 비교분석 결과는 한국의 제왕적 대통령제의 제도적 근원을 보여 준다.

5.4 한국 대통령의 행정명령 권한과 정치적 권한

한국 대통령의 행정명령 권한은 현실 정치에서 가장 많은 논란을 불러일으켰다. 언론이나 정치권은 자신의 정치적인 입장에 따라 대통령 행정명령에 대한 서로 다른 시각을 제시하였다. 그러나 대통령의 행정명령 권한에 대한 평가를 위해서는 대통령제에서의 입법부-행정부 관계에 대한 이해가 요구된다. 미국 대통령제에서 입법적 의제 설정 권한을 의회에 부여한 이유는 입법부가 의사결정의 주체(principal)이고 행정부는 입법부의 결정을 집행하는 대리인(agent)이라고 보기 때문이다. 미국 대통령제에서 행정명령 권한은 대통령의 고유한 입법 권한이 아니라 의회가 제정한 일차적인 법(primary legislation)을 집행하기 위해 위임된 부차적인 권한에 불과하다.

미국식의 대통령제가 순수한 권력분립 제도를 채택했다면, 후발 대통령제 국가들은 대통령의 권한을 강화하기 위해 미국 대통령제의 제한적인 행정명령 권한을 다양한 방법으로 변경하였다. 케리(Carey, 2008)는 행정명령을 특정한 절차(주로 헌법적 규정)에 따라 행정부 수반이 입법부를 "대신해서" 발한 법의 효력을 갖는 규칙으로 정의하고, 행정명령 제도들을 국가별로 비교하였다. 케리는 행정명령의 효력의 즉각성과 지속성에 따라, 행정명령 제도를 세 종류로 구분하였다. 케리에 의하면, 행정명령 제도를 채택한 국가들은 행정명령이 즉각적이고 지속적인 효력을 갖는 경우(러시아, 페루), 즉각적으로 법의 효력을 발휘하기는 하나 의회의 승인이 없으면 일정 기간 뒤에 자동으로 효력이 없어지는 임시적

(provisional)인 경우(브라질, 아르헨티나), 의회가 승인할 때까지는 법의 효력을 갖지 못하는 지연적(delayed)인 경우(프랑스)로 분류될 수 있다.

대통령의 행정명령 권한은 다양한 방식으로 제한할 수 있다. 첫째, 국회가 행정명령에 수정을 가할 수 있으면 대통령은 행정명령에 대한 의제 설정권을 상실한다. 둘째, 대통령이 행정명령을 발하고 의회가 이를 수정할 수 없고 승인만 할 수 있다면, 대통령은 행정명령에 대한 의제 설정자가 된다. 이럴 경우, 대통령은 의회가 수용할 수 있는 입장 중 자신이 가장 선호하는 행정명령을 발할 수 있다. 셋째, 대통령이 의회가 위임하지 않은 포괄적인 영역에서 행정명령을 발할 수 있고, 국회가 행정명령에 대해 수정 또는 승인 권한도 행사할 수 없다면, 대통령은 견제 없는 행정명령 권한을 행사할 수 있다. 세 경우 중, 첫 번째가 대통령제의 삼권분립의 원칙과 가장 부합하는 제도이며 두 번째는 의회제와 유사한 제도이다. 세 번째는 민주주의 국가에서 채택하기 어려운 제도이다.

한국의 경우, 제헌헌법부터 현행헌법까지 입법 권한은 국회에 부여하였으나 법률을 집행하는 데 필요한 세부 규정은 대통령이나 행정부가 정할 수 있도록 하였다. 법률이 법 집행에 필요한 모든 사항을 규정하기 어렵기 때문에 행정부에 일부 권한을 위임한 것이다. 그러나 권위주의 정권에서 대통령은 행정명령 권한을 남용하면서 시행령 통치를 했다. 헌법 제75조는 군사정권에서 무분별하게 남용되었던 행정명령에 제한을 가하여 삼권분립의 원칙과 법치주의를 추구하기 위해 마련되었다. 헌법 제75조는 대통령의 권력남용 방지를 위해 "법률에서 구체적으로 범위를 정하여 위임받은 사항과 법률을 집행하기 위하여 필요한 사항"에 대해서만 행정명령을 발할 수 있도록 하였다. 그러나 위헌적인 시행령 통치는 민주화 이후에도 여러 차례 시도되었다.

이명박 정부에서는 4대강 사업을 추진하면서 시행령을 개정해 예비타당성 조사를 회피했다. 박근혜 정부에서는 「지방행정법」 시행령을 개정하여 누리과정(만 3~5세 무상보육) 예산을 교육청 의무 지출 경비로 지정하게 하였다. 이에 야당과 교육감들은 중앙정부가 보건복지부에서 담당하던 어린이집 재정 지원을 교육청으로 떠넘기기 위해 상위법을 위반한 시행령 개정을 했다고 반발했다. 이 밖에도, 세월호 참사의 진상규명을 검찰 파견 공무원이 맡기로 한 시행령이 「세월호특별법」의 취지를 위반했다는 점이 지적되었다. 세월호 참사에 대한 국가의 잘못을 검토하고자 하는 일에 국가 공무원이 파견되는 것은 「세월호특별법」의 취지에 어긋난다는 것이다.

박근혜 대통령의 시행령 통치가 반복되자 여당 출신인 정의화 국회의장은 "정부의 행정입법이 상위 법령인 법률을 훼손하는 이른바 법령의 '하극상' 현상이 발생하고 있다"라고 지적하였다. 2015년 5월 29일 여야는 행정명령이 법률의 취지·내용에 부합하지 않으면 상임위원회가 그 내용을 중앙행정기관의 장에게 "통보할 수 있다"라고 명시된 기존의 국회법 98조 2항을 "수정·변경을 요구할 수 있다"로 변경하는 국회법 개정안을 통과시켰다. 6월 25일 박근혜 대통령은 국회법 개정안을 위헌이라 주장하며 거부권을 행사하였고 여당은 개정안에 대한 재의를 포기했다. 국회법 개정안의 통과가 불발된 것은 대통령이 행정명령 권한을 남용할 소지를 남겨두었다.

21대 국회에서 윤석열 대통령 역시 시행령 통치를 시도하였다. 청와대 민정수석비서관실 폐지를 공약했던 윤석열 정부는 민정수석실의 인사 검증 기능을 법무부로 이관하는 대통령령 개정안을 내놓았다. 개인정보나 사생활을 침해할 수 있는 인사 검증과 같이 국민의 기본권과 관련 있는 사안은 국회가 법률에서 정하도록 하였음에도 불구하고, 시행령을 통해 정부 기능을 재편하려 했다는 점에서 개정안에는 논란의 소지가 있었다. 윤석열 정부는 시행령 개정을 통해 행정안전부의 경찰국을 신설하였다. 그러나 경찰에 대한 정부의 영향을 제한하기 위해 1990년 법 개정 때 행정안전부 사무에서 '치안'을 삭제했음에도 불구하고, 시행령을 통해 행정안전부가 경찰 사무를 관할하도록 하였다. 윤석열 정부는 또한 국회에서 통과된 검사의 직접 수사 개시 범위를 축소하는 법률 개정안에 맞서 '검사의 수사 개시 범죄 범위에 관한 규정'에 대한 대통령령을 개정하여 검찰 수사권을 원상복구 시키려 하였다. 인사 검증 기능을 법무부로 이관하는 시행령과 경찰국 설치 시행령은 상위법에 근거를 두고 있지 않다는 점에서 문제가 됐다면, 검찰 수사권 원상복구 시행령은 상위법의 취지와 정면 배치된다는 점에서 문제가 됐다.

한국 대통령은 슈거트와 케리가 제시하지 않은 정치적 권한을 가진다. 단점정부(여대야소) 형성 가능성 및 대통령의 여당 장악 능력은 대통령 의제 실현 가능성에 영향을 미친다. 행정부도 법안을 발의할 수 있는 한국의 제도적 환경에서는 단점정부(여대야소)가 형성되고 대통령이 다수 여당을 장악하면 다수 여당이 대통령에 반하는 결정을 내리기 어렵다. 따라서 국회는 정부안에 수정을 가할 수 없고 대통령은 의제 설정 권한을 가지게 된다.

선거제도는 단점정부의 형성 가능성에 영향을 미친다. 4장에서 설명한 바와 같이, 한국은 단순다수제 위주의 선거제도를 가지고 있으므로 양당 지배 체제를 산출한다. 양당 체제에서는 다당 체제에 비해 단점정부의 출현 가능성이 높다. 한국 대통령은 여당에 막강한 영향력을 행사해 왔다. 대통령은 2001년 말까지 집권당의 총재직을 겸하면서 실질적 공천권을 행사하였다. 2001년 말 이후 정당 민주화 작업의 일환으로 당정을 분리하였으나 한국 여당은 상당히 높은 정당 규율성을 유지하고 있다. 문우진(2011)은 야당보다 여당의 정당 충성도가 강하다는 사실을 발견하였다. 예컨대, 상향식 공천을 했던 열린우리당의 정당 충성도도 90%가 넘는다. 전진영(2010) 역시 한국의 정당 응집성은 내각책임제 국가 수준에 필적한다는 사실을 발견하였다. 이처럼 여당이 결속적이고 단점정부가 형성되는 경우, 여당은 대통령의 입법 의제를 실현하는 중요한 도구가 될 수 있다. 전진영(2011b)은 국회의장 직권상정을 통한 법안처리는 단점정부 상황에 집중되었으며 직권상정 법안 내용은 대통령이 주도한 입법 의제인 경우가 대부분이라는 사실을 보여 주었다.

대통령은 사전적인(ex-ante) 방법과 사후적인(ex-post) 방법을 통해 여당 의원을 통제할 수 있다. 사전적인 방법은 대통령에게 충성하는 의원들로 여당을 구성하는 것이다. 대통령은 또한 처벌과 보상을 통해서 여당 의원을 통제할 수 있다. 한국 대통령은 여당 의원을 통제할 수 있는 다양한 제도적 무기들을 가지고 있다. 첫째, 한국 대통령은 국회의 동의를 필요로 하지 않는 다양한 임명권을 가진다. 대통령은 국회 동의 없이 충성스러운 검찰 수뇌부를 구성할 수 있고 검찰 권력을 이용해 국회의원을 통제할 수 있다. 대통령은 또한 별정직 고위공무원과 정부 산하단체 임원에 대한 인사권을 가진다. 동시에 공기업과 준공기업 기관장 임명에 실질적인 영향력을 행사해 공천에서 탈락하거나 선거에서 패배한 의원에게 인사 혜택을 베풀 수도 있다. 둘째, 대통령이 여당 의원을 통제할 수 있는 막강한 제도적 무기는 행정부의 예산편성권이다. 지갑의 힘(power of purse)이라 불리는 예산편성권을 이용해 대통령은 자신에게 충성하는 의원의 지역구에 혜택을 주도록 압력을 행사할 수 있다. 셋째, 한국은 국회의원이 국무위원을 겸직할 수 있는 의회제 요소를 가지고 있다. 이러한 제도는 대통령이 자신에게 충성하는 의원을 국무위원에 임명하여 자신의 의제를 직접적으로 실현할 수 있도록 한다.

의회에서의 의사결정 규칙은 대통령 권한에 직접적인 영향을 미친다. 6장에서 자세히 다루겠지만, 2012년 5월에 통과된 국회선진화법은 국회에서의 입법 규칙을 다수결에서 초다수결로 바꾸었다. 국회선진화법은 대통령의 입법적 권한을 상당히 축소한다. 국회선진화법이 통과되기 전에는 대통령이 단점정부에서 여당을 장악하면 대통령이 원하는 입법 의제를 실현할 수 있었다. 반면, 국회선진화법이 통과된 이후에는 소수당이 단점정부에서도 대통령과 다수 여당을 견제할 수 있다.

5.5 민주화 이후 정부 유형의 변화

한국 선거제도는 단점정부에 유리한 요소와 불리한 요소를 가지고 있다. 단순다수제 중심의 선거제도는 양당 체제를 산출하여 단점정부가 형성될 가능성을 높인다. 이에 반해 대선과 총선의 시점이 서로 일치하지 않는 제도는 유권자가 총선에서 여당을 심판하도록 하여 분점정부가 형성될 가능성을 높인다. <표 5.1>은 1기와 2기 보수 정부(노태우 정부와 김영삼 정부)에서 형성된 정부 유형의 변화를 보여 준다. 이 시기에는 여당이 총선을 통해 과반 의석을 한 번도 차지하지 못했다. 대신 여당이 제1당을 차지했으나 과반 의석은 차지하지 못한 "무과반 제1여당" 정부가 13대 국회 초반에 형성되었다. 1기와 2기 보수 정부는 3당 합당이나 무소속 의원의 합당과 같은 정계 개편을 통해 3,653일 중 83.5%에 해당하는 시기에 단점정부를 형성하였다.

표 5.1 민주화 이후 1기와 2기 보수 정부에서 형성된 정부 유형

정부 유형 기간	시점- 종점	대통령	국회	여당/ 제1당	여당 의석	주요 사건
단점 (총선) 95일	88.02.25- 88.05.29	노태우	12대	민정/ 민정	53.6%	87.012.16. 노태우 13대 대통령 당선 노태우 36.64%, 김영삼 28.03%, 김대중 27.04%, 김종필 8.06%
무과반 제1여당 602일	88.05.30- 90.01.21		13대	민정/ 민정	41.8%	88.04.26. 13대 총선 결과 의석 민정당 41.8%, 통일민주당 19.7%, 평화민주당 23.4%, 신민주공화당 11.7%
단점 (정계개편) 859일	90.01.22- 92.05.29			민자/ 민자	72.2%	90.01.22. 3당 합당
단점 (정계개편) 271일	92.05.30- 93.02.24		14대	민자/ 민자	49.7% → 51.8%	92.03.24. 14대 총선 결과 의석 민자당 49.7%, 민주당 32.6%, 통일국민당 10.4% 무소속 16인 민자당 입당 과반 확보
단점 (정계개편) 1190일	93.02.25- 96.05.29	김영삼		민자/ 민자→ 신한국	52.5%	92.12.19. 김영삼 14대 대통령 당선 김영삼 41.96%, 김대중 33.82%, 김종필 16.31% 96.02.27. 민자당→신한국당
단점 (정계개편) 636일	96.05.30- 98.02.24		15대	신한 국/ 신한국	46.5→ 52.5%	96.04.11. 15대 총선 결과 의석 신한국당 46.5%, 국민회의 26.4%, 자민련 16.7%, 통합민주당 5.0% 신한국당 무소속 흡수 여당 과반 확보

출처: 선거관리위원회와 위키백과. <표 5.2>에서 <표 5.5>도 같은 출처 사용.

표 5.2 민주화 이후 1기와 2기 진보 정부에서 형성된 정부 유형

정부 유형 기간	시점- 종점	대통령	국회	여당/ 다수당	여당 의석	주요 사건
과반야당 173일	98.02.25- 98.08.16	김대중	15대	국민회의+ 자민/ 신한국	40.5% (26.1+ 14.4)	97.12.28 김대중 15대 대통령 당선 김대중 40.3%, 이회창 38.8%, 이인제 19.2% 97.11.27 신한국→한나라당
단점 (연합) 652일	98.08.17- 00.05.29			국민회의+ 자민련/ 한나라	51.2% (33.8+ 17.4)	98.08.17 여당 한나라 40명 흡수 00.01.20 국민회의→새천년민주당
소수 여당 321일	00.05.30- 01.04.15		16대	새천년/ 한나라	42.1%	00.04.13 16대 총선 결과 의석 새천년민주당 42.1%, 한나라당 48.7%, 자민련 6.2%
단점 (연합) 140일	01.04.16- 01.09.02			새천년+ 자민+ 민국/한나라	50.1%	01.04.16 새천년민주당, 자민련, 민국당 연합 (42.1%+7.3%+0.7%)
과반야당 540일	01.09.03- 03.02.24			새천년/ 한나라	41.4%	01.09.03 임동원 해임건의안 가결 DJP 공조 파기
과반야당 216일	03.02.25- 03.09.28	노무현		새천년/ 한나라	37.1%	02.12.19. 노무현 16대 대통령 당선 노무현 48.91%, 이회창 46.58%
과반야당 244일	03.09.29- 04.05.29			열린우리/ 한나라	17.2%	03.09.29. 노무현 대통령 새천년민주당 탈당 03.11.11 열린우리당 창당 04.03.12 노무현 대통령 탄핵안 통과

단점 (총선) 299일	04.05.30- 05.03.24		17대	열린우리/ 열린우리	50.8%	04.04.15 17대 총선 결과 의석 열린우리당 50.8%, 한나라당 40.5%, 민주노동당 3.3%, 새천년민주당 3.0% 04.05.21 노무현 대통령 우리당 입당
무과반 제1여당 683일	05.03.25- 07.02.05			열린우리/ 열린우리	50.8% → 49.8%	05.03.25 우리당 2석 상실 과반 붕괴 05.05.06 새천년민주당→민주당
무과반 제1여당 121일	07.02.06 - 07.06.06				49.8% → 42.4%	07.02.06 우리당 23인 1차 탈당 07.02.22 노무현 대통령 탈당 07.05.07 우리당 탈당 20인 중도개혁통합신당 창당 (중위정당)
소수 여당 59일	07.06.07 - 07.08.04			열린우리/ 한나라	37.1%	07.06.07 우리당 16인 2차 탈당 07.06.27 중도통합민주당 창당 (민주당+중도개혁통합신당)
무과반 제1여당 204일	07.08.05- 08.02.24			대통합 민주/ 한나라	47.8%	07.08.05 대통합민주신당 창당 우리당+중도통합민주당 25인 (19.4%) 07.08.13 중도통합민주당 일부 → 민주당

<표 5.2>는 1기와 2기 진보 정부(김대중 정보와 노무현 정부)에서 형성된 정부 유형의 변화를 나타내고 있다. 진보 정부가 집권한 대부분의 시기 동안 분점정부가 형성되었다는 사실을 보여 준다. 이 기간에는 3,652일 중 29.9%에 해당하는 시기에만 단점정부가 형성되었다. 김대중 정부는 분점정부로 시작하였으나, DJP연합이라 불린 국민회의와 자민련의 연합으로 652일 동안 단점정부를 형성하였다. 16대 총선 직후 DJP연합이 와해되었으나 새천년민주당은 자민련과 민국당과 연합하여 다시 단점정부를 형성했다. 노무현 정부에서는 17대 총선으로 단점정부가 형성되었으나 1년을 넘기지 못했다. 2007년 2월 초에 열린우리당 의원 23인이 1차

로 탈당하였고, 노무현 대통령이 열린우리당을 탈당하였다. 2007년 2월 말에는 열린우리당 의원 20인이 탈당하여 중도개혁통합신당을 창당하였다.

표 5.3 민주화 이후 3기와 4기 보수 정부에서 형성된 정부 유형

정부 유형 기간	시점- 종점	대통령	국회	여당/ 다수당	여당 의석	주요 사건
소수 여당 95일	08.02.25- 08.05.29	이명박	17대	한나라/ 통합 민주당	43.5%	07.12.19 이명박 17대 대통령 당선 이명박 48.67%, 정동영 26.14%, 이회창 15.07% 08.02.17 대통합민주신당 민주당 합당, 통합민주당 창당 (47.2%)
단점 (총선) 1460일	08.05.30- 12.02.12		18대	한나라/ 한나라	51.2% → 54.8%	08.04.09 18대 총선 결과 의석 한나라당 51.2%, 민주당 27.1% 자유선진당 6.0%, 친박연대 4.7% 08.07.11 친박연대 일부 한나라당 복당 11.12.16 민주당→민주통합당
	12.02.13- 12.05.29			새누리/ 새누리	54.8% → 55.9%	12.02.02 한나라당과 미래희망연대 합당 12.02.02 새누리당 창당 12.05.02 국회선진화법 통과
단점 (총선) 271일	12.05.30- 13.02.24			새누리/ 새누리	50.7%	12.04.11 19대 총선 결과 의석 새누리당 50.7%, 민주통합당 42.3% 통합진보당 4.3%
단점 (총선) 1122일	13.02.25- 16.03.23	박근혜	19대	새누리/ 새누리	50.7%	박근혜 18대 대통령 당선 박근혜 51.55%, 문재인 48.02% 14.03.26 새정치민주연합 창당 15.12.28 더불어민주당 창당 14.07.30 보궐선거 새누리 11석 새정련 민주 4석

무과반 제1여당 65일	16.03.24- 16.05.29			새누리/ 새누리	48.0%	새누리당 공천파동, 유승민 포함 4인 탈당 시작 과반수 붕괴, 144석
소수 여당 (총선) 258일	16.05.30- 17.02.12		20대	새누리/ 더불어 민주당	40.7% → 31.0%	16.04.13 20대 총선 결과 의석 더불어민주당 41.0%, 새누리당 40.7% 국민의당 12.7%, 정의당 2.0% 17.01.04. 새누리당 29명 탈당 바른정당 창당, 새누리 93석
소수 여당 86일	17.02.13- 17.05.09			자한당/ 더불어 민주당	31.0% → 35.7%	17.02.13 자유한국당 창당 17.03.10 박근혜 탄핵 17.05.06 바른정당 20명 등 복귀 자유한국당 107석, 바른정당 9석

<표 5.3>은 3기와 4기 보수 정부(이명박 정부와 박근혜 정부)에서 형성된 정부 유형의 변화를 나타내고 있다. 3기와 4기 보수 정부가 집권한 대부분의 시기 동안 단점정부가 형성되었다는 사실을 보여 준다. 3기와 4기 보수 정부에서는 3,362일 중 84.9%에 해당하는 시기에 단점정부가 형성되었다. 이명박 대통령이 취임한 이후 95일 만에 치러진 18대 총선에서 한나라당이 대승함에 따라 이명박 정부 내내 단점정부가 형성되었다. 이명박 정부는 초다수결 입법 규칙이 적용된 19대 국회를 제외하면, 1,460일 동안 단점정부에서 입법 의제를 밀어붙일 수 있었다. 박근혜 정부에서는 20대 총선 직전 공천 파동으로 새누리당 일부 의원이 탈당하기 전까지 1,122일 동안 단점정부가 유지되었다. 그러나 박근혜 정부는 단점정부 시기에도 19대 국회부터 적용된 국회선진화법 때문에 야당의 견제를 받을 수밖에 없었다.

표 5.4 민주화 이후 3기 진보 정부와 5기 보수 정부에서 형성된 정부 유형

<table>
<tr><th>정부 유형
기간</th><th>시점-
종점</th><th>대통령</th><th>국회</th><th>여당/
다수당</th><th>여당
의석</th><th>주요 사건</th></tr>
<tr><td>무과반
제1여당
1116일</td><td>17.05.10-
20.05.29</td><td rowspan="2">문재인</td><td>20대</td><td>더불어
민주당/
더불어
민주당</td><td>41.0%
→
42.7%</td><td>17.05.10 문재인 대통령 취임
문재인 41.1%, 홍준표 24.0%,
안철수 21.4%
18.02.06 민주평화당 창당 15+3석
18.02.13 국민의당·바른정당 해산 바른미래당 창당 33석
19.04.22 자유한국당 제외한 여야 4당 선거법 개정 합의
19.12.27 준연동형 선거법 개정안 통과
20.02.27 미래통합당 창당 108석
20.02.24 민생당 창당 8석</td></tr>
<tr><td>단점
(총선)
710일</td><td>20.05.30-
22.05.09</td><td rowspan="2">21대</td><td>더불어
민주당/
더불어
민주당</td><td>60.0%
→
58.3%</td><td>20.04.15 21대 총선 결과 의석
더불어민주당 60.0%, 미래통합당 34.3%, 정의당 2.0%, 국민의당 1.0%, 열린민주당 1.0%
20.09.02 미래통합당
→국민의힘으로 당명 변경
2022.01.18 더불어민주당과
열린민주당 합당</td></tr>
<tr><td>과반
야당
751일</td><td>22.05.10-
24.05.29</td><td rowspan="2">윤석열</td><td>국민의힘/
더불어
민주당</td><td>36.3%</td><td>22.05.10 윤석열 대통령 취임
윤석열 48.56%, 이재명 47.83%
더불어민주당 168석
국민의힘 109석</td></tr>
<tr><td>과반
야당
368일</td><td>24.05.30-
25.06.02</td><td>22대</td><td>국민의힘/
더불어
민주당</td><td></td><td>22.04.10 22대 총선 결과 의석
국민의힘 36.0%, 더불어민주당 58.3%,
조국혁신당 4.0%, 개혁신당 0.7%
2024.12.14 윤석열 대통령 탄핵안 통과
2024.04.04 윤석열 대통령 탄핵</td></tr>
</table>

<표 5.4>는 3기 진보 정부(문재인 정부)와 5기 보수 정부(윤석열 정부)에서 형성된 정부 유형의 변화를 보여 준다. 문재인 정부에서는 임기 전체의 61.1%에 해당하는 1,116일 동안 분점정부가 형성되었다. 20대 국회에서 국회는 극심한 식물국회 상황을 경험하였다. 20대 국회의 법안처리 비율은 32%에 그쳤다. 이는 각각 44%와 42%를 기록한 18대와 19대 국회의 법안처리 비율에 비해 현저히 감소한 수치다. 20대 국회 활동을 분석한 한 연구에 의하면, 공동발의는 주로 정당 내에서만 이뤄져 정당 간 협치가 활발하지 못했다. 21대 총선에서 180석을 확보한 문재인 정부는 더불어민주당에 유리한 원 구성을 강행할 수 있었다. 더불어민주당은 17대 국회부터 관례에 의해 야당에 배분되었던 법제사법위원회 위원장직을 21대 전반 국회에서 되찾아 왔다. 2022년 5월 10일에 윤석열 대통령이 취임하면서 109석의 작은 여당인 국민의힘과 168석의 거대 야당인 민주당이 대치하는 분점정부가 형성되었다. 윤석열 정부의 21대 국회에서는 대통령과 180석에 가까운 의석을 확보한 야당이 극단적으로 대치하는 상황이 계속되었다. 민주화 이후 역대 대통령이 총 16번의 거부권을 행사했으나, 윤석열 대통령은 임기 2년 6개월 동안 거부권을 25번 행사하였고, 탄핵 이후 한덕수 대통령 권한대행과 최상목 권한대행이 각각 6번과 7번 행사하였다.[3]

<표 5.5>는 13대 국회 이후부터 21대 국회까지 단점정부와 분점정부가 형성된 기간의 비율을 보여 준다. 총선을 통해 형성된 단점정부는 전체 기간의 29.4%를 차지하였으나, 의원 영입이나 정계 개편을 통해 형성된 단점정부는 22.5%를 차지했다. 총선과 정계 개편과 연합정부를 통해 형성된 단점정부 기간을 모두 합하면, 단점정부 기간은 전체 기간의 57.9%에 달했다. 여당이 제1당의 지위를 차지한 기간은 전체 기간의 79.1%에 달했다. 여당이 제1야당보다 더 적은 의석을 차지한 소수 여당과 과반 야당 기간의 비율은 20.8%였으며, 야당이 과반 의석을 차지한 기간의 비율은 14.6%였다.

---

3 민주화 이후 대통령 거부권은 노태우 대통령이 7회, 노무현 대통령이 6회, 이명박 대통령이 1회, 박근혜 대통령이 2회, 윤석열 대통령이 24회, 한덕수 대통령 권한대행이 8회, 최상목 대통령 권한대행이 9회 행사하였다.

표 5.5 13대 국회부터 21대 국회까지 단점정부와 분점정부 기간 및 비율

정부 유형	단점정부			합	분점정부			합
	총선 단점정부	정계개편 단점정부	연합정부		무과반 제1여당	소수 여당	과반야당	
기간	3,864	2,956	792	7,612	2,793	820	1,924	5,537
비율	29.4%	22.5%	6.0%	57.9%	21.2%	6.2%	14.6%	42.1%

총선을 통한 단점정부는 주로 최근의 총선(17대, 18대, 19대, 21대)에서 형성되었다. 이러한 변화는 양당 중심 체제를 산출하는 경향이 강해진다는 사실을 의미한다. 17대 이후 총선을 통해 단점정부가 형성된 기간은 55.6%에 달했다. 이러한 수치는 미국에서의 단점정부 형성 비율과 비교하면 매우 높은 것이다. 미국의 경우, 2차 세계대전 이후 형성된 35개의 정부에서 단점정부가 형성된 적은 10번(28.5%)에 불과했다. 이처럼 한국에서 단점정부 기간이 길게 나타나는 이유 중 하나는 대통령 임기와 국회의원 임기가 각각 5년과 4년으로 비슷하기 때문이다. 미국에서는 정부의 국정운영 성과를 대통령 임기 중반에 치러지는 중간선거를 통해 평가하기 때문에 분점정부가 형성될 가능성이 크다. 반면, 한국에서의 총선은 항상 대통령 임기 중간에 치러지는 것이 아니다. 이 책의 9장에서 보여 주듯이, 총선이 대선보다 늦게 치러질수록 여당에 대한 심판 여론이 강해지므로 여당에 불리하다. 노무현 정부와 이명박 정부에서 여당은 각각 대선 이후 560일과 95일 만에 치러진 선거에서 승리할 수 있었다. 대통령과 국회의원의 임기가 서로 다른 한국에서는 대선과 가까운 총선에서 단점정부가 형성될 가능성이 높다.

5.6 사법부 독립성

5.6.1. 헌법재판소와 위헌 심사 권한

헌법재판소의 위헌 심사 권한은 입법부와 행정부의 의제 실현에 제동을 걸 수 있다. 대통령은 자신과 정치적으로 유사한 성향의 사법부를 구성하려 한다. 이처럼 정치적인 사법부를 구성하는 것을 방지하기 위한 다양한 제도들이 있다. 미국의 경우, 위헌 심사를 하는 대법관의 임명에는 상원의 동의가 필요하다. 대법관의 임기는 사법부 독립성에 영향을 미친다. 대통령 임기보다 대법관의 임기가 더 길수록 사법부가 독립적일 가능성이 크다. 임기가 종신인 미국 대법관의 경우 현직 대통령이 전직 대통령이 임명한 대법관과 함께 국정을 운영할 가능성이 크다. 미국 대통령은 9명의 대법관 중 평균적으로 두 명 정도를 임명해 왔으며 나머지 7명은 전임 대통령들이 임명했다.

한국에서는 9명으로 구성된 헌법재판소가 위헌 심사를 한다. 헌법재판소법 제23조에 의하면, 재판부는 재판관 7명 이상의 출석으로 사건을 심리하며 과반 찬성으로 결정을 내린다. 다만 법률의 위헌결정, 탄핵의 결정, 정당해산의 결정, 헌법소원에 관한 인용 결정과 종전의 헌법재판소가 판시한 헌법 또는 법률의 해석 적용에 관한 의견을 변경하는 결정에는 재판관 6명 이상의 찬성이 필요하다.[4] 따라서 대통령이 헌법재판관 6인 이상에 영향력을 행사할 수 있다면, 헌법재판소의 독립성이 훼손될 수 있다.

대통령은 자신이 선택한 3인, 대법원장이 지명한 3인과 국회가 선출한 3인을 국회의 동의를 얻어 임명한다. 국회는 여당과 야당이 각각 선택한 1인과 여야 공동으로 선택한 1인을 선출한다. 대통령은 자신의 이념과 비슷한 성향의 대법

4 위헌결정에 초다수가 필요하다는 사실은 위헌결정이 어렵다는 사실을 의미한다. 헌법재판소 설립 이후 2024년 2월 29일 현재까지 처리된 50,257건 중 4.1%에 해당하는 2,073건만 위헌 판정을 받았다. https://www.ccourt.go.kr/site/kor/stats/newEventStaticBoard1.do (검색일: 2022.01.17)

원장을 임명하므로, 대법원장이 지명하는 헌법재판관은 대통령과 비슷한 이념을 가질 가능성이 크다. 이럴 경우, 대통령이 임명한 3인, 대법원장이 지명한 3인, 여당이 추천한 1인을 포함한 7인은 대통령의 이념과 부합하는 판결을 할 가능성이 있다.

헌법재판관의 임기는 6년으로 대통령 임기와 1년 차이밖에 나지 않는다. 따라서 대통령이 임명한 헌법재판관의 임기는 대통령 임기와 겹칠 가능성이 크다. 이럴 경우, 대통령은 자신과 이념이 비슷한 7인의 헌법재판관과 임기를 같이 할 수 있다. 대통령이 자신의 이념과 비슷한 7인의 헌법재판관을 임명할 가능성은 정권교체 패턴에 따라 변한다. <표 5.6>은 대통령과 7인 재판관의 이념이 일치하는 기간이 정권교체 패턴에 따라 어떻게 변하는가를 보여 준다. <표 5.6>에서 대통령과 재판관의 이념 성향이 일치하는 기간과 일치하지 않는 기간은 각각 흰색과 회색으로 표시되었다. 예컨대, 5년마다 보수와 진보 간의 정권교체가 일어날 경우, 대통령과 재판관의 이념 성향이 일치하는 기간과 일치하지 않는 기간은 두 번째 정부에서 각각 4년과 1년이고 세 번째 정부에서 각각 3년과 2년이다. <표 5.6>은 5년마다 정권교체가 일어나면 30년 동안 대통령과 재판관의 이념 성향이 일치하는 기간과 일치하지 않는 기간의 합은 15년씩이라는 사실을 보여 준다.

표 5.6 정권교체에 따른 대통령 이념과 7인 재판관의 판결 성향 일치 기간

정부	정권교체 패턴																	
	5년마다 보수 진보 교체			10년마다 보수 진보 교체			15년마다 보수 진보 교체			20년마다 보수 진보 교체			25년마다 보수 진보 교체			10년 보수 5년 진보		
	대통령	재판관	기간	대통령	재판관	기간	대통령	재판관	기간	대통령	재판관	기간	대통령	재판관	기간	대통령	재판관	기간
1기	보수	보수	5년 1년	보수	보수	10년	보수	보수	15년	보수	보수	20년	보수	보수	25년	보수	보수	10년
2기	진보	진보	4년	보수	보수		보수	보수		보수	보수		보수	보수		보수	보수	
3기	보수	보수	2년 3년	진보	진보	2년 8년	보수	보수		보수	보수		보수	보수		진보	진보	2년 3년
4기	진보	진보	3년 2년	진보	진보		진보	진보	3년 12년	보수	보수		보수	보수		보수	보수	3년 7년
5기	보수	보수	4년 1년	보수	보수	4년 6년	진보	진보		진보	진보	4년 6년	보수	보수		보수	보수	
6기	진보		5년	보수			진보			진보			진보		5년	진보		5년
합	일치 15년			일치 24년			일치 27년			일치 26년			일치 25년			일치 20년		
	불일치 15년			불일치 6년			불일치 3년			불일치 4년			불일치 5년			불일치 10년		

<표 5.6>은 10년마다 정권이 교체되는 경우 대통령과 7인 재판관의 이념 성향이 일치하는 기간은 24년이라는 사실을 보여 준다. 보수 정부와 진보 정부가 15년, 20년, 25년마다 교체되는 경우, 대통령과 7인 재판관의 이념 성향이 일치하는 기간은 각각 27년, 26년, 25년인 것으로 나타났다. 또한 보수와 진보가 각각 10년과 5년씩 집권한다면, 대통령과 7인 재판관의 이념 성향이 20년 동안 일치한다는 사실을 알 수 있다. <표 5.6>이 보여 준 사례 중 10년마다 보수와 진보가 정권교체를 하는 두 번째 사례가 민주화 이후부터 박근혜 정부까지 여섯 정부에서의 정권교체 패턴에 해당한다. 여섯 정부 30년 동안 10년마다 정권교체가 일어나면 이론적으로 24년 동안 대통령과 7인 재판관의 이념 성향이 일치한다. 이는 30년의 80%에 해당하는 24년 동안 대통령의 의중에 반하는 헌법재판소의 판결이 내려지기 어렵다는 것을 의미한다.

표 5.7 보수 1기와 2기 정부의 헌법재판소 구성과 재판관 판결 성향

<table>
<tr><th rowspan="2">연도</th><th rowspan="2">대통령</th><th colspan="3">대통령 지명</th><th colspan="3">대법원장 지명</th><th colspan="3">국회 선출</th></tr>
<tr><th>헌재 소장</th><th>재판관</th><th>재판관</th><th>재판관</th><th>재판관</th><th>재판관</th><th>재판관</th><th>재판관</th><th>재판관</th></tr>
<tr><td>1988</td><td rowspan="5">노태우
435건</td><td rowspan="6">조규광
88.09.15
94.09.14
(0.700)</td><td rowspan="6">최광률
88.09.15
94.09.14
(0.783)</td><td rowspan="6">김양균
88.09.15
94.09.14
(0.583)</td><td rowspan="3">이성열
88.09.15
91.08.04
(0.724)</td><td rowspan="6">이시윤
88.09.15
93.12.26
(0.550)</td><td rowspan="6">김문희
88.09.15
94.09.14
(0.817)</td><td rowspan="6">한병채
88.09.15
94.09.14
(0.667)
민주
정의당
추천</td><td rowspan="6">김진우
88.09.15
94.09.14
(0.767)
통일
민주당
추천</td><td rowspan="6">정수
88.09.15
94.09.14
(−0.083)
평화
민주당
추천</td></tr>
<tr><td>1989</td></tr>
<tr><td>1990</td></tr>
<tr><td>1991</td><td rowspan="6">황도연
91.08.26
97.08.25
(0.625)</td></tr>
<tr><td>1992</td></tr>
<tr><td>1993</td><td rowspan="6">김영삼
7321건</td></tr>
<tr><td>1994</td><td rowspan="5">김용준
94.09.15
00.09.14
(0.773)</td><td rowspan="3">김진우
94.09.15
97.01.21
(0.633)</td><td rowspan="5">정경식
94.09.15
00.09.14
(0.773)</td><td rowspan="5">이재화
93.12.30
99.12.29
(0.546)</td><td rowspan="5">고중석
94.09.15
00.09.14
(0.712)</td><td rowspan="5">김문희
94.09.15
00.09.14
(0.697)
민주
자유당
추천</td><td rowspan="5">창언
94.09.15
00.09.14
(0.682)
민주
자유당
추천</td><td rowspan="5">조승형
94.09.15
99.09.25
(−0.091)
민주당
추천</td></tr>
<tr><td>1995</td></tr>
<tr><td>1996</td></tr>
<tr><td>1997</td><td rowspan="2">이영모
97.01.22
(0.167)</td><td rowspan="2">한대현
97.08.26
(0.615)</td></tr>
<tr><td>1998</td></tr>
</table>

<표 5.7>은 보수 1기와 2기 정부에서 처리된 사건 수와 두 정부에서 임명된 헌법재판관들의 판결 성향을 나타낸다. <표 5.7>의 괄호 안의 숫자는 재판관의 판결 성향이다. 재판관의 판결 성향은 개혁적 의견, 보수적 의견과 중도적 의견을 각각 -1점, 1점과 0점으로 기록한 후, 재판관이 판결한 모든 사건에 대한 평균 점수를 계산한 값이다(박재형 2009a, 2009b). 평균 점수가 1인 경우는 모든 사건에 대해 보수적인 판결을 한 경우이며, -1인 경우는 진보적인 판결을 한 경우이다. 진보적 판결과 보수적 판결의 비율이 같은 경우는 0점으로 계산된다. <표 5.7>에는 평균 점수가 0보다 작으면 흰색으로, 0과 0.5점 사이면 회색으로, 0.5를 넘으면 짙은 회색으로 표시하였다.

<표 5.7>은 보수 1기와 2기 정부의 헌법재판소가 대부분 대통령과 비슷한 판결 성향의 재판관들로 구성되었다는 사실을 보여 준다. 노태우 대통령은 자신의 임기 시작과 동시에 8명의 보수적인 재판관들을 임명했고, 김영삼 대통령은 임기 초반에 8명의 보수적인 재판관을 임명하였다. 노태우 정부에서 야당인 평화민주당이 추천한 변정수 재판관과 김영삼 정부에서 야당인 민주당이 추천한 조승형 재판관을 제외하면, 모든 재판관은 보수적인 판결 성향을 나타냈다.

표 5.8 진보 1기와 2기 정부의 헌법재판소 구성과 재판관 판결 성향

<table>
<tr><th rowspan="2">연도</th><th rowspan="2">대통령</th><th colspan="3">대통령 지명</th><th colspan="3">대법원장 지명</th><th colspan="3">국회 선출</th></tr>
<tr><th>헌재 소장</th><th>재판관</th><th>재판관</th><th>재판관</th><th>재판관</th><th>재판관</th><th>재판관</th><th>재판관</th><th>재판관</th></tr>
<tr><td>1998</td><td rowspan="5">김대중
4345건</td><td rowspan="3">김용준
94.09.15
00.09.14
(0.773)</td><td rowspan="4">이영모
97.01.22
01.03.22
(0.167)</td><td rowspan="3">정경식
94.09.15
00.09.14
(0.773)</td><td rowspan="6">한대현
97.08.26
03.08.25
(0.615)</td><td rowspan="2">이재화
93.12.30
99.12.29
(0.546)</td><td rowspan="3">고중석
94.09.15
00.09.14
(0.712)</td><td rowspan="3">김문희
94.09.15
00.09.14
(0.697)
민주
자유당
추천</td><td rowspan="2">신창언
94.09.15
00.09.14
(0.682)
민주
자유당
추천</td><td rowspan="3">조승형
94.09.15
99.09.25
(−0.091)
민주당
추천</td></tr>
<tr><td>1999</td></tr>
<tr><td>2000</td><td rowspan="6">김영일
99.12.30
05.03.12
(0.300)</td><td rowspan="4">하경철
99.09.26
04.01.28
(0.150)
국민
회의
추천</td></tr>
<tr><td>2001</td><td rowspan="5">윤영철
00.09.15
06.09.14
(0.260)</td><td rowspan="6">송인준
00.09.15
06.09.14
(0.260)</td><td rowspan="6">김경일
00.09.15
06.09.14
(0.320)</td><td rowspan="6">권성
00.09.15
06.08.13
(0.490)
한나라
추천</td><td rowspan="6">김효종
00.09.15
06.09.14
(0.460)
합의</td></tr>
<tr><td>2002</td><td rowspan="6">주선회
01.03.23
07.03.22
(0.130)</td></tr>
<tr><td>2003</td><td rowspan="6">노무현
7321건</td></tr>
<tr><td>2004</td><td rowspan="3">전효숙
03.08.26
06.08.25
(−0.049)</td><td rowspan="2">이상경
04.02.18
05.06.06
(0.333)</td></tr>
<tr><td>2005</td></tr>
<tr><td>2006</td><td>권한대행
주선회</td><td rowspan="3">이공현
05.03.14
11.03.13
(0.305)</td><td rowspan="3">조대현
05.07.11
11.07.10
(−0.356)
열린
우리당
추천</td></tr>
<tr><td>2007</td><td rowspan="2">이강국
07.01.22
13.01.21
(0.390)</td><td rowspan="2">김희옥
06.09.15
10.12.31
(0.424)</td><td rowspan="2">김종대
06.09.15
12.09.14
(0.119)</td><td rowspan="2">민형기
06.09.15
12.09.14
(0.356)</td><td rowspan="2">이동흡
06.09.15
12.09.14
(0.492)
한나당</td><td rowspan="2">목영준
06.09.15
12.09.14
(0.492)
합의</td></tr>
<tr><td>2008</td><td>송두환
07.03.23
(0.119)</td></tr>
</table>

<표 5.8>은 진보 1기와 2기 정부의 헌법재판소 구성과 판결 성향을 보여 준다. 김대중 정부는 전임 김영삼 대통령이 임명한 보수적인 재판관들과 2년이 조금 넘는 기간을 같이 보내야 했다. 이 기간에는 대통령과 재판관 대부분의 이념이 서로 일치하지 않았다. 김대중 대통령은 보수적인 재판관들의 임기가 만료되자 이들을 온건 보수적인 재판관들로 교체했다. 김영삼 대통령이 임명한 한대현 재판관, 한나라당이 추천한 권성 재판관, 여야 합의로 추천한 김효종 재판관을 제외하면, 나머지 6인은 0.5점에 못 미치는 판결 성향을 나타냈다. 노무현 대통령은 김대중 대통령이 임명한 재판관과 함께 임기 대부분을 보냈으며, 임기 후반에야 재판관들을 임명할 수 있었다. 노무현 정부의 재판관은 김대중 정부의 재판관보다 보수적인 성향이 약간 약했다. 진보적인 재판관은 두 명으로 증가하였고 0.5점이 넘는 보수적인 재판관은 발견되지 않았다.

표 5.9 보수 3기와 4기 정부의 헌법재판소 구성과 재판관 판결 성향

<table>
<tr><th rowspan="2">연도</th><th rowspan="2">대통령</th><th colspan="3">대통령 지명</th><th colspan="3">대법원장 지명</th><th colspan="3">국회 선출</th></tr>
<tr><th>헌재 소장</th><th>재판관</th><th>재판관</th><th>재판관</th><th>재판관</th><th>재판관</th><th>재판관</th><th>재판관</th><th>재판관</th></tr>
<tr><td>2008
2009
2010</td><td rowspan="3">이명박
7 6 1 6 건</td><td rowspan="2">이강국
07.01.22
13.01.21
(0.390)</td><td rowspan="3">송두환
07.03.23
13.03.22
(0.119)</td><td>김희옥
06.09.15
10.12.31
(0.424)</td><td rowspan="2">김종대
06.09.15
12.09.14
(0.119)</td><td>이공현
05.03.14
11.03.13
(0.305)</td><td rowspan="2">민형기
06.09.15
12.09.14
(0.356)</td><td rowspan="2">이동흡
06.09.15
12.09.14
(0.492)
한나라
추천</td><td>조대현
05.07.11
11.07.10
(−0.356)
열린
우리당
추천</td><td rowspan="2">조승형
94.09.15
99.09.25
(−0.091)
민주당
추천</td></tr>
<tr><td>2011</td><td rowspan="2">박한철
11.02.01
13.04.11
소장
영전</td><td rowspan="3">이정미
11.03.14
17.03.13
진보</td><td>공석</td></tr>
<tr><td>2012</td><td>권한대행
송두환 이정미</td><td rowspan="3">김창종
12.09.20
18.09.19
보수</td><td rowspan="3">이진성
12.09.20
17.11.23
보수
소장
영전</td><td rowspan="3">안창호
12.09.20
18.09.19
보수
새누리
추천</td><td rowspan="3">김이수
12.09.20
18.09.19
진보
민주
통합당
추천</td><td rowspan="3">강일원
12.09.20
18.09.19
중도
합의</td></tr>
<tr><td>2013
2014
2015
2016</td><td rowspan="2">박근혜
8 2 3 4 건</td><td>박한철
13.04.12
17.01.31
보수</td><td rowspan="2">조용호
13.04.19
19.04.18
보수</td><td rowspan="2">서기석
13.04.19
19.04.18
보수</td></tr>
<tr><td>2017</td><td>권한대행
이정미 김이수</td><td>이선애
17.03.29
보수</td></tr>
</table>

출처: 『법률신문』 (2014.12.02.), "5기 헌재 5:1:3, 보수예상: 이진성 진보 성향으로."
https://m.lawtimes.co.kr/Content/Article?serial=89102 (검색일: 2022.01.17)

<표 5.9>는 보수 3기와 4기 정부에서 임명된 헌법재판관의 이념을 보여 준다.[5] 이명박 대통령은 임기 대부분을 노무현 대통령이 임명한 재판관들과 함께 국정을 운영해야 했으며, 임기 후반에야 보수적인 재판관을 임명할 수 있었다. 박근혜 정부에서의 헌법재판관은 변호사 출신은 한 명도 없이 검사 출신과 고위 판사로만 채워졌다. 박근혜 대통령은 처음으로 공안검찰 출신인 박한철 재판관을 재판소장으로 임명했다. 박근혜 대통령은 또한 보수성향의 조용호 재판관과 서기석 재판관을 임명하였고 새누리당 역시 검찰 공안통 출신의 안창호 재판관을 추천하였다. 박근혜 정부의 재판관 중 2011년 이용훈 전 대법원장에 의해 추천된 이정미 재판관과 민주당 추천으로 재판관이 된 김이수 재판관만 진보적이었다. 김이수 재판관은 2014년 12월 19일 통합진보당 해산에 대한 8대1의 인용 결정에서 기각 의견을 냈다.

5 박근혜 정부에서 임명된 5기 헌법재판관들의 판결 성향을 측정한 지표를 구할 수 없었기 때문에, 이들의 이념 성향은 보수, 중도, 진보로 구분한 『법률신문』의 2014년 12월 02일 기사를 참고하였다.

표 5.10 진보 3기 정부의 헌법재판소 구성과 재판관 판결 성향

연도	대통령	대통령 지명			대법원장 지명			국회 선출		
		헌재 소장	재판관	재판관	재판관	재판관	재판관	재판관	재판관	재판관
2017	문재인 1390 8건	이진성 17.11.24 18.09.19 보수	조용호 13.04.19 19.04.18 보수	서기석 13.04.19 19.04.18 보수	김창종 12.09.20 18.09.19 보수	이선애 17.03.29 23.03.28 (0.778)	공석	안창호 12.09.20 18.09.19 보수	김이수 12.09.20 18.09.19 진보	강일원 12.09.20 18.09.19 중도
2018		유남석 18.09.21 23.11.10 (−0.111)			이석태 18.09.21 23.04.14 (−0.778)		이은애 18.09.21 24.09.20 (0.556)	이종석 18.10.18 24.10.17 (1.000) 자유 한국당 추천	김기영 18.10.18 24.10.17 (−1.000) 더불어 민주당 추천	이영진 18.10.18 24.10.17 (0.222) 바른 미래당 추천 중도보수
2019			문형배 19.04.19 25.04.18 (−0.556)	이미선 19.04.19 25.04.18 (−0.778)						
2020										
2021	윤석열 7756건									
2022										
2023		이종석 23.11.30 24.10.17	정형식 23.12.19 29.12.17 보수		김형두 23.03.31 29.03.30 중도보수	정정미 23.04.17 29.04.16 중도보수				
2024		문형배 권한대행					김복형 24.09.21 중도 보수	공석	공석	공석
2025								조한창 25.01.01 보수	정계선 25.01.01 진보	마은혁 25.04.08 진보

출처: 『법률신문』 (2020.07.09) https://m.lawtimes.co.kr/Content/Article?serial=162646
『서울신문』 (2023.12.19) https://www.seoul.co.kr/news/2023/12/19/20231219500227
주: 6기 재판관 이념은 『법률신문』에서 제시된 9건의 정치적 판결을 박재형(2009a) 방법으로 측정.
윤석열 정부 처리 건수는 2025년 2월 28일까지 처리된 사건을 포함.

<표 5.10>은 문재인 정부와 윤석열 정부의 헌법재판소 구성과 이념을 보여 준다. 문재인 정부는 박근혜 대통령이 임명한 보수적인 재판관 6명 중 4명을 2년 사이에 교체하였다. 6기 재판부에서는 정치적 양극화 성향이 분명해졌다. 박근혜 대통령이 임명한 이선애 재판관, 자유한국당이 추천한 이종석 재판관과 대법원장이 지명한 이은애 재판관은 매우 보수적인 성향을 나타냈다. 반면, 문재인 대통령과 여당이 추천한 재판관 4인은 매우 진보적인 성향을 나타냈다. 유남석 소장은 중도적인 성향을 나타냈다. 윤석열 정부에서는 유남석 대법원장이 지명한 중도 성향의 김형두 재판관과 정정미 재판관이 2023년 초에 임명되었다. 윤석열 대통령은 국회 추천으로 문재인 정부에서 임명된 보수적인 이종석 재판관을 2023년 11월에 재판소장으로 임명하고 12월에 보수적인 정형식 재판관을 새로 임명했다. 이로써 윤석열 대통령 임기 2년 차에 보수 2인, 중도 보수 2인, 중도 2인, 진보 3인으로 구성된 재판소가 만들어졌다.

<표 5.11>은 노태우 정부부터 문재인 정부까지 형성된 헌법재판관 판결 성향의 변화를 나타낸다. <표 5.11>은 현직 대통령이 임명한 재판관들의 재직 기간(A)과 전직 대통령이 임명한 재판관들의 재직 기간(B)을 보여 준다. 또한 현직 대통령이 임명한 재판관들의 재직 기간(A)이 전체 재판관들이 재직한 기간(A+B)에서 차지하는 비율(C)을 보여 준다. 노태우 대통령은 재임 기간 내내 자신이 임명한 보수적인 재판관들과 함께 국정을 운영했고, 김영삼 대통령은 임기의 72.2%를 함께 했다. 김대중 대통령은 임기의 46.1% 동안 자신이 임명한 재판관들과 임기를 같이 했고, 노무현 대통령은 임기의 36.3%만 같이 했다. 반면, 이명박 대통령은 임기의 13.7%만 자신이 임명한 재판관들과 임기를 같이 했고, 박근혜 대통령은 32.2%만 같이 했다. 문재인 대통령은 임기 초반에는 자신의 이념과 부합하지 않는 재판관들을 이전 정부로부터 물려받았으나, 임기의 67.4% 동안 자신이 임명한 재판관들과 임기를 같이 했다.

표 5.11 헌법재판소 구성과 재판관 판결 성향의 변화

	노태우	김영삼	김대중	노무현	이명박	박근혜	문재인	합 또는 평균
A. 현직 대통령이 임명한 재판관의 재직 월 수	532	380	256	175	72	145	351	1911
B. 전직 대통령이 임명한 재판관의 재직 월 수	0	146	299	307	452	306	170	1680
C. A/(A+B)	100%	72.2%	46.1%	36.3%	13.7%	32.2%	67.4%	46.8%
D. 이념이 다른 전직 대통령이 임명한 재판관의 재직 월 수	0	0	299	0	452	0	170	921
E. D/(A+B)	0.0%	0.0%	53.9%	0.0%	86.3%	0.0%	32.6%	25.6%
F. 현직 대통령이 임명한 재판관의 판결 성향	0.607	0.533	0.296	0.217	NA	NA	-0.154	0.375
G. 전직 대통령이 임명한 재판관의 판결 성향	NA	0.603	0.568	0.320	0.269	NA	NA	0.440
H. 현 정부에서 재직 중인 전체 재판관의 판결 성향	0.607	0.552	0.442	0.283	NA	NA	NA	0.471
I. H-F. 현 정부의 판결이 전직 대통령이 임명한 재판관 때문에 현직 대통령이 임명한 재판관 판결과 달라지는 정도	0.000	0.020	0.147	0.066	NA	NA	NA	0.058

주: NA는 재판관 판결 성향 자료가 없는 경우임. 각 정부의 판결 성향은 각 재판관의 판결 성향에 재임 기간만큼의 비중을 두어서 계산한 가중 평균값임.

<표 5.11>을 통해 현직 대통령과 이념이 다른 전직 대통령이 임명한 재판관의 재직 기간(D)과 비율(E) 역시 알 수 있다. 노태우, 김영삼, 노무현, 박근혜 정부는 비슷한 이념의 전직 대통령이 임명한 재판관들과 함께 임기를 보냈으나 정권교체를 이룬 김대중, 이명박, 문재인 정부는 이념이 다른 전직 대통령이 임명

한 재판관들과 함께 임기를 보내야 했다. 민주화 이후 임명된 재판관들의 전체 재직 기간 중 현직 대통령과 이념이 다른 재판관들이 재직한 기간이 차지하는 비율(E)은 25.6%에 불과했다.[6] <표 5.11>은 또한 재판관들의 판결 성향(F)이 자신을 임명한 대통령의 이념과 상관되어 있다는 것을 보여 준다. 두 보수 대통령(노태우, 김영삼)과 세 진보 대통령(김대중, 노무현, 문재인)이 임명한 재판관들의 판결 성향 평균은 각각 0.570점과 0.180점으로 계산되었다. 이처럼 재판관들의 판결 성향이 자신을 임명한 대통령의 이념과 상관되어 있다는 사실은 헌법재판소가 대통령으로부터 독립적인 판결을 했다고 보기 어렵다는 것을 의미한다.

<표 5.11>을 통해 현 정부에서 재직 중인 재판관 중 전직 대통령이 임명한 재판관의 판결 성향(G)을 파악할 수 있다. 전직 대통령과 현직 대통령의 이념이 서로 비슷한 경우, 두 대통령이 임명한 재판관들의 판결 역시 큰 차이를 보이지 않았다. 예컨대, 노태우 대통령과 김영삼 대통령이 임명한 재판관들의 판결 성향 차이는 0.071점에 불과했고, 김대중 대통령과 노무현 대통령이 임명한 재판관들의 판결 성향 차이는 0.103점으로 나타났다. 반면, 전·현직 대통령의 이념이 서로 다를 경우, 이들이 임명한 재판관들의 판결 성향도 차이를 보였다. 김영삼 대통령과 김대중 대통령이 임명한 재판관들의 판결 성향 차이는 0.272점에 달했다.

<표 5.11>에서 전임 대통령과 현직 대통령이 임명한 재판관들의 판결 성향 평균(H)을 보면, 전임 대통령이 임명한 재판관의 재임 기간이 짧을수록, 전임 대통령과 현직 대통령이 임명한 재판관의 판결 성향이 서로 비슷할수록, 전체 재판관의 판결 성향은 현직 대통령이 임명한 재판관들의 판결 성향과 가까워진다. 반면, 현직 대통령과 이념이 다른 전직 대통령이 임명한 재판관의 재임 기간이 현직 대통령이 임명한 재판관들의 재임 기간보다 길수록, 전체 재판관들의 판결 성향(H)과 현직 대통령이 임명한 재판관들의 판결 성향(F)의 차이(I)는 증가한다.

I값은 현 정부의 헌법재판소 판결이 전직 대통령이 임명한 재판관 때문에 현

6 이러한 결과는 10년마다 정권교체가 일어나면 30년 중 6년 동안(20%)만 대통령이 자신의 이념과 다른 재판관들과 임기를 같이 하게 된다는 <표 5.6>의 예측과 크게 다르지 않다.

직 대통령이 임명한 재판관 판결과 달라지는 정도를 의미한다. 예컨대, 김대중 정부에서 김대중 대통령이 임명한 재판관들의 판결 성향이 0.296점이었으나 김대중 정부의 헌재 판결 성향은 0.442점으로 측정된다. 이처럼 김대중 정부의 헌재 판결이 김대중 대통령이 임명한 재판관들의 판결보다 더 보수적으로 나타나는 이유는 김영삼 대통령이 임명한 보수적인 재판관들이 김대중 정부의 헌재 판결 성향 점수를 0.147점만큼 증가시켰기 때문이다.

전직 대통령이 임명한 재판관 때문에 현직 대통령이 임명한 재판관의 판결이 보수화 또는 진보화되는 이유는 대통령과 재판관의 임기가 서로 다르기 때문이다. 대통령과 재판관의 임기가 서로 일치한다면, 현직 대통령은 자신이 임명한 재판관들과 임기를 같이 하므로 전직 대통령이 임명한 재판관들의 견제를 받을 필요가 없다. 따라서 I값은 대통령과 헌법재판관의 임기 차이 때문에 발생하는 헌법재판소의 대통령 견제 효과로 해석될 수 있다.

<표 5.11>은 노태우 정부의 I값이 0이라는 사실을 보여 준다. 헌법재판소는 노태우 정부에서 처음으로 출범했기 때문에, 노태우 대통령은 전직 대통령이 임명한 재판관의 견제를 받지 않았다. <표 5.11>에서 이념 성향이 다른 전임 대통령이 임명한 재판관의 재직 기간 비율이 가장 큰 정부는 이명박 정부와 김대중 정부의 순으로 나타났다. 이명박 정부 재판관들의 판결 성향 자료를 구할 수 없으므로 이명박 정부의 I값은 구할 수 없으나, 노무현 대통령과 이명박 대통령의 이념 차이가 크다는 점을 고려할 때 I값이 클 것으로 추정할 수 있다. 김대중 정부의 I값이 0.147로 가장 크게 측정되었는데, 그 이유는 김대중 대통령과 김영삼 대통령이 임명한 재판관의 판결 성향이 다르고 김영삼 대통령이 임명한 보수적인 재판관들의 재임 기간이 김대중 정부 재판관들의 재임 기간의 53.9%를 차지했기 때문이다. <표 5.11>에 따르면 네 정부에서의 I값이 크지 않다. 네 정부의 I값 평균은 0.058점에 불과한 것으로 계산되었다. 작은 I값은 헌법재판소의 대통령 견제 효과가 제한적이라는 것을 의미한다.

실제로 헌법재판소는 현직 대통령의 뜻에 부합하는 결정을 내려왔다. 예컨

대, 헌법재판소는 국회가 2004년 3월에 제출한 노무현 대통령 탄핵소추안을 5월에 기각하는 결정을 내렸다. 2006년 12월에 접수된 참여정부의 종합부동산세에 대한 위헌결정은 사건을 접수한 날로부터 180일 이내에 결정한다는 규정이 있음에도 불구하고 정권이 교체된 후인 2008년 11월에야 나왔다. 헌법재판소는 또한 노무현 대통령이 자신의 열린우리당 지지 발언에 대한 탄핵이 표현의 자유를 침해했다고 제출한 헌법소원에 대한 기각 결정을 노무현 대통령 재임 기간에는 내리지 않고 있다가 이명박 후보가 당선된 이후에 내렸다. 2009년 11월 헌법재판소는 여당인 한나라당이 통과시킨 미디어법의 본회의 가결 과정에 문제가 있다는 해석을 내렸음에도 불구하고 유효하다는 판결을 했다. 2014년 12월 19일 정부가 청구한 통합진보당 해산심판 및 정당 활동 정지 가처분 신청 사건에서 헌법재판소는 8:1의 의견으로 통합진보당 해산 결정을 내렸다.

5.6.2. 대법관 임명제도

대법원은 하급법원의 판결에 대한 상고사건을 최종적으로 심판하고, 명령·규칙·처분 또는 행정기관의 조치가 헌법이나 법률에 위배되는지를 최종적으로 심판한다. 5·18 과거청산, 신행정수도 건설, 이라크 파병 문제, 낙천낙선 운동의 선거법 위반, 사형제도, 국가보안법 폐지, 양심적 병역 거부 문제와 같은 정치적인 사건에 관여하면서 대법원의 정치적인 영향이 증가하고 있다. 대법원은 또한 대통령 및 국회의원 선거 및 당선의 효력과 관련된 소송에서 전속 관할권을 가진다. 2021년 김경수 경남지사의 공직선거법 위반 사건에 대한 대법원의 판결은 대법원이 여야 간 정치적 역학관계에 직접적인 영향을 미칠 수 있음을 보이는 사례였다. 최근에는 정치인들이 사법부의 결정을 통해 정치적 난제를 해결하려 하거나 정치적 고발을 일삼으면서 정치의 사법화 현상이 심해지고 있다.

사법부가 행정부와 입법부를 견제하기 위해서는 독립적인 판결을 할 수 있어야 한다. 대법원의 독립성은 대법관의 임명제도 및 임기와 밀접한 관련이 있다. 대법원은 대법원장과 13인의 대법관으로 구성된다. 헌법 제104조에 의하면,

대법원장은 대통령이 국회의 동의를 얻어 임명하며, 대법관은 대법원장의 제청으로 대통령이 국회의 동의를 얻어 임명한다. 이러한 제도는 여당이 국회 다수를 확보한 경우, 대통령이 자신의 정치적 성향과 부합하는 대법원을 구성할 수 있도록 한다. 헌법 제105조에 의하면, 대법원장의 임기는 6년으로 중임할 수 없으며 대법관의 임기는 6년이고 연임할 수 있다. 대통령 임기와 사법부 재판관의 임기가 비슷한 경우, 대통령이 자신의 이념 성향과 부합하는 대법원을 구성할 가능성이 커진다.

대법원의 판결은 대법관 4인으로 구성된 부(部)에서 이루어지나 부에서 의견이 일치하지 않는 경우, 전원합의체에서 재판한다.[7] 전원합의체는 재판장이 대법원장이고, 대법관 전원의 3분의 2 이상으로 구성되며 출석 과반수의 의견에 따라 판결한다. 따라서 대통령의 정치적 성향과 부합하는 대법관들이 대법원의 과반수를 차지하면, 대법원의 독립성이 침해될 수 있다. 예컨대, 2015년 8월 한명숙 국회의원의 정치자금법위반 사건 판결에 참여한 대법관 13명 중 8명은 한명숙 국회의원이 3차례에 걸쳐 약 9억 원을 받았다는 검찰 기소 내용을 모두 인정했다. 당시 박근혜 대통령이 임명한 조희대, 권순일, 박상옥 대법관은 모두 다수의견에 동참하였다. 이러한 판결을 두고 이재화 변호사는 당시 핵심 증인 한만호가 진술을 뒤집었기 때문에 공판중심주의에 따라 유죄로 인정한 원심을 파기 환송해야 하나 재판부의 다수의견은 이를 따르지 않았다고 주장하면서,[8] "대법원은 전원합의체로 넘겨 다수결로 하면 권력에 유리한 쪽으로 판결할 수밖에 없는 구조"라고 비판하였다.

과거 정부에서 대법관들의 판결 성향과 이들을 임명한 대통령의 이념 성향을 비교하면, 대법관들의 독립성을 평가할 수 있다. 서울대 한규섭 교수팀은 노

---

7 이외에도 명령·규칙이 헌법 또는 법률에 위반된다고 인정되는 경우, 대법원에서 판시한 헌법·법률·명령 또는 규칙의 해석 적용에 관한 의견을 변경할 필요가 있다고 인정하는 경우, 부에서 재판함이 적당하지 않다고 인정하는 경우, 전원합의체에서 재판한다(법원조직법 제7조).

8 『경향신문』 (2015.08.20). "2년 만에 8:5로 유죄: '폭탄처리반' 된 대법 전원합의체." 공판중심주의란 증인이 수사기관 진술을 법정에서 번복했을 때 법정 증언에 더 무게를 두는 것을 의미한다.

무현 정부부터 15년간 전원합의체 판결 274건을 분석해서 46인의 대법관들의 판결 성향 점수를 측정하였다.[9] -2에서 2 사이로 측정된 판결 성향 점수는 낮을수록 진보적, 높을수록 보수적임을 뜻한다. 대법관의 판결 성향은 다수의 다른 대법관이 내린 결론과 상반된 소수 의견을 많이 낼수록 점수가 올라가는 방식으로 측정된다. 다수가 보수적으로 판결한 사건에 소수의 진보적인 의견을 낼수록 판결 성향 점수는 낮아진다. 반대로 다수가 진보적으로 판결한 사건에 소수의 보수적 의견을 낼수록 점수는 높아진다.

표 5.12 노무현 정부 대법원의 구성과 판결 성향

<table>
<tr><th colspan="8">노무현 정부 2003.02~2008.02</th></tr>
<tr><th>번호</th><th>대법관</th><th>취임일</th><th>퇴임일</th><th>재직월</th><th>이념</th><th>제청권자</th><th>임명권자</th></tr>
<tr><td>1</td><td>서 성</td><td>1997.09</td><td>2003.09</td><td>7</td><td>.</td><td rowspan="3">윤관 대법원장</td><td>김영삼 대통령</td></tr>
<tr><td>2</td><td>조무제</td><td>1998.08</td><td>2004.08</td><td>16</td><td>.</td><td rowspan="7">김대중 대통령이 임명한 대법관들의 판결 성향: 0.115</td></tr>
<tr><td>3</td><td>변재승</td><td>1999.02</td><td>2005.02</td><td>24</td><td>.</td></tr>
<tr><td>4</td><td>최종영</td><td>1999.09</td><td>2005.09</td><td>31</td><td>.</td><td rowspan="5">최종영 대법원장이 두 정부에서 제청한 대법관들의 판결 성향 가중 평균: 0.000</td></tr>
<tr><td>5</td><td>유지담</td><td>1999.10</td><td>2005.10</td><td>32</td><td>.</td></tr>
<tr><td>6</td><td>윤재식</td><td>1999.10</td><td>2005.10</td><td>32</td><td>.</td></tr>
<tr><td>7</td><td>이용우</td><td>1999.10</td><td>2005.10</td><td>32</td><td>.</td></tr>
<tr><td>8</td><td>배기원</td><td>2000.07</td><td>2005.10</td><td>32</td><td>.</td></tr>
</table>

9 『동아일보』 (2020.09.23). "文정부 대법원 판결 역대 정부 중 가장 진보성향." https://www.donga.com/news/Politics/article/all/20200923/103060252/1 (검색일 2020.01.19.)

9	강신욱	2000.07	2006.07	41	0.07	최종영 대법원장이 김대중 정부에서 제청한 대법관들의 판결 성향: 0.115	
10	박재윤	2000.07	2006.07	41	0.13		
11	손지열	2000.07	2006.07	41	−0.42		
12	이강국	2000.07	2006.07	41	0.03		
13	이규홍	2000.07	2006.07	41	0.47		
14	고현철	2003.03	2009.02	59	0.32		
1	김용담	2003.09	2009.09	53	0.55	노무현 정부에서 제청한 대법관들의 판결 성향: −0.230	노무현 대통령이 임명한 대법관들의 판결 성향: −0.160
2	김영란	2004.08	2010.08	42	−1.55		
3	양승태	2005.02	2011.02	48	0.16		
4	**이용훈**	2005.09	2011.09	41	0.02	이용훈 대법원장이 노무현 정부에서 제청한 대법관들의 판결 성향: −0.138	
5	김황식	2005.11	2008.09	27	1.32		
6	김지형	2005.11	2011.11	27	−0.84		
7	박시환	2005.11	2011.11	27	−1.23		
8	김능환	2006.07	2012.07	19	0.05		
9	박일환	2006.07	2012.07	19	0.45		
10	안대희	2006.07	2012.07	19	1.63		
11	이홍훈	2006.07	2011.05	19	−0.97		
12	전수안	2006.07	2012.07	19	−1.37		
노무현 정부 대법관 (기간 감안) 가중 평균 판결 성향						−0.039	

<표 5.12>는 노무현 정부에서 재직한 재판관들의 판결 성향을 보여 준다. 노무현 대통령은 김대중 대통령이 임명한 최종영 대법원장과 13인의 대법관들과 함께 임기를 시작했다. 김대중 대통령이 임명한 대법관들은 평균 34개월 동안 재직하였고 노무현 대통령이 임명한 12인의 대법관들은 평균 28개월 동안 재직하였다. 노무현 대통령은 임기 후반 2년 정도만 자신이 임명한 12인의 대법관과 함께 국정을 운영하였다. <표 5.12>는 노무현 대통령이 임명한 대법관들의 판결

성향(-0.160점)이 김대중 대통령이 임명한 대법관들의 판결 성향(0.115점)보다 더 진보적이라는 사실을 보여 준다. 노무현 정부에서 2인의 대법원장이 대법관을 제청하였다. 김대중 정부에서 11인을 제청했던 최종영 대법원장은 노무현 정부에서는 3인의 대법관을 제청하였다. 최종영 대법원장이 노무현 정부에서 제청한 대법관들은 김대중 정부에서 제청한 대법관들보다 더 진보적인 판결을 했다(-0.230점 대 0.115점). 최종영 대법원장 후임으로 임명된 이용훈 대법원장이 제청한 8인의 대법관들은 김대중 정부에서 임명된 대법관보다 더 진보적인 판결을 했다(-0.138점).

표 5.13 이명박 정부 대법원의 구성과 판결 성향

<table>
<tr><th colspan="8">이명박 정부 2008.02~2013.02</th></tr>
<tr><th>번호</th><th>대법관</th><th>취임일</th><th>퇴임일</th><th>재직월</th><th>이념</th><th>제청권자</th><th>임명권자</th></tr>
<tr><td>1</td><td>고현철</td><td>2003.03</td><td>2009.02</td><td>12</td><td>0.32</td><td rowspan="7">이용훈 대법원장이 노무현 정부와 이명박 정부에서 제청한 대법관들의 판결 성향 가중 평균: -0.027</td><td rowspan="13">노무현 대통령이 임명한 대법관들의 판결 성향: -0.219</td></tr>
<tr><td>2</td><td>김용담</td><td>2003.09</td><td>2009.09</td><td>19</td><td>0.55</td></tr>
<tr><td>3</td><td>김영란</td><td>2004.08</td><td>2010.08</td><td>30</td><td>-1.55</td></tr>
<tr><td>4</td><td>양승태</td><td>2005.02</td><td>2011.02</td><td>36</td><td>0.16</td></tr>
<tr><td>5</td><td>이용훈</td><td>2005.09</td><td>2011.09</td><td>43</td><td>0.02</td></tr>
<tr><td>6</td><td>김황식</td><td>2005.11</td><td>2008.09</td><td>7</td><td>1.32</td></tr>
<tr><td>7</td><td>김지형</td><td>2005.11</td><td>2011.11</td><td>45</td><td>-0.84</td></tr>
<tr><td>8</td><td>박시환</td><td>2005.11</td><td>2011.11</td><td>45</td><td>-1.23</td><td rowspan="6">이용훈 대법원장이 노무현 정부에서 제청한 대법관들의 판결 성향: -0.219</td></tr>
<tr><td>9</td><td>이홍훈</td><td>2006.07</td><td>2011.05</td><td>39</td><td>-0.97</td></tr>
<tr><td>10</td><td>김능환</td><td>2006.07</td><td>2012.07</td><td>53</td><td>0.05</td></tr>
<tr><td>11</td><td>박일환</td><td>2006.07</td><td>2012.07</td><td>53</td><td>0.45</td></tr>
<tr><td>12</td><td>안대희</td><td>2006.07</td><td>2012.07</td><td>53</td><td>1.63</td></tr>
<tr><td>13</td><td>전수안</td><td>2006.07</td><td>2012.07</td><td>53</td><td>-1.37</td></tr>
</table>

<table>
<tr><td>1</td><td>차한성</td><td>2008.03</td><td>2014.03</td><td>59</td><td>0.31</td><td rowspan="7">이용훈 대법원장이 이명박 정부에서 제청한 대법관들의 판결 성향: 0.316</td><td rowspan="14">이명박 대통령이 임명한 대법관들의 판결 성향: 0.265</td></tr>
<tr><td>2</td><td>양창수</td><td>2008.09</td><td>2014.09</td><td>53</td><td>0.45</td></tr>
<tr><td>3</td><td>신영철</td><td>2009.02</td><td>2015.02</td><td>48</td><td>0.72</td></tr>
<tr><td>4</td><td>민일영</td><td>2009.09</td><td>2015.09</td><td>41</td><td>0.78</td></tr>
<tr><td>5</td><td>이인복</td><td>2010.09</td><td>2016.09</td><td>29</td><td>-0.53</td></tr>
<tr><td>6</td><td>이상훈</td><td>2011.02</td><td>2017.02</td><td>24</td><td>-0.46</td></tr>
<tr><td>7</td><td>박병대</td><td>2011.06</td><td>2017.06</td><td>20</td><td>0.22</td></tr>
<tr><td>8</td><td>양승태</td><td>2011.09</td><td>2017.09</td><td>17</td><td>0.16</td><td rowspan="7">양승태 대법원장이 이명박 정부에서 제청한 대법관들의 판결 성향: 0.045</td></tr>
<tr><td>9</td><td>김용덕</td><td>2012.01</td><td>2018.01</td><td>13</td><td>-0.02</td></tr>
<tr><td>10</td><td>박보영</td><td>2012.01</td><td>2018.01</td><td>13</td><td>-0.03</td></tr>
<tr><td>11</td><td>고영한</td><td>2012.08</td><td>2018.08</td><td>6</td><td>0.20</td></tr>
<tr><td>12</td><td>김 신</td><td>2012.08</td><td>2018.08</td><td>6</td><td>-0.31</td></tr>
<tr><td>13</td><td>김창석</td><td>2012.08</td><td>2018.08</td><td>6</td><td>0.37</td></tr>
<tr><td>14</td><td>김소영</td><td>2012.11</td><td>2018.11</td><td>3</td><td>-0.25</td></tr>
<tr><td colspan="6">이명박 정부 대법관 (기간 감안) 가중 평균 판결 성향</td><td colspan="2">-0.021</td></tr>
</table>

<표 5.13>은 이명박 정부에서 재직한 대법관들의 판결 성향을 보여 준다. 이명박 대통령은 노무현 대통령이 임명한 이용훈 대법원장과 12인의 대법관들을 물려받았다. 자신과 이념이 비슷한 전임 대통령이 임명한 대법관들을 물려받았던 노무현 대통령과 달리, 보수적인 이명박 대통령은 진보적인 노무현 대통령이 임명한 대법관들과 함께 임기의 상당 부분을 보내야 했다. 이명박 대통령은 임기 초부터 새로운 대법관들을 임명하기 시작하여 대법원장과 13명의 대법관 전원을 임기 말까지 교체하였다. 노무현 대통령이 임명한 대법관들이 재직한 기간을 합하면 488개월에 달했으나 이명박 대통령이 임명한 대법관들의 재직 기간의 합은 338개월이었다.

노무현 대통령이 임명한 대법관들은 진보 성향(-0.219점)을 보였으나 이명박

대통령이 임명한 대법관들은 보수 성향(0.265점)을 보였다. 이명박 정부에서는 2인의 대법원장이 대법관을 제청하였다. 노무현 대통령이 임명한 이용훈 대법원장은 이명박 정부에서 7인의 대법관을 제청하였다. 이용훈 대법원장이 제청한 대법관 중, 이명박 정부에서 제청된 대법관들의 판결 성향(0.316점)은 노무현 정부에서 제청되었던 대법관들의 판결 성향(-0.219점)보다 더 보수적이었던 것으로 나타났다. 이용훈 대법원장 후임인 양승태 대법원장은 6인의 대법관들을 제청하였는데, 이들은 약간 보수적인 판결 성향(0.045점)을 보였다.

표 5.14 박근혜 정부 대법원의 구성과 판결 성향

<table>
<tr><th colspan="8">박근혜 정부 2013.02~2017.05</th></tr>
<tr><th>번호</th><th>대법관</th><th>취임일</th><th>퇴임일</th><th>재직월</th><th>이념</th><th>제청권자</th><th>임명권자</th></tr>
<tr><td>1</td><td>차한성</td><td>2008.03</td><td>2014.03</td><td>13</td><td>0.31</td><td rowspan="7">이용훈 대법원장이 이명박 정부에서 제청한 대법관들의 판결 성향: 0.213</td><td rowspan="14">이명박 대통령이 임명한 대법관들의 판결 성향: 0.045</td></tr>
<tr><td>2</td><td>양창수</td><td>2008.09</td><td>2014.09</td><td>19</td><td>0.45</td></tr>
<tr><td>3</td><td>신영철</td><td>2009.02</td><td>2015.02</td><td>24</td><td>0.72</td></tr>
<tr><td>4</td><td>민일영</td><td>2009.09</td><td>2015.09</td><td>31</td><td>0.78</td></tr>
<tr><td>5</td><td>이인복</td><td>2010.09</td><td>2016.09</td><td>43</td><td>-0.53</td></tr>
<tr><td>6</td><td>이상훈</td><td>2011.02</td><td>2017.02</td><td>48</td><td>-0.46</td></tr>
<tr><td>7</td><td>박병대</td><td>2011.06</td><td>2017.06</td><td>51</td><td>0.22</td></tr>
<tr><td>8</td><td>양승태</td><td>2011.09</td><td>2017.09</td><td>51</td><td>0.16</td><td rowspan="4">양승태 대법원장이 두 보수 정부에서 제청한 대법관들의 판결 성향: 0.056</td></tr>
<tr><td>9</td><td>김용덕</td><td>2012.01</td><td>2018.01</td><td>51</td><td>-0.02</td></tr>
<tr><td>10</td><td>박보영</td><td>2012.01</td><td>2018.01</td><td>51</td><td>-0.03</td></tr>
<tr><td>11</td><td>고영한</td><td>2012.08</td><td>2018.08</td><td>51</td><td>0.20</td></tr>
<tr><td>12</td><td>김 신</td><td>2012.08</td><td>2018.08</td><td>51</td><td>-0.31</td><td rowspan="3">이명박 정부에서 제청한 대법관들의 판결 성향: 0.017</td></tr>
<tr><td>13</td><td>김창석</td><td>2012.08</td><td>2018.08</td><td>51</td><td>0.37</td></tr>
<tr><td>14</td><td>김소영</td><td>2012.11</td><td>2018.11</td><td>51</td><td>-0.25</td></tr>
</table>

1	조희대	2014.03	2020.03	38	0.49	박근혜 정부에서 제청한 대법관들의 판결 성향: 0.214	박근혜 대통령이 임명한 대법관들의 판결 성향: 0.214
2	권순일	2014.09	2020.09	32	-0.01		
3	박상옥	2015.05	2021.05	24	0.01		
4	이기택	2015.09	2021.09	20	0.36		
5	김재형	2016.09	2022.09	8	0.05		
박근혜 정부 대법관 (기간 감안) 가중 평균 판결 성향						0.074	

<표 5.14>는 박근혜 정부에서 재직한 대법관들의 판결 성향을 보여 준다. 박근혜 대통령은 이명박 대통령이 임명한 양승태 대법원장을 포함한 14인의 대법관들을 물려받았다. 박근혜 대통령이 임명한 대법관들의 판결 성향(0.214점)은 이명박 정부로부터 물려받은 대법관들의 판결 성향(0.045점)에 비해 더 보수적이었다. 박근혜 정부에서는 이명박 정부에서 이용훈 대법원장이 제청했던 대법관 7인과 양승태 대법원장이 제청했던 4인, 박근혜 정부에서 양승태 대법원장이 제청한 대법관 4인이 섞여 있었다. 이들 중 양승태 대법관이 이명박 정부에서 제청했던 대법관들의 판결 성향(0.017점)이 가장 중도적이었고 박근혜 정부에서 제청한 대법관들의 판결 성향(0.214점)은 가장 보수적이었다. 박근혜 정부 대법관들의 평균적인 판결 성향은 0.074로 나타났다.

표 5.15 문재인 정부 대법원의 구성과 판결 성향

문재인 정부 2017.05~2022.05							
번호	대법관	취임일	퇴임일	재직월	이념	제청권자	임명권자
1	박병대	2011.06	2017.06	1	0.22	이용훈 대법원장	이명박 대통령이 임명한 대법관들의 판결 성향: -0.001
2	**양승태**	2011.09	2017.09	4	0.16	양승태 대법원장이 세 정부에서 제청한 대법관들의 판결 성향: 0.123	
3	김용덕	2012.01	2018.01	6	-0.02		
4	박보영	2012.01	2018.01	6	-0.03		
5	고영한	2012.08	2018.08	15	0.20		

<table>
<tr><td>6</td><td>김 신</td><td>2012.08</td><td>2018.08</td><td>15</td><td>-0.31</td><td rowspan="3">이명박 정부에서 제청한 대법관들의 판결 성향: -0.003</td><td rowspan="3"></td></tr>
<tr><td>7</td><td>김창석</td><td>2012.08</td><td>2018.08</td><td>15</td><td>0.37</td></tr>
<tr><td>8</td><td>김소영</td><td>2012.11</td><td>2018.11</td><td>18</td><td>-0.25</td></tr>
<tr><td>9</td><td>조희대</td><td>2014.03</td><td>2020.03</td><td>34</td><td>0.49</td><td rowspan="5">박근혜 정부에서 제청한 대법관들의 판결 성향: 0.166</td><td rowspan="5">박근혜 대통령이 임명한 대법관들의 판결 성향: 0.166</td></tr>
<tr><td>10</td><td>권순일</td><td>2014.09</td><td>2020.09</td><td>40</td><td>-0.01</td></tr>
<tr><td>11</td><td>박상옥</td><td>2015.05</td><td>2021.05</td><td>48</td><td>0.01</td></tr>
<tr><td>12</td><td>이기택</td><td>2015.09</td><td>2021.09</td><td>52</td><td>0.36</td></tr>
<tr><td>13</td><td>김재형</td><td>2016.09</td><td>2022.09</td><td>56</td><td>0.05</td></tr>
<tr><td>1</td><td>조재연</td><td>2017.07</td><td>2023.07</td><td>58</td><td>-0.21</td><td rowspan="2">문재인 정부에서 제청한 대법관:-0.580</td><td rowspan="13">문재인 대통령이 임명한 대법관들의 판결 성향: -0.376</td></tr>
<tr><td>2</td><td>박정화</td><td>2017.07</td><td>2023.07</td><td>58</td><td>-0.95</td></tr>
<tr><td>3</td><td>김명수</td><td>2017.09</td><td>2023.09</td><td>56</td><td>-0.38</td><td rowspan="11">문재인 정부에서 김명수 대법원장이 제청한 대법관들의 판결 성향: -0.311</td></tr>
<tr><td>4</td><td>민유숙</td><td>2018.01</td><td>2024.01</td><td>52</td><td>-0.60</td></tr>
<tr><td>5</td><td>안철상</td><td>2018.01</td><td>2024.01</td><td>52</td><td>0.29</td></tr>
<tr><td>6</td><td>김선수</td><td>2018.08</td><td>2024.08</td><td>45</td><td>-1.11</td></tr>
<tr><td>7</td><td>노정희</td><td>2018.08</td><td>2024.08</td><td>45</td><td>-0.33</td></tr>
<tr><td>8</td><td>이동원</td><td>2018.08</td><td>2024.08</td><td>45</td><td>0.25</td></tr>
<tr><td>9</td><td>김상환</td><td>2018.12</td><td>2024.12</td><td>41</td><td>-0.86</td></tr>
<tr><td>10</td><td>노태악</td><td>2020.03</td><td>2026.03</td><td>27</td><td>0.50</td></tr>
<tr><td>11</td><td>이흥구</td><td>2020.09</td><td>2026.09</td><td>21</td><td>진보</td></tr>
<tr><td>12</td><td>천대엽</td><td>2021.05</td><td>2027.05</td><td>12</td><td>보수</td></tr>
<tr><td>13</td><td>오경미</td><td>2021.09</td><td>2027.09</td><td>8</td><td>진보</td></tr>
<tr><td colspan="6">문재인 정부 대법관 (기간 감안) 가중 평균 판결 성향</td><td colspan="2">-0.168</td></tr>
</table>

출처: 『동아일보』 (2021.08.12) "새 대법관 후보 '인권법' 출신 오경미: "대법원 절반 진보벨트."" https://www.donga.com/news/Society/article/all/20210812/108513286/1

<표 5.15>는 문재인 정부에서 재직한 대법관들의 판결 성향을 보여 준다. 문재인 대통령은 이명박 대통령이 임명한 8인과 박근혜 대통령이 임명한 5인

의 대법관을 물려받았다. 문재인 대통령이 임명한 대법관들은 이명박 대통령이 임명했던 대법관들의 판결(-0.001점)이나 박근혜 대통령이 임명했던 대법관들의 판결(0.166)보다 상당히 더 진보적인 판결(-0.361)을 내렸다. 문재인 정부에는 이용훈 대법원장이 이명박 정부에서 제청했던 대법관 1인과 양승태 대법원장이 이명박 정부와 박근혜 정부에서 각각 제청했던 대법관들 6인과 3인, 양승태 대법원장이 문재인 정부에서 제청한 1인, 그리고 김명수 대법원장이 제청한 11인의 대법관들이 섞여 있었다. 다섯 종류의 대법관들이 섞인 문재인 정부 대법관들의 판결 성향 평균은 -0.168점으로 나타났다.

표 5.16 윤석열 정부 대법원의 구성과 판결 성향

<table>
<tr><th colspan="8">윤석열 정부 2022.05~2025.06</th></tr>
<tr><th>번호</th><th>대법관</th><th>취임일</th><th>퇴임일</th><th>재직월</th><th>이념</th><th>제청권자</th><th>임명권자</th></tr>
<tr><td>1</td><td>김재형</td><td>2016.09</td><td>2022.09</td><td>4</td><td>0.05</td><td rowspan="3">양승태 대법원장이 문재인 정부에서 제청한 대법관: −0.580</td><td>박근혜 대통령</td></tr>
<tr><td>2</td><td>조재연</td><td>2017.07</td><td>2023.07</td><td>14</td><td>−0.21</td><td rowspan="13">윤석열 정부에서 문재인 대통령이 임명한 대법관들의 판결 성향: −0.266</td></tr>
<tr><td>3</td><td>박정화</td><td>2017.07</td><td>2023.07</td><td>14</td><td>−0.95</td></tr>
<tr><td>4</td><td>김명수</td><td>2017.09</td><td>2023.09</td><td>16</td><td>−0.38</td><td rowspan="11">김명수 대법원장이 문재인 정부에서 제청한 대법관들의 판결 성향: −0.225</td></tr>
<tr><td>5</td><td>민유숙</td><td>2018.01</td><td>2024.01</td><td>20</td><td>−0.60</td></tr>
<tr><td>6</td><td>안철상</td><td>2018.01</td><td>2024.01</td><td>20</td><td>0.29</td></tr>
<tr><td>7</td><td>김선수</td><td>2018.08</td><td>2024.08</td><td>27</td><td>−1.11</td></tr>
<tr><td>8</td><td>노정희</td><td>2018.08</td><td>2024.08</td><td>27</td><td>−0.33</td></tr>
<tr><td>9</td><td>이동원</td><td>2018.08</td><td>2024.08</td><td>27</td><td>0.25</td></tr>
<tr><td>10</td><td>김상환</td><td>2018.12</td><td>2024.12</td><td>31</td><td>−0.86</td></tr>
<tr><td>11</td><td>노태악</td><td>2020.03</td><td>2026.03</td><td>46</td><td>0.50</td></tr>
<tr><td>12</td><td>이흥구</td><td>2020.09</td><td>2026.09</td><td>21</td><td>진보</td></tr>
<tr><td>13</td><td>천대엽</td><td>2021.05</td><td>2027.05</td><td>12</td><td>보수</td></tr>
<tr><td>14</td><td>오경미</td><td>2021.09</td><td>2027.09</td><td>8</td><td>진보</td></tr>
</table>

<table>
<tr><td>1</td><td>오석준</td><td>2022.11</td><td>2028.11</td><td>28</td><td>보수</td><td rowspan="3">김명수 대법원장이 제청한 대법관: 보수 1: 중도 2</td><td rowspan="9">윤석열 대통령이 임명한 대법관: 보수 2: 중도 7</td></tr>
<tr><td>2</td><td>서경환</td><td>2023.07</td><td>2029.07</td><td>20</td><td>중도</td></tr>
<tr><td>3</td><td>권영준</td><td>2023.07</td><td>2029.07</td><td>20</td><td>중도</td></tr>
<tr><td>4</td><td>조희대</td><td>2023.12</td><td>2029.12</td><td>15</td><td>보수</td><td rowspan="6">조희대 대법원장이 제청한 대법관: 보수 1: 중도 5</td></tr>
<tr><td>5</td><td>엄상필</td><td>2024.02</td><td>2030.02</td><td>13</td><td>중도</td></tr>
<tr><td>6</td><td>신숙희</td><td>2024.02</td><td>2030.02</td><td>13</td><td>중도</td></tr>
<tr><td>7</td><td>노경필</td><td>2024.08</td><td>2030.08</td><td>7</td><td>중도</td></tr>
<tr><td>8</td><td>박영재</td><td>2024.08</td><td>2030.08</td><td>7</td><td>중도</td></tr>
<tr><td>9</td><td>이숙연</td><td>2024.08</td><td>2030.08</td><td>7</td><td>중도</td></tr>
</table>

출처: 『아시아경제』 (2024.03.05.) "엄상필·신숙희 대법관 취임... 중도·보수 성향 짙어진 대법원."
https://www.asiae.co.kr/article/2024030418011238505 (검색일 2025.02.16.)
『일요시사』 (2024.08.12.) "'조희대' 코트 대법관 13명 성향 분석."
https://www.ilyosisa.co.kr/news/article.html?no=244633 (검색일 2025.02.16.)

<표 5.16>는 윤석열 정부에서 재직한 대법관들의 판결 성향을 보여 준다. 윤석열 대통령은 문재인 대통령이 임명한 14인의 대법관을 물려받았고 이들 중 9인이 진보적이었다. 윤석열 대통령은 임기 6개월이 지난 2022년 11월부터 오석준 대법관을 임명하면서 문재인 대통령이 임명한 대법관을 교체할 수 있었다. 윤석열 정부에서 김명수 대법원장은 1인의 보수적인 대법관과 2인의 중도적인 대법관을 제청하였다. 윤석열 대통령은 김명수 대법원장을 보수적인 조희대 대법원장으로 교체하였고, 조희대 대법원장은 5인의 중도적인 대법관을 제정하였다. 윤석열 대통령 탄핵안이 가결된 2025년 12월 14일까지 윤석열 대통령은 2인의 보수적인 대법관과 7인의 중도적인 대법관을 임명하였다.

표 5.17 대법원 구성과 대법관 판결 성향의 변화

	노무현	이명박	박근혜	문재인	진보 정부	보수 정부	합 또는 평균
A. 현직 대통령이 임명한 대법관의 재직 월 수	336	338	122	508	844	460	1304
B. 전직 대통령이 임명한 대법관의 재직 월 수	472	488	586	310	782	1074	1856
C. A/(A+B)	41.6%	40.9%	17.2%	62.1%	51.9%	30.0%	41.3%
D. 이념이 다른 전직 대통령이 임명한 대법관의 재직 월 수	0	488	0	310	310	488	798
E. D/(A+B)	0.0%	59.1%	0.0%	37.9%	18.9%	29.5%	24.2%
F. 현직 대통령이 임명한 대법관의 판결 성향	−0.160	0.265	0.214	−0.376	−0.268	0.235	−0.011
G. 전직 대통령이 임명한 대법관의 판결 성향	0.115	−0.219	0.045	0.123	0.119	−0.087	0.016
H. 현 정부에서 재직 중인 전체 대법관들의 판결 성향	−0.039	−0.021	0.074	−0.168	−0.103	0.027	−0.038
I. H−F. 현 정부의 판결이 전직 대통령이 임명한 대법관 때문에 현직 대통령이 임명한 대법관 판결과 달라지는 정도	0.121	−0.286	−0.140	0.193	0.157	−0.213	−0.028

<표 5.17>은 노무현 정부에서 문재인 정부까지 임명된 대법관들의 판결 성향 변화를 정리한 것이다. 먼저 한 정부에서 재직한 대법관들의 재직 기간 중 현직 대통령이 임명한 대법관들의 재직 기간이 차지하는 비율을 정부별로 비교하면, 이 비율은 박근혜 정부에서 가장 낮게 나타났고 문재인 정부에서 가장 높게 나타났다. 이명박 대통령과 문재인 대통령은 각각 임기의 59.1%와 37.9%에 해당하는 기간을 자신과 다른 이념을 가진 전직 대통령이 임명한 대법관들과 같이

보내야 했다. 반면, 노무현 대통령과 박근혜 대통령은 자신과 이념적으로 다른 전직 대통령이 임명한 대법관들과 함께 국정을 운영한 적이 없었다. 이념이 다른 전직 대통령이 임명한 대법관들의 재직 기간 비율을 정권별로 비교하면, 보수 정부에서의 비율(29.5%)이 진보 정부에서의 비율(18.9%)보다 약간 더 높게 나타났다. 이러한 분석 결과로부터 보수 정부가 진보 정부에 비해 더 오랫동안 정부와 이념이 다른 대법원의 견제를 받았을 것이라 추론할 수 있다.

<표 5.17>은 또한 대법관들의 판결 성향과 임명권자의 이념 성향 간의 관계를 보여 준다. 현직 대통령에 의해 임명된 대법관들은 모두 자신을 임명한 대통령의 이념과 부합하는 판결 성향을 나타냈다. 노무현 정부와 문재인 정부에서 임명된 대법관들은 진보적인 판결을 했고 이명박 정부와 박근혜 정부에서 임명된 대법관들은 보수적인 판결을 했다. 현 정부의 대법원 판결이 전직 대통령이 임명한 대법관 때문에 현직 대통령이 임명한 대법관의 판결과 달라지는 정도(I)는 이명박 정부에서 가장 크게 나타났다. 그 이유는 노무현 정부에서 임명된 진보 성향(-0.219점)의 대법관들이 이명박 정부의 상당 기간 동안(59.1%) 재직했기 때문으로 해석된다. 이들은 이명박 대통령이 임명한 대법관의 판결 성향(0.265점)이 보수적임에도 불구하고, 이명박 정부 대법원의 판결 점수를 0.286점만큼 진보적으로 변경시켰다. 문재인 정부에서는 문재인 대통령이 임명한 대법관의 판결 성향(-0.361점)이 진보적임에도 불구하고, 이명박 정부와 박근혜 정부에서 임용된 보수적인 대법관이 문재인 정부의 대법원 판결 점수를 0.193점만큼 보수적으로 변경시켰다. 진보 정부와 보수 정부의 I값을 비교하면, 보수 정부가 이전 정부에서 임명된 대법관의 견제를 약간 더 많이 받는 것으로 밝혀졌다.

대법원의 독립성은 이념이 다른 전임 대통령이 임명한 대법관의 재직 기간이 길수록 강하게 나타났다. 예컨대, 이명박 정부의 대법원 판결은 평균적으로 진보적인 것으로 나타났다. 이념이 다른 전임 대통령이 임명한 대법관의 재직 기간이 짧은 노무현, 박근혜, 문재인 정부의 대법원 판결은 대통령의 이념과 부합하는 판결 성향을 보여 주었다. 이러한 관찰 결과는 대법원의 독립성이 대법

관과 임명권자의 임기 차이와 밀접하게 상관되어 있다는 것을 의미한다. 대통령과 대법관의 임기가 1년 차이밖에 나지 않는 한국에서는 대통령이 자신의 이념과 부합하는 대법관들과 임기를 같이할 가능성이 크므로 대법원의 독립성이 보장되기 어렵다.

표 5.18 대법원 구성과 재판관 판결 성향의 변화

	노무현	이명박	박근혜	문재인	진보 정부	보수 정부	평균
A. 현직 대통령이 임명한 대법관 중 보수:진보 대법관 수	7:5	8:6	4:1	3:7	10:12	12:7	22:19
B. 현직 대통령이 임명한 대법관 중 대통령 이념과 부합하는 대법관의 비율	41.7%	57.1%	80.0%	70.0%	55.8%	68.6%	62.2%
C. 정부에서 재직한 전체 대법관 중 보수:진보 대법관 수	12:6	16:11	12:7	11:12	33:28	28:19	51:36
D. 정부에서 재직한 전체 대법관 중 대통령 이념과 부합하는 대법관의 비율	33.3%	59.3%	63.2%	52.2%	42.8%	61.2%	52.0%

대법원의 견제 기능에 영향을 미치는 또 다른 제도적 요소는 전원합의체의 의사결정 방식이다. 한국에서는 전원합의체가 다수결로 판결한다. <표 5.18>은 각 정부에서 현직 대통령이 임명한 대법관 중 보수와 진보 대법관의 수(A)를 보여 준다. 노무현 대통령을 제외한 세 대통령은 자신의 이념과 부합하는 대법관을 더 많이 충원했다. 특히 박근혜 대통령과 문재인 대통령이 임명한 대법관 중 대통령의 이념과 부합하는 대법관의 비율(B)은 각각 80%와 70%를 차지했다. 그 결과, 노무현 정부를 제외한 세 정부에서 대통령 이념에 부합하는 대법관의 수가 다수를 차지할 수 있었다(C 참조). 대통령의 이념에 부합하는 대법관이 차지하는 비율은 진보 정부(42.8%)에 비해 보수 정부(61.2%)에서 더 높게 나타났

다. <표 5.18>이 보여 준 이러한 내용은 전원합의체가 대통령의 이념과 부합하는 판결을 할 가능성이 크다는 사실을 의미한다.

대법원장의 대법관 제청 권한은 대법원의 견제 기능과 관련이 있다. 현직 대통령은 자신의 이념과 부합하는 대법원장을 임명하므로, 현직 대통령이 임명한 대법원장은 대통령의 이념에 반하는 대법관을 제청하기 어렵다. 그러나 현직 대통령과 이념이 다른 전직 대통령이 임명한 대법원장은 현직 대통령보다 전직 대통령의 이념에 부합하는 대법관을 임명할 수도 있다. 그렇다면 현직 대통령이 임명한 대법원장과 이전 정부에서 임용된 대법원장이 제청하는 대법관의 판결 성향에는 어떤 차이가 있을까? 대법원장이 서로 다른 이념을 가진 두 정부에서 제청권을 행사할 경우, 이들이 두 정부에서 제청한 재판관의 판결에 어떤 차이가 있는가?

표 5.19 전·현직 대통령이 임명한 대법원장이 제청한 대법관들의 판결 성향

	노무현	이명박	박근혜	문재인	진보 정부	보수 정부	평균
A. 현직 대통령이 임명한 대법원장이 제청한 대법관의 판결 성향	-0.115	0.045	NA	-0.382	-0.249	0.045	-0.102
B. 전직 대통령이 임명한 대법원장이 현 정부에서 제청한 대법관의 판결 성향	-0.230	0.316	0.214	-0.210	-0.220	0.265	0.023
C. 전직 대통령이 임명한 대법원장이 이전 정부에서 제청한 대법관의 판결 성향	0.115	-0.219	0.017	0.166	0.141	-0.101	0.020

주: 박근혜 대통령은 임기 중 대법원장을 임명하지 않았기 때문에 자료가 없음.

<표 5.19>는 전직 대통령이 임명한 대법원장과 현직 대통령이 임명한 대법원장이 제청한 대법관들의 판결 성향에 어떤 차이가 있는가를 보여 준다. 현 정

부에서 임명된 대법원장은 자신을 임명한 대통령과 부합하는 판결 성향을 가진 대법관을 제청하는 성향이 있다. 노무현 정부와 문재인 정부에서 제청된 대법관들은 진보적인 판결 성향을 나타냈으나 이명박 정부에서 제청된 대법관들은 보수적인 판결 성향을 나타냈다. 반면, 이전 정부에서 임명된 대법원장은 이전 정부에서 전직 대통령의 이념과 부합하는 대법관을 제청했고 현 정부에서는 현직 대통령의 이념과 부합하는 대법관을 제청했다. 예컨대, 노무현 대통령이 임명한 이용훈 대법원장이 노무현 정부에서 제청한 대법관들은 진보적인 판결(-0.219점)을 했고, 이명박 정부에서 제청한 대법관들은 보수적인 판결(0.316점)을 했다. 마찬가지로, 이명박 대통령이 임명한 양승태 대법원장이 박근혜 정부에서 제청한 대법관들은 보수적인 판결(0.166점)을 했으나 문재인 정부에서 제청한 대법관은 진보적인 판결(-0.210점)을 했다. 즉 제청권자인 대법원장의 이념 성향과 상관없이 대법관들은 자신을 임명한 대통령 이념에 부합하는 판결을 했다. 이러한 관찰 결과는 대법원장의 제청 권한이 대법관들의 판결 성향에 큰 영향을 미치지 않는다는 사실을 의미한다.

5.7 제왕적 대통령 권력 분산

정치권과 학계는 한국의 제왕적 대통령 권한을 약화하기 위한 다양한 권력 구조 개혁 방안을 제시하였다. 현행 대통령제에 대한 대안으로 미국식 대통령제, 의회제(내각책임제), 이원집정부제라는 비학술적인 용어로 불리는 준대통령제 등이 대안으로 제시되었다. 그러나 정치권의 주장들은 주로 경험주의적인 시각이나 정파적인 입장에서 비롯된 것으로 이론적인 근거를 찾기 어렵다. 예컨대, 대통령 권력을 약화하기 방안으로 의회제가 자주 거론된다. 경험주의적인 시각에서 보면 대통령제에서는 대통령이, 의회제에서는 의회가 더 큰 권력을 가지고 있는 것 같다. 그러나 삼권분립 원리에 의해 작동하는 대통령제는 전형적인 권력 분산형 제도이다.

총선에서 형성되는 다수가 입법부와 행정부를 모두 지배하는 의회제와 달리, 대통령제에서는 입법부와 행정부가 서로 견제한다. 대통령제가 이러한 제도적 견제 장치를 마련한 이유는 다수의 판단이 항상 옳은 것은 아니라는 시각에서 기인한다. 이 시각에 의하면, 그른 판단을 할 수 있는 다수로부터 소수를 보호해야 제도적 장치가 필요하다. 미국 대통령제에서는 대통령 임기 2년 차에 중간선거를 치른다. 이는 대선 당시 다수가 잘못된 선택을 했을 때 중간선거에 형성된 다수가 대선 당시 형성된 다수의 입장을 견제하게 하기 위함이다. 대통령제에서는 총선과 대선에서의 다수가 서로 일치할 정도로 지배적인 여론이 형성되었을 때만, 같은 정당이 행정부와 입법부를 지배한다. 그러나 의회제에서는 소수 정부가 형성되지 않는다면 다수당 또는 다수 연합의 지도부가 행정부를 구성하므로 입법부가 행정부를 견제할 장치가 없다.

이 장에서 설명한 바와 같이, 의회제에서는 행정부가 의제 설정자이고 대통령제에서는 의회가 의제 설정자다. 따라서 의회제에서는 행정부가, 대통령제에서는 의회가 자신에게 유리한 입법 결과를 얻을 수 있다. 이러한 작동 원리를 모르는 경험주의적인 시각에서는 한국 대통령제에서 대통령 권한이 강하고 독일과 같은 의회제에서는 권력이 분산되었으므로, 대통령제를 의회제로 바꾸면 행정부 권한이 약해진다고 믿는다. 그러나 독일에서 권력이 분산된 이유는 비례대표 선거제도를 통해 다당 체제를 형성하였고, 지방정부의 독립성을 보장하는 연방제도를 채택했으며, 독일의 주요 정당들이 상향식 의사결정 구조를 가지기 때문이다.

한국의 대통령제에서 대통령에 권력이 집중된 이유는 한국이 대통령제를 채택해서가 아니라 한국의 대통령제가 의회제의 요소를 가지고 있기 때문이다. 한국에서는 의회제와 같이 행정부가 법안을 발의할 뿐만 아니라 가장 막강한 입법 권한인 예산편성권을 가지고 있다. 특히 대통령이 다수 여당을 지배하는 경우, 의회는 행정부 법안에 수정을 가하기 어렵다. 이럴 경우, 대통령은 의회제하에서의 일당 다수 정부의 수상과 같은 독점적인 권한을 갖게 된다. 한국 대통령의 권한은 의회제의 특성인 행정부의 의제 설정권과 대통령이 여당을 장악할 수 있는 다양한 제도적 무기들로부터 비롯되는 것이다.

의회제를 권력 분산 체제로 오해하는 이유는 의회제 국가 대부분이 비례대표 선거제도를 채택하기 때문이다. 이처럼 의회제와 비례제를 조합하는 이유는 양당 체제와 의회제가 조합되면 다수당을 견제할 제도적 장치가 없기 때문이다. 대통령제에서는 입법부, 사법부, 행정부가 서로 견제하는 반면, 의회제에서는 비례제를 통해 다당 체제를 산출해서 정당끼리 견제하게 만드는 것이다. 피상적으로 보았을 때 의회제가 권력 분산형처럼 보이나 사실은 의회제와 조합된 비례대표 선거제도 때문에 권력이 분산되는 것이다.

대의민주주의에서는 대리인이 주인보다 더 많은 전문성을 가지고 있고 대리인과 주인의 이해가 서로 다를 경우, 대리인 문제가 발생한다. 상향식 정당이 발달하지 않은 국가에서는 전문정치인이나 법조인과 같은 정치 엘리트를 대리인으로 선발한다. 이들은 주인보다 전문성도 높고 주인과 이해관계도 다르므로 자신의 이해를 추구한다. 이러한 환경에서는 대리인을 사후적으로 감독할 장치가 필요하다. 대통령제는 다수의 대리인(행정부, 사법부, 입법부)들이 서로를 사후적으로 견제할 수 있도록 만든 제도이다. 반면, 대리인을 성공적으로 선발할 수 있는 상향식 정당이 발달한 국가에서는 의회제가 가장 효율적인 체제이다. 따라서 의회제의 도입은 민주적인 정당제도가 마련되어 있는 국가에서 도입되어야 한다. 그렇지 않을 경우, 주인과 이해를 달리하는 대리인을 견제할 제도적 방법이 부재하다.

한국과 같이 정당 민주주의가 확립되지 않은 양당제 국가에서 의회제를 채택하면 심각한 결과가 초래될 수 있다. 문재인 정부에 실망한 한국의 다수 유권자는 2022년 20대 대통령 선거에서 윤석열 후보를 지지하였고 제8회 전국동시지방선거에서 국민의힘을 압도적으로 지지하였다. 이 당시 한국이 의회제를 채택했고 2022년의 여론 환경에서 윤석열 당시 검찰총장을 국민의힘 당대표로 추

대해서 총선을 치렀다면, 윤석열 수상이 지배하는 국민의힘이 다수당이 되었을 것이다. 제도적으로는 의회제에서 불신임안을 통해 행정부를 실각할 수 있으나, 정당 민주주의가 확립되지 않은 한국과 같은 국가에서 수상이 다수당과 행정기관을 장악하면 수상의 위헌적·위법적 행태를 막을 수 없다. 반면, 대통령제에서는 중간선거를 통해 대선 당시 형성된 다수의 그릇된 판단을 수정할 기회가 주어지고, 여소야대를 형성하여 대통령을 견제할 수 있다. 한국에서 헌법재판소가 만장일치로 탄핵할 정도의 위헌적·위법적 범죄를 저지를 후보를 두 번이나 대통령으로 선발했다는 사실은 다수의 잘못된 판단을 수정할 기회를 제공하는 대통령제가 한국의 정치 현실에 더 적합하다는 사실을 보여 준다.

의회제에서는 행정부와 입법부의 상호 견제 장치가 없으므로 의회제 국가는 주로 비례제 선거제도를 채택하여 한 정당이 다수당 지위를 차지하는 것을 방지한다. 이럴 경우, 권력은 연합정부에 참여한 정당에 분산되고, 연합정부는 합의적인 방식으로 국정을 운영한다. 그러나 다당 의회제가 모두 권력 분산적이고 합의적인 국정운영을 하는 것은 아니다. 합의적인 국정운영은 정당들이 정책 경쟁을 하는 국가에서 이루어진다. 이러한 국가에서는 큰 틀에서 이념적·정책적 성향이 비슷한 정당들이 각각 주력하는 정책영역을 담당하면서 협조한다. 그러나 정책 경쟁보다 혈연·학연·지연에 의한 인물 대결 중심의 선거 경쟁을 하는 한국에서 비례제를 채택한다면, 권력 투쟁에 주력하는 유력 정치인을 중심으로 만들어진 정당과 소지역주의 군소정당들이 출현하게 될 것이다. 이러한 상황에서 의회제를 채택할 경우 군소정당들 합종연횡으로 연합정부가 생겨나고, 정당들의 당내 공천 갈등과 정당 간 이해충돌에 따라 연합정부가 빈번하게 실각하게 될 것이다. 따라서 한국에서는 비례제와 의회제를 조합해도 서구의 의회제 국가에서 관찰되는 협치보다 정치 불안정이 초래될 가능성이 높다.

프랑스, 러시아, 구소련 국가들, 그리고 일부 아프리카 국가들은 대통령제와 의회제의 장점을 조합했다고 하는 준대통령제를 채택하고 있다. 한국에서도 일각에서 권력 분산을 위해 준대통령제의 도입을 주장한다. 그러나 준대통제는 국가의 상황에 따라 대통령제의 단점과 의회제의 단점이 모두 부각될 수도 있는 체제이다. 준대통령제에서 대통령은 의회를 해산할 수 있고 의회는 행정부에 불신임안을 던질 수 있다. 준대통령제에서 대통령과 수상의 소속 정당이 다르면서 두 정당 중 어떤 정당도 다수를 차지하지 못하는 분점 소수정부가 형성되는 상황이 발생하면, 정부 불안정이 발생할 가능성이 크다. 이와 같은 정부는 파편화된 다당 연합정부에서 형성될 가능성이 크다. 한국과 같은 인물 중심의 정치 지형에서 준대통령제와 비례제를 조합하면, 잦은 정부 불신임과 의회해산, 이에 따른 권력 공백을 쉽게 예측할 수 있다.

준대통령제의 불안정성을 해소하기 위해, 단순다수제를 통해 양당 체제를 창출한다고 해도 준대통령제의 문제가 사라지는 것이 아니다. 준대통령제에서 대통령 정당이 의회 다수를 형성하고 대통령이 다수당을 지배할 경우, 막강한 권한이 대통령에게 집중된다. 반면, 여당이 의회 다수를 확보하지 못할 경우, "동거정부"(cohabitation)에서 대통령과 다수당의 수상이 서로 대치할 수 있다. 한국에서는 준대통령제가 분권형 대통령제의 의미로 사용되면서 대통령과 수상이 각각 외치와 내치를 담당하는 형태의 정부로 주장된다(신명순 · 진영재 2017). 그러나 강신구(2014)는 이러한 주장을 뒷받침하는 경험적 사례가 존재하는지조차 불분명하다고 지적했다.

미국식 순수한 대통령제는 한국에 적합한 제도인가? 대통령 권력의 분산이 개헌의 목표라면, 민주적인 정당이 발달하지 않은 한국과 같은 국가에서는 의회제보다 순수한 대통령제가 더 나은 대안이 될 수 있다. 그러나 순수한 대통령제는 몇 가지 문제를 가지고 있다. 대통령제의 사후적인 대리인 문제 해결 방식은 사전적인 선발 방식에 비해 한계가 있다. 대리인이 주인보다 더 많은 정보를 가지고 있을 때, 대리인을 감독하기 어렵고 대리인을 교체하는 것도 제도적 제약에 부딪힐 수 있다. 이뿐만 아니라, 권력 분산을 근간으로 하는 대통령제에 미국식의 초다수제 입법제도가 조합되면, 국정에 대한 책임성 소재는 더 불분명해진다. 또한 초다수제 입법제도하에서 입법적 교착을 해소하기 위해 의원 자율성을 지나치게 증진되면 의원들은 정책 경쟁 대신 개인 표를 추구하게 되어 정당 정치의 근간이 흔들리게 된다.

의회제도와 준대통령제 그리고 순수한 대통령제가 각각 단점을 가지고 있다면, 어떤 정치 체제가 바람직한가? 권력구조의 설계에서 강조되어야 할 점은 권력구조 개혁은 다른 정치제도들과 독립적으로 이루어져서는 안 된다는 것이다. 이뿐만 아니라, 정치제도 설계는 국가 구성원 선호의 분포를 고려해야 한다. 예컨대, 양당 체제 국가에서 의회제를 채택하게 될 경우, 소수의 견제 없이 다수당이 지배하게 된다. 국가 구성원들의 선호가 매우 이질적인 경우, 다수당 정책은 소수의 권익을 침해할 가능성이 크다. 반면 양당 체제 국가에서 순수한 대통령제와 초다수결 입법 규칙을 채택하게 될 경우, 다수당이 초다수 의석을 얻지 못하면 입법적인 교착이 심해진다. 따라서 정치 체제 설계는 권력구조, 선거제도 및 입법 규칙의 서로 다른 조합이 어떠한 입법 결과를 산출할 것인가 그리고 입법 결과는 국민의 선호와 부합하는가라는 문제를 종합적으로 고려해야 한다.

한국 사회가 문화적으로 다면화되고, 경제적 양극화가 심해지고, 세대 간 선호의 차이가 분명해지면서, 한국 국민의 이질성이 증가하고 있다. 따라서 다수지배 원리보다 소수 보호의 원리를 더 반영할 수 있는 방향으로 정치제도 설계가 이루어질 필요가 있다. 한국 정당과 시민사회 집단들과의 연계가 확고하게 구축되어 정당들이 시민사회 집단들의 이해를 정책적으로 대변한다면, 한국에서도 효율적인 의회제의 도입을 생각해 볼 수 있다. 물론 의회제의 도입은 양당 의회제에서의 권력 집중을 억제할 수 있도록 비례제의 도입을 통한 다당 체제의 산출을 전제로 한다. 그러나 정당들이 실체 없는 유인 가치 중심의 정치공세에 치중하는 한국에서 다당 체제 의회제를 도입한다면, 정치 엘리트들의 이합집산에 따른 정부 불안정이 초래될 가능성이 크다. 사전적인 대리인 선발이 효과적으로 이루어지지 않는 한국과 같은 국가에서는 대리인들을 서로 견제하고 감시하는 삼권분립 체제가 더 적합하다.

대통령의 제왕적 권한이 한국 정치 발전을 가로막는 원인이라면, 권력구조를 바꾸지 않고도 대통령 권한을 약화하는 다양한 방법이 있다. 가장 기본적인 방법은 삼권분립을 강화하는 것이다. 입법부가 대통령을 견제할 가능성은 분점정부에서 강화되며 분점정부의 출현 가능성은 대선과 총선의 일정이 일치하지 않으면 증가한다. 대통령의 여당 장악력은 당정 분리가 현실화하는 정도에 따라 달라진다. 사법부의 독립성 역시 대통령 권한을 약화한다. 헌법재판관과 대법관의 임기가 길어질수록 대통령은 임기 중에 자신이 원하는 사법부를 구성하기 어렵기 때문에 사법부 독립성이 증가한다. 한국은 또한 의회제에서와 같이 행정부가 법안 발의 권한과 예산편성권을 가지고 있으므로 대통령은 단점정부에서 입법적 의제 설정 권한을 실질적으로 행사할 수 있게 된다. 따라서 미국과 같이 의회가 두 권한을 독점하면 대통령의 권한은 약화한다. 대통령은 검찰청, 경찰청, 국가정보원, 국세청, 감사원과 같은 권력기관을 통해 야당의 견제력을 약화할 수 있다. 이러한 권력기관의 장은 국회의 동의를 얻어 임명하도록 하면, 대통령의 권한은 약해진다. 전술한 다양한 대통령 권한 약화 방안을 한국의 현실에 맞게 적용하는 것이 권력구조를 개편하는 것보다 더 바람직하다.

5.8 결론

이 장에서는 거부권 행사자 이론을 통해 한국에서의 입법부-행정부 관계를 설명하였다. 거부권 행사자 이론에 의하면, 수정할 수 없는 제안을 하는 의제 설정자가 더 유리한 입법 결과를 얻을 수 있다. 한국에서 대통령의 권한이 강한 이유는 한국이 대통령제를 채택해서가 아니라, 행정부도 법안을 발의하는 의회제의 요소를 가지고 있기 때문이다. 대통령이 다수 여당을 장악할 경우, 국회가 정부안을 수정하기 어렵기 때문에 대통령이 실질적인 의제 설정 권한을 가지게 된다. 이 장에서는 또한 한국 대통령이 여당 장악에 필요한 다양한 제도적 권한을 가졌다는 사실을 보여 주었다. 한국 대통령의 입법적·비입법적 권한을 측정한 결과, 한국 대통령은 남미 권위주의 국가의 대통령과 비슷한 수준의 권한을 가진 것으로 분석되었다.

입법부-행정부 관계는 또한 여당의 의석 점유 정도와 입법부의 의사결정 규칙에 따라 달라진다. 입법부가 다수결로 의사결정을 할 경우, 단점정부 상황에서 대통령은 자신의 의제를 실현할 가능성이 크다. 한국의 단순다수제 위주의 병립형 선거제도는 양당 지배 체제를 형성할 가능성이 크고, 17대부터 21대까지 총선을 통해 단점정부가 형성된 기간은 55.6%에 달했다. 그러나 국회선진화법 채택 이후 여당 진영의 정당들이 의석의 60% 이상을 얻어야 대통령이 자신의 의제를 실현할 수 있게 되었기 때문에, 대통령의 입법적 권한은 상당히 약화했다.

이 장에서는 또한 헌법재판관과 대법관의 임명제도와 임기가 사법부의 독립성과 어떤 연관이 있는가를 논의하였다. 대통령이 9인의 재판관 중 7인의 임명에 영향을 미칠 수 있게 설계된 한국의 헌법재판관 임명제도는 헌법재판소의 대통령 견제 기능을 약화한다. 1년에 불과한 대통령과 헌법재판관의 임기 차이 역시 사법부의 독립성을 저해하는 요소로 평가된다. 대통령과 헌법재판관의 임기 차이가 작을수록, 대통령은 자신의 이념과 부합하는 헌법재판소를 구성할 수 있다. 헌법재판관의 판결 성향을 경험적으로 분석한 결과, 노태우 정부에서 문재인 정부까지 7인 재판관들의 판결 성향과 대통령의 이념 성향이 서로 다른 기간은 25.6%에 불과했다.

대법원 구성 제도 역시 사법부의 독립성을 보장하기에 불리한 요소를 많이 포함하고 있다. 헌법재판관과 마찬가지로 대법관의 임기가 6년이기 때문에, 대통령 이념과 대법관들의 판결 성향이 일치할 가능성이 상당히 높은 것으로 나타났다. 노무현 정부에서 문재인 정부까지 대법관의 판결 성향이 대통령의 이념과 부합하지 않는 기간은 24.2%에 불과했다. 전원합의체의 다수결 방식은 대법원이 정치적 판결을 할 수 있는 유리한 조건을 마련한다. 노무현 대통령을 제외한 세 대통령은 자신의 이념과 부합하는 대법관들이 다수를 차지할 수 있도록 대법관들을 임명하였다. 그 결과 대법관들은 제청권자인 대법원장보다 임명권자인 대통령의 이념에 더 부합하는 판결 성향을 보여 왔다.

이 장의 분석 결과를 요약하면, ① 행정부도 법안을 발의할 수 있게 하는 의회제 요소, ② 대통령이 여당을 장악할 수 있게 하는 다양한 제도적 무기, ③ 단점정부 출현 빈도의 증가 그리고 ④ 사법부의 독립성을 보장하기 어려운 헌법재판소와 대법원 구성 제도는 대통령의 권한을 강화한다. 따라서 이러한 요소를 제거하거나 수정하면 대통령 권한을 약화할 수 있다. 대통령 권한 약화 개혁 방안으로 가장 기본적인 접근 방식은 삼권분립을 강화하는 것이다. 입법부가 대통령을 견제할 가능성은 분점정부에서 강화되며 분점정부의 출현 가능성은 대선과 총선의 일정이 일치하지 않으면 증가한다. 대통령의 여당 장악력은 당정 분리가 현실화하는 정도에 따라 달라진다. 사법부의 독립성 역시 대통령 권한을 약화한다. 헌법재판관과 대법관의 임기가 길어질수록 대통령은 임기 중에 자신이 원하는 사법부를 구성하기 어렵기 때문에 사법부 독립성이 증가한다. 한국은 또한 의회제에서와 같이 행정부가 법안 발의 권한과 예산편성권을 가지고 있으므로, 대통령은 단점정부에서 입법적 의제 설정 권한을 실질적으로 행사할 수 있게 된다. 따라서 미국과 같이 의회가 두 권한을 독점하면 대통령의 권한은 약화한다. 대통령은 검찰청, 경찰청, 국가정보원, 국세청, 감사원과 같은 권력기관을 통해 야당의 견제력을 약화할 수 있다. 이러한 권력기관의 장은 국회의 동의를 얻어 임명하도록 하면, 대통령의 권한은 약해진다. 전술한 다양한 대통령 권한 약화 방안을 한국의 현실에 맞게 적용하는 것이 권력구조를 개편하는 것보다 더 바람직하다.

6장

입법제도와 입법 생산: 다수 지배 원리와 소수 보호 원리의 균형

6.1 서론

이 장에서는 한국의 입법제도가 다수와 소수의 이익 균형에 어떠한 영향을 미치는가를 분석한다.[1] 민주주의는 다수 지배와 소수 보호라는 서로 상충하는 원리에 의해 작동한다. 입법제도는 다수 지배와 소수 보호의 원리에 유의미한 영향을 미친다. 다수결 입법 규칙을 채택한 국가에서는 다수당이 다수의 입장을 반영하는 법안을 통과시킬 수 있으나 초다수결 입법 규칙을 채택한 국가에서는 다수당도 초다수 의석을 차지하지 못하면 다수를 위한 법안을 통과시킬 수 없다. 예컨대, 미국 상원에서는 소수당이 무제한 토론을 통해 다수당의 입법을 막을 수 있으며 무제한 토론을 종료하기 위해서는 전체 의원의 5분의 3인 60명의 동의가 필요하다. 따라서 초다수결을 사용하는 의회는 다수 지배보다 소수 보호에 더 유리한 제도이다.

그렇다면 한국 국회의 입법 규칙은 다수 지배 원리와 소수 보호 원리 중 어떤 원리에 더 적합한가? 일부 학자들은 국회에서의 의사결정이 합의라는 관행을 통해 운영된다고 주장하였다(가상준 외, 2008; 전진영, 2011a). 입법 결정이 합의

1 이 장은 고려대학교 엄준희 대학원생과 공동으로 집필한 논문 내용을 포함한다. 이 장에 공동 집필 내용을 포함하는 것을 허락한 엄준희 학생에게 감사한다.

를 통해 이루어진다는 것은 소수당도 다수당과 동등한 입법 권한을 가졌다는 것을 의미한다. 그러나 한국의 두 주요 정당은 단지 총선에서 승리하는 것을 뛰어넘어 과반 의석을 확보하기 위해 사활을 건다. 이뿐만 아니라, 이들은 의원 빼돌리기와 같은 편법적인 방법이나 정계 개편을 통해 다수당의 지위를 차지하려 노력한다. 그렇다면 주요 정당은 왜 사활을 걸고 과반 의석을 확보하려 하는가? 다수당 지위가 법안처리에 유리하기 때문일 것이다. 여당이 다수당이 되면 자신의 입법 의제를 실현할 수 있고, 야당이 다수당이 되면 여당의 입법 의제를 견제할 수 있다. 다수당의 지위가 법안처리에 유리하다는 사실은 국회에서 법안처리가 다수결로 이루어진다는 사실을 의미한다. 국회에서의 입법 생산이 다수결로 이루어진다면 분점정부(야대여소 상황)보다 단점정부(여대야소 상황)에서 입법 생산성이 더 높아야 한다. 그러나 여러 경험 연구는 단점정부와 분점정부의 입법 생산에 큰 차이가 없다는 사실을 발견하였다(전진영, 2011a, 2011b; 가상준 외, 2008; 이명남, 2002; 오승용, 2004). 다수당 지위 확보에 사활을 거는 정당의 행태와 단점정부와 분점정부 간 비차별적 입법 생산이라는 서로 상충하는 현상을 어떻게 설명할 것인가?

6장에서는 단점정부와 분점정부 간 입법생산성 차이는 일반법안이 아니라 쟁점법안에서 발견된다는 이론적 주장을 제시하고, 이에 대한 경험적 근거를 제시한다. 단점정부와 분점정부 간 입법 생산성 차이는 다수와 소수의 이익 균형 문제와 직결되어 있다. 단점정부에서 입법 생산성이 더 높다면 다수당이 자신을 지지한 다수 유권자의 입장을 효과적으로 대표한다는 것을 의미한다. 반면, 단점정부와 분점정부 간 입법 생산성 차이가 없다면 단점정부에서도 소수당이 다수당을 견제할 수 있다는 것을 의미한다.

6장은 다음과 같이 구성되었다. 6.2절에서는 한국의 입법 메커니즘을 설명하고, 한국의 입법제도가 단점정부와 분점정부 간 입법 생산성에 어떠한 차이를 초래하는가에 대한 이론적 논의를 전개한다. 6.3절에서는 두 정부 유형이 산출하는 입법 결과에 대한 경험 분석을 수행한다. 6.4절에서는 6장에서 제시한 이론적 주장과 경험 분석 결과를 요약한다.

6.2 한국에서의 입법 메커니즘

한국 헌법 제52조에 의하면, "국회의원과 정부는 법률안을 제출할 수 있다." 의원발의안은 국회의원 10인 이상이 발의하며, 정부제출안은 국무회의의 심의를 거친 뒤 대통령이 서명하여 국회에 제출한다. 법안이 국회에 제출되면 국회의장은 의원에게 배부하고 국회에 보고하며 소관 상임위원회에 회부한다(국회법 제74조). 소관 상임위원회에서는 전체 회의 또는 소위원회를 구성하여 법안을 심사하며, 필요한 경우 공청회를 개최하여 의견을 듣거나 법안을 심사한다. 위원회에서 법안의 심사를 마치면 법제사법위원회(법사위)에 회부하여 체계와 자구에 대한 심사를 거친다(국회법 제86).[2] 법사위에서 자구 및 체계가 정리된 법률안은 다시 국회 본회의에 회부되어 재적의원 과반수의 출석과 출석의원 과반수의 찬성으로 의결한다(국회법 제109조).

국회에서 의결된 법률안은 정부에 이송되어 15일 이내에 대통령이 공포한다(헌법 제53조 1항). 대통령은 법률안에 이의가 있으면 국회에 재의 요구를 하고(헌법 제53조 2항), 국회가 재적의원 과반수의 출석과 출석의원 3분의 2 이상의 찬성으로 전과 같은 의결을 하면, 그 법률안은 법률로서 확정된다(헌법 제53조 4항). 대통령이 공포나 재의의 요구를 하지 않아도 법률안은 법률로서 확정되며(헌법 제53조 5항), 확정된 법률이 정부에 이송된 후 5일 이내에 대통령이 공포하지 않을 경우, 국회의장이 이를 공포한다(헌법 제53조 6항). 법률은 일반적으로 공포한 날로부터 20일이 경과하면 효력을 발생한다(헌법 제53조 7항). <그림 6.1>은 한국에서의 입법 절차를 도표로 보여 준 것이다.

2 체계와 자구에 대한 심사란 법안이 관련법과 충돌하지는 않는지와 법안에 적힌 문구가 적정한지를 검토하는 것이다.

그림 6.1 입법 절차

제안(제출) - 국회의원 10인 이상 - 정부	• 제안권자(국회의원), 제출(정부) • 국회의원: 10인 이상의 찬성 • 국회의 위원회도 그 소관에 속하는 사항에 관하여 법률안 제안 • 정부: 국무회의 심의를 거쳐 대통령이 서명하고, 국무총리·관계 국무위원이 부서하여 저출
회부 - 국회의장	• 국회의장은 법률안이 발의 또는 제출되면 이를 인쇄하여 배부하고 본회의에 보고한 후 (폐회, 휴회 등으로 보고할 수 없을 때에는 생략), 소관 위원회에 회부하여 심사하게 함.
위원회 심사 - 상임위원회	• 위원회는 회부된 법률안에 대하여 위원회 상정 → 제안자 취지설명 → 전문위원 검토보고 → 대체토론 → 소위원회심사보고 → 축소심사 → 찬반토론 → 의결(표결)의 순서로 심사
법제사법위원회 체계 자구심사 - 법제사법위원회	• 위원회의 심사를 마친 법률안은 법제사법위원회에 회부되어 체계·자구심사를 거치게 됨.
전원위원회 심사	• 위원회의 심사를 거치거나 위원회가 제안하는 의안 중 정보조직에 관한 법률 - 조세 또는 국민에게 부담을 주는 법률안 등 주요 의안에 대해서는 당해 안건의 본회의 상정 전이나 상정 후 재적의원 4분의 1 이상의 요구가 있으면 의원 전원으로 구성되는 전원위원회의 심사를 거침.
본회의 심의·의결	• 체계·자구심사를 거친 법률안을 본회의에 상정하여 심사보고, 질의·토론을 거쳐 재적의원 과반수의 출석과 출석의원 과반수의 찬성으로 의결.
정부 이송	• 국회에서 의결된 법률안은 정부에 이송되어 15일 이내에 대통령이 공포함
대통령의 거부권 행사	• 법률안에 이의가 있을 때에는 대통령은 정부이송 후 15일 이내에 이의서를 붙여 국회로 환부하고, 그 재의를 요구할 수 있음. • 재의 요구된 법률안에 대하여 국회가 재적의원 과반수의 출석과 출석의원 3분의 2 이상의 찬성으로 전과 같은 의결을 하면 그 법률안은 법률로서 확정됨. • 정부이송 후 15일 이내에 대통령이 공포하지 않거나 재의요구를 하지 않는 경우 그 법률안은 법률로서 확정됨.
공포	• 대통령은 법률안이 정부에 이송된 지 15일 이내에 공포하여야 함. • 법률로 확정되거나, 확정법률의 정부이송 후 5일 이내에 대통령이 공포하지 않을 경우 국회의장이 공포함. • 법률은 특별한 규정이 없으면 공포한 날로부터 20일을 경과함으로써 효력을 발생함.

출처: https://assembly.go.kr/portal/main/contents.do?menuNo=600158 (검색일 2025.02.16.)

상임위원회에서의 의사결정은 관례에 의해 협의로 한다. 그러나 협의가 이루어지지 않을 경우에 대해, 국회법은 입법적 교착을 해소하기 위한 최종적인 의사결정 방식을 구체적으로 명시하고 있다. 국회법 제54조에 의하면, “재적의원 과반수의 출석과 출석위원 과반수의 찬성”으로 최종적인 의사결정을 한다. 의석 배정(국회법 제3조)과 의사일정 작성(국회법 제76조 ③항) 과정 그리고 상임위원회 회부(국회법 제81조 ②항) 과정에서 협의가 이루어지지 않을 때는 의장이 결정한다. 따라서 협의를 통한 의사결정은 다수당과 소수당이 최종적인 결정을 내리기 전에 이들이 합의점을 찾도록 하는 권고사항으로 볼 수 있다. 다수당과 소수당이 합의점을 찾지 못하면, 법에 명시된 입법 규칙에 따라 최종적인 결정을 하게 되어 있다.

소수당은 다수결에 의한 결정이 관행에 어긋난 불법적인 것이라 비판하며, 협의는 곧 합의를 의미하는 것이라 주장한다. 그러나 국회법은 합의가 요구되는 사안에 대해서 합의의 주체를 구체적으로 명시하였다. 예컨대, “의장이 각 교섭단체 대표 의원과 합의하는 경우, 위원회에 회부하는 안건 또는 회부된 안건에 대하여 심사 기간을 지정할 수 있다”라고 명시했다(제85조). 또는 의장이 각 교섭단체 대표 의원과 합의하는 경우, 안건의 신속 처리를 위해 충족시켜야 하는 조건들을 적용하지 않도록 규정하였다(제85조의 2, 8항). 따라서 협의를 권고하는 국회법 조항이 합의를 의미한다는 주장에는 법적인 근거가 없다. 의사결정 방식을 합의로 명시하지 않았다면 국회에서의 최종적인 의사결정 방식은 다수결이나 초다수결로 볼 수 있다.

그러나 상임위원회와 본회의에서의 최종적인 의사결정 방식이 다수결이라는 것이 소수가 다수를 견제할 장치가 없다는 것을 의미하지는 않는다. 민주화 이전에는 미국과 같이 다수당이 상임위원장직을 독점하였으나, 13대 국회부터는 20석 이상을 얻어 교섭단체의 지위를 확보한 소수당도 의석률에 비례하여 위원장직을 얻을 수 있게 되었다. 위원장은 위원회에서 상당한 의제 설정 권한을 가진다. 국회법 제49조 2항은 “위원장은 위원회의 의사일정과 개회 일시를 간사와 협의하여 정한다"라고 명시하였다. 소수당이 위원장직을 확보한 위원회에서 위원장이 법안처리를 무작정 미루면 법안이 본회의로 상정되는 것을 막을 수 있다. 이럴 경우, 소수당은 부정적인 의제 설정 권한(negative agenda setting power)을 행사하게 된다.

이뿐만 아니라, 소수당은 법제사법위원회(법사위)를 다수당 법안이 본회의에 상정되는 것을 막기 위한 제도적 무기로 이용할 수 있다. 법사위 본연의 기능은 상임위에서 넘어온 법안들의 체계와 자구에 대한 심사를 하는 것이다. 그러나 소수당이 법사위원장직을 차지한 경우, 법사위는 다수당 안이 본회의에 상정되는 것을 막는 수문장(gate keeper)의 역할을 했다. 16대 국회까지는 다수당이 법사위원장직을 차지하였으나, 17대 국회부터 관례에 의해 법사위원장직을 제2당에 부여하였다. 21대 전반 국회에서는 법사위원장직을 180석을 얻은 더불어민주당이 차지하였으나, 후반 국회에서는 소수당인 국민의힘이 되찾아왔다.

선진화법이 통과되기 이전의 국회법은 법안의 본회의 상정을 방해하는 소수당을 무력화시키기 위한 조항들을 마련하였다. 심사 기간이 무제한으로 길어지는 것을 방지하기 위하여 국회법 제85조 1항은 국회의장이 교섭단체의 협의를 통해 회부된 안건에 대하여 심사 기간을 지정할 수 있도록 했다. 이뿐만 아니라, 제85조 2항은 위원회가 이유 없이 기간 내에 심사를 마치지 않으면 국회의장은 법안을 바로 본회의에 부의할 수 있다고 명시하였다. 국회의장은 다수당에서 선발하므로, 국회의장의 직권상정 절차는 상임위원회에 계류 중인 법안을 본회의로 상정할 수 있는 권한을 다수당에 부여한다.

법사위가 본연의 취지에 벗어나서 소수당이 다수당을 견제하는 장치로 사용되었듯이, 직권상정 절차 역시 "예외적"이고 "변칙적"으로 남용되어 왔다(전진영, 2011b). 직권상정은 "위원회가 뚜렷한 이유 없이" 법안 심사를 지체하는 경우에 사용하도록 한 절차임에도 불구하고, 17대 국회에서 직권상정으로 처리된 법안이 위원회에 계류되었던 기간은 오히려 다른 법안보다 더 짧은 것으로 나타났다(전진영, 2011b). 이뿐만 아니라, 직권상정된 법안들의 94%가 1일 이하의 짧은 심사 기간을 부여받았다(전진영, 2011b). 이는 국회의장 직권상정 절차가 상임위원회에서의 교착을 해소하기 위한 방편이 아닌, 다수당이 지지하는 쟁점 법안을 신속하게 처리하기 위한 방법으로 사용되어 왔다는 것을 의미한다(전진영, 2011b). 그러나 다수당이 직권상정 절차를 편법적으로 사용했다는 사실이 직권상정 절차 자체가 변칙적인 제도라는 것을 의미하는 것은 아니다. 직권상정 절차는 쟁점 법안의 처리 과정에서 "교착상태에 빠져 있는 입법과정을 타개하여 신속한 입법을 도모"하기 위한 제도이다(전진영, 2011b: 58).

국회에서의 최종적인 의사결정 방식은 선진화법의 채택 이후 초다수결로 바뀌었다. 선진화법은 무제한 토론 제도를 도입하고, 재적의원 5분의 3 이상의 찬성으로 무제한 토론을 종결할 수 있도록 하였다(국회법 제106조 2의 6항). 그러나 국회법은 다수당이 무제한 토론을 전략적으로 무력화시킬 수 있는 법적인 여지를 남겨두었다. 제106조 2의 8항에 의하면, 무제한 토론 중 회기가 종료되면 무제한 토론은 종결되며, 다음 회기에서 해당 안건을 지체 없이 표결해야 한다. 이뿐만 아니라, 제106조 2의 9항은 무제한 토론이 종료된 법안에 대해 다음 회기에서 무제한 토론을 재개할 수 없도록 명시하였다. 따라서 다수당이 30일 이내 종료해야 하는 임시회를 개최하여 임시회 종료 전에 법안을 발의하면, 임시회 종료와 함께 무제한 토론도 종료되게 된다.[3] 이럴 경우, 다수당은 무제한 토론이 종료된 법안을 다음 회기에 발의하여 이를 곧바로 표결에 붙일 수 있다.

무제한 토론 절차는 다수당에 의해 무력화될 수 있으나 신속처리 절차는 소수당이 다수당을 실질적으로 견제할 수 있는 제도적 권한을 부여하였다. 선진화법은 국회의장이 협의를 통해 심사 기간을 지정할 수 있도록 한 기존의 제85조 1항을 개정하였다. 개정된 제85조 1항에 의하면, 천재지변의 경우 및 전시·사변 또는 이에 준하는 국가비상사태의 경우와 국회의장이 각 교섭단체 대표 의원과 합의하는 경우에만 심사 기간을 지정하도록 하였다. 따라서 국회의장은 소수당

---

3 헌법 제47조에 의하면, 정기회는 매년 1회 집회되고, 임시회는 대통령 또는 재적의원 4분의 1 이상의 요구에 의하여 소집되며, 정기회와 임시회의 회기는 각각 100일과 30일을 넘길 수 없다.

의 합의 없이 심사 기간을 지정할 수 없다. 이뿐만 아니라, 개정된 제85조 2의 1항은 국회의장 직권상정 조항을 신속처리 안건지정(fast track) 조항으로 대체하였다. 신속처리 안건지정 조항은 "재적의원 5분의 3 이상 또는 안건의 소관위원회 재적의원 5분의 3 이상의 찬성"이 있는 경우, 법안을 신속처리 안건으로 지정하여 본회의에 상정할 수 있도록 하였다. 여당이 5분의 3 이상의 의석을 확보할 가능성이 매우 낮다는 점을 고려할 때, 신속처리 안건지정 조항은 다수 여당과 대통령의 의제 설정 권한을 상당히 위축시켰다. 여당이 5분의 3 이상을 차지한다고 하더라도, 법안이 본회의에 회부되기 위해서는 최대 330일이 소요되기 때문에, 소수 야당은 법안처리를 상당히 지연시킬 수 있게 되었다.[4]

2021년 9월 14일에 개정된 국회법 제86조는 법사위에 회부된 법률안이 무제한적으로 계류되는 것을 방지할 수 있도록 하였다. 제86조 3항은 법사위가 회부된 법안의 심사를 이유 없이 60일 이내에 마치지 않으면 법률안 소관위원회 위원장과 간사가 서로 협의하여 이의가 없는 경우 의장에게 법률안의 본회의 부의를 요구하도록 하였고, 이의가 있는 경우 해당 위원회 재적의원 5분의 3 이상의 찬성으로 의결하도록 하였다. 이 조항은 신속처리 안건지정 조항과 마찬가지로 법안이 본회의에 상정되어 통과되기 위해서는 5분의 3 이상의 지지가 필요하다는 것을 의미한다. 신속처리 안건 조항이나 법사위의 체계·자구의 심사 조항은 국회에서의 최종적인 의사결정 규칙이 합의가 아니라는 사실을 분명히 한 것이다. 다른 조항들의 경우와 마찬가지로, 이 조항의 취지 역시 국회법이 규정한 심의 기간 동안 다수당과 소수당이 합의점을 찾기 위한 노력을 했음에도 불구하고 합의점을 찾을 수 없다면 최종적인 의사결정 방식을 통해 입법적 교착을 해소하라는 것이다.

전술한 논의는 법안처리 결과가 선진화법 전후에 따라 다를 것이라는 예측을 가능하게 한다. 선진화법 이전에는 다수당 안의 본회의 상정을 차단하려는

4 법안이 신속처리 안건으로 지정되면 소관 상임위원회와 법사위에서 각각 최대 180일과 최대 90일의 심사를 거쳐야 하며, 안건이 본회의에 부의된 후 60일 이내에 상정되어야 한다. 따라서 최대 330일이 소요되는 신속처리 절차는 지연처리(slow track) 절차로 비난받기도 했다.

소수당의 시도를 직권상정 절차를 통해 무력화시킬 수 있었다. 이러한 입법환경에서는 단점정부와 분점정부에서 초래되는 입법 결과가 서로 다를 가능성이 크다. 단점정부에서는 다수 여당 출신인 국회의장이 직권상정 절차를 통해 본회의에 상정한 다수당 안을 다수결로 처리할 수 있다. 이럴 경우, 다수당 안의 처리가 사실상 불가피할 것이라 예상하는 소수당 의원들은 표결 자체의 정당성을 훼손하기 위해 표결을 거부하는 전략을 구사해 왔다. 따라서 선진화법 이전의 단점정부에서는 소수당이 표결에 불참하는 쟁점 법안이 관찰될 가능성이 크다. 반면, 분점정부에서는 다수 야당의 의석이 대통령의 거부권을 기각할 정도로 충분하지 않을 경우, 대통령의 거부권을 예상하는 다수 야당은 대통령이 반대하는 법안을 처리하지 않을 가능성이 크다. 다수 야당이 반대하는 소수 여당 안은 본회의를 통과할 수 없으므로 입법적 교착이 발생한다. 따라서 분점정부에서는 야당과 여당이 서로 동의하는 법안, 즉 여야 모두 현행법보다 더 선호하는 비쟁점 법안이 주로 처리될 것이다.

그림 6.2 다수결 의회에서의 정부 유형에 따른 비쟁점 법안처리 결과

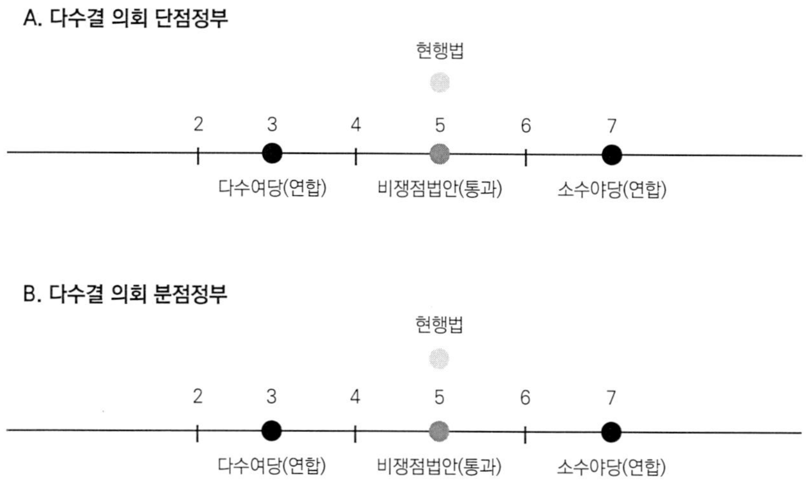

<그림 6.2>는 선진화법 이전의 다수결 의회에서 단점정부 또는 분점정부에서 처리되는 비쟁점 법안의 사례를 보여 준다. 단점정부의 경우, 다수 여당(또는 여당 입장을 지지하는 입법 연합)과 소수 야당(또는 야당 입장을 지지하는 입법 연합)은 각각 3과 7에 있는 입장을 가장 선호한다. <그림 6.2>에서 현행법은 두 정당이 가장 선호하는 입장으로부터 멀리 떨어져 있다. 이럴 경우, 두 정당은 각각 현행법보다 더 선호하는 합의점을 찾을 수 있다. 예컨대, 두 정당 모두 5에 위치한 회색으로 표시된 법안을 현행법보다 더 선호한다. 두 정당은 이러한 대안을 합의로 통과시킨다. 분점정부에서는 소수 여당과 다수 야당이 각각 3과 7에 있는 입장을 가장 선호한다. 단점정부에서와 마찬가지로 두 정당 모두 현행법보다 더 선호하는 대안이 존재하므로, 그러한 안은 통과된다. 따라서 단점정부와 분점정부 사이에 비쟁점 법안의 처리 가능성에는 차이가 발생하지 않는다.

그림 6.3 다수결 의회에서의 정부 유형에 따른 쟁점 법안처리 결과

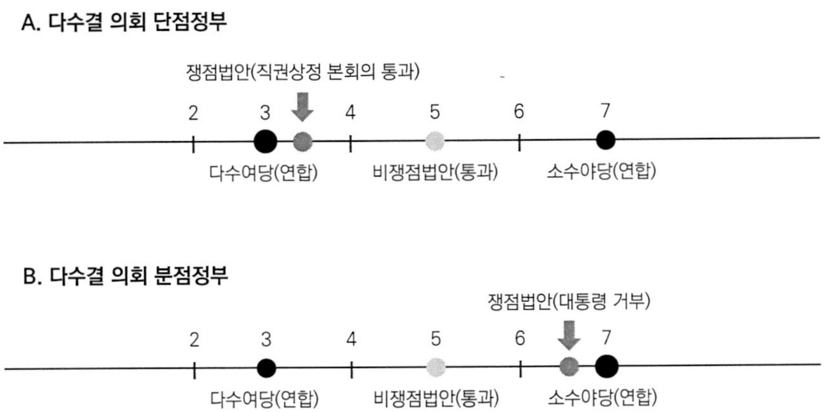

그러나 쟁점 법안의 처리 가능성은 정부 유형에 따라 달라진다. <그림 6.3>은 다수결 의회의 단점정부와 분점정부에서 쟁점 법안이 어떻게 처리되는가를 보여 준다. 현행법이 두 정당이 가장 선호하는 입장으로부터 멀리 떨어져 있는 <그림 6.2>와는 달리, <그림 6.3>에서는 현행법이 두 정당의 최선호 입장 사이

에 놓여 있다. 이럴 경우, 두 정당 모두 현행법보다 더 선호하는 합의점을 찾을 수 없다. 두 정당 모두 현행법 위쪽이나 아래쪽에 놓여 있는 법안보다 현행법을 더 선호한다. 만약 다수 여당이 자신의 최선호 입장(3) 근처에 있는 대안을 제안하면 소수 야당은 대안보다 현행법을 더 선호한다. 따라서 두 정당 모두 현행법보다 더 선호하는 합의점을 찾을 수 없다. 이럴 경우, 현행법에 대한 대안은 소수당의 반대에도 불구하고 다수당이 통과시키기를 원하는 쟁점 법안의 특성을 가지게 된다.

쟁점 법안이 처리될 가능성은 정부 유형에 따라 달라진다. <그림 6.3>의 사례 A가 보여 주듯이, 단점정부에서 다수 여당은 자신의 최선호 입장(3) 근처에 있는 쟁점 법안을 통과시킬 수 있다. 단점정부에서 다수 여당은 자신의 법안이 본회의에 상정되는 것을 법사위에서 차단하려는 소수 야당의 시도를 직권상정 절차를 통해 무력화시킬 수 있다. 따라서 다수당은 자신이 원하는 쟁점 법안을 본회의에서 다수결로 통과시킬 수 있다. 반면, 분점정부에서는 <그림 6.3>의 사례 B가 보여 주듯이 다수 야당이 자신의 최선호 입장(7) 근처에 있는 쟁점 법안을 통과시킬 수 없다. 분점정부에서는 다수 야당이 자신의 안을 직권상정 절차를 통해 본회의에 상정해서 통과시킬 경우, 대통령이 거부권을 행사할 수 있다. 다수 야당의 의석이 3분의 2를 넘지 못하는 한, 대통령이 재의요구를 한 법안은 다시 통과될 수 없다. 이러한 상황에서 대통령의 거부권 행사를 예상하는 다수 야당은 쟁점 법안을 처리하지 않을 가능성이 크다. 다수 야당이 대통령의 거부권 행사 가능성을 과소평가하는 경우, 야당 안을 통과시킬 수도 있다. 그러나 대통령이 거부권을 행사하면 다수 야당도 정치적인 부담을 지게 되므로 다수 야당이 대통령이 거부권을 행사할 쟁점 법안을 통과시킬 가능성은 높지 않다.[5]

---

5 민주화 이후부터 윤석열 대통령 임기 2년 차까지 대통령이 행사한 거부권은 24건에 불과하다. 이처럼 대통령 거부권의 행사 횟수가 적은 이유는 대통령이 거부권을 행사할 법안을 야당이 통과시킬 가능성이 작기 때문이다.

그림 6.4 초다수결 의회에서의 정부 유형에 따른 쟁점 법안처리 결과

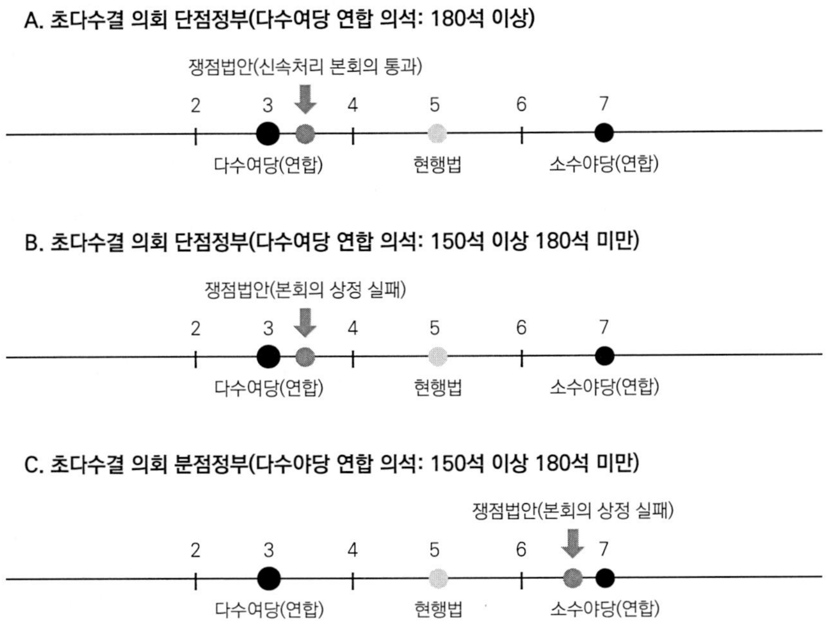

다수결 의회뿐만 아니라 초다수결 의회에서도 다수당과 소수당이 현행법보다 비쟁점 법안을 더 선호하므로, 비쟁점 법안은 정부 유형과 상관없이 합의로 통과된다. 반면, 초다수결 의회에서는 다수 여당(연합)의 의석이 재적의원의 5분의 3 이상일 경우에만 쟁점 법안이 통과된다. <그림 6.4>의 사례 A가 보여 주듯이, 선진화법 이후에는 180석 이상의 의석을 확보한 여당(연합)이 신속처리 안건 지정 절차를 통해 법사위에 계류 중인 법안을 본회의에 상정시켜 통과시킬 수 있다. 반면, 사례 B가 보여 주듯이, 단점정부에서 180석 이상을 확보하지 못한 여당(연합)은 법사위에 계류 중인 여당 안을 본회의에 상정할 수 없다. 사례 C가 보여 주듯이, 분점정부에서 다수 야당은 법사위에 계류 중인 야당 안을 본회의에 상정할 수 없다. 다수 야당이 180석 이상을 확보할 경우 야당 안을 본회의에서 통과시킬 수 있으나, 200석 이상을 확보하지 못하면 거부권을 기각할 수 없으므로 야당 안의 처리 가능성은 작다.

표 6.1 입법 규칙 및 정부 유형에 따른 법안의 처리 가능성

<table>
<tr><th rowspan="2">입법 규칙
정부 유형
법안
종류</th><th colspan="2">다수결 입법 규칙
(선진화법 이전)</th><th colspan="3">초다수결 입법 규칙
(선진화법 이후)</th></tr>
<tr><th>단점정부</th><th>분점정부
야당(연합)
200석 미만</th><th>단점정부
여당(연합)
180석 이상</th><th>단점정부
여당(연합)
180석 미만</th><th>분점정부
야당(연합)
200석 이상</th></tr>
<tr><td>비쟁점 법안</td><td>높음</td><td>높음</td><td>높음</td><td>높음</td><td>높음</td></tr>
<tr><td>다수당 지지
쟁점 법안</td><td>높음</td><td>낮음</td><td>높음</td><td>낮음</td><td>높음</td></tr>
</table>

국회에서의 입법 규칙이 합의제라는 시각을 따를 경우, 정부 유형이나 입법 규칙과 상관없이 처리될 수 있는 법안은 다수당과 소수당이 합의하는 비쟁점 법안이다. 이에 반해, 이 장의 이론적 분석은 정부 유형과 입법 규칙에 따라 처리될 수 있는 법안의 종류가 달라진다는 사실을 보여 준다. <표 6.1>은 입법 규칙 및 정부 유형에 따라 처리 가능한 법안의 종류를 정리한 것이다. <표 6.1>은 비쟁점 법안이 통과될 가능성은 입법 규칙이나 정부 유형과 상관없이 높다는 사실을 보여 준다. 비쟁점 법안은 모든 정당이 현행법보다 더 선호하는 합의점이기 때문에 만장일치에 가깝게 통과된다. 국회에서 통과되는 법안 중 90% 정도가 비쟁점 법안에 해당한다. 반면, 다수당이 지지하는 쟁점 법안은 다수결 의회의 단점정부와 초다수결 의회에서 여당(연합)이 180석 이상을 얻은 경우에만 통과된다. 여당(연합)이 초다수결 의회에서 180석 이상을 얻지 못하면 다수당이 지지하는 쟁점 법안은 단점정부에서도 처리되기 어렵다.

6.3 경험 분석

16대 국회의 노무현 정부부터 20대 국회까지 처리된 9,462개의 표결법안을 비쟁점 법안, 일반 법안, 쟁점 법안으로 구분할 수 있다.[6] 비쟁점 법안은 표결에 참석한 다수당과 소수당 의원 모두 만장일치에 가까운 지지(반대)를 보낸 법안을 의미한다. 이 장에서는 표결에 참석한 다수 여당 의원의 90% 이상이 찬성하였으며, 표결에 참석한 제1야당 의원의 90% 이상이 찬성한 법안을 비쟁점 법안으로 정의한다. 예컨대, 2008년 9월 18일에 소집된 18대 국회 본회의에서 다수 여당인 한나라당 표결 의원의 99.2%와 소수 야당인 민주당 표결 의원의 100%는 「예금자보호법 일부개정법률안」에 찬성표를 던졌다. 일반 법안은 다수당 표결 의원의 50% 이상에서 90% 미만이 찬성(반대)하였으며, 소수당 표결 의원의 50% 이상에서 90% 미만이 찬성(반대)한 법안으로 정의한다. 예컨대, 2014년 12월 9일 19대 국회에서 다수 여당인 새누리당 표결 의원의 73.6%가 찬성한 「헌법재판소법 일부개정법률안(대안)」에 소수 야당인 민주당 표결 의원의 58.6%가 찬성표를 던졌다.

쟁점 법안은 (1) 다수당 표결 의원의 과반이 찬성, 소수당 표결 의원의 과반이 반대 또는 기권한 법안과 (2) 다수당 표결 의원의 과반이 반대 또는 기권, 소수당 표결 의원의 과반이 찬성한 법안으로 정의하였다. 쟁점 법안은 단점정부에서 처리되는 ① 다수 여당 지지 쟁점 법안과 ② 다수 여당 반대 쟁점 법안 그리고 분점정부에서 처리되는 ③ 다수 야당 지지 쟁점 법안과 ④ 다수 야당 반대 쟁점 법안으로 구분된다.

①은 다수 여당이 소수 야당의 반대를 물리치고 가결시킨 쟁점 법안을 의미한다. 예컨대, 2009년 4월 30일 18대 국회에서 다수 여당인 한나라당 의원의 98.5%가 찬성하고 소수 야당인 민주당 의원의 97.8%가 반대 또는 기권한 「금융산업의 구조개선에 관한 법률 일부개정법률안(대안)」은 73.6%의 찬성률로 가

6 표결법안 수가 16개에 불과한 김대중 정부 시기는 분석에서 제외하였다.

결되었다. ②는 단점정부에서 다수 여당이 소수 야당의 찬성을 물리치고 부결시킨 쟁점 법안을 의미한다. 예컨대, 2019년 10월 31일 20대 국회에서 소수 야당인 새누리당 의원들의 91.9%가 찬성했으나 다수 여당인 더불어민주당 의원의 99.1%가 반대 또는 기권한 「초·중등교육법 일부개정법률안(대안)에 대한 수정안」은 34.5%의 찬성률로 부결되었다.

③은 소수 여당의 반대를 물리치고 다수 야당이 가결시킨 쟁점 법안을 의미한다. 예컨대, 2017년 1월 20일 20대 국회에서 소수 여당인 한나라당 의원의 98.8%가 반대 또는 기권했으나 다수 야당인 민주당 의원의 100%가 찬성한 「중·고등학교 역사 교과서의 국정화 추진 중단 및 폐기 촉구결의안」은 59.5%의 찬성률로 가결되었다. ④는 분점정부에서 다수 야당이 소수 여당의 찬성을 물리치고 부결시킨 쟁점 법안을 의미한다. 예컨대, 2004년 3월 2일 15대 국회에서 소수 여당인 열린우리당 의원의 81.6%가 찬성했으나 다수 야당인 한나라당 의원의 90.9%가 반대 또는 기권한 「6·25전쟁 휴전 이전 민간인 희생 사건 진상규명 및 희생자 명예 회복 등에 관한 법률안(대안)」은 41.1%의 찬성률로 부결되었다.

이 장에서는 쟁점 법안 중 소수당이 표결에 불참한 상태에서 여당이 통과시킨 법안을 소수당 불참법안으로 정의한다. 소수당은 자신이 반대하는 쟁점 법안의 정당성을 훼손하기 위해 반대표를 던지는 대신 집단으로 표결을 거부하는 전략을 구사한다. 소수당은 특히 직권상정 법안에 대한 표결에 불참하는 성향이 있다. 이 장에서는 정부 유형에 따라 표결 불참법안의 차이가 발생하는가를 살펴보기 위해, 다수 여당 의원의 과반이 찬성, 소수 제1야당 의원의 90% 이상이 표결에 불참한 법안을 표결 불참법안으로 분류하였다. 예컨대, 2015년 7월 6일 19대 국회에서 소수 야당인 민주당 전원은 다수 여당인 한나라당의 98%가 찬성한 「금융회사의 지배구조에 관한 법률안(대안)」에 대한 표결에 불참하였다.

<표 6.2>는 서로 다른 표결법안이 전체 표결법안에서 차지하는 비율을 보여 준다. 표결법안 중 비쟁점 법안이 차지한 비율은 68%에서 94%로 매우 높다

는 것을 관찰할 수 있다. 일반 법안은 8%에서 20%의 비율을 차지했고, 쟁점 법안의 비중은 0%에서 23% 정도에 그쳤다. 쟁점 법안의 비율은 선진화법 이전에는 분점정부에 비해 단점정부에서 더 높게 관찰되었다. 선진화법 이후에는 쟁점 법안의 비율이 분점정부보다 단점정부에서 더 높게 관찰되었다. 20대 국회 후반 선거제도 개정에 합의한 4+1 협의체(더불어민주당·바른미래당·정의당·민주평화당+대안신당)가 180석 이상의 입법 연합을 형성한 시기에는 여당 연합이 지지한 쟁점 법안이 표결법안의 23%를 차지했다.

<표 6.2>는 다수당이 지지하는 쟁점 법안이 가결된 경우는 선진화법 이전의 단점정부에 집중되어 있다는 사실을 보여 준다. 17대 총선 직후에 형성된 단점정부에서 처리된 표결법안 중 다수 여당(열린우리당)이 통과시킨 쟁점 법안이 차지하는 비율은 11%(118개)였고, 이 중 절반 정도(67개)가 한나라당이 표결에 불참한 법안이었다. 18대 국회에서는 다수 여당인 한나라당(이후 새누리당)이 통과시킨 쟁점 법안이 전체 표결법안의 7%(114개)를 차지했고, 이 중 절반 정도(56개)가 민주당이 표결에 불참한 법안이었다. 그러나 선진화법 이후에는 단점정부에서 다수 여당이 통과시킨 쟁점 법안의 비율이 4%에서 5% 정도로 감소하였다. 2019년 4월 22일에서 2020년 5월 29일 사이에 여야 4당이 선거법 개정에 합의하면서 입법 연합을 맺은 이후 처리된 쟁점법안이 표결 법안에 차지하는 비율이 23%로 급격하게 증가하였다.

표 6.2 정부 유형에 따라 처리된 법안들의 종류

정부 유형	시기	지속 일수	대통령	국회	여당	제1당	표결 법안수	비쟁점 법안 (%)	일반 법안 (%)	쟁점 법안 (%)	불참 법안 (%)	가결 다수당 안(%)	가결 소수당 안(%)	부결 다수당 안(%)	부결 소수당 안(%)	총 발의 건수	법률 반영 (%)
분점	03.02.25–03.09.28	216	노무현	16대	새천년	한나라	106	85 (80%)	16 (15%)	5 (5%)	0 (0%)	1 (1%)	4 (4%)	0 (0%)	0 (0%)	218	196 (90%)
분점	03.09.29–04.05.29	244	노무현	16대	열린우리	한나라	150	110 (73%)	30 (20%)	10 (7%)	0 (0%)	3 (2%)	3 (2%)	0 (0%)	4 (3%)	1292	471 (37%)
단점	04.05.30–07.02.05	982	노무현	17대	열린우리	열린우리	1049	763 (73%)	164 (16%)	122 (12%)	67 (6%)	118 (11%)	1 (0%)	2 (0%)	1 (0%)	2364	2119 (90%)
분점	07.02.06–07.08.04	180	노무현	17대	열린우리	한나라	294	273 (93%)	19 (6%)	2 (1%)	0 (0%)	0 (0%)	0 (0%)	1 (0%)	1 (0%)	778	657 (84%)
분점	07.08.05–08.02.24	204	노무현	17대	대통합민주	한나라	262	245 (94%)	17 (6%)	0 (0%)	0 (0%)	0 (0%)	0 (0%)	0 (0%)	0 (0%)	762	691 (91%)
분점	08.02.25–08.05.29	95	이명박	17대	한나라	통합민주당	130	122 (94%)	8 (6%)	0 (0%)	0 (0%)	0 (0%)	0 (0%)	0 (0%)	0 (0%)	3587	301 (8%)
단점	08.05.30–12.05.29	1460	이명박	18대	한나라/새누리	한나라/새누리	1582	1362 (86%)	102 (6%)	118 (7%)	56 (4%)	114 (7%)	3 (0%)	1 (0%)	0 (0%)	13913	6178 (44%)

단점	12.05.30-13.02.24	271	이명박	19대	새누리	새누리	163	134 (82%)	21 (13%)	8 (5%)	0 (0%)	8 (5%)	0 (0%)	0 (0%)	0 (0%)	448	388 (87%)
단점	13.02.25-16.05.29	1187	박근혜	19대	새누리	새누리	2236	1863 (83%)	307 (14%)	93 (4%)	43 (2%)	90 (4%)	0 (0%)	3 (0%)	0 (0%)	17375	7043 (40%)
분점	16.05.30-17.05.09	344	박근혜	20대	새누리/자한당	더불어 민주당	664	576 (87%)	84 (13%)	4 (1%)	0 (0%)	3 (0%)	1 (0%)	0 (0%)	0 (0%)	1375	1302 (95%)
분점	17.05.10-19.04.21	712	문재인	20대	더불어 민주당	더불어 민주당	1716	1397 (81%)	304 (18%)	15 (1%)	1 (0%)	11 (1%)	4 (0%)	0 (0%)	0 (0%)	4599	4413 (96%)
입법 연합	19.04.22-20.05.29	403	문재인	20대	더불어 민주당	더불어 민주당	1110	759 (68%)	93 (8%)	258 (23%)	245 (22%)	248 (22%)	1 (0%)	0 (0%)	9 (1%)	18167	3084 (17%)
단점	20.05.30-22.05.09	709	문재인	21대	더불어 민주당	더불어 민주당	1500	854 (57%)	584 (39%)	62 (4%)	39 (3%)	61 (4%)	0 (0%)	1 (0%)	0 (0%)	2201	1944 (88%)
분점	22.05.10-24.05.29	750	윤석열	21대	국민의 힘	더불어 민주당	1721	1552 (90%)	146 (8%)	23 (1%)	14 (1%)	17 (1%)	3 (0%)	0 (0%)	3 (0%)	18733	2215 (12%)

주: 어두운 색은 중핵이 0인 정부 유형을 나타냄.

05.03.25 열린우리당 탈당 2인의 표결 성향은 열린우리당과 비슷하므로, 이들을 포함한 의석이 과반일 경우 단점정부로 간주.

16.03.24. 새누리당 탈당 4인의 표결 성향은 새누리당과 비슷하므로, 이들을 포함한 의석이 과반일 경우 단점정부로 간주

주요 사건: 03.09.29. 노무현 대통령 새천년민주당 탈당, 07.02.06. 열린우리당 23인 탈당 제1당 지위 붕괴, 08.02.17. 통합민주당 창당, 12.02.02. 새누리당 창당, 12.05.02. 선진화법 통과, 15.12.28. 더불어민주당 창당, 17.02.13. 자유한국당 창당, 17.03.10. 박근혜 탄핵, 19.04.22. 자유한국당 제외한 여야 4당 선거법 개정 합의로 입법 연합 구성, 20.02.27. 미래통합당 창당, 20.09.02 미래통합당 국민의힘으로 당명 변경.

<표 6.2>에서 가장 우측에 있는 두 열은 각 정부 유형에서 발의된 법안 전체의 수와 이들 법안이 법률에 반영된 비율(법률반영률)을 보여 준다. <표 6.2>는 법안을 종류별로 구분하지 않고 처리된 모든 법안을 분석 대상으로 삼을 경우, 어떤 시기를 선택하는가에 따라 단점정부와 분점정부에서 처리된 법안의 비율이 서로 달라진다는 사실을 보여 준다. 예컨대, 16대 국회 말 노무현 정부에서 형성된 분점정부에서는 발의 법안의 37%만 처리되었으나, 17대 국회 초반 노무현 정부에서 형성된 단점정부에서는 발의 법안의 90%가 처리되었다. 박근혜 정부에서는 단점정부에서의 법안처리 비율(40%)이 분점정부에서의 법안처리 비율(87%)보다 훨씬 낮게 나타났다. 따라서 어떤 시기의 정부 유형을 비교하는가에 따라, 법안처리 비율을 비교하는 연구는 서로 다른 결론을 도출하게 된다. 이에 반해, 선진화법 이전 다수 여당이 통과시킨 쟁점 법안이 차지하는 비율은 분석 시기와 상관없이 단점정부에서 높게 관찰된다.

표 6.3 단점/분점정부 및 선진화법 전후에 처리된 법안 종류 및 법률반영률

정부 유형 또는 입법 규칙	표결 법안수	비쟁점 법안(%)	일반 법안(%)	쟁점 법안(%)	불참 법안(%)	가결된 다수당안 (%)	발의 건수	법률 반영 (%)
단점정부 (선진화법 이전)	2631	2125 (80.8%)	266 (10.1%)	240 (9.1%)	123 (4.7%)	232 (8.8%)	16277	8297 (51.0%)
분점정부 (선진화법 이전)	942	835 (88.6%)	90 (9.6%)	17 (1.8%)	0 (0.0%)	4 (0.4%)	6637	2316 (35.0%)
다수결 의회 (선진화법 이전)	3573	2960 (82.8%)	356 (10.0%)	257 (7.2%)	123 (3.4%)	236 (6.6%)	22914	10613 (46.3%)
초다수결 의회 (선진화법 이후)	5889	4729 (80.3%)	809 (13.7%)	378 (6.4%)	289 (4.9%)	360 (6.1%)	41964	16230 (38.7%)
다수연합 (180석 미만)	4779	3970 (83.1%)	716 (15.0%)	120 (2.5%)	44 (0.9%)	112 (2.3%)	23797	13146 (55.2%)
다수연합 (180석 이상)	1110	759 (68.4%)	93 (8.4%)	258 (23.2%)	245 (22.1%)	248 (22.3%)	18167	3084 (17.0%)

<표 6.3>은 선진화법 이전 서로 다른 정부 유형에서 처리된 쟁점 법안과 비쟁점 법안의 비율과 법률반영률(법안처리율)을 보여 준다. <표 6.3>은 선진화법 이전에 처리된 표결법안 중 비쟁점 법안이 차지하는 비율은 단점정부와 분점정부에서 모두 80%를 상회한다는 사실을 보여 준다. 분점정부에서 처리되는 비쟁점 법안의 비율은 단점정부에서 처리되는 비율의 1.09배인 것으로 나타났다. 이러한 결과는 비쟁점 법안은 정부 유형과 상관없이 높은 비율로 처리된다는 6.2절의 이론적 설명을 뒷받침한다. 반면, 쟁점 법안은 단점정부에서는 표결법안의 9.1%를 차지하는 반면, 분점정부에서는 1.8%에 불과한 것으로 나타났다. 특히 단점정부에서 처리된 다수당 안의 비율은 8.8%에 달했으나 분점정부에서는 0.4%에 불과했다. 정부 유형에 따른 법안처리율을 비교하면, 분점정부보다 단점정부에서 16.0%p나 더 높게 나타났다. 따라서 특정 국회에서의 법안처리율을 분석한 기존 연구들(오승용, 2004; 이명남, 2002)이 발견한 단점/분점정부 간 비차별적인 입법 결과는 관찰되지 않았다.

<표 6.3>은 또한 선진화법 전후에 처리된 쟁점 법안과 비쟁점 법안의 비율과 법률반영률을 보여 준다. 표결법안 중 비쟁점 법안이 차지하는 비율은 선진화법 전후 큰 차이를 보이지 않는 것으로 나타났다(82.8% 대 80.3%). 쟁점 법안이 차지하는 비율 역시 선진화법 전후에 큰 차이를 보이지 않았다(7.2% 대 6.4%). 그러나 선진화법 이후 기간을 여당 입법 연합이 180석을 차지하지 못한 경우와 차지한 경우로 나누어서 살펴보면, 전자의 경우 쟁점 법안이 차지하는 비율은 2.5%에 불과한 반면, 후자의 경우 23.3%에 달한다. 선진화법이 통과된 이후 처리된 쟁점 법안(378개) 중 68.2%의 법안(258개)이 여당 입법 연합이 180석을 차지한 시기에 통과되었다. 입법 규칙에 따른 법안처리율을 비교하면 법안처리율은 선진화법 이후에 7.6%p만큼 감소하여, 선진화법은 법안처리율을 감소시키는 효과를 가진 것으로 나타났다.

이 장에서 제시한 이론적 분석의 핵심은 단점정부와 다수결 입법 규칙이 서로 조합되면 다수당이 지지하는 쟁점 법안이 통과될 가능성이 극대화된다는 것

이다. 이론적 분석 결과를 정리한 <표 6.1>의 결과로부터 아래와 같은 두 가설들을 도출할 수 있다.[7]

가설 1: 다수결 의회에서 다수당이 쟁점 법안을 통과시킬 가능성은 분점정부에서보다 단점정부에서 더 커진다.

가설 2: 여당(연합)이 초다수 의석을 확보하지 않은 경우, 다수당이 쟁점 법안을 단점정부에서 통과시킬 가능성은 초다수결 의회에서보다 다수결 의회에서 더 커진다.

<그림 6.5>는 정부 유형과 다수당이 가결시킨 쟁점 법안 비율과의 관계를 보여 준다. <그림 6.5>는 다수당이 통과시킨 쟁점 법안의 비율에 단점정부가 긍정적인 영향(우상향 기울기)을 미친다는 사실을 보여 준다. 특히 다수결 의회에서 분점정부보다 단점정부에서 통과된 쟁점 법안의 비율은 훨씬 높게 나타났다. 이러한 결과는 가설 1을 강하게 뒷받침한다. <그림 6.5>는 또한 다수당이 통과시킨 쟁점 법안의 비율에 미치는 단점정부의 영향이 초다수결 의회(옅은 선)에서보다 다수결 의회(짙은 선)에서 더 크다는 사실을 보여 준다. <그림 6.5>의 짙은 선은 다수결 의회의 분점정부에서 다수당이 통과시킨 쟁점 법안은 거의 0%에 가깝지만 단점정부에서는 9%에 이른다는 사실을 보여 준다. 반면, 옅은 선은 초다수결 의회에서 다수당이 통과시킨 쟁점 법안의 비율은 단점정부에서도 4%밖에 안 된다는 사실을 보여 준다. 이러한 결과는 가설 2를 뒷받침한다. <그림 6.5>가 보여 주는 바를 요약하면, 국회에서 쟁점 법안은 단점정부에서 처리될 가능성이 크다는 것과, 선진화법 이후의 초다수결 입법 규칙은 이러한 단점정부의 효과를 약화시킨다는 것이다.

---

7 두 가설에 대한 통계분석 결과는 문우진 · 엄준희(2023) 참조.

그림 6.5 단점정부와 다수결 입법 규칙의 상승작용

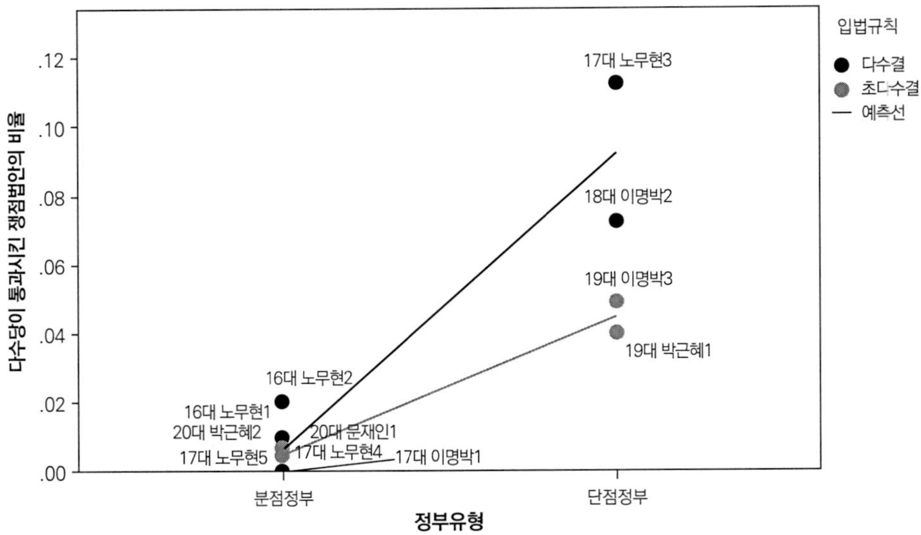

6.4 결론

민주주의는 다수 지배와 소수 보호라는 서로 상충하는 두 원리에 의해 작동한다. 한국의 국회법 역시 서로 상충하는 두 원리에서 균형을 잡기 위한 다양한 규칙들을 마련하였다. 다수의 결정으로부터 소수를 보호하기 위해, 상임위원회 심사 기간에 협의를 통해 합의점을 찾도록 하였다. 그러나 합의가 이루어지지 않는 사안에 대해서는 입법적인 교착을 해소하기 위한 구체적인 의사결정 방식을 명시하였다. 선진화법 이전 국회에서는 다수 지배의 원리를 반영하는 다수결을 채택하였다. 소수당은 법사위의 체제·자구 심사 권한을 이용하여 다수당을 저지하고자 했으나, 이러한 시도를 무력화하기 위한 제도적 장치로 국회의장 직권상정 절차를 마련하였다.

선진화법 이후에는 상임위에 계류 중인 법안의 신속처리 및 법사위에 계류 중인 법안의 본회의 상정을 위해 초다수결을 도입하였다. 이러한 변화는 한국의 입법 결정에서 초다수의 지지를 얻지 못하는 한 다수당도 입법을 주도할 수 없게 되었다는 것을 의미한다. 21대 총선에서 민주당이 180석을 얻기는 했지만, 한 정당이 초다수 의석을 얻는 것은 쉽지 않다. 따라서 선진화법은 국회에서의 의사결정에서 소수당이 다수당을 효과적으로 견제할 수 있는 제도적 장치로 작동할 가능성이 크다. 선진화법 이후에는 다수 지배의 원리보다 소수 보호의 원리가 더 효과적으로 작동한다.

이 장의 경험 분석은 국회법에 명시된 의사결정 규칙과 부합하는 결과를 산출하였다. 첫째, 다수결 의회에서 다수당이 쟁점 법안을 통과시킬 가능성은 분점정부에서보다 단점정부에서 더 커진다. 둘째, 여당(연합)이 초다수 의석을 확보하지 않은 경우, 다수당이 쟁점 법안을 단점정부에서 통과시킬 가능성은 초다수결 의회에서보다 다수결 의회에서 더 커진다. 이러한 결과는 쟁점 법안처리에서 작동한 의사결정 방식은 관행(합의)이 아닌 제도(다수결/초다수결)라는 사실을 의미한다. 이 장의 경험 분석은 또한 비쟁점 법안의 처리 가능성은 정부 유형이나 입법 규칙에 따라 큰 차이를 보이지 않는다는 사실을 보여 주었다. 이러한 결과가 도출된 이유는 국회에서의 의사결정 방식이 합의제이기 때문이 아니라 정부 유형이나 입법 규칙과 무관하게 다수당과 소수당 모두 비쟁점 법안을 현행법보다 선호하기 때문이다.

7장

한국 대통령제에서의 입법 메커니즘: 거부권 행사자 모형 분석

7.1 서론

다수결 입법 규칙을 채택한 대통령제 국가에서 양당 체제가 형성되면, 다수당이 법안을 발의하고 대통령은 이를 수정할 수 없고 수용 또는 거부 중 하나를 선택해야 한다. 이럴 경우, 입법부의 다수당이 입법적 의제 설정 권한을 가진다. 이에 반해 의회제에서는 행정부가 제출한 법안에 의회는 수정을 가하지 못하고 승인 여부만 결정한다. 따라서 의회제에서는 행정부가 입법적 의제 설정 권한을 가진다. 그러나 한국에서의 입법부-행정부 관계는 양당 대통령제나 의회제에서의 입법부-행정부 관계보다 훨씬 복잡하다. 5장에서 보여 준 바와 같이 한국에서는 다당 체제가 형성되어 다수당이 의회 과반을 차지하지 못한 적이 많다. 2012년 5월에 통과된 국회선진화법은 입법 규칙을 다수결에서 초다수결로 바꾸었고, 한국 대통령제는 국회뿐만 아니라 행정부도 법안을 발의하는 의회제 요소를 가지고 있다. 이처럼 정당 체제가 일정하지 않고, 입법 규칙의 변화를 경험했으면서, 의회제 요소가 혼합된 한국 대통령제에서의 입법 생산을 하나의 분석 모형을 통해 설명하기는 쉽지 않다. 따라서 한국에서의 입법을 설명하기 위해서는 다양한 정당 체제와 입법 규칙에서의 입법 생산을 설명할 수 있을 정도의 보편적인 이론이 요구된다.

7장에서는 서로 다른 입법 규칙을 가진 다당 대통령제에서의 입법 생산을 거부권 행사자 모형으로 설명한다. 이 모형은 대통령이 어떠한 정치적·제도적 환경에서 입법적 의제를 실현할 수 있는가를 분석한다. 행정부도 법안을 발의할 수 있는 한국에서 대통령이 다수 여당을 장악하면, 다수결 의회에서 입법부는 행정부 안에 수정을 가하기 어렵고 이를 승인할 수밖에 없다. 따라서 국회선진화법 이전에는 다수 여당을 장악한 대통령이 실질적인 의제 설정 권한을 가졌다. 그러나 국회선진화법이 통과된 이후에는 여당이 180석의 의석을 확보하지 못하면 행정부 안이나 다수 여당 안이 소수 야당의 견제를 받게 되었다. 입법 생산에 있어서 입법부-행정부 관계는 대통령이 여당을 장악할 수 있는가, 그리고 어떠한 입법 규칙을 사용하는가에 따라 달라진다.

7장은 다음과 같이 구성되었다. 7.2절에서는 크리비엘(Krehbiel, 1998)의 중추 정치 이론(pivotal politics theory)을 소개하고 대통령제에서 실질적 의제 설정자와 실질적 거부권 행사자를 정의한다. 7.3절에서는 거부권 행사자 이론과 중추 정치 이론을 조합한 분석모형을 이용해서 정당 체제와 입법 규칙이 입법 생산성과 입법 결과에 미치는 영향을 분석한다. 이 절에서는 또한 서로 다른 정당 체제와 입법 규칙이 조합된 입법 체제가 산출하는 정치적 효과를 분석한다. 이 분석은 어떤 입법 체제가 입법 생산성, 책임정치, 소수 보호, 정치 양극화 완화에 유리한가를 보여 준다. 7.4절에서는 행정부 의제 설정 권한이 행정부의 입법 생산성에 미치는 영향을 분석한다. 7.5절에서는 분석모형에서 도출한 이론적 예측에 대한 경험 분석을 수행한다.

7.2 대통령제에서의 입법 생산성과 입법 결과 분석

7.2.1. 실질적 의제 설정자와 실질적 거부권 행사자

대통령제에서 입법 절차는 매우 복잡하고, 대통령제 국가들은 서로 다른 입법제도를 가지고 있다. 하지만 실질적인 의제 설정자와 실질적인 거부권 행사자가 누구인가를 파악할 수 있으면 거부권 행사자 이론은 입법 생산성과 입법 결과를 쉽게 예측할 수 있다. 거부권 행사자 이론은 수정을 가할 수 없고 받을 것인가 말 것인가만 선택할 수 있는 법안을 제출한 의원 또는 기관을 의제 설정자로 정의한다(Tsebelis, 2002). 자율적인 의원들로 구성된 의회에서 중위의원은 실질적인 의제 설정자이다. 중위의원이 법안을 발의하면, 이 법안은 다른 어떠한 법안과 일대일로 경쟁해도 항상 승리한다(Black, 1948). 중위의원이 아닌 의원이 법안을 발의할 경우, 이 법안에 대한 수정안으로 중위의원 안을 발의하면 중위의원 안이 채택된다. 반면, 중위의원 안은 수정 없이 의회를 통과하고 대통령은 이 안을 받거나 거부권을 행사해야 한다. 정당이 규율적일 경우, 중위의원은 당론에 따라야 하므로, 중위의원이 소속된 중위정당이 실질적 의제 설정자가 된다.

견제와 균형의 원리에 기초한 대통령제는 다양한 제도적 거부권 행사자를 포함한다. 의회를 통과한 법안에 대통령이 거부권을 행사할 수 있으므로, 대통령은 제도적인 거부권 행사자이다. 그러나 의회 3분의 2 이상이 대통령 거부권을 기각하면, 대통령의 거부권은 무력화된다. 따라서 대통령은 제도적으로 항상 거부권 행사자이나 야당이 의회 의석의 3분의 2 이상을 차지한 시기에는 실질적인 거부권 행사자가 아니다. 미국의 대통령제에서 소수당은 무제한 토론(filibuster)을 통해 다수당 안이 상원을 통과하는 것을 저지할 수 있다. 따라서 소수당은 제도적인 거부권 행사자다. 그러나 다수당이 상원 의석의 5분의 3 이상을 차지하면 무제한 토론을 종료할 수 있으므로, 소수당은 실질적인 거부권 행사자가 아니다.

한국 대통령제에서는 입법부뿐만 아니라 행정부도 법안을 제출할 수 있다.

대통령은 국회를 통과한 입법부 안을 수정할 수 없고 이를 공포하거나 이에 대한 거부권만 행사할 수 있다. 이에 반해, 행정부가 제출한 법안을 입법부가 수정할 수 있다. 따라서 한국에서는 입법부가 제도적인 의제 설정 권한을 가지고 있다. 미국과 마찬가지로 야당이 국회 의석의 3분의 2 이상을 차지하면 대통령 거부권을 무력화할 수 있으므로, 대통령은 실질적인 거부권 행사자의 지위를 잃게 된다. 미국 대통령과 달리, 한국 대통령은 실질적인 의제 설정 권한을 차지할 수 있다. 다수결 의회에서 대통령이 다수 여당을 장악하면, 다수 여당은 대통령의 뜻에 반하는 결정을 내리기 어렵다. 이럴 경우, 입법부는 행정부가 제출한 법안에 수정을 가할 수 없으므로 대통령은 실질적인 의제 설정자 지위를 얻게 된다.

크리비엘(Krehbiel, 1998)은 대통령제에서 실질적으로 거부권을 행사하는 두 종류의 의원을 정의했다. 일반적으로 대통령제에서는 입법부가 발의한 법안에 대해 대통령이 거부권을 행사하고 입법부는 대통령 거부권을 초다수의 찬성으로 기각할 수 있다. 이때 대통령 거부권 기각에 필요한 초다수가 충족되는가의 여부와 관련해 캐스팅 보트를 쥔 의원, 즉 대통령 거부권을 기각하기 위한 캐스팅 보트를 쥔 의원을 거부 중추(veto pivot)라 정의한다(Krehbiel, 1998). 거부 중추 의원이 대통령 거부권에 반대하면 대통령 거부권은 기각된다. 따라서 대통령은 제도적인 거부권 행사자이지만 거부 중추가 실질적인 거부권 행사자다. 초다수결 입법 규칙을 사용하는 의회에서는 다수당이 5분의 3 이상의 의석을 얻지 못하면, 소수당의 무제한 토론을 종료시킬 수 없다. 무제한 토론 종료 투표에서 캐스팅 보트를 쥔 의원, 즉 무제한 토론 종료 결정권자를 무제한 토론 중추(filibuster pivot)라 정의한다(Krehbiel, 1998). 다수 여당이 소수당의 무제한 토론을 종결하고 자신의 법안을 통과시키기 위해서는 무제한 토론 중추의 동의가 필요하다. 따라서 무제한 토론 중추가 실질적 거부권 행사자다.

한국에서는 "재적의원 과반수의 출석과 출석의원 3분의 2 이상의 찬성으로 전과 같은 의결을 하면 그 법률안은 법률로서 확정된다"(헌법 53조 4항). 따라서 한국에서 대통령의 거부권을 기각하기 위해서는 재적의원 300명의 3분의 2인

200명의 의원이 필요하다. 대통령이 진보적일 경우, 199명의 보수적인 의원들과 200번째로 보수적인(101번째로 진보적인) 의원이 거부권을 기각할 수 있다. 진보적인 대통령의 거부권을 기각하기 위해 101번째로 진보적인 의원의 동의가 필요하므로, 이 의원이 거부 중추다. 정당 규율이 강한 국가에서는 당론으로 주요 법안에 대한 찬반 입장을 결정하므로, 거부 중추 의원은 당론을 따라야 한다. 따라서 한국과 같이 정당 규율이 강한 국가에서는 거부 중추 의원을 포함한 정당이 거부 중추이며 실질적 거부권 행사자다.[1]

국회선진화법이 통과되기 이전의 국회는 다수결 입법 규칙을 사용하였다. 국회선진화법이 통과된 이후에는 법안을 신속처리 안건으로 지정하여 본회의 표결에 부치기 위해서 재적의원 300명의 5분의 3인 180명의 의원을 필요로 한다. 국회선진화법은 또한 재적의원 5분의 3 이상의 찬성으로 무제한 토론을 종결할 수 있도록 하였다. 따라서 쟁점 법안을 신속처리 안건으로 상정하거나 소수당의 의사진행 방해를 종료하기 위해서는 재적의원 300명의 5분의 3인 180명의 의원이 필요하다. 예컨대, 다수당이 진보정당이면 179명의 진보적인 의원과 180번째로 진보적인(121번째로 보수적인) 의원의 찬성을 얻어야 원하는 법안을 통과시킬 수 있다. 한국과 같이 정당 규율이 강한 국가에서는 다수당이 진보정당이면 121번째로 보수적인 의원을 포함한 정당이 무제한 토론 중추 정당이다.

실질적 거부권 행사자들의 입장 차는 입법 생산성에 영향을 미친다. 실질적 거부권 행사자들의 입장 차가 작으면, 이들이 서로 반대하는 법안들의 수가 적으므로 현행법을 바꿀 수 있는 대안들의 수가 증가한다. 예컨대, 중도 입장에 현행법이 놓여 있고 실질적 거부권 행사자들이 모두 보수적이라면, 현행법을 더 보수적인 법안으로 개정할 수 있다. 반면, 실질적인 거부권 행사자 중 한쪽은 진보적이고 다른 한쪽은 보수적이면, 중도 입장의 현행법은 바꿀 수 없다. 왜냐하면 진보적인(보수적인) 거부권 행사자가 현행법을 더 진보적인(보수적인) 법안으

1 5.4절에서 서술한 바와 같이, 국회의원들의 정당 충성도는 의회제 국가 의원들과 필적하는 수준이다(문우진, 2011; 전진영, 2010).

로 바꾸려 하면, 보수적인(진보적인) 거부권 행사자가 반대하기 때문이다.

실질적인 거부권 행사자 간 입장 차는 입법 생산성과 반비례한다. 이들의 입장 차가 클수록, 이들 사이에 놓여 있는 법안은 바꿀 수 없다. 따라서 실질적 거부권 행사자들이 누구인가 그리고 이들의 입장 차가 어떠한가를 파악하는 것이 대통령제에서 입법 생산성을 파악하는 분석적인 기준이 된다. 이와 동시에 실질적 의제 설정자가 누구인가를 파악하면 입법 결과에 대한 예측도 가능하다. 5.2절에서 상세하게 설명한 바와 같이, 승리 집합에 있는 법안 중 의제 설정자의 입장과 가장 가까운 대안이 입법 결과로 선택된다.

어떤 정당이 실질적 거부권 행사자가 될 것인가는 정당 체제(양당 체제 대 다당 체제)와 입법 규칙(다수결 대 초다수결)에 따라 달라진다. 두 종류의 정당 체제와 두 종류의 입법 규칙의 조합은 네 종류의 입법 체제를 산출한다. 아래에서는 네 입법 체제에서의 입법 생산성과 입법 결과를 거부권 행사자 모형을 통해 분석한다. 의원 자율성이 강한 미국 의회에서는 중위의원이 실질적인 의제 설정자이고, 거부 중추 의원과 무제한 토론 중추 의원이 실질적인 거부권 행사자이다. 반면, 정당 규율성이 강한 한국 국회에서는 중위의원을 포함한 정당이 실질적인 의제 설정자이고 거부 중추 의원과 무제한 토론 중추 의원을 포함한 정당이 실질적인 거부권 행사자이다.

7.2.2. 양당 다수결 의회에서의 입법 생산성과 입법 결과

1. 단점정부

<그림 7.1>은 양당 다수결 의회에서의 단점정부 상황을 보여 준다. 이 상황은 13대 국회에서 민정당, 통일민주당, 신민주공화당의 합당으로 민자당이 창당되었을 때와 비슷하다. <그림 7.1>에서 의제 설정자와 거부권 행사자의 비차별 곡선은 각각 검은색과 회색으로 표시됐다. <그림 7.1>에서 다수 여당 G는 50% 이상의 의석을 얻었으므로 중위정당이면서 의제 설정자다. 다수결 의회에서는 무제한 토론 절차가 없으므로, 소수 야당은 무제한 토론 중추가 될 수 없고 실

질적 거부권 행사자 지위를 얻을 수 없다. 따라서 다수 여당이 실질적인 의제 설정자이면서 거부권 행사자다. 소수 야당 O는 여당을 견제할 방법이 없으므로, G의 비차별 곡선 내부에 있는 모든 법이 현행법에 대한 승리 집합이다. <그림 7.1>은 승리 집합을 회색으로 표시하였다. 이럴 경우, 중핵은 존재하지 않고 입법 생산성은 극대화된다. G는 승리 집합 중 3에 있는 법안을 가장 선호하므로, 이를 통과시킨다.

그림 7.1 다수결 의회의 단점정부에서의 중핵과 입법 결과

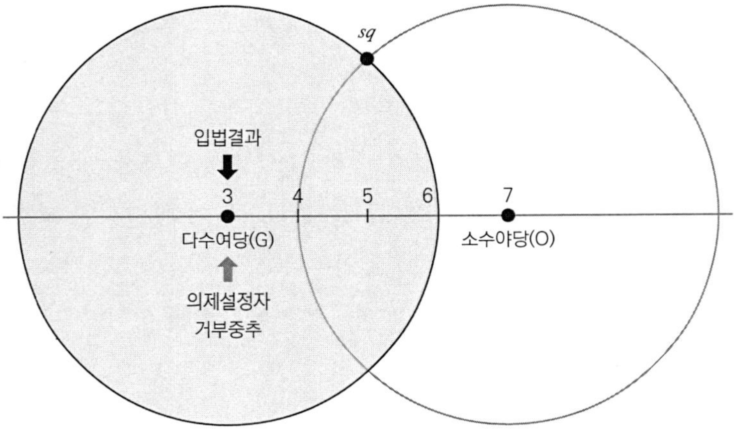

2. 분점정부

<그림 7.2>는 분점정부 상황을 보여 준다. 이 상황은 17대 총선 이전 노무현 정부에서 야당인 한나라당이 과반 의석을 확보한 때와 비슷하다. 분점정부에서는 중위의원을 포함한 다수 야당 O가 실질적인 의제 설정자다. 대통령은 야당 법안에 거부권을 행사할 수 있다. 대통령 거부권을 무력화시키기 위해서 야당은 의석의 3분의 2 이상을 얻어야 하나, 소수 여당 G가 3분의 1 이상을 얻었다. 따라서 거부 중추 지위를 확보한 G가 실질적인 거부권 행사자다. 실질적 의제 설정자 O와 실질적 거부권 행사자 G를 연결하는 선분이 중핵이다. 3과 7 사이

에 놓여 있는 현행법은 바꿀 수 없다. 따라서 분점정부에서는 단점정부에 비해 개정 불가능한 법안들이 증가하므로 입법 생산성이 감소한다. <그림 7.2>가 보여 준 바와 같이 sq가 중핵 바깥에 있는 경우, O는 렌즈 모양의 승리 집합에 있는 법안들로 sq를 대체할 수 있다. O는 승리 집합 안에 있는 법안 중 자신의 최적점 7과 가능한 가까운 법안을 발의하고, G는 sq보다 이를 더 선호하므로 이를 수용한다.

그림 7.2 다수결 의회의 분점정부에서의 중핵과 입법 결과

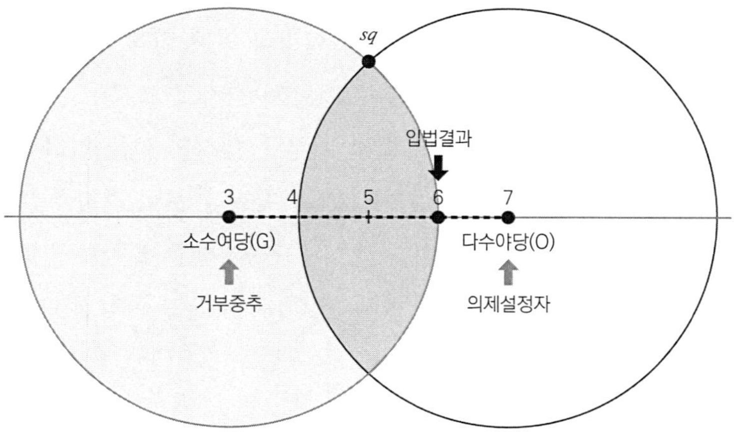

<그림 7.2>는 분점정부에서도 여야 모두 sq보다 더 선호하는 정책들이 존재한다는 사실을 보여 준다. 격자로 표시된 렌즈 모양의 승리 집합에 있는 정책들은 단점정부 뿐만 아니라 분점정부에서도 통과된다. 이러한 법안들이 여야가 합의를 통해 통과시키는 비쟁점 법안이다. 반면, G의 비차별 곡선 내부에 있으나 O의 비차별 곡선 외부에 있는 빗금으로 표시된 정책들은 단점정부에서 통과될 수 있으나 분점정부에서는 통과될 수 없는 쟁점 법안이다. 이 정책들이 단점정부와 분점정부에서의 입법 생산성 차이를 초래한다. 따라서 단점정부와 분점정부에서의 입법 생산성을 비교하기 위해서는 6장에서 수행한 경험 분석과 같이 쟁점 법안만 비교분석에 포함해야 한다.

7.2.3. 양당 초다수결 의회에서의 입법 생산성과 입법 결과

1. 단점정부

<그림 7.3>은 양당 초다수결 의회에서 다수당이 과반 의석을 차지했으나 60% 이상의 의석은 얻지 못한 경우를 보여 준다. 이 경우는 19대 총선에서 과반 의석을 차지한 새누리당이 국회선진화법의 적용을 받았던 이명박 정부 후반과 박근혜 정부 초중반까지의 상황과 비슷하다. <그림 7.3>에서 다수 여당 G는 50% 이상의 의석을 얻었으므로 중위정당이면서 실질적인 의제 설정자이다. 초다수결 의회는 무제한 토론을 허용하므로 무제한 토론 중추인 소수 야당 O가 실질적인 거부권 행사자이다. 따라서 G가 실질적 의제 설정자이고 O가 실질적 거부권 행사자이다. 승리 집합은 <그림 7.3>에서 격자로 표시된 렌즈 모양의 영역이다. 실질적 의제 설정자 G와 실질적 거부권 행사자 O를 연결하는 선분이 중핵이다. <그림 7.3>은 중핵의 크기가 4라는 사실을 보여 준다. 현행법이 3과 7 사이에 놓여 있으면, 이를 바꿀 수 없다. G는 승리 집합에 있는 법안들로 sq를 대체할 수 있다. G는 승리 집합 안에 있는 법안 중 자신의 최적점 3과 가능한 가까운 법안을 발의하고, O는 sq보다 이를 더 선호하므로 이를 받아들인다.

그림 7.3 초다수결 의회의 단점정부에서의 중핵과 입법 결과

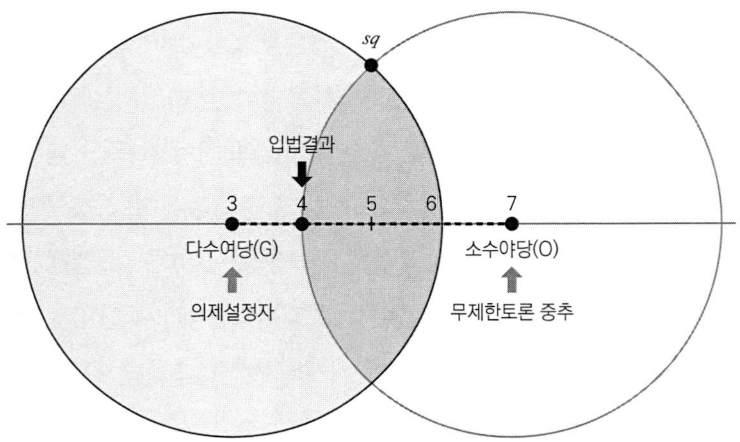

<그림 7.3>을 <그림 7.1>과 비교하면, 같은 단점정부이지만 초다수결 의회에서는 승리 집합의 크기가 상당히 줄어든다는 사실을 보여 준다. <그림 7.1>에서는 승리 집합이 G의 비차별 곡선 내부의 회색 영역이었으나, <그림 7.3>에서는 격자로 표시된 렌즈 영역으로 축소되었다. 따라서 입법 생산성은 초다수결 의회에서 감소한다. <그림 7.3>의 렌즈 영역에 있는 법안들은 여야 모두 sq보다 더 선호하는 법안이므로 다수결 의회뿐만 아니라 초다수결 의회에서도 통과되는 법안이다. 반면, <그림 7.3>에서 빗금 친 부분으로 표시된 영역은 다수결 의회에서는 통과시킬 수 있으나 초다수결 의회에서는 통과시킬 수 없는 쟁점 법안의 집합이다. 바로 이 법안들이 다수결 의회와 초다수결 의회에서의 입법 생산성 차이를 발생시킨다. 따라서 국회선진화법 전후의 입법 생산성을 비교하기 위해서는 국회선진화법 전후의 국회에서의 쟁점 법안처리 정도를 비교해야 한다.

<그림 7.3>을 <그림 7.2>와 비교하면, 두 체제 간에 중핵의 크기에는 차이가 없다는 사실을 알 수 있다. 즉 다수결 의회의 분점정부와 초다수결 의회 단점정부의 입법 생산성은 서로 차이가 없다. 왜냐하면 두 체제 모두에서 소수당이 다수당을 견제할 수 있기 때문이다. 전자에서는 다수 야당이 거부 중추의 동의 없이 법안을 통과시킬 수 없고, 후자에서는 다수 여당이 무제한 토론 중추의 동의 없이 법안을 통과시킬 수 없다. 그러나 두 체제에서 입법 결과는 서로 다르다. 다수결 의회의 분점정부에서는 다수 야당에 유리한 결과가 산출되는 반면, 초다수결 의회의 단점정부에서는 다수 여당에 유리한 결과가 산출된다. 즉 의제 설정자에 유리한 결과가 산출된다.

초다수결 의회에서 다수당이 60% 이상의 의석을 얻게 되면, <그림 7.1>이 보여 준 다수결 의회 단점정부와 같은 상황이 초래된다. 이 경우는 21대 총선에서 여당인 더불어민주당이 180석을 얻은 상황에 해당한다. 초다수결 의회임에도 불구하고, 소수 야당은 의석의 5분의 2를 얻지 못했기 때문에 무제한 토론 중추의 지위를 잃게 된다. 따라서 다수 여당이 실질적인 의제 설정자이면서 거부권 행사자다. 중핵의 크기는 0으로 줄어들고, 다수 여당은 가장 선호하는 정책을 통과시킨다. 다수결 의회 분점정부 상황과 다수당이 60% 이상의 의석을 확

보한 초다수결 의회의 중핵을 서로 비교하면, 전자에서는 4이었던 중핵이 후자에서는 0으로 감소하였다. 이럴 경우, 입법 생산성은 전자보다 후자에서 더 크다. 따라서 다수결 의회보다 초다수결 의회에서 입법 생산성이 더 크게 관찰될 수도 있다. 그러나 다수당이 60% 이상의 의석을 얻는 경우는 예외적인 경우이므로, 다수결 의회보다 초다수결 의회에서의 입법 생산성이 더 클 확률은 매우 낮다.

2. 분점정부

그림 7.4 초다수결 의회의 분점정부에서의 중핵과 입법 결과

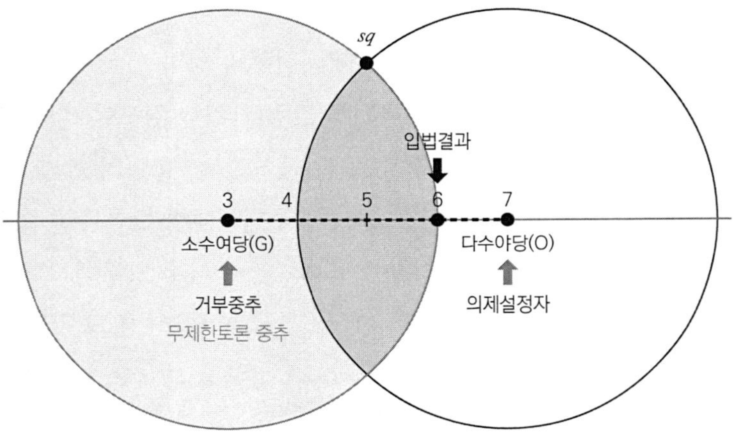

<그림 7.4>는 초다수결 의회에서 야당이 과반 의석을 차지한 경우를 보여준다. 소수 여당 G가 5분의 2 이상의 의석을 확보하고 다수 야당 O가 5분의 3 미만의 의석을 얻었다면, O는 실질적인 의제 설정자이고 G가 무제한 토론 중추이다. 만약 O가 의석의 5분의 3 이상을 얻었으나 3분의 2 이상은 못 얻었다면, O는 실질적인 의제 설정자이면서 무제한 토론 중추이다. 이럴 경우, G는 무제한 토론 중추의 지위를 잃게 되나 거부 중추의 지위를 유지한다. O가 3분의 2 이상의 의석을 얻게 되면, O는 실질적인 의제 설정자이면서 거부권 행사자다. G는 5분의 2 미만의 의석을 얻으면 무제한 토론 중추의 지위를 잃어버리나 3분의 1 이상의 의석만 유지하면 거부 중추의 지위를 확보한다. 소수 여당은 무제한

토론 중추의 지위를 얻지 못해도 거부 중추의 역할을 할 수 있으므로, 소수 여당의 무제한 토론 중추의 지위는 중요하지 않다. 따라서 <그림 7.4>에서 소수 여당의 무제한 토론 중추는 옅은 색으로 표시하였다.

<그림 7.3>과 <그림 7.4>의 중핵의 크기를 비교하면, 두 그림 모두 중핵의 크기가 4라는 사실을 알 수 있다. <그림 7.3>의 초다수결 의회 단점정부에서 O가 5분의 2 이상을 얻거나, <그림 7.4>의 초다수결 의회 분점정부에서 G가 3분의 1 이상의 의석을 얻으면, 정부 유형과 상관없이 항상 의제 설정자를 견제할 수 있는 거부권 행사자가 존재하게 된다. G가 3분의 1 이상의 의석을 얻으면, G가 거부 중추의 지위를 유지하고 O가 5분의 2 이상의 의석을 확보하면 O가 무제한 토론 중추의 지위를 얻게 된다. 따라서 G가 3분의 1 이상의 의석을 얻거나 O가 5분의 2 이상의 의석을 확보하면, 초다수결 의회의 양당 체제에서는 단점정부와 분점정부 간에 입법 생산성의 차이가 발생하지 않는다. 19대 국회와 20대 국회에서 단점정부와 분점정부 간에 입법 생산성에 차이가 나지 않는 이유이다. 단점정부와 분점정부에서의 입법 생산성 차이는 다수결 의회에서만 발견된다. 그러나 입법 결과는 초다수결 의회에서 단점정부와 분점정부 간에 서로 다르게 나타난다. <그림 7.3>과 <그림 7.4>를 비교하면, 단점정부에서 여당에 유리한 입법 결과가 산출되는 반면, 분점정부에서는 야당에 유리한 입법 결과가 산출된다는 사실을 알 수 있다.

7.2.4. 다당 다수결 의회에서의 입법 생산성과 입법 결과

1. 여당이 중위정당인 경우

다당 체제에서의 입법 생산성과 입법 결과는 정당의 수와 상관없이 어떤 정당이 중위정당과 중추 정당의 지위를 차지하는가에 따라 다르게 나타난다. 여당 진영에서 여당보다 급진적인 정당의 의석이 3분의 1 미만이면, 여당은 중추 정당 지위를 얻게 된다. 여당이 중위정당의 지위까지 확보하게 되면, 여당이 실질적인 의제 설정자이면서 거부권 행사자다. 이럴 경우, 여당은 독자적인 거부권 행사자가 되고 중핵은 존재하지 않는다. 야당이 중위정당의 지위를 차지하면, 여당과 얼마나 멀리 떨어져 있는 정당이 중위정당의 지위를 차지하는가에 따라 입법 생산성이 달라진다. 이러한 내용을 이해하기 위해, 좌파 야당 LO, 진보 여당 G, 중도 야당 CO, 보수 야당 RO로 이루어진 4당체제를 생각해 보자.

그림 7.5 다수결 의회에서 여당이 중위정당인 경우, 중핵과 입법 결과

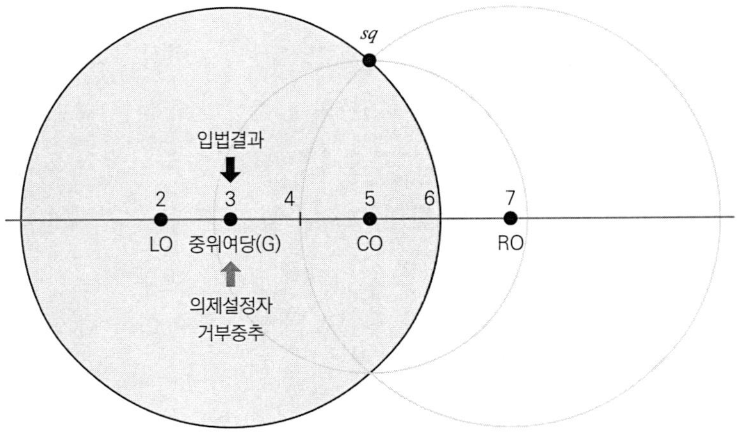

<그림 7.5>는 좌파 야당이 3분의 1 미만의 의석을 얻고, 좌파 야당과 진보 여당의 의석 합이 과반을 얻은 경우의 중핵과 입법 결과를 보여 준다. 이 경우는 17대 총선 결과 민주노동당이 의석의 3.3%를 얻고 열린우리당이 의석의 50.8%를 얻은 상황과 비슷하다. 이럴 경우, 진보 여당 G는 중위정당과 거부 중추 지위를 모두 차지하게 된다. G가 독자적인 거부권 행사자이므로, 중핵은 존재하지 않는다. G는 자신의 비차별 곡선 내부에 있는 정책 중 3에 있는 법안을 통과시킨다. <그림 7.1>과 <그림 7.5>를 비교하면, 두 체제에서의 입법 생산성과 입법 결과는 서로 같다는 사실을 알 수 있다. 이는 두 체제 모두에서 여당이 독자적인 거부권 행사자이기 때문이다. 다당 다수결 의회에서는 여당이 중위정당의 지위를 차지하는 한, 몇 개의 정당이 존재하는가와 상관없이 중위정당의 입장이 항상 채택된다.

2. 제1야당이 중위정당인 경우

<그림 7.6>은 여당과 반대 진영에 있는 제1야당이 중위정당의 지위를 차지한 경우의 중핵과 입법 결과를 보여 준다. 이 경우는 김대중 대통령 당선 직후 15대 국회에서 신한국당이 다수를 차지했던 시기에 해당한다. 이럴 경우, 진보여당 G는 거부 중추 지위를 유지하지만 제1야당 RO가 의제 설정자의 지위를 차지한다. 따라서 중핵은 G와 RO를 연결하는 선분이고 승리 집합은 G와 RO의 비차별 곡선이 겹치는 렌즈 모양의 영역이다. 의제 설정자 RO는 승리 집합 내부에서 자신의 최적점과 가장 가까운 정책을 선택하고, 이는 통과된다. <그림 7.6>이 보여 준 중핵과 승리 집합은 <그림 7.2>가 보여 준 다수결 의회의 분점정부에서의 결과와 동일하다. 이러한 발견은 양당 체제에서 다당 체제로 전환해도 기존 정당들이 의제 설정자와 거부권 행사자의 지위를 유지하면 두 체제에서의 입법 생산성과 입법 결과는 서로 같다는 것을 의미한다.

그림 7.6 다수결 의회에서 제1야당이 중위정당인 경우, 중핵과 입법 결과

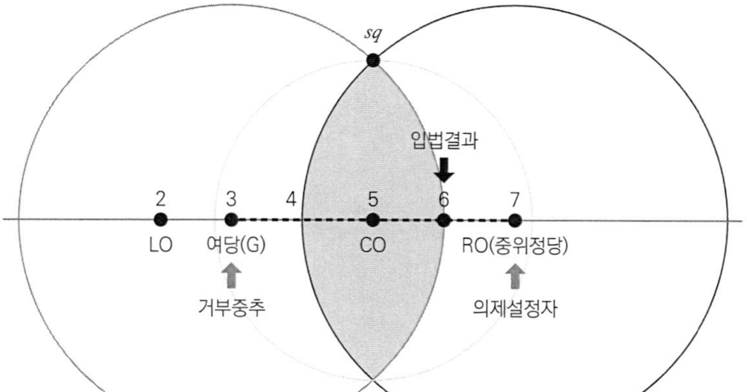

3. 중도 정당이 중위정당인 경우

기존의 거부권 행사자보다 온건한 정당이 의제 설정자의 지위를 차지하게 되면 다당 체제로의 전환은 입법 생산성을 증가시킬 수 있다. <그림 7.7>은 중앙에 있는 정당이 중위정당의 지위를 차지한 다당 체제에서의 중핵과 입법 결과를 보여 준다. 이 경우는 17대 국회 중 열린우리당에서 탈당한 의원들이 2007년 2월과 5월 사이에 중도개혁통합신당을 창당한 상황과 비슷하다. 이럴 경우, 중도 정당 CO가 의제 설정자의 지위를 차지한다. 따라서 중핵은 G와 CO를 연결하는 선분이다. <그림 7.7>에서 중핵은 3과 5를 연결하는 선분이므로, 제1야당이 의제 설정자인 <그림 7.6>의 경우에 비해 2만큼 감소한다. <그림 7.7>에서 승리 집합은 G와 CO의 비차별 곡선이 겹치는 영역이다.

<그림 7.6>과 <그림 7.7>의 승리 집합의 크기를 비교하면, <그림 7.7>의 승리 집합이 더 크다는 사실을 관찰할 수 있다. <그림 7.6>과 <그림 7.7>의 입법 결과를 비교하면, 입법 결과가 더 온건하게 변한다는 사실을 알 수 있다. <그림 7.7>에서 의제 설정자 CO는 승리 집합 내부에 자신의 최적점이 포함되므로 자신의 최적점을 선택한다. <그림 7.6>과 <그림 7.7>의 비교가 종합적으로 보여 주는 사실은 온건한 정당이 중위정당이 되면 여당과 반대 진영의 정당이 중위정당이 될 때보다 입법 생산성이 향상되고 더 온건한 입법 결과가 산출된다는 것이다.

그림 7.7 다수결 의회에서 중도 정당이 중위정당인 경우, 중핵과 입법 결과

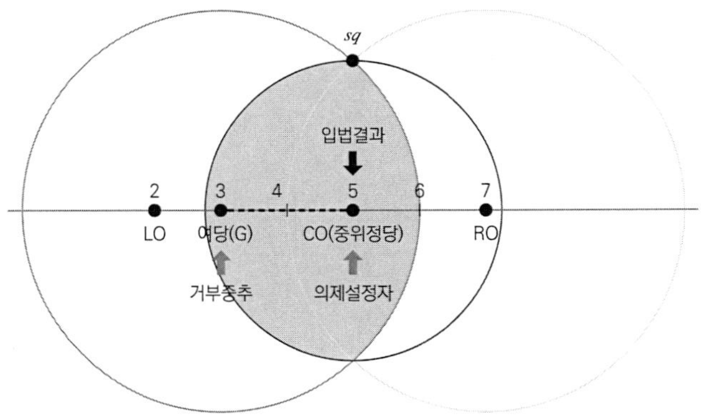

7.2.5. 다당 초다수결 의회에서의 입법 생산성과 입법 결과

1. 여당이 중위정당인 경우

<그림 7.8>은 초다수결 의회에서 여당이 중위정당의 지위를 차지하고 여당 반대 진영의 제1야당이 무제한 토론 중추의 지위를 차지한 경우이다. 국회선진화법이 적용되기 시작한 19대 국회에서 총선 결과 새누리당이 의석의 50.7%를 얻고 민주통합당이 42.3%를 얻었다. 당시에는 중도 정당 대신 1.7%의 의석을 확보한 자유선진당이 있었다. 이럴 경우, 여당 G는 의제 설정자이고 제1야당은 실질적인 거부권 행사자다. 중핵은 3과 7을 연결하는 선분이다. 승리 집합은 의제 설정자와 거부권 행사자의 비차별 곡선이 겹치는 렌즈 모양의 영역이다. 의제 설정자인 여당은 승리 집합에서 자신의 최적점과 가장 가까운 정책을 선택한다. <그림 7.8>을 <그림 7.5>와 비교하면, 초다수결 입법제도는 소수당에 거부권 행사자의 지위(무제한 토론 중추)를 부여해 중핵의 크기를 확대시키고 승리 집합의 크기를 축소시킨다는 사실을 알 수 있다.

그림 7.8 초다수결 의회에서 여당이 중위정당인 경우, 중핵과 입법 결과

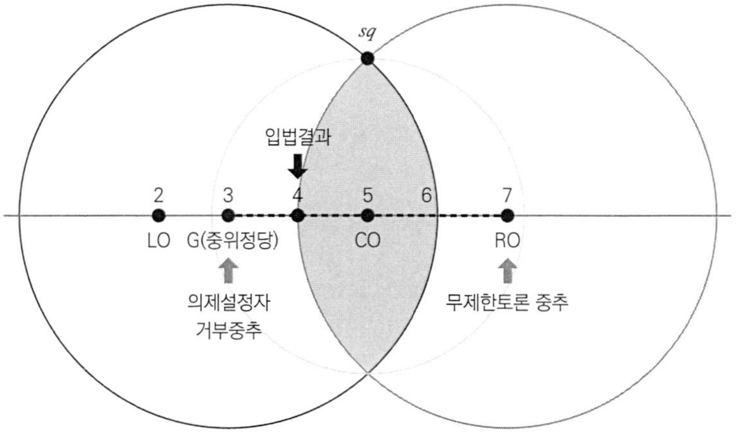

2. 제1야당이 중위정당인 경우

<그림 7.9>는 여당과 반대 진영에 있는 제1야당이 중위정당의 지위를 차지한 경우의 중핵과 입법 결과를 보여 준다. 이 경우는 윤석열 정부에서 더불어민주당이 중위정당의 지위를 차지한 상황에 해당한다. 이럴 경우, 여당 G는 거부중추 지위를 유지하지만 제1야당 RO가 실질적 의제 설정자의 지위를 차지한다. 중핵은 G와 RO를 연결하는 선분이고 승리 집합은 G와 RO의 비차별 곡선이 겹치는 영역이다. <그림 7.9>가 보여 주듯이, 중핵은 3과 7을 연결하는 선분이고, 승리 집합은 격자로 표시된 렌즈 모양의 영역이다. 의제 설정자 RO는 승리 집합 내부에서 자신의 최적점과 가장 가까운 정책을 선택하고, 이는 통과된다.

<그림 7.9>의 중핵의 크기를 <그림 7.6>의 중핵의 크기와 비교하면, 여당과 반대 진영에 있는 야당이 의제 설정자 지위를 확보하는 한 의회가 어떤 입법 규칙을 사용하는가와 상관없이 입법적 교착은 극대화된다는 것을 알 수 있다. 두 그림 모두 3과 7 사이의 영역에서 중핵이 발생한다. 두 그림은 또한 승리 집합 역시 얇은 렌즈 모양이라는 사실을 알 수 있다. 즉 여당과 반대 진영의 야당이 의제 설정자 지위를 확보하면, 입법 규칙과 상관없이 입법 생산성은 매우 낮아진다.

그림 7.9 초다수결 의회에서 제1야당이 중위정당인 경우, 중핵과 입법 결과

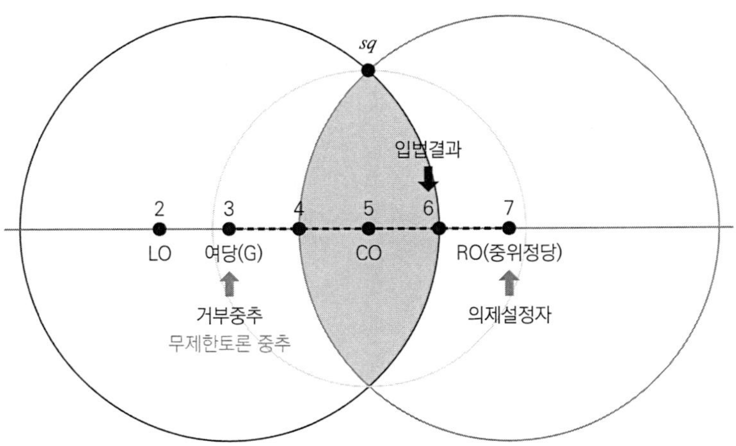

3. 중도 정당이 중위정당인 경우

기존의 거부권 행사자보다 온건한 정당이 실질적인 의제 설정자의 지위를 차지하게 되면 다당 체제로의 전환은 입법 생산성을 증가시킬 수 있다. <그림 7.10>은 중앙에 있는 정당이 중위정당의 지위를 차지한 경우의 중핵과 입법 결과를 보여 준다. 이 경우는 20대 총선 직후 정의당, 더불어민주당, 국민의당, 새누리당이 각각 2.0%, 41.0% 12.7%, 40.7%의 의석을 얻은 사례에 해당한다. 이럴 경우, 중도 정당 CO가 의제 설정자의 지위를 차지하고 의제 설정 정당 양쪽에 거부 중추와 무제한 토론 중추가 놓여 있다. 이처럼 세 거부권 행사자가 존재하는 경우, 중간에 놓여 있는 거부권 행사자는 양쪽에 있는 급진적인 거부권 행사자 입장 안으로 흡수(absorb) 된다(Tsebelis, 2002). 이럴 경우, 양극단에 있는 거부권 행사자들을 연결하는 선분이 중핵이다. 양극단에 있는 거부권 행사자들만 중핵을 구성하는 이유는 이들 중 하나가 동의하지 않으면 현행법을 바꿀 수 없기 때문이다.

그림 7.10 초다수결 의회에서 중도 정당이 중위정당인 경우, 중핵과 입법 결과

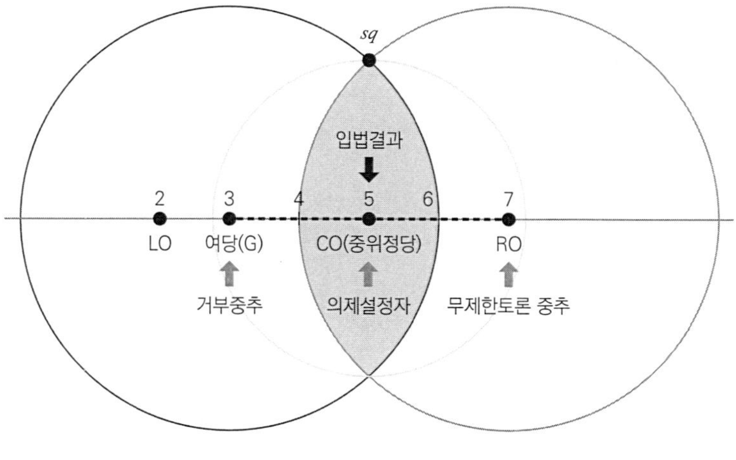

<그림 7.10>과 <그림 7.7>에서의 입법 결과를 서로 비교하면, 제1야당이 얻었던 중위정당 지위를 확보할 정도의 규모를 가진 중도 정당이 출현할 경우, 입

법 결과는 다수결 의회와 초다수결 의회 모두에서 입법 결과가 중도 쪽으로 이동한다는 사실을 알 수 있다. 즉 중위정당의 지위를 차지할 정도의 의석을 확보할 수 있는 중도 정당의 출현은 온건한 유권자의 입장을 더 반영하는 입법 결과를 산출한다. <그림 7.10>과 <그림 7.7>에서의 중핵 또는 승리 집합의 크기를 서로 비교하면, 제1야당의 중위정당 지위를 가져가는 중도 정당의 출현으로 인해 입법 생산성이 다수결 의회에서는 향상되나 초다수결 의회에서는 향상되지 않는 것을 알 수 있다. 양당 체제에서 다당 체제로의 전환이 초다수결 의회에서 입법 생산성을 향상하기 위해서는, 제1야당이 차지했던 무제한 토론 중추의 지위를 가져가는 중도 정당이 출현해야 한다.

그림 7.11 초다수결 의회에서 중도 정당이 무제한 토론 중추인 경우, 중핵과 입법 결과

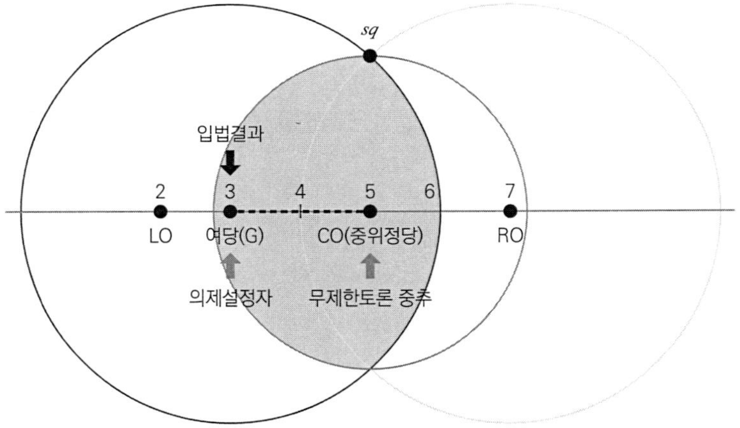

<그림 7.11>은 중도 정당이 무제한 토론 중추의 지위를 차지한 경우를 보여 준다. 이럴 경우, 중핵은 3과 5를 잇는 선분이다. 따라서 <그림 7.10>의 중핵에 비해 크기가 2만큼 감소한다. 승리 집합은 <그림 7.10>이 보여 준 얇은 렌즈 모양에서 두꺼운 렌즈 모양으로 변하게 된다. 온건한 정당이 제1야당이 확보했던 무제한 토론 중추 지위를 가져가게 된 상황은 20대 국회 말에 발생하였다. 박근혜 대통령 탄핵 직

전 2017년 1월 4일에 자유한국당 의원들이 탈당하여 만든 바른정당이 자유한국당 대신 무제한 토론 중추 지위를 확보하게 되었다. 이후 2018년 2월 13일에 국민의당의 보수적인 의원들과 바른정당이 합당하여 만든 바른미래당(이하 바미당)이 무제한 토론 중추 지위를 얻었다. 바른미래당 입장이 자유한국당 입장과 크게 다르지 않았기 때문에, 이때까지만 해도 입법적 교착 상황은 여전히 유지되었다. 그러나 선거법 개정안과 공수처법 제정 당시 4+1 협의체(민주당, 바미당권파, 정의당, 민주평화 및 대안신당)가 형성되면서, 이들이 무제한 토론 중추의 지위를 차지하게 되었다. 중핵의 크기는 줄어들게 되었고, 의제 설정자인 민주당과 실질적 거부권 행사자인 4+1 협의체의 비차별 곡선이 겹치는 영역에서 민주당이 선호하는 법안들이 통과되게 되었다.

7.3 정당 체제와 입법 규칙이 국회의 입법 생산성과 입법 결과에 미치는 영향

7.2절에서는 11개의 입법 체제에서 초래되는 국회의 입법 생산성과 입법 결과를 분석했다. <표 7.1>은 정당 체제와 입법 규칙의 서로 다른 조합이 산출하는 38개의 입법 체제에서의 실질적인 의제 설정자, 거부권 행사자, 중핵의 크기 및 입법 결과를 보여 준다. <표 7.1>에서 G와 O는 각각 양당 체제에서의 여당과 야당의 의석률을 의미하고 LO와 CO 및 RO는 각각 4당체제에서의 좌파정당, 중도 정당, 제1야당의 의석률을 의미한다. 어둡게 표시된 부분은 중핵을 구성하는 거부권 행사자를 나타낸다.

표 7.1 양당 체제와 다당 체제에서 산출되는 38 입법 체제에서의 입법 생산성과 입법 결과

입법 체제		다수당 또는 다수진영 (정부 유형)	여당 (진영) 의석률	야당 (진영) 의석률	실질적 거부권 행사자, 입법 생산성, 입법 결과								
					다수결 의회				초다수결 의회				
					거부 중추	중위 정당	중핵 크기	입법 결과	거부 중추	중위 정당	무제한 토론	중핵 크기	입법 결과
2	A	여당 (단점)	3/5<G	O<3/5	G	G	0	3	G	G	G	0	3
	B		1/2<G<3/5	2/5<O<1/2	G	G	**0**	**3**	G	G	O	4	4
	C	야당 (분점)	2/5<G<1/2	1/2<O<2/3	G	O	4	6	G	O	G	4	6
	D		1/3<G<2/5	3/5<O<2/3	G	O	4	6	G	O	O	4	6
4	E	여당 진영	LO<1/3, 3/5<(LO+G)	(CO+RO)<2/5	G	G	0	3	G	G	G	0	3
	F		LO<1/3, 1/2<(LO+G)<3/5	2/5<(CO+RO)<1/2, RO<2/5	G	G	**0**	3	G	G	CO	2	3
	G			2/5<(CO+RO)<1/2, RO>2/5	G	G	**0**	**3**	G	G	RO	4	4
	H	야당 진영	LO<1/3, 2/5<(LO+G)<1/2	1/2<(CO+RO)<3/5, RO<2/5	G	CO	2	5	G	CO	G	2	5
	I			1/2<(CO+RO)<3/5, 2/5<RO<1/2	G	CO	**2**	5	G	CO	RO	4	5
	J			1/2<(CO+RO)<3/5, RO>1/2	G	RO	4	6	G	RO	G	4	6
	K		LO<1/3, LO1/3<(LO+G)<2/5	3/5<(CO+RO)<2/3, RO<2/5	G	CO	2	5	G	CO	G	2	5
	L			3/5<(CO+RO)<2/3, 2/5<RO<1/2	G	CO	**2**	5	G	CO	RO	4	5
	M			3/5<(CO+RO)<2/3, RO>1/2	G	RO	4	6	G	RO	G	4	6

N		LO〉1/3, 1/3〈(LO+G)〈2/5	3/5〈(CO+RO)〈2/3, RO〈2/5	LO	CO	3	5	LO	CO	G	3	5
O			3/5〈(CO+RO)〈2/3, 2/5〈RO〈1/2	LO	CO	**3**	5	LO	CO	RO	5	5
P			3/5〈(CO+RO)〈2/3, RO〉1/2	LO	RO	5	6	LO	RO	G	5	6
Q		(LO+G)〈1/3	2/3〈(CO+RO), RO〈2/5	CO	CO	0	5	CO	CO	CO	0	5
R			2/3〈(CO+RO), 2/5〈RO〈1/2	CO	CO	**0**	5	CO	CO	RO	2	5
S			2/3〈(CO+RO), RO〉1/2	CO	RO	2	7	CO	RO	CO	2	7

주: <그림 7.1>은 체제 A 또는 B의 다수결 의회, <그림 7.2>는 체제 C 또는 D의 다수결 의회, <그림 7.3>은 체제 B의 초다수결 의회, <그림 7.4>는 체제 C 또는 D의 초다수결 의회, <그림 7.5>는 체제 E, F, G의 다수결 의회, <그림 7.6>은 체제 J 또는 M의 다수결 의회, <그림 7.7>은 체제 H, I, K, L의 다수결 의회, <그림 7.8>은 체제 G의 초다수결 의회, <그림 7.9>는 체제 J 또는 M의 초다수결 의회, <그림 7.10>은 체제 I 또는 L의 초다수결 의회, <그림 7.11>은 체제 F의 초다수결 의회에 해당한다. 굵게 표시된 숫자는 다수결 의회와 초다수결 의회에서의 결과가 서로 다른 경우이다.

7.3.1. 입법 생산성

<표 7.1>은 양당 체제에서 초다수결 규칙은 입법 생산성을 하락시키는 경향이 있다는 것을 보여 준다. 초다수결 의회에서는 다수당도 초다수 의석을 얻지 못하면 단점정부에서 4만큼의 중핵을 가진다(입법 체제 B). 그러나 분점정부에서는 입법 규칙이 입법 생산성에 영향을 미치지 않는다(입법 체제 C와 D). 4당체제에서 초다수결은 입법 생산성을 하락시키는 경향이 있다. 입법 체제 F와 G에서 초다수결은 다수결에 비해 더 큰 중핵을 산출한다. 중핵의 크기는 입법 체제 F에 비해 G에서 더 많이 증가하는데, 그 이유는 정당 체제 F에 비해 정당 체제 G의 무제한 토론 중추의 입장이 여당으로부터 더 멀리 떨어져 있기 때문이다.

양당 체제와 4당체제에서의 입법 생산성을 서로 비교하면, 몇 가지 흥미로운 사실이 발견된다. 여당(진영)이 과반 의석을 차지한 경우, 다수결 의회에서는 중핵의 크기가 정당의 수와 상관없이 0이므로 정당의 수는 입법 생산성에 영향을 미치지 않는다. 여당(진영)이 초다수결 의회에서 과반 의석을 차지한 경우, 정당의 수가 증가하면 입법 생산성을 증가시킬 수 있다. 예컨대, 무제한 토론 중추가 중도 정당인 입법 체제 F가 무제한 토론 중추가 보수정당인 입법 체제 B보다 더 작은 중핵을 산출한다. 야당(진영)이 과반 의석을 차지한 경우, 다당 체제로의 전환은 다양한 결과를 산출한다. 만약 급진적인 정당이 강한 지지를 얻으면, 중핵은 양당 체제의 분점정부(입법 체제 C와 D)보다 다당 체제(입법 체제 O와 P)에서 더 커질 수 있다. 만약 중도 정당이 중위정당의 지위를 얻을 정도로 강한 지지기반이 있고 제1야당이 무제한 토론 중추의 지위를 잃는다면, 양당 체제의 분점정부의 중핵보다 다당 체제(입법 체제 H와 K)의 중핵이 더 작아진다. 만약 양당 체제의 두 정당에 대한 지지가 견고해서 다당 체제에서도 이들의 거부권 행사자의 지위가 변하지 않는다면, 두 체제에서의 입법 생산성은 서로 같다.

<표 7.1>은 단점정부가 입법 생산성의 충분조건도 아니고 필요조건도 아니라는 사실을 보여 준다. 첫째, 양당 다수결 의회(입법 체제 A와 B)에서는 단점정부가 형성되면 입법 생산성이 증진되나, 양당 초다수결 의회(입법 체제 B)에서는 여

당이 60% 이상을 얻지 못하면 여당이 과반 의석을 얻어도 입법 생산성이 증진되지 않는다. 따라서 단점정부는 입법 생산성 향상의 충분조건이 아니다. 둘째, 여당 양쪽에 군소정당들이 존재할 경우, 소수 여당도 중위정당의 지위를 얻을 수 있다(입법 체제 E, F, G). 이럴 경우, 분점정부에서 소수 여당도 독자적인 거부권 행사자가 되고 중핵의 크기는 0이 된다. 따라서 분점정부에서도(소수 여당이 다수당이 되지 않아도) 입법 생산성이 향상될 수 있다. 따라서 단점정부는 입법 생산성 향상의 필요조건이 아니다.

7.3.2. 입법 결과

먼저 양당 체제에서의 입법 결과를 살펴보면, 입법 체제 B에서 다수결 의회와 초다수결 의회에서의 입법 결과가 서로 다르다. 다수결 의회의 경우, 단점정부에서 다수 여당 입장(3)이 채택되나 분점정부에서는 다수 야당 입장(7)보다 소수 여당 쪽으로 1만큼 이동한 입장이 선택된다. 단정정부와 분점정부가 각각 50%의 확률로 형성된다면, 다수결 의회에서는 다수 야당에 비해 다수 여당 입장을 평균적으로 더 반영하는 비대칭적인 입법 결과가 산출된다. 그러나 초다수결 의회에서는 비대칭적인 입법 결과가 초래되지 않는다. 초다수결 의회에서 다수 여당이 60% 이상을 얻지 못하면, 단점정부에서 소수 야당 쪽으로 1만큼 이동한 입장(4)이 채택되고, 분점정부에서는 소수 여당 쪽으로 1만큼 이동한 입장(6)이 선택된다. 따라서 초다수결 의회에서는 여당이 초다수 의석을 얻지 못하면 대칭적인 입법 결과가 초래된다.

4당체제에서의 입법 결과를 살펴보면, 입법 체제 G에서 다수결 의회와 초다수결 의회는 서로 다른 입법 결과를 산출한다. 이 체제는 여당 진영의 정당들이 과반 의석을 얻었고 여당이 중위정당의 지위를 얻었으나 제1야당이 의석의 5분의 2 이상을 얻은 경우이다. 이럴 경우, 다수결 의회에서는 여당의 입장이 채택되나 초다수결 의회에서는 야당 쪽으로 1만큼 이동한 입장이 채택된다. 따라서 다당 체제에서 다수결 의회는 다수 여당의 입장을 효과적으로 반영하는 반면,

초다수결 의회는 소수 야당의 입장을 약간 반영한다.

입법 규칙이 같은 경우, 정당 체제는 입법 결과에 어떤 차이를 초래하는가? 의회가 다수결을 사용하는 경우, 양당 체제의 단점정부에서 다수 여당의 입장(3)이 채택되고 분점정부에서는 다수 야당의 입장에서 약간 여당 쪽으로 이동한 입장(6)이 채택된다. 그러나 다당 체제에서 중도 정당이 중위정당의 지위를 차지하면 중도 입장이 채택된다. 의회가 초다수결 규칙을 사용하는 경우, 양당 체제에서 다수당 입장에서 소수당 쪽으로 약간 이동한 입장(4 또는 6)이 반영되는 반면, 다당 체제에서는 중도 입장이 채택될 가능성이 크다. 체제 S에서와 같이, 여당이 거부 중추의 지위를 중도 정당에 빼앗길 정도로 여당 지지가 약한 경우(여당 진영 정당들이 의석의 3분의 1도 못 얻는 경우), 야당 입장(7)이 채택된다. 그러나 현실 정치에서 여당이 의석의 3분의 1도 못 얻을 가능성은 희박하므로, 입법 규칙과 상관없이 다당 체제에서 양당 체제에 비해 중도 입장이 채택될 가능성이 크다.

7.3.3. 정당 체제와 입법 규칙의 정치적 효과

<표 7.1>이 보여 준 분석 결과를 정리하면 <표 7.2>의 결과를 얻는다. <표 7.2>는 ① 양당 체제 다수결 의회, ② 양당 체제 초다수결 의회, ③ 다당 체제 다수결 의회와 ④ 다당 체제 초다수결 의회 중 어떤 입법 체제에서 입법 생산성이 가장 높은가를 보여 준다. <표 7.2>에서 "여당(여당 진영)이 과반 의석을 얻은 의회의 중핵"은 <표 7.1>의 각 체제에서 여당 또는 여당 진영이 과반 의석을 얻은 의회들에서 산출된 중핵들의 평균값을 나타낸다. 예컨대, <표 7.1>에서 양당 체제 다수결 의회에서 여당 의석(G)이 3/5보다 크면(체제 A) 중핵의 크기가 0이고, 1/2<G<3/5이어도(체제 B) 중핵의 크기는 0이다. 두 체제에서 산출된 중핵 크기의 평균은 0이므로 <표 7.2>에서 양당 체제 다수결 의회의 중핵 크기의 평균은 0으로 기록되었다. <표 7.1>의 양당 체제 초다수결 의회에서 3/5<G이면(체제 A) 중핵의 크기가 0이고, 1/2<G<3/5이면(체제 B) 중핵의 크기는 4다. 두 체제에서

산출된 중핵 크기의 평균은 2이므로 <표 7.2>에서 양당 체제 초다수결 의회의 중핵 크기의 평균은 2로 기록되었다.

표 7.2 네 정치 체제에서의 입법 생산성, 입법 결과 및 정치적 효과

정치 체제 / 정치 체제의 정치적 효과	양당 체제		다당 체제	
	다수결	초다수결	다수결	초다수결
A. 여당(여당 진영)이 과반 의석을 얻은 의회의 중핵	0.00	3.00	0.00	2.00
B. 야당(야당 진영)이 과반 의석을 얻은 의회의 중핵	4.00	4.00	2.42	3.08
C. 입법적 교착 정도 (A와 B 평균)	2.00	3.50	1.21	2.54
입법 생산성 순위	**2위**	**4위**	**1위**	**3위**
D. 여당(여당 진영)이 과반 의석을 얻은 의회의 정책	3.00	3.50	3.00	3.33
E. 야당(야당 진영)이 과반 의석을 얻은 의회의 정책	6.00	6.00	5.42	5.42
F. 입법 결과 (D와 E 평균)	4.50	4.75	4.21	4.38
G. 다수 여당(진영) 입장 미반영 정도 (F−여당 입장)	0.00	0.50	0.00	0.33
책임정치 순위	**1위**	**4위**	**1위**	**3위**
H. 다수 야당(진영) 입장 미반영 정도 (야당 입장−F)	1.00	1.00	1.58	1.58
I. 소수 보호 정도 (G와 H 평균)	0.50	0.75	0.79	0.96
소수 보호 정도 순위	**4위**	**3위**	**2위**	**1위**
J. 두 체제 입법 결과 차이 (E−D)	3.00	2.50	2.42	2.08
정치 양극화 해소 정도 순위	**4위**	**3위**	**2위**	**1위**
네 순위 단순평균 점수	2.75	3.50	1.50	2.00
종합순위	**3위**	**4위**	**1위**	**2위**

<표 7.2>는 입법 생산성이 네 체제 중 어떤 체제에서 가장 높은가를 보여 준다. 여당 또는 여당 진영이 과반 의석을 얻은 경우, 양당 체제와 다당 체제 모두 다수결 의회제에서의 중핵은 0이다. 따라서 여당 또는 여당 진영이 과반 의석을

얻은 경우, 다수결 의회에서의 입법 생산성이 가장 높다. 야당 또는 야당 진영이 과반 의석을 얻은 경우, 양당 체제는 입법 규칙과 상관없이 가장 큰 중핵(4)을 산출하고 다당 체제에서는 다수결 의회가 가장 작은 중핵(2.42)을 산출한다. 각 체제에서 여당 또는 여당 진영이 과반 의석을 얻은 경우의 중핵 크기와 야당 또는 야당 진영이 과반 의석을 얻은 경우의 중핵 크기의 평균을 계산하면, 어떤 체제에서 입법 생산성이 가장 높은가를 파악할 수 있다. <표 7.2>는 다당 체제 다수결 의회가 가장 작은 중핵(1.21)을 산출하고, 양당 체제 초다수결 의회가 가장 큰 중핵(3.50)을 산출한다는 사실을 보여 준다. 이러한 결과는 다당 체제 다수결 의회의 입법 생산성이 가장 높다는 것을 의미한다.

<표 7.2>는 또한 네 체제에서 산출되는 입법 결과를 보여 준다. 여당 또는 여당 진영이 과반 의석을 얻은 경우, 다수결 의회에서는 양당 체제와 다당 체제에서 모두 다수당이 가장 선호하는 정책(3)이 채택되었다. 양당 체제 초다수결 의회에서 다수 여당이 가장 선호하는 정책에서 소수 야당 입장 쪽으로 0.5만큼 이동한 정책(3.5)이 채택되었으나, 다당 체제 초다수결 의회에서는 소수 야당 입장 쪽으로 0.33만큼 이동한 입법 결과(3.33)가 채택되었다. 야당 또는 야당 진영이 과반 의석을 얻은 경우, 양당 체제에서는 입법 규칙과 상관없이 다수 야당이 가장 선호하는 정책에서 소수 여당 입장 쪽으로 1만큼 이동한 정책(6)이 채택되었다. 다당 체제에서는 양당 체제에 비해 소수 여당 입장 쪽으로 더 이동한 입법 결과가 산출되었다. 다수결 의회와 초다수결 의회 모두에서 소수 여당 쪽으로 1.58만큼 이동한 입법 결과(5.42)가 산출되었다.

<표 7.2>에서 과반 의석을 얻은 여당(여당 진영)이 채택하는 정책과 과반 의석을 얻은 야당(야당 진영)이 채택하는 정책의 평균적인 입장(F)은 각 정치 체제에서 평균적으로 채택되는 정책을 나타낸다. <표 7.2>에서 각 체제에서 채택되는 정책 평균(F)과 여당이 선호하는 정책의 차이(G)는 여당의 뜻이 반영되지 못하는 정도를 나타낸다. <표 7.2>는 양당 체제 초다수결 의회에서 여당이 선호하는 정책과 가장 거리가 먼 입법 결과가 산출되는 반면, 다수결 의회에서는 정당 체

제와 상관없이 여당이 선호하는 정책이 채택된다는 사실을 보여 준다.

책임정치는 대선과 총선 모두에서 승리한 다수 여당이 선호하는 정책을 채택할 수 있을 때 실현된다. 따라서 의회에서 채택된 정책의 평균적인 입장(F)이 다수 여당이 선호하는 정책으로부터 멀어질수록 책임정치가 덜 실현된 것으로 볼 수 있다. <표 7.2>는 책임정치가 양당 체제 초다수결 의회에서 가장 실현되기 어렵다는 사실을 보여 준다. 또한 다수결 의회는 정당 체제와 상관없이 책임정치를 가장 잘 실현할 수 있다는 사실을 보여 준다. 의회에서 채택된 정책이 다수당이 선호하는 정책으로부터 멀어질수록, 다수당 지지자의 선호를 덜 반영하는 대신 소수당 지지자의 선호를 더 반영하게 된다. 따라서 다수당 선호 정책과 입법 결과의 차이는 소수당을 지지하는 유권자의 선호를 반영하는 정도를 나타낸다. <표 7.2>는 다당 초다수결 의회가 소수 입장을 가장 많이 반영하는 반면, 양당 다수결 의회가 소수 입장을 가장 적게 반영한다는 사실을 보여 준다.

<표 7.2>는 여당(여당 진영)이 과반 의석을 얻었을 때의 입법 결과와 야당(야당 진영)이 과반 의석을 얻었을 때의 입법 결과의 차이(H)를 보여 준다. 이 차이는 의회 다수가 교체될 때 초래되는 입법 결과의 변화를 나타낸다. 의회 다수의 교체에 따른 입법 결과의 변화가 심할수록, 두 진영 정당 간의 대결 구도와 두 진영 지지자 간의 갈등이 심해질 가능성이 크다. 따라서 다수 여당(여당 진영)과 다수 야당(야당 진영)에서의 입법 결과 차이를 정치 양극화 정도로 해석할 수 있다. 정치 양극화가 양당 다수결 의회에서 가장 심해지고, 다당 초다수결 의회에서 가장 약해진다는 사실을 알 수 있다.

<표 7.2>는 네 정치 체제가 서로 다른 장단점을 가진다는 사실을 보여 준다. 양당 다수결 의회는 책임정치에 가장 유리하나, 소수를 보호하기 가장 어렵고 정치 양극화를 가장 심화시킨다. 양당 초다수결 의회는 장점보다 단점이 가장 더 많은 체제로 분석되었다. 이 체제는 입법적 교착을 심화시키고 책임정치를 약화할 뿐만 아니라 소수 보호 능력과 정치 양극화 해소 능력도 낮은 편이다. 반면, 다당 다수결 의회는 입법 생산과 책임정치에 가장 유리한 것으로 나타났으

며, 소수 보호 능력과 정치 양극화 해소 능력도 비교적 우수한 것으로 분석되었다. 다당 초다수결 제도는 소수 보호 능력과 정치 양극화 해소 능력이 가장 우수하나, 입법 생산성이 비교적 낮고 책임정치 실현 능력도 약한 것으로 나타났다. <표 7.2>는 각 정치 체제의 입법 생산성, 책임정치 실현 능력, 소수 보호 능력, 정치 양극화 해소 능력 순위를 보여 준다. 각 분야 순위의 단순평균 점수는 다당 다수결 의회에서 가장 높게 나타났고 양당 초다수결 의회에서 가장 낮게 나타났다. 양당 체제보다 다당 체제가 입법 규칙과 상관없이 평균적으로 더 우월한 제도적 효과를 가진 것으로 나타났다. 이뿐만 아니라, 양당 체제와 다당 체제 모두에서 다수결 의회가 초다수결 의회보다 평균적으로 우월한 정치적 효과를 가진 것으로 나타났다.[2]

7.4 행정부 의제 설정 권한과 행정부 입법 생산성

7.3절에서는 다양한 입법 체제가 입법부의 입법 생산성에 미치는 영향을 분석했다. 이 절에서는 행정부의 입법 생산성을 분석한다. 한국에서는 행정부에도 법안을 제출할 수 있는 권한을 부여하였다. 다수결 의회에서 여당이 중위정당의 지위를 확보하면 여당은 실질적 의제 설정자이면서 독자적인 거부권 행사자가 된다(<표 7.1>의 체제 A, B, E, F, G 참조). 한국과 같이 대통령의 권한이 강한 국가에서 대통령이 중위정당의 지위를 확보한 다수 여당을 장악하면, 여당은 행정부 안에 수정을 가하기 어렵다. 이럴 경우, 대통령이 실질적인 의제 설정자이면서 독자적인 거부권 행사자의 지위를 얻게 되고, 행정부가 가장 선호하는 법안

2 그러나 네 가지 제도적 효과의 단순평균이 정치 체제 평가의 절대적인 기준이 될 수는 없다. 그 이유는 <표 7.2>에 포함되지 않은 다른 정치적 효과들이 있을 수 있기 때문이다. 이뿐만 아니라, 국가마다 요구되는 정치적 효과가 서로 다를 수 있다. 정치 양극화가 심각한 국가나 정치 양극화를 해소할 제도가 필요하고 책임정치가 실현되지 않는 국가는 책임정치를 촉진할 수 있는 제도가 필요할 것이다.

이 원안대로 통과된다.

그러나 초다수결 의회에서 다수 여당이 5분의 3 이상을 얻지 못한 경우, 행정부가 선호하는 법안을 제출하면, 소수 야당이 무제한 토론 중추의 지위를 차지하므로 다수 여당은 무제한 토론을 종료할 수 없다. 행정부 법안이 원안대로 통과될 가능성은 행정부와 무제한 토론 중추 정당 간의 입장 차에 따라 달라진다. <그림 7.12>에서 CO로 표시된 중도 정당이 무제한 토론 중추 정당의 지위를 얻으면, <그림 7.12>에서 격자로 표시된 렌즈 모양의 영역이 승리 집합이다. 행정부가 가장 선호하는 법안(3)은 승리 집합 안에 포함되므로, 행정부가 가장 선호하는 안이 수정 없이 통과된다. <그림 7.12>는 점선으로 표시된 중핵의 크기가 2라는 사실을 보여 준다. 현행법이 행정부와 무제한 토론 중추 정당을 연결하는 중핵에 놓여 있으면, 행정부는 현행법을 바꿀 수 없다.

그림 7.12 행정부와 거부권 행사자 입장 차가 작은 경우, 행정부 법안처리 결과

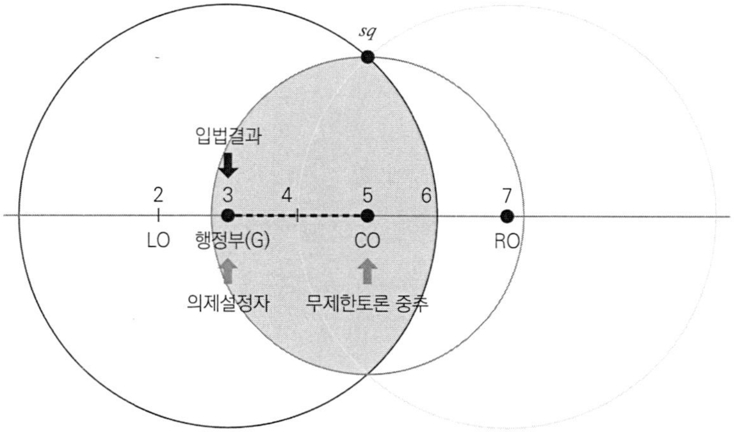

그림 7.13 행정부와 거부권 행사자 입장 차가 큰 경우, 행정부 법안처리 결과

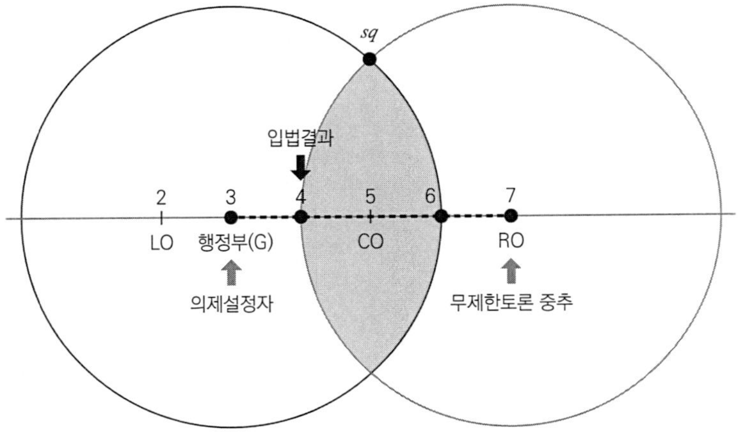

그러나 행정부와 입장 차가 큰 정당이 무제한 토론 중추 정당의 지위를 얻으면 행정부는 가장 선호하는 안을 통과시킬 수 없다. <그림 7.13>은 행정부와 반대 진영에 있는 야당(RO)이 무제한 토론 중추 정당의 지위를 얻을 경우를 보여준다. 이럴 경우, 승리 집합의 크기는 줄어들고 행정부가 가장 선호하는 법안은 승리 집합 외부에 놓이게 된다. 행정부가 가장 선호하는 법안은 무제한 토론 중추 정당의 반대로 원안대로 통과될 수 없다. 대신 승리 집합 안에 있는 대안 중 행정부 입장과 가장 가까운 위치(4)에 있는 법안이 통과된다. <그림 7.13>은 중핵의 크기가 4라는 사실을 보여 준다. <그림 7.12>와 <그림 7.13>의 중핵의 크기를 서로 비교하면, <그림 7.12>에 비해 <그림 7.13>의 상황에서 행정부가 바꿀 수 없는 현행법이 더 많다는 사실을 알 수 있다.

여당이 중위정당의 지위를 얻지 못하면, 행정부는 실질적인 의제 설정자의 지위를 잃게 된다. 이럴 경우, 실질적 의제 설정자인 중위정당은 행정부가 제출한 법안을 승리 집합에 있는 법안 중 자신과 가장 가까운 위치에 있는 법안(6)으로 수정할 수 있다. 중핵은 행정부와 중위정당을 연결하는 선분이다. 행정부와 중위정당의 입장 차, 즉 중핵이 크기가 증가할수록, 행정부가 바꿀 수 없는 현행법이 증가한다. <그림 7.13>과 <그림 7.14>를 비교하면, 어떤 정당이 중위정

당의 지위를 차지하는가에 따라 행정부가 가장 선호하는 법안으로부터 얼마나 많은 양보를 해야 하는가를 보여 준다. 여당이 중위정당의 지위를 얻은 <그림 7.13>의 상황에서 행정부는 의회제에서와 같이 승리 집합 내부의 대안 중 자신과 가장 가까운 안을 통과시킬 수 있다. 반면, 야당이 중위정당의 지위를 얻은 <그림 7.14>의 상황에서 다수 야당은 행정부 안을 승리 집합에 있는 대안들 중 자신과 가장 가까운 안으로 수정할 수 있다.

그림 7.14 야당이 실질적 의제 설정자인 경우, 행정부 법안처리 결과

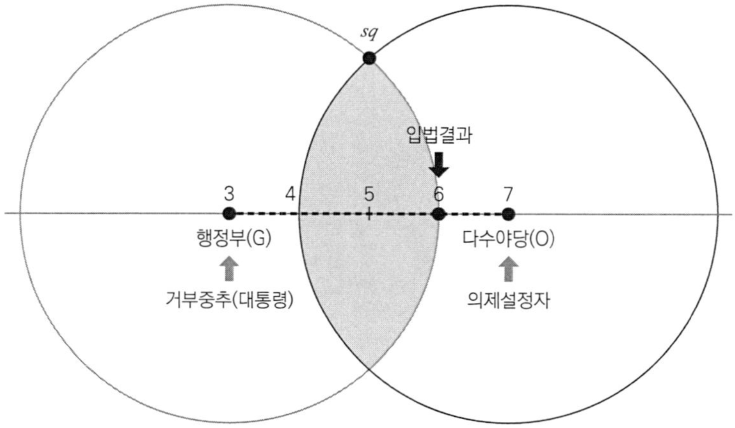

7.5 경험 분석

7.5.1. 중핵이 국회의 입법 생산에 미치는 영향

이 장의 거부권 행사자 모형분석은 정당 체제와 입법 규칙의 서로 다른 조합이 산출하는 입법 체제에 따라 입법 생산성에 차이가 난다는 사실을 보여 주었다. 서로 다른 입법 체제에서 나타나는 입법 생산성 차이는 쟁점 법안 때문에 비롯된다. 이 장의 거부권 행사자 모형은 비쟁점 법안과 쟁점 법안의 차이를 승리

집합이라는 개념을 통해 설명했다. 비쟁점 법안은 여당과 야당 모두 현행법보다 더 선호하는 법안이므로 현행법의 승리 집합 내부에 놓여 있다. 예컨대, <그림 7.2>에서 격자로 표시된 렌즈 모양의 승리 집합에 있는 법안들이 비쟁점 법안이다. 여당과 야당 모두 현행법보다 승리 집합에 있는 비쟁점 법안을 더 선호하므로 비쟁점 법안은 입법 체제에 따른 입법 생산성 차이를 초래하지 않는다. 반면, <그림 7.2>에서 빗금으로 표시된 영역에 있는 쟁점법안이 단점정부와 분점정부에서의 입법 생산성 차이를 초래한다. 따라서 입법 체제에 따른 입법 생산성의 차이에 대한 경험 분석은 쟁점 법안을 대상으로 삼아야 한다.

서로 다른 입법 체제는 중핵에 크기에 영향을 미치고, 입법 생산성은 중핵의 크기에 따라 달라진다. 현행법이 중핵 안에 놓여 있으면, 현행법에 대한 승리 집합이 존재하지 않으므로 현행법을 바꿀 수 없다. 따라서 중핵이 클수록 바꿀 수 없는 현행법의 집합이 증가하므로, 입법 생산성은 감소한다. 그러나 중핵이 작아진다고 해서 입법 생산성이 항상 증가하는 것은 아니다. 예컨대, <그림 7.5>에서와 같이 다수 여당이 유일한 거부권 행사자이면 중핵의 크기는 0이다. 이처럼 중핵이 존재하지 않는 경우, 다수 여당은 언제든지 현행법을 자신이 원하는 법안으로 교체할 수 있다. 그러나 현행법이 다수 여당이 가장 선호하는 정책과 별 차이가 없다면 현행법을 바꿀 필요가 없다. 따라서 중핵이 작다고 해서 더 많은 법이 만들어지는 것은 아니다. 달리 말하면, 작은 중핵은 입법 생산의 필요조건이지만 충분조건은 아니다(Tsebelis, 2002). 현행법을 바꾸기 위해서는 작은 중핵이 필요하나, 중핵이 작으면 많은 현행법을 개정할 수도 있고 그렇지 않을 수도 있다.

중핵의 크기를 측정하기 위해서는 서로 다른 입법 체제에서 실질적인 의제 설정자와 거부권 행사자가 어떤 정당인가를 파악해야 한다. <표 7.3>은 민주화 이후 21대 국회까지 형성된 29개 입법 체제에서의 실질적인 의제 설정자와 거부권 행사자, 중핵의 크기, 표결법안의 수, 통과된 쟁점 법안 수와 쟁점 법안 통과율을 보여 준다. 표에서 어둡게 표시된 부분은 의제 설정자와 실질적 거부권 행사자가 형성하는 중핵을 나타낸다. 체제 7과 9에서 형성된 연합정부의 중핵은 연합정부에 참가한 정당들의 입장 차를 계산하였다. 체제 25의 민주평화당과 체제 26의 바미당 당권파는 국민의당에서 분리되었으므로, 이들의 입장은 국민의당 입장과 같게 측정되었다.

<표 7.3>은 다음과 같은 흥미로운 사실을 보여 준다. 첫째, 다수결 의회의 분점정부에서도 중핵의 크기가 0이 될 수 있다. 거부 중추인 여당이 다수결 의회에서 중위정당의 지위를 얻으면 중핵의 크기가 0이므로, 여당이 다수 의석을 얻을 필요는 없다. 예컨대, 체제 14에서 열린우리당이 다수당의 지위를 잃어 분점정부가 형성되었으나 열린우리당 좌측에 민주노동당이 있으므로 열린우리당은 중위정당의 지위를 유지하였다. 둘째, 단점정부의 중핵 크기가 항상 0은 아니다. 여당이 의석의 5분의 3을 얻은 체제 24를 제외하면, 초다수결 의회의 단점정부에서는 의제 설정자와 무제한 토론 중추가 0보다 큰 중핵을 산출한다. 예컨대, 이명박 정부 후반기(체제 18)와 박근혜 정부 전반기(체제 19)에 여당인 새누리당이 다수 의석을 확보했음에도 불구하고, 국회선진화법이 적용된 19대 국회에서 민주통합당이 무제한 토론 중추의 지위를 얻었기 때문에 중핵의 크기는 여당과 야당의 이념 차이인 4로 측정된다.

<표 7.3>은 초다수결 의회에서도 중핵의 크기가 작은 입법 체제(26과 27)가 형성될 수 있다는 사실을 보여 준다. 체제 26은 바른미래당(바미당) 당권파가 정의당, 민주당, 민주평화당, 대안신당과 함께 선거법 개정에 합의한 2019년 4월 22일에 형성되었다. 국민의당 출신인 바미당 당권파가 무제한 토론 중추의 지위를 차지했으므로, 더불어민주당과 바미당 당권파의 이념 차이로 구성된 작은 중핵(0.3)이 만들어졌다. 21대 총선 직후에 형성된 체제 27에서는 의석의 34.3%(103석)를 얻은 미래통합당이 무제한 토론 중추의 지위를 얻지 못했고, 60%(180석)를 얻은 더불어민주당이 독자적인 거부권 행사자의 지위를 얻게 되었다. 따라서 체제 27의 중핵 크기는 0이다.

표 7.3 민주화 이후 형성된 29 입법 체제에서의 중핵의 크기, 표결 법안 수 및 가결된 쟁점 법안의 수와 비율

입법 체제	정부 유형	시점-종점	지속 기간	대통령	국회	제1당	거부중추 (이념)	중위정당 (이념)	무제한토론 중추(이념)	중핵 크기	표결 법안수	쟁점 법안수	쟁점법안 비율
1	분점	88.05.30-90.01.21	602	노태우	13대	민정당	민정당 (8.0)		-	0.0	NA	NA	NA
2	단점	90.01.22-92.05.29	859			민자당	민자당 (7.5)		-	0.0	NA	NA	NA
3	단점	92.05.30-93.02.24	271		14대	민자당	민자당 (7.5)		-	0.0	NA	NA	NA
4	단점	93.02.25-96.05.29	1190	김영삼		신한국	신한국 (7.5)		-	0.0	NA	NA	NA
5	단점	96.05.30-98.02.24	636		15대	신한국	신한국 (7.5)		-	0.0	NA	NA	NA
6	분점	98.02.25-98.08.16	173	김대중		한나라	국민회의 (4.3)	한나라 (7.7)	-	3.4	NA	NA	NA
7	연합	98.08.17-00.05.29	652			한나라	국민회의 (4.3)+자민련 (7.8)		-	3.5	NA	NA	NA
8	분점	00.05.30-01.04.15	321		16대	한나라	새천년민주 (4.6)	한나라 (7.7)	-	3.1	321	1	0.3
9	연합	01.04.16-02.09.02	140			한나라	새천년민주 (4.6)+민국+자민련 (7.8)		-	3.2	73	0	0.0
10	분점	02.09.03-03.02.24	540			한나라	새천년민주 (4.6)	한나라 (7.7)	-	3.1	503	2	0.4
11	분점	03.02.25-03.09.28	216	노무현		한나라	새천년민주 (4.6)	한나라 (7.7)	-	3.1	196	3	1.5
12	분점	03.09.29-04.05.29	244			한나라	열린우리 (3.7)	한나라 (7.7)	-	4.0	323	7	2.2
13	단점	04.05.30-05.03.24	299		17대	열린우리	열린우리 (3.7)		-	0.0	429	32	7.5
14	분점	05.03.25-07.02.05	683			열린우리	열린우리 (3.7)		-	0.0	1,318	86	6.5
15	분점	07.02.06-07.08.04	180			한나라	열린우리 (3.7)	중도개혁통합 (4.9)	-	1.2	146	1	0.7
16	분점	07.08.05-08.02.24	204			한나라	대통합민주 (4.9)	민주당 (4.9)	-	0.0	410	1	0.2
17	분점	08.02.25-08.05.29	95			통합민주	한나라 (7.7)	통합민주 (4.9)	-	2.8	180	0	0.0

18	단점	08.05.30-12.05.29	1460	이명박	18대	한나라	한나라 (7.7)		-	0.0	1,584	165	12.8
19	단점	12.05.30-13.02.24	271		19대	새누리	새누리 (7.7)		민주통합 (3.7)	4.0	252	10	4.0
20	단점	13.02.25-16.03.23	1122	박근혜		새누리	새누리 (7.7)		민주통합 (3.7)	4.0	2,007	94	4.7
21	분점	16.03.24-16.05.29	65			새누리	새누리 (7.7)		민주통합 (3.7)	4.0	142	1	0.7
22	분점	16.05.30-17.02.12	258		20대	더민주	새누리 (7.7)	국민의당 (4.1)	더민주 (3.8)	3.7	386	0	0.0
23	분점	17.02.13-17.05.09	86			더민주	자유한국 (7.5)	국민의당 (4.1)	더민주 (3.8)	3.7	278	0	0.0
24	분점	17.05.10-18.02.12	278	문재인		더민주	더민주 (3.8)	국민의당 (4.1)	바른당 (7.5)	3.7	632	0	0.0
25	분점	18.02.13-19.04.21	433			더민주	더민주 (3.8)	민주평화 (4.1)	바른미래 (7.5)	3.7	1,235	0	0.0
26	분점	19.04.22-20.05.29	404			더민주	더민주 (3.8)	민주평화 (4.1)	바미당권파 (4.1)	0.3	1,962	228	11.6
27	단점	20.05.30-22.05.09	709		21대	더민주	더민주 (3.3)			0.0	915	106	11.6
28	분점	22.05.10-24.05.29	750	윤석열		더민주	국민의힘(7.5)	더민주(3.0)	더민주(3.0)	4.5			
29	분점	24.05.30-25.06.02	368		22대	더민주	국민의힘(7.4)	더민주(3.6)	더민주(3.6)	3.9			

주: 표결 기록은 16대 국회부터 공개되었으므로 쟁점법안 수와 비율은 16대 국회 이전에는 파악할 수 없음.
13대 국회에서 15대 국회 사이에 형성된 정당의 이념은 문우진(2018) 참고, 16대 국회 이후 형성된 정당 이념은 3장에서 사용한 총선 설문조사 자료 참고.

그림 7.15 16대 국회 이후 중핵의 크기가 쟁점 법안 비율에 미치는 영향

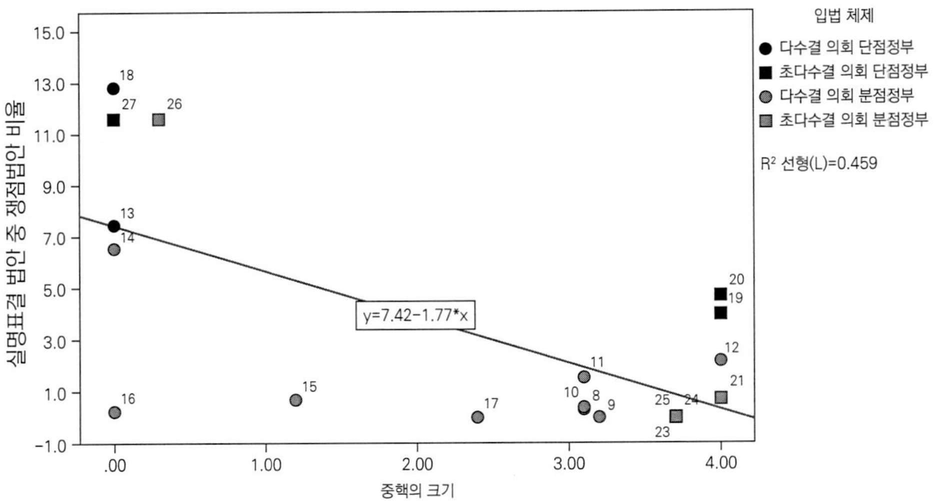

<그림 7.15>는 <표 7.4>의 자료를 이용해서 중핵의 크기와 가결된 쟁점 법안이 차지하는 비율 간의 관계를 그린 것이다. <그림 7.15>에서 분점정부 사례는 회색으로 표시되었고 단점정부 사례는 검은색으로 표시되었다. 원형과 사각형으로 표시된 사례는 각각 다수결과 초다수결 의회를 나타낸다. <그림 7.15>는 다수결 의회를 나타내는 원형 사례는 주로 좌측에 위치하고 초다수결 의회를 나타내는 사각형 사례는 주로 우측에 위치한다는 것을 보여 준다. 이는 초다수결 의회가 더 큰 중핵을 산출한다는 것을 의미한다. 검은색과 회색 원형을 서로 비교하면, 다수결 의회에서는 분점정부보다 단점정부에서 입법 생산성이 더 높다는 것을 알 수 있다. 반면, 검은색과 회색 사각형을 서로 비교하면, 초다수결 의회에서는 단점정부와 분점정부 사이에 입법 생산성에 별 차이가 없다는 것을 관찰할 수 있다. <그림 7.15>는 두 변수의 관계가 "이분산적"(heteroskedastic)이라는 것을 보여 준다. 중핵이 크면 가결된 쟁점 법안의 비율이 낮게, 중핵이 작으면 가결된 쟁점 법안의 비율이 낮거나 높게 관찰된다. <그림 7.15>는 작은 중핵이 입법 생산의 필요조건이나 충분조건은 아니라는 거부권 행사자 이론의 예측

을 경험적으로 뒷받침한다.[3]

7.5.2. 중핵이 정부 제출안 처리에 미치는 영향

<표 7.4>는 민주화 이후 국회에서 처리된 정부 제출안과 의원 발의안의 처리 결과를 보여 준다. 의원안에 비해 정부안 가결률이 훨씬 더 높다는 사실을 알 수 있다. 13대에서 21대 국회까지 통과된 정부안의 가결률은 78.8%이었던 반면, 의원안의 가결률은 32.3%에 불과했다. 이러한 사실은 입법부-행정부 관계에서 의제 실현 능력은 행정부가 입법부보다 더 강하다는 사실을 의미한다. 그러나 정부안과 의원안의 가결률 차이는 감소하는 추세다. 예컨대, 13대 국회에서 정부안 가결률이 의원안 가결률보다 43.7%p 더 높았고, 14대 국회에서는 57.3%p 더 높았다. 그러나 두 종류의 법안 간 가결률 차이는 20대 국회에서 36.9%p까지 줄어들었고, 21대 국회에서는 26.4%p까지 감소했다.

<표 7.4>는 정부가 원안대로 법안을 통과시킬 가능성 역시 상당히 감소하고 있다는 것을 보여 준다. 의원 발의안의 원안 가결률은 민주화 직후에도 매우 낮게 나타났으나, 정부 제출안의 원안 가결률은 13대 국회에서 37.5%이었던 것이 21대 국회에서 9.2%로 급격히 감소하였다. 13대 국회에서는 정부 제출안의 원안 가결률이 의원발의안 원안 가결률의 9.6배였는데, 21대 국회에서는 그것이 5.5배로 줄어들었다. 이는 입법부에 비해 상대적으로 우월했던 행정부의 의제 실현 능력이 점차 감소하고 있다는 사실을 의미한다.

3 통계분석 결과는 Moon(2022) 참조.

표 7.4 민주화 이후 국회에서 처리된 정부 제출안과 의원 발의안의 처리 결과

국회	정부 제출안			의원 발의안		
	제출	가결	원안 가결	발의	가결	원안 가결
13대	368	355 (96.5%)	138 (37.5%)	462	244 (52.8%)	18 (3.9%)
14대	581	561 (96.6%)	265 (45.6%)	252	99 (39.3%)	17 (6.7%)
15대	807	737 (91.3%)	219 (27.1%)	806	349 (43.3%)	26 (3.2%)
16대	595	551 (92.6%)	117 (19.7%)	1,651	770 (46.6%)	34 (2.1%)
17대	1,102	880 (79.9%)	131 (11.9%)	5,728	2,232 (39.0%)	176 (3.1%)
18대	1,693	1,288 (76.1%)	369 (21.8%)	11,191	3,866 (34.5%)	253 (2.3%)
19대	1,093	803 (73.5%)	129 (11.8%)	15,444	5,346 (34.6%)	371 (2.4%)
20대	1,094	738 (67.5%)	135 (12.3%)	21,556	6,608 (30.6%)	569 (2.6%)
21대	831	487 (58.6%)	76 (9.2%)	23,586	7,601 (32.2%)	357 (1.5%)
합(%)	8,164	6,152 (78.4%)	1,542 (19.3%)	80,676	22,746 (33.6%)	1,668 (2.3%)

자료: 국회 의안정보 시스템 https://likms.assembly.go.kr/bill/stat/statFinishBillSearch.do (검색일 2025.03.15.)

표 7.5 민주화 이후 형성된 27 입법 체제에서의 정부안 원안 가결률

<table>
<tr><th rowspan="2">입법 체제</th><th rowspan="2">정부 유형</th><th rowspan="2">지속 기간</th><th rowspan="2">대통령</th><th rowspan="2">국회</th><th rowspan="2">중위정당 (의제 설정)</th><th colspan="2">중핵크기</th><th rowspan="2">정부 법안수</th><th rowspan="2">원안 가결 수</th><th colspan="2">원안가결률(%)</th></tr>
<tr><th>체제</th><th>정부</th><th>체제</th><th>정부</th></tr>
<tr><td>1</td><td>분점</td><td>602</td><td rowspan="3">노태우</td><td rowspan="2">13대</td><td>민정당</td><td>0.0</td><td rowspan="3">0.00</td><td>129</td><td>51</td><td>39.5</td><td rowspan="3">40.0</td></tr>
<tr><td>2</td><td>단점</td><td>859</td><td>민자당</td><td>0.0</td><td>239</td><td>87</td><td>36.4</td></tr>
<tr><td>3</td><td>단점</td><td>271</td><td rowspan="2">14대</td><td>민자당</td><td>0.0</td><td>42</td><td>22</td><td>52.4</td></tr>
<tr><td>4</td><td>단점</td><td>1,190</td><td rowspan="2">김영삼</td><td>신한국</td><td>0.0</td><td rowspan="2">0.00</td><td>539</td><td>243</td><td>45.1</td><td rowspan="2">43.7</td></tr>
<tr><td>5</td><td>단점</td><td>636</td><td rowspan="3">15대</td><td>신한국</td><td>0.0</td><td>141</td><td>58</td><td>41.1</td></tr>
<tr><td>6</td><td>분점</td><td>173</td><td rowspan="5">김대중</td><td>한나라</td><td>3.4</td><td rowspan="5">2.96</td><td>170</td><td>48</td><td>28.2</td><td rowspan="5">22.6</td></tr>
<tr><td>7</td><td>연합</td><td>652</td><td>연합정부</td><td>3.5</td><td>496</td><td>113</td><td>22.8</td></tr>
<tr><td>8</td><td>분점</td><td>321</td><td rowspan="5">16대</td><td>한나라</td><td>3.1</td><td>175</td><td>41</td><td>23.4</td></tr>
<tr><td>9</td><td>연합</td><td>140</td><td>연합정부</td><td>3.2</td><td>18</td><td>3</td><td>16.7</td></tr>
<tr><td>10</td><td>분점</td><td>540</td><td>한나라</td><td>3.1</td><td>189</td><td>41</td><td>21.7</td></tr>
<tr><td>11</td><td>분점</td><td>216</td><td rowspan="6">노무현</td><td>한나라</td><td>3.1</td><td rowspan="6">1.02</td><td>45</td><td>8</td><td>17.8</td><td rowspan="6">14.3</td></tr>
<tr><td>12</td><td>분점</td><td>244</td><td>한나라</td><td>4.0</td><td>168</td><td>24</td><td>14.3</td></tr>
<tr><td>13</td><td>단점</td><td>299</td><td rowspan="5">17대</td><td>열린우리</td><td>0.0</td><td>170</td><td>28</td><td>16.5</td></tr>
<tr><td>14</td><td>분점</td><td>683</td><td>열린우리</td><td>0.0</td><td>441</td><td>53</td><td>12.0</td></tr>
<tr><td>15</td><td>분점</td><td>180</td><td>중도개혁</td><td>1.2</td><td>69</td><td>3</td><td>4.3</td></tr>
<tr><td>16</td><td>분점</td><td>204</td><td>민주당</td><td>0.0</td><td>160</td><td>38</td><td>23.8</td></tr>
<tr><td>17</td><td>분점</td><td>95</td><td rowspan="2">이명박</td><td>통합민주</td><td>2.8</td><td rowspan="2">0.72</td><td>262</td><td>9</td><td>3.4</td><td rowspan="2">21.7</td></tr>
<tr><td>18</td><td>단점</td><td>1,460</td><td>18대</td><td>한나라</td><td>0.0</td><td>1,693</td><td>369</td><td>21.8</td></tr>
</table>

<table>
<tr><td>19</td><td>단점</td><td>271</td><td></td><td rowspan="3">19대</td><td>새누리</td><td>4.0</td><td></td><td>76</td><td>21</td><td>27.6</td><td></td></tr>
<tr><td>20</td><td>단점</td><td>1,122</td><td rowspan="4">박근혜</td><td>새누리</td><td>4.0</td><td rowspan="4">3.93</td><td>683</td><td>103</td><td>15.1</td><td rowspan="4">15.8</td></tr>
<tr><td>21</td><td>분점</td><td>65</td><td>새누리</td><td>4.0</td><td>334</td><td>5</td><td>1.5</td></tr>
<tr><td>22</td><td>분점</td><td>258</td><td rowspan="5">20대</td><td>국민의당</td><td>3.7</td><td>104</td><td>22</td><td>21.2</td></tr>
<tr><td>23</td><td>분점</td><td>86</td><td>국민의당</td><td>3.7</td><td>87</td><td>17</td><td>19.5</td></tr>
<tr><td>24</td><td>분점</td><td>278</td><td rowspan="4">문재인</td><td>국민의당</td><td>3.7</td><td rowspan="4">0.66</td><td>111</td><td>24</td><td>21.6</td><td rowspan="4">14.9</td></tr>
<tr><td>25</td><td>분점</td><td>433</td><td>민평당</td><td>3.7</td><td>264</td><td>36</td><td>13.6</td></tr>
<tr><td>26</td><td>분점</td><td>404</td><td>민평당</td><td>0.3</td><td>732</td><td>66</td><td>9.0</td></tr>
<tr><td>27</td><td>단점</td><td>709</td><td rowspan="2">21대</td><td>더민주</td><td>0.0</td><td>243</td><td>40</td><td>16.5</td></tr>
<tr><td>28</td><td>분점</td><td>750</td><td rowspan="2">윤석열</td><td>더민주</td><td>4.5</td><td rowspan="2"></td><td>341</td><td>18</td><td>5.3</td><td rowspan="2">9.1</td></tr>
<tr><td>29</td><td>분점</td><td>305</td><td>22대</td><td>더민주</td><td>3.9</td><td>374</td><td>47</td><td>12.5</td></tr>
</table>

주: 각 정부의 중핵 크기는 각 입법 체제의 중핵에 지속 기간만큼의 비중을 두어 계산한 가중평균 값. 각 정부의 원안 가결률 역시 같은 방식으로 계산함. 체제 29에서 제출된 정부법안 수는 2025년 3월 31일까지 제출된 법안 수임.

<표 7.5>는 민주화 이후 형성된 29개의 입법 체제에서 처리된 정부안의 수, 원안 가결된 정부안의 수, 처리된 정부안 중 원안 가결된 정부안의 비율을 보여 준다. 또한 노태우 정부와 김영삼 정부에서 원안대로 가결된 정부안의 비율이 40% 전후에 이른다는 사실을 보여 준다. 민주화 이후 의원안의 원안 가결률 평균이 2.3%라는 사실을 고려하면, 40%에 이르는 정부안의 원안 가결률은 매우 높은 것이다. 정부안의 원안 가결률은 점차 감소하여, 문재인 정부에서 14.9%까지 감소하였다. 이는 대통령의 의제 실현 능력이 점차 감소하고 있다는 사실을 의미한다. <그림 7.16>은 중핵의 크기가 정부안의 원안 가결률에 미치는 영향을 보여 준다.[4] 두 변수 간의 관계가 이분산적이라는 사실을 나타내고 있다. 이분산적인 관계가 의미하는 바는 중핵이 크면 대통령이 자신의 입법의제를 실현하기

4 중핵의 크기가 정부안의 원안 가결률에 미치는 영향에 대한 통계분석 결과는 Moon(2021) 참조.

어려우나 중핵이 작으면 의제를 실현할 수도 있고 그러지 않을 수도 있다는 것을 의미한다. <그림 7.16>은 원안 가결률이 높은 사례가 모두 중핵이 0인 체제에서 관찰되었다는 사실을 보여 준다. 그러나 대통령의 여당 장악력이 약하거나 여당이 분열된 경우(체제 13, 14, 16), 여당도 정부안에 수정을 가할 수 있으므로 중핵의 크기가 작을 때도 원안 가결률이 낮을 수 있다.

그림 7.16 민주화 이후 중핵의 크기가 정부안의 원안 가결률에 미치는 영향

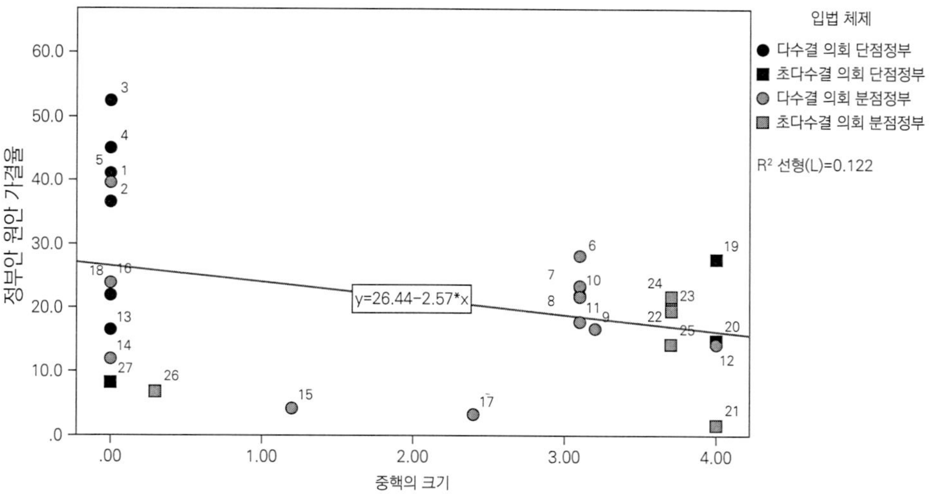

<그림 7.16>은 중핵의 크기가 크면 정부안이 원안대로 통과되기 어렵다는 것을 보여 준다. 중핵의 크기가 큰 체제는 모두 다수결 의회 분점정부이거나 초다수결 의회 체제라는 사실을 관찰할 수 있다. 이러한 체제는 여당이 의제 설정자의 지위를 얻지 못하거나 여당과 거리가 먼 야당이 실질적 거부권 행사자의 지위를 차지한 경우이다. 이는 대통령의 입법적 의제 설정 권한은 두 가지 방법으로 약화할 수 있다는 사실을 의미한다. 여당이 의제 설정자의 지위를 확보하는 것을 어렵게 하거나, 여당의 의제 설정에 실질적인 거부권을 행사할 수 있는 정당의 출현 가능성을 높일 경우, 대통령의 의제 설정 권한은 약해진다. 양당 체제에서 다당 체제로 전환되면, 여당 대신 중도 정당이 의제 설정자의 지위를 확

보할 가능성이 증가한다. 초다수결 입법제도에서 여당이 60% 이상의 의석을 얻지 못하면, 소수당이 정부안에 실질적인 거부권을 행사할 수 있다. 따라서 비례제 또는 초다수결 입법 규칙은 대통령의 의제 설정 권한을 상당히 약화한다.

7.6 결론

이 장에서는 한국에서의 입법 생산의 작동 원리를 거부권 행사자 이론을 통해 분석하였다. 이 장에서 제시된 모형을 분석한 결과, 다음과 같은 결과를 얻었다. 첫째, 쟁점 법안이 통과될 가능성은 분점정부보다 단점정부에서 더 높다. 둘째, 국회선진화법은 쟁점 법안의 입법적 교착 가능성을 증가시킨다. 셋째, 다당 체제에서 출현한 중도 정당이 중위정당의 지위를 얻거나 무제한 토론을 종결시키기 위한 캐스팅 보트를 쥘 정도의 의석을 확보하게 되면, 입법 생산성은 양당 체제보다 다당 체제에서 더 높아진다. 넷째, 국회선진화법은 행정부의 입법적 의제 설정 권한을 약화한다. 이러한 결과가 제시하는 중요한 함의는 한국에서의 입법 생산은 정부 유형(단점정부 대 분점정부), 입법 규칙(다수결과 초다수결), 정당 체제(양당 체제 대 다당 체제) 및 정당들의 의석률과 무관하게 합의로 이루어지는 것이 아니라는 것이다. 한국에서의 입법 생산은 이러한 제도적·정치적 변수들에 따라서 달라진다.

이 장에서는 또한 대통령의 입법적 의제 설정 권한의 제도적 기원에 대해 분석하였다. 한국에서는 행정부도 법안을 발의할 수 있으므로 대통령이 여당을 장악하고 여당이 중위정당의 지위를 얻을 경우, 대통령이 실질적인 의제 설정자와 독자적인 거부권 행사자의 지위를 확보한다. 이럴 경우, 대통령은 자신이 원하는 입법적 의제를 실현할 수 있다. 반면, 여당이 중위정당의 지위를 상실하거나, 소수당이 실질적인 거부권 행사자의 지위를 확보하게 되면, 대통령의 입법적 의제 설정 권한은 상당히 약해진다. 이 장에서는 다수결 의회의 분점정부 상황이나 초다수결 의회에서 중핵의 크기가 증가한다는 이론적 예측을 제시하였고, 이러한 예측을 경험 자료를 통해 뒷받침하였다.

이 장의 분석 결과는 대통령 권한을 약화하기 위한 정치제도 개혁과 관련된 중요한 함의를 제공한다. 첫째, 대통령이 여당을 장악할 수 있도록 하는 제도적 무기를 약화시키거나, 둘째, 여당이 중위정당의 지위를 확보하기 어렵게 하거나, 셋째, 여당이 중위정당의 지위를 확보해도 초다수결 입법 규칙을 통해 여당의 의제 설정 권한을 제한하면, 대통령의 입법적 권한은 약해진다. 이러한 방법들은 권력구조 개헌을 요구하지 않는다. 현행 대통령제를 유지한 채, 미국과 같이 의원 자율성을 증가시킬 수 있는 당내 후보 선발 방식을 도입하거나, 국회선진화법을 유지해서 소수 야당이 다수 여당을 견제할 수 있도록 하면 된다. 즉 초다수결 입법제도나 비례제 도입만으로도 대통령의 입법적 권한은 상당히 약해진다.

그렇다면 초다수결 입법제도와 비례제 중 어떤 정치제도를 도입하는 것이 나은가? 초다수결 입법제도와 비례제를 모두 도입하는 것이 바람직한가? 이 질문들에 대한 답은 정당 체제와 입법 규칙의 서로 다른 조합이 산출하는 입법 체제의 정치적 효과에 대한 면밀한 분석을 요구한다. 이 장의 분석에 의하면, 서로 다른 입법 체제는 다음과 같은 장단점을 가진다. 양당 체제와 다수결 입법 규칙이 조합된 체제는 책임정치 또는 다수의 효율적인 지배에 가장 유리하나, 소수 보호와 정치 양극화 해소에 가장 불리하다. 양당 체제와 초다수결 입법 규칙이 조합된 체제는 입법 생산성, 책임정치 실현 능력, 소수 보호 능력, 정치 양극화 해소 능력 모두 하위권에 속한 것으로 나타났다. 다당 체제와 다수결이 조합된 체제는 입법 생산성과 책임정치 실현 능력이 가장 우수했고, 소수 보호 능력이나 정치 양극화 해소 능력도 상위권에 속하였다. 다당 체제와 초다수결 입법 규칙이 조합된 체제는 소수 보호 능력과 정치 양극화 해소 능력이 가장 우수했으나 입법 생산성과 책임정치 실현 능력은 하위권에 속하였다.

네 체제가 가진 정치적인 효과를 종합적으로 평가하면, 다당 체제와 다수결 입법 규칙을 조합한 체제가 가장 우수한 특성을 가졌으나, 양당 체제와 초다수결 입법 규칙을 조합한 체제가 가장 열등한 특성을 가진 것으로 분석되었다. 한국이 양당 지배 체제와 초다수결 입법 규칙이 조합된 체제라는 점을 고려하면, 입법적 교착, 책임정치의 부재, 소수 권리 침해, 정치 양극화와 같은 한국 정치의 고질적인 문제는 한국 정치 체제의 제도적 특성과 무관하지 않은 것으로 보인다. 이 장의 분석은 초다수결 입법 규칙을 유지한 채 비례제를 도입하면 낮은 입법 생산성과 책임정치의 부재라는 문제는 해결하기 어렵다는 것을 보여 준다. 이 장의 분석에 의하면, 다당 체제를 산출하기 위한 선거제도 개혁은 다수결 입법 규칙을 도입하는 입법제도 개혁과 병행되는 것이 바람직하다.

III부

한국에서의 입법적 충원과 대리인 문제

8장

정당 모형과 한국 정당의 특성: 낮은 제도화 수준의 파벌 정당

8.1 서론

민주주의 정치제도는 누가 누구를 대표하는가라는 문제와 직결되어 있다. 선거제도는 누구를 대표하는가라는 문제와 직결되어 있다. 선거제도는 비례성의 정도에 따라 양당 체제나 다당 체제를 산출한다. 단순다수제가 양당 체제를 형성하면 다수 정당에 지지를 보낸 다수 유권자의 입장을 대표할 가능성이 크다. 반면, 비례제가 다당 체제를 형성하면 양당 체제에서 의회에 진입할 수 없는 군소정당이 자신을 지지한 소수 유권자의 입장을 대표할 수 있다. 선거제도는 또한 누가 대표하는가라는 문제와 연관되어 있다. 4장에서 설명한 바와 같이, 서로 다른 선거제도에서는 정당 충성형, 지역구 사업형, 집단 대리인형, 사업가형과 같이 서로 다른 유형의 의원들이 의회에 진입하여 자신을 지지한 집단들을 대표한다(Siavelis and Morgenstern, 2008). 7장에서 분석한 바와 같이, 정당 체제와 입법 규칙의 서로 다른 조합은 누구를 대표하는가의 문제와 직결되어 있다. 양당 체제 또는 다당 체제가 다수결 의회와 결합한 체제는 다수를 대표할 가능성이 크고, 다당 체제가 초다수결 의회와 결합한 체제는 다른 체제에 비해 소수를 대표할 가능성이 더 크다.

8장에서는 다양한 정당 모형에 대해 논의한다. 정당 모형은 누가 대표하는가라는 문제와 직결되어 있다. 정당의 핵심적인 기능은 시민사회 집단의 이해와 가치를 정책적으로 대변하고 시민사회에서 발생하는 갈등을 제도적으로 해소하는 것이다. "정당은 시민사회와 국가를 서로 연결하는 기관으로, 이러한 연계 기능을 수행하기 위해서는 시민사회 영역과 의회, 정부, 관료를 포함하는 국가영역에 정박하고(anchored) 있어야 한다"(Poguntke, 1998: 156). 정당의 황금시대라 불리는 1950년대와 1960년대 서구에서는 대중정당이 시민사회에 깊숙이 뿌리박고 있으면서 시민사회를 국가와 연계하는 기능을 수행했다(Rahat and Kenig, 2018). 대중정당 시기에는 정당이 시민사회 집단의 이익을 대변하는 대리인을 충원하였고 이들이 자신을 선발한 집단의 이해와 가치를 대표하였다. 그러나 포괄정당이 들어서면서 정당과 시민사회의 연계가 약해졌고, 시민사회의 대리인 기능을 충실하게 수행할 의원 대신 선거 승리에 유리한 직업 정치인 출신 의원이 대표하게 되었다.

8장은 다음과 같이 구성되었다. 8.2절에서는 캐츠와 메이어(Katz and Mair, 1995)의 정당 이론을 요약해서 설명한다. 8.3절에서는 크라우웰(Krouwell, 2012)이 제시한 정당 분류 기준을 소개한다. 8.4절에서는 정치의 개인화 현상을 설명하기 위해 제시된 라핫(Rahat, 2022)의 개인화된 정당(personalized party) 모형을 소개한다. 8.5절에서는 크라우웰과 라핫이 제시한 정당 분류 기준에 정당 제도화 수준(the level of party institutionalization)이라는 새로운 지표를 추가하여, 서구뿐만 아니라 비서구 민주주의 국가의 정당들을 일관적으로 분류하기 위한 분석 틀을 제시한다. 8.6절에서는 정당 분류 기준을 조작화하고 기존의 정당 모형과 한국 정당의 특성을 비교 분석한다. 8.7절에서는 한국 정당을 통해 충원되는 의원들의 대표성에 대한 논의로 이 장을 마무리한다.

8.2 캐츠와 메이어의 진화론적 정당론

캐츠와 메이어(Katz and Mair, 1995)는 정당을 국가와 시민사회의 관계 속에서 이해하였다. 이들에 의하면, 정당의 모형은 정당이 국가와 시민사회 사이에서 어떤 역할을 하는가에 따라 변모해 왔다. 19세기 말에 형성된 엘리트 정당(elite party)의 목표는 기득권 세력들의 특권을 서로 분배하는 것이었다. 정치활동이 가능한 시민사회 집단은 국가를 구성하는 사람들, 그리고 이들과 개인적인 친분이나 가족관계에 놓여 있는 사람들로 제한되었다. 시민사회와 국가는 완전히 분리되지 않았으며, 정치활동이 허용된 기득권 집단이 주로 국가를 구성하였다. 엘리트 정당은 국가와 시민사회가 중첩되는 영역에서 기득권 집단의 위원회 기능을 수행하였다.

20세기 초 산업화와 도시화가 진행되면서 투표권을 행사할 수 있는 자격을 충족시킨 사람들이 증가했고 투표권에 대한 제약 조건들도 완화되었다(Katz and Mair, 1995). 특히 노동계급에 대한 정치적 규제가 철폐되면서 국가 관료들과 사적인 관계에 있는 사람들의 비율이 시민사회에서 점점 증가했다. 국가는 시민사회와 분리되었고, 국가와 시민사회의 연계를 담당하는 대중정당(mass party)이 출현하였다. 엘리트 정당이 국가의 특권층들로 구성되었다면, 대중정당은 시민사회 집단들의 대리인 기능을 수행하였다. 엘리트 정당이 지지자들의 사적인 후원에 의존하였던 반면, 수적인 지지에 의존해야 하는 대중정당은 공식적인 원외 정당조직을 발전시키고 당직 보급을 통해 지지자들의 결속력과 정체성을 유지하려 하였다(Katz and Mair, 1995). 엘리트 정당은 국가 전체의 이익에 호소하였던 반면, 대중정당은 자신들을 지지하는 특정 계급 또는 집단의 이익을 대변하는 것을 목표로 하였다. 대중정당은 자신들이 대변하는 시민사회 집단을 국가와 연결하는 교량과 같은 역할을 담당하게 되었다.

20세기 중반부터 진행된 기술의 발전은 전통적인 정당을 포괄정당(catch-all party)으로 변모시켰다(Kirchheime, 1969). 대중매체의 발달과 교육 수준의 향상으로 정치정보에 대한 자급 자족성이 향상되면서, 유권자들은 정치정보 수집을 위해 정당에 덜 의존하게 되었다. 이에 따라 당원들은 비정파적이고 자율적인 의사 표현을 할 수 있게 되었다(Inglehart, 1990). 동시에 대중정당 모형에 적합한 가가호호 선거운동이 매체 중심의 선거운동에 자리를 내주게 되면서, 노동집약적인 당원 중심의 선거운동은 대중매체의 사용에 필요한 자원이 중요한 역할을 하는 자본 집약적 선거운동으로 바뀌게 되었다. 이와 같은 환경의 변화에 수반하여, 이념적 선명성보다는 국가 전체의 이익과 같은 포괄적 가치에 호소하는 포괄정당이 지지 세력을 점차 확장할 수 있게 되었다. 포괄정당은 국가와 시민사회 사이에서 중립적인 중개인(broker) 역할을 담당하게 되었다(Katz and Mair, 1995).

정당이 중개인의 역할을 담당하게 되었다는 사실은 정당 모형의 변화에 중요한 함의를 지닌다. 중개인으로서의 정당이라는 개념은 정당이 자신들을 고용하는 고객의 이익과 별개로 자신을 위해 얻을 수 있는 이익이 존재한다는 사실을 내포한다. 이러한 이익은 관직이 가져다주는 물질적 혜택과 권력뿐만 아니라 정책을 수립하고 국가를 운영할 수 있는 권한을 포함한다. 정당들의 독자적 이익 추구 동기와 사회적 변화는 정당이 시민사회에서 이탈하여 국가 내부로 진입하도록 하였다. 시민들은 점점 정당 활동에 소극적으로 되었고, 정당 가입률은 현저히 감소하였다.

물적·인적 자원이 부족해진 정당은 국고 보조금을 통해 자원을 확보하는 방안을 마련하였다. 원내에 이미 진입한 정당들은 신생 정당들에 비해 자신들에 더 유리한 국고 보조금 제도를 설계하였다. 이와 동시에 원내정당들은 자신들이 방송매체를 유리하게 활용할 수 있게 하는 제도를 마련하였다. 정당에 다양한 자원을 제공하는 국가는 원내정당들의 존속을 유지해 주고 이들을 새로운 세력의 도전으로부터 보호해 주는 역할을 하게 되었다. 물질적 혜택에 있어 정치적 승자와 패자의 차이가 줄어들게 되면서, 공동의 이해를 위해 서로 공조하는 카르텔 정당(cartel party)이 등장하게 되었다(Katz and Mair, 1995). 정당들은 겉으로는 승자가 되기 위해 서로 경쟁하는 것 같지만, 야당 의원들도 현직자 이점, 국고 보조금, 지역구 사업 예산과 같은 다양한 혜택을 얻을 수 있다. 따라서 기존 정당들은 외부의 잠재적 도전자들로부터 자신의 기득권을 지키기 위해 서로 협조하게 되었다. 정당들은 더 이상 시민사회와 국가의 중개인 역할을 하지 않게 되었고, 자신의 기득권을 유지하기 위해 국가 내부로 침투하여 국가 대리인에 준하는 역할을 담당하게 되었다(Katz and Mair, 1995).

8.3 크라우웰의 정당론

크라우웰(Krouwel, 2012)은 정당들을 분류하기 위한 기준으로 유전적(genetic) 차원, 선거(electoral) 차원, 이념(ideological) 차원과 조직(organization) 차원을 제시하였다. 크라우웰은 캐츠와 메이어의 네 정당 모형에 기업 정당(business-firm party) 모형을 추가하고, 다섯 모형이 네 개의 정당 분류 차원에서 서로 어떤 차이가 있는가를 설명했다. 첫째, 정당은 서로 다른 기원에서 유래하여 경로 의존적인 과정을 통해 변모하므로, 서로 다른 정당 유형은 각각 고유한 유전적 특징을 가진다. 둘째, 후보의 사회적 배경과 지지자들의 사회적 기반에 따라 서로 다른 정당 유형이 만들어지므로 정당은 선거 차원에서 고유한 특징을 가진다. 셋째, 이념 차원에서 정당이 추구하는 정책과 강조하는 이슈에 따라 서로 다른 정당 유형이 만들어진다. 넷째, 정당 유형은 조직 차원에 따라 달라진다. 정당은 지구당 조직(party on the ground), 중앙당 조직(party in central office), 공직 정당 조직(party in public office)으로 구성된다(Katz and Mair, 1993). 정당 유형은 세 정당 조직의 상대적 중요성에 따라 달라진다.

크라우웰(Krouwel, 2012)에 의하면, 다섯 정당 모형은 다음과 같은 유전적 특징을 가진다. 엘리트 정당은 원내 의원 간 이익 조정을 위해 원내 의원들의 주도로 소집한 간부회의(caucus)에서 유래하였다. 반면, 대중정당은 정치적으로 배제되었던 시민사회 집단의 주도로 형성되었다. 노동조합이나 종교단체와 같이 국가로부터 분리되었거나 국가에 적대적인 집단들이 자신들의 정치적 권리를 확보하기 위해 대중정당을 설립하였다. 기술과 경제가 발전하면서 기존의 계급 구분이 약해지자, 대중정당은 원외 조직으로부터 멀어졌다. 대중정당이 원내 집단의 주도로 이익단체와의 연계를 강화하면서 포괄정당이 등장하였다. 포괄정당의 등장으로 정당과 시민사회의 연계가 약해지면서 정당들은 생존을 유지하기 위해 국가를 "포획(capture)"하는 방법을 선택했고(van Biezen and Kopecky, 2014), 국가에 진입한 원내 지도부의 주도로 카르텔 정당이 형성되었다. 카르텔 정당의 등장은 새로운 반작용을 초래하였다. 국가 자원을 독점하는 카르텔 정당에 대한 불신은 "반정당 정당"(anti-party party)에 대한 지지로 이어졌다(Poguntke, 1996). 이러한 맥락에서, 사적 자원을 활용하는 정치 사업가들이 설립한 기업 정당들이 등장하게 되었다. 기업 정당은 기업 조직과 유사한 형태의 정당조직을 구축하고 정당을 기업처럼 운영하였다.

크라우웰(Krouwel, 2012)은 다섯 정당 모형을 유전적 특성을 나타내는 2차원적 공간에 배치하였다. <그림 8.1>이 보여 주듯이, 가로축은 정당 형성에 주도적인 역할을 한 주체와 동원된 자원의 성격을 나타낸다. 엘리트 정당과 기업 정당은 사적 자원을 사용한 개인들의 주도로 형성되었으나 대중정당, 포괄정당과 카르텔 정당은 집단적 자원을 사용한 원내 집단의 주도로 형성되었다. 따라서 정당들을 가로축에 배치하면 엘리트 정당과 기업 정당은 좌측에 놓이고 다른 세 정당은 우측에 놓인다. <그림 8.1>의 세로축은 기원적 특성(내부 또는 외부)과 시민사회와 국가 사이에 놓인 정당의 위치를 나타낸다. 엘리트 정당, 포괄정당과 카르텔 정당은 원내 집단으로부터 유래한 반면, 대중정당과 기업 정당은 정당 원외 시민사회 집단이나 개인으로부터 유래하였다. 따라서 정당들을 세로축에 배치하면 엘리트 정당, 포괄정당과 카르텔 정당은 상단에 놓이고 다른 두 정당은 하단에 놓인다.

그림 8.1 정당의 유전적 차원[1]

크라우웰(Krouwel, 2012)은 정당 분류를 위한 두 번째 기준으로 선거 차원을 제안하였다. 정치참여가 특정 계급에만 허용되었던 시기의 엘리트 정당은 자신과 같은 계급 집단을 대상으로 선거운동을 전개하였다. 정치적 충원 역시 이들을 대상으로 이루어졌다. 대중정당은 정치적으로 배제되었던 사회적·종교적·인종적 집단을 동원하고 통합하기 위해 교육·노동·주거·금융 분야에 하위 정당조직을 구축하고 지지 집단에 다양한 편의를 제공하였다. 대중정당이 정당과의 연계가 강한 집단을 집중적으로 공략하는 반면, 포괄정당은 선거 승리를 위해 폭넓은 유권자들을 공략하고 다양한 이익집단으로부터 엘리트를 충원한다. 카르텔 정당은 국가 운영 능력이나 효율성을 강조하고, 당원과의 연계는 약하다. 카르텔 정당은 엘리트 충원의 범위를 축소하여 자신들이 누려왔던 공직 통제 권한을 유지하고 원외 정당의 정치적 충원을 제한하기 위해 법적·재정적 장애물을 설치한다. 기업 정당은 정치 지도자의 개인적 인기와 언론을 통한 홍보로 지지를 확보한다. 지지자들은 선거 당시 정치 지도자에게 환호하는 유권자들로 구성되며 이들의 지지는 일시적이고 가변적이다. 기업 정당은 선거 승리에 유리한 후보를 상업적 계약을 통해 영입한다.

---

1 지도자 정당과 운동 정당은 라핫(Rahat, 2022)이 제시한 개인화된 정당 모형들이나, <그림 8.1>이 보여 준 크라우웰의 분류 차원에 배치할 수 있다.

그림 8.2 정당의 선거 차원

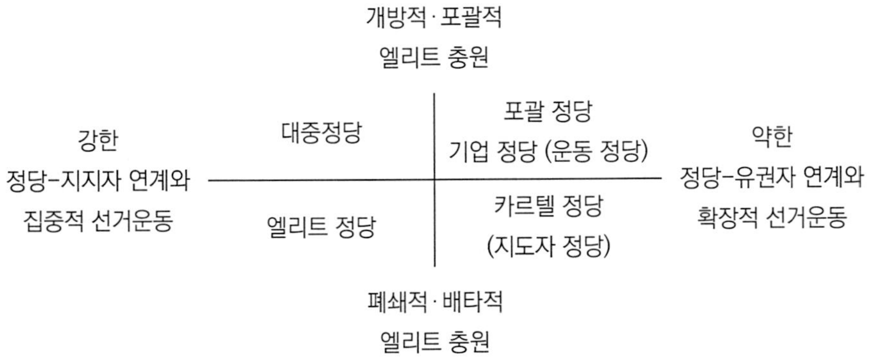

<그림 8.2>는 두 축으로 구성된 선거 차원을 보여 준다. 가로축은 정당과 유권자의 연계가 강한 정도와 정당이 확장적(또는 집중적)인 선거운동을 전개하는 정도로 구성되어 있다. 세로축은 엘리트 충원의 개방성(또는 폐쇄성)을 나타낸다. 전술한 논의를 근거로 정당 모형을 가로축에 배치하면 정당과의 연계가 강한 지지자를 대상으로 집중적인 선거운동을 전개하는 엘리트 정당과 대중정당은 좌측에 위치하고 정당과의 연계가 약한 일반 유권자를 대상으로 확장적인 선거운동을 하는 포괄정당, 카르텔 정당과 기업 정당은 우측에 위치한다. 정당들을 세로축에 배치하면 내부 집단으로부터 배타적인 충원을 하는 엘리트 정당과 카르텔 정당은 하단에 위치하고, 외부 집단에 열려 있는 개방적 충원을 하는 대중정당, 포괄집단과 기업정당은 상단에 위치한다.

크라우웰(Krouwel, 2012)은 정당 분류를 위한 세 번째 기준으로 이념 차원을 제안하였다. 엘리트 정당은 이념에 큰 비중을 두지 않으며 특권층 내부에서 서로 경쟁한다. 대중정당은 자신들이 대변하는 사회 집단을 위한 세계관을 제시하면서 원심적인 이념경쟁을 전개한다. 이에 반해, 포괄정당들은 이념적 차별성을 강조하기보다 국정운영 능력을 강조하면서 구심적인 경쟁을 전개한다. 카르텔 정당은 고정적인 지지층에게 유리한 정책을 제공해 주고 이들로부터 지지를 얻는 후견주의적 교환 전략을 구사한다. 카르텔 정당은 국가 운영 능력을 강조하

며 상징적(symbolic)인 이슈 경쟁을 전개한다. 정치 사업가들은 카르텔 정당 간의 연대와 변혁 정치의 실종에 대한 반발로 기업 정당을 설립하고 정치제도나 경제사회 정책의 변혁을 추구한다.

그림 8.3 정당의 이념 차원

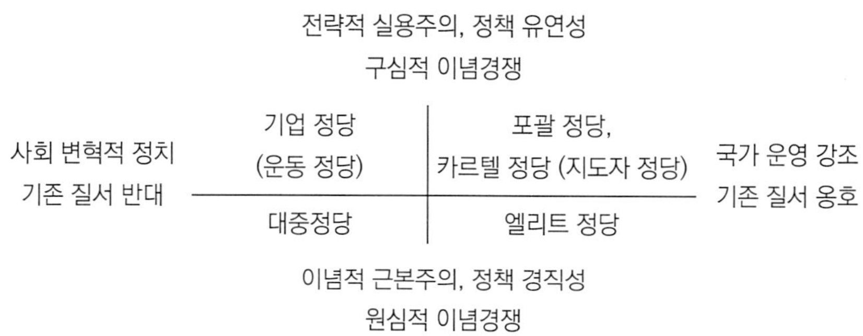

<그림 8.3>이 보여 주듯이, 이념 차원은 두 축으로 구성되어 있다. 가로축은 정당이 사회 변혁 정치(transformative politics)를 추구하는가 아니면 국가 운영 능력을 강조하는가를 나타낸다. 세로축은 정당이 근본주의적인 이념과 선명하고 경직된 정책을 추구하는가 아니면 전략적 실용주의와 온건하고 유연한 정책을 추구하는가를 나타낸다. 전술한 논의를 근거로 정당 모형을 가로축에 배치하면 사회 변혁적 정치를 추구하는 기업정당과 대중정당은 좌측에 위치하며, 기존 질서를 옹호하고 국가 운영 능력을 강조하는 엘리트 정당, 포괄정당과 카르텔 정당은 우측에 위치한다. 정당들을 세로축에 배치하면 지지 집단에 초점을 맞춘 경직적인 정책을 표방하는 엘리트 정당과 대중정당은 가로축의 아래쪽에 위치하고, 선거 승리를 위해 실용적이고 유연한 정책을 표방하는 포괄정당, 카르텔 정당과 기업 정당은 위쪽에 위치한다.

크라우웰(Krouwel, 2012)은 정당을 구분하기 위한 네 번째 차원으로 조직 차원을 제시하였다. 한시적인 아마추어 조직으로부터 출발한 엘리트 정당에서는 원내 의원들이 간부회의(caucus)에서 독점적인 의사결정 권한을 행사하였다. 대

중정당에서는 토대 정당에 자발적으로 참여한 당원들이 수평적인 의사결정을 하였다. 포괄정당이 등장하면서 정당조직은 전문화되었고 자본 집중적인 구조를 가지게 되었다. 포괄정당의 원내 집단은 선거 승리를 위해 이익집단에 자원을 의존하였고 개방적이고 수평적인 의사결정 구조를 구축하였다. 국가로부터 자원을 확보하게 되어 당 외부의 압력으로부터 자유롭게 되자 자신을 원외정당으로부터 분리한 카르텔 정당에서는 공직 정당조직이 중앙집권적인 의사결정을 하게 되었다. 기업 정당에서는 중앙당 역할을 하는 별도 조직이 불필요할 정도로 자본과 전문성이 지도부에 집중되었다(Krouwel, 2012).

그림 8.4 정당의 조직 차원

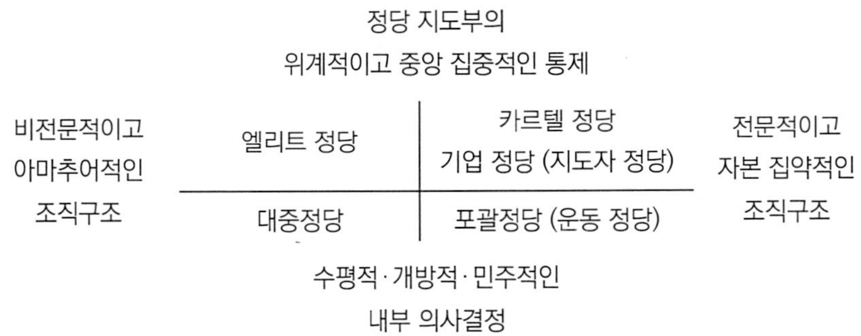

<그림 8.4>가 보여 주듯이, 조직 차원은 두 축으로 구성되어 있다. 가로축은 조직구조가 비전문적이고 아마추어적인가 아니면 전문적이고 자본 집약적인가를 나타내고 세로축은 의사결정 구조가 위계적인가 아니면 수평적인가를 나타낸다. 전술한 논의를 근거로 정당 모형을 가로축에 배치하면 비전문적인 조직구조를 가진 엘리트 정당과 대중정당은 좌측에 위치하고 나머지 정당은 우측에 위치한다. 정당 모형을 세로축에 배치하면 민주적인 의사결정을 하는 대중정당과 포괄정당은 하단에 위치하고 나머지 정당은 상단에 위치한다. <표 8.1>은 크라우웰이 제시한 다섯 정당 모형의 특성을 정리한 것이다.

표 8.1 크라우웰(Krouwel, 2012)의 정당 모형 특성

차원	모형	엘리트 정당	대중정당	포괄정당	카르텔 정당	기업 정당
유전 차원	기원 주도 집단	당 내부 원내 기득권 정치인	당 외부 원외 사회 집단	대중정당 이익집단과 연계된 원내 정치인	포괄정당 원내 집단 원내정당-관료 융합 (때로 이익집단 포함)	당 외부 정치 사업가
선거 차원	정당과의 연계 선거운동 방식	강한 정당 연계, 사회 상층부 제한적 호소, 개인적 접촉	강한 정당 연계, 사회 균열로 형성된 특정 계급·종교·민족 집단에 호소	약한 정당 연계, 핵심 지지층 초월 폭넓은 중산층에 호소	약한 정당 연계, 고정적 후견 집단 정책과 지지 맞교환	약한 정당 연계, 정책소비자 선거 시장
	엘리트 충원 방식과 기반	후보 자체 충원 사적 목적, 상층계급	계급·종교집단 내부충원 이념적·조직적 헌신	외부적 충원 다양한 이익집단	내부적 충원 국가기구(고위 공직자)	후보 자체 충원 개인 사적 동기
이념 차원	정당 경쟁 방식: 이념 대 이슈	후보 개인 전통적 지위 기존 질서 유지	사회 집단 이념적 대변 급진적 사회 변혁	공공 부문 관리 능력 비개혁적 탈정치화	권력 공유를 통한 기득권 유지, 실용적 정책	정책 상품으로서 이슈와 후보 특성, 변혁적 이슈
	정당 경쟁 방식	지위나 부에 의존한 제한적 경쟁	원심적 이념 경쟁	구심적 기술 경쟁	정치적 불만 분산, 이슈 중심의 상징적 경쟁	언론 주목끌기 경쟁
조직 차원	조직 특성	수직적 아마추어 조직	수평적 아마추어 조직	수평적 전문가 조직	수직적 전문가 조직	수직적 전문가 조직
	당원 조직	거의 존재하지 않음	자발적 핵심 조직	중요성 미미	정치인 충원 기반	미약 또는 무관
	중앙당 조직	원내정당에 종속	토대 정당과 공생	원내정당에 종속	원내정당과 공생	미약 또는 무관
	원내정당 지위	핵심 조직	원외 지도부에 종속	원내 집단에 권력 집중	원내정당 지도부와 함께 권력 공유	개별의원 자율성
	자원 확보 방식	개인 재산	당비, 당지, 부수 기관	이익단체, 국가 보조	국가 보조금	기업활동, 상업활동
	조직 전문화	개인적 접촉, 전문 집단 부재	노동집약적 대중 동원	전문화 자본 집약적 조직	전문적 영구 조직	한시적 전문가 고용 마케팅 기법

출처: 크라우웰(Krouwel, 2012).

8.4 정치의 개인화와 라핫의 개인화된 정당 모형

라핫과 쉬퍼(Rahat and Sheafer, 2007)에 의하면, 정치의 개인화 현상은 제도적(institutional) 차원, 미디어(media) 차원, 행태적(behavioral) 차원에서 진행되고 있다. 제도적 차원의 개인화는 정치 집단이나 정당보다 개별 정치인을 더 강조하는 규칙이나 제도를 도입할 때 발생한다. 미디어 차원의 개인화는 미디어가 정당이나 정치 집단보다 개별 정치인을 더 강조하는 현상을 의미한다. 정당이나 공공기관 대신 개별 정치인에 더 집중하는 언론의 보도 행태는 무상 미디어(unpaid media) 개인화를 촉진하고, 선거운동에서 후보의 개인적 특성을 강조하는 전략은 유상 미디어(paid media) 개인화를 촉진한다. 행태적 차원의 개인화는 유권자와 정치인의 행동에서 정당보다 개인이 더 중요해지는 것을 의미한다. 라핫과 쉬퍼는 또한 정치에서 후보 개인이 더 중요해지는 정치의 개인화 현상뿐만 아니라 후보의 사적 특성이 더 부각되는 정치의 사적화(privatization of politics) 현상도 촉진되고 있다는 점을 지적하였다.

정치의 개인화 현상을 목격한 라핫(Rahat, 2022)은 개인화된 정당은 일시적이거나 사소한 현상이 아니라고 지적하면서 개인화된 정치 시대의 정당들을 분류하기 위한 기준을 제시하였다. 라핫은 자신이 제시한 모형에서 정당의 핵심 단위(core units)를 특정 정치인(specific politician), 당 지도자(party leader), 당 기관(party institutions), 정치인 집단(politicians), 운동가(activists)로 구분하였다.

표 8.2 개인화된 정당 모형

정당 모형	집권적 개인화 정당		공동체 정당	분권적 개인화 정당	
	개인정당	지도자 정당		네트워크 정당	운동정당
핵심 단위	특정 정치인	당 지도자	당 기관	정치인 집단	운동가

출처: 라핫(Rahat, 2022: 6)

<표 8.2>는 두 차원으로 구성된 라핫의 개인화된 정당 모형을 보여 준다. 라핫은 개인화 정당을 집권적 개인화(personalized-centralized) 정당과 분권적 개인화(personalized-decentralized) 정당으로 구분하고, 두 유형을 각각 두 개의 하위 모형으로 분류하였다. 첫째, 집권적 개인화 정당은 당의 핵심 단위가 특정 정치인인 개인정당(personal party)과 당 지도자인 지도자 정당(leader party)으로 구분되었다. 둘째, 분권적 개인화 정당은, 당의 핵심 단위가 정치인들인 네트워크 정당(network party)과 운동가들인 운동정당(movement party)으로 구분되었다. 라핫은 개인화 정당과 대비되는 모형으로 당 기관을 핵심 단위로 하는 공동체 정당(collegial party)을 제시했다. 라핫은 개인정당과 지도자 정당의 예로 각각 전진 이탈리아(Forza Italia)와 프랑스의 국민연합(National Rally)을 들었고, 네트워크 정당과 운동정당의 예로 각각 미국 민주당(Democratic Party)과 벨기에의 생태당(Ecolo)을 들었다. 1950년대에서 1990년대의 대중정당이 공동체 정당에 해당한다.

그림 8.5 라핫 정당 모형의 이차원적 배치

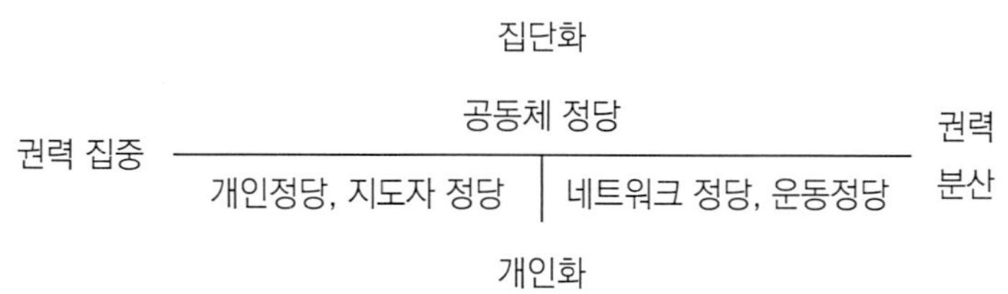

라핫(Rahat, 2022)이 제시한 다섯 정당 모형은 2차원적 공간에 배치될 수 있다. <그림 8.5>는 핵심 단위의 권력 분산 정도를 나타내는 가로축과 집단화 정도를 나타내는 세로축으로 구성된 공간에 다섯 정당 모형을 배치한 것이다. <그림 8.5>에서 세로축은 집단화(또는 개인화) 정도를 나타내므로, 하단에 개인화된 정당들을, 상단에 공동체 정당을 배치할 수 있다. 가로축은 핵심 단위에서 권력이 개인에게 분산된 정도를 나타내므로, 가로축의 좌측에는 권력 집중적인 개인 정당과 지도자 정당을, 우측에는 권력 분산적인 네트워크 정당과 운동정당을 배치할 수 있다.

8.5 정당 정치의 제도화와 통합 모형

8.5.1. 정당 정치의 제도화

크라우웰(Krouwell, 2012)의 모형은 개인화된 정당(personalized parties)을 분석에 포함하지 않았다. 라핫(Rahat, 2022)의 분석 틀은 정치의 개인화 현상과 함께 등장한 서구정당과 이미 개인화된 비서구 정당을 구분하기 어렵다는 한계를 가진다. 대중정당과 포괄정당의 경험을 통해 높은 수준의 제도화를 경험하고 개인화된 정당으로 변모한 서구정당과 달리, 비서구 민주주의의 정당들은 당내 제도가 정비되지 않은 상태에서 소수 세력이 당의 결정을 지배하는 개인화된 정당으로부터 출발한 경우가 많다. 라핫의 분석 틀은 이러한 비서구 민주주의 국가의 개인화된 정당을 서구의 개인화된 정당으로부터 구분하기에 적합하지 않다. 라핫(Rahat, 2022)은 자신이 제시한 정당 분류 기준이 제한적이라는 사실을 지적하면서 다른 분류 기준을 추가하여 자신의 분류 기준을 더 포괄적으로 발전시킬 것을 제안하였다. 이 장에서는 다음 절에서 서구 민주주의 정당으로부터 비서구 민주주의 정당을 구분하기 위한 핵심적인 기준으로 정당의 제도화 수준을 제시한다.

헌팅턴(Huntington, 1968)에 의하면, 제도화란 조직과 과정이 가치와 안정성을 확보하는 과정이다. 제도화는 적응성(adaptability), 복잡성(complexity), 자율성(autonomy)과 일관성(coherence)으로 구성된다. 적응성이란 외부 충격에 견딜 수 있는 능력과 이에 따른 조직의 존속 정도를 의미하며, 복잡성이란 하위 조직의 수로 측정된다. 자율성이란 조직이 외부 집단으로부터 차별화된 정도를 나타내며, 일관성이란 조직 내 갈등 해소 절차에 대한 합의 정도를 나타낸다. 파네비안코(Panebianco, 1988)는 정당 제도화 정도를 측정하기 위한 지표로 자율성과 내부 단위의 상호의존성을 의미하는 내부적 체계성(internal systemness)을 제시하였다. 랜달과 스바산드(Randall and Svåsand, 2002)는 제도화된 정당이 갖추어야 할 두 조건을 제시하였다. 첫째, 제도화된 정당은 구조적인 차원에서 체계성과 의사결정의 자율성을 가지고 있어야 한다. 둘째, 태도적 차원에서 가치 통합성(당원과 지지자들이 개인적 동기를 초월해서 정당에 공동체적 정체성을 느끼고 헌신하는 정도)과 물신성(정당의 존재가 공공의 인식에 안정적으로 확립된 정도)을 가지고 있어야 한다.

바세도와 스트로(Basedau and Stroh, 2008)는 기존 연구들이 정당의 제도화 수준을 조작화하기 위해 제안한 방법들을 취합해서 정당 제도화 지표(index of the institutionalization of parties)를 제시하였다. 이 지표는 정당 안정성, 자율성, 체계성과 일관성을 측정하기 위한 다양한 변수들을 포함하였다. 정당 안정성은 정당의 존속기간과 지지율의 안정성으로 측정하였다. 자율성은 정당 지도부의 안정성과 정당 지도부 변경에도 불구하고 정당 지지율이 유지되는 정도로 측정하였다. 조직적 체계성은 당원의 권한, 전당대회의 규칙성, 인적·재정적 자원 규모, 범국가적인 정당조직의 존재 여부와 정당 활동의 지속성을 측정하였다. 일관성은 원내 집단의 일관성과 (역기능적 파벌 경쟁과 대비되는) 순기능적인 당내 집단 경쟁 및 당내 분열 극복 가능성을 측정하였다.

바세도와 스트로(Basedau and Stroh, 2008)는 자신들의 측정 방법을 이용해서 아프리카 국가의 28개 정당의 제도화 수준을 측정한 반면, 비자로 외(Bizzarro et al., 2017)는 173개 국가의 정당 제도화 수준을 측정하였다. 비자로 외(Bizzarro et al., 2017)는 정당 제도화 수준을 국가 수준에서 측정하기 위해, ① 국가 수준의 영속적 중앙당 조직을 가진 정당의 비율, ② 영속적인 지구당 조직을 가진 정당의 비율, ③ 의회 의석을 확보하거나 대통령을 배출한 정당 중 선명하고 차별적인 정강을 공식적으로 발표한 정당의 비율, ④ 주요 법안에 대한 정당 투표 성향, ⑤ 정당의 대표 방식을[2] 포함하는 다섯 변수를 측정하였다. 비자로 외(Bizzarro et al., 2017)는 자신의 측정 값과 바세도와 스트로(Basedau and Stroh, 2008)의 측정 값의 상관 정도를 아프리카 국가 대상으로 분석한 결과, 피어슨 상관 계수가 0.69에 이른다는 사실을 발견하였다.

<그림 8.6>은 115년 동안(1900-2015) 173개 국가의 정당 제도화 수준이 지역

2 정당의 대표 방식 변수를 측정하기 위해, 정당이 현금이나 공직과 같은 후원주의적 특혜를 제공하는 경우 0점, 도로나 교량과 같은 지역구 사업을 제공하는 경우 2점, 국가 정책이나 사회 비전을 제시하는 경우 4점을 부여하였다.

별로 어떻게 변해 왔는가를 보여 준다. <그림 8.6>은 서유럽, 북미, 오세아니아 국가들의 정당 제도화 수준이 매우 높은 반면, 비서구권 국가들의 정당 제도화 수준은 사하라 이남 아프리카, 중동과 북아프리카, 아시아 순으로 낮다는 사실을 보여 준다. 2000년대에 들어서면서 비서구권 국가의 정당 제도화 수준이 상당히 높아졌음에도 불구하고, 서구와 비서구 국가의 정당 제도화 수준은 여전히 큰 차이를 보인다.

그림 8.6 지역별 정당 제도화 수준의 변화

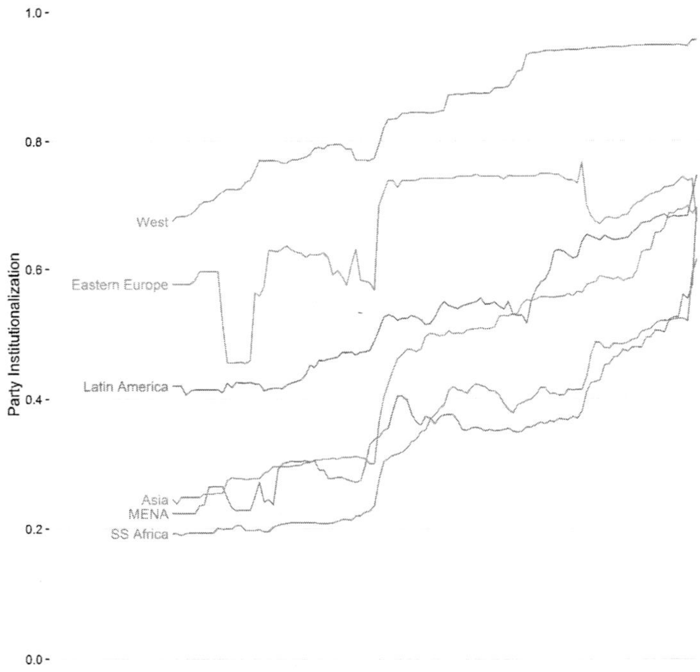

출처: 비자로 외(Bizzarro et al., 2017: 11)

주: West–서유럽, 북미, 오세아니아; MENA–중동과 북아프리카; SS Africa–사하라 이남 아프리카

8.5.2. 한국 정당 정치의 제도화 수준과 파벌 정치

기존 연구들은 민주화 이후 한국 정당 정치의 제도화 수준이 매우 낮다는 사실에 대부분 동의한다(정진민, 2008; Hellmann, 2014; Kim, 2000). 김병국(Kim, 2000)은 정당의 제도화 수준을 나타내는 이념적 차별성, 조직적 연계성과 제도적 안정성을 분석한 결과, 한국 정당의 제도화 수준이 매우 낮다는 사실을 발견하였다. 정진민(2008)은 인물 중심의 사당화된 정당구조, 정당의 사회적 토대 결여, 정책 정당화 실패, 적대적인 정당 관계가 한국 정당 정치의 제도화를 저해하는 요인이라 주장하였다. 헬만(Hellmann, 2014)에 의하면 한국에서는 유력 정치인이 주도하는 정당 경쟁이 정당의 견고한 공적 조직 기반 없이도 안정적으로 유지되었다. 헬만은 소수의 유력 정치인에게 포획된 한국의 정당 체제를 "정당 없는"(partyless) 민주주의로 명명하였다.

제도화 수준이 낮은 한국 정당에서는 파벌 간 경쟁의 논리가 당내 의사결정을 지배하는 경향이 있다. 최준영·구본상(2017)에 의하면, 파벌 지도자는 추종자에게 당내 공직, 공천, 지역구 선심성 예산 등을 제공하는 대신 자신의 정책적 의제 실현이나 대권 실현을 위한 협력을 요구한다. 한국 정당에서는 파벌 지도자와 추종자 간의 후원-수혜 관계(patron-client relationship)가 당내 의사결정을 좌우하고 공천 결과에 큰 영향을 미친다(박찬표, 2016; 손병권, 2015; 지병근, 2016). 한국 정당의 공천 결과는 3김 시대 이전에는 정당 지도부의 낙점에 의해 결정되었고 3김 시대 이후에는 파벌 간 공천 지분의 타협에 의해 결정되었다(손병권, 2015). 20대 총선 당시 새누리당은 100% 상향식 공천을 약속하였으나 공천관리위원회가 독단적으로 비박계 인사를 공천에서 배제하였고, 더불어민주당은 시스템 공천을 추진하였으나 당헌 및 당규와 충돌하는 계파 공천을 하였다(지병근, 2016).

파벌 간 세력 관계는 공천 결과뿐만 아니라 공천규칙의 선택에 영향을 미친다. 두 주요 정당의 공천규칙 변화를 통시적으로 분석한 유용화(2017)에 의하면, 정파 간 권력다툼의 결과에 따라 공천규칙은 변경되었다. 예컨대, 16대 대선에서 18대 대선 사이에 민주당이 채택한 개방 경선제도는 민주당의 개혁 의지 때문에 도입된 것이 아니라 파벌 간 권력 투쟁의 산물이었다(박찬표, 2016). 파벌 간 권력관계는 정당 체제의 안정성에도 영향을 미친다. 민주화 이후 두 주요 정당이 선거 때마다 일관되게 보여 준 당내 파벌 간 갈등, 공천 불복에 따른 탈당과 당명 변경 등의 현상들은 파벌 정당 체제의 불안정성을 보여 준다. 기존 연구들은 파벌 간 권력관계가 한국 정당 체제의 변화에 미치는 영향을 분석하였다(곽진영, 2009; Kwak, 2021). 곽진영(Kwak, 2012)은 대선 때마다 반복되는 정계 개편은 정책 연합의 필요성 때문에 초래된 것이 아니라 파벌 갈등의 결과라는 사실을 보여 주었다.

한국 정당이 카르텔 정당의 요소를 가지고 있으나(곽진영, 2002; 박경미, 2012; Han, 2022), 한국 정당을 카르텔 정당 모형으로 설명하는 것은 카르텔 정당과 한국 정당이 서로 다른 계보를 가졌다는 사실을 간과한 것이다. 대중정당에서 포괄정당을 경유하는 경로를 거쳐 형성된 서구의 카르텔 정당의 제도화 수준은 매우 높다. 이에 반해 한국 정당 정치의 제도화 수준은 매우 낮은 편이다. 한국 정당 정치에서는 파벌 갈등이 당내 정치와 정당 간 경쟁을 지배하는 중요한 변수로 작동한다. 따라서 한국 정당들을 포함하는 비서구권 국가의 정당들을 서구의 카르텔 정당으로부터 구분하기 위해서는 정당 제도화 수준을 정당 분류 기준에 포함할 필요가 있다. 그러지 않을 경우, 서구정당과 다른 경로를 밟아온 한국 정당을 서구정당 모형의 일종으로 잘못 분류할 수 있다. 그러나 크라우웰이나 라핫이 제시한 정당 분류 기준에는 정당 제도화 수준이 포함되지 않았다. 따라서 이 장에서는 8.6절에서 서구와 비서구 정당을 구분하기 위한 핵심적 기준으로 정당 제도화 수준을 포함한 정당 분류 방식을 제시한다. 8.6절에서는 정당 제도화 수준을 포함한 방식과 포함하지 않은 방식이 산출하는 분석 결과의 차이를 서로 비교한다.

8.6 정당 모형의 조작화와 정당 모형 비교분석

8.6.1. 정당 모형 조작화 방법론

크라우웰(Krouwel, 2012)은 1945년에서 2010년 사이 유럽 15개 국가의 정당 변화에 대한 경험 분석을 수행하였다. 크라우웰은 선거 차원, 이념 차원과 조직 차원의 정당 분류 기준을 다양한 변수를 통해 측정하였다. 예컨대, 외부적 기원은 신생정당의 출현 횟수를 측정하였고 내부적 기원은 원내정당의 존속기간을 측정하였다. 선거 차원의 한 요소인 정당-유권자 연계 정도는 선거 변동성(electoral volatility)과 정당 정체성으로 측정하였다. 이념 차원의 선거 경쟁 방식은 정당 간 이념 차이를 측정하였고, 조직 차원은 정당 가입률이나 국가 보조금 의존도와 같은 변수를 측정하였다. 국내 연구로는 유일하게, 한정훈(Han, 2020)은 한국 정당의 이념 차원과 조직 차원에서의 변화를 계량적으로 분석하였다. 한정훈은 1992년에서 2018년 사이 한국의 민주당 계열 정당과 보수정당의 변화를 분석한 결과, 두 주요 정당의 중앙당 조직이 약해졌고 정당과 시민사회의 연계도 약해졌으나 정당 간 정책 입장 차가 좁혀진 것은 아니라는 사실을 발견하였다. 크라우웰과 한정훈은 경험 세계 정당들의 변화를 계량적으로 분석한 반면, 이 장에서는 크라우웰과 라핫이 제시한 정당 모형의 특성을 조작화하여 서로 다른 정당 모형의 유사성과 차이점을 비교하고 한국 정당이 어떠한 정당 모형과 유사한가를 분석한다.

크라우웰과 라핫은 서로 다른 정당 모형을 분류하기 위한 이분법적 분류 기준을 제시하고 정당 모형을 이차원적인 유클리드 공간(Euclidean space)에 배치하였다. 예컨대, 크라우웰이 제시한 조직 차원은 두 축으로 구성되어 있다. 가로축은 조직구조의 전문성을 나타내고 세로축은 의사결정 구조의 위계성을 나타낸다. 크라우웰의 분류법에 따라 비전문적인 조직구조를 가진 정당 모형에 0을 부여하고 전문적인 조직구조를 가진 정당 모형에 1을 부여하면, 특정 정당 모형 조직의 전문성를 나타내는 이분법적 가변수가 산출된다. 따라서 크라우웰의 정당 분류 방식은 정당 모형의 특징을 조작화할 수 있는 이분법적 가변수(dummy variable)를 제공한다.

표 8.3 통합 모형 정당 분류 기준 조작화

차원	지표	엘리트 정당	대중정당 (공동체)	포괄정당 (네트워크)	카르텔 정당	기업정당 (개인정당)	지도자 정당	운동 정당
유전	내부적 기원	2.0	1.0	2.0	2.0	1.0	2.0	1.0
선거	확장적 선거운동	1.0	1.0	2.0	2.0	2.0	2.0	2.0
	개방적 충원	1.0	2.0	2.0	1.0	2.0	1.0	2.0
이념	국가 운영 강조	2.0	1.0	2.0	2.0	1.0	2.0	1.0
	전략적 실용주의	1.0	1.0	2.0	2.0	2.0	2.0	1.0
조직	전문화된 조직	1.0	1.0	2.0	2.0	2.0	2.0	2.0
	수평적 의사결정	1.0	2.0	2.0	1.0	1.0	1.0	2.0
개인화	개인화 정도	2.0	1.0	2.0	2.0	2.0	2.0	2.0
	핵심 단위 집중도	1.2	1.4	1.2	1.6	2.0	1.8	1.0
제도	정당 제도화	1.0	2.0	2.0	2.0	1.0	2.0	2.0

<표 8.3>은 크라우웰과 라핫이 제시한 이분법적 정당 분류 결과에 따라 각 정당 모형의 특징을 이분법적 가변수로 측정한 결과를 보여,준다. <표 8.3>에서 크라우웰의 일곱 지표에 대한 가변수 값은 다음과 같이 측정하였다. 첫째, 크라우웰이 유전적 차원의 기원을 내부적이라고 평가한 정당에 2를 부여하였고, 외부적이라고 평가한 정당에 1을 부여하였다. 둘째, 확장적 선거운동을 전개하는 것으로 분류한 정당과 집중적인 선거운동을 전개하는 것으로 분류한 정당에 각각 2와 1을 부여하였다. 셋째, 엘리트 충원 방식이 개방적인 정당과 폐쇄적인 정당에 각각 2와 1을 부여하였다. 넷째, 국가 운영 능력에 호소하는 정당과 사회 변혁적 이슈에 호소하는 정당에 각각 2와 1을 부여하였다. 다섯째, 전략적 실용

주의 정책을 표방하는 정당과 근본주의적 이념경쟁을 하는 정당에 각각 2와 1을 부여하였다. 여섯째, 전문화된 조직을 가진 정당과 아마추어 조직을 가진 정당에 각각 2와 1을 부여하였다. 일곱째, 수평적 의사결정을 하는 정당과 위계적인 의사결정을 하는 정당에 각각 2와 1을 부여하였다.

라핫이 제시한 정당 분류 기준은 두 지표로 측정된다. 라핫은 정당을 개인화된 정당과 공동체 정당으로 구분하였다. 따라서 개인화된 정당으로 분류된 모형에 2를 부여하였고, 공동체 정당에 1을 부여하였다. 라핫은 소수의 핵심 단위에 권력이 집중된 정도에 따라 개인화된 정당을 배열하였다. 라핫은 개인화된 정당들을 개인정당, 지도자 정당, 네트워크 정당, 운동정당 순으로 배열하였고 공동체 정당을 지도자 정당과 네트워크 정당 사이에 배치하였다. 라핫이 제시한 모형 중 일부는 이름만 다를 뿐 크라우웰의 모형과 같은 모형이다. 라핫은 대중정당을 공동체 정당으로 분류했다. 라핫이 네트워크 정당으로 분류한 미국 민주당을 크라우웰은 포괄정당으로 분류했고, 라핫이 개인정당으로 분류한 전진 이탈리아를 크라우웰은 기업정당으로 분류했다.

라핫의 모형에 포함되지 않은 엘리트 정당과 카르텔 정당은 두 정당 모형의 핵심 단위 크기에 따라 라핫이 제시한 정당 모형들과 함께 배열할 필요가 있다. 엘리트 정당은 동등한 지위를 가진 원내 의원 간 이익 조정을 위해 모인 간부회의(caucus)의 특성을 가진다. 따라서 특정 개인에게 권력이 집중된 정도가 낮다. 엘리트 정당의 핵심 단위는 네트워크 정당의 핵심 단위와 같은 정치인 집단으로 볼 수 있다. 카르텔 정당의 경우, 소수의 원내 지도부가 핵심 단위를 구성하므로 핵심 단위가 지도자 정당보다는 크고 공동체 정당보다는 작다. 따라서 핵심 단위의 권력 집중도 차원에서 카르텔 정당을 지도자 정당과 공동체 정당 사이에 배치할 수 있다.

엘리트 정당과 카르텔 정당을 이처럼 배치할 경우, 핵심 단위에서 권력이 집중된 순위에 따라 ① 기업정당(개인정당), ② 지도자 정당, ③ 카르텔 정당, ④ 대중정당(공동체 정당), ⑤ 포괄정당(네트워크 정당)과 엘리트 정당 ⑥ 운동정당 순으로 배열할 수 있다. 따라서 라핫의 핵심 단위 집중도는 6점 척도의 순위 변수로 측정할 수 있다. 아래의 <그림 8.7>의 방사형 그림에서 모든 변수의 최댓값이 일치할 수 있도록 6점 척도를 2점 척도로 전환할 필요가 있다. 따라서 라핫의 핵심 단위 집중도 변수는 소수에 권력이 집중된 순위에 따라 2.0, 1.8, 1.6, 1.4, 1.2와 1.0으로 측정하였다.

이 장에서는 랜달과 스바산드(Randall and Svåsand, 2002)가 제시한 네 기준(체계적 구조, 의사결정 자율성, 가치 통합성, 물신성)을 근거로 정당 모형의 제도화 수준을 평가하였다. 엘리트 정당과 기업(개인)정당을 제외한 다섯 정당 모형은 체계적인 정당조직을 구축하고 특정 외부 집단으로부터 자율적인 의사결정을 한다. 유권자들은 정당에 대한 정체성을 느끼고(가치 통합성), 정당의 존재는 공공의 인식에 안정적으로 확립되어 있다(물신성). 이들 모형과 달리 엘리트 정당은 체계적인 조직 기반이 미비하고 상층계급으로부터 자율적인 결정을 내리기 어렵다. 엘리트 정당은 상층계급의 사적 이익을 위해 결성한 조직이므로 통합성과 물신성이 부족하다. 기업정당(개인정당)은 전문적이고 수직적인 조직구조를 가지나 체계적인 당원 조직이나 중앙당 조직이 미비하다(Krouwel, 2012). 기업정당은 특정 개인이 사적 이익을 위해 설립한 정당이므로(Krouwel, 2012) 당이 자율적인 결정을 내리기 어렵다. 기업정당은 선거 당시 특정 개인에게 환호하는 유권자들로부터 일시적이고 가변적인 지지를 얻기 때문에(Krouwel, 2012), 가치통합성과 물신성이 결여되어 있다. 따라서 엘리트 정당과 기업(개인)정당의 제도화 수준 변수에 1을 부여하고 다른 정당 모형에 2를 부여하였다.

<표 8.3>은 크라우웰과 라핫이 제시한 기준들이 서로 독립적인 개념이라는 사실을 보여 준다. 선거 차원에서 충원 방식이 개방적이면 조직 차원에서 의사결정 구조도 수평적일 것으로 예상되나, 기업정당의 경우 충원 방식은 개방적이지만 의사결정 구조는 수직적이다. 이념 차원에서 국가 운영을 강조하는 전략을 구사하면 전략적 실용주의 정책을 강조할 것 같으나, 카르텔 정당 간의 연대와 변혁 정치의 실종에 대한 반발로 등장한 기업정당은 국가 운영을 강조하는 전략

을 구사하면서도 정치제도나 사회경제 정책의 변혁을 추구한다(Krouwel, 2012). 조직 차원에서 비전문적인 조직을 가진 정당이 제도 차원에서 낮은 제도화 수준을 보일 것 같지만, 대중정당은 비전문적인 조직을 가졌으면서도 높은 수준의 제도화를 이룬 정당으로 평가된다.

8.6.2. 정당 모형과 한국 정당 특성의 비교분석

한국 정당의 유전적 차원을 평가하기 위해서는 크라우웰이 의미하는 내부적/외부적 기원의 의미를 정확하게 이해할 필요가 있다. 크라우웰은 정당이 국가와 시민사회 사이에서 어떤 위치에 놓여있는가를 파악하기 위해서 정당의 기원을 내부적/외부적 기원으로 분류하였다. 정당 설립의 주도권(initiative)을 원내 집단이 가진 경우 내부적 기원을 가진 정당으로 분류하였고, 시민사회 집단이 가진 경우 외부적 기원을 가진 정당으로 분류하였다. 한국 정당의 변화를 분석한 곽진영(Kwak, 2021)의 연구가 보여 준 바와 같이 한국에서는 민주화 이후 두 주요 정당의 원내 정치 세력들이 이합집산하면서 분당과 창당을 거듭해 왔다. 국민의힘과 민주당 역시 원내 정치 세력들이 주도해서 창당한 정당이므로 내부적인 기원을 가진다고 볼 수 있다. 한국 정당의 사회적 기반이 빈약하다는 연구(김용호, 2016; Lim, 2023)의 주장은 민주화 이후 한국 정당은 내부적 기원을 가졌다는 사실과 부합한다.

한국 정당의 선거 차원에서의 특징을 살펴보면, 한국 정당의 선거운동 방식은 확장적이고(Vincent, 2017; 박윤희, 2010), 정치적 충원 방식은 폐쇄적이라 평가할 수 있다. 1987년에서 2000년 사이의 총선공천 과정을 연구한 유용화(2017)는 한국 정당의 공천 방식은 "폐쇄적, 파벌적, 사적, 권위주의적" 특성을 가지고 있다는 사실을 보여 주었다. 이러한 공천 과정으로 인해, 정치적 충원이 다양한 시민사회 집단으로부터 이루어질 가능성은 낮다. 주로 공천권자의 승인을 얻은 전현직 정치인, 국가 관료, 법조인, 교수와 같은 정치 엘리트 집단으로부터 정치적 충원이 이루어진다(김기동 외, 2018; 문우진, 2021; 전용주, 2012). 이념 차원에서는 두 정당 모두 국가경영 능력이나 민생 보호와 같은 유인 가치를 강조한다(문우진, 2018).

조직적 측면에서 한국 정당조직은 비교적 전문화되어 있으나, 의사결정은 위계적으로 이루어지며(전용주, 2010; 이동윤, 2020), 소수 지도자가 공천권을 독점하는 현상은 민주화 이후에도 지속되고 있다(김용호, 2003). 2000년대 이후 정당 민주화를 위한 제도 개혁이 시도되었으나, 기존의 중앙집권적 위계 구조를 약화하지 못하였다(윤왕희, 2022). 2004년 정당법 개정이 초래한 지구당 폐지는 하부조직을 오히려 약화하여 권력의 중앙집권화를 초래했고, 2015년 공직선거법 개정으로 당내 경선에 도입된 여론조사 제도는 현역의원 중심의 기득권 질서를 공고화시켰다(윤왕희, 2022).

개인화 수준에서 국민의힘과 민주당을 유럽의 대중정당과 같은 공동체 정당으로 보기 어렵다. 따라서 두 정당은 개인화된 정당의 범주에 속한다. 핵심 단위를 살펴보면 여당의 경우 대통령이 자신의 권한을 어떻게 행사하는가에 따라 대통령 개인이 핵심 단위가 될 수도 있고, 대통령에게 충성하는 파벌이 핵심 단위가 될 수도 있다. 국민의힘의 경우, 대통령이 기존 당대표를 자신에게 충성할 수 있는 당대표로 교체하고 막강한 지배력을 행사하므로 대통령 개인을 핵심 단위로 볼 수 있다. 따라서 국민의힘은 개인정당과 비슷한 핵심 단위를 가진 것으로 평가된다. 민주당은 당대표나 유력한 대권주자를 핵심 단위로 볼 수 있다. 민주당에서는 당대표가 상당한 권한을 가지고 있으나 당대표를 반대하는 파벌의 견제를 받는다. 따라서 민주당은 지도자 정당과 유사한 핵심 단위를 가진 것으로 평가할 수 있다. 마지막으로 정당 제도화 수준을 살펴보면, 8.5절에서 자세히 논의한 바와 같이 한국 정당의 제도화 수준은 매우 낮다.

전술한 내용을 근거로 국민의힘과 민주당의 특성을 조작화하면 다음과 같다. 첫째, 내부적 기원 지표는 두 정당 모두 2점을 부여받는다. 둘째, 확장적 선거운동 지표와 개방적 충원 지표는 두 정당 모두 2점과 1점을 부여받는다. 셋째, 국가 운영 강조 지표와 전략적 실용주의 지표는 두 정당 모두 2점을 부여받는다. 넷째, 두 정당 모두 조직의 전문성 지표는 2점을 부여받고 수평적 의사결정 지표는 1점을 부여받는다. 다섯째, 개인화 지표는 두 정당 모두 2점을 부여받는다. 여섯째, 핵심 단위 지표에서 국민의힘과 민주당은 각각 개인정당과 지도자 정당과 같은 2점과 1.8점을 부여받는다. 일곱째, 정당 제도의 안정화 지표는 두 정당 모두 1점을 부여받는다.

8.6.3. 분석 결과

<그림 8.7>은 크라우웰과 라핫이 제시한 정당 모형들과 한국의 두 정당의 특성을 나타낸 방사형 도표를 보여 준다. <그림 8.7>은 정당들이 단선적으로 진화한 것이 아니라는 사실을 보여 준다. 포괄정당 이후 등장한 정당 모형들은 모두 전문화된 조직을 구축하고, 실용적인 정책을 채택하고, 확장적 선거운동을 전개했다. 그러나 현대 정당들이 모두 원내 집단에 기원하거나, 수평적 의사결정 방식을 채택하거나, 국가 운영 능력을 강조하는 선거운동을 전개하는 것은 아닌 것으로 나타났다. 둘째, 운동정당을 제외한 모든 정당은 권력 집중적 의사결정 방식을 채택하였다.

<그림 8.7>은 정당 모형 간 유사성이나 차이점과 관련된 다음과 같은 결과를 산출하였다. 첫째, 대중정당과 포괄정당은 매우 큰 차이를 가진다. 포괄정당은 개방적 충원 방식을 제외하면 대중정당의 선거운동 전략, 이념적 경쟁 방식과 조직구조를 모두 바꾸었다. 둘째, 카르텔 정당과 지도자 정당의 특성이 매우 비슷하다. 핵심 단위가 특정 개인에게 권력이 집중된 정도를 제외하면 카르텔 정당과 지도자 정당의 특성은 모든 차원에서 서로 중첩된다.

<그림 8.7>은 또한 국민의힘과 민주당의 특성과 관련된 다음과 같은 분석 결과를 보여 준다. 두 정당 모두 정당 제도화 수준을 제외한 특성에서 카르텔 정당 및 지도자 정당과 유사한 특징을 보여 주었다. 국민의힘과 민주당은 원내 정치인이 당을 주도적으로 설립했다는 점에서 카르텔 정당이나 지도자 정당과 유사하나, 제도화 수준이 낮다는 점에서 개인정당과 유사하다. 민주당에서는 당 내부에서 선출된 당대표가 반대 파벌의 견제를 받으나 국민의힘에서는 당 외부에

서 영입한 대통령이 당을 장악한다는 점에서 국민의힘이 민주당보다 개인정당과 약간 더 유사하다고 볼 수 있다. 그러나 국민의힘과 민주당 모두 원내 집단의 주도로 설립되었다는 점에서 원외 집단의 주도로 설립된 서구의 개인정당으로부터 구분된다.

그림 8.7 크라우웰과 라핫이 제시한 정당 모형의 특성

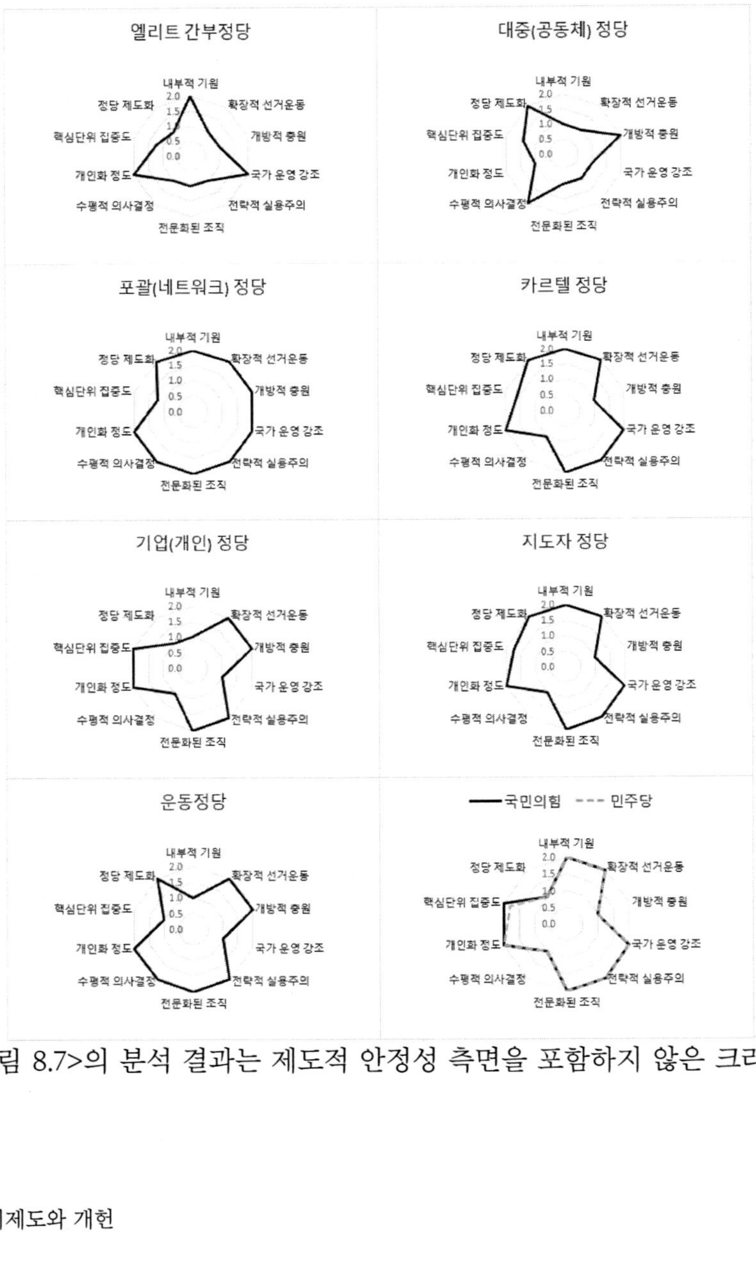

<그림 8.7>의 분석 결과는 제도적 안정성 측면을 포함하지 않은 크라우웰과

라핫의 모형을 한국 정당에 적용하면 한국 정당을 카르텔 정당이나 지도자 정당으로 오인할 수 있다는 사실을 보여 준다. 그러나 한국 정당은 대중정당-포괄정당의 경로를 거쳐 형성된 카르텔 정당이나 지도자 정당과 본질적으로 다른 정당이다. 카르텔 정당이나 지도자 정당의 제도화 수준은 높다. 이에 반해 한국 정당의 제도화 수준은 매우 낮고 파벌 간 세력 관계가 당내 의사결정과 정당 체제 안정성에도 영향을 미친다. 따라서 이러한 특성을 가진 한국 정당을 카르텔 정당이나 지도자 정당과 다른 정당 모형으로 분류할 필요가 있다. 이 책은 한국 정당을 파벌 정당으로 분류한다. 벨러와 벨로니(Beller and Belloni, 1978)에 의하면, 파벌은 "어떤 다른 그룹의 맥락 속에서 존재하는 일정 수준의 조직화된 모임으로 자신이 속한 큰 그룹 내에서 권력적 이익을 놓고 라이벌과 경쟁하는 집단"을 의미한다. 이 책은 이처럼 정의된 "파벌 간 경쟁에서 승리한 유력 파벌의 지도자가 정당의 핵심 단위를 구성하여 정당의 주요한 의사결정을 주도하는 정당"을 파벌 정당으로 정의한다.[3]

<그림 8.7>은 서로 다른 정당 모형이 가진 특징들의 차이를 시각적으로 잘 보여 주나, 차이의 정도를 정확하게 보여 주지 않는다. 아래 수식은 정당 모형 간 특징 차이를 조작화하기 위한 공식이다. 수식 (1)에서 x_{ik}와 x_{jk}는 각각 정당 i와 정당 j의 k 지표 값을 나타낸다. 예컨대, 엘리트 정당과 대중정당의 내부적 기원을 나타내는 지표는 각각 2점과 1점이다. <표 8.4>는 10개 지표 값을 측정했으므로, D_{ij}는 정당 i와 정당 j의 10개 지표 값의 차이에 대한 평균을 나타낸다. 따라서 아래 공식을 이용하면 서로 다른 정당 모형의 특징 차이를 측정할 수 있다.

$$D_{ij} = \frac{\sum_{k=1}^{10} |x_{ik} - x_{jk}|}{10} \qquad (1)$$

3 한국의 파벌 정당은 제도화 수준이 낮은 반면, 일본 자민당의 제도화 수준은 한국 파벌 정당보다 높다. 자민당은 파벌의 연합정당으로 불릴 정도로 파벌이 공식화되어 있고 파벌 간 당 자원의 배분 규칙이 제도화되어 있다(Reed and Bolland, 1999).

<표 8.4>는 D_{ij} 값을 보여 준다. 대중정당과 지도자 정당이 가장 큰 특징 차이를 가진 것으로 나타났다. 두 정당 모형은 정당 제도화 수준이 높다는 공통점을 제외하면 모든 측면에서 차이를 보여 줬다. 대중정당과 카르텔 정당은 두 번째로 큰 특징 차이를 보여 줬다. 두 정당 모형은 정당 제도화 수준이 높다는 공통점을 제외하면 모든 측면에서 차이를 보여 줬다. <표 8.4>는 카르텔 정당과 지도자 정당의 특성 차이가 가장 작다는 사실을 보여 준다. 두 정당 모형은 핵심 단위의 권력 집중도에서만 차이가 날 뿐 모든 측면에서 공통적인 특징을 보여 줬다. 특성 차이가 두 번째로 작은 두 모형은 포괄정당과 카르텔 정당으로 나타났다. 두 정당 모형은 대부분 측면에서 유사하나 의사결정 방식과 엘리트 충원 방식에서 차이를 보였다.

표 8.4 정당 모형과 한국 정당 간 특성 차이

정당 *i* 정당 *j*	엘리트 정당	대중정당 (공동체)	포괄정당 (네트워크)	카르텔 정당	기업(개인) 정당	지도자 정당	운동 정당	국민 의힘	민주당
엘리트 정당	-								
대중(공동체)	0.62	-							
포괄(네트워크)	0.60	0.62	-						
카르텔 정당	0.44	0.82	0.24	-					
기업(개인) 정당	0.68	0.66	0.48	0.44	-				
지도자 정당	0.46	0.84	0.26	0.02	0.42	-			
운동정당	0.72	0.34	0.32	0.56	0.40	0.58	-		
국민의힘	0.38	**0.96**	0.38	0.14	0.30	*0.12*	0.70	-	
민주당	0.36	**0.94**	0.36	0.12	0.32	*0.10*	0.68	0.02	-

주: 어두운 칸과 빗금 친 칸은 각각 모형 간 특징 차이가 가장 큰 경우와 작은 경우를 나타냄.
굵은 숫자는 국민의힘과 민주당과 가장 다른 정당 모형과의 특징 차이를 나타냄.
기운 숫자는 국민의힘과 민주당과 가장 비슷한 정당 모형과의 특징 차이를 나타냄.

<표 8.4>는 국민의힘과 민주당이 어떤 정당 모형과 가장 비슷한가를 보여 준다. 국민의힘과 민주당 모두 지도자 정당과 가장 유사했고 카르텔 정당과 두 번째로 비슷했다. 두 정당은 대중정당과 가장 큰 차이를 보여 주었다. 대중정당이 시민사회와의 연계가 가장 강한 정당이라는 사실을 고려할 때(Katz and Mair, 1995), 이러한 결과는 한국 정당이 시민사회와의 연계가 매우 약한 정당이라는 사실을 보여 준다. <표 8.4>는 또한 국민의힘과 민주당이 10가지 정당 분류 기준에서 매우 유사하다는 사실을 보여 준다. 국민의힘의 핵심 단위가 대통령이고 민주당은 당대표라는 점을 제외하면, 두 정당은 모든 차원에서 중첩된 특징을 보여 주었다.

8.7 결론

이 장에서는 서로 다른 정당 모형들의 차이와 유사성을 분석한 결과, 정당 제도화 수준을 분류 기준에 포함하지 않는 경우 한국 정당을 서구의 정당 모형으로 오인할 수 있다는 점을 보여 주었다. 서구의 정당 모형을 통해 한국 정당을 분석한 일부 연구는 한국 정당을 카르텔 정당의 일종으로 분류하였다. 그러나 카르텔 정당은 서구의 의회제 국가에 해당하는 모형으로, 의회제 국가에서는 정부에 참여한 원내 지도부가 국가로 "침투"하여 공직 정당을 구성하고 당과 국가에서 상당한 권한을 행사한다(Katz and Mair, 1995). 한국과 같은 대통령제 국가에서 원내 지도부가 정부에 참여하는 일은 흔치 않다. 이뿐만 아니라, 카르텔 정당은 대중정당과 포괄정당의 경로를 밟으면서 대중정당 시기에 시민사회의 대리인 역할을 수행했었고 포괄정당 시기에 시민사회와 국가의 중개인 역할을 담당했다. 이러한 과정에서 당원, 원내 정치인과 이익집단이 민주적인 의사결정을 위한 제도적 기반을 정립하였고, 정부에 참여한 원내 지도부의 영향력이 강화되면서 카르텔 정당이 등장하였다. 카르텔 정당은 이러한 유전적 경로를 밟아 왔기 때문에 체계적이고 안정적인 민주적 의사결정제도를 구축하였다.

대중정당의 경로를 거친 적이 없는 한국 정당은 시민사회의 대리인 역할을 담당하는 대신 정치 엘리트의 권력 유지 수단으로 작동해 왔다. 서구정당들이 토대 정당에서 원내정당에 걸친 민주적 의사결정 방식을 체계적으로 정립했다면, 한국 정당들은 당내 권력 지형의 변화에 맞추어 의사결정 방식을 변경하였다. 라핫이 지도자 정당 모형을 제안했음에도 불구하고 한국 정당을 지도자 정당 모형으로 보기 어려운 이유가 여기에 있다. 서구의 지도자 정당은 대중정당-포괄정당-카르텔 정당의 경로를 밟으면서 높은 제도화 수준을 달성했다. 그러나 이러한 경로를 거치지 못한 한국 정당은 높은 제도화 수준을 경험할 수 없었다. 이 장에서는 대중정당-포괄정당-카르텔 정당의 경로를 거쳐서 형성된 서구의 개인화된 정당 모형 중 어떤 모형도 한국 정당과 일치하지 않는다는 사실을 보여 주었다. 이러한 분석 결과는 한국 정당이 서구정당과 전혀 다른 기원을 가지고 있다는 강원택(2018)의 주장을 뒷받침한다.

이 장에서 제시한 한국 정당 모형의 특징은 한국에서는 누가 대표하는가라는 질문에 대한 답을 제공한다. 한국 정당은 내부적인 기원을 가졌으며 원내 정치 세력들이 주도해서 창당한 정당이다. 한국 정당은 확장적인 선거운동을 전개하며 폐쇄적이고 파벌적인 충원 방식을 가지고 있다. 따라서 정치적 충원이 다양한 시민사회 집단으로부터 이루어질 가능성은 작다. 지역구 후보를 결정하는 기준은 당 지도부에 대한 충성심과 선거경쟁력이므로 인지도가 높은 당 지도부 측근 정치인들이 충원된다.

비례대표 의석의 취지는 시민사회의 다양한 계층, 세대 및 직능집단의 대표를 선발하는 것이다. 더불어민주당은 비례대표 국회의원 후보를 정할 때, "여성, 청년, 노인, 장애인, 노동, 직능, 농어민, 안보, 재외동포, 국가유공자, 과학기술, 다문화" 분야의 전문가를 선발하도록 하였고, 국민의힘은 "성별, 연령, 지역, 직업 등의 국민 대표성 및 전문성과 당 기여도를 고려"하여 선발하도록 하였다.[4]

---

4 두 주요 정당의 비례대표 후보 선발 방식은 2023년 12월 7일 개정 더불어민주당 당헌 제 90조

그러나 비례대표 후보의 선발에도 당 지도부가 막강한 영향을 행사한다. 민주당의 경우, 최고위원회의 심의를 거쳐 당대표가 비례대표 후보 추천관리위원회를 임명하고, 위원회가 추천한 후보들의 순번은 집행기관인 당무위원회를 거쳐 중앙위원회에서 순위투표로 결정한다. 국민의힘 역시 최고위원회의 의결을 거쳐 당대표가 비례대표 공천위원회를 임명하고, 위원회가 추천한 비례대표 의원 후보의 순번을 심층 심사를 통해 결정한다. 두 정당 모두 당대표와 최고위원회가 공천위원회를 구성하므로, 비례대표 후보의 선발이 상향식으로 이루어지기보다 당 지도부의 입맛에 맞는 후보들이 하향식으로 결정된다. 이뿐만 아니라, 비례석 수가 의원 정수의 15% 정도밖에 되지 않으므로 시민사회의 다양한 집단대리인이 국회에 진입하기 어렵다. 이 장의 논의를 요약하면 한국에서는 당 지도부 측근의 소수 정치 엘리트가 국민을 대표한다는 것이다.

3항과 2023년 11월 23일 개정 국민의힘 당헌 제83조 2항 참조.

9장

한국에서의 대리인 문제: 사전적 선발과 사후적 통제

9.1 서론

대의민주주의에서는 국민을 대신해서 국민의 이익을 대변하는 정치인이 대리인의 역할을 담당한다. 그러나 대리인이 주인의 이익을 대변하지 않고 위임받은 권한으로 자신의 이익을 추구하면 대리인 문제가 발생한다. 대리인 문제는 주인과 같은 가치와 이해를 공유하는 대리인을 선발하는 사전적 방식과 대리인의 업무 성과를 평가하는 사후적 방식으로 억제할 수 있다(Strøm, 2000). 대리인 문제를 해결하기 위한 사전적 방법과 사후적 방법은 모두 선거를 통해 이루어진다. 선거를 통해 주인과 같은 가치와 이해를 가진 대리인을 선발하고, 선거를 통해 대리인의 업무를 수행할 능력이 없거나 업무 수행에 태만한 대리인을 처벌한다.

유권자들이 선거를 통해서 자신이 선발한 대리인의 성과를 효과적으로 보상하거나 심판하는가는 민주주의의 정상적인 작동 여부를 평가할 수 있는 중요한 근거가 된다(Schumpeter, 1942). 이러한 시각에 근거하여, 미국에서의 경제투표(economic voting)를 분석한 다수의 연구는 대통령이 소득을 증가시키면 여당 후보들이 더 높은 지지를 얻을 수 있다는 사실을 발견하였다(Achen and Bartels,

2016; Hibbs, 1982; Lewis-Beck and Rice, 1992). 대선과 총선이 서로 다른 시기에 진행되는 한국에서 유권자는 총선을 대통령과 여당의 국정운영을 심판할 계기로 삼는다. 만약 한국 유권자들이 대통령의 국정운영 성과를 총선에서 효과적으로 보상하거나 심판한다면, 한국에서 대리인에 대한 사후적 평가 기능이 정상적으로 작동한다고 할 수 있다. 한국 유권자는 경제 활성화 능력을 정당 선택에서 가장 중요한 유인가치로 평가한다(문우진, 2018). 따라서 대통령이나 여당에 대한 사후적 심판이 효과적으로 이루어진다면, 경제성과는 여당 지지에 영향을 미칠 것이다.

이 장에서는 한국 선거에서 대리인의 사전적 선발과 사후적 평가가 정상적으로 작동하는가를 경험적으로 분석한다. 9.2절에서는 한국에서 선발되는 대리인의 개인 배경이 시민사회 집단의 구성과 조응하는가를 분석한다. 9.3절에서는 후보의 선거경쟁력에 대한 통계분석을 통해, 대리인의 사전적 선발과 사후적 평가가 어떻게 이루어지는가를 분석한다. 이 장에서는 한국 유권자가 어떠한 개인 배경을 가진 후보를 선발하는가와 경제성과에 대한 사후적 평가 기능을 효과적으로 수행하는가를 분석한다. 9.4절에서는 이 장의 발견을 요약하고 분석 결과가 대리인 문제에 대해 가진 함의를 논의한다.

9.2 사전적 선발: 국회의원 후보와 당선자의 개인 배경 기술적 분석

<그림 9.1>은 1대 총선부터 22대 총선까지의 지역구 당선인의 전직 비율을 보여 준다. 산업화 이전의 1대 국회에서는 농·축산업과 수산업과 같은 1차 산업 종사자들의 비율이 40%를 넘어섰다. 그러나 산업화가 진행되면서 이들의 비율은 점점 감소하여, 14대 국회 이후 거의 0%까지 감소하였다. 반면, 현직 의원이 차지하는 비율은 민주화 이후 등락을 거듭하며 조금씩 증가하다가 22대 국회에서 55%에 이르렀다. 이러한 사실은 현직자의 선거경쟁력이 조금씩 증가하고 있

다는 것을 의미한다. 정치인의 비율은 11대 국회부터 30% 내외를 등락하고 있다. 13대 총선부터 변호사는 세 번째로 비율이 높은 집단으로 자리 잡았고, 교수는 16대 총선부터 네 번째로 비율이 높은 집단을 유지하고 있다. 현직 의원, 정치인, 변호사, 교수로 대표되는 정치 엘리트 집단의 비율은 민주화 이후 88%에 달하고 있다. 반면, 직능집단 출신의 비율은 민주화 이후 평균 5%에도 미치지 못했다. 이러한 관찰 결과는 민주화 이후 지역구 의원은 대부분 정치 엘리트에서 충원되었다는 사실을 의미한다.

그림 9.1 지역구 국회의원 전직 구성비

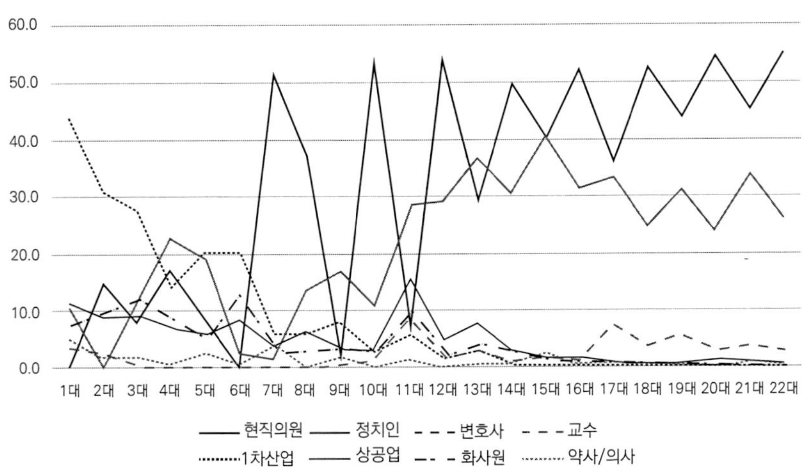

출처: http://info.nec.go.kr/electioninfo/electionInfo_report.xhtml

지역구 의원은 단순다수제로 선발하므로 인지도가 높은 정치 엘리트들이 의회에 진입할 가능성이 크다. 그렇다면 직능대표를 충원하기 위한 비례대표 의석은 직능집단 출신으로 채워지는가? <그림 9.2>는 17대 국회 이후 비례대표 의원의 직업 구성 비율을 국회별로 보여 준다.[5] <그림 9.2>는 비례 의석의 취지와

5 선거관리위원회는 비례대표 후보의 직업을 17대 총선부터 기록하였다.

는 달리 전직 의원, 정치인, 교수, 변호사로 대표되는 정치 엘리트 집단이 비례의석을 장악했다는 사실을 보여 준다. 직능집단 중 회사원, 1차 산업 종사자, 상공인, 약사·의사 출신을 모두 합해도 여섯 국회의 평균이 12.2% 정도에 불과했다. 반면, 단일 직종으로는 규모가 가장 작은 변호사가 차지하는 비율은 여섯 국회 평균이 5.4%에 달했다. 17대부터 22대 국회까지의 비례대표 의원 중 정치 엘리트 출신의 비율은 67.3%를 차지했다. 이러한 관찰 결과는 비례대표 의석의 취지와 달리 비례대표 의원 10명 중 7명은 정치 엘리트 출신에서 충원된다는 사실을 의미한다.

그림 9.2 비례대표 국회의원 전직 구성비

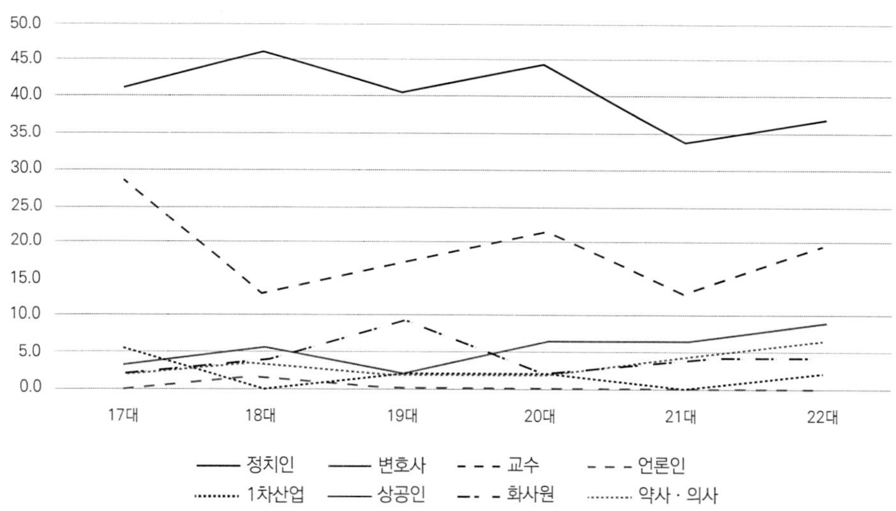

출처: http://info.nec.go.kr/electioninfo/electionInfo_report.xhtml

<그림 9.3>은 지역구 국회의원의 여성 비율, 평균연령 및 학력 변화를 나타낸다. 여성 비율을 먼저 살펴보면, 16대 총선부터 조금씩 증가하고 있으나 22대 국회에도 15%에 못 미친다. 지역구 의원의 평균연령은 조금씩 증가하는 추세에 있으며 민주화 이후 평균연령은 54.8세로 나타났다. <그림 9.3>에서 학력의 변화를 관찰하면, 11대 국회 이후 대부분 의원이 학사 취득자이며, 석사 취득자

의 비율이 점점 증가하여 19대 국회에서 50%를 넘어섰다는 사실을 알 수 있다. 1990년대 말 16대 국회의 한국 지역구 의원들과 비슷한 시기의 유럽 6개국 의원들의 학사 비율(Best and Maurizio, 2000)을 서로 비교하면, 한국 의원들의 학사 비율이 유럽 의원보다 30%p 정도 더 높았다. 한국 지역구 의원의 학사 비율은 민주주의 수준이 가장 높은 노르웨이 의원의 학사 비율(Best and Maurizio, 2000)에 비해 70%p 이상 높은 것으로 나타났다. 2018년 행정연구원 사회 통합 실태 조사에서 국가 기관의 청렴성과 신뢰도를 묻는 설문에서 국회가 가장 낮은 점수를 받았다는 사실을 고려하면, 학력이 높은 의원이 대리인의 업무를 성공적으로 수행하는 것은 아니라는 것을 알 수 있다.

그림 9.3 지역구 국회의원의 여성 비율, 평균연령 및 학력 변화

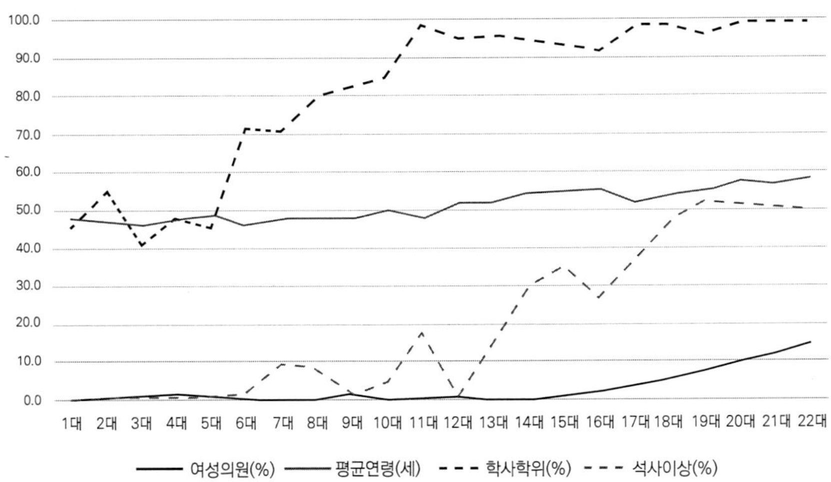

출처: http://info.nec.go.kr/electioninfo/electionInfo_report.xhtml

9.3 사후적 평가

9.3.1. 대리인 선발 및 심판

9.2절의 기술적 분석은 한국에서는 정치 자본을 가진 정치 엘리트가 주로 의회에 충원된다는 사실을 보여 주었다. 이 절에서는 통계분석을 통해 한국 유권자들은 어떠한 특성을 가진 후보를 지지하는가를 분석한다. 이 절의 통계분석은 또한 대리인 심판이라는 선거제도의 기능이 한국에서 효과적으로 작동하는가를 분석한다. 미국의 중간선거 연구들은 상하원 여당 의원의 심판에 영향을 미치는 다양한 변수들을 제시하였다. 첫 번째 부류의 연구는 미국 유권자가 중간선거를 행정부의 국정운영에 대한 중간평가 계기로 삼는다는 중간평가 이론(referendum theory)을 제시하였다(Kramer, 1971; Tufte, 1978). 다수의 연구는 중간선거 당시의 경제 상황과 대통령 인기가 상하원 후보들의 선거경쟁력에 유의미한 영향을 미친다는 사실을 확인하였다(Achen and Bartels, 2016; Erikson, 1989; Hibbs, 1982; Lewis-Beck and Rice, 1992; Lewis-Beck and Tien, 2001). 이러한 분석결과는 미국에서 대리인의 국정운영 성과에 대한 사후적 평가가 성공적으로 이루어진다는 것을 의미한다.

두 번째 부류의 연구는 부정적 투표 이론(negative voting theory)을 통해 중간선거에서 여당에 대한 지지가 주기적으로 감소하는 현상을 설명하려 하였다(Kernell, 1977). 심리학적 실험에 의하면, 사람들은 대상이 가지고 있는 긍정적인 측면보다 부정적인 측면을 중심으로 대상을 평가하는 성향이 있다. 마찬가지로, 유권자들은 대통령의 성과보다 실패한 내용을 중심으로 대통령을 평가하는 성향이 있으므로 "현직 대통령의 다양한 성과에도 불구하고 눈에 띄는 한 번의 실수가 재선을 위협할 수 있다"(Kernell, 1977: 52). 유권자들의 부정적 평가 성향은 중간선거에서 여당 후보에 대한 부정적 투표로 귀결된다(Kernell, 1977). 즉 대통령의 국정운영에 만족하지 못하는 유권자가 중간선거에서 여당 후보를 심판할 가능성이 국정운영에 만족하는 유권자가 여당 후보를 지지할 가능성보다 더 크다. 다수의 경험 연구는 하원 중간선거에서 대통령에 대한 긍정적 평가보다 부정적 평가가 유권자의 투표 결정에 더 강력한 영향을 미친다는 주장을 뒷받침하였다(Cover, 1986; Kernell, 1977).

세 번째 부류의 연구는 중간평가 이론이 독립변수(경제상황 및 대통령 인기)와 종속변수(투표 결과)의 연결고리에 대한 설명을 구체적으로 제시하지 않았다고 비판한다(Abramowitz et al., 1986). 이들 연구는 독립변수와 종속변수를 연결하는 요인으로 단기적 정당평가(short-term party evaluation)라는 매개변수를 제시하였다. 아브라모위츠 외(Abramowitz et al., 1986)의 설명에 의하면, 선거 당시의 경제 상황과 대통령 인기는 정당 경쟁력(party competence)에 대한 평가로 귀결되고 이러한 평가가 정당 지지로 연결된다. 이들은 설문조사 자료를 분석한 결과, 유권자의 정당일체감(party identification)을 통제해도 단기적 정당평가가 유권자의 투표 결정에 유의미한 영향을 미친다는 사실을 발견하였다. 아브라모위츠(Abramowitz, 1988)는 또한 집합자료 분석에서도 정당 경쟁력에 대한 평가가 상원 선거에서 여당 후보들의 득표율에 유의미한 영향을 미친다는 결과를 얻었다.

미국의 중간선거에서와 같이 한국 총선에서도 선거 당시의 정치·경제적 상황이 유권자의 투표 결정에 유의미한 영향을 미친다면, 전술한 이론들을 한국 총선 분석에 적용할 수 있다. 특히, 한국 총선이 대선과 함께 치러질 가능성은 희박하므로 한국 총선은 미국의 중간선거와 마찬가지로 대통령 국정운영에 대한 중간평가의 기능을 수행할 가능성이 크다. 따라서 다음과 같은 가설을 도출할 수 있다.

중간평가 가설:

총선 당시 경제 상황이 호전될수록, 여당(야당) 후보의 득표력과 당선 가능성은 증가(감소)한다.

총선 당시 대통령의 지지율이 증가할수록, 여당(야당) 후보의 득표력과 당선 가능성은 증가(감소)한다.

커넬(Kernell, 1977)의 부정적 투표 이론이 주장하는 바와 같이 한국 유권자들도 총선에서 여당 후보들에 부정적인 투표를 하는 성향이 있다면, 대통령의 임기가 길어질수록 여당 관련 스캔들에 대한 피로가 누적되면서 여당에 대한 부정적인 평가가 증가할 가능성이 크다(Abramowitz, 1988; Bartels, 1988). 이뿐만 아니라, 다수의 연구는 대통령 임기 초반에는 대통령에 우호적인 여론이 형성되다가, 대통령의 집권 기간이 길어질수록 부정적인 평가가 증가한다는 사실을 발견하였다(Marra et al., 1990; Mueller, 1970; Stimson, 1984). 따라서 부정적 투표 이론이 한국에서 작동한다면 다음과 같은 가설을 도출할 수 있다.

부정적 투표 가설:

대통령의 집권 기간이 길어질수록, 여당(야당) 후보의 득표력과 당선 가능성은 감소(증가)한다.

마지막으로, 아브라모위치 외(Abramowitz et al., 1986)의 단기적 정당평가 이론이 한국에도 적용된다면, 아래와 같은 가설을 도출할 수 있다.

단기적 정당평가 가설:

후보가 소속된 정당에 대한 긍정적인 평가가 증가할수록, 후보의 득표력과 당선 가능성은 증가한다.

9.3.2. 분석자료와 변수측정

이 절의 분석은 중앙선거관리위원회가 제공한 13대에서 21대 총선에 출마한 두 주요 정당 후보 3,934인에 대한 신상 자료를 사용하였다. 13대 총선 당시에는 네 지역주의 정당이 경합했으므로, 각 지역에서 1-2위를 경합하는 정당 후보들을 자료에 포함했다. 양당 지배 체제가 형성된 14대 총선부터는 두 주요 정당 후보들을 자료에 포함했다. 종속변수인 후보의 당선 여부를 측정하기 위해, 당선 후보와 낙선 후보에게 각각 1과 0을 부여하였다. 후보가 소속된 정당의 여야 지위를 측정하기 위해, 여당과 야당 후보에 각각 1과 0을 부여하였다. 후보가 소속된 진보/보수정당의 지위를 측정하기 위해, 국민의힘과 더불어민주당과 두 정당의 전신 정당들에 각각 1과 0을 부여하였다.

중간평가 가설의 첫 번째 독립변수는 총선 당시의 경제 상황이다. 경제 상황을 측정할 때, 얼마나 긴 기간의 경제 상황을 측정할 것인가의 문제는 중요한 이론적 함의를 가진다. 에이큰과 바르텔즈(Achen and Bartels, 2016)에 의하면, 책임 민주주의가 효과적으로 작동하기 위해서는 유권자들이 대통령 임기 동안의 장기적인 경제 성과를 합리적으로 평가할 수 있어야 하고, 이를 근거로 여당 후보를 심판하거나 보상할 수 있어야 한다. 에이큰과 바르텔즈는 대통령 재임 기간의 장기적인 소득 증가율과 선거 직전 6개월 동안의 단기적인 소득 증가율이 여당 대선 후보 득표율에 미치는 영향을 서로 비교하였다. 에이큰과 바르텔즈의 분석 결과에 의하면, 대통령 재임 기간 중 소득이 1%p 증가하면 여당 후보 득표율이 1.35%p 증가하였던 반면, 선거 당시 6개월 동안의 소득이 1%p 증가하면 여당 후보 득표율이 6.37%p나 증가하였다(Achen and Bartels, 2016). 이러한 분석 결과를 근거로 에이큰과 바르텔즈는 미국 유권자들이 장기적인 경제성과에 대한 합리적인 판단을 근거로 투표하기보다 선거 직전의 경기부양에 근시안적으로 반응한다고 주장하였다.

이 절은 에이큰과 바르텔즈의 분석 방법을 따라 단기적인 경제성과와 장기적인 경제성과가 후보의 당락에 미치는 영향을 비교 분석한다. 한국에서는 총선이 4월 초·중순에 치러지기 때문에, 단기적인 경제성과는 총선 전년도 9월부터 총선 연도의 3월까지 두 분기(전년도 4분기와 총선 연도 1분기) 동안의 1인당 실질 GDP 증가율의 분기 평균으로 측정하였다.[6] 장기적인 경제성과는 대통령 재임

6 13대 총선과 18대 총선은 각각 대선 이후 132일과 112일 만에 치러졌으므로, 두 총선 당시의 경제 상황은 대선과 총선 사이 1분기 동안의 경제성장률을 측정하였다.

기간의 1인당 실질 GDP 증가율의 분기 평균으로 측정하였다.

중간평가 가설의 두 번째 독립변수는 총선 당시의 대통령 지지율이다. 한국갤럽조사연구소는 대통령과 주요 정당에 대한 지지율을 1988년부터 2011년까지 분기별로 조사하였고 2012년부터는 주별로 조사하였다. 따라서 2011년까지는 총선이 있는 분기의 대통령 지지율을 사용하였고, 그 이후에는 총선 직전 주에 조사된 대통령 지지율을 사용하였다.

부정적 투표 가설의 독립변수인 여당의 집권 기간을 측정하기 위해, 대선 일자에서 총선 일자까지 소요된 기간을 백일 단위로 계산하였다. 다음으로 단기적 정당평가 가설의 독립변수인 선거 직전의 정당평가를 측정하기 위해, 한국갤럽조사연구소가 선거 직전에 수행한 설문조사에서 발표된 정당 지지율을 사용하였다. 대통령 지지율과 마찬가지로 2011년까지는 총선이 있는 분기의 정당 지지율 자료를 사용하였고 그 이후에는 총선 직전 주의 자료를 사용하였다.

후보의 당락은 국가 수준의 정치경제 상황뿐만 아니라, 지역적 선거환경에 의해서도 영향을 받는다. 한국에서는 영호남민의 투표 결정에 지역주의가 중요하게 작동하므로, 지역주의를 통제하기 위한 변수를 포함했다. 영남에 출마한 국민의힘 계열의 정당 후보와 호남에 출마한 민주당 계열 정당 후보에 1을 부여했고, 두 정당의 후보가 상대 지역에 출마하면 -1을 부여했다. 두 정당의 후보가 비영호남 지역에 출마하면 0을 부여했다. 지역적 선거환경과 함께 지역구 선거환경 역시 후보의 당락에 영향을 미친다. 경쟁력이 강한 현직자가 출마한 지역구의 경우, 현직자의 위협효과(scare-off effect) 때문에 표는 현직자에 집중된다(Cox and Katz, 1996). 반면, 경쟁력이 약한 현직자가 출마한 지역구에서는 다수의 군소정당 후보가 출마할 가능성이 커지고 주요 정당 후보들이 얻을 수 있는 표는 감소한다. 이뿐만 아니라, 양당 체제인 미국과 달리 한국에서는 제3정당의 창당 여부에 따라 선거구에 출마하는 후보의 수가 달라진다. 따라서 지역구에 출마한 후보의 수를 통제하였다.

후보의 개인 배경 변수들은 중앙선거관리위원회가 제공한 후보자 신상 자료를 사용해서 다음과 같이 측정하였다. 첫째, 후보의 현직 지위는 해당 지역구 출신의 현직자에게 1을 부여했고, 다른 후보에게는 0을 부여했다. 둘째, 후보의 선수는 당선 횟수로 측정하였다. 셋째, 후보의 성별을 측정하기 위해 여성과 남성에게 각각 0과 1을 부여하였다. 넷째, 후보의 나이는 출마 당시의 만 나이를 기록하였다. 다섯째, 교육 수준은 무학에서 대학원 졸업까지의 교육 이수 정도에 따라 12점 척도로 측정하였다. 여섯째, 국회 충원 과정이 소수 명문대 출신에 집중되는가를 검토하기 위해 서울대, 연세대, 고려대 출신이거나 유학경력이 있는 후보에게 1을 부여하였고, 다른 후보에게 0을 부여하였다.

후보의 전직과 관련된 변수들은 다음과 같이 측정하였다. 첫째, 중앙정부 관료 경력을 측정하기 위해 장·차관, 청와대 비서관 등을 포함하는 중앙정부 관료 출신에 1을 부여하였다. 둘째, 지방 정부 관료 경력을 측정하기 위해 도지사, 시장, 군수 등을 포함하는 광역 및 기초단체장 출신에 1을 부여하였다. 셋째, 지방 의원 경력을 측정하기 위해 광역·기초의원 출신에 1을 부여하였다. 넷째, 정치인 경력은 비현직 정당 정치인에 1을 부여하여 측정하였다. 다섯째, 법조 경력은 판검사와 변호사 출신에 1을 부여하여 측정하였다. 여섯째, 교수 경력은 교수 출신에 1을 부여하였다. 일곱째, 언론·방송인 경력은 기자, 앵커, 방송·연예인 출신에 1을 부여하였다. 여덟째, 기업가 경력은 회사 회장, 대표, 임원 출신에 1을 부여하였다. 아홉째, 노동계 경력은 노조위원장과 노조원 출신에 1을 부여하였다. 마지막으로 농수산계, 의약계 및 군인 경력은 관련 직업 출신에 각각 1을 부여하였다.

9.3.3. 분석모형

중간평가 가설과 부정적 투표 가설의 세 독립변수는 여당 후보와 야당 후보의 당선에 서로 반대 방향의 영향을 미친다. 예컨대, 대통령 지지율과 경제성장률은 여당 후보에 긍정적인 영향을 미치나 야당 후보에는 부정적인 영향을 미친다. 여당의 집권 기간은 여당 후보에 부정적인 영향을 미치나 야당 후보에는 긍정적인 영향을 미친다. 중간평가 가설과 부정적 투표 가설의 독립변수들이 여야 후보의 당락에 서로 반대 방향의 영향을 미치기 때문에, 여당 후보와 야당 후보의 모형을 따로 분석한다.

여당 후보 모형 G:

$$Y_G = a + g_1X_1 + g_2X_2 + g_3X_3 + g_4X_4 + g_5X_5 + g_6X_6 + g_i\sum_{i=1}^{n}X_i$$

야당 후보 모형 O:

$$Y_O = b + o_1X_1 + o_2X_2 + o_3X_3 + o_4X_4 + o_5X_5 + o_6X_6 + o_i\sum_{i=1}^{n}X_i$$

위의 두 모형에서 종속변수 Y_G와 Y_O는 각각 여당 후보와 야당 후보의 당선 여부를 나타내는 이분형 변수이다. 따라서 두 모형 G와 O는 로짓 모형으로 분석한다. 독립변수 X_1, X_2, X_3, X_4, X_5, X_6, X_6은 각각 경제성장률, 대통령 지지율, 여당의 집권 기간, 정당 지지율, 보수정당 후보 여부, 지역적 이점, 지역구 후보의 수를 나타내고, X_i는 n개의 개인 배경 변수들을 나타낸다. 중간평가 가설과 부정적 투표 가설이 경험적으로 뒷받침되기 위해서는 모형 G에서 통계적으로 유의미하게 추정된 g_1과 g_2가 양수이고 g_3가 음수이어야 한다. 이와 동시에 모형 O에서 통계적으로 유의미하게 추정된 o_1과 o_2가 음수이고 o_3가 양수이어야 한다. 즉 세 독립변수는 여야 후보의 당락에 모형 G와 O에서 서로 반대 방향의 영향을 미쳐야 한다.

세 독립변수가 여야 후보의 당락에 미치는 반대 방향의 영향력에 대한 통계적 유의미성에 대한 분석은 아래의 모형을 통해 검증될 수 있다.

통합 모형 T:

$$Y_T = c + d_G + t_1X_1 + t_2(X_1 \times G) + t_3X_2 + t_4(X_2 \times G) + t_5X_3 + t_6(X_3 \times G) + t_7X_4 + t_8X_5 + t_9X_6 + t_i\sum_{i=1}^{n}X_i$$

모형 T에서 G는 후보의 소속 정당이 여당일 경우는 1, 야당일 경우는 0을 부여한 가변수이다. 모형 T에서 세 상호작용 변수 $(X_1 \times G)$, $(X_2 \times G)$와 $(X_3 \times G)$는 각각 세 독립변수에 G를 곱해서 산출한 변수이다. 모형 T의 G에 0을 대입하면, 위 수식은 아래와 같다. 아래 수식은 G가 0인, 즉 후보가 야당 소속인 경우를 나타내므로, t_1, t_3, t_5는 각각 X_1, X_2, X_3가 야당 후보의 당락에 미치는 영향을 나타낸다.

$$Y_T = c + t_1X_1 + t_3X_2 + t_5X_3 + t_7X_4 + t_8X_5 + t_9X_6 + t_i\sum_{i=1}^{n}X_i$$

G에 1을 대입하면, 모형 T는 아래와 같게 된다.

$$Y_T = c + d + (t_1 + t_2)X_1 + (t_3 + t_4)X_2 + (t_5 + t_6)X_3 + t_7X_4 + t_8X_5 + t_9X_6 + t_i\sum_{i=1}^{n}X_i$$

위 식에서 d는 여당 후보가 야당 후보보다 당선 가능성이 큰 정도를 나타내고, $(t_1 + t_2)$, $(t_3 + t_4)$, $(t_5 + t_6)$는 각각 X_1, X_2, X_3가 여당 후보의 당선 가능성에 미치는 영향을 나타낸다. 모형 T의 세 상호작용 변수의 회귀계수인 t_2, t_4, t_6은 각각 X_1, X_2, X_3가 여당 후보의 당선 가능성에 미치는 영향이 야당 후보의 당선 가능성에 미치는 영향력보다 더 큰 정도를, 즉 여야 후보 간 세 변수의 기울기 차이를 나타낸다. 모형 G, O와 T를 분석한 경험 분석에서 중간평가 가설과 부정적 투표 가설이 모두 뒷받침된다면, 이러한 분석 결과는 이들 가설을 뒷받침하는 강력한 증거가 될 것이다.

9.3.4. 분석 결과

<표 9.1>은 여당 후보의 소속 정당 특성, 지역 및 지역구 환경과 개인 배경 변수의 영향에 대한 다음과 같은 분석 결과를 보여 준다. 첫째, 모형 G1에서 보수정당 후보가 진보정당 후보보다 당선될 가능성이 더 낮은 것으로 추정되었다.

둘째, 지역적 이점을 누리는 지역에 출마한 후보는 그렇지 않은 후보보다 당선 가능성이 큰 것으로 나타났다. 셋째, 현직 후보는 비현직자보다 당선 가능성이 큰 것으로 추정되었다. 넷째, 후보의 당선 횟수는 후보의 당락에 긍정적인 영향을 미치는 것으로 나타났다. 성별은 후보의 당선 가능성에 유의미한 영향을 미치지 않았으나 나이는 부정적인 영향을 미쳤다. 다섯째, 교육 수준과 명문대·유학파 학력은 여당 후보의 당락에 유의미한 영향을 미치지 않았다. 여섯째, 중앙·지방 정부 관료 경력과 언론방송 경력은 여당 후보의 당락에 긍정적인 영향을 미쳤다. 반면, 지방의원, 정치인, 법조인과 교수 경력은 유의미한 영향을 미치지 않았다. 직능집단 중 기업가, 의약계, 군인 출신은 다른 직종 출신보다 더 높은 당선 가능성을 가진 것으로 추정되었다.

표 9.1 선거환경과 후보의 개인 배경이 여당 후보의 당락에 미치는 영향

모형	단기 경제성장률 모형 G1				장기 경제성장률 모형 G2			
종속변수 / 독립변수	여당 후보 당락							
	B	Exp(B)	Wald	p값	B	Exp(B)	Wald	p값
경제성장률	-0.104	0.901	1.682	0.195	-0.035	0.966	0.479	0.489
대통령지지율	0.007	1.008	2.512	0.113	0.007	1.007	1.653	0.199
여당집권 기간	-0.046	0.955	10.109	0.001**	-0.051	0.950	13.400	0.000***
정당지지율	0.036	1.037	2.793	0.095	0.052	1.053	9.604	0.002**
보수정당	-0.333	0.717	4.803	0.028*	-0.230	0.795	2.003	0.157
지역이점	1.643	5.171	239.353	0.000***	1.647	5.192	239.277	0.000***
후보 수	-0.051	0.951	1.648	0.199	-0.045	0.956	1.338	0.247
현직 지위	1.054	2.870	36.788	0.000***	1.052	2.863	36.554	0.000***
선수	0.640	1.896	57.561	0.000***	0.641	1.899	57.745	0.000***
성별	-0.459	0.632	3.408	0.065	-0.456	0.634	3.359	0.067
나이	-0.036	0.965	19.875	0.000***	-0.035	0.965	19.538	0.000***

교육수준	0.030	1.030	0.433	0.511	0.030	1.031	0.450	0.502
명문대·유학파	0.092	1.097	0.649	0.420	0.089	1.093	0.600	0.439
중앙정부관료	0.438	1.549	9.525	0.002**	0.438	1.549	9.528	0.002**
지방정부관료	0.690	1.994	14.154	0.000***	0.690	1.994	14.180	0.000***
지방의원	0.145	1.156	0.220	0.639	0.153	1.165	0.243	0.622
정치인	0.067	1.070	0.282	0.595	0.079	1.082	0.389	0.533
법조경력	0.148	1.160	0.653	0.419	0.163	1.177	0.792	0.373
교수	0.053	1.054	0.068	0.794	0.055	1.056	0.074	0.786
언론·방송경력	0.526	1.693	6.243	0.012*	0.529	1.697	6.298	0.012*
기업가	0.416	1.515	4.056	0.044*	0.417	1.517	4.072	0.044*
노동계	0.075	1.078	0.023	0.880	0.069	1.072	0.019	0.890
농수산계	-0.003	0.997	0.000	0.997	-0.012	0.988	0.000	0.988
의약계	0.878	2.405	5.373	0.020*	0.882	2.415	5.413	0.020*
군인	0.921	2.511	8.897	0.003**	0.910	2.484	8.698	0.003**
상수항	0.150	1.161	0.022	0.881	-0.532	0.587	0.452	0.501
N	2080				2080			
pseudo R^2	0.422				0.422			

*: p<.05; **: p<.01; **: p<.001

<표 9.1>은 전술한 가설에 대한 다음과 같은 검증 결과를 보여 준다. 모형 G1과 G2의 경제성장률 변수는 각각 단기 경제성장률과 장기 경제성장률을 의미한다. 첫째, 선거 직전 6개월 동안의 경제성장률과 대통령 재임 기간의 경제성장률은 여당 후보의 당락에 유의미한 영향을 미치지 않았다. 둘째, 모형 G1과 G2 모두에서 대통령 지지율은 여당 후보 당락에 유의미한 영향을 미치지 않는 것으로 추정되었다. 셋째, 두 모형 모두에서 여당의 집권 기간이 유의수준 0.01%에서 여당 후보 당락에 부정적인 영향을 미치는 것으로 나타났다. 넷째,

모형 G2에서만 여당 지지율이 여당 후보의 당락에 통계적으로 유의미한 영향을 미치는 것으로 추정되었다.

<표 9.2>는 야당 후보의 당락에 영향을 미치는 변수들의 영향력에 대한 분석 결과를 보여 준다. 단기 경제성장률과 장기 경제성장률 모두 야당 후보 당락에 유의미한 영향력을 미치지 않은 것으로 나타났으나 대통령 인기도는 야당 후보의 당락에 부정적인 영향을 미치는 것으로 추정되었다. <표 9.1>에서 여당의 집권 기간은 여당 후보의 당락에 부정적인 영향을 미치는 것으로 나타났던 반면, <표 9.2>에서 야당 후보의 당락에는 긍정적인 영향을 미치는 것으로 나타났다. 야당의 정당 지지율과 후보의 수는 야당 후보의 당락에 유의미한 영향을 미치지 않는 것으로 나타났다. 여당 후보의 경우와 마찬가지로, 지역적 이점은 야당 후보의 당락에 강한 영향을 미치는 것으로 나타났다. 야당 후보의 현직 지위, 선수, 중앙·지방 정부 관료 경력과 언론·방송 경력이 이들의 당락에 유의미한 영향을 미치는 것으로 나타났다. 여당 후보의 당락에는 도움을 주는 것으로 추정되었던 군 경력은 야당 후보의 당락에는 긍정적인 영향을 미치지 않는 것으로 나타났다. 여당 후보의 당락에 유의미한 영향을 미치지 않았던 법조 경력은 야당 후보의 당락에는 유의미한 영향을 미쳤다.

표 9.2 선거환경과 후보의 개인 배경이 야당 후보의 당락에 미치는 영향

모형	단기 경제성장률 모형 O3				장기 경제성장률 모형 O4			
종속변수 / 독립변수	야당 후보 당락							
	B	Exp(B)	Wald	p값	B	Exp(B)	Wald	p값
경제성장률	0.002	1.002	0.001	0.970	−0.023	0.977	0.267	0.606
대통령지지율	−0.011	0.989	4.374	0.036*	−0.009	0.991	1.827	0.176
여당집권 기간	0.049	1.050	10.822	0.001**	0.045	1.046	9.170	0.002**
정당지지율	0.021	1.021	1.266	0.260	0.024	1.024	1.681	0.195
보수정당	−0.257	0.725	1.728	0.701	−0.340	0.712	2.075	0.150

지역이점	2.113	8.270	215.757	0.000***	2.125	8.371	217.764	0.000***
후보 수	−0.054	0.948	1.398	0.237	−0.051	0.950	1.287	0.257
현직 지위	1.376	3.957	55.907	0.000***	1.364	3.913	55.003	0.000***
선수	0.583	1.791	45.806	0.000***	0.586	1.796	46.131	0.000***
성별	0.060	1.062	0.055	0.815	0.042	1.043	0.026	0.871
나이	−0.029	0.971	11.385	0.001**	−0.030	0.971	11.862	0.001**
교육수준	−0.001	0.999	0.000	0.987	−0.006	0.995	0.013	0.909
명문대·유학파	0.028	1.028	0.048	0.826	0.034	1.035	0.074	0.785
중앙정부관료	0.480	1.616	6.726	0.010*	0.462	1.587	6.234	0.013*
지방정부관료	0.655	1.926	7.442	0.006**	0.642	1.901	7.162	0.007**
지방의원	0.269	1.308	0.849	0.357	0.250	1.285	0.736	0.391
정치인	0.029	1.029	0.040	0.842	0.028	1.028	0.038	0.845
법조경력	0.632	1.881	10.529	0.001**	0.621	1.861	10.210	0.001**
교수	0.281	1.325	1.448	0.229	0.267	1.306	1.309	0.253
언론·방송경력	0.824	2.280	15.366	0.000***	0.830	2.293	15.629	0.000***
기업가	−0.029	0.971	0.017	0.897	−0.025	0.975	0.012	0.912
노동계	0.390	1.476	0.497	0.481	0.402	1.495	0.528	0.467
농수산계	−0.458	0.633	0.519	0.471	−0.439	0.645	0.475	0.491
의약계	−0.568	0.567	1.294	0.255	−0.569	0.566	1.300	0.254
군인	1.047	2.848	3.671	0.055	1.059	2.884	3.789	0.052
상수항	−0.322	0.725	0.147	0.701	−0.293	0.746	0.124	0.725
N	1854				1854			
pseudo R^2	0.464				0.465			

<표 9.3>은 중간평가 가설과 부정적 투표 가설의 세 독립변수가 여야 후보의 당락에 미치는 차별적인 영향을 보여 준다. 모형 T3와 T4에 대한 분석은 다

음과 같은 결과를 산출하였다. 첫째, 경제성장률×여당후보 변수의 영향력은 두 모형 모두에서 통계적으로 유의미하지 않은 것으로 나타났다. 즉 단기적·장기적 경제성장률은 야당 후보보다 여당 후보의 당락에 상대적으로 더 유리하게 작동하지 않는 것으로 추정되었다. 둘째, 대통령지지율×여당후보 변수의 영향력은 두 모형 모두에서 통계적으로 유의미한 것으로 추정되었다. 즉 대통령 지지율은 야당 후보보다 여당 후보의 당락에 더 유리하게 작동하는 것으로 추정되었다. 셋째, 여당집권 기간×여당후보 변수의 영향력은 두 모형 모두에서 통계적으로 유의미하게 나타났다. 즉 여당의 집권 기간이 여야 후보의 당락에 미치는 반대 방향의 영향이 유의미한 것으로 나타났다. <표 9.3>은 또한 단기적 정당평가 가설을 뒷받침하는 결과를 보여 준다. 후보들의 정당 지지율이 높을수록, 후보들의 당선 가능성은 증가하였다.

표 9.3 세 선거환경 변수가 여야 후보 당락에 미치는 영향 차이

모형	단기 경제성장률 모형 T3				장기 경제성장률 모형 T4			
종속변수 / 독립변수	후보 당락							
	B	Exp(B)	Wald	p값	B	Exp(B)	Wald	p값
여당후보	0.683	1.980	4.039	0.044*	0.524	1.689	2.822	0.093
경제성장률	-0.016	0.984	0.117	0.732	-0.023	0.977	0.428	0.513
경제성장률 ×여당후보	-0.088	0.916	1.269	0.260	-0.019	0.982	0.091	0.763
대통령지지율	-0.008	0.992	3.208	0.073	-0.007	0.993	2.016	0.156
대통령지지율 ×여당후보	0.017	1.017	6.670	0.010*	0.016	1.016	3.992	0.046*
여당집권 기간	0.042	1.042	9.938	0.002**	0.038	1.039	8.702	0.003**
여당집권 기간 ×여당후보	-0.090	0.914	25.857	0.000***	-0.085	0.919	22.563	0.000***
정당지지율	0.032	1.033	8.593	0.003**	0.037	1.037	11.254	0.001**

보수정당	-0.332	0.717	11.565	0.001**	-0.337	0.714	7.361	0.007**
지역이점	1.819	6.168	456.431	0.000***	1.823	6.188	456.423	0.000***
후보 수	-0.054	0.947	3.503	0.061	-0.056	0.945	3.739	0.053
현직 지위	1.230	3.420	96.129	0.000***	1.226	3.406	95.523	0.000***
선수	0.600	1.821	101.486	0.000***	0.598	1.819	101.395	0.000***
성별	-0.195	0.823	1.188	0.276	-0.184	0.832	1.070	0.301
나이	-0.031	0.969	28.904	0.000***	-0.031	0.970	28.419	0.000***
교육수준	0.017	1.017	0.274	0.600	0.020	1.020	0.364	0.546
명문대·유학파	0.046	1.047	0.305	0.580	0.040	1.041	0.229	0.633
중앙정부관료	0.462	1.587	16.913	0.000***	0.452	1.572	16.188	0.000***
지방정부관료	0.669	1.953	21.313	0.000***	0.663	1.941	20.991	0.000***
지방의원	0.241	1.272	1.320	0.251	0.220	1.247	1.105	0.293
정치인	0.046	1.047	0.242	0.623	0.058	1.060	0.381	0.537
법조경력	0.396	1.486	8.908	0.003**	0.399	1.490	9.044	0.003**
교수	0.162	1.176	1.136	0.286	0.168	1.183	1.227	0.268
언론·방송경력	0.689	1.991	21.870	0.000***	0.676	1.966	21.113	0.000***
기업가	0.229	1.258	2.315	0.128	0.227	1.255	2.271	0.132
노동계	0.223	1.250	0.359	0.549	0.203	1.226	0.299	0.584
농수산계	-0.276	0.759	0.315	0.574	-0.265	0.767	0.288	0.592
의약계	0.293	1.341	1.057	0.304	0.291	1.338	1.039	0.308
군인	0.981	2.668	13.250	0.000***	0.970	2.638	12.975	0.000***
상수항	-0.572	0.564	0.968	0.325	-0.698	0.498	1.483	0.223
N	3934				3934			
pseudo R^2	0.440				0.440			

<표 9.3>에서 상수항의 Exp(B) 값은 모든 독립변수의 값이 0인 경우 야당 후보의 당선 승산을 의미한다. 여당 후보 변수의 Exp(B) 값은 야당 후보보다 여당 후보의 당선 승산이 더 높은 정도를 나타낸다. 대통령 지지율 변수의 Exp(B) 값은 대통령 지지율이 1% 증가할 때 야당 후보의 당선 승산이 증가하는 정도를 나타낸다. 상호작용 변수의 Exp(B) 값은 대통령 지지율이 1% 증가할 때 여당 후보의 당선 승산 증가 정도가 야당 후보의 당선 승산 증가 정도보다 더 큰 정도를 의미한다. 승산=당선 확률/(1-당선 확률)이므로, 상수항과 대통령 지지율 및 상호작용 변수의 Exp(B) 값들을 이용하면 대통령 지지율에 따른 여야 후보의 당선 확률을 계산할 수 있다.

그림 9.4 대통령 지지율과 집권 기간이 여야 후보 당선 확률에 미치는 차별적 영향

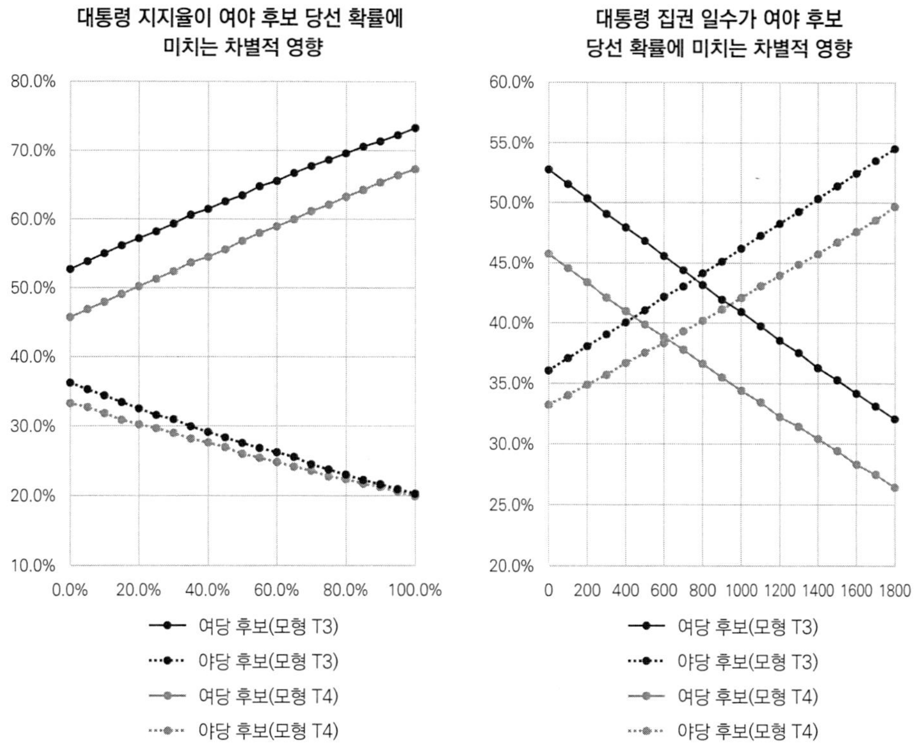

<그림 9.4>는 <표 9.3>에서 통계적으로 유의한 영향을 미치는 것으로 추정된 대통령 지지율과 여당 집권 기간이 여야 후보의 당선 확률에 미치는 차별적인 영향을 보여 준다. <그림 9.4>의 좌측 그림은 대통령 지지율을 제외한 모든 독립변수가 0일 경우 대통령 지지율에 따른 여야 후보의 당선 확률을 보여 주고, 우측 그림은 여당 집권 기간에 따른 여야 후보의 당선 확률을 보여 준다. 좌측 그림은 대통령 지지율이 증가할수록 여당 후보의 당선 확률이 증가하는 반면, 야당 후보의 당선 확률은 감소한다는 사실을 보여 준다. <표 9.3>에 포함된 모든 독립변수의 값이 0이고 대통령 지지율이 0인 경우, 여당 후보의 당선 확률은 50% 전후로 추정되었으나 야당 후보의 당선 확률은 35% 정도 되는 것으로 추정되었다. 대통령 지지율이 50%인 경우, 여당 후보의 당선 확률은 60% 전후로 증가하는 반면, 야당 후보의 당선 확률은 27% 정도로 감소하는 것으로 추정되었다.

<그림 9.4>의 우측 그림은 대통령의 집권 기간이 증가할수록 여당 후보의 당선 확률이 감소하는 반면, 야당 후보의 당선 확률은 증가한다는 사실을 보여 준다. <표 9.3>에 포함된 모든 독립변수의 값이 0이고 대통령 집권 기간이 1일인 경우, 여당 후보의 당선 확률은 50% 전후로 추정되었으나 야당 후보의 당선 확률은 35% 정도 되는 것으로 추정되었다. 모형 T3의 결과에 의하면, 모든 독립변수의 값이 0인 경우 대통령 집권 기간이 760일이 지나면 야당 후보의 당선 확률이 여당 후보의 당선 확률보다 더 높아지는 것으로 추정되었다. 모형 T4의 결과에 의하면, 대통령 집권 기간이 620일이 지나면 야당 후보의 당선 확률이 여당 후보의 당선 확률보다 더 높아지는 것으로 추정되었다.

9.4 결론

이 장에서는 대리인의 사전적 선발과 사후적 평가에 대한 경험 분석을 통해 한국에서 발생하는 대리인 문제의 특성을 검토하였다. 이 장의 경험 분석은 대리인 선발에 대한 다음과 같은 결과를 산출하였다. 첫째, 후보의 현직 지위와 선수는 여야 후보의 당락에 긍정적인 영향을 미친다. 둘째, 후보의 중앙·지방 정부 관료 경력과 같은 정치 자본이 후보의 당선 가능성을 증가시킨다. 셋째, 후보의 군인 경력과 법조 경력은 각각 여당 후보와 야당 후보의 당락에 긍정적인 영향을 미친다. 넷째, 후보의 성별, 교육 수준, 명문대·유학 학력, 정치인과 지방의원 경력, 교수, 노동계, 농수산계 경력은 여야 후보의 당락에 영향을 미치지 않는다. 이 장의 분석 결과는 언론이나 방송을 통해 높은 인지도를 확보할 수 있는 국회의원, 중앙·지방 정부 관료나 언론·방송인 출신 대리인이 과대 대표되는 반면, 직능집단 출신 대리인은 과소 대표된다는 사실을 보여 주었다. 이러한 분석 결과는 한국 선거에서 대리인 선발이 다양한 시민사회 집단으로부터 이루어지기보다는 주로 정치 자본을 가진 정치 엘리트 집단으로부터 이루어진다는 사실을 보여 준다.

이 장의 경험 분석은 또한 대리인의 사후 평가와 관련된 다음과 같은 결과를 산출하였다. 첫째, 대통령 재임 기간의 장기적 경제 상황뿐만 아니라 선거 당시의 단기적 경제 상황도 여야 후보의 당락에 유의미한 영향을 미치지 않는다. 둘째, 후보가 소속된 정당의 지역적 이점이 후보의 당선 가능성에 가장 유의미한 영향을 미친다. 셋째, 여당의 집권 기간이 길어질수록, 여당 후보가 당선될 가능성은 작아지나 야당 후보가 당선될 가능성은 커진다. 여당의 경제성과보다 후보가 소속된 정당의 지역적 이점과 여당의 집권 기간이 여야 후보의 당선 가능성에 유의미한 영향을 미친다는 분석 결과는 한국에서는 후보가 속한 정당의 경제성과와 무관하게 후보가 어떤 지역에서 출마하는가와 선거가 언제 치러지는가가 후보의 당락에 가장 유의미한 영향을 미친다는 것을 의미한다.

한국 유권자는 자신들의 투표 결정에 경제 상황이 가장 중요하다고 인식한다(문우진 2018). 이 장의 분석은 이러한 인식에도 불구하고 한국에서는 대리인에 대한 심판이 경제투표를 통해 성공적으로 이루어지지 않는다는 사실을 보여 준다. 이러한 이유는 여러 가지가 있을 것이다. 무엇보다도 유권자들은 경제성과의 책임 소재가 대통령과 여당에 어느 정도 놓여 있는가를 파악하기 어렵다. 경제성과에 대한 평가는 현직 대통령의 경제정책의 결과뿐만 아니라 전임 대통령의 경제정책과 국제 경제 상황의 결과물이기 때문에, 현직 대통령이 선거 당시의 경제 상황에 어느 정도의 책임을 져야 하는가를 평가하기 어려울 뿐만 아니라, 경제 상황 외에도 많은 정치적 변수가 유권자의 투표 결정에 작동한다. 특히 한국에서는 선거 당시 돌발한 정치적 사건과 정치 프레임이 유권자의 투표 결정에 큰 영향을 미친다. 유권자는 대리인의 국정운영 성과나 의정활동과 같이 복잡하고 어려운 내용에 대한 종합적인 평가를 하는 것보다 자극적인 이슈와 정치인들이 짜 놓은 정치 프레임에 따라 투표하는 것이 더 편리하다.

에이큰과 바르텔즈(Achen and Bartels, 2016)는 민주주의 선거에서의 합리적 회고에 대한 다음과 같은 시각을 피력하였다. “눈먼 회고(blind retrospection)는 ... 갈피를 못 잡게 할 정도로 복잡한 사회와 인간의 인지적 한계 때문에 초래되는 피할 수 없는 결과이다.” “전통적인 회고투표 이론은 ... 민주주의 시민의 한계와 이 때문에 초래되는 민주주의 책임성의 한계를 전적으로 과소평가하였다”(Achen and Bartels, 2016: 145). 객관적인 경제 상황이 아닌 총선 시점과 후보의 출마 지역이 대리인 선발을 결정한다는 이 장의 분석 결과는 에이큰과 바르텔즈가 우려한 눈먼 회고가 한국 유권자의 투표 결정에서도 관찰되며 대리인의 업무 성과에 대한 사후적 심판 기능이 한국 총선에서 성공적으로 작동하고 있지 않다는 것을 보여 준다.

10장

입법 활동과 대리인 문제: 지역구 의원의 정치 성향, 유인 가치와 입법 성과

10.1 서론

다운스(Downs, 1957)는 양당 체제에서 두 정당이 선거에 승리하기 위해 1차원적 정책 공간에서 경쟁하면 중위투표자의 입장으로 수렴한다는 이론을 제시하였다. 지역구에서 주로 두 주요 정당이 경쟁하는 한국에 다운스의 중위투표자 이론이 적용된다면, 정치 성향이 온건한 후보일수록 당선 가능성이 높을 것이다. 그러나 스톡스(Stokes, 1968)는 유권자는 후보의 정치 성향이나 정책 입장뿐만 아니라 후보의 능력, 매력, 경력과 같은 유인 가치를 종합적으로 고려해서 투표한다고 주장하였다. 그렇다면 후보의 정치 성향과 유인 가치는 한국 유권자의 투표 결정에 어떻게 작용하는가? 유권자의 지지를 얻어 당선된 지역구 후보의 정치 성향과 유인 가치는 이들의 입법 성과에 어떤 영향을 미치는가? 이 장에서는 이 질문에 답하기 위해 지역구 당선자의 정치 성향과 유인 가치가 선거경쟁력과 입법 성과에 미치는 영향을 분석한다.

9장의 경험 분석에 의하면, 후보의 중앙정부 관료 경력, 지방 정부 관료 경력, 의정 경력과 같은 정치 자본은 후보의 당선에 유리한 유인 가치로 작동한다는 사실을 보여 주었다. 유권자들이 이러한 정치 자본을 가진 후보를 지지하는 이유는 이들이 유권자의 이해와 가치를 대변하기 위한 입법 활동을 다른 후보보다 더 성공적으로 수행할 것이라는 기대가 있기 때문일 것이다. 이 장에서는 지역구에서 당선된 후보가 가진 정치 자본이 실제로 입법 성과에 긍정적인 영향을 미치는가를 검증한다. 후보의 정치 자본이 입법 성과에 긍정적인 영향을 미친다고 추정되면, 한국 유권자는 대리인 역할에 적합한 특성을 가진 후보를 지지한다는 것을 의미한다. 반면, 후보의 정치 자본과 입법 성과가 서로 무관하게 추정되면, 한국 유권자는 대리인의 기능 수행에 부적합한 후보를 선발한다는 사실을 의미할 수도 있다. 따라서 이 장에서는 16대 총선부터 21대 총선 사이에 당선된 지역구 후보의 정치 자본이 입법 성과에 미치는 영향을 분석한다.

이 장은 다음과 같이 구성되어 있다. 10.2절에서는 지역구 당선자 중 어떠한 정치 성향과 유인 가치를 가진 후보가 더 많은 득표를 하는가를 분석한다. 10.3절에서는 지역구 당선자의 정치 성향과 유인 가치가 이들의 입법 성과에 어떠한 영향을 미치는가를 분석한다. 이 장에서는 입법 성과를 측정하기 위한 입법 효과성이라는 개념을 제시하고 이에 대한 측정 방법을 설명한다. 10.4절에서는 이 장의 분석 결과를 요약하고 분석 결과의 함의에 대해 논의한다.

10.2 당선자의 정치 성향과 유인 가치가 득표에 미치는 영향

10.2.1. 가설

후보의 정치 성향이 득표에 미치는 영향에 대한 이론적 시각은 둘로 갈라진다. 다운스(Downs, 1957)의 중위투표자 이론에 의하면, 후보가 중위투표자 입장에 접근할수록 득표가 증가한다. 그러나 다른 연구는 후보는 급진적인 정당 활동가의 영향으로부터 자유롭지 않기 때문에 중위투표자 입장으로 수렴하기 어렵다고 주장한다(Aldrich, 2010; Moon, 2004; Poole and Rosenthal, 1997; Wright and Berkman, 1986). 3장에서 설명한 바와 같이, 후보가 중도 입장으로 접근하면 중도 유권자의 표를 얻을 수 있으나 정당 활동가를 소외시켜 선거운동에 필요한 자원을 잃게 되고 이는 결국 표의 감소를 초래할 수 있다. 따라서 진보(보수) 후보는 중도 입장에 너무 근접하지도 않고 너무 급진적이지도 않은 온건한 진보(보수) 입장을 선택한다. 두 이론적 시각으로부터 다음과 같은 가설을 각각 도출할 수 있다.

가설 1-1: 후보의 정치 성향이 중도에 가까울수록, 득표가 증가한다.

가설 1-2: 후보의 정치 성향이 온건 진보나 온건 보수에 가까울수록, 득표가 증가한다.

10.2.2. 분석모형과 변수측정

가설 1-1과 1-2는 아래의 회귀분석 모형을 통해 분석한다.

$$\text{득표율} = a + b_1X_1 + b_2X_2 + c_i\sum_{i=1}^{5} V_i + d_i\sum_{i=1}^{7} Z_i + e_i\sum_{i=1}^{5} D_i$$

위 모형에서 X_1은 지역구 당선자의 입장이 중도와 가까운 정도를 나타내고, X_2는 온건 진보나 온건 보수에 가까운 정도를 나타낸다. V_i는 의원의 유인 가치를 나타내고 Z_i는 통제 변수를 나타낸다. D_i는 총선 당시 발생하는 정치적 사건을 통제하기 위해 포함한 선거 가변수다.

국회의원의 정치 성향은 설문조사를 통해 응답자가 자신의 이념이나 정책 입장을 스스로 평가하도록 하는 방식으로 측정할 수 있다. 그러나 자가 평가 방식은 응답자가 자신의 실제 이념을 숨기고 선거에 유리한 응답을 할 수 있다는 점, 그리고 설문조사 기관의 정치적 성향과 다른 이념을 가진 의원은 설문을 거부하는 성향이 있다는 점에서 한계를 가진다(구본상, 2016). 따라서 이 장에서는 당선자의 정치 성향을 측정하기 위해 미국 의원 이념 측정을 위해 널리 사용되는 W-NOMINATE 점수를 사용한다. 미국 의원의 경우, 첫 번째 차원의 NOMINATE 점수는 전통적인 의미에서의 진보-보수 차원의 이념을 나타낸다. 그러나 한국 국회의원의 NOMINATE 점수는 전통적인 의미에서의 진보-보수 차원에서의 입장을 측정한다고 보기 어렵다(구본상 외, 2016). 한국의 경우, NOMINATE 점수에 경제정책이나 외교·안보정책과 관련된 법안에 대한 의원들의 선호뿐만 아니라, 여야 간 권력 투쟁과 관련된 법안에 대한 의원들의 선호가 포함되어 있다. 예컨대, 준연동형 선거법 개정안이나 고위공직자범죄수사처 설치법이 이러한 법안에 해당한다. 따라서 한국 국회의원의 NOMINATE 점수를 이념이라기보다 "여야 대립 차원"에서의 정치 성향으로 보는 것이 적합하다(구본상 외, 2016). NOMINATE 점수가 여야 대립 차원에서의 정치 성향을 의미하더라도, 온건한 후보가 득표에 유리하다는 중위투표자 이론은 유효하다.

NOMINATE 점수가 0점에 근접할수록 중도를 의미하고 -1과 1은 가장 진보적인 성향과 보수적인 성향을 의미한다. 정치 성향이 중도에 가까운 정도(X_1)는 아래 수식을 통해 계산한다. 아래 수식에서 NOMINATE 점수가 -1과 1이면 X_1은 0으로 계산되고, NOMINATE 점수가 0이면 X_1은 1로 계산된다. 따라서 X_1이 득표율에 긍정적이고 유의미한 영향을 미치는 것으로 추정되면, 가설 1-1은 뒷받침된다.

$$X_1 = 1 - |\text{NOMINATE}|$$

X_2는 아래 수식을 통해 계산한다. 아래 수식에서 NOMINATE 점수가 -1, 0, 1이면 X_2는 0으로 계산되고, Nominate 점수가 -0.5나 0.5이면 1로 계산된다. X_2가 증가할수록 온건 진보(-0.5) 또는 온건 보수(0.5) 입장과 가까워진다는 것을 의미하므로 X_2가 득표율에 긍정적이고 유의미한 영향을 미치는 것으로 추정되면, 가설 1-2는 뒷받침된다.

$$X_2 = 2|||Nominate| - 0.5| - 0.5|$$

후보의 유인 가치(V_i)는 후보의 다양한 정치 자본을 포함한다. 정치 자본 변수는 중앙선거관리위원회가 제공한 후보자 신상 자료를 이용해서 다음과 같이 측정하였다. 공직 경력 변수는 ① 장·차관, 청와대 수석비서관 등을 포함하는 중앙 관료 경력과 ② 도지사, 시장, 군수와 같은 광역 및 기초 단체장을 포함하는 지방 관료 경력을 측정하였다. 중앙 관료 변수와 지방 관료 변수는 이에 해당하는 경력의 유무에 따라 1과 0을 각각 부여했다. 당선자의 의정 경력은 ③ 국회의원 당선 횟수와 ④ 지방의회 경력을 포함했다. ⑤ 당선자의 법조 경력은 판사, 검사, 변호사 경력이 있는 후보에 1을 부여하고 그렇지 않은 후보에 0을 부여하였다.

분석모형은 다음과 같은 통제 변수(Z_i)를 포함한다. 후보의 개인 배경 변수들로 후보의 나이, 성별과 교육 수준을 모형에 포함했다. 성별은 남성과 여성에 각각 0과 1을 부여했다. 교육 수준은 무학에서 박사학위까지의 학력을 나타내는 12점 척도로 측정했다. 후보의 개인 배경 변수와 함께 후보의 선거경쟁력에 영향을 미치는 통제 변수들을 포함하였다. 한국에서는 후보의 선거경쟁력에 지역적 지지기반이 중요하게 작동하므로, 이를 통제하기 위해 후보가 속한 정당의 후보들이 후보의 지역구가 속한 시도 지역에서 얻은 득표율의 평균을 계산했다. 양당 체제인 미국과 달리 한국에서는 지역구에 출마하는 후보의 수가 달라진다. 따라서 지역구에 출마한 후보의 수를 통제하였다. 마지막으로 후보의 소속 정당의 특성을 통제하였다. 후보의 소속 정당이 여당이면 1, 야당이면 0을 부여하였다. 후보의 소속 정당이 보수정당이면 1, 진보정당이면 0을 부여하였다.

10.2.3. 분석 결과

<표 10.1>은 16대 총선에서 21대 총선에서 당선된 지역구 후보의 이념과 유인 가치가 득표율에 미치는 영향을 분석한 회귀분석 결과를 보여 준다. 모형 1에는 모든 표결 법안을 이용해서 측정한 NOMINATE 점수로부터 도출된 *X1*과 *X2*가 포함되었고, 모형 2에는 쟁점 법안만 이용해서 측정한 NOMINATE 점수로부터 도출된 *X1*과 *X2*가 포함되었다. 모형 1의 분석 결과는 가설 1-1과 1-2를 뒷받침하지 않았다. 후보의 득표율은 후보의 정치 성향과 무관한 것으로 추정되었다. 반면, 후보의 유인 가치 중 중앙정부 관료 경험과 당선 횟수는 득표율에

긍정적인 영향을 미치는 것으로 추정되었다. 지방의원 경력은 득표율에 오히려 부정적인 영향을 미치는 것으로 나타났다. 소속 정당의 지역표가 증가할수록 후보의 득표율 역시 증가하는 것으로 추정되었으며, 지역구 후보의 수는 후보 득표율에 부정적인 영향을 미치는 것으로 나타났다.

표 10.1 지역구 당선자의 이념과 유인 가치가 득표율에 미치는 영향

종속변수 / 독립변수	득표율(%)							
	모형 1 모든 법안 대상 정치 성향 측정				모형 2 쟁점 법안 대상 정치 성향 측정			
	B	s.e.	t	p	B	s.e.	t	p
중도 성향	−0.622	0.886	−0.702	0.483	−1.167	1.028	−1.135	0.257
온건 진보(보수)	−0.242	0.865	−0.280	0.779	1.761	0.902	1.953	0.051
중앙 관료	1.352	0.534	2.531	0.011*	1.485	0.572	2.595	0.010**
지방 관료	0.191	0.642	0.298	0.766	0.091	0.674	0.135	0.893
당선 횟수	1.181	0.198	5.978	0.000***	1.203	0.212	5.663	0.000***
지방의원	−2.211	1.074	−2.058	0.040*	−1.315	1.218	−1.079	0.281
법조 경력	−0.786	0.630	−1.247	0.213	−0.904	0.694	−1.304	0.193
나이	−0.048	0.032	−1.512	0.131	−0.038	0.034	−1.136	0.256
여성	−0.454	0.840	−0.541	0.589	−0.309	0.848	−0.364	0.716
교육 수준	0.107	0.162	0.658	0.510	0.082	0.176	0.466	0.641
소속당 지역표	0.685	0.025	27.367	0.000***	0.666	0.028	23.562	0.000***
후보 수	−2.011	0.162	−12.430	0.000***	−1.892	0.177	−10.712	0.000***
여당 소속	−0.143	0.432	−0.330	0.741	0.051	0.487	0.106	0.916
보수정당	−0.636	0.449	−1.419	0.156	−0.302	0.475	−0.636	0.525
N	1,377				1,174			
수정 R^2	0.453				0.435			

주: *: p<.05; **: p<.01; ***: p<.001. 국회 가변수의 영향력은 <표 10.1>에서 생략되었음.

모형 2는 가설 1-2를 뒷받침하는 결과를 산출하였다. 모형 2는 온건 진보 또는 온건 보수와 가까운 후보일수록, 득표율이 증가하는 것으로 추정하였다. 후보의 정치 성향이 유권자의 투표 결정에 미치는 영향이 모형 1과 모형 2에서 다르게 추정된 이유는, 초당적인 지지로 통과되는 비쟁점 법안보다 언론의 주목을 받는 쟁점 법안에 대한 후보의 태도가 유권자의 투표 결정에 더 가시적인 영향을 미치기 때문으로 해석된다. 후보의 중앙 관료 경력과 의정 경력이 득표율에 미치는 긍정적인 영향은 모형 2에서도 유의미하게 나타났다. 모형 2는 또한 소속 정당 지역표와 후보 수가 득표율에 유의미한 영향을 미치는 것으로 추정했다.

10.3 당선자의 정치 성향과 정치 자본이 입법 성과에 미치는 영향

10.3.1. 가설

의원들의 정치 성향은 이들의 입법 성과에 어떠한 영향을 미치는가? 중위 의원이 선호하는 법안은 다른 어떤 법안과 경쟁해도 항상 승리하므로, 중위 의원이 제안하는 법안은 급진적인 의원이 제안하는 법안보다 통과될 가능성이 높다(Black, 1948). 이뿐만 아니라 중도적 성향의 의원은 급진적 성향의 의원에 비해 폭넓은 입법 네트워크를 형성할 가능성이 높다. 따라서 다음과 같은 가설을 도출할 수 있다.

가설 2-1: 의원의 정치 성향이 중도에 가까울수록, 입법 성과가 더 좋을 것이다.

의원의 유인 가치는 입법 성과에 어떠한 영향을 미치는가? 유권자가 우월한 유인 가치를 가진 후보를 지지하는 이유는 후보의 유인 가치가 유권자가 원하는 정책을 입법적으로 실현하기에 유리하게 작동한다고 믿기 때문일 것이다. 유권자가 원하는 정책은 공익적인 정책뿐만 아니라 자신의 이념적 가치와 이해와 부합하는 정책을 포함한다. 모든 유권자와 의원이 선호하는 공익적인 정책은 비쟁점 법안을 통해 실현되고, 유권자의 이념적 가치와 이해를 대변하는 정책은 쟁점 법안을 통해 실현된다. 따라서 유권자들은 자신이 원하는 정책을 실현하기 위해 비쟁점 법안과 쟁점 법안 제정에 유리한 유인 가치를 가진 후보를 지지할 가능성이 크다. 만약 유권자의 득표를 끌어낸 유인 가치를 가진 후보가 유권자의 이러한 기대와 부합하는 입법 활동을 한다면, 다음과 같은 가설을 도출할 수 있다.

가설 2-2: 득표에 유리한 유인 가치를 가진 의원은 다른 의원보다 입법 성과가 더 좋을 것이다.

10.3.2. 분석모형과 변수측정

의원의 정치 성향과 유인 가치가 입법 성과에 미치는 영향에 대한 분석은 아래의 회귀분석 모형을 통해 분석한다. 아래 모형에서 X_1은 NOMINATE 점수로 측정된 의원의 정치 성향이 중도에 가까운 정도이다. V_i는 의원의 유인 가치 변수이고 Z_i는 의원의 개인 배경 변수, 선거 변수, 입법환경 변수와 의원이 소속된 정당의 특성에 관련된 변수들이다. D_i는 각 회기 당시의 비체계적 사건들을 통제하기 위해 포함한 회기 가변수다.

$$\text{입법성과} = a + b_1X_1 + c_i\sum_{i=1}^{5} V_i + d_i\sum_{i=1}^{11} Z_i + e_i\sum_{i=1}^{5} D_i$$

선거 변수는 당선자의 득표율과 지역적 선거환경을 포함한다. 득표율이 입법 성과에 미치는 영향에 관해서는 상반된 예측이 가능하다. 유권자가 입법 능력이 있는 후보를 지지한다면, 후보의 득표율과 입법 성과는 긍정적으로 상관되어 있을 것이다. 반면, 가까스로 당선된 후보가 재선을 위해 입법 활동 대신 지역구 활동에 집중한다면, 득표율과 입법 성과는 부정적으로 상관되어 있을 것이다. 지역적 선거환경을 측정하기 위해 후보가 출마한 지역을 소속 정당이 대표하면 1, 상대 정당이 대표하면 -1, 대표하는 정당이 없으면 0을 부여하였다.

국회에서의 입법 성과를 분석한 국내 연구는 다음과 같은 입법환경 변수를 모형에 포함했다. 첫 번째 변수는 발의 의원의 상임위원장 지위다. 상임위원장은 위원회에서 상당한 의제 설정 권한을 행사한다. 발의 의원의 상임위원장 지위는 다음과 같이 측정하였다. 의원이 발의한 법안을 의결할 당시 발의 의원이 상임위원장직을 맡은 경우는 1을, 그렇지 않은 경우는 0을 부여한 후, 발의 건수 대비 상임위원장직을 맡았던 횟수를 백분율로 계산하였다. 두 번째 변수는 법안의 소관 상임위원회와 발의 의원의 소속 상임위원회가 일치하는 정도이다(문우진, 2010; 서현진·박경미, 2009). 상임위원회 일치 정도는 의원이 발의한 법안 건수 대비 법안의 소관 상임위원회와 소속 상임위원회가 일치하는 횟수를 백분율로 계산하였다. 세 번째 변수는 법안의 공동 발의 의원 수이다(문우진, 2010; 박윤희, 2014). 공동 발의 의원 수는 의원이 대표 발의한 법안의 공동 발의 의원 수의 평균값을 계산하였다.

발의 의원이 소속된 정당에 관련된 변수들은 다음과 같다. 첫 번째 변수는 법안 발의 의원이 소속된 정당의 의석 점유율이다(문우진, 2010; 박윤희, 2014; 전진영, 2023). 의석 점유율은 법안 의결 당시 의원이 소속된 정당의 의석 점유율 평균을 계산하였다. 두 번째 변수는 법안 발의 의원이 소속된 정당의 여당 지위이다(문우진, 2010; 전진영, 2023). 발의 의원 소속 정당의 여당 지위 변수는 법안 의결 당시 발의 의원이 여당 소속인 경우는 1을, 야당 소속인 경우는 0을 부여한 후, 발의 건수 대비 여당 소속 횟수를 백분율로 계산하였다. 세 번째 변수는 법안 발의 의원이 속한 정당의 이념이다. 소속 의원의 NOMINATE 점수 평균이 0보다 작은 정당과 민주당 계열 정당에 0을 부여하고, 소속 의원의 NOMINATE 점수 평균이 0보다 큰 정당과 국민의힘 계열 정당에 1을 부여하였다.

기존 연구는 국회의원의 입법 성과를 측정하기 위해 발의 건수나 가결 건수 또는 가결 성공률을 사용하였다(김보전 외 2016; 문우진, 2010; 박경미, 2009; 서현진·박경미, 2009; 전진영, 2021, 2022). 그러나 발의 건수를 의원의 입법 성과로 측정하는 것은 논란의 소지가 있다. 김장수에 의하면, 의원들이 "입법안 발의를 하는 유일한 이유는 참여연대가 그것을 의정활동의 지표로 삼고 있기 때문이다.

… 이것이 의원들이 발의 활동에 관심을 두는 유일한 이유이고 딱 그만큼만 신경을 쓴다”(김장수, 2006: 215). 다수의 의원은 법안을 부실하게 제출해도 별다른 문제가 없다는 인식을 가지고 있기 때문에(김장수, 2006), 다양한 편법을 사용해서 발의 건수를 늘리려 한다.[1] 발의 건수에 비해 가결 건수는 입법 성과를 측정하기에 더 나은 지표이나, 본회의까지 상정되어 표결에 부쳐진 부결 법안이나 법안의 내용이 위원회 대안에 반영되어 폐기되는 법안을 입법 성과로 인정하지 않는 단점을 가지고 있다.

미국 의원의 입법 성과를 분석한 최근 연구는 입법 효과성이라는 개념을 통해 입법 성과를 측정한다. 입법 효과성이란 “입법 과정을 거쳐 법률로 제정되기까지 법안 발의 의원의 입법 의제를 추진하는 검증된 능력”을 의미한다(Volden and Wiseman, 2014: 18). 이 개념에서 검증된 능력이란 법안이 발의되어 법률 제정에 이르는 다양한 단계에서 긍정적인 변화를 끌어내는 능력을 의미한다. 따라서 입법 효과성은 단순히 제정된 법률의 수만으로 측정되는 것이 아니라, 발의 법안이 법제화되기까지의 과정을 포함해 측정되는 것이다(Volden and Wiseman, 2014).

부키아네리 외(Bucchianeri et al., 2024)는 입법 과정뿐만 아니라 법안의 실질적 중요성까지 반영한 입법 효과성 측정 방법을 제시하였다. 부키아네리 외(Bucchianeri et al., 2024)는 법안을 인물이나 장소를 기념하기 위한(commemorative) 법안, 실질적(substantive) 법안, 실질적이고 중요한(substantive and significant) 법안으로 구분하고 세 종류의 법안에 각각 1, 5, 10의 가중치를 부여하였다. 이 연구는 또한 각 의원이 발의한 법안 수, 소관위원회 내부에서 다루어진 법안 수, 소관위원회 외부에서 다루어진 법안 수, 본회의에서 통과된 법안 수, 법제화된 법안 수를 계산하였다. 이 연구는 한 회기의 다섯 단계의 입법 과정에서 처리된 모든 법안에 전술한 방법으로 가중치를 부여하여 더한 값에서 개별의원이 발의한 법안 중 각 단계를 통과한 법안에 가중치를 부여하여 더한 값

1 임기 만료 폐기된 법안을 재활용하는 짜깁기 방법, 특정 규정의 완화를 위해 특정 규정에 관련된 수십 건의 법안을 발의하는 새끼치기 방법, 정부안을 대신 발의해 주는 청부입법과 같은 편법이 주로 사용된다(문우진, 2013).

이 차지하는 비율을 계산한 후, 다섯 단계에서 산출된 비율의 평균을 계산하였다.

전술한 측정 방법은 한국 국회의원의 입법 효과성 측정에 유용하게 적용될 수 있으나, 16대 국회에서 21대 국회에서 처리된 79,268건의 법안의 실질적 중요성을 평가하는 작업은 실행 불가능할 정도로 어려울 뿐만 아니라 객관성을 담보하기 어렵다. 이러한 문제에 봉착하여 이 장에서는 입법 효과성을 두 가지 방법으로 측정한다. 첫 번째 방법에서는 법안이 법제화되기까지의 과정과 발의 의원의 입법 의제 실현 정도에 따라 가중치를 부여하여 입법 효과성을 측정한다. 두 번째 방법에서는 법안의 실질적 중요성을 반영하기 위해 다음과 같이 입법 효과성을 측정한다. 부키아네리 외(Bucchianeri et al., 2024)는 유명 뉴스 매체에서 언급된 법안들을 실질적이고 중요한 법안으로 구분하였다. 한국 국회는 쟁점 법안을 둘러싼 극한 대립이 의사일정과 회의 전반을 지배한다. 이러한 입법환경에서 대다수 비쟁점 법안은 큰 논란 없이 일괄 처리되는 경우가 많으나, 소수의 쟁점 법안은 의사일정을 좌우할 만큼 중요한 역할을 한다. 이뿐만 아니라, 준연동형 선거법 개정안이나 공수처 설치 법안과 같은 쟁점 법안은 유명 뉴스 매체의 주목을 받으며 여론 형성을 주도한다. 따라서 쟁점 법안을 실질적이고 중요한 법안으로 간주하여 부키아네리 외의 방식에 따라 일반 법안의 10배에 해당하는 가중치를 쟁점 법안에 부여한다.

국회의안정보시스템의 법안 분류 방식은 한국 국회의원의 입법 효과성 측정에 유용한 자료를 제공한다. 이 자료에 의하면, 법안은 법률반영 법안과 미반영 법안으로 구분된다. 법률반영 법안은 원안 가결, 수정 가결, 대안 반영, 수정 반영 법안으로 분류되고, 미반영 법안은 부결, 폐기, 철회, 기타 법안으로 분류된다. <표 10.2>는 16대 국회부터 21대 국회까지 처리된 의원 발의 법안의 유형과 비율을 보여 준다. 원안 가결 법안은 원안이 수정 없이 가결된 법안으로 의원 발의 법안의 2.2%를 차지했다. 수정 가결 법안은 위원회 또는 본회의에서 수정되어 가결된 법안으로 4.8%를 차지했다.

표 10.2 16대 국회에서 21대 국회에 처리된 의원 발의 법안 종류

	법률반영					법률 미반영					총합
	원안 가결	수정 가결	대안 반영	수정 반영	계	부결	폐기	철회	기타	계	
16대	35	221	514	0	770	2	838	41	0	881	1,651
	2.1%	13.4%	31.1%	0.0%	46.6%	0.1%	50.8%	2.5%	0.0%	53.4%	100.0%
17대	176	520	1,536	0	2,232	2	3,365	86	43	3,496	5,728
	3.1%	9.1%	26.8%	0.0%	39.0%	0.0%	58.7%	1.5%	0.8%	61.0%	100.0%
18대	253	386	3,227	0	3,866	5	6,819	501	0	7,325	11,191
	2.3%	3.4%	28.8%	0.0%	34.5%	0.0%	60.9%	4.5%	0.0%	65.5%	100.0%
19대	371	763	4,212	0	5,346	1	9,899	172	26	10,098	15,444
	2.4%	4.9%	27.3%	0.0%	34.6%	0.0%	64.1%	1.1%	0.2%	65.4%	100.0%
20대	569	868	5,130	41	6,608	2	14,769	215	0	14,986	21,594
	2.6%	4.0%	23.8%	0.2%	30.6%	0.0%	68.4%	1.0%	0.0%	69.4%	100.0%
21대	358	1,033	5,610	219	7,220	3	16,143	226	63	16,435	23,655
	1.5%	4.4%	23.7%	0.9%	30.5%	0.0%	68.2%	1.0%	0.3%	69.5%	100.0%
합	1,762	3,791	20,230	260	26,044	15	51,836	1,241	132	53,224	79,268
	2.2%	4.8%	25.5%	0.3%	32.9%	0.0%	65.4%	1.6%	0.2%	67.1%	100.0%

출처: 의안정보시스템 처리의안통계 https://likms.assembly.go.kr/bill/stat/statFinishBillSearch.do (검색일 2025.01.04.)

대안 반영 법안은 위원회 심사 단계에서 폐기되나 법안의 내용 일부 또는 전부가 위원회 대안에 반영되는 법안으로 25.5%를 차지했다. 대안 반영 법안은 원래 대안 폐기 법안으로 분류되었으나, 대안 폐기 법안을 발의한 의원이 자신이 발의한 법안 내용이 가결된 위원회 법안에 반영됨에도 불구하고 폐기로 분류되는 것에 대한 이의를 제기함에 따라 2015년 9월부터 법률반영 법안으로 분류되었다(전진영, 2022). 수정 반영 법안은 세입예산안 부수 법률안이 본회의 자동 부

의되어 처리될 때, 수정안에 그 법안의 내용 일부 또는 전부가 반영되어 폐기된 법안이다.[2] 폐기 법안은 위원회의 법안 심사 결과 본회의에 부의하지 않기로 의결하여 임기만료 폐기된 법안으로 65.4%를 차지했다. 기타 법안은 위원회 심사 결과 대안 폐기되었으나 대안이 부결되어 법률에 반영되지 못한 법안을 의미한다.

의원이 발의한 법안은 어느 정도의 입법과정을 거쳤는가에 따라 두 범주로 구분될 수 있다. 첫 번째 범주는 본회의에 부의되지 못하고 상임위원회 단계에서 폐기되는 법안으로 폐기, 철회, 기타 법안을 포함한다. 두 번째 범주는 본회의에 부의되어 처리된 원안 가결, 수정 가결, 부결 법안과 상임위원회에서 폐기되었으나 법안의 내용이 위원회 안에 반영되는 대안 반영 및 수정 반영 법안을 포함한다. 법률로 반영된 법안은 발의 의원의 입법 취지를 원안대로 실현한 정도에 따라 세 범주(대안 반영 또는 수정 반영 법안, 수정 가결 법안, 원안 가결 법안)로 분류된다. 이 장에서는 이처럼 분류된 다섯 범주의 법안을 이용해서 다음과 같은 방법으로 입법 효과성 지수 I을 측정한다.

$$LGEF_I = \left(\alpha \frac{a_{i,t}}{\sum_{i=1}^{N} a_{i,t}} + \beta \frac{b_{i,t}}{\sum_{i=1}^{N} b_{i,t}} + \gamma \frac{c_{i,t}}{\sum_{i=1}^{N} c_{i,t}} + \delta \frac{d_{i,t}}{\sum_{i=1}^{N} d_{i,t}} + \varepsilon \frac{e_{i,t}}{\sum_{i=1}^{N} e_{i,t}} \right) \times \frac{N}{\alpha+\beta+\gamma+\delta+\varepsilon} \tag{1}$$

수식(1)에서 $a_{i,t}$는 회기 t에서 의원 i가 발의한 법안 수를 나타낸다. $b_{i,t}$는 상임위원회를 거쳐 본회의 단계까지 넘어간 법안과 대안 반영된 법안 수를 의미한다. 이 법안은 법률로 반영된 법안뿐만 아니라 부결된 법안까지 포함한다. $c_{i,t}$, $d_{i,t}$와 $e_{i,t}$는 각각 대안 반영 및 수정 반영 법안 수, 수정 가결된 법안 수와 원안 가결된 법안 수를 의미한다. 괄호 안에 있는 항의 분모는 각각 회기 t에서 N명의 의원이 발의한 $a_{i,t}$, $b_{i,t}$, $c_{i,t}$, $d_{i,t}$와 $\mathrm{e}_{i,t}$의 합을 나타낸다.

수식(1)에서 α, β, γ, δ와 ε는 다섯 범주의 법안에 각각 부여한 가중치다.

---

2 부의는 본회의에서 안건을 심의할 수 있는 상태로 만드는 행위를 의미하며, 이는 본회의에 부의된 안건을 당일 회의에서 다룰 수 있도록 하는 상정과 구분된다.

입법 효과성이란 입법 의제를 법제화 단계까지 추진하는 능력을 의미하므로 (Volden and Wiseman, 2014), 법안이 다섯 범주 중 어떤 범주에 속하는가에 따라 서로 다른 비중을 부여할 필요가 있다. 이 장에서는 의원이 발의한 법안이 각 범주에 속할 확률 크기의 역순에 따라 가중치를 부여한다. <표 10.2>는 발의 법안이 $a_{i,t}$, $b_{i,t}$, $c_{i,t}$, $d_{i,t}$와 $e_{i,t}$에 속할 확률은 각각 32.9%, 25.8%, 4.8%, 2.2%라는 사실을 보여 준다. 첫 번째 범주에 속할 확률이 가장 높고 다섯 번째 범주에 속할 확률이 가장 낮으므로, α, β, γ, δ와 ε값에 1부터 5까지의 정수를 부여하였다. 수식(1)의 우측에 있는 $N/(\alpha+\beta+\gamma+\delta+\varepsilon)$은 회기 t의 의원들의 입법 효과성 평균을 1로 표준화시키기 위한 항이다. 한 의원의 표준화된 입법 효과성이 2로 측정되면, 이 의원의 입법 효과성은 동일 회기 의원들의 입법 효과성 평균보다 2배 높다는 것을 의미한다.

입법 효과성 지수 II는 다음과 같이 측정한다.

$$LGEF_{II}=\left(\frac{\alpha a_{i,t}}{\sum_{i=1}^{N}a_{i,t}}+\frac{\beta b_{i,t}}{\sum_{i=1}^{N}b_{i,t}}+\frac{\gamma c_{i,t}}{\sum_{i=1}^{N}c_{i,t}}+\frac{\delta d_{i,t}}{\sum_{i=1}^{N}d_{i,t}}+\frac{\varepsilon e_{i,t}}{\sum_{i=1}^{N}e_{i,t}}+\frac{\eta g_{i,t}}{\sum_{i=1}^{N}g_{i,t}}+\frac{\theta h_{i,t}}{\sum_{i=1}^{N}h_{i,t}}\right)\times\frac{N}{\alpha+\beta+\gamma+\delta+\varepsilon+\eta+\theta} \quad (2)$$

수식(1)에서와 같이, $a_{i,t}$, $b_{i,t}$, $c_{i,t}$는 각각 발의 법안 수, 본회의 단계까지 넘어간 법안과 대안 반영된 법안 수, 대안 반영 및 수정 반영 법안 수를 나타낸다. $d_{i,t}$와 $e_{i,t}$는 각각 수정 가결된 비쟁점 법안 수와 원안 가결된 비쟁점 법안 수를 나타낸다. $g_{i,t}$와 $h_{i,t}$는 각각 수정 가결된 쟁점 법안 수와 원안 가결된 쟁점 법안 수를 나타낸다. 수식(2)에서는 쟁점 법안에 10배의 가중치를 부여하여 α, β, γ, δ, ε, η, θ에 각각 1, 2, 3, 4, 5, 40, 50을 부여하였다.

<표 10.3>은 국회의원 1인당 발의 법안 수, 가결 법안 수, 입법 효과성 I과 II의 값을 회기별로 보여 준다. 네 지표의 최솟값은 0이고, 입법 효과성 I과 II의 평균은

1이므로 <표 10.3>에 보고하지 않았다. 16대 국회에서는 쟁점 법안 수가 너무 적으므로 쟁점 법안에 가중치를 부여해서 측정한 입법 효과성 II 값은 보고되지 않았다. 원안 가결 성과 1건에 발의 성과 1건의 5배에 이르는 가중치를 매기는 입법 효과성 I의 경우, 발의 법안을 원안 가결 시킨 의원 수가 매우 적으므로 입법 효과성 I의 중위수 평균은 0.64로 나타났다. 쟁점 법안의 원안 가결 성과 1건에 일반 법안의 원안 가결 성과 1건의 10배에 이르는 가중치를 매기는 입법 효과성 II의 경우, 쟁점 법안을 원안 가결 시킨 의원이 극히 희박하므로 입법 효과성 II의 중위수 평균은 0.1로 나타났다. 입법 효과성 I의 최댓값은 입법 효과성 I 평균의 12.26배에 달했고, 입법 효과성 II의 최댓값은 입법 효과성 II 평균의 62.27배에 달했다.

표 10.3 회기별 의원 1인당 발의 법안 수, 가결 법안 수, 입법 효과성 지수

회기 \ 성과	발의 법안 수			가결 법안 수			입법 효과성 I		입법 효과성 II	
	평균	중위수	최댓값	평균	중위수	최댓값	중위수	최댓값	중위수	최댓값
16대	5.08	3.00	47.00	0.93	0.00	10.00	0.48	12.50		
17대	17.80	14.00	144.00	2.25	1.00	24.00	0.60	12.98	0.09	109.74
18대	33.53	26.00	355.00	2.05	1.00	45.00	0.58	22.25	0.08	95.12
19대	47.90	38.00	262.00	3.75	3.00	50.00	0.69	8.53	0.10	31.80
20대	67.72	56.00	696.00	4.59	3.00	52.00	0.67	10.52	0.12	23.01
21대	72.21	69.00	325.00	4.35	3.00	24.00	0.81	6.80	0.12	51.70
평균	40.71	34.33	304.83	2.99	1.83	34.17	0.64	12.26	0.10	62.27

입법 효과성 I과 II의 대부분 사례가 0쪽에 치우쳐 있고 최댓값이 매우 크므로, 회귀분석 결과가 최댓값의 영향을 받을 가능성이 크다. 이러한 이상값이 회귀분석에 과다한 영향을 미치는 것을 방지하기 위해 두 지숫값에 log를 취하면 <그림 10.1>이 보여 주듯이 정규분포에 가까운 분포로 전환할 수 있다. 아래 회귀분석 모형에서는 log를 취한 입법 효과성 지수를 사용한다. 이 모형에서 입법 효과성이 1단위 증가한다는 것은 입법 효과성이 10배 증가한다는 사실을 의미한다.

그림 10.1 Log 입법 효과성 I과 log 입법 효과성 II의 분포

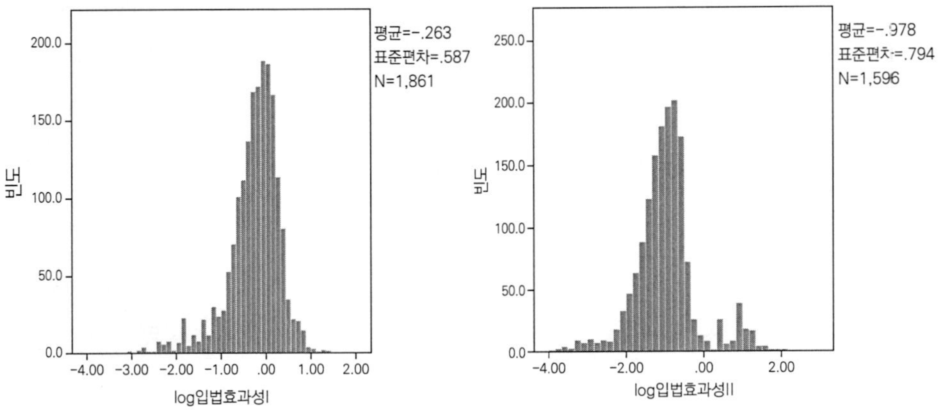

10.3.3. 분석 결과

<표 10.4>는 지역구 의원의 입법 효과성에 미치는 영향에 대한 다음과 같은 분석 결과를 보여 준다. <표 10.4>에서 모형 3은 원안 가결 능력에 더 큰 가중치를 둔 입법 효과성 I을 분석하고 모형 4는 쟁점 법안처리 능력에 더 큰 가중치를 둔 입법 효과성 II를 분석한다. 모형 3과 4의 회귀분석은 다음과 같은 결과를 산출하였다. 첫째, 모형 3은 의원의 중도 성향이 입법 성과에 유리하다는 가설 2-1을 뒷받침했으나, 모형 4는 이 가설을 뒷받침하지 않았다. 이러한 결과가 산출된 이유는 가설 2-1이 쟁점 법안보다 비쟁점 법안에 이론적으로 더 부합하기 때문으로 해석된다. 쟁점 법안을 추진할 동기는 중도 성향의 의원보다 급진 성향의 의원이 더 강하기 때문에, 의원의 중도 성향은 쟁점 법안처리 능력에 큰 가중치를 두는 입법 효과성 II에 긍정적인 영향을 미치기 어려웠을 것으로 추측된다.

표 10.4 지역구 의원의 정치 성향과 유인 가치가 입법 효과성에 미치는 영향

종속변수 / 독립변수	입법 효과성 I				입법 효과성 II			
	모형 3				모형 4			
	B	s.e.	t	p	B	s.e.	t	p
중도 성향	0.144	0.060	2.378	0.018*	0.163	0.096	1.696	0.090
중앙 관료	−0.084	0.035	−2.379	0.018*	−0.130	0.055	−2.349	0.019*
지방 관료	−0.002	0.042	−0.045	0.964	−0.091	0.065	−1.410	0.159
당선 횟수	−0.099	0.014	−7.177	0.000***	−0.086	0.022	−3.990	0.000***
지방의원	0.028	0.069	0.409	0.683	0.133	0.112	1.188	0.235
법조 경력	0.022	0.042	0.519	0.604	0.016	0.066	0.238	0.812
나이	−0.006	0.002	−2.682	0.007**	−0.007	0.003	−2.067	0.039*
여성	−0.008	0.055	−0.143	0.886	0.005	0.081	0.057	0.955
교육 수준	0.030	0.011	2.850	0.004**	0.033	0.017	2.012	0.044*
득표율	−0.098	0.142	−0.691	0.490	0.160	0.225	0.713	0.476
지역 이점	0.124	0.030	4.060	0.000***	0.142	0.047	3.038	0.002**
위원장 지위	0.145	0.040	3.640	0.000***	0.158	0.062	2.546	0.011*
상임위 일치도	0.317	0.054	5.845	0.000***	0.409	0.092	4.433	0.000***
공동 발의 의원	−0.001	0.001	−1.151	0.250	−0.003	0.001	−2.250	0.025*
의석 점유율	0.492	0.087	5.629	0.000***	0.744	0.146	5.082	0.000***
여당 소속 확률	0.083	0.042	1.969	0.049*	0.042	0.074	0.564	0.573
보수정당	−0.154	0.031	−4.978	0.000***	−0.206	0.052	−3.970	0.000***
N	1,478				1,274			
수정 R^2	0.154				0.123			

모형 3과 4는 모두 득표에 유리한 유인 가치가 입법 성과에 긍정적인 영향을 미친다는 가설 2-2에 반하는 결과를 산출하였다. 모형 3과 4는 중앙 관료 경력

이나 의정 경력이 입법 효과성에 오히려 부정적인 영향을 미치는 것으로 추정하였다.[3] 모형 3과 4는 통제 변수의 영향력을 다음과 같이 추정하였다. 첫째, 나이가 많을수록 입법 효과성은 감소하고, 교육 수준이 높을수록 입법 효과성은 증가한다. 둘째, 지역 이점을 누리는 의원의 입법 효과성은 다른 의원보다 더 높다. 셋째, 원내 변수 중 위원장 지위는 입법 효과성에 긍정적인 영향을 미친다. 넷째, 발의 의원이 소속된 상임위원회가 법안 소관위원회와 일치하면, 입법 효과성이 증가한다. 다섯째, 소속 정당의 의석 점유율은 입법 효과성에 유의미한 영향을 미친다. 여섯째, 보수정당은 진보정당에 비해 입법 효과성이 낮다.

<표 10.5>는 지역구 의원의 정치 성향과 유인 가치가 쟁점 법안의 입법 효과성에 미치는 영향을 보여 준다. 모형 5에 포함된 중도 성향 변수는 모든 법안을 대상으로 측정한 것이고, 모형 6에 포함된 중도 성향 변수는 쟁점 법안만을 대상으로 측정한 것이다. <표 10.5>는 모형 5과 6에 포함된 모든 변수가 통계적으로 유의미하지 않다는 사실을 보여 준다. 그럼에도 불구하고 모형 5과 6에서 산출된 수정 결정계수(*R2*)는 모형 3와 4에서 산출된 결정계수보다 더 크게 산출되었다. 그 이유는 회기 가변수가 쟁점 법안의 입법 효과성의 대부분을 설명하기 때문이다. 회기 가변수를 제외하고 회귀분석을 수행한 결과, 수정 결정계수가 9%에 불과한 것으로 나타났다.

표 10.5 정치 성향과 유인 가치가 쟁점 법안의 입법 효과성에 미치는 영향

종속변수 / 독립변수	쟁점 법안 대상 입법 효과성 I							
	모형 5				모형 6			
	B	s.e.	t	p	B	s.e.	t	p
중도 성향	-0.026	0.181	-0.146	0.884	0.250	0.160	1.565	0.121
중앙 관료	0.057	0.078	0.723	0.471	0.053	0.076	0.701	0.485

3 종속변수로 발의 건수나 가결 건수를 사용한 모형을 분석했을 때도 이러한 분석 결과가 산출되었다.

지방 관료	0.038	0.106	0.361	0.719	0.059	0.105	0.562	0.575
당선 횟수	-0.026	0.031	-0.812	0.419	-0.034	0.031	-1.084	0.281
지방의원	0.164	0.126	1.300	0.197	0.207	0.127	1.628	0.107
법조 경력	0.162	0.095	1.713	0.090	0.143	0.090	1.579	0.118
나이	0.002	0.006	0.444	0.658	0.003	0.005	0.553	0.582
여성	-0.018	0.094	-0.194	0.847	-0.035	0.093	-0.380	0.705
교육 수준	0.041	0.025	1.664	0.100	0.040	0.024	1.637	0.105
득표율	-0.333	0.329	-1.012	0.314	-0.187	0.336	-0.556	0.580
지역 이점	0.051	0.057	0.893	0.374	0.042	0.057	0.747	0.457
위원장 지위	0.106	0.084	1.265	0.209	0.079	0.081	0.974	0.333
상임위 일치도	0.033	0.142	0.231	0.818	0.062	0.135	0.459	0.648
공동 발의 의원	-0.001	0.002	-0.436	0.664	0.000	0.002	-0.069	0.945
의석 점유율	0.035	0.269	0.129	0.898	0.123	0.271	0.452	0.653
여당 소속 확률	0.052	0.136	0.379	0.706	-0.001	0.123	-0.011	0.991
보수정당	0.002	0.084	0.021	0.984	0.012	0.076	0.159	0.874
N	111				111			
수정 R^2	0.464				0.449			

주: 모형 5의 독립변수 중도 성향은 모든 법안을 대상으로 측정되었고, 모형 6의 중도 성향은 쟁점 법안을 대상으로 측정되었다.

회기 가변수만 포함한 모형을 통해 회기 가변수가 입법 효과성 I, 입법 효과성 II와 쟁점 법안의 입법 효과성에 미치는 영향을 각각 분석해 본 결과, 세 모형의 결정계수가 각각 0.4%, 1.3%, 48.5%로 나타났다. 회기 가변수가 쟁점 법안의 입법 효과성의 48.5%를 설명하는 이유는 회기에 따라 여당의 다수당 지위가 달라지고 이에 따라 쟁점 법안 통과 가능성이 달라지기 때문이다. 의원들의 개인적인 특징은 쟁점 법안 입법 효과성을 거의 설명하지 못하는 반면, 회기 가변수가 대부분을 설명한다는 <표 10.5>의 결과는 쟁점 법안의 제정에 있어서는 의원 개인의 정치 성향이나 유인 가치보다 정당 간 원내 역학관계가 중요하다는 사실을 의미한다.

10.4 결론과 함의

이 장의 경험 분석은 후보의 정치 성향이 온건 진보 또는 온건 보수에 가까울수록, 그리고 후보가 중앙 관료 경력이나 의정 경력을 가졌을수록 후보의 득표율이 증가한다는 결과를 산출했다. 이 장에서는 발의 법안이 법률로 제정되기까지의 단계에서 의원이 입법적 의제를 추진하는 능력을 나타내는 입법 효과성 I 변수와 이에 더해 처리 법안의 실질적 중요성을 반영한 입법 효과성 II 변수를 제시하였다. 이 장의 경험 분석은 의원의 중도 성향은 입법 효과성 I에 긍정적인 영향을 미치나, 쟁점 법안처리 능력에 큰 가중치를 부여하는 입법 효과성 II에는 유의미한 영향을 미치지 않는다는 결과를 산출했다. 이 장은 또한 중앙 관료 경력이나 의정 경력처럼 유권자들로부터 더 높은 지지를 끌어내는 유인 가치를 가진 의원이 다른 의원보다 입법 성과가 오히려 더 낮다는 사실을 발견하였다. 마지막으로 쟁점 법안만을 대상으로 분석한 모형에서 의원의 정치 성향과 유인 가치는 입법 효과성에 유의미한 영향을 미치지 않았다.

후보의 정치 성향이 온건 진보 또는 온건 보수에 가까울수록, 득표율이 증가한다는 결과와 의원의 중도 성향은 입법 성과에 긍정적인 영향을 미친다는 이 장의 결과는 이러한 시각을 제시한 이론(Aldrich, 2010; Moon, 2004; Black, 1958)과 부합하는 결과이다. 그러나 유권자들로부터 더 높은 지지를 얻는 유인 가치를 가진 후보가 오히려 더 낮은 입법 효과성을 보인다는 이 장의 분석 결과는 이론적인 예측과 다른 것이다. 유권자들은 지지 후보가 자신의 이해를 대변할 것을 원하며, 유권자의 이익 대변은 입법을 통해 실현된다. 그렇다면 유권자들은 왜 입법 성과가 낮은 후보를 지지하는가?

유권자들은 왜 입법 성과가 낮은 후보를 지지하는 이유를 설명하기 위해 몇 가지 가설을 제시할 수 있다. 첫째, 페노(Fenno, 1977)가 지적한 바와 같이, 유권자들은 자신의 지역구 후보가 국회에서 어떤 법안을 제정하는가보다 지역구를 얼마나 위하는가에 관심이 많을 수 있다. 둘째, 중앙 관료 경력을 가졌거나 선수가 높은 의원은 법률 제정보다 당내에서 더 높은 위치에 도달하기 위한 활동에 집중하거나 당 운영과 관련된 업무에 집중할 수 있다. 유권자들은 자신의 지역구 의원이 당에서 더 큰 영향력을 행사할수록 자신의 지역구에 더 큰 혜택을 제공하고 자신의 가치와 이익을 더 효과적으로 대변할 수 있다고 기대할 수 있다. 셋째, 유권자들은 입법보다 지역구 예산 확보나 국감에서의 활약, 반대 정당과 맞서 싸우는 역할을 더 중시할 수 있다. 중앙 관료 경력을 가졌거나 선수가 높은 의원이 입법 성과는 낮더라도 이러한 역할을 잘 수행한다면, 유권자들이 이러한 후보를 지지할 가능성이 높다.

국회의원 본연의 업무는 입법을 통해 지지자와 유권자의 이해와 가치를 대변하는 것이며, 유권자는 본연의 업무 수행에 태만한 국회의원을 지지하지 않을 가능성이 높다. 한국 유권자가 중앙정부 관료 경력이나 의정 경력이 풍부한 후보를 지지하는 이유는 이러한 정치 자본이 국회의원의 업무 수행에 유리하다고 믿었기 때문일 것이다. 이러한 믿음과 반대로 이러한 정치 자본을 가진 국회의원이 오히려 본연의 업무를 성실히 수행하지 않는다는 유권자가 알았다면, 이러한 국회의원을 지지했을 가능성은 작을 것이다. 따라서 유권자가 입법 성과가 낮은 후보를 지지하는 결과는 전술한 가설들이 제시한 이유뿐만 아니라, 유권자의 정보 부족 때문에 초래되었을 가능성이 있다. 이처럼 유권자의 정보 부족 때문에 유권자가 본연의 업무에 태만한 후보를 지지했다면, 이 장의 분석 결과는 한국에서는 대리인 선발 과정에서도 대리인 문제가 발생한다는 사실을 보여 준다. 이 장의 이러한 분석 결과는 한국에서의 대리인 문제가 사전적 선발 단계부터 정상적으로 작동하고 있지 않다는 사실을 의미한다.

후보의 중앙 관료 경력이나 의정 경력이 이들의 입법 성과에 긍정적인 효과를 가지지 않는다는 이 장의 분석 결과는 미국에서 공직 경력이나 정치 경험을 가진 전문정치인이 항상 더 나은 입법 성과를 내지 않는다는 연구 결과와 일치한다(Carnes and Lupu, 2016; Porter and Treul, 2024). 최근의 연구는 미국 의회 선거에서 선출직 경력을 가진 전문정치인의 당선 가능성이 감소하는 반면, 무경력 후보에 대한 선호가 강해지고 있다는 사실을 발견하였다(Porter and Treul, 2024). 이처럼 선출직 경력을 가진 전문정치인의 당선 가능성이 낮아지는 이유는 미국에서 후보의 공직 경력이나 정치 경험을 후보의 유인 가치로 인식했었던 유권자의 인식에 변화가 일어나고 있다는 사실을 의미한다. 이 장의 분석 결과는 미국에서와 같이 한국에서도 대리인 선발에 인식의 변화가 필요하다는 것을 의미한다.

IV부

당간 차원 대표성과 당내 차원 대표성 증진을 위한 정치제도 개혁 방안

11 장

한국 정치제도와 정치제도 설계 방향: 당간 차원 대표성과 당내 차원 대표성

11.1 서론

레이파트(Lijphart, 1999)는 민주주의 정치제도를 다수 지배에 유리한 다수제 모형(majoritarian model)과 소수 보호에 유리한 합의제 모형(consensus model)으로 분류하고, 소수 보호에 유리한 합의제 모형이 다수 지배에 유리한 다수제 모형보다 여러 측면에서 민주주의의 질을 향상한다고 주장하였다. 레이파트의 주장을 따른다면, 합의제 모형이 다수제 모형보다 민주주의의 질 제고에 유리하므로, 합의제 요소를 강화하는 정치제도 설계가 바람직하다.

그러나 1장에서 소개한 바와 같이 뷰캐넌과 털락(Buchanan and Tullock, 1962)의 이론은 다수 지배에 유리한 다수제 모형이 바람직하지 않다는 시각에 동의하나 합의제 모형이 바람직하다는 시각에 동의하지 않는다. 뷰캐넌과 털락은 순응비용과 거래비용이라는 서로 상충하는 비용 사이에서 적합한 균형을 찾으려 했다. 뷰캐넌과 털락에 의하면, 다수 지배의 원리에 충실한 다수제 모형은 순응비용를 증가시키는 반면, 소수 보호에 충실한 합의제 모형은 거래비용을 증가시킨다. 이처럼 서로 상충하는 비용을 고려할 때, 바람직한 정치제도는 순응비용과 거래비용 중 하나를 최소화하는 제도가 아니라 두 비용의 합을 최소화하는 제도이다(Buchanan and Tullock, 1962).

이 책은 레이파트의 시각보다 뷰캐넌과 털락의 시각을 따른다. 대의민주주의는 다수 지배와 소수 보호라는 서로 상충하는 원리를 기반으로 작동한다. 다수가 소수를 지배하면 소수의 권리가 침해될 수 있고, 소수가 다수와 동등한 결정권을 가지면 다수의 효율적인 지배가 어려워진다. 따라서 이 책의 정치제도 설계는 다수 지배의 원리와 소수 보호의 원리 사이에서 최적한 균형을 찾는 문제로부터 출발한다. 이 문제는 다수와 소수와 입장 중에서 누구의 입장을 얼마나 더 반영해야 하는가의 문제이며, 이는 곧 "누구를 대표할 것인가?"의 문제이다. 이러한 질문들에 대한 답에는 불가피하게 규범적인 가치 판단이 개입된다. 이 장에서는 당간 차원 대표성이라는 개념을 제시하고, 어떤 정치 체제가 당간 차원 대표성을 극대화할 수 있는가를 분석한다.

대의민주주의는 또한 대리인 문제라는 구조적인 문제를 가지고 있다. 대리인 문제를 해결하기 위한 효과적인 방법은 주인과 이해가 같은 대리인을 선발하는 것이다. 대리인 문제를 어떻게 억제할 것인가의 질문은 어떤 대리인을 선발해야 하는가의 문제와 직결된다. 따라서 한국 정치제도의 설계를 위해서는 "누가 대표해야 하는가?"라는 질문을 던질 필요가 있다. 이 장은 이 질문에 답하기 위해 당내 차원 대표성이라는 개념을 제시하고, 어떤 대리인 선발 방식이 당내 차원 대표성을 극대화할 수 있는가를 설명한다.

이 장은 다음과 같이 구성된다. 11.2절에서는 합의제 모형이 더 나은 민주주의를 산출한다는 레이파트(Lijphart, 1999)의 주장을 이론적·경험적으로 검토한다. 11.3절에서는 II부와 III부에서 논의한 한국의 정치제도를 종합적으로 평가하고, 한국 정치제도의 어떠한 요소가 다수와 소수의 이익 균형에 어떤 영향을 미치는가를 설명한다. 11.4절에서는 당간 차원 대표성이라는 개념을 제시하고, 어떤 정치제도가 당간 차원 대표성을 증진하는가를 설명한다. 11.5절에서는 당내 차원 대표성이라는 개념을 제시하고, 당내 차원 대표성에 영향을 미치는 정치제도에 대해 설명한다. 11.6절에서는 이 장의 논의를 요약한다.

11.2 권력 분산과 민주주의의 질

레이파트(Lijphart, 1999, 2012)는 36개 민주주의 국가를 대상으로 정치제도와 민주주의의 질 간의 관계를 경험적으로 분석하였다. 레이파트의 경험 분석에 의하면 민주주의의 질은 다수제 국가에 비해 합의제 국가에서 더 높고(Lijphart, 1999), 국가의 정부 효율성과 법치 수준, 부패 통제 능력 역시 합의제 국가에서 더 나은 것으로 나타난다(Lijphart, 2012). 이뿐만 아니라, 물가나 실업률과 같은 경제성과에 있어서도 합의제 국가가 다수제 국가에 비해 더 우월한 결과를 산출한다. 그러나 레이파트의 통계분석은 1999년 연구에서 다른 변수를 통제하지 않은 단순회귀분석 방법을 이용하였고, 2012년 연구에서는 다중회귀분석을 사용하였으나 이상값(outlier)을 분석에서 제외하였다. 이뿐만 아니라, 레이파트는 합의제 모형이 다수제 모형보다 더 나은 민주주의를 산출하는 메커니즘을 이론적으로 설명하지 않았다.

이 책의 7장에서는 정치제도가 가진 다양한 정치적 효과를 실증적으로 분석하였다. 입법 생산성, 책임정치, 소수보호 능력 및 정치 양극화 해소 능력을 분석한 결과, 초다수결 입법 규칙을 사용하는 다당 체제 대통령제가 소수 보호에 가장 유리하지만, 입법 생산성이나 책임정치 측면에서는 다른 정치 체제에 비해 열등하다는 사실을 발견하였다. 다당 체제와 다수결 입법 규칙을 조합한 대통령제가 종합적으로 가장 우수한 특성을 가진 것으로 나타났다. 이 체제는 입법 생산성과 책임정치 측면에서 가장 우수한 결과를 산출하고, 정치 양극화 해소 측면에서 두 번째로 우수한 특성을 가진 것으로 나타났다. 이러한 이론적 분석 결과는 소수 보호에 가장 유리한 체제가 가장 바람직한 민주주의를 산출하는 것은 아니라는 것을 의미한다.

합의제 모형은 소수 보호에 유리한 권력 분산형 정치제도를 의미한다. 따라서 합의제 모형이 더 나은 민주주의를 산출한다면 권력 분산 장치가 가지고 있는 인과적 효과를 직접적으로 분석할 필요가 있다. 그러나 레이파트(Lijphart, 1999, 2012)가 수행한 통계분석에서 사용된 독립변수는 10가지 정치제도의 특성을 복합한 변수(composite variable)이다. 따라서 10가지 정치제도 중 어떤 제도적 장치가 민주주의의 질에 긍정적인 영향을 미치는가를 알기 어렵다. 합의제 정치제도는 다양한 권력 분산 장치로 구성되며, 정부형태와 선거제도는 권력 분산 정도에 유의미한 영향을 미친다. 입법부, 사법부, 행정부가 서로 견제하는 대통령제는 의회제에 비해 제도적 거부권 행사자의 수가 증가하며, 다당 체제를 산출하는 선거제도는 정파적 거부권 행사자의 수를 증가시킨다(Tsebelis, 2002). 따라서 제도적·정파적 거부권 행사자의 수가 민주주의의 질에 미치는 영향을 분석할 필요가 있다.

권력 분산 제도가 민주주의의 질에 미치는 영향을 분석하기 위해 종속변수인 민주주의의 수준은 세 종류의 지표를 사용해서 측정하였다. 첫째, EIU(The Economist Intelligence Unit)가 제공하는 민주주의 지수(Democracy Index 2017)를 사용하였다. 민주주의 지수는 167개국의 선거절차 및 다원주의, 시민권, 정부 역량, 정치참여 및 정치문화 영역의 60개 항목에 대한 전문가들의 평가를 기초로 측정되었다. 이 지수 값이 클수록, 민주주의 수준이 높다는 것을 의미한다. 둘째, Freedom House가 제공하는 세계 자유 지수(Freedom in the World Index 2017)를 사용하였다. 세계자유 지수는 선거 과정, 정치적 다원주의 및 정치참여, 정부 기능, 법 규칙, 집회의 결사와 자유, 개인 자율성 및 정치적 권리 등을 평가한다. 이 지수의 값이 클수록, 더 큰 자유가 보장된다는 것을 의미한다. 셋째, 국제 투명성 기구(Transparency International)가 제공하는 부패인식 지수(Corruption Perception Index)의 2011년에서 2015년 평균을 사용하였다. 이 지표는 10개 기관이 조사한 13종류의 설문조사를 근거로 공무원과 정치인이 부패했다고 느끼는 정도를 측정하였다. 이 지수의 값이 크다는 것은, 국가 청렴도가 높다는 것을 의미한다.

독립변수는 각 국가의 권력 분산 정도, 다당 체제 정도 및 연방주의 정도를 사용하였다. 권력 분산 정도는 World Bank의 『정치제도 자료집』(Database of Political Institution)이 제공하는 거부권 행사자 수를 사용하였다. 다당 체제 정도는 『정치제도 자료집』의 실효 의회 정당의 수(effective number of parliamentary parties: ENPP)를 사용하였다. 연방주의 정도는 취리히 대학(University of Zurich)

의 아민전 외(Armingeon et al., 2016)의 『비교정치 자료집』(Comparative Political Data Set)이 제공한 변수를 사용하였다. 이 변수는 각국의 연방주의 수준을 없음(0), 약함(1), 강함(2)으로 측정하였다. 정치제도 변수들과 함께, 민주주의 발전과 이론적인 관련이 있는 통제변수를 분석모형에 포함하였다. 경제가 발전할수록 민주주의가 발전할 가능성이 크기 때문에, 1인당 GDP를 분석모형에 포함하였다. 권력 분산과 민주주의의 질 사이의 관계가 불분명하다는 주장은 민주주의 국가에 해당하므로, EIU가 비민주주의 국가로 분류한 혼종정권(hybrid regime)과 권위주의 정권은 분석에서 제외하였다.

표 11.1 권력 분산형 정치제도가 민주주의 질에 미치는 영향

종속변수 / 독립변수	민주주의 지수		자유 지수		부패인식 지수	
	기울기 (s.e.)	t값 유의수준	기울기 (s.e.)	t값 유의수준	기울기 (s.e.)	t값 유의수준
권력 분산 정부형태 (제도적 거부권 행사자)	−.007 (.092)	−.072 (.943)	−.712 (1.211)	−.588 (.560)	−.791 (2.166)	−.365 (.717)
실효 의회정당 (정파적 거부권 행사자)	−.022 (.050)	−.432 (.668)	−.183 (.662)	−.276 (.784)	−.797 (1.184)	−.673 (.505)
연방제도	−.048 (.188)	−.253 (.802)	−4.249 (2.488)	−1.708 (.096)	.255 (4.451)	.057 (.955)
1인당 GDP ($1000)	.033*** (.004)	9.161 (.000)	.269*** (.047)	5.700 (.000)	.534*** (.084)	6.319 (.000)
R2 (수정 R2) N	.695 (.664) 44		.469 (.415) 44		.516 (.466) 44	

*: p<.05; **: p<.01; ***: p<.001

<표 11.1>은 권력 분산이 민주주의 국가들의 민주주의 질, 자유 보장 정도, 국가 청렴도와 무관하다는 사실을 보여 준다. 이러한 결과는 권력 분산을 위해 거부권 행사자의 수를 증가시키거나, 비례성이 높은 선거제도를 통해 정당의 수를 증가시키거나, 지방분권을 실현한다고 해서, 민주주의 질이 향상되거나 자유

가 더 보장되거나 부정부패가 줄어드는 것은 아니라는 사실을 보여 준다. 세 종속변수에 영향을 미치는 변수는 1인당 GDP로 나타났다. <표 11.1>의 분석 결과는 경제가 발전할수록 정치도 발전한다는 통념을 강하게 지지한다.

이 절에서는 민주주의 국가에서의 권력 분산이 민주주의 질 향상에 긍정적인 영향을 미친다는 주장은 이론적·경험적으로 타당하지 않다는 사실을 보여 주었다. 권위주의 국가에서 독재자의 권력을 견제하는 장치는 민주주의 발전을 촉진할 수 있다. 그러나 민주주의가 정착된 국가에서는 권력 분산 정도가 민주주의 발전 정도를 의미하는 것은 아니다. 달리 말하면, 민주주의 국가에서 민주주의의 질을 더 높이기 위해서 권력을 더 분산시켜야 하는 것은 아니며, 권력이 분산된다고 해서 민주주의의 질이 향상되는 것도 아니다. 민주주의가 발전한 영국과 같은 양당 체제 국가들도 존재하며, 민주주의의 수준이 낮은 남미의 다당 체제 국가들도 존재한다. 마찬가지로, 행정부의 권력 분산이 민주주의의 질을 항상 향상하는 것은 아니다. 민주적인 행정부 권력을 부패한 의회에 분산시키면, 의원들은 자신들과 결탁한 후견 세력을 위한 활동을 한다. 민주적인 중앙정부의 권력을 부패한 지방 정부에 분산시키면, 지방 정부는 자신들과 결탁한 지역 집단과 서로의 이익을 도모한다.

11.3 한국 정치제도의 종합적 평가

한국의 정치제도는 다수 지배와 소수 보호의 두 원리 중 어떤 원리에 더 충실한가? 한국 정치제도의 어떤 요소들이 각각 두 원리에 어떠한 영향을 미치는가? <표 11.2>는 I부와 II부에서 다룬 한국 정치제도의 특징을 정리한 것이다. 한국 정치제도는 다수 지배에 유리한 다음과 같은 특징을 가진다. 첫째, 선거제도와 정당 체제 측면에서 전체 의원의 6분의 5에 해당하는 국회의원을 소선거구에서 선출하는 한국 선거제도는 양당 지배 체제를 산출하는 경향이 있다. 둘째, 행정부 법안발의권이나 독점적 예산편성권과 같은 의회제 요소는 행정부를 상대로 한 입법부의 견제 기능을 약화한다. 셋째, 대통령 권한을 강화하는 다양한 제도들은 대통령의 여당 장악력을 증가시켜, 여대야소 상황에서 행정부에 의존적인 입법부를 형성시킨다. 넷째, 단원제 의회구조 및 국회선진화법 이전의 다수결 의결규칙과 국회의장 직권상정 절차는 소수당의 다수당 견제력을 약화한다. 다섯째, 대선과 총선의 일정 차이는 분점정부 형성 가능성을 높이나 총선이 대통령 임기 중간에 항상 치러지는 것이 아니므로 한국에서는 미국에 비해 단점정부가 형성될 가능성이 상대적으로 높다. 여섯째, 대통령이 헌법재판관 9인 중 7인의 임명에 영향을 미칠 수 있는 헌법재판관 임명제도와 짧은 헌법재판관과 대법원 판사의 임기는 사법부의 독립성을 약화한다.

표 11.2 한국 정치제도

<table>
<tr><th>정치제도</th><th>평가</th><th>다수 지배에 유리한 요소</th><th>소수 보호에 유리한 요소</th></tr>
<tr><td>선거제도
정당 체제</td><td>다수제
편향</td><td>소선거구 위주 선거제도
지나치게 적은 비례 의석
양당 지배 체제</td><td>대선 및 총선 일정 불일치
준연동형 선거제도</td></tr>
<tr><td>행정부-
입법부 관계 및
대통령 권한</td><td rowspan="2">선진화법
이전
다수제 편향

선진화법
이후
합의제 강화</td><td>선진화법 이전 여대야소
여당의 강한 정당결속력
정부의 독점적 예산편성권
다양한 의회제적 요소
행정명령 권한 남용 소지
다양한 대통령 권한</td><td>선진화법 이전 여소야대
제한적 행정명령 권한</td></tr>
<tr><td>의회제도</td><td>단원제
선진화법 이전 입법 규칙
(상임위 및 본회의 다수결 규칙 및 국회의장 직권상정 절차)</td><td>국무회의 대응 상임위 구성
소수당 상임위 배분
법사위원장 소수당 배분
선진화법 이후 초다수결 규칙</td></tr>
<tr><td>정부 유형</td><td>다수제
편향</td><td>17대 국회 이후 50%를 상회하는 단점정부 형성</td><td>대선과 총선의 일정 차이</td></tr>
<tr><td>사법부
독립성</td><td>다수제
편향</td><td>정부·여당 주도 헌재 구성
짧은 헌법재판관과 대법원 판사 임기</td><td>대통령 임기와 헌법재판관과 대법원 판사 임기 불일치</td></tr>
</table>

한국 정치제도는 소수 보호에 유리한 특성들도 가지고 있다. 첫째, 준연동형 선거제도가 위성정당 없이 작동한다면, 제한적이지만 군소정당의 의회 진입을 어느 정도 촉진할 수 있다. 둘째, 총선 및 대선 일정이 서로 일치하지 않으므로, 여소야대 상황이 발생할 가능성이 있고 여소야대에서 다수 야당은 행정부를 견제할 수 있고 소수 여당 소속 대통령은 거부권을 통해 다수 야당을 견제할 수 있다. 셋째, 대통령이 위헌적인 행정명령권을 남용하지 않는다면 대통령의 제한적인 행정명령 권한은 대통령 권한을 약화한다. 넷째, 국회선진화법 이후 여당이 5분의 3 이상의 의석을 확보하지 않는 한, 소수 야당도 행정부와 다수 여당을 견제할 수 있다. 다섯째, 소수당에도 상임위원장을 배분하고 법제사법위원회 의장직을 야당에 배분하는 관행은 다수당에 대한 소수당의 견제력을 강화한다.

<표 11.2>는 서로 다른 정치제도가 다수 지배와 소수 보호의 원리를 다양한 방식으로 반영하고 있다는 사실을 보여 준다. 그렇다면 한국 정치제도 개혁은 소수 보호와 다수 지배의 원리 중 어떠한 원리를 더 반영하는 방향으로 이루어져야 하는가? 문우진(2021)에 의하면, 거래비용과 순응비용의 합은 구성원이 얼마나 이질적인가에 따라서 달라진다. 인종적·문화적으로 이질적인 집단으로 구성된 국가에서는 소수가 치러야 하는 순응비용이 증가한다. 이러한 국가에서는 인종적·문화적인 소수를 보호할 수 있는 합의제 정치제도가 적합하다. 한국 사회가 문화적으로 다면화되고, 경제적 양극화가 심해지고, 세대 간 선호의 차이가 분명해지면서, 한국 국민의 이질성이 증가하고 있다(문우진, 2018). 이와 동시에 다문화 가정의 증가로 인한 문화적 다변화는 한국 사회의 이질성을 심화시키고 있다. 한국 사회가 이와 같은 변화를 겪고 있다면, 한국 정치제도 설계는 소수 보호를 위해 합의제 요소를 강화하는 방향으로 나가는 것이 적합하다.

11.4 당간 차원 대표성과 정치제도

11.2절에서 민주주의를 달성한 국가에서 권력 분산이 민주주의의 질을 높인다는 주장에 대한 이론적·경험적 근거가 없다는 사실을 보여 주었다. 11.3절에서는 한국의 정치제도에 다수 지배에 유리한 요소가 많다는 사실을 보여 주었다. 그렇다면 한국 정치제도를 어떻게 바꾸어야 하는가? 민주주의는 다수 지배와 소수 보호라는 서로 상충하는 원리를 기반으로 작동한다. 그렇다면 다수와 소수 중 누구의 입장을 얼마나 더 반영해야 하는가?

이 질문에 답하기 위해 이 절에서는 다음과 같은 규범적 기준을 제시한다. 첫째, 다수와 소수의 입장 중 다수의 입장을 더 반영하는 것이 규범적으로 타당하다. 달리 말하면, 소수보다 다수의 입장을 더 반영하는 결과가 소수가 다수와 동등한 영향력을 행사하거나 소수가 다수보다 더 대표되는 결과보다 바람직하다. 둘째, 다수의 규모가 커질수록 다수의 입장을 더 반영할 필요가 있다. 달리 말하면, 소수의 규모가 커질수록 소수를 더 보호할 필요가 있다. 이 절에서는 어떤 정치제도가 이러한 두 기준을 충족시키기에 가장 적합한가를 분석한다.

7장에서는 서로 다른 선거제도(단순다수제 대 비례제)와 입법 규칙(다수결 대 초다수결)의 조합이 산출하는 네 대통령제 체제에서 서로 다른 입법 결과가 정당들의 의석 비율에 따라 도출된다는 사실을 보여 주었다. 이 절에서는 7장에서 제시한 거부권 행사자 모형 분석 결과를 근거로 <표 7.2>에 포함된 네 종류의 대통령제와 함께 양당 의회제와 다당 의회제가 다수와 소수의 이익 균형에 어떠한 결과를 초래하는가를 설명한다. 이러한 설명을 근거로 어떠한 정치 체제가 당간 차원 대표성을 극대화할 수 있는가를 보여 준다.

선거제도, 정부형태, 입법 규칙을 서로 조합하면 Ⓐ 단순다수제+의회제+다수결 입법 규칙, Ⓑ 단순다수제+대통령제+다수결 입법 규칙, Ⓒ 단순다수제+대통령제+초다수결 입법 규칙, Ⓓ 비례제+의회제+다수결 입법 규칙, Ⓔ 비례제+대통령제+다수결 입법 규칙, Ⓕ 비례제+대통령제+초다수결 입법 규칙, Ⓖ 단순다수제+의회제+초다수결 입법 규칙, Ⓗ 비례제+의회제+초다수결 입법 규칙과 같은 여덟 개의 정치 체제가 산출된다. 위에서 대통령제는 미국과 같은 삼권분립의 순수한 대통령제를 의미한다.

단순다수제, 의회제와 다수결 입법 규칙은 각각 다수 지배에 유리한 제도인 반면, 비례제, 대통령제와 초다수결 입법 규칙은 각각 소수 보호에 유리한 제도이다. 따라서 단순다수제, 의회제와 다수결 입법 규칙의 조합인 체제 Ⓐ는 다수가 소수를 효율적으로 지배할 수 있는 제도이다. 영국과 같은 양당 의회제 국가가 이에 속한다. 선진 민주주의 국가 중 단순다수제, 대통령제와 다수결 입법 규칙의 조합인 체제 Ⓑ를 채택한 국가는 없다. 국회선진화법 이전의 한국 정치 체제가 체제 Ⓑ와 가깝다고 볼 수 있다. 이 시기의 한국 정치 체제는 전체의석의 80% 이상을 단순다수제로 선발하는 단순다수제 중심의 병립형 선거제도와 대통령제와 다수결 입법제도의 조합을 선택했었다.

단순다수제, 대통령제와 초다수결 입법 규칙이 조합된 체제 Ⓒ의 전형은 미국이다. 미국 상원에서는 소수당이 무제한 토론을 할 수 있으며, 무제한 토론을 종결시키려면 5분의 3의 동의가 필요하다. 따라서 소수당도 다수당을 견제할 수 있다. 국회선진화법 이후의 한국 정치 체제는 변형된 체제 Ⓒ와 가깝다. 쟁점법안이 본회의에 상정되기 위해서는 5분의 3의 동의를 필요로 하므로 소수당도 다수당을 견제할 수 있다. 국회선진화법이 적용된 19대와 20대 국회에서는 다수 여당도 소수당의 동의 없이 입법적 의제를 실현할 수 없었다. 21대 국회에서와 같이 여당이 180석을 확보할 수 있을 때만, 여당은 입법적 의제를 실현할 수 있다.

대부분의 선진 민주주의 국가는 비례제, 의회제와 다수결 입법 규칙이 조합된 체제 Ⓓ를 채택하였다. 네덜란드, 노르웨이, 덴마크, 독일, 룩셈부르크, 벨기에, 스웨덴, 스위스, 오스트리아, 이탈리아, 핀란드 등이 체제 Ⓓ에 속한다. 체제 Ⓓ는 의회제의 효율성을 추구하면서 소수를 보호할 수 있는 체제이다. 대통령제에서는 행정부와 의회 다수가 서로 의견을 달리하면 입법적 교착이 초래된다. 의회제는 대통령제와 달리 견제보다 효율성을 중시하는 제도이다. 그러나 양당 의회제는 소수를 보호하기 어렵다. 이러한 문제를 해결하기 위해, 의회제에서는 비례제를 채택해서 한 정당이 다수를 차지하기 어렵게 만든다. 이럴 경우, 여러 정당이 연합정부를 구성해야 하며, 연정에 참여한 정당들이 서로 동의할 때만 법이 만들어진다. 따라서 군소정당들도 연정에 참가하여 큰 정당으로부터 소수 입장을 보호할 수 있다.

체제 Ⓔ는 비례제와 대통령제 그리고 다수결 입법 규칙이 조합된 체제이다. 중남미 국가들이 이러한 체제와 비슷하지만 이들 국가의 강력한 대통령제는 미국의 삼권분립 체제와 다르므로 체제 Ⓔ와 같다고 보기 어렵다. 체제 Ⓕ는 비례제와 순수한 대통령제 그리고 초다수결 입법 규칙이 조합된 체제이다. 이 체제는 선진민주주의 국가에서 발견되지 않는다.

체제 Ⓖ와 체제 Ⓗ는 현실 세계뿐만 아니라 이론적으로도 존재할 수 없다. 두 체제는 초다수결 입법 규칙을 사용하는 의회제이다. 의회제에서는 행정부가 의회의 지지를 얻지 못하면 실각하게 된다. 의회제에서 초다수결을 사용하면, 행정부를 유지하기 위해 초다수의 지지를 확보해야 한다. 다수당 또는 다수 연합이 초다수를 확보하지 못할 경우, 소수당 또는 소수연합도 행정부를 실각시킬 수 있으므로 행정부가 불안정해질 가능성이 크다. 따라서 초다수결 입법 규칙을 사용하는 의회제는 존재하지 않는다.

체제 Ⓐ는 단순다수제와 다수결 입법 규칙을 사용하는 의회제이다. 체제 Ⓐ에서는 다수당이 형성한 정부가 제출한 안이 소수당의 견제 없이 통과된다. 따라서 체제 Ⓐ는 다수당을 지지한 다수의 입장을 대표한다. 비례대표제와 다수결 입법 규칙을 사용하는 의회제를 의미하는 체제 Ⓓ가 대표하는 입장은 어떠한 정부가 형성되는가에 따라 달라진다. 비례대표제에서는 한 정당이 의회 과반을 차지하기 어려우므로 연합 정부나 소수 정부가 형성된다. 연합 정부가 형성되면, 연정에 참여한 정당들 가운데 중간 입장을 취하는 정당의 입장이 채택되고 이 정당을 지지한 유권자의 입장이 대표될 가능성이 높다. 소수 정부가 형성되면 소수 정부가 의제 설정자가 된다. 따라서 소수 정부와 의회 다수 입장 사이에 있는 입장 중 소수 정부 입장에 더 가까운 입장이 대표된다.

체제 Ⓑ는 단순다수제와 다수결 입법 규칙이 조합된 대통령제이다. 체제 Ⓑ

에서 단점정부(여대야소)와 분점정부(여소야대)는 서로 다른 유권자를 대변한다. 단점정부에서 대통령이 여당을 장악하면 대통령 입장이 채택되고 대통령을 지지한 대선에서의 다수를 대변한다. 분점정부에서 대통령이 여당을 장악하고 야당이 의석의 3분의 2 이상을 얻지 못하면, 대통령이 수용할 수 있는 법안 중 다수 야당과 가장 가까운 법안이 통과된다. 따라서 대통령을 지지한 대선에서의 다수 입장과 다수 야당을 지지한 총선에서 다수 입장 사이에서 총선 다수 입장을 상대적으로 더 반영한다. 체제 Ⓒ는 단순다수제와 초다수결 입법 규칙이 조합된 대통령제이다. 체제 Ⓒ에서 여당이 5분의 3 이상의 의석을 얻는 경우, 여당이 가장 선호하는 입장이 통과된다. 즉, 여당이 5분의 3 이상의 의석을 얻을 정도로 강한 지지를 얻으면, 다수 여당 지지자 입장을 반영한다. 반면, 다수 여당이 5분의 3 이상의 의석을 얻지 못한 경우, 여당은 야당이 수용할 수 있는 법안들 중 자신이 가장 선호하는 법안을 제안하고 이는 통과된다.

체제 Ⓒ의 단점정부에서는 체제 Ⓑ의 단점정부에서와 달리 여당이 다수의 지지를 얻어도 여당 지지자 입장을 대표할 수 없다. 여당과 야당 지지자의 중간 입장으로부터 여당 지지자 입장을 상대적으로 더 반영한다. 체제 Ⓒ의 분점정부는 여당과 야당 지지자의 중간 입장으로부터 야당 지지자 입장을 상대적으로 더 반영한다. 따라서 체제 Ⓒ의 단점정부와 분점정부에서의 입법 결과는 평균적으로 여당 지지자와 야당 지지자의 입장을 동등하게 대변한다. 반면, 체제 Ⓑ의 단점정부와 분점정부에서의 입법 결과를 평균적으로 보면 여당 지지자 입장을 야당 지지자 입장보다 더 대변한다.

체제 Ⓔ는 비례제와 다수결 입법 규칙이 조합된 대통령제이다. 체제 Ⓔ에서 여당이 중위정당의 지위를 얻을 정도로 다수가 여당 진영 정당들을 지지하면, 여당 지지자의 입장을 대표한다. 반면, 체제 Ⓔ에서 기존의 제1야당이 중위정당의 지위를 유지하는 경우, 여당과 제1야당 지지자 중간 입장으로부터 제1야당 지지자의 입장을 더 대변한다. 다당 체제 Ⓔ에서 기존의 두 주요 정당 사이에 출현한 중도 정당이 중위정당의 지위를 얻게 되는 경우(편의상 ⓔ로 표기), 거부 중추 정당이 수용할 수 있는 정책들 중 중도 정당 입장과 가장 가까운 법안이 통과된다. 이러한 입법 결과는 여당과 중도 정당 사이에 놓여 있다. 따라서 체제 ⓔ는 체제 Ⓔ에 비해 여당 진영 정당 지지자의 입장을 야당 진영 정당 지지자의 입장보다 더 반영한다. 체제 Ⓔ에서 여당 진영 정당이 지배적인 다수의 지지를 얻은 경우와 그렇지 않은 체제 ⓔ의 결과를 비교하면, 체제 ⓔ는 체제 Ⓔ에 비해 야당 진영 정당을 지지한 유권자의 입장을 상대적으로 더 반영한다.

체제 Ⓕ는 비례제와 초다수결 입법 규칙이 조합된 대통령제이다. 여당과 여당보다 더 급진적인 정당의 의석의 합이 3분의 2를 넘기면, 여당 지지자 입장을 반영한다. 여당이 중위정당 지위를 차지하고 여당 반대 진영의 야당이 무제한 토론 중추 정당의 지위를 차지한 경우, 야당이 수용할 수 있는 법안 중 여당 입장과 가장 가까운 안이 통과된다. 따라서 여당 지지자와 야당 지지자의 입장 중 전자에 더 가까운 입장을 대표한다. 야당이 중위정당의 지위를 차지했으나 거부 중추 정당의 지위를 차지하지 못한 경우, 거부 중추 정당이 수용할 수 있는 법안 중 야당의 입장과 가장 가까운 법안이 채택된다. 거부 중추 정당이 여당인 경우, 여당 지지자와 야당 지지자 중 후자의 입장을 상대적으로 더 대변한다.

체제 Ⓒ와 체제 Ⓕ는 초다수결 입법 규칙을 사용하나 두 체제는 각각 단순다수제와 비례제를 사용한다. 중위정당과 두 중추 정당이 두 체제에서 동일하다면, 두 체제는 같은 입법 결과를 산출하고 동일한 유권자들을 대변한다. 반면, 체제 Ⓕ에서 중도 정당이 중위정당의 지위를 얻는 경우(편의상 ⓕ로 표기), 거부 중추 정당과 무제한 토론 중추 정당이 모두 수용할 수 있는 법안 중 중도 정당이 가장 선호하는 법안이 통과된다. 체제 ⓕ에서는 여야가 바뀌어도 거부 중추 정당과 무제한 토론 중추 정당이 수용할 수 있는 법안 중 중위정당이 가장 선호하는 법안이 통과되므로, 어떤 정당이 행정부를 차지하는가와 상관없이 중위정당 지지자의 입장을 대표할 가능성이 크다.

표 11.3 정치 체제에 따른 다수와 소수의 이익 균형

의회제		
정부 유형 / 체제	다수 정부	소수 정부
Ⓐ 양당 다수제	다수 대변(다수 지배 체제)	발생 불가
Ⓓ 다당 다수제	연정 내 중위 정당 지지자 대변	다수 입장 일부 반영, 소수 대변
양당 대통령제		
정부 유형 / 체제	단점 정부	분점 정부
Ⓑ 양당 다수제	여당(대통령) 지지 다수 대변	여당 지지 소수 입장 일부 반영 야당 지지 다수 대변
Ⓒ 양당 초다수제	야당 지지 소수 입장 일부 반영 여당(대통령) 지지 다수 대변	여당 지지 소수 입장 일부 반영 야당 지지 다수 대변
다당 대통령제		
중위 정당 / 체제	여당	야당
Ⓔ 다당 다수제	여당(대통령) 지지 다수 대변	여당 지지 소수 입장 일부 반영 야당 지지 다수 입장 대변
Ⓕ 다당 초다수제	야당 지지자 입장 일부 반영 여당(대통령) 지지자 대변	여당 지지자 입장 일부 반영 야당 지지자 대변
중위정당 / 체제	여당과 제1야당 사이 중도 정당	
ⓔ 다당 다수제	여당(대통령)을 지지하는 다수와 중도 정당 지지자 사이 입장 대변	
ⓕ 다당 초다수제	중도 정당 지지자 대변	

<표 11.3>은 전술한 내용을 요약한 것이다. <표 11.3>의 결과로부터 어떠한 체제가 당간 차원 대표성이 가장 높은 체제인가를 파악할 수 있다. 체제 Ⓐ는 다수당 지지 정도와 상관없이 항상 다수당 지지자의 입장을 대표하는 반면, 소수당 지지

자 입장을 반영하지 않는다. 따라서 당간 차원 효율성이 낮다. 체제 Ⓓ에서 정책적으로 가까운 정당들이 다수 연합 정부를 형성하면, 연정 참여 정당 중 중위 정당 지지자의 입장을 대표할 가능성이 높다. 그러나 정책적 친화성과 무관하게 연합 정부가 형성된다면, 연합 정부가 어떤 집단을 대표하는가를 예측하기 어렵다. 체제 Ⓓ에서 소수 정부가 형성되면, 다수 야당보다 소수 여당에 더 가까운 입장이 대표된다. 이 체제는 다수보다 소수의 입장을 더 대표하므로 당간 차원 대표성이 낮다.

체제 Ⓑ와 체제 Ⓔ에서 여당이 중위정당 지위를 얻을 정도의 지지를 확보하면 여당(대통령) 지지자의 입장이 대표된다. 반면, 여당이 중위정당 지위를 잃게 되었을 때, 중위정당 지위를 누가 차지하는가에 따라 체제 Ⓑ와 Ⓔ는 서로 다른 유권자를 대표한다. 체제 Ⓑ는 양당 체제이므로 여당이 중위정당 지위를 잃으면 야당이 항상 중위정당 지위를 얻는다. 체제 Ⓑ의 야당이 체제 Ⓔ에서도 여전히 중위정당 지위를 유지하면 체제 Ⓔ에서는 체제 Ⓐ에서와 마찬가지의 결과가 초래된다.

그러나 여당과 야당 사이의 중도 정당이 중위정당 지위를 확보한 체제 ⓔ의 경우, 체제 Ⓑ의 분점정부보다 여당에 더 가까운 유권자의 입장을 대표한다. 즉 다당 체제와 다수결 입법 규칙을 조합한 체제에서는 유권자 입장 분포에 따라 체제 Ⓔ 또는 ⓔ가 형성될 수 있고, 이에 따라 입법 결과도 달라진다. 여당이 중위정당의 지위를 얻을 정도로 여당에 유리한 다수가 형성되면(체제 Ⓔ) 여당 지지자의 입장을 대표하는 반면, 중도 정당이 중위정당 지위를 차지할 정도로 여당이 다수의 지지를 얻지 못하면(체제 ⓔ), 여당과 중도 정당 사이의 유권자들을 대변한다. 따라서 다당 대통령제가 다수결 입법 규칙과 조합된 제도는 여당 지지 정도에 따라 다수와 소수 간 이익이 조정되는 체제로 당간 차원 대표성이 높은 체제이다.

체제 Ⓒ와 Ⓕ에서는 여당이 중위정당 지위를 확보한 경우에도, 즉 한 정당이 행정부를 장악하고 입법부 의제 설정 권한까지 가진 경우에도, 여당 지지자 입장뿐만 아니라 야당 지지자 입장을 어느 정도 반영해야 한다. 야당이 중위정당 지위를 확보한 경우, 체제 Ⓒ와 Ⓕ는 야당 지지자의 입장을 대표할 수 없고 여당 지지자 입장을 어느 정도 반영해야 한다. 체제 Ⓒ와 Ⓕ에서는 대선과 총선에서 국민이 서로 다른 정당을 지지하는 경우뿐만 아니라 국민이 같은 정당에 지지를 몰아주는 경우에도 중위정당이 반대 진영 유권자 입장을 반영해야 한다. 체제 ⓒ와 Ⓕ는 이처럼 유권자 입장 분포의 변화를 반영하지 않으므로 당간 차원 대표성이 낮다. 여당과 야당 사이에 온건한 군소정당이 출현하여 중위정당의 지위를 얻게 되는 체제 ⓕ에서는 국민이 행정부 권력을 어떤 정당에 부여하는가와 상관없이 항상 중도 정당 지지자의 입장을 대표하게 된다. 따라서 당간 차원 대표성이 낮다.

11.5 당내 차원 대표성과 정치제도 설계 방향

당간 차원 대표성은 누구를 대변하는가의 문제와 관련이 있는 반면, 당내 차원 대표성은 누가 대표하는가의 문제와 관련이 있다. 당내 차원 대표성이 높은 체제는 시민사회 집단들을 대표하는 대리인이 자신이 대표하는 집단의 가치와 이해를 충실하게 대변하는 체제이다. 서구정당들은 대중정당의 경험을 통해 시민사회와 국가를 연계하는 정당 본연의 역할을 담당하면서 이 역할에 필요한 제도적 장치를 구축해 왔다(Katz and Mair, 1995). 정당이 시민사회와 국가를 연계하는 역할을 효과적으로 수행하면, 다양한 시민사회 집단이 선발한 대리인이 의회에 진입한다. 이럴 경우, 의회는 시민사회의 축소판(microcosm)과 같이 구성된다. 노리스(Norris, 1996)는 의회를 정당정부(party government) 모형, 지역구대표(district delegate) 모형과 사회대표(social representation) 모형으로 분류하고, 의회가 시민사회의 축소판과 같이 구성되는 사회대표 모형이 대의민주주의의 이상에 가장 잘 부합하는 의회라고 주장하였다.

사회적 토대에 기반을 두지 않은 한국 정당은 국가와 시민사회를 연계하는 기능에 필요한 제도화 과정을 거치지 않고 인물 중심의 사당화된 정당구조를 형성하였고, 정치 엘리트의 권력 투쟁의 수단으로 이용되었다. 정치 엘리트들의 지상목표는 시민사회 집단들을 정책적으로 대변하는 것이라기보다 선거에서 승리하는 것이다. 정치 엘리트들은 지지집단을 대변하는 것이 득표에 도움이 되지 않을 경우, 대리인의 기능을 소홀히 하기도 하고, 권력유지에 도움이 된다면 부정한 선택을 용인하기도 한다. 선거 승리가 목적인 대리인들은 정책 대변 활동에 들일 시간과 노력을 상대의 약점을 공략하기 위한 정보를 수집하는 데 사용하고, 정책 경쟁 대신 프레임 대결에 집중한다. 이럴 경우, 흑색선전이 난무하는 선거 경쟁이 초래되고, 유권자들은 실체 없는 프레임 대결에 현혹되어 자신에게 정책적인 해를 끼칠 정당을 지지할 수 있다.

그렇다면 대리인이 자신을 위해 권력을 사용하는 것을 어떻게 억제할 수 있는가? 선거제도는 국회에 진입하는 의원들의 특성과 행태에 영향을 미치는 "행태적 효과"를 가진다. 최다득표자만 당선되는 단순다수제에서는 후보가 가능한 많은 유권자의 지지를 얻어야 한다. 후보가 특정 집단을 위한 정책을 표방하면 이를 반대하는 유권자들의 표를 잃는다. 따라서 단순다수제에서 후보는 선명한 정책 경쟁을 피하고 지역구민 모두가 선호하는 유인 가치를 가공생산하고 홍보한다. 동시에 상대 후보의 무능력과 비도덕성을 공략하는 네거티브 정치공세에 치중한다. 단순다수제는 한국의 두 주요 정당이 정책 경쟁을 피하고 정쟁에 몰두하도록 하는 행태적 효과를 가진다. 반면, 비례제에서 정당은 자신을 지지하는 집단의 규모만큼의 지지를 확보할 수 있으므로 비례제는 정당이 조직된 집단의 이해를 대변할 동기를 촉진한다(Bawn and Thies, 2003). 따라서 비례제는 당내 차원 대표성을 증진하기 위한 필요조건이다.

그러나 비례제는 당내 차원 대표성 증진의 충분조건은 아니다. 비례제를 채택해도, 정당들이 정치 엘리트들을 선발하면 다양한 정치 엘리트 집단이 난립할 뿐이다. 한국에서 비례제가 도입되면, 두 주요 정당의 내부 경쟁에서 탈락한 정치인이 창당한 정당, 유력인사가 만든 인물정당, 영남과 호남 외의 지역에 기반을 둔 지역 정당들로 구성된 다당 체제가 형성될 가능성이 높다. 민주화 이후 형성된 군소정당은 대부분 이러한 정당이었다. 한국에서 비례성이 높은 선거제도를 도입하면, 두 주요 정당으로 나뉘어 권력 투쟁을 전개해 온 정치 엘리트들이 여러 정당에 분산되어 권력 투쟁을 전개할 가능성이 높다. 22대 총선에서 역시 이러한 예측과 부합하는 결과가 초래되었다. 22대 총선에서 비례대표 후보를 낸 38개의 군소정당 중 봉쇄조항 3% 조건을 충족시킨 정당은 정치 엘리트로 구성된 조국혁신당과 개혁신당이었다. 특정 세대와 성별 또는 직능집단을 대표하는 노인복지당, 여성의당, 노동당, 한국농어민당, 대한상공인당과 같은 정당은 1%에 못 미치는 득표를 했다.

따라서 당내 차원 대표성은 비례제 도입만으로 촉진되는 것이 아니다. 비례제가 시민사회의 다양한 집단들의 대표를 선발하는 정당제도와 운영될 경우, 비례제는 당내 차원 대표성을 증진할 수 있다. 한국 정당은 시민사회의 다양한 직능대표를 선발하기 위한 규칙을 가지고 있다. 예컨대, 22대 총선 당시 한국의 두 주요 정당은 시민사회의 다양한 세대와 성별 및 직능집단을 충원하기 위한 비례대표 후보 선발 규칙을 가지고 있었다. 민주당은 비례대표 후보에 "여성, 청년, 노인, 장애인, 노동, 직능, 농어민, 안보, 재외동포, 국가유공자, 과학기술, 다문화 등의 전문가"가 골고루 배분되도록 규정하였다(당헌 제12장 3절 90조 3항). 국민의힘은 "성별, 연령, 지역, 직업 등의 국민 대표성 및 전문성, 당 기여도 등을 고려"해서 비례대표 후보를 공천하도록 규정하였다(당헌 제6장 83조 2항과 비례대표 국회의원 후보자 추천 규정 제4장 18조 2항).

그러나 민주화 이후부터 최근까지 한국 정당은 정치 엘리트 중심의 충원을 지속하고 있다. 9장에서 살펴본 바와 같이, 17대부터 21대 국회에 입성한 비례대표 의원 중 직능집단 출신은 12.5%에 불과했고 정치 엘리트 출신의 비율은 63.5%를 차지했다. 22대 총선에서도 이러한 정치 엘리트 중심의 충원은 지속되었다. 민주당, 국민의힘과 조국혁신당이 공천한 비례대표 의원 중 시민사회 집단을 대표하는 의원은 44명 중 17명에 불과했다. 세 정당 중 민주당은 장애인, 교사, 비정규직, 소상공인, 노동계, 간호사, 의사, 농민 대표를 골고루 공천하였으나 조국혁신당은 주로 정치 엘리트를 공천했다. 국회가 이처럼 정치 엘리트로 충원되면, 비례제를 도입해도 한국 정당은 시민사회와 국가를 연계하는 기능을 수행하기보다 권력 투쟁을 위한 정쟁에 집중할 것이다.

11.6 결론

한국에서 정치권과 학계의 정치제도 개혁에 대한 논의는 권력 분산 방안에 집중되어 있다. 정책 경쟁의 부재나 정치 양극화 같은 문제의 원인으로 제왕적 대통령제 또는 양당 지배 체제가 지목되어 왔다. 이러한 문제 인식은 권력 분산이 한국 정치 발전의 해법이라는 믿음으로 귀결되었다. 그러나 이 장에서는 민주주의가 확립된 국가에서 권력 분산 정도는 민주주의의 질과 무관하다는 사실을 이론적·경험적으로 보여 주었다. 만약 한국에서 대통령 권한을 약화할 필요가 있다면, 한국 민주주의에 권위주의적인 요소가 남아 있기 때문일 수 있다. 비례제 도입으로 다당제가 산출되면 서구의 합의제 민주주의 국가처럼 민주주의 수준이 향상할 것이라는 기대는 이론적·경험적인 근거가 없다. 대부분의 남미 국가와 다수의 아프리카 국가가 비례제를 채택하고 있지만 이들 국가의 민주주의 수준은 높지 않다.

서구 민주주의 국가와 남미 국가 모두 비례제를 채택하고 있음에도 불구하고 서구 민주주의 국가에서만 정치가 발전한 이유는 비례제를 도입해서가 아니라 서구정당들이 시민사회의 다양한 집단의 이익을 대변하고 시민사회 집단 간 갈등을 제도적으로 조정하는 기능을 수행하기 때문이다. 즉 서구 민주주의 국가의 정치가 발전한 이유는 당간 차원 대표성이 아니라 당내 차원 대표성이 높기 때문이다. 한국 정치의 근본적인 문제는 대리인 문제 때문에 발생한다. 국민을 대변할 동기보다 자신의 권력을 추구할 동기가 강한 의원들이 선발되기 때문이다. 따라서 한국 정치제도 개혁 논의는 당간 차원 대표성 못지않게 당내 차원 대표성 증진 방안에 집중될 필요가 있다.

당내 차원 대표성이 높은 체제는 다양한 시민사회 집단을 대표하는 의원들이 정책 대변 기능을 충실하게 수행하는 체제이다. 한국에서 국회에 진입하는 의원들은 대부분 전문정치인, 관료 출신, 법조인 출신, 언론계 출신, 학계 출신과 같은 전문가 집단으로 구성된 정치 엘리트이다. 이들의 목표는 시민사회의 다양한 집단의 이해를 대표하는 것이라기보다 자신의 정치권력을 유지하는 것이다. 이들이 위임받은 권한으로 자신의 이익을 추구할 때 대리인 문제가 발생한다. 대리인 문제를 가장 효과적으로 억제하는 방법은 주인과 같은 가치와 이해를 가진 대리인을 선발하는 것이다. 시민사회의 다양한 집단이 자신의 대리인을 직접 선발하면, 대리인은 자신을 선발한 집단의 가치와 이해를 공유할 가능성이 크다. 이럴 경우, 당내 차원 대표성은 극대화된다.

12 장

혼합형 선거제도: 일거양득 제도인가 일거양실 제도인가?

12.1 서론

한국에서는 민주화 이후 국회의원 선거를 위해 혼합형 선거제도의 일종인 병립형 선거제도를 채택하였다. 정치권은 양당 지배 체제를 산출해 온 병립형 선거제도 개혁에 대한 필요성을 꾸준히 제시했고, 2019년에 4+1 협의체라 불리는 더불어민주당과 군소정당 연합이 다당 체제가 협치를 촉진할 것이라는 명분을 들어 병립형 선거제도를 준연동형 선거제도로 개정하였다. 그러나 준연동형 선거제도는 위성정당 출현이라는 문제를 노출하였고, 준연동형 선거제도가 적용된 21대 총선과 22대 총선에서 선거제도 개혁의 효과는 나타나지 않았다. 21대 총선과 22대 총선 결과는 병립형 선거제도에서의 의석 배분 결과와 큰 차이가 없었고, 양당 지배 체제는 공고하게 유지되었다.

준연동형 선거제도의 도입은 정치권의 선거제도 개혁 논의가 얼마나 선거제도의 작동 원리에 대한 이론적 이해 없이 당리당략에 따라 이루어지고 있는가를 보여 주는 사례이다. 한국에서 양당 지배 체제가 유지된 이유는 지역구 의석수가 의원정수의 80% 이상을 차지하는 한국의 병립형 선거제도가 단순다수제와 큰 차이가 없기 때문이었다. 한국 선거제도 개혁의 목표가 혼합형 선거제도를 유지한 채 다당 체제를 산출하는 것이라면, 우선적으로 바꾸었어야 할 병립형 선거제도의 요소는 지역구 의석과 비례석의 비율이었다. 그럼에도 불구하고 지역구 의석수와 비례석의 비율을 유지한 채 설계된 준연동형 선거제도는 처음부터 다당 체제를 산출하기 어려운 제도였다.

혼합형 선거제도에 대한 학자들의 평가는 분명하게 갈라진다. 혼합형 선거제도는 단순다수제와 비례제의 장점을 모두 지닌 일거양득(the best of both worlds) 체제라는 주장이 제기되었고(Shugart, 2001), 미국정치학회 회원을 대상으로 조사한 설문조사에서 응답자들은 선거제도가 추구하는 규범적 가치를 달성하는 데 가장 바람직한 제도로 연동형 선거제도에 가장 높은 점수를 주었다(Carey et al., 2013). 그러나 털락(Tullock, 1998)은 뉴질랜드, 러시아, 이탈리아가 최근 독일 제도를 모방한 기괴한 혼종(bizarre hybrid)을 도입했다고 비판했고(Monroe, 2003에서 재인용), 먼로(Monroe, 2003)는 다수제와 비례제가 일관성 없이 섞여 있는 곤죽(inconsistent mush)과 같은 혼합형 선거제도는 의도하지 않은 결과를 초래하거나 일거양실(the worst of both worlds)의 결과를 초래할 가능성을 제기하였다. 복슬러(Bochsler, 2012)는 연동형 선거제도를 정직한 사람만을 위한 준비례적 선거제도(a quasi-proportional electoral system only for honest men)라 폄하했다.

혼합형 선거제도에 대한 긍정적인 평가와 부정적인 평가가 혼재함에도 불구하고, 22대 총선 이전 국회의원이 준연동형 선거제도의 대안으로 제시한 16개 법안 중 13개 법안이 혼합형 선거제도일 정도로 한국 정치권은 혼합형 선거제도를 선호한다. 이러한 현실에 고려할 때, 혼합형 선거제도가 과연 일거양득 체제인가라는 질문과 함께, 대부분의 서구 민주주의 국가에서 안정적으로 작동하고 있는 비례제보다 혼합형 선거제도가 과연 더 나은 제도인가라는 질문을 던질 필요가 있다. 이 장에서는 이러한 의문들에 답하기 위해, 다양한 종류의 혼합형 선거제도를 검토하고 비례적인 의석 배분을 위해 설계된 1인 2표 교정(correction) 체제의 장단점을 평가한다. 이 장에서는 특히 연동형 선거제도와 준연동형 선거제도가 포함된 의석 연동 체제(seat linkage system)에 대한 이론적 평가를 수행한다.

이 장은 다음과 같이 구성된다. 12.2절에서는 기존 연구들이 제시한 혼합형 선거제도의 장단점과 정치적 효과를 비교한다. 12.3절에서는 서로 다른 혼합형 선거제도들의 의석 배분 방식과 위성정당 출현 가능성을 검토한다. 12.4절에서는 연동형 제도와 준연동형 제도의 의석 배분 방식을 수식으로 설명한다. 12.5절에서는 의석 연동 체제에 내재한 제도적 결함을 설명한다. 12.6절에서는 21대 총선과 22대 총선 자료를 이용해 연동형 제도와 준연동형 제도에서 위성정당의 유무에 따라 초래되는 의석 배분 결과에 대한 시뮬레이션 분석을 수행한다. 12.7절에서는 이 장의 발견을 정리하고 이러한 발견이 선거제도 개혁 논의와 어떤 관련이 있는가를 설명한다.

12.2 혼합형 선거제도의 장단점과 정치적 효과

혼합형 선거제도란 서로 다른 선거 공식(electoral formulas)을 조합하여 의원을 선발하는 제도를 의미한다(Massicotte and Blais, 1999). 혼합형 선거제도는 주로 단순다수제나 절대다수제와 같은 다수제 공식과 명부 비례제와 같은 비례제 공식을 조합한다. 혼합형 선거제도가 주로 다수제와 비례제 공식을 조합하는 이유는 다수제 공식과 비례제 공식이 서로 배타적인 장단점을 가지고 있기 때문이다. 다수제 공식은 불비례적인 의석 배분이라는 단점을 가지고 있으나 후보와 선거구민을 밀접하게 연계한다는 장점을 가지고 있다. 이에 반해 비례제에서는 의석 배분이 비례적으로 이루어지나 후보와 선거구민 간의 연계가 약하다. 혼합형 선거제도는 단순다수제와 비례제를 조합하면 단순다수제와 비례제의 단점을 서로 보완할 것이라는 생각에 기초한다(Shugart, 2001). 레이파트(Lijphart, 1984)는 단순다수제와 비례제를 조합하면 두 선거제도의 장점(advantages of both)을 모두 지닌 일거양득의 선거제도가 탄생할 것인가라는 질문을 던졌다.

슈거트(Shugart, 2001)는 혼합형 선거제도가 단순다수제와 비례제의 장점을 조합한 일거양득 체제로 작동하는 이유에 대한 이론적 근거를 제시하였다. 슈거트에 의하면, 바람직한 대의민주주의는 당간 차원(interparty dimension)과 당내 차원(intraparty dimension)에서 효율적인 체제이다. 당간 차원에서 효율적인 체제에서는 유권자가 선거 결과에 따라 어떤 정당이 정부를 형성할 것인가를 분명하게 예측할 수 있고, 다수가 선택한 정당이 정부를 형성한다. 당간 차원의 양극단에는 양당 체제를 산출하는 단순다수(pluralitarian) 체제와 파편화된 정당 체제를 산출하는 초대표(hyper-representative) 체제가 놓여 있다. 당내 차원에서 효율적인 체제에서 의원은 강한 지역 책임성(local accountability)을 가지고 의정활동을 하며 정당은 국가정책 대표(national policy representation) 기능을 충실하게 수행한다. 당내 차원의 양극단에는 개개 의원이 사적 지지 네트워크를 형성해서 유권자에 후원적 특혜를 제공하는 초개인주의적(hyper-personalistic) 체제와 당지도부가 후보를 장악하는 초중앙집중적(hyper-centralized) 체제가 놓여 있다. 슈거트에 의하면, 혼합형 선거제도는 당간 차원과 당내 차원의 양극단에 놓여있는 선거제도가 초래하는 극단적인 결과를 완화하는(moderating) 효과를 가진다.

그러나 당간 차원의 중간에 위치한 선거제도가 가장 효율적인 제도라는 슈거트(Shugart, 2001)의 주장은 논란의 소지가 있다(문우진, 2019). 대의민주주의에서는 다수 지배의 원리와 소수 보호의 원리가 상충하며, 국가에 따라 두 원리 중 한 원리를 더 반영하는 것이 바람직할 수 있다. 예컨대, 인종적·문화적으로 이질적인 집단으로 구성된 국가에서는 다수 지배 원리보다 소수 보호의 원리를 실현하는 데 유리한 비례제가 적합할 수 있다. 마찬가지로 당내 차원의 중간에 위치한 선거제도가 가장 효율적인 제도라는 슈거트의 주장 역시 이론적 근거가 약하다(문우진, 2019). 지역대표 기능과 국가정책 대표 기능의 중간지점이 바람직하다는 슈거트의 주장은 두 기능이 대칭적으로 중요하다는 가정을 했기 때문일 것이다. 그러나 지방의원이 지역대표 기능을 충실하게 수행하는 국가에서는 국회의원의 지역 대표성보다 정책 대변 기능을 촉진하는 선거제도가 바람직할 수 있다. 특히 한국과 같이 정책 대변 기능이 정상적으로 작동하지 않는 국가에서는 정책 대변 기능을 촉진하는 선거제도 개혁이 필요할 수 있다.

혼합형 선거제도에는 서로 다른 선거제도를 조합하기 때문에 얻는 장점도 있지만 이로 인해 발생하는 여러 단점이 있다(Amy, 2000). 첫째, 지역대표와 직능대표는 각각 서로 다른 집단을 대표하므로 이들의 이해가 충돌할 수 있다. 둘째, 의원의 수가 증가할 수 있다. 특히 단순다수제를 채택하고 있는 국가에서 혼합형 선거제도를 도입할 경우, 지역구 의원의 반대를 무릅쓰고 지역구 의석을 줄이기 어렵기 때문에 지역구 의석에 비례석을 추가하게 되어 의원정수가 지나치게 늘어난다. 셋째, 혼합형 선거제도는 중복 출마의 문제를 가지고 있다. 중복 출마가 가능하면 지역구에서 패배한 후보도 비례대표 의원으로 당선될 수 있으므로, 공천권을 행사하는 당 지도부가 자신과 측근 의원들의 의석 유지를 위해 중복 출마 제도를 악용할 수 있다.

전술한 단점들은 모든 혼합형 선거제도가 공유하는 반면, 연동형 선거제도는 고유한 제도적 결함을 가지고 있다.[1] 첫째, 연동형 선거제도는 초과의석을 초래할 수 있으며, 지역구 의석수에 비해 비례석 수가 적을수록 초과의석 수가 급격하게 증가할 가능성이 높다. 이럴 경우, 연동형 선거제도의 장점인 비례성 제고의 효과는 미약해진다. 둘째, 연동형 선거제도에서 지역구 의석을 확보할 수 있는 정당이 위성정당을 만들면, 지역구 선거에서 초래되는 불비례적 의석 배분을 교정하기 위해 설계된 의석 보상 방식이 작동하지 않게 된다. 셋째, 위성정당을 만든 모(母)정당 후보와 위성정당에 전략적 분할투표를 행사한 유권자의 표는 군소정당 후보와 군소정당에 일괄 투표를 행사한 유권자의 표보다 두 배의 가치를 가진다. 따라서 표의 등가성이라는 선거제도의 기본 가치가 훼손될 수 있다.

혼합형 선거제도의 이러한 단점에도 불구하고 단순다수제와 비례제의 단점을 완화하는 효과가 충분하다면, 혼합형 선거제도를 단순다수제와 비례제보다 더 바람직한 제도로 평가할 수 있을 것이다. 혼합형 선거제도가 당간 차원 효율성을 증진하는 완화효과를 가진다는 슈거트의 주장은 일부 경험 연구에서 뒷받

---

1 의석 연동 체제가 가진 제도적 결함은 12.3절에서 자세히 설명한다.

침되었다. 동유럽 국가에서 1989년에서 2000년 사이에 치러진 선거 결과를 분석한 코스타니노바(Kostadinova, 2002)는 혼합형 선거제도의 완화효과를 확인하였다. 코스타니노바는 혼합형 선거제도가 산출하는 정당 체제가 단순다수제보다는 더 파편화된 반면, 비례제보다는 덜 파편화되었다는 사실을 발견하였다. 그러나 다수의 연구는 혼합형 선거제도의 완화효과를 뒷받침하지 않았다. 혼합형 선거제도의 단순다수제 요소가 정당 체제의 파편화를 억제할 것이라는 예측과 달리, 1990년대 초반 혼합형 선거제도를 채택한 동유럽 국가의 선거 결과는 다수제 요소보다 비례제 요소가 정당의 수를 더 감소시켰다는 점을 보여 주었다(Birch, 2000). 혼합형 선거제도를 채택한 이탈리아에서는 지역구가 비례화(proportionalized)되면서 정당 체제의 파편화가 더 심해졌다(D'Alimonte, 2001). 볼리비아에서는 지역구 선거가 정당 체제를 더 파편화시켰고(Mayorga, 2001), 러시아에서는 지역구 선거에서 무소속 당선자가 급증하였다(Moser, 2001).

다수의 경험 연구는 또한 혼합형 선거제도가 당내 차원 효율성을 제고한다는 슈거트(Shugart, 2001)의 주장을 뒷받침하는 결과를 얻지 못했다. 이들 연구는 혼합형 선거제도가 지역구 의원의 개인주의적 행태와 비례대표 의원의 정파적인 행태를 완화할 것이라는 예측과 다른 결과를 발견하였다. 이탈리아에서 비례제를 대체한 혼합형 선거제도 도입이 이탈리아 의원과 지역구민과의 연계를 강화하지 않았다(Katz, 2006). 다른 연구는 혼합형 선거제도가 지역구 의원과 비례대표 의원의 행태를 평균화시킨다는 예측을 뒷받침하지 않았다. 후보 중심적인 선거제도의 경험을 가진 뉴질랜드나 일본에서 혼합형 선거제도를 채택하자 비례대표 의원의 개인주의 성향이 더 강해졌다(Reed and Thies, 2001). 초중앙집중적 선거제도의 경험을 가진 베네수엘라에서는 지역구 의원의 정파적인 성향이 더 강해졌다(Kulishech and Crisp, 2001).

12.3 서로 다른 혼합형 제도의 특징과 위성정당 창당 가능성

슈거트(Shugart, 2001)에 의하면, 혼합형 선거제도는 다수제와 비례제 선거제도가 초래하는 극단적인 결과를 완화하므로, 혼합형 선거제도가 다수제와 비례제에 비해 당간 차원과 당내 차원에서 더 효율적인 선거제도이다. 그러나 다양한 혼합형 선거제도에는 다수제와 비례제 공식을 조합했다는 것 외에 공통점이 없을 정도로 서로 다른 제도적 특징과 그에 따른 장단점의 차이가 존재한다. 따라서 혼합형 선거제도를 하나의 범주로 설정하고 이를 다른 선거제도와 획일적으로 비교하는 것은 선거제도 간 비교를 지나치게 단순화하는 것이다. 서로 다른 혼합형 선거제도가 가진 고유한 장단점에 따라 혼합형 선거제도와 다른 선거제도와의 상대적인 평가가 달라질 수 있으므로, 각각의 혼합형 선거제도가 가진 장단점을 분명히 이해할 필요가 있다. 혼합형 선거제도는 두 종류의 선거 공식이 독립적으로 운영되는 상호독립적인 체제와 두 종류의 선거 공식이 서로 연계되어 작동하는 상호의존적인 체제로 구분된다(Massicotte and Blais, 1999). 상호독립적인 제도는 공존(coexistence) 체제, 중첩(superposition) 체제와 융합(fusion) 체제로 분류되며, 상호의존적인 제도는 조건부(conditional) 체제와 교정(correction) 체제로 분류된다(Massicotte and Blais, 1999).

상호독립적인 체제에서 다수제 공식과 비례제 공식은 서로 독립적으로 작동하므로 다수제 공식에서 초래되는 불비례적인 결과가 비례제 공식을 통해 보완되지 않는다. 따라서 상호독립적인 체제는 상호의존적인 체제에 비해 비례성이 낮다는 단점을 가지고 있다. 반면, 상호의존적인 체제는 다수제 공식에서 의석을 얻기 어려운 군소정당에 정당 득표율만큼의 비례석을 배분해 준다. 따라서 상호의존적인 체제는 상호독립적인 체제보다 비례성이 높다는 장점이 있다. 그러나 상호의존적인 체제 중 1인 2표 교정 체제는 두 선거 공식을 연계하기 때문에 초래되는 전략적 분할투표나 위성정당의 출현과 같은 문제를 가진다. 이럴 경우 상호의존적인 체제가 추구하는 비례적인 의석 배분 메커니즘이 작동하지 않을 수 있다. 따라서 비례성이 높은 상호의존적 체제가 상호독립적 체제보다 더 나은 체제라 보기 어려우며, 두 체제의 비교는 이들의 장단점을 신중하게 검토해서 이루어질 필요가 있다.

12.3.1. 상호독립적 체제

공존 체제는 다수제 공식을 사용하는 행정구역과 비례제 공식을 사용하는 행정구역으로 구성된다. 예컨대, 2023년에 치러진 프랑스 상원 선거에서 2명 이하의 상원 의원을 선발하는 데파르트망(département)은 절대다수제를 이용하고 과반을 득표한 후보가 없으면 결선투표를 통해 후보를 선발한다. 5명 이상의 상원 의원을 선발하는 데파르트망에서는 동트(d'Hondt) 방식을 사용하는 비례제로 후보를 선발한다(Lesueur, 2023). 허석재(2023)는 준연동형 선거제도 개혁 방안으로 도시지역에서 4인 이상을 선발하고 농산어촌 지역에서는 소선거구를 유지하는 단층 복합선거구제를 제안하였다. 허석재(2023)가 제안한 단층 복합선거구제는 공존 체제에 해당한다.

중첩 체제는 서로 다른 수준(tier)의 선거구에서 서로 다른 선거 공식이 사용된다. 예컨대, 하위선거구에서 단순다수제나 절대다수제와 같은 다수제 공식이 사용되고 상위선거구에서 비례제 공식이 사용된다. 중첩 체제에는 1인 2표뿐만 아니라 1인 1표 병립형 선거제도가 포함된다. 예컨대, 멕시코, 러시아, 크로아티아, 조지아, 1990년대 일본과 17대 총선부터 20대 총선 사이 한국이 채택한 1인 2표 병립형 선거제도와 대만과 13대 총선부터 16대 총선 사이 한국이 채택한 1인 1표 병립형 선거제도가 중첩 체제에 해당한다(Massicotte and Blais, 1999). 중첩 체제는 한국의 병립형 선거제도와 같이 지역구 의석에 비해 비례석의 비율이 줄어들수록 비례성이 현저히 낮아진다는 문제를 안고 있다. 특히 1인 1표 병립형 선거제도에서 유권자들은 당선 가능성이 있는 주요 정당 후보를 지지하므로, 군소정당에 불리한 결과가 초래된다.

두 종류의 선거구에서 서로 다른 선거 공식이 사용되는 공존 체제나 중첩 체제와 달리, 융합 체제는 한 종류의 선거구에서 서로 다른 선거 공식을 사용한다. 예컨대, 프랑스의 기초의원 선거는 각 선거구에서 유효투표의 50% 이상을 얻은 정당에 선거구 의원정수의 50%를 배분하고, 5%의 봉쇄조항을 충족한 모든 정당(최다득표 정당 포함)에 동트(d'Hondt) 방식으로 잔여 의석을 나누어 준다(Massicotte and Blais, 1999). 과반을 확보한 정당이 없으면 10% 이상을 득표한 정당끼리 결선투표를 치르며, 이때도 과반을 확보한 정당이 없으면 최다득표 정당이 의석의 50%를 차지한다(Massicotte and Blais, 1999). 이 제도는 다수당 산출을 촉진하므로, 효율적인 의회 운영을 도와주고 군소정당 간 비례적인 의석 배분을 가능하게 한다는 장점이 있다. 그러나 결선투표에서 과반을 확보한 정당이 없음에도 최다득표 정당에 과반의석을 배분하는 방식은 비례성을 떨어뜨린다.

12.3.2. 상호의존적 체제

조건부 체제에서는 한 선거 공식이 초래한 결과에 따라 다른 선거 공식의 사용 여부가 결정된다(Massicotte and Blais, 1999). 1923년 이탈리아 선거제도에서는 최다득표(plurality) 정당에 의석의 3분의 2를 배분하고 잔여 의석은 나머지 정당에 비례적으로 배분한다. 이러한 배분 방식은 최다득표 정당이 유효투표의 25% 이상을 얻은 경우에만 적용된다(Massicotte and Blais, 1999). 한국에서는 6대 총선과 8대 총선에서 과반 득표를 한 정당이 있는 경우 전국구 의석을 정당 득표율에 의해 배분하였다. 과반 득표를 한 정당이 없는 경우에는 의석의 50%를 최다득표 정당에 배분하고 잔여 의석을 봉쇄조항 충족 정당들에 비례적으로 배분하였다. 이 제도는 상호의존적 제도이지만 최다득표 정당에 유리한 조건을 제공하므로 불비례적인 의석 배분을 초래한다.

이에 반해 교정 체제는 하위선거구의 다수제 공식에서 초래된 불비례적인 의석 배분 결과를 상위선거구의 비례제 공식을 통해 보완한다. 한국에서 연동형이라고 불리는 교정 체제는 보상 체제(compensatory system)로도 불리며, 각 정당이 얻은 득표율에 비례하는 만큼의 의석을 못 얻었을 때 부족분을 채워 주는 (top-up) 배분 방식을 채택한다(Massicotte and Blais, 1999). 교정 체제는 독일, 뉴질랜드, 알바니아, 볼리비아에서 사용된 연동형 선거제도와 21대 총선 이후 한국에서 사용된 준연동형 선거제도를 포함한다. 영국의 런던, 스코틀랜드, 웨일즈 의회가 채택한 의석 추가 제도(additional member system: AMS) 역시 교정 체제에 해당한다.[2] 교정 체제에는 의석 연동 보상(seat linkage compensation) 체제와 득표 연동 보상(vote linkage compensation) 체제가 포함된다. 의석 연동 보상 체제에 연동형 제도, 준연동형 제도 및 AMS가 포함되고, 득표 연동 보상 체제에 가표 이양(positive vote transfer) 제도와 감표 이양(negative vote transfer) 제도가 포함된다.

1. 의석 연동 보상 체제

의석 연동 보상 체제는 지역구 선거에서 발생한 불비례적인 의석 배분 결과를 교정하기 위해 지역구에서 의석을 얻지 못한 군소정당에 비례석을 채워 주는 제도다. 연동형 선거제도는 정당 득표율에 비례하는 만큼의 의석을 정당에 배분하므로 비례제 공식에 속한다. 주요 정당은 지역구 선거에서 이미 확보한 의석에 비례석을 추가한 의석의 비율이 정당 득표율과 부합할 수 있도록 비례석을 배분받는다. 이에 반해 지역구에서 의석을 얻지 못한 군소정당은 정당 득표율에 비례하는 만큼의 비례석을 배분받는다.

그러나 정당 득표율에 따라 얻을 수 있는 의석보다 더 많은 지역구에서 승리한 정당이 있는 경우 불비례적인 의석 배분이 초래된다. 예컨대, <표 12.1>의 연동형 제도에서의 의석 배분 결과가 보여 주듯이, 지역구 의석이 70석이고 비례석이 30석인 선거제도에서 정당 표의 43%를 얻은 정당 A는 의원정수 100명의 43%에 해당하는 43석을 얻을 자격이 있다. 그러나 정당 A는 54곳의 지역구에서 승리했으므로, 정당 A는 득표율만큼의 의석수보다 지역구에서 11석을 더 얻

2 조성대(2019)는 준연동형 선거제도 개혁 방안으로 의석 추가형 제도를 제안하였다.

었다. 이럴 경우, 연동형 선거제도는 정당 A가 지역구에서 얻은 54석을 모두 인정해 준다. 따라서 정당 A는 득표율에 비해 11석을 초과하는 의석을 얻게 된다. <표 12.1>에서 정당 득표율에 비해 더 많은 지역구 의석을 얻은 정당 D 역시 초과의석을 얻는다. 정당 D는 3%를 득표했으므로 3석을 얻을 자격이 있으나 지역구에서 5석을 얻었으므로 2개의 초과의석을 얻는다. 초과의석을 얻은 정당이 있는 경우, 이들은 득표율에 비해 더 많은 의석을 얻게 되므로 불비례적인 의석배분이 초래된다. <표 12.1>의 예에서 연동형 제도의 불비례성(Gallagher Index: GI)은 5%로 계산된다.

연동형 선거제도에서 초래되는 불비례적인 의석 배분 문제를 해소하기 위해 독일은 2013년 선거에 "보정 의석"(leveling seats) 제도를 도입했다. <표 12.1>의 연동형 제도에서의 의석 배분 결과를 보면, 43%를 득표한 정당 A는 의원정수의 47.8%에 해당하는 54석을 얻었다. 이럴 경우, 초과의석을 얻지 못한 정당들에 보정 의석을 나눠주면, 정당 A의 의석률이 43%가 되도록 조정할 수 있다. 정당 A가 얻은 54석이 전체 의석의 43%가 되기 위해서는 의원정수가 최소 126석(=54석/43%)은 되어야 한다. 다음은 정당 D의 득표율과 의석률이 일치하도록 의원정수를 조정해야 한다. 정당 D는 3%만 득표했음에도 의원정수의 4.4%에 해당하는 5석을 얻었다. 정당 D가 얻은 5석이 의원정수의 3%가 되려면 의원정수가 최소 167석(=5석/3%)은 되어야 한다. 의원정수를 126석으로 늘리면 정당 A는 득표한 만큼의 의석을 얻게 되나, 정당 D는 여전히 득표율에 비해 더 많은 의석을 얻는다. 의원정수를 167석으로 늘리면 모든 정당이 득표한 만큼의 의석을 얻게 되어, 불비례성이 0%인 의석 배분이 완료된다.

표 12.1 세 교정형 선거제도와 병립형 선거제도에서의 의석 배분 결과

선거결과 \ 선거제도	정당	정당 A	정당 B	정당 C	정당 D	합
	정당 득표율	43.0%	41.0%	13.0%	3.0%	100.0%
	지역구 의석수 (지역구 의석 비율)	54 (77.1%)	11 (15.7%)	0 (0.0%)	5 (7.1%)	70 (100.0%)
연동형 제도 GI: 5.0%	비례석	0	30	13	0	43
	전체 의석수	54	41	13	5	113
	초과 의석수	11	0	0	2	13
	의석 비율	47.8%	36.3%	11.5%	4.4%	100.0%
의석 보정 연동형 제도 GI: 0.0%	비례석	18	57	22	0	97
	전체 의석수	72	68	22	5	167
	초과 의석수	11	0	0	2	13
	보정 의석수	18	27	9	0	54
	의석 비율	43.0%	41.0%	13.0%	3.0%	100.0%
의석추가 제도 GI: 10.8%	비례석	0	20	10	0	30
	전체 의석수	54	31	10	5	100
	의석 비율	54.0%	31.0%	10.0%	5.0%	100.0%
병립형 선거 제도 GI: 22.1%	비례석	13	12	4	1	30
	전체 의석수	67	23	4	6	100
	의석 비율	66.9%	23.3%	3.9%	5.9%	100.0%

의석 추가 제도(AMS)에서 유권자는 지역구 후보와 정당에 각각 1표씩 행사한다. AMS에서는 각 정당의 득표수를 지역구 의석수에 1을 더한 수로 나누어 각 정당이 얻은 의석 1석에 해당하는 득표수를 계산한 후, 1석당 득표수가 가장 많은 순서대로 의석을 1석씩 배분한다. 이 방식에서는 지역구 의석수가 많을수록 지역구 의석에 1을 더한 수도 커지므로, 득표수를 더 큰 수로 나누게 된다. 따라서 지역구 의석을 많이 얻은 정당일수록, 1석당 득표수가 감소하게 되어 의석

을 얻을 가능성이 작아진다.

<표 12.1>의 예를 들어 설명하면, 정당 A가 얻은 43만 표를 55로 나눈 값은 7818.2이다. 이는 정당 A에 1석의 비례석을 추가해서 정당 A가 55석의 의석을 얻게 되면, 정당 A의 1석에 해당하는 득표가 7818.2표라는 의미이다. 마찬가지로 나머지 정당들의 지역구 의석에 비례석을 추가하여 1석에 해당하는 득표수를 계산한다. 정당 B에 비례석 1석을 추가하면, 정당 B의 1석에 해당하는 득표수는 41만 표를 12로 나눈 34,166.7표이다. 정당 C에 비례석 1석을 추가하면, 정당 C의 1석당 득표수는 13만 표를 1로 나눈 130,000.0표이며, 정당 D의 1석당 득표수는 3만 표를 6으로 나눈 5000.0표이다. 이 단계에서 1석당 득표수가 가장 많은 정당이 정당 C라는 사실을 알 수 있다. 따라서 비례석의 첫 번째 의석은 정당 C에 할당한다. 정당 C에 1석의 비례석을 할당한 후, 다음 단계에서는 정당 C에 1석의 비례석을 더 추가하고, 비례석을 배분받지 못한 나머지 정당은 비례석을 1석 추가할 때 산출되는 1석당 득표수를 비교해서 두 번째 비례석을 배분한다.

이러한 방식으로 비례석을 1석씩 배분해 나가면, 정당 B의 지역구 11석에 20석의 비례석을 더해서 41만 표를 31석으로 나눌 경우, 정당 B의 1석당 득표수가 12,225.8표가 된다. 정당 C의 지역구 0석에 비례석 10석을 더해서 13만 표를 10으로 나눌 경우, 정당 C의 1석당 득표수는 13,000.0표가 된다. 정당 A에 비례석을 1석을 추가하면 1석당 득표수는 7818.2석에 지나지 않고, 정당 D에 비례석을 1석을 추가하면 1석당 득표수는 5000.0석에 불과하다. 따라서 1석의 비례석을 할당받은 정당 A와 정당 D의 1석당 득표수가 20석의 비례석을 할당받은 정당 B나 10석의 비례석을 할당받은 정당 C의 1석당 득표수보다 적으므로, 정당 A와 정당 D는 비례석을 한 석도 할당받지 못한다.[3]

AMS는 연동형 선거제도에 비해 비례성이 낮다. <표 12.1>의 예에서 의석 추가 제도에서 산출된 의석 배분 결과의 불비례성은 10.8%로, 불비례성이 5.0%

---

3 조성대(2019)는 19대와 20대 총선 결과에 의석 추가 제도를 적용해서 시뮬레이션을 수행한 결과 20대 총선에서 새누리당과 더불어민주당은 비례석을 1석도 얻지 못하는 결과를 얻었다.

인 연동형 선거제도의 두 배 정도 되는 것으로 나타났다. 이러한 결과는 AMS가 교정형 체제임에도 불구하고 연동형 선거제도에 비해 교정 효과가 크지 않다는 사실을 보여 준다. 그러나 불비례성이 22.1%에 달한 병립형 선거제도에 비해 AMS는 불비례성을 두 배 이상 감소시키는 것으로 분석되었다. AMS는 초과의석을 초래하지 않으나 위성정당 출현 문제를 가지고 있다. 만약 주요 정당이 위성정당을 만들면, 위성정당은 지역구 의석수가 0석이므로 위성정당의 표를 낮은 수로 나누게 된다. 이럴 경우, 모정당은 지역구 의석을 얻고 모정당의 위성정당은 위성정당을 만들지 않은 다른 정당보다 비례석을 먼저 할당받게 된다. 따라서 지역구 의석을 얻을 수 있는 정당은 위성정당을 만드는 것이 이익이다.

2. 득표 연동 보상 체제

득표 연동 보상 체제는 지역구 경쟁력이 약한 정당에 지역구에서 발생한 사표를 이양해 주는 가표 이양제도와 지역구 경쟁력이 강한 정당의 지역구 표 일부를 차감하는 감표 이양제도로 분류된다. 루마니아가 도입한 혼합 단기 투표제(mixed-single vote: MSV)와 헝가리가 도입한 혼합명부 이양표제도(mixed ballot transferable vote: MBTV)는 가표 이양 제도에 속한다. 1994년에서 2001년 사이 이탈리아 하원 선거에서 사용된 차감제(scorporo)는 대표적인 감표 이양제도다.

루마니아의 MSV는 334개의 소선거구를 행정구역에 따라 묶어 최소 4명에서 최대 28명을 선발하는 43개의 상위선거구로 구성된다. 유권자는 지역구 후보에 1표만 행사하고, 지역구 의석은 과반을 득표한 후보에게 배분된다. 1인 1표제인 MSV에서는 정당 명부가 따로 없으므로, 정당 득표율은 당선자가 없는 지역구들의 표를 정당별로 합산해서 계산한다. 이처럼 산출된 정당 득표율을 이용해서 각 상위선거구에 할당된 의석수에서 지역구 당선자 수를 뺀 잔여 의석을 각 정당에 배분한다. 상위선거구 수준에서 각 정당에 배분할 의석수가 정해지면, 각 정당은 지역구 후보의 득표수에 따라 의석을 배분한다.

지역구에서 패한 후보에 행사한 표가 사표가 되는 병립형 선거제도에서는 당선 가능성이 없는 군소정당 후보를 선호하는 유권자가 사표 방지를 위해 차선의 주요 정당 후보에 투표하는 성향이 있다. 이에 반해 MSV에서는 낙선 후보에게 행사한 표가 합산되어 정당 득표율을 결정하므로, 군소정당도 의석을 얻을 수 있다. 따라서 MSV는 군소정당 후보 지지자가 차선의 주요 정당 후보에 투표하는 전략적 투표 동기를 억제한다. MSV는 병립형 선거제도에 비해 비례성이 높은 의석 배분 결과를 초래한다. 루마니아의 2008년과 2012년 하원 선거에서 초래된 불비례성은 각각 3.33%와 6.20%로 나타났다(Gandrud, 2015).

MSV에서 사용되는 1인 1표제는 한국의 병립형 선거제도에서 사용되었던 1인 1표제와 구분되어야 한다. 한국의 1인 1표 병립형 선거제도는 2001년에 위헌 판정을 받았다. 헌법재판소는 당시 병립형 선거제도가 단순다수제와 함께 비례제를 사용하면서도 별도의 정당투표를 허용하지 않는다는 점을 위헌으로 판결하였다. 이 판결은 1인 1표제 자체가 위헌은 아니지만 지역구 득표율에 따라 비례대표 의석을 배분하는 것을 문제 삼았다. MSV는 비례대표 후보를 따로 내지 않는다는 점에서 1인 1표 병립형 선거제도와 다르다. MSV에서 후보 표를 이용해서 정당 득표율을 산출하는 이유는 비례대표 후보를 선발하기 위해서가 아니라 지역구 후보를 비례적으로 선발하기 위해서이다.

MBTV에서는 유권자가 후보와 정당에 각각 1표씩 행사한다. 지역구 후보가 당선되는 데 필요한 표를 초과하는 잉여표와 낙선자의 표는 이들이 소속된 정당 명부에 행사한 표와 합산된다(Bochsler, 2014).[4] 헝가리에서 채택한 MBTV는 지역구 당선자의 잉여표를 명부 표에 합산하기 때문에, 지역구에서 압도적으로 승리한 후보가 많은 정당일수록 더 많은 비례석을 가져갈 수 있다. 지역구 승리를 통해 이미 많은 의석을 확보한 정당에 당선자의 잉여표를 추가해 주는 MBTV의 의석 배분 방식 때문에, MBTV는 혼합형 다수제(mixed member majoritarian

---

4 당선 후보의 잉여표는 당선 후보가 얻은 표에서 석패 후보가 얻은 표에 1표를 더하여 뺀 값이다. 당선 후보가 얻은 표와 석패 후보가 얻은 표를 각각 a와 b로 표기하면, 당선 후보의 잉여표는 $a-(b+1)$이다.

system)로 평가 받는다(Ferrara et al., 2005; Renwick, 2012).[5]

의석 연동 보상 체제와 달리, MBTV에서는 전략적 투표나 위성정당 창당을 통해 선거 결과를 왜곡하기 어렵다(Bochsler, 2014). 위성정당을 내지 않는 정당은 명부 표와 지역구 당선자의 잉여표와 낙선자 표를 합산하여 정당 득표율을 계산한다. 반면, 위성정당을 내는 모정당은 지역구 당선자의 잉여표와 낙선자 표를 합한 표를 얻고, 위성정당은 위성정당에 행사한 명부 표를 얻는다. 정당이 위성정당을 내지 않았을 때 얻는 명부 표와 위성정당을 냈을 때 위성정당이 얻는 명부 표가 같다고 가정하면, 위성정당을 내지 않은 정당의 명부 표와 지역구 후보로부터 이양받은 표를 합한 정당 표는 위성정당을 낸 모정당의 지역구 후보로부터 이양받은 표와 위성정당이 얻은 명부 표를 합한 표와 다르지 않다. 따라서 위성정당을 만들어도 더 많은 표를 얻기 어렵다. 헝가리가 다른 신생 민주주의와 달리 혼합형 선거제도를 비교적 안정적으로 유지할 수 있었던 이유는 MBTV는 전략적 투표를 통해 선거 결과를 전략적으로 왜곡하기 어려운 체제이기 때문이다(Bochsler, 2014).

차감제(scorporo)는 한 정당이 얻은 명부 표에서 해당 정당의 지역구 당선자들이 얻은 표를 뺀 후 당선자들의 잉여표를 더해서 정당 표를 계산한 뒤, 이를 기준으로 비례석을 배분한다(Bochsler, 2014). 달리 말하면, 각 지역구의 당선자와 경합한 석패 후보가 얻은 표에 1표를 더한 표를 당선자의 정당 명부 표에서 차감한다(Golosov, 2013). 예컨대, 지역구 당선자가 10,000표를 얻었고 석패 후보가 7,000표를 얻었으면 당선자와 연계된 정당 명부 표에서 7,001표를 차감한다. 이러한 의석 배분을 모든 지역구에 적용해야 하므로, 차감제의 의석 배분 방식을 수식으로 표시하면 아래와 같다.

$$V_i = L_i - \sum_{j=1}^{m} a_{ij} + \sum_{j=1}^{m} [a_{ij} - (b_j + 1)] = L_i - \sum_{j=1}^{m} b_j - m$$

5 2022년 총선에서 Fidesz-KDNP 연합은 54.13%의 정당 득표율로 67.8%의 의석을 차지했다.

위 수식에서 V_i와 L_i는 각각 m개의 지역구에 후보를 낸 정당 i가 얻은 정당 표와 명부 표를 나타내고, a_{ij}와 b_j는 각각 지역구 j에서 승리한 정당 j의 후보가 얻은 표와 이 후보와 경쟁해서 석패한 후보의 표를 나타낸다. 위 수식에서 $a_{ij}-(b_j+1)$는 지역구 j에서 승리한 정당 i의 후보가 얻은 잉여표를 나타낸다. 이 방식에서는 지역구 경쟁력이 강한 정당의 명부 표에서 석패 후보들의 표를 모두 제거한 후 정당 득표율을 계산하므로, 지역구에서 많은 의석을 얻은 정당의 득표율은 명부 득표율보다 낮아진다. 그러나 지역구에서 압도적으로 승리한 후보가 많은 정당일수록, 명부 표에서 차감하는 석패 후보들의 표가 감소한다. 지역구 승리를 통해 많은 의석을 확보한 정당에 당선자의 잉여표를 추가적으로 보상해 주는 MBTV와 마찬가지로, 지역구에서 강한 정당일수록 더 적은 표를 차감하는 차감제는 비례제에 비해 불비례적인 의석 배분 결과를 초래한다.

가표 이양제도와 달리 차감제는 위성정당 출현 문제로부터 자유롭지 못하다(Golosov, 2013). 차감제를 채택한 이후 이탈리아에서는 위성정당과 유사한 "미끼명부"(decoy list)가 등장하였다. 지역구 경쟁력이 강한 정당이 명부 표가 차감되는 것을 방지하기 위해 미끼명부를 만들어 후보들과 연계하면 모정당 명부 표는 차감되지 않고 미끼명부 표가 차감된다.[6] 2001년 이탈리아 총선에서 자유의 집(the House of Freedoms) 정당 연합과 올리브나무(Olive Tree) 정당 연합은 각각 차감제 폐지(Abolizione Scorporo)와 새로운 국가(Paese Nuovo)라는 미끼명부를 만들었다. 두 명부는 전체 명부투표의 0.2%밖에 얻지 못했으나 두 유인 명부에 연계된 지역구 후보는 475석 중 360석을 얻었다. 두 정당 연합에 속한 정당들은 지역구 표가 자신의 명부 표에서 차감되지 않고 미끼명부 표에서 차감되므로, 다수의 비례석을 확보할 수 있었다.

6 연동형 또는 준연동형 선거제도에서 모정당은 지역구 후보를 내고 위성정당은 비례대표 후보를 내는 반면, 차감제에서는 비례대표 후보를 모정당이 내고 지역구 후보는 미끼명부에 연계한다.

12.3.3. 혼합형 선거제도 비교

슈거트(Shugart, 2001)에 의하면, 혼합형 선거제도는 당간 차원에서 양당 체제를 산출하는 단순다수 체제와 파편화된 정당 체제를 산출하는 초대표 체제의 효과를 완화한다. 혼합형 선거제도가 이러한 효과를 가진다면, 혼합형 선거제도는 지나치게 비례적이지도 않고 불비례적이지도 않은 중간 정도의 선거 결과를 초래한다. 그러나 위에서 살펴본 바와 같이, 서로 다른 혼합형 선거제도에서 초래되는 불비례성에는 상당한 차이가 있다. 따라서 서로 다른 혼합형 선거제도가 가진 완화효과 역시 다르게 나타난다.

<표 12.2>는 여섯 종류의 혼합형 선거제도의 제도적 요소와 이들을 사용한 국가에서 초래된 불비례성을 보여 준다. 혼합형 선거제도에서 지역구 의석과 비례석의 비율은 불비례성에 주요한 영향을 미친다. 특히 지역구에서 초래된 불비례적인 선거 결과를 보완해 주지 않는 병립형 선거제도는 비례석 수가 줄어들수록 불비례적인 결과를 초래할 가능성이 높다. 연동형 선거제도에서는 비례석 수가 적을수록 초과의석 발생 가능성이 증가하므로 불비례적인 결과가 초래될 가능성이 높다. 따라서 서로 다른 혼합형 선거제도를 비교할 때 지역구 의석과 비례석의 비율을 통제할 필요가 있다. <표 12.2>는 병립형, 연동형, AMS, MBTV를 채택한 국가의 지역구 의석과 비례석의 비율이 1:1에 가깝다는 사실을 보여준다. MSV는 비례석을 따로 설치하지 않으므로 <표 12.2>에서 루마니아 MSV의 비례석은 0석으로 입력되었다. MSV는 과반 득표 당선자가 없는 지역구의 표를 상위선거구로 이양해서 당선자 수를 뺀 잔여 의석을 비례적으로 배분한다. 따라서 과반 득표 당선자의 수가 줄어들수록, 비례적으로 배분하는 의석수는 증가한다. 이탈리아 차감제는 지역구 의석이 비례석의 3배가 넘으나 차감제를 사용하는 다른 사례를 찾을 수 없어 이탈리아를 비교 대상으로 포함했다.[7]

7 미끼명부가 만들어져 병립형 선거제도에서와 같은 결과가 초래된 2001년 선거를 제외하였다. 1994년 선거와 1996년 선거에서 초래된 불비례성은 각각 7.81%와 6.91%이었으나 2001년 선거에서 불비례성은 10.22%로 증가하였다.

표 12.2 혼합형 선거제도 비교

	혼합형 선거제도					
	병립형	연동형	AMS	MSV	MBTV	차감제
국가	리투아니아	독일	웨일즈	루마니아	헝가리	이탈리아
분석 연도	2004 -2008	1998 -2005	2007 -2016	2008 -2012	1998 -2010	1994 -1996
선거 횟수	3회	3회	3회	2회	4회	2회
하위선거구 공식	다수제	단순 다수제	단순 다수제	다수제	다수제	단순 다수제
상위선거구 공식	비례제 Hare	비례제 D'Hondt	비례제 D'Hondt	비례제 Hare	비례제 Droop	비례제 Hare
의원정수	141	598	40	334	386	630
지역구:비례석	70:71	299:299	20:20	334:0	176:152	475:155
봉쇄조항	0%	5%	0%	0%	5%	4%
하위선거구 수	70	299	20	334	176	475
상위선거구 크기	71	299	4	평균 7.8	평균 7.6	155
상위선거구 수	1	1	5	43	20	1
불비례성	8.42%	3.76%	11.59%	4.76%	8.75%	7.36%
명부 유형	개방형	폐쇄형	폐쇄형	해당없음	폐쇄형	폐쇄형
초과의석 확률	없음	높음	없음	없음	없음	없음
위성정당 확률	없음	높음	높음	없음	없음	높음

출처: 분석 연도는 선거제도가 변하지 않은 기간을 선택하였음. Pilet et al. (2016), Gandrud (2015), 웨일즈의 불비례성은 아래 링크의 자료를 이용해서 계산하였음. https://en.wikipedia.org/wiki/Elections_in_Wale

<표 12.2>에 의하면, 연동형 제도가 가장 비례적인 의석 배분 결과를 산출했고, MSV가 두 번째로 비례적인 결과를 산출했다. MBTV는 병립형과 비슷한 결

과를 산출했고, AMS가 비례성이 가장 낮은 결과를 산출했다. 여섯 종류의 선거제도가 초래하는 불비례성이 단순다수제가 초래하는 불비례성과 비교해서 어떤 수준인가를 알 필요가 있다. 영국에서 1970년 이후 실시된 10번의 선거에서 초래된 불비례성의 평균은 14.52%로 계산되었다.[8] 따라서 영국의 단순다수제가 초래하는 불비례성과 초비례제가 초래할 0%에 가까운 불비례성의 중간 수준의 불비례성은 7.2% 정도라는 사실을 알 수 있다. <표 12.2>는 지역구 의석과 비례석의 비율이 1:1에 가까운 병립형 선거제도와 MBTV 그리고 차감제가 이와 비슷한 수준의 불비례적인 결과를 산출한다는 사실을 보여 준다. 이러한 결과는 세 선거제도가 단순다수 체제와 초비례적인 체제가 초래하는 극단적인 결과의 중간 정도의 결과를 산출한다는 사실을 의미한다. 반면, 불비례성이 3.76%에 불과한 독일식 연동형 선거제도는 초비례적인 체제에 더 가깝다. <표 12.2>의 결과는 혼합형 선거제도가 단순다수 체제와 초비례적인 체제가 초래하는 결과를 완화한다는 슈거트(Shugart, 2001)의 주장이 엄밀하지 않다는 사실을 보여 준다. 서로 다른 혼합형 선거제도가 초래하는 당간 차원 결과에는 상당한 차이가 발견되었다. 연동형 선거제도는 초비례적인 체제 수준의 불비례성을 초래한 반면, AMS는 다수제 체제 수준의 불비례성을 초래했다.

<표 12.2>에서 제시된 혼합형 선거제도 중 어떤 선거제도가 개인주의적 체제와 중앙집중적 체제가 초래하는 극단적인 결과를 더 완화하는가는 알기 어렵다. 기존 연구에 의하면, 다수제는 지역 대표성을 촉진하는 반면, 비례제는 공공정책 대표성을 촉진한다(Bawn and Thies, 2003). 이 이론이 타당하다면, 지역구 의원 수에 비해 비례대표 의원의 수가 증가할수록 공공정책 대표성이 증가할 것이다. 반면, 비례석에 비해 지역구 의석의 비율이 높을수록 당내 차원 결과는 개인주의적 체제에서 산출되는 결과와 비슷할 가능성이 높다. <표 12.2>에서 제시된 혼합형 선거제도 중 MSV를 제외한 다섯 종류의 제도는 지역구 의석과 비례

8 한국에서 1인 2표 병립형 선거제도를 채택했던 17대 총선부터 20대 총선 사이에 초래된 불비례성의 평균은 13.66%로 계산되었다. 이처럼 한국의 병립형 선거제도가 단순다수제와 비슷한 수준의 불비례성을 초래하는 이유는 비례석의 수가 의원정수의 20%에도 못 미치기 때문이다.

석을 따로 마련해서 두 종류의 의원을 선발하는 반면, MSV는 모든 의원을 지역구 선거를 통해 충원한다. 따라서 MSV는 다른 혼합형 선거제도에 비해 개인주의적인 체제에서 초래되는 결과를 산출할 것으로 예상된다.

지역구 의원과 비례대표 의원의 비율 못지않게 의원의 당내 차원 특성에 영향을 미치는 제도적 변수는 명부 유형과 지역구 크기다(Siavelis and Morgenstern, 2008). 개방 명부는 후보가 개인표에 집중할 동기를 촉진한다. 4장 2절에서 설명한 바와 같이 개방 명부가 작은 선거구와 결합하면 지역구 사업형이 산출되고, 큰 선거구와 결합하면 특정 집단과의 사적인 관계를 통해 표를 얻는 사업가형이 산출된다(Siavelis and Morgenstern, 2008). 정당 지도부나 중앙당 기관이 후보를 공천하고 명부 순위를 결정하는 폐쇄 명부에서는 정당에 충성하는 의원들이 의회에 진입할 가능성이 크다. <표 12.2>는 리투아니아의 병립형 선거제도를 제외한 모든 혼합형 선거제도가 폐쇄 명부를 채택했다는 사실을 보여 준다. 이들 사례는 지역구 의원을 통해 지역 대표성을 촉진하고 비례대표 의원을 통해 공공정책 대표성을 촉진하기 위한 혼합형 선거제도의 취지에 부합하는 사례이다. 그러나 리투아니아는 유일하게 개인표를 촉진하는 단순다수제와 개방 명부를 조합하였다. 따라서 리투아니아의 선거제도는 개인주의적 체제와 가깝다고 볼 수 있다. 이 사례는 서로 다른 혼합형 선거제도 중에서도 비례대표 후보를 선발하기 위해 사용하는 명부의 유형에 따라 당내 차원 특성에 차이가 발생한다는 사실을 보여 준다.

혼합형 선거제도를 비교할 때, 당간 차원과 당내 차원 효율성 이상으로 중요한 기준은 서로 다른 제도에 내재하는 단점이다. 혼합형 선거제도들이 당간 차원이나 당내 차원에서 비슷한 효과를 발휘한다면, 단점이 적은 제도를 선택할 필요가 있다. 특히, 단점이 장점을 상쇄할 정도로 치명적이라면 단점이 비교 기준에서 우선시되어야 한다. <표 12.2>는 연동형 선거제도는 위성정당 출현과 초과의석 출현이라는 두 문제를 모두 가지고 있다는 사실을 보여 준다. AMS와 차감제는 위성정당 출현의 문제를 안고 있다. 이러한 단점들은 신생 민주주의 국가에서 연동형 선거제도와 같은 혼합형 보상 체제의 생존 비율을 낮춘다(Golosov, 2013). 1970년대에 혼합형 선거제도의 66.7%를 연동형 선거제도가 차지했다면, 그 비율은 2010년대에 28.8%까지 줄어들었다. 반대로 병립형 선거제도의 비율은 1970년대의 33.3%에서 2010년대의 71.2%까지 증가하였다(허석재, 2023). 그렇다면 혼합형 보상 체제의 문제는 왜 발생하며 이 문제는 얼마나 심각한가? 다음 장에서는 이 질문들에 답하기 위해, 연동형 선거제도와 준연동형 선거제도의 의석 배분 방식이 위성정당 출현을 촉진하는 이유를 설명한다.

12.4 연동형 선거제도와 준연동형 선거제도 의석 배분 방식

12.4.1. 의석 배분 방식

연동형 선거제도는 수식 (1)을 이용해서 비례석을 배분한다. 수식 (1)에서 x_i는 n개의 정당 중 k개의 정당이 비례대표 선거에서 봉쇄조항을 충족했을 경우 정당 i가 얻게 된 비례석 수를 산출하기 위한 값을 의미한다. 의원정수와 무소속으로 당선된 의원 수를 각각 T와 I로 표기했을 때, $(T-I)$는 의원정수에서 무소속 당선자를 뺀 후 할당할 수 있는 의원 수를 의미한다. v_i와 s_i는 각각 정당 i가 얻은 정당 득표율과 지역구 의석수를 나타낸다.

$$x_i = \left[(T-I) \times v_i / \sum_{i=1}^{k} v_i - s_i \right] \quad (1)$$

수식 (1)에서 $v_i / \sum_{i=1}^{k} v_i$를 w_i로 표기하면 w_i는 봉쇄조항을 충족시킨 정당들의 득표율 합에서 정당 i의 득표율이 차지하는 비율을 의미한다. 차례로 $(T-I) \times w_i$를 q_i라 표기하면, 수식 (1)은 수식 (2)로 단순화할 수 있다.

$$x_i = q_i - s_i \tag{2}$$

수식 (2)에서 q_i는 정당 i의 득표율에 따라 얻을 수 있게 된 의석을 의미한다. 수식 (2)는 연동형 선거제도의 핵심적인 특징을 보여 준다. 연동형 선거제도는 q_i에서 s_i를 뺀 x_i값에 특정한 의석 배분 방식을 적용해서 비례석을 배분한다. 예컨대, x_i값에 헤어(Hare) 방식을 적용할 경우, x_i값의 정수에 따라 비례석을 먼저 배분하고 남은 비례석은 소수점 이하 수의 크기에 따라 배분한다.

한국의 준연동형 선거제도에서 의석을 배분하는 방법은 공직선거법 189조에 명시되었다. 189조 1항은 정당 득표율 3% 이상 또는 지역구에서 5개 이상의 의석을 얻은 정당은 "연동배분 의석"이라 불리는 연동형 비례석을 얻을 자격이 있다고 규정하였다. 189조 2항 1호는 봉쇄조항을 충족한 정당에 연동형 비례석을 배분하는 방식을 명시하고 있다. 수식 (3)은 연동형 비례석을 배분하기 위해 사용하는 공식이다.

$$z_i = p(q_i - s_i) \tag{3}$$

수식 (2)와 수식 (3)의 차이가 보여 주듯이, 준연동형 선거제도는 x_i값 즉 $q_i - s_i$값에 "연동률"이라 불리는 p를 곱한다. $qi-si$의 100%를 비례석으로 모두 배분하는 연동형 선거제도와 달리 준연동형 선거제도는 연동률 50%를 적용하여 $q_i - s_i$의 50%만 연동형 비례석으로 배분한다. 정당 i가 얻게 될 연동형 비례석은 수식 (3)을 통해 산출된 z_i값을 반올림하여 결정한다.

정당 i가 지역구에서 승리할 가능성이 없는 군소정당이라면, 수식 (3)에서 $s_i = 0$이므로 정당 i는 연동형 선거제도에서 q_i만큼의 비례석을 얻고 준연동형 선거제도에서는 q_i의 50%를 얻는다. 반면, 지역구 경쟁력이 강한 정당 i가 q_i에 비해 더 많은 지역구에서 승리했다면, $q_i < s_i$이므로 $z_i < 0$이다. 이처럼 $z_i < 0$인 경우, 연동형 선거제도에서는 정당 i에 s_i를 할당한다. 따라서 지역구 경쟁력이 강한 정당은 득표 비율에 따라 확보한 q_i보다 더 많은 의석, 즉 $s_i - q_i$만큼의 초

과의석을 얻게 된다.

한국의 준연동형 선거제도 역시 $z_i < 0$인 경우, 정당 i에 s_i를 할당한다. 그러나 연동형 선거제도와 달리 준연동형 선거제도는 초과의석을 허용하지 않는다. 연동형 비례석의 합을 Z로 표기하고 비례의원정수를 R로 표기하면, $R < Z$인 경우 배분해야 할 연동형 비례석이 비례의원정수보다 더 많게 된다. 따라서 초과의석이 발생한다. 이럴 경우, 수식 (4)를 이용해서 연동형 비례석 수를 조정한다(공직선거법 제189조 3항). 예컨대, z_i가 10이고 R과 Z가 각각 50과 100이면 정당 i가 얻을 연동형 비례석은 5석으로 조정된다.

$$\hat{z}_i = z_i \times \frac{R}{Z} \tag{4}$$

$R > Z$이면, 연동형 비례석을 배분하고 남은 비례석이 존재한다. 공직선거법 189조 2항 2호는 "잔여배분" 의석이라 불리는 병립형 비례석을 배분하는 방법을 규정하였다. 정당 i가 얻을 병립형 비례석은 수식 (5)를 이용해서 배분한다.

$$y_i = w_i(R - Z) \tag{5}$$

수식 (5)에서 y_i는 비례의원정수에서 연동형 비례석을 빼고 남은 잔여분에 정당 i의 득표 비율(w_i)을 곱한 값이다. 병립형 비례석 배분은 수식 (5)에서 산출된 값의 정수에 따라 의석을 배분하고 남은 의석은 소수점 이하 수의 크기에 따라 배분하는 헤어(Hare) 방식을 사용한다.

한국의 준연동형 선거제도에서 비례의원정수가 의원정수에서 차지하는 비율이 너무 작기 때문에, Z가 R보다 클 가능성이 매우 높다. 따라서 연동형 비례석 배분 단계에서 비례석이 모두 소진될 가능성이 높다. 이럴 경우, 연동형 비례석은 지역구에서 의석을 얻지 못한 정당들에 모두 배분되므로 지역구 경쟁력이 강한 정당은 비례석을 한 석도 얻지 못하고 지역구 의석만 얻게 된다. 지역구 경쟁력이 강한 민주당은 이처럼 비례석을 한 석도 못 얻게 될 가능성에 대비해

"30석 캡" 조항을 마련해서 21대 총선에 한시적으로 적용했다.

30석 캡 조항은 연동형 비례석의 최대치를 30석으로 제한한다. 30석 캡 조항을 적용하면 정당 i가 얻을 연동형 비례석 수는 수식 (6)을 통해 조정된다. 예컨대, z_i가 10이고 Z가 50이면 정당 i가 얻을 연동형 비례석은 6석으로 조정된다.

$$\hat{z}_i = z_i \times \frac{30}{Z} \tag{6}$$

30석 캡 조항을 적용하면 연동형 비례석이 최대 30석까지만 배분되기 때문에, 지역구 경쟁력이 강한 정당도 병립형 비례석의 일부를 확보할 수 있다. 30석 캡 조항을 적용해서 연동형 비례석을 30석을 배분하고 남은 병립형 비례석은 수식 (7)과 같은 방식으로 배분한다. 병립형 비례석은 수식 (7)에서 산출된 값에 헤어 방식을 적용해서 배분한다.

$$y_i = w_i(R - 30) \tag{7}$$

12.4.2. 연동형 선거제도와 준연동형 선거의 제도적 결함

1. 연동형 선거제도와 초과의석

정당 i에 초과의석이 발생하지 않도록 하는 비례의원정수는 다음과 같다.[9] 수식 (8)에서 S와 R은 각각 지역구 의원정수와 비례의원정수다. d_i는 정당 i의 지역구 의석수가 S에서 차지하는 비율이고 w_i는 봉쇄조항을 충족시킨 정당들의 득표율 합에서 정당 i의 득표율이 차지하는 비율이다.

$$R > S\left(\frac{d_i}{w_i} - 1\right) \tag{8}$$

9 수식 (8)의 도출 과정은 12장 부록 참조.

수식 (8)에 의하면, d_i가 w_i보다 더 클수록, 더 많은 비례석이 필요하다. 수식 (8)을 충족하는 R값은 d_i와 w_i에 따라 결정되므로, 초과의석을 발생시키지 않을 선거제도를 사전적으로 설계할 수는 없다. 그러나 d_i와 w_i 차이의 최댓값에 대한 경험 자료를 구할 수 있다면, 위 수식은 초과의석을 발생시키지 않을 비례석 수를 추정할 수 있게 도와준다. 예컨대, 한 국가에서 지역구에 강한 주요 정당이 w_i의 최대 2배 정도의 d_i을 얻었다면, 이 정당이 초과의석을 얻는 것을 방지하기 위해서는 최소한 지역구 의원정수만큼의 비례의원정수가 필요하다.

초과의석 문제가 심각하지 않은 뉴질랜드는 초과의석을 인정한다. 뉴질랜드의 연동형 선거제도는 지역구 의석과 비례석을 각각 72석과 48석으로 구성하였다. 연동형 제도가 뉴질랜드에서 1996년 총선부터 사용된 이후, 초과의석은 2005년, 2011년, 2014년 총선에서 1석씩 발생했고, 2008년과 2023년 총선에서 2석씩 발생했다. 독일은 2013년 총선까지 초과의석을 인정하였다. 독일의 연동형 선거제도에서는 지역구 의석과 비례석이 각각 299석으로 구성되었으나 상당히 많은 초과의석이 발생했다. 2002년, 2005년, 2009년, 2013년 총선에서 각각 5석, 16석, 24석, 33석의 초과의석이 발생하였다.

초과의석이 비례적인 의석 배분 원칙을 위배한다는 문제가 제기되자 독일은 2017년에 의석 보정 연동형 제도를 채택하였다. 그러나 이 제도가 적용된 2017년과 2021년 총선에서 초과의석과 보정 의석의 합이 각각 111석과 138석에 달하게 되었다. 독일과 같이 초과의석이 많이 발생하는 국가에서 비례적인 의석 배분을 하기 위해서는 수식 (8)에 따라 의원정수를 증가시켜야 하나, 이럴 경우 의원정수가 지나치게 많이 증가한다. 이러한 딜레마에 봉착해서 독일은 2023년에 의원정수를 630석으로 고정한 연동형 선거제도를 채택하였다. 이 제도는 초과의석이 발생한 정당의 지역구 1등 후보 중 득표가 적은 순으로 초과의석 수만큼의 후보를 탈락시킨다.

한국의 경우, 21대 총선과 22대 총선에서 더불어민주당의 d_i는 w_i보다 매우 높게 나타났다. 21대 총선에서 더불어민주당의 d_i와 w_i는 각각 64.4%와 37.4%이었다. 22대 총선에서 더불어민주당의 d_i와 w_i는 각각 63.4%와 29.3%이었다. 이러한 결과를 수식 (8)에 대입하면, 연동형 선거제도를 채택했을 경우 초과의석이 발생하지 않기 위해 21대 총선에서 비례석이 183석 필요하고, 22대 총선에서는 296석이 필요하다. 따라서 한국과 같이 소선거구 의석률과 정당 득표율의 차이가 많은 정당이 있는 국가에서 연동형 선거제도를 도입할 경우, 초과의석 발생을 방지하기 위해서는 소선거구 의석수 이상의 비례석을 만들어야 하며 이는 의원정수의 막대한 증가를 초래한다.

한국의 준연동형 선거제도는 비례석을 늘리지 않는 방식으로 초과의석 발생을 방지한다. 30석 캡 조항이 적용되지 않는 22대 총선부터 정당 득표율에 비해 지역구에서 더 많은 의석을 얻은 정당은 비례석을 얻지 못한다.[10] 정당 득표율만큼의 지역구 의석을 얻지 못한 정당들은 비례석을 배분받으나, 연동형 선거제도에서와 달리 이들은 자신이 득표한 만큼의 비례석을 얻지 못한다. 예컨대, 지역구 의석과 비례석이 각각 80석과 40석인 연동형 선거제도에서 제1정당이 정당 득표의 50%를 얻었으나 50곳의 지역구에서 승리한 경우를 생각해 보자. 2017년 이전의 독일식 연동형 제도에서는 50%를 득표한 나머지 군소정당들에 의원정수의 50%에 해당하는 60석을 배분한다. 따라서 군소정당은 자신의 득표율만큼의 의석을 얻으나 20석의 초과의석이 발생한다. 반면, 한국의 준연동형 선거제도는 고정된 40석의 비례석을 군소정당에 배분한다. 따라서 이 제도에서는 초과의석이 방지되나 군소정당은 자신이 득표한 만큼의 비례석을 얻지 못한다.

2. 전략적 분할투표와 위성정당 출현

연동형과 준연동형 선거제도와 같은 의석 연동 보상 체제는 지역구 의석을 차지한 주요 정당의 지역구 의석을 차감하여 군소정당에 불리하게 초래되는 불

10 30석 캡 조항이 적용된 준연동형 선거제도에서는 정당 득표율에 비해 지역구에서 더 많은 의석을 얻은 정당에도 병립형 비례석의 일부를 배분하였다.

비례적인 의석 배분 결과를 보상해 준다. 그러나 의석 연동 보상 체제의 역설은 군소정당의 의석 확보를 돕기 위해 만든 의석 배분 방식이 오히려 군소정당에 불리하게 작용할 수 있다는 것이다. 주요 정당이 위성정당을 만들고 지지자들에게 전략적 분할투표를 하도록 지시할 경우, 연동형 선거제도는 "유권자들이 자신의 표를 이중으로 사용할 수 있도록 하여 연동형 선거제도의 보상 메커니즘을 무력화시킨다"(Bochsler, 2012: 403).

복슬러(Bochsler, 2012)는 전략적 분할투표를 세 종류로 분류하였다. 첫 번째 종류는 군소정당 지지자가 비례대표 선거에서 군소정당에 투표하고 지역구 선거에서는 당선 가능성이 있는 차선 후보를 지지하는 전통적(conventional) 분할투표이다. 정의당을 지지하는 유권자가 지역구에서 민주당 후보를 지지하는 경우가 이에 해당한다. 두 번째 종류는 지역구 선거에서 지지 정당 후보를 지지하고 비례대표 선거에서는 지지 정당과 연합할 가능성이 높은 군소정당의 의석 확보를 도와주기 위해 군소정당을 지지하는 연합 동기(coalition-driven) 분할투표이다. 연합 동기 분할투표는 연동형 선거제도뿐만 아니라 병립형 선거제도에서도 나타난다. 민주당을 지지하는 유권자가 정당 표를 정의당에 행사하는 경우가 이에 해당한다. 세 번째 종류는 지역구에 강한 정당을 지지하는 유권자가 지지 정당의 의석을 증가시키기 위한 목적으로 행사하는 집합적(collective) 분할투표이다. 이는 주로 연동형 선거제도에서 나타난다.

세 종류의 분할투표는 다음과 같은 중요한 차이가 있다. 전통적 분할투표는 유권자가 자신이 행사하는 표가 사표가 되지 않게 하기 위해 행사한다. 즉 전통적 분할투표는 "평등한 투표권"을 위해 행사된다(Bochsler, 2012). 연합 동기 분할투표는 지지 정당과 비슷한 정치 성향을 띤 군소정당의 의석 확보를 돕기 위한 의도로 행사된다. 즉 연합 동기 분할투표는 평등한 대표성을 위해 행사된다(Bochsler, 2012). 그러나 연동형 선거제도에서 위성정당에 투표하는 집합적 분할투표는 지지 정당을 과대 대표하기 위한 목적으로 행사된다(Bochsler, 2012).

집합적 분할투표는 선거제도가 기본적으로 갖추어야 할 표의 등가성이라는 가치를 훼손한다. 두 선거제도에서는 유권자의 전략적 분할투표 여부에 따라 유권자가 행사하는 표의 가치가 달라진다. 첫째, 지역구에 강한 정당이 위성정당을 만들지 않은 경우, 유권자가 지역구에 강한 정당의 후보와 정당에 일괄 투표를 하면 후보 표는 지지 정당의 지역구 의석 확보에 기여하나 정당 표는 사표가 된다. 둘째, 유권자가 지역구에 약한 군소정당의 후보와 정당에 일괄 투표를 하면 정당 표는 지지 정당의 비례석 확보에 기여하나 후보 투표는 사표가 된다. 셋째, 유권자가 지역구에 강한 지지 정당 후보에 투표하고 지지 정당과 가까운 군소정당에 정당투표를 할 경우, 이 유권자의 두 표는 각각 지지 정당 후보의 의석 확보와 군소정당의 비례석 확보에 공헌한다. 넷째, 유권자가 지역구에 강한 지지 정당 후보에 투표하고 지지 정당의 위성정당에 정당투표를 할 경우, 이 유권자가 행사한 두 표는 지지 정당의 지역구 의석과 비례석 확보에 모두 공헌한다. 즉 모정당과 위성정당에 분할투표를 행사한 네 번째 유권자의 표는 일괄 투표를 행사한 첫 번째와 두 번째 유권자보다 자신이 지지하는 정당의 의석 확보에 두 배의 영향력을 행사할 수 있다.

3. 위성정당 창당으로 인한 의석 배분 결과 왜곡

준연동형 선거제도가 도입된 이후 치러진 두 번의 선거에서 선거제도 개혁의 효과는 나타나지 않았다. 병립형 선거제도에서 치러진 20대 총선 결과 2.85개이었던 실효 의회 정당의 수가 준연동형 선거제도에서 치러진 21대 총선과 22대 총선 결과 2.09개와 2.12개로 감소하였다. 병립형 선거제도에서는 지역구에서 민주당 후보에 투표한 유권자가 정당투표에서 정의당에 전략적으로 투표하는 경향이 있었으나, 21대 준연동형 선거제도에서는 민주당의 위성정당에 투표한 민주당 후보 투표자가 증가하였다. 20대 총선에서 민주당이 얻은 정당 득표율은 민주당 후보 득표율의 62.2%에 그쳤으나, 21대 총선에서 민주당의 위성정당이 얻은 정당 득표율은 67.1%로 증가하였다. 준연동형 선거제도로 가장 큰 혜택을 볼 줄 알았던 정의당은 21대 총선에서 비례석을 한 석도 증가시킬 수 없었고 22대 총선에서는 비례석을 한 석도 얻지 못했다.

표 12.3 21대 총선에서의 의석 배분 결과

	더불어 민주당 (시민당)	미래 통합당 (미한당)	정의당	국민의 당	열린 민주당	민생당	기타	무소속	합
v_i	33.4%	33.8%	9.7%	6.8%	5.4%	2.7%	8.2%	na	100%
w_i	37.4%	38.0%	10.9%	7.6%	6.1%	na	na	na	100%
q_i	110.5	112.1	32.0	22.5	18.0	na	na	na	295
s_i	163	84	1	na	na	0	0	5	253
q_i-s_i	110.5	112.1	31.0	22.5	18.0	na	na	na	294
z_i	55	56	16	11	9	na	na	na	147
$\hat{z}_i$	11.2	11.4	3.3	2.2	1.8	na	na	na	30
연동형	11	12	3	2	2	0	0	0	30
y_i	6.4	6.5	1.8	1.3	1.0	na	na	na	17
병립형	6	7	2	1	1	0	0	0	17
비례석	17	19	5	3	3	0	0	5	47
의석수	180	103	6	3	3	0	0	5	300
의석률	60.0%	34.3%	2.0%	1.0%	1.0%	0.0%	0.0%	1.7%	100%

<표 12.3>은 30석 캡 조항을 적용한 21대 총선에서의 의석 배분 결과를 보여준다. 3% 이상의 정당 득표율을 얻은 다섯 정당의 w_i를 계산해서 q_i값을 구하고, q_i에서 s_i를 뺀 후 2로 나눈 값이 z_i이다. 30석 캡 조항에서는 연동형 의석을 최대 30석까지 배분할 수 있으나 다섯 정당의 z_i의 합(Z)이 147석으로 계산된다. 따라서 Z가 30이 되도록 Z_i에 30/147을 곱한 값이 $\hat{z}_i$이다. 최종적으로 $\hat{z}_i$값을 이용해서 헤어 방식으로 연동형 의석을 배분한다. 비례의원정수가 47명이므로, 30석을 배분하고 남은 17석에 w_i를 곱하여 y_i를 계산한다. 병립형 비례석은 y_i값을 이용해서 헤어 방식으로 배분한다.

<표 12.3>은 지역구 경쟁력이 강한 더불어민주당이 위성정당 창당으로 얼마나 큰 이익을 얻는가를 보여 준다. 더불어민주당의 위성정당인 더불어시민당은 33.5%를 득표했으나 더불어민주당은 지역구 253곳 중 163곳에서 승리하였다. 민주당은 qi보다 더 많은 지역구에서 승리하였기 때문에, 위성정당을 만들지 않았다면 비례석을 한 석도 얻지 못했을 것이나 위성정당을 만들어 17석의 비례석을 얻을 수 있었다. 이러한 사실은 지역구 경쟁력이 강한 정당이 위성정당 창당을 거부하기 어렵다는 현실을 보여 준다. 또한 21대 총선에서 두 주요 정당이 위성정당을 만든 경우와 그렇지 않은 경우 서로 다른 선거제도에서 초래되는 의석 배분 결과를 나타낸다. <표 12.3>은 두 주요 정당이 위성정당을 창당한 준연동형 선거제도와 병립형 선거제도에서의 의석 배분 결과는 거의 같다는 사실을 보여 준다.[11] 두 주요 정당이 위성정당을 만들지 않았다면 정의당은 병립형 선거제도에서 얻는 의석보다 두 배 정도의 의석을 얻을 수 있었으나, 두 주요 정당이 위성정당을 만드는 바람에 20대 총선보다 의석을 한 석도 증가시킬 수 없었다.

11 지역구 의석을 확보할 수 있는 정당이 모두 위성정당을 만들면 병립형과 준연동형 선거제도는 이론적으로 똑같은 의석 배분 결과를 초래하는 이유를 수식으로 설명한 논문은 Moon and Kim (2025) 참조. <표 12.3>에서는 정의당이 지역구 의석을 한 석 얻었으나 위성정당을 만들지 않았으므로 이론적인 예측과 실제 결과 사이에 약간의 차이가 발생했다.

표 12.4 21대 총선에서 위성정당 창당 여부에 따른 의석수와 불비례성

	더불어민주당 (더불어시민당)	미래통합당 (미래한국당)	정의당	국민의당	열린 민주당	GI (%) ENPP
준연동형 (위성정당 O)	163+17=180 (60.0%)	84+19=103 (34.3%)	1+5=6 (2.0%)	0+3=3 (1.0%)	0+3=3 (1.0%)	18.3 2.09
준연동형 (위성정당 X)	163+6=169 (56.3%)	84+15=99 (33.0%)	1+12=13 (4.3%)	0+8=8 (2.7%)	0+6=6 (2.0%)	15.3 2.32
연동형 (위성정당 O)	163+110=273 (49.8%)	84+112=196 (35.8%)	1+31=32 (5.8%)	0+23=23 (4.2%)	0+18=18 (3.3%)	10.1 2.62
연동형 (위성정당 X)	163+0=163 (46.2%)	84+28=112 (31.7%)	1+31=32 (9.1%)	0+23=23 (6.5%)	0+18=18 (5.1%)	7.8 3.04
병립형	163+18=181 (60.3%)	84+18=102 (34.0%)	1+5=6 (2.0%)	0+3=3 (1.0%)	0+3=3 (1.0%)	18.6 2.09

<표 12.4>는 21대 총선에서 두 주요 정당이 위성정당을 만든 경우와 그렇지 않은 경우 서로 다른 선거제도에서 초래되었을 의석 배분 결과와 불비례성(Gallagher Index)을 보여 준다. <표 12.4>는 위성정당의 창당 여부와 상관없이 연동형 선거제도가 다른 제도보다 불비례성이 가장 낮다는 사실을 보여 준다. 위성정당을 창당하지 않은 연동형 선거제도의 불비례성이 가장 낮았으나, 비례제 공식에 속하는 연동형 선거제도임에도 불비례성(7.8%)이 상당히 높게 나타났다. 이처럼 연동형 선거제도에서 높은 불비례성이 초래된 이유는 비례석에 비해 지역구 의석이 너무 많기 때문이다. 이럴 경우, 지역구 경쟁력이 강한 정당이 얻은 지역구 의석수가 득표율에 따라 얻게 되는 비례석을 초과할 가능성이 높다. <표 12.4>는 위성정당 없는 연동형 선거제도에서 초과의석이 53석만큼 초래되고 위성정당이 있는 연동형 선거제도에서는 247석만큼 초래된다는 사실을 보여 준다. <표 12.3>은 또한 병립형 선거제도의 불비례성이 가장 높으며, 준연동형 선거제도에서 위성정당을 창당했을 때 초래되는 불비례성은 병립형 선거제도의 경우와 거의 같다는 사실을 보여 준다.

<표 12.4>의 마지막 열은 또한 두 주요 정당이 위성정당을 만든 경우와 만들지 않은 경우 서로 다른 선거제도에서 초래되었을 실효 의회 정당의 수(ENPP)를 보여 준다. 이 결과에 의하면, 위성정당을 창당한 준연동형 선거제도에서 산출된 실효 의회 정당의 수는 병립형 선거제도에서 산출된 것과 같다. 즉, 21대 총선에서 도입된 준연동형 선거제도의 효과는 위성정당이 창당되자 무력화되었다는 것을 알 수 있다. <표 12.4>는 또한 준연동형 선거제도에서 위성정당이 창당되지 않았어도, 병립형 선거제도에 비해 실효 의회 정당의 수가 0.24 정도만 증가한다는 사실을 보여 준다. 이 결과는 준연동형 선거제도가 다당 체제를 산출하는 효과가 크지 않다는 사실을 의미한다. 이처럼 준연동형 선거제도의 다당 체제 산출 효과가 작은 이유는 비례석 수가 지역구 의석수에 비해 너무 적기 때문이다. 선거제도 협상 당시 민주당과 군소정당들이 첨예하게 대립했던 두 쟁점인 연동률 수준과 지역구 의석 대비 비례석의 비율 중, 다당 체제 산출에 결정적인 영향을 미치는 쟁점은 비례석의 비율이었다. 그러나 군소정당은 50%의 연동률을 얻어낸 대신 비례석의 비율을 증가시키지 못했다.

22대 총선에서는 30석 캡 조항 없이 의석을 배분하였다. 22대 총선에서 국민의힘이 가장 먼저 국민의미래라는 위성정당을 창당하였다. 더불어민주당은 진보적인 군소정당들(진보당, 새진보연합, 정치개혁과 연합정치를 위한 시민회의)과 함께 더불어민주연합이라는 위성정당을 창당했다. 민주당과 같은 뿌리를 가진 조국 전 법무부 장관이 창당한 조국혁신당은 민주당 지역구 후보와 경쟁해서 국민의힘 후보가 당선되는 것을 막기 위해 지역구 후보를 내지 않고 비례대표 후보만 냈다. 개혁신당과 새로운미래는 위성정당을 창당하지 않았다. 녹색정의당으로 당명을 바꾼 정의당은 위성정당을 창당하지 않았고, 진보당은 지역구 후보를 내고 비례대표 후보는 더불어민주연합 비례명부를 통해 냈다. 22대 총선 결과 21대 총선과 마찬가지로 위성정당을 만든 정당과 만들지 않은 정당의 명암이 엇갈렸다.

<표 12.5>는 22대 총선에서의 의석 배분 결과를 보여 준다. 22대 총선에서는 30석 캡 조항이 적용되지 않았기 때문에 연동형 의석을 비례의원정수만큼 배분

할 수 있었다. <표 12.5>에서 z_i의 합이 비례의원정수인 46석보다 크므로, 초과의석이 발생하지 않도록 연동형 의석을 최대 46석으로 조정한다. 연동형 의석 배분으로 비례석을 모두 소진하므로 병립형 비례석은 배분되지 않는다. 지역구에서 의석을 얻을 수 있는 정당들이 모두 위성정당을 만들면 준연동형 의석 배분 결과는 병립형 의석 배분 결과와 차이가 없으므로 30석 캡 조항은 의석 배분 결과에 영향을 미치지 않는다.

표 12.5 22대 총선에서의 의석 배분 결과

	더불어 민주당 (민주연합)	국민의힘 (국민의미래)	조국 혁신당	개혁 신당	새로운 미래	녹색 정의당	진보당	기타	합
v_i	26.7%	36.7%	24.5%	3.6%	1.7%	2.1%	na	5.7%	100%
w_i	29.3%	40.2%	26.6%	4.0%	na	na	na	na	100%
q_i	87.8	120.6	79.8	11.9	na	na	na	na	300
s_i	161	90	na	1	1	0	1	0	254
q_i-s_i	87.8	120.6	79.8	10.9	na	na	na	na	299
z_i	44	60	40	5	na	na	na	na	149.5
$\hat{z}_i$	13.6	18.5	12.4	1.5	na	na	na	na	46
연동형	14	18	12	2	na	na	na	na	46
병립형	0	0	0	0	na	na	na	na	0
비례석	14	18	12	2	na	na	na	na	46
의석수	175	108	12	3	1	0	1	0	300
의석률	58.3%	36.0%	4.0%	1.0%	0.3%	0.0%	0.3%	0.0%	100%

지역구 경쟁력이 강한 민주당은 위성정당을 만들지 않았다면 비례석을 한 석도 얻지 못했을 것이나, 위성정당을 만든 덕분에 위성정당에 참여한 군소정당

들에 4석의 의석을 나눠주고 남은 10석을 얻을 수 있었다. 지역구 후보를 낸 진보당이 민주당과 연합해서 위성정당을 만들지 않았다면, 봉쇄조항을 충족시키지 못해 비례석을 한 석도 얻지 못했을 것이나 위성정당에 참여해서 2석이나 얻을 수 있었다. 위성정당을 만들지 않은 개혁신당은 지역구 1석을 얻었으므로 1석의 연동형 의석을 손해 보았다. 민주당의 위성정당에 참여하지 않은 녹색정의당은 가장 큰 타격을 입었다. 병립형 선거제도에서 민주당 후보를 지지한 유권자의 일부는 정의당에 투표하는 경향이 있었으나, 22대 총선에서는 녹색정의당에 투표하지 않고 민주당의 위성정당에 투표하거나 조국혁신당에 투표하였다. 2.1%의 정당 지지를 얻은 녹색정의당은 비례석을 한 석도 얻지 못하고 지역구 의석도 얻지 못해 소멸의 위기에 처하게 되었다.

<표 12.6>은 22대 총선을 사례로 서로 다른 선거제도에서 위성정당 창당 여부에 따라 초래되었을 의석 배분 결과와 불비례성을 보여 준다. <표 12.6>이 보여 준 결과를 요약하면 다음과 같다. 첫째, 준연동형과 연동형 선거제도 모두에서 두 주요 정당은 위성정당을 만들어 의석률을 증가시킬 수 있었다. 둘째, 준연동형보다 연동형 선거제도가 비례성이 더 높으나 연동형 선거제도에서는 매우 많은 초과의석이 발생하므로 불비례적인 의석 배분 결과가 초래된다. 셋째, 두 주요 정당이 위성정당을 창당한 준연동형 선거제도는 병립형 선거제도와 거의 같은 의석 배분 결과와 불비례성을 초래한다. 넷째, 위성정당이 창당된 준연동형 선거제도에서 산출된 실효 의회 정당 수는 병립형 선거제도에서의 것과 큰 차이가 없다. 다섯째, 실효 의회 정당의 수가 3개인 체제가 형성되기 위해서는 위성정당 창당이 불가능한 연동형을 채택해야 한다.

30석 캡 조항을 적용한 21대 총선과 이를 폐지한 22대 총선을 비교하면, 위성정당을 창당할 동기는 22대 총선에서 증가한다는 사실을 알 수 있다. 21대 총선에서는 연동형 의석을 배분한 뒤 17석의 병립형 의석이 남아 있으므로 민주당이 6석의 병립형 의석을 얻을 수 있었다. 이에 반해, 22대 총선에서는 연동형 의석 배분 단계에서 비례석이 모두 소진되므로 민주당이 비례석을 한 석도 얻지

못한다. 따라서 지역구에 강한 정당이 위성정당을 만들지 않으면 30석 캡 조항을 적용하지 않은 준연동형 선거제도에서 더 큰 손해를 본다. 반면, 지역구 경쟁력이 강한 정당이 위성정당을 만들면, 준연동형 선거제도에서는 30석 캡 조항을 폐지한 22대 총선에서도 병립형 선거제도에서 얻게 되는 의석과 같은 의석을 얻게 된다. 21대 총선과 22대 총선의 사례는 지역구에 강한 정당일수록 준연동형 선거제도의 제도적 허점을 이용할 동기가 증가한다는 사실을 보여 준다.

표 12.6 22대 총선에서 위성정당 창당 여부에 따른 의석수와 의석률

	민주당 (민주연합)	국민의힘 (국민의미래)	조국 혁신당	개혁 신당	새로운 미래	진보당	GI(%) ENPP
준연동형 (위성정당 O)	161+14=175 (58.3%)	90+18=108 (36.0%)	0+12=12 (4.0%)	1+2=3 (1.0%)	1+0=1 (0.3%)	1+0=1 (0.3%)	26.3 2.12
준연동형 (위성정당 X)	161+0=161 (53.7%)	90+11=101 (33.7%)	0+31=31 (10.3%)	1+4=5 (1.7%)	1+0=1 (0.3%)	1+0=1 (0.3%)	21.3 2.42
연동형 (위성정당 O)	161+88=249 (44.9%)	90+120=210 (37.9%)	0+80=80 (14.4%)	1+22=23 (2.3%)	1+0=1 (0.2%)	1+0=1 (0.2%)	14.2 2.73
연동형 (위성정당 X)	161+0=161 (42.9%)	90+30=120 (32.0%)	0+80=80 (21.3%)	1+11=12 (3.2%)	1+0=1 (0.3%)	1+0=1 (0.3%)	11.9 3.00
병립형	161+13=174 (58.0%)	90+19=109 (36.3%)	0+12=12 (4.0%)	1+2=3 (1.0%)	1+0=1 (0.3%)	1+0=1 (0.3%)	26.1 2.13

12.5 위성정당 방지 방안의 실효성

1인 2표 연동형 선거제도를 유지하면서 위성정당을 방지할 수 있는 실효적인 방법은 없다(Bochsler, 2014). 연동형 선거제도를 채택한 다수 국가는 연동형 선거제도의 제도적 결함이 노출되자 결국 연동형 선거제도를 폐지하였다. 베

네수엘라는 2000년 선거에서 위성정당이 출현하자 2010년 병립형 선거제도를 다시 채택하였다. 이탈리아는 1994년에 도입한 차감제에서 미끼명부 문제가 발생하자, 2005년에 제1당에 의석 보너스를 주는 비례제를 채택한 후, 2016년에 1인 1표 병립형을 채택했다. 알바니아는 전략적 분할투표 문제가 초래되자 2008년에 명부 비례제를 도입하였다. 레소토는 2007년 선거에서 위성정당이 출현하자 2012년에 1인 1표 MSV를 채택하였다.

21대 총선 결과 위성정당이 출현하여 병립형 선거제도와 마찬가지의 결과가 초래되자 민주당과 정의당은 22대 총선 전에 다양한 위성정당 방지법을 발의하였다. 위성정당 방지법은 크게 세 종류로 분류할 수 있다. 첫 번째 방법은 거대정당의 비례대표 후보 추천을 의무화하는 것이다. 민형배 민주당 의원은 지역구 의원정수(253개)의 50% 이상의 지역구 후보를 내는 정당은 의무적으로 비례의원정수(47개)의 50% 이상의 비례대표 후보를 내야 하는 법안을 발의하였다. 두 번째 방법은 강민정 · 이탄희 · 심상정 의원이 발의한 안으로 비례대표 후보를 내지 않은 모정당도 비례대표 투표용지에 포함하는 것이다. 이럴 경우, 모정당은 비례대표 후보를 내지 않았으므로 모정당에 던진 정당 표는 모두 사표가 된다. 세 번째 방법은 위성정당을 만든 정당에 대한 국고 지원을 제한하는 것이다. 심상정 정의당 의원은 지역구 후보와 비례대표 후보를 각각 5명 이상 추천하지 않는 정당에 선거보조금의 지원을 금지하는 법안을 발의하였다. 이탄희 민주당 의원은 선거가 끝난 후 2년 이내에 모정당과 위성정당이 합당할 경우, 국고 보조금을 50% 감액 지급하는 법안을 발의하였다.

그러나 위성정당 방지 방안들은 위성정당 창당을 억제하기 어렵다. 첫째, 모정당과 위성정당 모두 지역구 후보와 비례대표 후보를 의무적으로 내야 하는 방안의 경우, 위성정당을 만드는 정당은 이러한 의무 규정을 따르면서 지지자에게 후보 표는 모정당 후보에게 행사하고 정당 표는 위성정당에 행사하도록 지시하면 된다. 둘째, 비례대표 후보를 내지 않은 모정당도 비례대표 투표용지에 포함하는 안의 경우, 지지자에게 모정당이 투표용지에 올라가더라도 위성정당에 정당 표를 던지도록 지시하면 된다. 일부 지지자가 모정당에 정당 표를 행사할 경우를 대비하여 소수의 알려지지 않은 비례대표 후보를 내면 모정당에 던져지는 사표를 줄일 수 있다. 셋째, 위성정당을 만들 정당에 국고 지원금을 제한하는 방법 역시 무력화시킬 수 있다. 예컨대, 심상정 의원 안의 경우, 모정당과 위성정당 모두 지역구 후보와 비례대표 후보를 형식적으로 5명씩 추천하면 보조금을 받을 수 있으므로 실효성이 없다.

모정당과 위성정당의 합당을 국고 보조금 삭감으로 처벌하는 이탄희 의원 안에 대해서는 모정당과 위성정당이 합당하지 않고 두 정당으로서 행동을 같이 하는 방식으로 대응할 수 있으며, 때에 따라서 모정당과 위성정당이 합당하지 않는 것이 더 유리할 수도 있다. 국회법 57조 2항에 따르면, 위원회는 이견을 조정할 필요가 있는 안건을 심사하기 위하여 6인으로 구성된 안건조정위원회를 구성할 수 있다. 국회법 57조 2항 4호는 제1교섭단체에 속하는 조정위원의 수와 제1교섭단체에 속하지 아니하는 조정위원의 수를 같게 한다고 규정하였다. 따라서 모정당과 위성정당이 합당하지 않고 별개의 정당 자격으로 안건조정위원회에 참가하는 것이 더 유리할 수 있다.

12.6 결론

슈거트(Shugart, 2001)는 혼합형 선거제도를 두 극단적인 선거제도가 초래하는 당간 차원과 당내 차원의 결과를 완화하는 일거양득 체제로 평가하였다. 이 장의 혼합형 선거제도에 대한 비교분석은 이러한 평가가 다음과 같은 이유에서 재검토될 필요가 있다는 것을 보여 준다. 첫째, 다양한 혼합형 선거제도는 서로 다른 특성을 가지며 일부 혼합형 선거제도는 극단적인 선거제도의 특징을 가진다. 연동형 선거제도는 당간 차원에서 초대표 체제와 더 가깝고 MSV는 당내 차원에서 초개인주인적 체제와 가깝다. 둘째, 일부 혼합형 선거제도는 다른 선거제도가 가지고 있지 않은 치명적인 문제를 안고 있다. 1인 2표 의석 연동 보상 체제와 차감제는 각각 위성정당이나 미끼명부의 출현을 촉진하며, 이는 단순다수제가 초래하는 불비례적인 의석 배분 결과를 보완하려는 혼합형 선거제도의 취지를 무력화시킨다. 특히 연동형 선거제도나 준연동형 선거제도에서 초래되는 집합적 분할투표와 위성정당은 선거 결과를 왜곡하고 표의 등가성을 훼손한다.

혼합형 선거제도가 일거양득 체제라고 주장하는 시각은 당간 차원과 당내 차원에서 양극단의 결과를 초래하는 서로 다른 선거 공식을 혼합해서 양극의 결과를 평균화할 수 있다고 믿는다. 이 시각에 의하면, 양당제를 산출하는 다수제 공식과 다당제를 산출하는 비례제 공식을 섞으면 당간 차원에서 중간 정도의 정당 체제가 초래되고, 개인주의적인 다수제 체제와 중앙집중적인 비례제 공식을 섞으면 당내 차원에서 지역 책임성과 국가정책 대표성을 동시에 촉진한다. 그러나 서로 다른 선거제도를 섞으면 양극단의 결과가 평균화된다는 논리는 검증된 바가 없다. 양극단의 결과를 피하는 것이 선거제도 개혁의 중요한 목표라면, 양극단의 결과를 초래하는 두 선거제도를 섞어 양극의 결과를 평균화시키는 것보다 처음부터 양극단의 결과를 산출하지 않는 선거제도를 채택하는 것이 효과적이다.

혼합형 선거제도가 극단적인 선거제도의 결과를 완화한다는 주장과 혼합형 선거제도가 다른 선거제도보다 우월하다는 주장은 구분되어야 한다. 서로 다른 선거제도는 각각의 장단점을 가지고 있으며, 이들의 유용성은 국가가 처한 정치적 상황에 대처하기 위해 추구하는 규범적 가치에 따라 달라진다. 동질적인 집단으로 구성된 국가나 책임정치가 약한 국가에서는 양당제를 창출하는 다수제가 적합할 수 있다. 반면, 이질적인 집단으로 구성된 국가나 소수의 권리를 보호할 필요가 있는 국가에서는 다당제를 산출하는 비례제가 적합할 수 있다. 다음 장에서는 선거제도가 추구하는 다양한 규범적 가치들과 이를 실현하기에 적합한 선거제도를 검토하고, 한국 국회의원 선거제도 개혁 방안을 제시한다.

12장 부록

1. 초과의석 방지 조건

12.4절의 수식 (2)에서 정당 i가 얻은 지역구 의석수(s_i)가 정당 득표율과 비례하는 의석수(q_i)보다 클 경우, 초과의석이 발생한다. 따라서 초과의석을 억제하는 방법은 어떤 정당이 얻은 s_i도 q_i보다 클 수 없도록 지역구 의원정수와 비례의원정수를 설계하는 것이다. 초과의석 방지 조건은 다음과 같은 수식으로 나타낼 수 있다.

$$q_i > s_i,\ \forall i \tag{A1}$$

지역구 의원정수를 S로 표기하고 정당 i의 지역구 의석수가 S에서 차지하는 비율을 d_i라 표기하면, $d_i = \frac{s_i}{S}$이다. $s_i = d_i S$이고 $q_i = w_i T$이므로, 수식 (A1)은 수식 (A2)로 표기할 수 있다.

$$w_i T > d_i S \tag{A2}$$

수식 (A2)의 항을 정리하면 다음과 같다.

$$\frac{w_i}{d_i} > \frac{S}{T} \tag{A3}$$

수식 (A3)은 정당 i가 초과의석을 얻을 수 없도록 하는 조건이다. 좌측 항은 w_i와 지역구 의석률의 비율이고 우측 항은 지역구 의원정수가 의원정수에서 차지하는 비율이다. 수식 (A3)은 지역구 경쟁력이 강한 정당의 w_i가 지역구 의석률보다 낮을수록, 지역구 의석이 의원정수에서 차지하는 비율이 줄어들어야 한다는 사실을 보여 준다. 지역구 의석이 의원정수에서 차지하는 비율을 줄이기 위해서는 지역구 의석수를 줄이거나, 지역구 의석수를 유지한 채 비례석 수를 증가시켜야 한다.

2017년에 독일이 채택한 의석 보정 연동형 제도는 초과의석이 발생했을 경우 보정 의석을 사후적으로 배분해서 비례적인 의석 배분 결과를 얻는 제도이다. 12.3절의 <표 12.1>의 예를 들면, 연동형 선거제도에서 13석의 초과의석이 발생한다. 의석 보정 연동형 제도에서는 13석의 초과의석 때문에 초래되는 불비례적인 의석 배분을 교정하기 위해 54석의 보정의석을 배분하고, 이럴 경우 전체 의석수가 167석으로 증가한다. <표 12.1>의 자료를 수식 (A3)에 대입하면, 연동형 선거제도에서 초과의석이 발생하지 않을 조건을 구할 수 있다. <표 12.1>에서 초과의석을 얻은 정당 A와 정당 D에 초과의석이 발생하지 않도록 하려면 두 정당 모두 수식 (A3)을 충족해야 하므로, 아래의 두 부등식을 충족해야 한다.

$$\frac{w_A}{d_A} > \frac{70}{T} \text{ and } \frac{w_D}{d_D} > \frac{70}{T}$$

위 부등식의 w_A, d_A, w_D, d_D값에 각각 43.0%, 77.1%, 3.0%, 7.1%를 대입하면, 두 부등호를 모두 충족하는 T값으로 167을 얻을 수 있다. 따라서 <표 12.1>의 예에서 비례석을 30석에서 97석으로 3배 이상 증가시키면, 초과의석이 발생하지 않는다.

정당 i에 초과의석이 발생하지 않도록 하는 비례의원정수는 다음과 같이 구할 수 있다. T는 $R+S$이므로 수식 (A3)의 T에 $R+S$를 대입하고 R에 대해 정리하면 수식 (A4)를 얻는다.

$$R > S\left(\frac{d_i}{w_i} - 1\right) \tag{A4}$$

13 장

국회의원과 대통령 선거제도 개혁 방안: 부분 개방 명부 권역별 비례제와 순위 투표제

13.1 서론

12장에서 살펴본 바와 같이, 연동형 선거제도를 채택한 신생 민주주의 국가들은 전략적 분할투표나 위성정당 출현과 같은 연동형 선거제도의 문제를 경험하면서, 연동형 선거제도를 폐지하는 추세에 있다. 한국에서도 준연동형 선거제도가 위성정당 출현을 촉진하고 다당 체제 산출에 실패하면서, 22대 총선을 앞두고 국회를 중심으로 선거제도 개혁에 대한 논의가 진행되었다. 그러나 2022년부터 2023년 사이에 발의된 공직선거법 개정안 14건 중 11건이 혼합형 선거제도였다. 11건의 혼합형 선거제도 발의안 중 연동형과 준연동형 제도를 제안한 법안이 각각 2건과 8건에 달했다. 이러한 현실에 봉착해서, 다음과 같은 이론적 질문에 대한 심도 있는 고민이 필요하다. 첫째, 혼합형 선거제도가 문제가 많은 제도라면, 혼합형 선거제도가 추구하는 완화효과를 다른 선거제도에서는 얻을 수 없는가? 둘째, 서로 다른 선거제도는 어떠한 규범적 가치들을 추구하며, 한국 선거제도가 추구해야 할 중요한 규범적 가치는 무엇인가? 셋째, 국회에서 발의된 선거제도 개혁 법안들은 한국 선거제도가 추구해야 할 규범적 가치를 실현하기에 적합한가?

이 장에서는 이러한 질문에 대한 답을 제시하기 위해 다음과 같은 작업을 수행한다. 13.2절에서는 선거제도가 추구해야 할 규범적 가치에 대한 정치학자들의 인식과 규범적 가치와 부합하는 선거제도에 대한 학자들의 선호를 살펴보고, 서로 다른 선거제도의 장단점을 비교한다. 13.3절에서는 21대 총선 이후 발의된 선거제도 개혁안을 살펴보고, 한국 선거제도가 추구해야 할 규범적 가치와 이에 부합하는 국회의원 선거제도 개혁 방향에 대해 논의한다. 13.4절에서는 국회의원 선거제도 개혁 방안으로 부분 개방 명부 권역별 비례제를 제안한다. 13.5절에서는 한국의 현실에 부합하는 권력구조에 대해 논의하고 대통령 선거제도 개혁 방안을 제시한다. 13.6절에서는 이 장의 논의를 요약한다.

13.2 선거제도의 규범적 가치와 선거제도 장단점 비교분석

13.2.1. 선거제도의 규범적 가치와 선거제도

다양한 선거제도는 추구하는 규범적 가치(vision)가 서로 다르다(Powell, 2000). 이러한 가치에 따라 선거제도에 대한 선호가 달라진다. 캐리 외(Carey et al., 2013)는 미국정치학회원을 상대로 선거제도가 추구해야 할 규범적 가치를 묻는 설문조사를 실시하였다. 이 설문조사는 응답자에게 아홉 규범적 가치에 대한 중요도를 5점 척도로 측정하도록 하였다. 그 결과 각 규범적 가치에 대한 응답자 점수의 평균은 ① 개인 책임성(individual accountability), ② 정부 안정성(stable government), ③ 비례 대표성(proportional representation), ④ 결정적 결과(decisive outcome), ⑤ 소수 대표성(minority group representation), ⑥ 중위투표자 정책 결과(median voter policy outcome), ⑦ 정당 결속성(political party cohesiveness), ⑧ 여성 대표성(women's representation), ⑨ 일당 정부(single-party government)의 순으로 높게 나타났다.

캐리 외(Carey et al., 2013)가 제시한 아홉 가치 중 여덟 가치는 슈거트(Shugart,

2001)가 제시한 당간 차원과 당내 차원 특성으로 분류될 수 있다. ②, ④, ⑨는 당간 차원에서 다수제가 가진 특성이고 ③, ⑤, ⑧은 비례제가 가진 특성이다. ①은 당내 차원에서 개인주의적 체제의 특성이고 ⑦은 중앙집중적 체제의 특성이다. ⑥은 선거제도의 정책적 효과와 관련된 특성이다. 선거제도의 정책적 효과에 대한 이론은 두 입장으로 갈라진다. 다운스(Downs, 1957)의 중위투표자 이론에 따르면, 양당 체제를 산출하는 단순다수제는 두 정당이 중위투표자의 입장으로 수렴하려는 구심적 동기를 촉진하는 반면, 비례제는 정당들이 정책을 차별화하려는 원심적 동기를 촉진한다(Cox, 1990). 그러나 파웰(Powell, 2000)에 의하면, 다수제 공식은 다수의 입장을 대표하는 정책을 산출하는 반면, 비례제 공식은 중위정당이 포함된 연합정부를 형성할 가능성을 높여 중위투표자 입장을 대표하는 정책을 산출하는 경향이 있다. 20개 선진 민주주의 국가에서 치러진 156개 선거를 분석한 파웰은 다수제 국가에 비해 비례제 국가가 중위투표자 정책을 더 반영한다는 결과를 발견하였다.

캐리 외(Carey et al., 2013)는 또한 설문조사에서 응답자들이 중시하는 규범적 가치를 실현하기 위해 어떤 선거제도를 선호하는가를 물었다. <표 13.1>은 응답자들이 중시하는 규범적 가치에 따라 어떤 선거제도를 선호하는가를 보여 준다. <표 13.1>은 당간 차원에서 다수제 가치(정부 안정성과 결정적인 선거 결과)를 중시하는 학자일수록 단순다수제에 대한 선호도가 높다는 사실을 보여 준다. 반면, 비례제 가치(비례성과 소수대표성)를 중시하는 학자일수록 명부 비례제와 연동형 선거제도에 대한 선호도가 높은 것으로 나타났다. 이러한 결과는 학자들이 연동형 선거제도를 단순다수 체제와 초대표 체제의 효과를 완화하는 제도가 아니라 명부 비례제와 같은 초대표 체제로 인식한다는 것을 의미한다.

표 13.1 선거제도의 규범적 가치와 가치 실현에 적합한 선거제도

<table>
<tr><th colspan="3" rowspan="3">선거제도에 대한 선호
(종속변수)
규범적 가치
(독립변수)</th><th colspan="2">다수제
공식</th><th colspan="3">비례제
공식</th><th>준비례
공식</th></tr>
<tr><th rowspan="2">단순
다수제</th><th rowspan="2">절대
다수제</th><th rowspan="2">폐쇄 명부
비례제</th><th rowspan="2">개방 명부
비례제</th><th colspan="2">혼합형 선거제도</th></tr>
<tr><th>연동형</th><th>병립형</th></tr>
<tr><td rowspan="6">당간차원</td><td rowspan="3">다수제
가치</td><td>정부 안정성</td><td>+++</td><td>++</td><td>·</td><td>·</td><td>·</td><td>·</td></tr>
<tr><td>일당 정부 형성</td><td>·</td><td>++</td><td>·</td><td>·</td><td>·</td><td>·</td></tr>
<tr><td>결정적 선거 결과</td><td>+++</td><td>++</td><td>·</td><td>·</td><td>·</td><td>++</td></tr>
<tr><td rowspan="3">비례제
가치</td><td>비례 대표성</td><td>−−−</td><td>−−−</td><td>+++</td><td>+++</td><td>+++</td><td>·</td></tr>
<tr><td>소수 대표성</td><td>−−−</td><td>·</td><td>+++</td><td>+++</td><td>+</td><td>·</td></tr>
<tr><td>여성 대표성</td><td>·</td><td>·</td><td>·</td><td>++</td><td>·</td><td>+</td></tr>
<tr><td rowspan="2">당내차원</td><td>개인주의적
가치</td><td>개인 책임성</td><td>+++</td><td>+</td><td>−</td><td>·</td><td>−−</td><td>·</td></tr>
<tr><td>중앙집중적
가치</td><td>정당 결속성</td><td>+</td><td>·</td><td>·</td><td>−−</td><td>·</td><td>·</td></tr>
<tr><td colspan="3">중위 투표자 정책 대표</td><td>·</td><td>·</td><td>·</td><td>·</td><td>·</td><td>·</td></tr>
<tr><td colspan="3">긍정적 효과의 수 (a)</td><td>3</td><td>3</td><td>2</td><td>3</td><td>1</td><td>1</td></tr>
<tr><td colspan="3">부정적 효과의 수 (b)</td><td>2</td><td>1</td><td>0</td><td>1</td><td>1</td><td>0</td></tr>
<tr><td colspan="3">긍정-부정 (a-b)</td><td>1</td><td>2</td><td>2</td><td>2</td><td>0</td><td>1</td></tr>
<tr><td colspan="3">극단적인 특성 수 (a+b)</td><td>5</td><td>4</td><td>2</td><td>4</td><td>2</td><td>1</td></tr>
<tr><td colspan="3">초과의석 발생 확률 높음 (c)</td><td>0</td><td>0</td><td>0</td><td>0</td><td>1</td><td>0</td></tr>
<tr><td colspan="3">위성정당 출현 확률 높음 (d)</td><td>0</td><td>0</td><td>0</td><td>0</td><td>1</td><td>0</td></tr>
<tr><td colspan="3">장점 대 단점 (a 대 b+c+d)</td><td>3:2</td><td>3:1</td><td>2:0</td><td>3:1</td><td>1:3</td><td>1:0</td></tr>
</table>

주: +는 긍정적 효과를 나타내고 −는 부정적 효과를 나타냄. +와 −의 개수는 통계적 유의성을 나타냄. 한 개는 10%, 두 개는 5%, 세 개는 1%의 유의수준. 긍정적 효과의 수(a)는 5% 이하의 유의수준에서 해당 선거제도와 긍정적으로 상관된 규범적 가치의 수. 부정적 효과의 수(b)는 5% 이하의 유의 수준에서 해당 선거제도와 부정적으로 상관된 규범적 가치의 수.

<표 13.1>은 또한 당내 차원에서 의원 개인의 책임성을 중시하는 학자일수록 단순다수제를 더 선호한다는 사실을 보여 준다. 그러나 슈거트의 예측과 달리, 정당 결속성을 중시하는 학자도 단순다수제에 대한 높은 선호를 나타냈고, 개인 책임성을 중시하는 학자일수록 폐쇄 명부 비례대표제보다 연동형 선거제도를 덜 선호하였다. 이러한 결과는 연동형 선거제도가 폐쇄 명부 비례제보다 개인 책임성을 더 약화한다는 시각을 반영한 것으로, 연동형 선거제도가 당내 차원에서 개인주의적 특성과 중앙집권적 특성을 평균화한다는 슈거트의 예측과 배치된다.

<표 13.1>의 결과는 당내 차원에서의 규범적 가치(개인 책임성 대 정당 결속성)가 선거 공식(다수제 공식 대 비례제 공식)보다 명부 유형(개방 명부 대 폐쇄 명부)과 더 상관되어 있다는 학자들의 인식을 보여 준다. 폐쇄 명부 비례제에서는 정당이 후보의 순위를 결정하므로 정당 결속성이 강해지는 반면, 개방 명부 비례제에서는 후보의 순위가 후보의 개인적인 인기와 능력에 의해 결정되므로 후보의 책임성이 중요해진다. <표 13.1>에서 정당 결속성을 중시하는 학자가 단순다수제를 선호하고 개방 명부 비례제에 낮은 선호를 나타낸 이유는 당내 차원 특성을 당내 후보 선발 방식을 기준으로 평가했기 때문으로 해석된다. 정당 결속성을 중시하는 학자가 단순다수제를 선호하는 이유는 예비선거를 치르는 극소수 국가를 제외하면 대부분의 단순다수제 국가는 당이 지역구 후보를 결정하는 정당공천 방식을 사용하기 때문일 것이다.[1] 개인 책임성을 중시하는 학자들이 연동형 선거제도에 낮은 선호를 표시한 이유는 대부분의 연동형 선거제도가 폐쇄 명부 비례제를 채택하기 때문이다.

선거 공식이 아니라 명부 유형이 당내 차원에서의 규범적 가치와 상관되어 있다는 <표 13.1>의 결과는 매우 중요한 이론적 함의를 지닌다. 이 결과는 서로 다른 선거 공식의 조합을 통해서가 아니라 명부 유형의 조정을 통해 초개인주의

---

1 슈거트 역시 예비선거를 치르는 단순다수제를 개인표를 촉진하는 선거제도로 평가한 반면, 정당공천을 통해 후보를 결정하는 단순다수제를 정당 표를 촉진하는 선거제도로 평가했다 (Shugart, 2001)

적 행태와 초중앙집중적 행태를 완화하는 것이 더 효과적일 수 있다는 것을 의미한다. 지나치게 중앙집중적인 정당을 산출하는 폐쇄 명부의 단점과 지나치게 개인주의적인 의원을 산출하는 개방 명부의 단점을 보완하기 위해 오스트리아, 벨기에, 덴마크, 네덜란드, 노르웨이, 스웨덴과 서구 민주주의 국가들은 부분 개방 명부를 사용한다. 부분 개방 명부는 후보의 자력 당선을 가능하게 하여 공천자의 권력으로부터 자유롭게 하면서도, 개인의 이익만 추구하는 후보의 당선 가능성을 어렵게 하기 위한 제도이다. 부분 개방 명부에서 후보가 얻은 표가 당선기수를 충족하면 자력으로 당선될 수 있으므로 후보의 책임성은 증진된다. 이와 동시에 정당 전체의 이익을 위해 일하는 후보가 높은 명부 순위를 얻을 수 있으므로 정당 결속성이 유지된다.

캐리 외(Carey et al., 2013)의 연구는 선거제도를 종합적으로 평가하기 위한 유익한 자료를 제공한다. <표 13.1>은 각 선거제도가 가진 긍정적인 효과와 부정적인 효과의 수를 보여 준다. 예컨대, 정부 안정성, 결정적 선거 결과 및 후보 책임성을 중시하는 학자일수록 단순다수제를 더 선호했고, 비례성과 소수 대표성을 중시하는 학자일수록 단순다수제를 선호하지 않았다. 이러한 결과는 학자들은 단순다수제가 세 개의 규범적 가치 실현에 유리하고 두 개의 규범적 가치 실현에 불리하다고 인식한다는 것을 의미한다. 따라서 선거제도가 규범적 가치에 미치는 긍정적인 효과(a)가 부정적인 효과(b)보다 더 많으면 더 바람직한 선거제도로 평가할 수 있을 것이다.

<표 13.1>에 의하면, 절대다수제, 폐쇄 명부 비례제와 개방 명부 비례제가 모두 부정적인 효과보다 긍정적인 효과가 두 개 더 많은 것으로 평가되었다. 단순다수제와 병립형 선거제도는 부정적인 효과보다 긍정적인 효과가 하나 더 많았고, 연동형 선거제도는 부정적인 효과와 긍정적인 효과의 수가 같았다. 선거제도의 긍정적 효과와 부정적 효과의 수로 선거제도를 평가하면, <표 13.1>은 연동형 선거제도가 가장 열등한 제도라는 사실을 보여 준다.

그러나 캐리 외(Carey et al., 2013)의 연구에는 중요한 평가 기준이 포함되지

않았다. 모든 정치제도가 추구해야 할 중요한 가치는 유권자의 동등한 참여권이다. 선거제도에서 모든 유권자가 동등하게 선거에 참여하기 위해서는 표의 등가성이 보장되어야 한다. 12장에서 자세히 설명한 바와 같이, 전략적 분할투표와 위성정당의 출현을 촉진하는 일부 혼합형 선거제도는 표의 등가성을 훼손한다. 이와 동시에, 선거제도 평가 기준으로 초과의석의 발생 여부가 포함될 필요가 있다. 선거 때마다 의원정수가 큰 폭으로 변한다면, 이러한 변화를 반영하기 위해 수반되는 비용은 막대할 것이다. <표 13.1>은 위성정당의 출현 가능성과 초과의석의 발생 여부를 단점에 포함해서 각 선거제도의 장단점을 비교한 결과를 보여 준다. 절대다수제, 폐쇄 명부 비례제와 개방 명부 비례제는 단점에 비해 장점이 2개 더 많은 제도로 평가되었다. 병립형 선거제도는 장점 하나만 가진 제도로 평가되었고, 연동형 선거제도는 장점에 비해 단점이 2개 더 많은 제도로 평가되었다.

슈거트(Shugart, 2001)는 극단적인 선거제도의 특성을 완화하는 효과를 선거제도의 평가 기준으로 제시했다. 슈거트는 다수제 특성과 비례제 특성 중 한쪽만의 특성을 촉진하거나 억제하는 선거제도를 극단적인 선거제도로 평가한다. <표 13.1>의 결과에 의하면, 단순다수제는 5개의 극단적인 특성을 가진 선거제도로 평가되었고 절대다수제가 두 번째로 극단적인 특성을 많이 가진 제도로 평가되었다. 반면, 병립형 선거제도가 극단적인 특성을 가장 적게 가진 선거제도로 평가되었고 연동형 선거제도와 폐쇄 명부 비례제가 그 뒤를 이었다. 극단적인 특성이 가장 적은 선거제도를 바람직하게 평가하는 슈거트의 시각을 따르면, 극단적인 특성이 1개인 병립형 선거제도가 가장 이상적이며, 극단적인 특성이 5개인 단순다수제가 가장 바람직하지 않다.

그러나 캐리 외(Carey et al., 2013)의 연구에 참여한 학자들의 선거제도에 대한 선호는 선거제도가 규범적 가치에 미치는 효과나 극단적인 특성을 완화하는 효과와 무관한 것으로 나타났다. 이 연구는 응답자들이 여덟 선거제도 각각에 대한 선호도를 5점 척도로 측정하도록 하였다. 그 결과 각 선거제도에 대한 응답자들의 선호도 평균 점수는 ① 연동형 선거제도, ② 개방 명부 비례제, ③ 선호투표제(alternative vote), ④ 단기이양식(single transferable vote), ⑤ 폐쇄 명부 비례제, ⑥ 결선투표제, ⑦ 단순다수제, ⑧ 병립형 선거제도 순으로 높게 나타났다. 극단적인 특성을 가장 많이 가진 단순다수제가 두 번째로 낮게 평가되었고, 극단적인 특성을 가장 적게 가진 병립형 선거제도가 가장 낮게 평가되었다. 이러한 결과는 학자들의 선거제도에 대한 선호는 이들이 중시하는 규범적 가치 실현 정도나 극단적인 특성을 완화하는 효과와 무관하게 결정되었다는 사실을 의미한다.

13.2.2. 국가 특성과 선거제도

한 국가에서 선거제도를 선택할 때 <표 13.1>이 보여 준 장단점 개수로 선거제도를 결정할 수는 없다. 국가 구성원의 특성과 정치 상황에 따라 추구하는 규범적 기준이 달라지기 때문이다. 의원 책임성과 같은 다수제 가치가 필요한 국가에서는 단순다수제를 채택하는 것이 적합하다. 소수 대표성과 같은 비례제 가치를 추구하기 위해서는 명부 비례제나 연동형 선거제도를 채택하는 것이 적합하다. 그러나 한 국가가 추구하는 가치를 실현하기 위해 적합한 선거제도가 여럿인 경우, <표 13.1>이 보여 준 장단점 개수는 선거제도 선택 기준으로 유용하게 사용될 수 있다. 예컨대, 비례성이 높은 선거제도를 추구하는 국가에서 명부 비례제에 비해 단점이 많은 연동형 선거제도를 채택할 근거를 찾기 어렵다.

슈거트(Shugart, 2001)가 바람직한 규범적인 가치로 생각하는 당간 차원과 당내 차원에서 온건한 선거 결과는 혼합형 선거제도를 통해서가 아니어도 달성할 수 있다. 예컨대, 정부 책임성을 억제하지 않으면서도 비례성이 높은 선거제도를 원할 경우, 완화효과가 검증되지 않은 연동형 선거제도를 채택할 필요는 없다. 캐리와 힉스(Carey and Hix, 2011)에 의하면, 선거구의 크기가 특정한 수준까지 증가하면 책임성이 크게 낮아지지 않으면서도 비례성은 매우 개선된다. 이들은 1945년에서 2006년 사이의 609번의 선거를 분석한 결과 비례성이 최대한 실현되면서 유권자들이 정부에 책임성을 물을 수 있는 최적점(sweet spot)이 4인에서 8인을 선발하는 선거구라는 사실을 발견하였다(Carey and Hix, 2011). 따라서 장점보다 단점이 더 많은 연동형 선거제도보다 4인에서 8인을 선발하는 명부 비례제가 더 나은 대안이 될 수 있다. 당내 차원에서 개인 책임성과 정당 결속성을 증진할 수 있는 선거제도를 원할 경우, 이질적인 지역구 의원과 비례대표 의원을 혼합한 연동형 선거제도보다 개인 책임성과 정당 결속성을 모두 촉진하는 부분 개방 명부 비례제가 더 나은 방안이 될 수 있다.

13.3 선거제도 개혁 논의

13.3.1. 선거제도 개혁안 평가

13.2절에서 살펴본 바와 같이 의석 연동 선거제도는 장점보다 단점이 많은 체제이고, 혼합형 선거제도가 추구하는 당간 차원과 당내 차원에서 온건한 선거 결과는 혼합형 선거제도가 아니어도 달성될 수 있다. 그럼에도 불구하고, 21대 국회에서 발의된 선거제도 개혁안 대부분은 혼합형 선거제도였다. <표 13.2>는 21대 국회에서 발의된 14개의 주요 선거제도 개혁안을 정리한 것이다. 14개의 선거제도 개혁안은 선거제도의 구성 요소에 따라 다음과 같이 분류될 수 있다. 이들을 선거 공식에 따라 분류하면, 준연동형 선거제도와 김종민 의원이 대표 발의한 병립형 선거제도, 그리고 고영인 의원이 대표 발의한 권역별 연동형 선거제도는 준비례제 공식에 해당한다. 이은주 의원이 대표 발의한 전국구 연동형 선거제도와 이탄희, 김상희, 박주민 세 의원이 대표 발의한 비례제는 비례제 공식에 해당한다.

개혁안은 또한 선거제도에 따라 분류할 수 있다. 개혁안은 준연동형 선거제도 8개, 비례제 3개, 연동형 선거제도 2개, 병립형 선거제도 1개로 나타났다. 이들을 비례대표 의원을 선발하는 상위선거구의 특성에 따라 살펴보면, 8개 안은 권역별 선발 방식을 제안하였고, 5개 안은 전국구 선발 방식을 제안하였다. 이상민 의원 안은 전국에서 46인을 선발하고, 권역별로 127명을 선발하는 방식을 제안하였다. 개혁안을 하위선거구 선발 방식에 따라 분류하면, 8개 안이 단순다수제, 3개 안이 단기비이양식 선거제도(SNTV), 3개 안이 비례제로 하위선거구 의원을 선발하는 방안을 제안하였다. 의원정수를 살펴보면, 이상민 의원 안이 하위선거구에서 가장 적은 의원을 선발하도록 하였고, 10개 안이 의원정수 300명을 유지하도록 하였다. 나머지 4개 안은 비례의원정수를 30명에서 60명까지 증원하도록 하였다. 상·하위선거구의 의석 비율을 살펴보면, 6개 안은 21대 총선에서와 같이 상·하위선거구 의원 수를 253:47로 유지하도록 하였고, 8개 안은 상위선거구 의원 수를 증원하였다. 마지막으로 명부 유형을 살펴보면, 폐쇄 명부, 개방 명부, 부분 개방 명부를 제안한 법안이 각각 10개, 3개, 1개로 나타났다.

표 13.2 21대 국회에서 발의된 주요 선거제도 개혁안

<table>
<tr><th rowspan="2">대표발의 의원 (의안번호)</th><th rowspan="2">선거 공식</th><th rowspan="2">선거 제도</th><th rowspan="2">행사표</th><th rowspan="2">상위 선거구 (의원수)</th><th colspan="2">하위선거구</th><th rowspan="2">하위/상위 의원 수 (의원정수)</th><th rowspan="2">명부 유형</th></tr>
<tr><th>크기</th><th>의석 배분</th></tr>
<tr><td>전재수 (18595)</td><td rowspan="6">준비례제 공식</td><td rowspan="2">전국구 준연동</td><td rowspan="6">1인 2표</td><td>전국구 (47)</td><td rowspan="2">기본 4~9 농어촌 3</td><td rowspan="2">단기 비이양</td><td>253/47 (300)</td><td rowspan="6">폐쇄 (공천)</td></tr>
<tr><td>이탄희 (18586)</td><td>전국구 (77)</td><td>253/77 (330)</td></tr>
<tr><td>민형배 (19432)</td><td rowspan="4">권역별 준연동</td><td>6개 권역 (15~43)</td><td rowspan="4">1</td><td></td><td>150/150 (300)</td></tr>
<tr><td>김영배 (18328)</td><td>6개 권역 (11~32)</td><td></td><td>220/110 (330)</td></tr>
<tr><td>최인호 (19743)</td><td>6개 권역 (7~22)</td><td>단순 다수제</td><td>225/75 (300)</td></tr>
<tr><td>윤호중 (19784)</td><td>6개 권역 (11~22)</td><td></td><td>225/75~ 150/150 (300)</td></tr>
</table>

김두관 (17155)				6개 권역 (5~15)			253/47 (300)	부분 (공천)
이상민 (17732)		전국구+ 권역별 준연동		전국구(46) 시도 권역 (2~30)	4~5	단기 비이양	127/127/46 (300)	폐쇄 (공천)
김종민 (19433)		권역별 병립형		15개 권역 (5~15)	1	단순 다수제	150/150 (300)	개방 (공천)
고영인 (19948)		권역별 연동형		6개 권역 (8~22)	1	단순 다수제	253/77 (330)	폐쇄 (공천)
이은주 (19375)		전국구 연동형		전국구 (120)	1	단순 다수제	240/120 (360)	폐쇄 (공천)
이탄희 (19800)	비례제공식	권역별 준연동 비례제		5개 권역 (7~18)	기본 4~5 광역 6~7 농어촌 1~3	비례제	253/47 (300)	폐쇄 (개방)
김상희 (19107)		병립형 비례제	1인 3표	전국구 (47)	도시 5~10 지방 3~5	비례제	253/47 (300)	폐쇄 (개방)
박주민 (19140)		전국구 조정의석 비례제		비례조정 전국구 (47)	6~11	비례제	253/47 (300)	폐쇄 (개방)

주: 가장 우측 열은 상·하위선거구에서 사용하는 명부의 유형을 나타냄. 괄호 안의 내용은 하위선거구에서 사용하는 명부 유형을 나타내며, "공천"은 정당이 후보를 공천하는 방식을 의미함.

4장에서 자세히 설명한 바와 같이, 선거제도의 구성 요소는 당간 차원의 기계적 효과와 당내 차원의 행태적 효과를 가진다. 당간 차원의 효과란 정당 간 의석 배분 결과와 정당 체제에 미치는 영향을 의미하며, 당내 차원 효과는 의원들의 특성과 행태에 미치는 영향을 의미한다. 선거 공식, 선거구 크기, 봉쇄조항, 의석 배분 방식과 같은 요소는 당간 차원 효과를 가지며, 선거구의 크기와 명부 유형은 당내 차원 효과를 가진다. 아래에서는 당간 차원 및 당내 차원 효과를 중심으로 개혁안을 비교한다.

1. 당간 차원 효과

전재수 의원 대표 발의안과 이탄희 의원 대표 발의안(18586)은 전국구 준연동형 선거제도를 제안하였다. 12장 4절에서 살펴본 바와 같이, 전국구 준연동형 선거제도에서는 봉쇄조항을 충족한 정당들이 얻은 표의 합 중 정당 i가 얻은 표가 차지하는 비율, 즉 득표 비율(w_i)에 의원정수를 곱한 값(q_i)에서 지역구 의석(s_i)을 뺀 값을 2로 나눈 값(x_i)인 "연동배분 의석수"를 먼저 계산한다. 공직선거법 제189조 2항에 의하면, x_i를 소수점 첫째 자리에서 반올림하여 각 정당에 배분할 연동형 의석수를 결정한다. x_i가 음수이거나 반올림한 값이 0이면, 연동형 의석을 배분받지 못한다. 지역구에서 강한 주요 정당은 s_i가 클 가능성이 높으므로 x_i가 음수일 가능성이 높다. 이럴 경우, 주요 정당은 연동형 의석을 배분받지 못하게 되고, 군소정당이 대부분의 연동형 의석을 얻는다. 지역구에서 강한 주요 정당은 병립형 비례석만 배분받는다.

준연동형 선거제도에서는 의원 정수가 증가할수록 군소정당에 연동형 의석을 배분하고 남은 병립형 의석을 배분할 가능성이 높아진다. 전재수 의원 안과 이탄희 의원 안은 전국구에서 비례대표 의원을 선발하므로 권역별 비례대표제에 비해 주요 정당도 병립형 비례석을 얻을 가능성이 높다. 그러나 전재수 의원 안은 비례석의 수가 너무 적기 때문에, 비례석이 연동형 의석 배분 단계에서 소진되어 주요 정당이 위성정당을 만들지 않으면 비례석을 얻지 못할 수 있다.[2] 비례의원정수를 77명으로 증가시킨 이탄희 의원 안은 주요 정당도 비례석을 얻을 수 있도록 도와준다. 그러나 이탄희 의원 안 역시 비례석이 의원정수에서 차지하는 비율이 25%에 못 미치므로, 비례성 제고 효과는 제한적이다.

전재수 의원 안과 이탄희 의원 안은 하위선거구 의원을 단순다수제 대신 SNTV로 선발한다. 두 안 모두 농어촌 지역에서는 3인을 선발하고 도시 지역에서는 4인에서 9인을 선발하도록 하였다. 전재수 의원 안과 이탄희 의원 안은 하

2 <표 12.5>가 보여 주었듯이 비례대표 의원 정수가 46명이었던 22대 총선에서 비례석은 연동형 의석 배분 단계에서 모두 소진되었다.

위선거구에서 여러 명을 선발하므로 하위선거구에서 군소정당이 의석을 확보할 가능성을 증가시킨다. 그러나 전재수 의원 안과 이탄희 의원 안은 하위선거구에서 SNTV를 채택했다는 점에서 하위선거구에서 단순다수제를 채택한 현행제도보다 나은 제도로 보기 어렵다. SNTV에서는 한 정당이 너무 많거나 적은 수의 후보를 공천하면 안 되고 같은 정당 후보들의 표를 골고루 분산시켜야 한다.[3] SNTV에서는 전략적 공천과 표 관리를 얼마나 성공적으로 수행하는가에 의석 배분 결과가 달라지기 때문에 표심을 왜곡한 선거 결과가 초래될 수 있다. 정당의 전략적 선택에 따라 표심이 왜곡될 수 있는 SNTV와 위성정당 출현으로 표심이 왜곡될 수 있는 준연동형 선거제도를 조합했다는 점에서 두 의원의 안은 현행제도에 비해 장점보다 단점이 더 많은 방안으로 평가된다.

민형배 의원 안, 김영배 의원 안, 최인호 의원 안, 윤호중 의원 안, 김두관 의원 안은 권역별 준연동형 선거제도를 제안하였다. 이들 중 민형배 의원 안이 비례의원정수에 가장 많은 150명을 할당하였고, 김영배, 최인호, 김두관 의원 안은 각각 110명, 75명, 47명을 할당하였다. 윤호중 의원 안은 비례대표 의원 정수가 75명 이상 150명 이하가 되도록 하였다. 민형배, 김영배, 최인호 의원 안은 서울 권역, 경인 권역, 대전·세종·충청·강원 권역, 광주·전라·제주 권역, 부산·울산·경남 권역, 대구·경북 권역을 포함하는 6개 권역을 제안하였다. 김두관 의원 안은 경인 권역과 세종·충청·강원 권역 대신 경인·강원 권역과 세종·충청 권역을 제안하였다. 윤호중 의원 안은 영호남민의 두 주요 정당에 대한 압도적인 지지를 서로 다른 권역으로 분산하기 위해, 영호남 지역을 교차하는 권역을 제안하였다. 윤호중 의원 안은 전국을 서울·인천 권역, 경기 권역, 대전·세종·충청·강원 권역, 부산·울산·광주·경남 권역, 대구·경북·전북 권역, 제주 권역으로 나누었다.

권역별 준연동형 선거제도는 전국을 여러 권역으로 나누기 때문에 한 권역에서 너무 적은 수의 비례대표 의원을 선발하면, 봉쇄조항을 충족하는 정당도

---

3 SNTV가 가진 다양한 문제에 대한 더 자세한 설명은 다음 장 참조.

의석을 얻지 못할 수 있게 된다. 앞에서 설명한 바와 같이, 준연동형 선거제도에서는 연동배분 의석수(x_i)를 소수점 첫째 자리에서 반올림한 값이 0이면 연동형 의석을 배분받지 못한다. 예컨대, 30인을 선발하는 권역에서 군소정당의 w_i가 3.3%이면, x_i 값이 0.495이므로 이 정당은 비례석을 얻지 못한다. 권역별 준연동형 선거제도에서 3%를 득표한 정당이 최소 1석을 얻을 수 있도록 하려면 가장 작은 권역의 의원정수는 최소 34명은 되어야 한다. 그러나 민형배, 김영배 최인호, 김두관 의원 안이 제안한 대구·경북 권역의 의원정수는 모두 34명에 미치지 못한다.

서로 다른 권역별 준연동형 선거제도가 군소정당의 의석 확보에 어느 정도 유리한가를 비교하기 위해, 의원정수가 적은 권역에서 초래될 의석 배분 결과를 21대 총선 자료를 이용한 시뮬레이션 분석을 통해 예측할 수 있다. 현행 선거제도에서 지역구 253석의 10%인 25석이 대구·경북 권역에 배분되므로, 권역별 비례대표제에서는 의원정수의 10%를 대구·경북 권역에서 선발할 것이다. 따라서 의원정수를 300인으로 유지하는 민형배, 최인호, 김두관 의원 안은 대구·경북 권역에서 30인을 선발하고, 김영배 의원 안은 33인을 선발한다. 대구·경북 권역에 배분된 의원정수는 상하위선거구 의원 비율에 따라 지역구 의원과 비례대표 의원으로 나누어진다. 민형배 의원 안은 상하위선거구 의원 비율이 1:1이므로 대구·경북 권역에서 비례대표 의원과 지역구 의원을 각각 15명씩 선발한다. 이 비율이 1:2인 김영배 의원 안은 두 종류의 의원을 각각 22명과 11명씩 선발하고, 1:3인 최인호 의원 안은 각각 23명과 7명을 선발한다. 현행제도의 비율을 유지하는 김두관 의원 안은 비례대표 의원과 지역구 의원을 각각 25명과 5명을 선발한다.

표 13.3 네 권역별 준연동형 제도에서의 대구·경북 권역 의석 시뮬레이션 결과

권역	대구·경북 권역				
정당	미래통합당	더불어민주당	정의당	국민의당	합
정당 득표율	55.82%	16.19%	6.46%	7.05%	85.5%
득표 비율(w_i)	65.27%	18.93%	7.55%	8.25%	100.0%
민형배 의원 안					
연동형 비례석	2	3	1	1	7
병립형 비례석	5	1	1	1	8
비례석	7	4	2	2	15
지역구 의석	15	0	0	0	15
의원정수	22	4	2	2	30
비례석 비율	46.67%	26.67%	13.33%	13.33%	100%
의석률	73.33%	13.33%	6.67%	6.67%	100%
김영배 의원 안					
연동형 비례석	0	3	1	1	5
병립형 비례석	4	1	0	1	6
비례석	4	4	1	2	11
지역구 의석	22	0	0	0	22
의원정수	26	4	1	2	33
비례석 비율	36.36%	36.36%	9.09%	18.18%	100%
의석률	78.79%	12.12%	3.03%	6.06%	100%
최인호 의원 안					
연동형 비례석	0	3	1	1	5
병립형 비례석	1	1	0	0	2
비례석	1	4	1	1	7
지역구 의석	23	0	0	0	23

의원정수	24	4	1	1	30
비례석 비율	14.29%	57.14%	14.29%	14.29%	100%
의석률	80.00%	13.33%	3.33%	3.33%	100%
김두관 의원 안					
연동형 비례석	0	3	1	1	5
병립형 비례석	0	0	0	0	0
비례석	0	3	1	1	5
지역구 의석	25	0	0	0	25
의원정수	25	3	1	1	30
비례석 비율	0.00%	60.00%	20.00%	20.00%	100%
의석률	83.33%	10.00%	3.33%	3.33%	100%

<표 13.3>은 민형배, 김영배, 최인호, 김두관 의원 안이 제안한 대구·경북 권역에서 21대 총선 당시 3%의 봉쇄조항을 충족한 정당들이 얻을 수 있는 의석에 대한 시뮬레이션 분석 결과를 보여 준다. 21대 총선에서 미래통합당 의원이 지역구 25곳에서 모두 승리했기 때문에, <표 13.3>에서의 선거제도에서도 미래통합당 의원이 지역구를 모두 석권할 것으로 가정하였다.[4] <표 13.3>은 각 권역의 의원정수에 w_i를 곱한 값에서 지역구 의석수를 뺀 값을 2로 나눈 값을 반올림한 연동형 비례석을 보여 준다. 이를 통해 민형배 의원 안이 대구·경북 권역에서 미래통합당이 연동형 의석을 얻을 수 있는 유일한 안이라는 사실을 알 수 있다. <표 13.3>은 권역별 준연동형 선거제도가 지역 집중적인 의석 배분을 어느 정도 완화할 수 있는가를 보여 준다. 대구·경북 권역에서 16.19%를 득표한 더불어민주당이 권역에 할당된 비례의원정수에 따라 최소 10.00%(김두관 의원 안)에서 13.33%(민형배 의원과 최인호 의원 안)의 의석을 얻을 수 있음을 확인할 수있다.

<표 13.3>은 또한 다음과 같은 결과를 보여 준다. 첫째, 네 안 모두 비례성 제

4 무소속으로 당선된 홍준표 후보는 미래통합당에 다시 입당했으므로 미래통합당 의원으로 간주한다.

고 효과가 크지 않다. 지역구 의석과 비례석의 비율이 1:1인 민형배 의원 안을 적용해도 55.82%의 정당 득표율을 얻은 미래통합당의 의석률은 77.33%에 달했다. 둘째, 김영배, 최인호, 김두관 의원 안은 비례의원정수에 상당한 차이가 있음에도 불구하고, 지역구 의석을 얻지 못한 정당에 배분되는 비례석 수에 큰 차이를 가져오지 않는다. 셋째, 비례의원정수가 줄어들수록, 비례석은 지역구 의석을 얻지 못한 정당에만 배분된다. 비례의원정수가 5명인 김두관 의원 안은 연동형 의석 배분 단계에서 비례석 배분이 완료되므로 미래통합당은 병립형 비례석을 얻지 못한다. 넷째, 비례대표 의원 정수가 증가할수록, 지역구 의석을 석권한 미래통합당도 병립형 의석 배분을 통해 비례석을 확보할 수 있다.

시뮬레이션 결과는 권역별 준연동형 선거제도의 다음과 같은 특징을 보여준다. 권역별 준연동형 선거제도는 전국을 권역으로 나누기 때문에 권역에 할당된 비례의원정수가 전국 명부 준연동형 제도에 비해서 크게 줄어든다. 김두관 의원 안과 같이 비례의원정수가 매우 적을 경우, 연동형 의석 배분 단계에서 비례석이 모두 소진되므로 비례석은 모두 군소정당에 배분된다. 권역에 할당되는 비례의원정수가 증가할수록, 군소정당에 보상할 수 있는 비례석이 증가하므로 비례성이 증가한다. 그러나 지역구 의석을 얻지 못한 정당이 정당 득표율만큼의 비례석을 보상받는 연동형 선거제도와 달리, 정당 득표율의 50%만큼만 보상받는 준연동형 선거제도에서는 주요 정당도 비례석 일부를 병립형 비례석으로 배분받을 수 있다. 예컨대, 최인호 의원 안과 같이 권역에 할당된 비례의원정수가 일정 수준을 넘게 되면, 주요 정당도 병립형 비례석을 얻게 된다. 비례대표 의원 정수가 그 이상으로 증가하면, 지역구에서 강한 정당도 얻을 수 있는 병립형 비례석이 점점 증가하여 다른 정당이 얻은 비례석보다 더 많게 된다. 예컨대, 미래통합당에 배분된 비례석은 김영배 의원 안에서 더불어민주당의 비례석과 같아지고 민형배 의원 안에서 더 많아진다. 이 예가 보여 준 것처럼, 비례석 증가가 비례성 향상에 미치는 영향력은 연동형 선거제도에 비해 준연동형 선거제도에서 반감된다.

표 13.4 네 권역별 준연동형 제도에서의 광주·전라·제주 권역 의석 시뮬레이션 결과

권역	광주·전라·제주 권역						
정당	미래통합당	더불어민주당	정의당	국민의당	민생당	열린민주당	합
정당 득표율	7.00%	56.48%	10.76%	4.41%	6.26%	7.84%	92.8%
득표 비율(w_i)	7.55%	60.90%	11.61%	4.75%	6.75%	8.45%	100.0%
민형배 의원 안							
연동형 비례석	1	2	2	1	1	2	9
병립형 비례석	1	5	1	0	1	1	9
비례석	2	7	3	1	2	3	18
지역구 의석	0	19	0	0	0	0	19
의원정수	2	26	3	1	2	3	37
비례석 비율	11.11%	38.89%	16.67%	5.56%	11.11%	16.67%	100%
의석률	5.41%	70.27%	8.11%	2.70%	5.41%	8.11%	100%
김영배 의원 안							
연동형 비례석	2	0	2	1	1	1	7
병립형 비례석	0	4	1	0	0	1	6
비례석	2	4	3	1	1	2	13
지역구 의석	0	27	0	0	0	0	27
의원정수	2	31	3	1	1	2	40
비례석 비율	15.38%	30.77%	23.08%	7.69%	7.69%	15.38%	100%
의석률	5.00%	77.50%	7.50%	2.50%	2.50%	5.00%	100%
최인호 의원 안							
연동형 비례석	2	0	2	1	1	2	8
병립형 비례석	0	1	0	0	0	0	1
비례석	2	1	2	1	1	2	9

지역구 의석	0	28	0	0	0	0	28
의원정수	2	29	2	1	1	2	37
비례석 비율	22.22%	11.11%	22.22%	11.11%	11.11%	22.22%	100%
의석률	5.41%	78.38%	5.41%	2.70%	2.70%	5.41%	100%
김두관 의원 안							
연동형 비례석	1	0	2	1	1	1	6
병립형 비례석	0	0	0	0	0	0	0
비례석	1	0	2	1	1	1	6
지역구 의석	0	31	0	0	0	0	31
의원정수	1	31	2	1	1	1	37
비례석 비율	16.67%	0.00%	33.33%	16.67%	16.67%	16.67%	100%
의석률	2.70%	83.78%	5.41%	2.70%	2.70%	2.70%	100%

그렇다면 미래통합당은 광주·전라·제주 권역에서 의석을 얼마나 얻을 수 있는가? <표 13.4>는 네 의원 안이 제안한 광주·전라·제주 권역에서 21대 총선 당시 3%의 봉쇄조항을 충족한 정당들이 얻을 수 있는 의석수에 대한 시뮬레이션 분석 결과를 보여 준다. 광주·전라·제주 권역에서 7.00%를 득표한 미래통합당이 민형배 의원 안을 사용했을 때 2석의 비례석을 얻었고 김두관 의원 안을 사용했을 때 1석의 비례석을 얻었다. <표 13.4>는 비례석의 비율을 충분히 증가시키지 않은 권역별 준연동형 선거제도는 지역 집중적 의석 배분을 약화하는 데 큰 효과를 가지지 않는다는 사실을 보여 준다.

<표 13.3>과 <표 13.4>는 권역에 할당된 비례의원정수가 작아질수록 비례성 제고 효과는 감소한다는 사실을 보여 주었다. 이상민 의원 안은 위에서 분석한 네 안보다 더 작은 권역을 제안하였다. 이상민 의원 안은 8개 시와 9개 도로 구성된 17개의 권역에서 비례대표 의원 127명을, 전국 명부에서 비례대표 의원 46명과 지역구 의원 127명을 선발한다. 지역구 의원은 4명에서 5명을 선발하는

SNTV로 선발하며 시도를 결합해도 4명을 선발하지 못하는 제주 지역에서는 3명 이하를 선발한다. 권역을 이처럼 획정하는 이상민 의원 안은 서울 권역과 경기 권역을 제외한 모든 시도 권역의 의원정수가 20명에 미달한다. 의원 정수가 20명인 권역에서 군소정당이 최소 1석을 얻기 위해서는 최소 5%는 득표해야 한다. 따라서 이상민 의원 안의 권력 획정 방안은 3%의 득표를 한 정당에 1석을 배분하는 봉쇄조항과 부합하지 않는다.

전술한 준연동형 선거제도는 위성정당 출현을 촉진하기 때문에, 김종민 의원은 위성정당 출현을 방지하기 위해 병립형 선거제도를 제안했다. 김종민 의원 안은 지역구 의원과 비례대표 의원을 150명씩 선발하도록 하여, 현행 준연동형 선거제도에 비해 비례석을 대폭 증가시켰다. 그러나 전국 권역을 서울 2개 권역과 경기도 4개 권역을 포함하는 15개 권역으로 분할하여 한 권역에서 선발하는 비례대표 의원 수를 5명에서 15명 사이로 조정하였다. 이 안에 의하면, 서울 권역 한 곳과 대구·경북 권역은 각각 15명을 선발하는 반면, 강원 권역과 충북 권역은 각각 5명을 선발한다. 김종민 의원 안은 병립형을 채택했기 때문에 비례성을 제고하는 효과가 작은 편이며, 권역에서 선발하는 의원 수의 편차가 크기 때문에 군소정당의 의석 확보 가능성 역시 권역에 따라 달라진다.

고영인 의원은 지역구 의원 253명과 77명의 비례대표 의원을 6개 권역에서 선발하는 권역별 연동형 비례제를 대표 발의하였다. 고영인 의원 안은 연동형 비례석을 배분하고 남는 비례석은 병립형 비례석으로 배분하고, 현행 준연동형 선거제도에서와 같이 초과의석이 발생하지 않도록 의석을 조정하는 방안을 제시하였다. 연동형 의석 배분 방식은 선거구의 의원정수에 정당 득표 비율(w_i)을 곱한 값에서 지역구 의석수를 뺀 값으로 연동형 의석을 배분하므로, 비례석 수가 의원정수의 25%에도 미치지 못하는 고영인 의원 안은 비례석이 병립형 의석을 배분하기도 전에 연동형 의석 배분 단계에서 소진될 가능성이 높다. 예컨대, 고영인 의원 안은 의원정수가 95석인 경인 권역에서 22인의 비례대표 의원을 선발한다. 봉쇄조항을 통과한 정당들이 경인 권역에 할당된 지역구 의석 49석을 얻었다면, 권역에 할당된 의원정수 95석에 100%를 곱한 후 49석을 뺀 46석만큼의 연동형 의석이 이 정당들에 배분되어야 비례적인 의석 배분이 이루어진다. 그러나 경인 권역에 할당된 비례석이 22석밖에 되지 않으므로 병립형 의석을 배분할 수 없게 되고, 46석마저 연동형 의석으로 모두 배분하면 초과의석이 발생한다. 따라서 초과의석이 발생하지 않도록 각 정당이 얻을 연동형 의석에 22/46을 곱해서 연동형 의석수를 축소 조정한다. 연동형 제도에서 지역구에서 강한 정당은 어차피 연동형 의석을 배분받을 가능성이 희박하므로, 연동형 의석수를 조정하는 과정에서 축소되는 의석은 주로 군소정당에 배분할 의석이다. 따라서 의원정수의 25%에도 못 미치는 비례석을 배분하면서 초과의석 방지를 위한 의석 조정 방식을 사용하는 고영인 의원 안은 연동형 의석 배분을 통해 비례성을 높이려는 연동형 선거제도의 취지와 부합하지 않는다.

이은주 의원은 지역구 의원 240명과 비례대표 의원 120명을 전국구에서 선발하는 전국구 연동형 비례제를 대표 발의하였다. 이은주 의원 안은 비례대표 의원을 전국구에서 연동형 방식으로 선발하고 비례석을 지역구 의석의 1/3까지 증가시켰으므로 고영인 의원 안에 비해 비례성을 제고하는 효과가 크다는 장점이 있다. 그러나 이은주 의원 안은 초과의석이 발생해도 이를 인정한다. 한국에서는 지역구에서 강한 정당이 얻는 의석률과 정당 득표율의 차이가 매우 크므로, 상당한 수의 초과의석이 발생할 확률이 높다. 12장에서 설명한 바와 같이, 연동형 선거제도를 채택했을 경우 초과의석이 발생하지 않기 위해서는 21대 총선 결과에 의하면 183석의 비례석이 필요하고, 22대 총선 결과에 의하면 296석의 비례석이 필요하다. 따라서 지역구 의석률이 정당 득표율보다 훨씬 더 높은 정당이 있는 한국에서 초과의석 발생을 억제하기 위해서는 이은주 의원 안보다 비례석을 대폭 더 증가시켜야 한다.

이탄희 의원 안(19800)은 권역별 준연동형 제도와 같이 하위선거구에서 지역구 의원을 선발하고 권역별로 할당된 비례석을 준연동형 방식으로 배분한다. 그러나 이탄희 의원 안은 하위선거구에서 1인을 선발하는 권역별 준연동형 제도와 달리 하위선거구에서 4인에서 5인을 선발하는 것을 기본으로 하고, 농산어촌 지역에서는 1인에서 3인을, 특별시나 광역시에서는 6인에서 7인을 선발한다. 유권자는 지지 정당과 지지 정당이 추천한 후보 중 한 후보를 선택하여 해당 정당란과 후보자란에 각각 기표하되, 후보자란에는 기표하지 않아도 된다. 하위선거구에 할당된 의석은 정당 득표율에 따라 헤어 방식으로 배분하고, 각 정당이 확보한 의석은 후보의 득표순에 따라 후보에게 배분한다.

상위선거구는 7인을 선발하는 3개 권역(대구·경북·강원, 광주·전라·제주, 대전·세종·충남)과 8인을 선발하는 1개 권역(부산·울산·경남)과 18인을 선발하는 1개 권역(서울·경인)으로 구성된다. 권역별 비례석은 3% 이상의 전국 득표율을 얻은 정당에 준연동형 방식으로 의석을 배분한다. 예컨대, 권역 내 지역구 의석 102석과 권역 비례석 18석으로 구성된 의원정수가 120석인 서울·경인 권역에서 한 정당의 득표 비율이 50%이고 지역구 의석 102석 중 51석을 얻었다면, 120석에 50%를 곱한 값에 51석을 뺀 값을 2로 나눈 값을 구한 후, 이를 반올림하여 권역별 비례석 18석 중 5석을 연동형 의석으로 해당 정당에 배분한다. 봉쇄조항을 충족한 정당들에 연동형 의석을 모두 배분한 후 권역에 할당된 비례석이 남으면, 잔여 의석은 헤어 방식으로 배분한다. 각 정당이 확보한 권역별 비례석은 해당 정당이 제시한 폐쇄 명부에서의 추천 순위에 따라 후보들에 배분된다.

이탄희 의원 안은 6인에서 7인을 선발하는 지역구로 구성된 특별시 또는 광역시 권역에서는 의석 배분이 비교적 비례적으로 이루어진다. 4장에서 제시한 레이파트(Lijphart, 1994)의 실질적 진입장벽 공식을 따르면, 6인을 선발하는 지역구에서 11.3%를 득표한 군소정당도 의석을 확보할 수 있다.[5] 그러나 농산어촌 지역이 많은 경북·강원 권역이나 전라·제주 권역에서는 지역구에서 1인에서 3인의 후보를 선발하므로 영남과 호남을 각각 대표하는 정당이 지역구 의석을 석권할 가능성이 높다. 이탄희 의원 안은 준연동형 방식을 통해 지역구 의석을 얻

5 레이파트가 제시한 실질적 진입장벽 공식은 [50%/(선거구 크기 + 1) + 50%/(2 × 선거구 크기)]이다.

지 못한 군소정당에 비례석을 보상하나, 김두관 의원 안과 같이 비례의원정수가 47석밖에 안 되므로 군소정당의 의석률이 득표율과 비례할 정도로 의석을 보상해 주지 못한다. 이탄희 의원 안은 김두관 의원 안과 마찬가지로 호남 정당과 영남 정당이 각각 전남·북과 경북의 농산어촌 지역구를 석권할 가능성이 높으며, 이들 지역에서 초래된 지역 집중적인 의석 배분을 이탄희 의원 안이 김두관 의원 안보다 더 효과적으로 억제할 가능성은 작다.[6]

김상희 의원은 전국 수준의 상위선거구에서 47인의 비례대표 의원을 선발하고, 총 39개의 권역에서 253인의 권역 의원을 선발하는 "병립형 비례제"를 제안하였다. 김상희 의원 안은 서울특별시·광역시·경기도 지역의 각 권역에서는 5인에서 10인을 선발하고, 그 밖의 지역의 권역에서는 3인에서 5인을 선발한다. 유권자는 권역 의원 선발을 위해 개방 명부에서 지지 정당과 지지 정당이 추천한 후보 중 한 후보를 선택하여 해당 정당란과 후보자란에 각각 기표한다. 각 권역에서 각 정당에 배분할 의석수는 해당 정당이 권역에서 얻은 득표 비율에 따라 헤어 방식으로 결정된다. 각 정당이 권역에서 확보한 의석은 해당 정당 후보가 권역에서 얻은 득표의 순에 따라서 배분된다. 김상희 의원 안은 대구광역시와 광주광역시를 제외한 호남이나 영남 권역에서 3인에서 5인을 선발하므로, 이처럼 작은 선거구에서 초래되는 불비례적인 의석 배분과 지역 집중적 의석 배분을 방지하기 어렵다.

김상희 의원 안은 47인의 전국구 비례대표 의원을 선발한다. 유권자는 전국구 비례대표 의원 선발을 위해 폐쇄 명부에서 지지 정당을 선택하여 해당 정당란에 기표한다. 각 정당에 배분할 비례대표 의석수는 해당 정당의 전국구 득표 비율에 따라 헤어 방식으로 결정한다. 각 정당이 확보한 의석은 해당 정당의 후보 추천 순위에 따라서 배분된다. 김상희 의원 안에서 비례석 배분은 권역별 의석 배분과 연동되어 있지 않다. 김상희 의원 안에서 비례대표 의원을 선발하는 이유는 권역 선거에서 초래되는 불비례적인 의석 배분 결과를 전국구 비례석 배

---

6 <표 13.3>과 <표 13.4>가 보여 준 김두관 의원 안의 시뮬레이션 결과 참조.

분을 통해 보완하기 위한 것이 아니라, 취약 계층과 취약 지역을 대표하고 각 분야의 전문성을 가진 의원을 충원하기 위한 것이다.

김상희 의원 안과 달리 박주민 의원이 제안한 조정 의석 비례제는 각 권역에서 최소 6인을 선발하며, 권역 선거에서 초래된 불비례적인 의석 배분 결과를 보정하기 위해 권역 득표율에 비해 더 적은 의석을 얻은 정당에 전국구 비례석을 배분한다. 박주민 의원 안은 세종과 제주를 제외한 시도를 6인에서 11인을 선발하는 권역으로 나누고, 전국구에서 47인의 조정 의석 비례대표 의원을 선발한다. 권역 의원 선발을 위해 유권자는 개방 명부에서 지지 정당과 지지 정당이 추천한 후보 중 한 후보를 선택하여 해당 정당란과 후보자란에 각각 기표하되, 후보자란에는 기표하지 않아도 된다. 각 권역에서 각 정당에 배분할 의석수는 해당 정당이 권역에서 얻은 득표 비율에 따라 헤어 방식으로 결정된다. 각 정당이 권역에서 확보한 의석은 해당 정당 후보가 권역에서 얻은 득표의 순에 따라서 배분된다.

조정 의석 비례대표 의원 선발을 위해 유권자는 전국구 비례대표 폐쇄 명부에서 지지하는 정당을 선택해서 기표한다. 봉쇄조항을 충족한 정당은 전국구 비례대표 선거에서 얻은 득표 비율에 의원정수 300인을 곱한 값에서 해당 정당이 권역에서 얻은 의석수를 뺀 만큼의 조정 의석을 보상받는다. 예컨대, 전국구 비례대표 선거에서 30%의 득표 비율을 얻은 정당이 권역에서 80석을 얻었다면, 300석의 30%에 비례하는 90석에서 10석이 부족하므로, 이 정당은 10석의 조정 의석을 보상받는다. 정당들에 배분해야 할 조정 의석의 합이 전국구 비례대표의원 정수인 47석을 초과하면, 조정 의석의 최댓값이 47석이 되도록 조정하여 초과의석의 발생을 방지한다. 각 정당이 확보한 조정 의석은 해당 정당의 추천 순위에 따라 후보들에 배분된다.

21대 국회에서 발의된 14개의 주요 선거제도 개혁안의 당간 차원 효과를 비교 분석한 결과, 이들 개혁안 중 준연동형 선거제도와 연동형 선거제도는 위성정당 출현을 촉진한다는 치명적인 단점을 상쇄할 정도로 비례성을 향상하지 못하는 것으로 나타났다. 하위선거구에서 단기비이양식 선거제도를 사용하는 전재수 의원 안과 이탄희 의원 안(18586)은 단기비이양식 선거제도의 다양한 문제점을 안고 있다. 하위선거구에서 여러 명을 선발할 것이라면, 단기비이양식 선거제도 대신 이탄희 의원 안(19800), 김상희 의원 안과 박주민 의원 안처럼 비례제를 사용하는 것이 단기비이양식 선거제도의 단점을 피하면서 비례성을 더 향상할 수 있다. 권역별 준연동형 선거제도는 비례석을 권역별로 나누어 할당하게 되므로, 전국구 준연동형 선거제도에 비해 비례성을 제고하기 어렵다. 준연동형 선거제도에서 비례석이 증가하면 비례성이 향상되나, 연동형 선거제도에 비해 비례석을 증가시켜 비례성을 향상하는 효과가 반감된다.

고영인 의원의 권역별 연동형 선거제도는 비례석이 의원정수의 25%에도 미치지 못할 뿐만 아니라 초과의석 방지를 위한 의석 조정 방식은 군소정당에 배분할 비례석을 축소하여 연동형 선거제도의 비례성 증진 효과를 약화한다. 이탄희 의원 안은 하위선거구에서 비례제를 사용한다는 점에서 단순다수제를 사용하는 준연동형 선거제도보다 비례성을 향상하나, 농산어촌 지역구에서 선발하는 의원 수가 적고 비례석이 47석밖에 되지 않으므로, 비례성을 향상하는 효과가 제한적이다. 전국구 연동형 선거제도를 제안한 이은주 의원 안은 비례석을 120석으로 증가시켰다는 점에서 비례성을 향상할 수 있으나 초과의석 발생 가능성이 매우 높다. 비례석을 150석으로 증가시킨 김종민 의원 안은 비례성 향상에 유리하나 지역구 선거에서 발생한 불비례적인 의석 배분을 보완하지 않는 병립형 선거제도다. 김상희 의원 안이 제안한 병립형 비례제는 위성정당을 촉진하지 않으며 전술한 안에 비해 비례성이 높은 의석 배분을 초래한다. 그러나 3인에서 5인을 선발하는 지방 선거구에서 불비례적인 의석 배분이 초래될 가능성이 높고 이처럼 불비례적인 선거 결과를 전국구 비례석을 통해 보완해 주지 않는다. 이에 반해 박주민 의원 안은 지역구에서 가장 많은 의원(6인에서 11인)을 선발하므로 다른 안에 비해 지역구 선거에서 비례성이 가장 높은 의석 배분 결과를 초래한다. 이뿐만 아니라, 박주민 의원 안은 전국구 비례석을 통해 지역구에서 발생한 불비례성을 보완하므로 비례성을 더욱 증가시킨다.

2. 당내 차원 효과

12장 3절에서 설명한 바와 같이, 당내 차원 특성에 영향을 미치는 제도적 변수는 명부 유형과 지역구 크기다. 개방 명부와 작은 선거구가 결합하면 지역구 사업형이 산출된다. 큰 선거구에서는 적은 수의 득표로도 당선될 수 있으므로 당에 충성하기보다 특정 집단과의 사적인 관계를 통해 표를 얻는 사업가형이 산출된다. 반면, 폐쇄 명부를 사용하면 의원들은 공천자에 충성한다. 상향식 정당에서는 의원들이 정당에 충성하는 반면, 하향식 정당에서는 정당 지도부나 계파 수장과 같은 공천자에 충성한다. 당내 결정이 제도화되지 않은 정당에서는 공천권자가 자신에게 충성하는 의원들에 높은 순위를 배정하여 의원들의 충성을 확보한다. 의원들은 유권자를 정책적으로 대변하지 않고, 공천권자에 충성한다.

정당 지도부가 후보의 순위를 정하는 폐쇄 명부에서 후보들은 정당에 충성하면 높은 순위를 배정받아 당선될 수 있으므로 지역 대표성과 개인 책임성이 약해진다. 반면, 자력 당선이 가능한 개방 명부에서는 지역구 유권자들과의 유대를 강화하는 것이 당선 가능성을 높이므로 개인표를 추구하게 되고 정책 대변에 소홀하게 된다. 부분 개방 명부는 개방 명부와 폐쇄 명부의 단점을 보완하기 위해 만든 제도이다. 유권자는 명부에 표시된 정당 또는 후보를 선택해서 기표하며, 당선에 필요한 최소 득표 기준을 통과한 후보는 순위가 낮더라도 자력으로 당선된다. 당선 최소 득표 기준 이상을 얻은 후보의 잉여표는 정당 표와 합산되어 명부의 후보 순위에 따라 차례로 이양되므로 명부에서 높은 순위를 받을수록 당선 가능성이 높아진다. 부분 개방 명부에서는 높은 순위를 배정받는 것과 후보의 개인 표를 얻는 것이 모두 중요하므로, 당에 충성하면서도 지역구민과의 유대를 강화해야 한다.

<표 13.2>는 14개 개혁 법안이 다양한 방식의 명부 유형을 제안했다는 사실을 보여 준다. 14개 법안 중 9개 법안은 지역구 후보를 정당이 공천하고 비례대표 후보를 폐쇄 명부로 선발하는 기존 방식을 고수하였다. 이러한 방식으로 당내 후보를 선발하는 한국 정당에서는 당내 의사결정이 위계적이고 중앙집권적

으로 이루어진다. 공천이 폐쇄적, 파벌적, 사적으로 이루어져 왔던 한국 정당에서는 주로 공천권자의 승인을 얻은 전현직 정치인, 국가 관료, 법조인, 교수와 같은 정치 엘리트 집단으로부터 정치적 충원이 이루어진다. 이러한 충원 과정을 통해 진입한 정치 엘리트 출신 의원들은 시민사회 집단의 대리인 기능을 수행하기보다 의원직 유지를 위해 지도부에 충성하고 정쟁에 집중한다. 한국에서 관찰되고 있는 정책 경쟁의 실종이나 정치 양극화 같은 현상들은 정당과 시민사회를 연계하는 기능에 태만한 의원이 권력 투쟁에 집중한 결과물로 볼 수 있다.

폐쇄 명부가 초래하는 폐해를 해소하기 위해, 일부 법안은 당내 차원의 개혁을 시도했다. 김종민 의원은 지역구 후보를 정당이 공천하고 비례대표 후보는 개방 명부로 선발하는 방식을 제안하였다. 이탄희 의원 안(19800), 김상희 의원 안과 박주민 의원 안은 상위선거구에서는 폐쇄 명부를 사용하고 하위선거구에서는 개방 명부를 사용하는 안을 제안하였다. 이 개혁안들은 정당공천 방식을 통해 선발되어 정당에 충성하는 의원과 개방 명부를 통해 선발되어 개인주의적인 의원이 혼재된 의회를 산출할 가능성이 크다. 이 개혁안들은 개인주의적 의원과 정파적인 의원을 혼합하여 이들의 행태를 평균화시키는 방식으로 극단적인 결과를 완화할 수 있다는 슈거트(Shugart, 2001)의 이론적 주장과 부합한다. 특히, 정당공천 방식으로 선발되는 지역구 의원과 개방 명부를 통해 선발되는 의원의 비율이 1:1인 김종민 의원 안이 슈거트의 이론과 가장 부합한다.

그러나, 서로 이질적인 의원을 섞는 혼합형 선거제도의 방식이 상반된 선거제도가 초래하는 극단적인 결과를 완화한다는 슈거트 이론은 다수의 경험 연구가 뒷받침하지 않았다. 경험 연구들은 혼합형 선거제도에서 서로 이질적인 의원들의 특성이 평균화될 것이라는 예측이 뒷받침되지 않는다는 사실을 보여 주었다(Kulishech and Crisp, 2001; Katz, 2006; Reed and Thies, 2001). 한국의 사례 역시 서로 다른 두 종류의 의원이 중간적인 행태로 수렴하지 않는다. 정당 지도부가 지역구 의원과 비례대표 의원을 모두 공천하는 한국에서는 두 종류의 의원 모두 정파적이고 당론을 따르는 경향이 있다. 비례대표 의원은 정책 대변 기능에 집중하기보다 임기 후 지역구 공천을 받기 위해 당 지도부 입장을 따라 정쟁에 몰두한다.

극단적인 선거제도가 초래하는 결과는 서로 이질적인 두 종류의 의원을 선발하지 않고도 부분 개방 명부를 통해 완화할 수 있다. 부분 개방 명부는 의원에게 지역을 대표할 동기와 정당에 충성할 동기를 동시에 부여하는 방식으로 극단적인 결과를 완화한다. 부분 개방 명부에서는 높은 순위를 배정받는 것과 후보의 개인 표를 얻는 것이 모두 중요하므로, 당에 충성하면서 지역구민과의 유대를 강화해야 한다. 부분 개방 명부는 집단 대리인형 의원 산출에 유리하다. 부분 개방 명부에서 정당이 대표하는 다양한 기능단체나 지역단체가 당에서 영향력을 행사할 수 있으면 이러한 집단을 위해 일하는 후보들이 높은 순위를 얻을 수 있다. 동시에 자력 당선도 가능하므로, 다양한 집단의 조직표를 얻어 당선될 수 있다. 이럴 경우, 집단 대리인형이 산출될 수 있다.

13.3.2. 국회의원 선거제도 개혁 방향

이 책은 11장에서 정치제도 개혁 목표로 당간 차원 대표성과 당내 차원 대표성이라는 개념을 제안하였다. 당간 차원 대표성이 높은 체제는 다수의 크기에 따라 다수와 소수의 이익 균형이 효율적으로 변하는 체제이다. 당간 차원 대표성을 촉진하기 위해서는 다당 체제가 형성되어야 할 뿐만 아니라 두 주요 정당 사이의 온건한 정당이 의제 설정 권한이 있는 중위정당의 지위를 확보할 수 있어야 한다. 그러나 현행 준연동형 선거제도는 온건한 정당이 중위정당의 지위를 차지할 정도의 다당 체제를 산출하지 못한다. 온건한 정당이 중위정당의 지위를 차지하기 위한 필요조건은 두 주요 정당이 과반 의석을 얻지 못하는 것이다. 그러나 두 주요 정당이 과반 의석을 얻지 못한다고 해도 온건한 정당이 항상 중위정당의 지위를 얻게 되는 것은 아니다. 예컨대, 12장의 <표 12.4>에서 보여 준 21대 총선 시뮬레이션 결과를 보면, 연동형 선거제도를 채택했는데 위성정당이 출현하지 않는다면 더불어민주당과 미래통합당은 각각 46.2%와 31.7%의 의석을 얻어 과반 의석을 얻지 못한다. 그러나 더불어민주당 좌측에 있는 정의당이 9.1%의 의석을 얻게 되므로 더불어민주당이 중위정당의 지위를 확보한다.

이러한 결과가 초래되는 이유는 지역구 의석수가 의원 정수의 80% 이상을 차지하기 때문이다. 이처럼 지역구 의석수가 많으면, 의석이 득표율에 비례적으로 배분되는 것은 불가능하다. 따라서 비례성을 대폭 향상한 선거제도를 채택하지 않으면, 온건한 정당이 중위정당의 지위를 차지하기 어렵다. 반면, 비례대표제를 채택하여 정당들이 득표율에 비례하는 의석을 얻게 되면, 21대 총선 당시 정의당, 열린민주당, 더불어민주당, 국민의당은 각각 9.7%, 5.4%, 33.4%, 6.8%의 의석을 얻어 중도에 있는 국민의당이 중위정당의 지위를 얻을 수 있게 된다.

당내 차원 대표성이 높은 체제는 시민사회의 다양한 집단들을 대표하는 대리인이 자신이 대표하는 집단의 가치와 이해를 충실하게 대변하는 체제이다. 현행 준연동형 선거제도는 기존의 병립형 선거제도에 비해 당내 차원 대표성을 약화할 가능성이 있다. 준연동형 선거제도에서는 비례 의석이 47석에 불과하므로, 주요 정당이 위성정당을 창당하지 않는다면 군소정당이 비례석을 모두 차지할 가능성이 높다. 따라서 주요 정당이 위성정당을 창당하지 않으면, 지역구 경쟁력이 강한 주요 정당은 지역구 의원들로 채워진다. 예컨대, <표 12.4>의 시뮬레이션 결과가 보여 주듯이, 민주당이 21대 총선에서 위성정당을 만들지 않았다면 민주당은 6석의 비례 의석만을 얻었을 것이다. 민주당의 위성정당인 더불어시민당의 비례대표 후보 순위가 민주당의 비례대표 후보 순위로 승계된다고 가정하면, 민주당의 비례대표 의원 6인은 더불어시민당의 비례대표 의원 6인(교수 2명, 정치인 3명, 의사 1명)으로 채워지게 된다. 6인 모두를 직능대표로 선발한다고 해도 민주당이 대표할 수 있는 시민사회 집단들은 매우 제한적이다. 30석 캡 조항이 사라진 22대 총선에서 민주당이 위성정당을 만들지 않았다면, <표 12.6>의 시뮬레이션 결과가 보여 주듯이, 민주당은 비례석을 한 석도 얻지 못했을 것이고 민주당의 직능대표 기능은 없어졌을 것이다.

현행 준연동형 선거제도가 당간 차원 대표성과 당내 차원 대표성에 불리한 제도라면, 선거제도 개혁안 중 어떤 안이 두 종류의 대표성을 촉진할 수 있는가? 위성정당 출현과 초과의석 발생을 방지하면서, 당간 차원 대표성을 촉진할 수 있는 개혁안은 김상희 의원 안과 박주민 의원 안이다. 두 안 중 선거구 크기가 더 크고 조정 의석을 통해 비례성을 보완하는 박주민 의원 안이 비례성이 더 높다. 따라서 박주민 의원 안은 온건한 정당이 중위정당의 지위를 얻을 수 있는 기회를 증가시켜 당간 차원 대표성을 촉진한다. 그러나 김상희 의원 안과 박주민 의원 안은 폐쇄 명부와 개방 명부로 각각 47명과 253명을 선발하므로, 개인표에 집중하는 의원을 대거 산출할 가능성이 높다. 특히 개방 명부가 큰 선거구와 결합하면 사업가형이 산출되므로, 선거구 크기가 가장 큰 박주민 의원 안은 사업가형을 산출할 가능성을 배제하지 못한다.

14개 개혁안 중 김두관 의원 안이 유일하게 집단 대리인형 산출에 유리한 부분 개방 명부를 제안했다. 이 안에 의하면 투표자는 정당별 투표용지 중 하나를 선택하여 이에 게재된 후보 중 한 후보에 기표한다. 소속 정당이 해당 권역에서 얻은 총득표수의 5% 이상을 얻은 후보는 명부의 순위와 상관없이 자력으로 당선된다. 자력 당선에 실패한 후보들은 정당이 추천한 명부 순위에 따라 당선이 결정된다. 그러나 김두관 의원 안의 자력 당선 기준은 너무 낮으므로, 김두관 의원 안은 사실상 후보의 득표순으로 후보를 선발하는 개방 명부제나 마찬가지이다. 예컨대, 5명을 선발하는 권역에서 한 정당이 40%의 득표를 했다면 이 정당은 2석을 얻을 수 있다. 만약 이 정당이 7명의 비례대표 후보를 내서 이들이 모두 5% 이상을 득표했다면 7명 모두 자력 당선 기준을 충족한다. 이 정당이 배분받은 2석은 정당이 추천한 후보의 순서와 상관없이 후보가 얻은 득표순으로 배분된다. 따라서 김두관 의원 안이 제안한 부분 개방 명부는 사실상 개방 명부나 마찬가지이다.

그렇다면 현행 선거제도를 어떻게 바꾸어야 당내 차원 대표성을 증진할 수 있는가? 당내 차원 대표성을 증진하기 위해서는 주인과 가치와 이해를 공유하는 대리인을 선발하는 것이 가장 효과적이다. 주인과 뜻을 같이하는 대리인을 선발하면, 대리인이 자신을 위해 일할 때도, 주인의 뜻을 대변한다. 따라서 사회의 다양한 기능단체들이 단체 내부에서 자신들의 대리인을 선발하거나, 이들이 직접 선택한 대리인들로 의회를 구성할 때, 대리인 문제의 발생 가능성은 줄어든다. 이 장에서는 주인의 가치와 이해를 공유하는 대리인을 선발하는 선거제도 개혁 방안을 아래에서 제안한다.

13.4 국회의원 선거제도 설계: 부분 개방 명부 권역별 비례제

13.4.1. 정당 명부 구성 및 후보 순위 결정

이 장이 제안한 개혁 방안은 다음과 같은 방법으로 당내 후보를 선발한다. 국회의원 후보는 시민사회 집단 후보와 당원 추천 후보로 구분된다. 시민사회 집단들은 자신을 대변할 후보를 투표로 결정하고 후보들이 얻은 득표수에 따라 후보 명단을 작성하고, 자신들이 지지하는 정당에 명단을 제출한다. 명단에는 단체의 규모에 따라 다수 후보가 포함될 수 있다. 그러나 특정인의 당선을 위한 단체들이 급조될 수 있고, 구성원들의 의견을 민주적으로 수렴하지 않는 단체들도 후보를 낼 가능성을 배제하기 어렵다. 따라서 이러한 단체들의 의회 진입을 어렵게 하는 방안들을 고려할 필요가 있다. 예컨대, 공천관리위원회의 심사를 통해 투명하고 민주적인 의사결정 제도를 구비하고 일정 기간 지속적으로 운영해온 사회 집단에게만 당내 후보 자격을 부여하거나 가산점을 부여할 수 있다. 이와 동시에, 비교적 높은 수준의 봉쇄조항을 설치할 경우, 급조된 군소집단 후보의 진입을 억제하는 효과를 얻을 수 있다.

시민사회 집단대표들은 소속 집단의 이익만 대변할 가능성이 크므로, 이들의 이해를 조율하고 당의 공공정책과 더 나아가 국가의 공공정책을 입안할 경제, 외교, 교육, 사법 영역의 전문가 집단이 필요하다. 이러한 후보들은 시민단체와 이념 단체 대표를 포함한다. 이 후보들은 시민사회 집단의 조직표를 확보하기 어려우므로 당원들의 추천을 통해 선발하고 공천관리위원회의 후보자 검증을 거쳐 후보 목록에 포함한다. 당원 추천 과정에 참가하고 싶은 유권자는 자신이 후보를 추천하는 정당에 가입해야 한다. 당원 추천 대표들은 당이 추구하는 가치와 이념적 정체성을 정립한다.

시민사회 집단 후보들과 당원 추천 후보들은 하나의 명단에 포함되어 정당 명부에서의 순위 결정투표에서 서로 경쟁한다. 시민사회 집단대표를 선발한 집단 구성원들이 정당 명부 순위투표에 참여하기 위해서는 자신이 소속된 집단을 대표하는 정당에 가입해야 한다. 시민사회 집단 출신 당원들과 당원 추천 참가당원, 그리고 일반 당원들은 투표로 후보들의 순위를 결정한다. 이 방식은 당원 수를 증가시키고 당원들의 권한을 강화한다. 당 전체 후보들의 순위가 결정되면 후보들은 8인 정도의 중대 선거구 3곳에 출마를 신청한다. 각 선거구 명부에서의 후보 순위는 전체 명부의 후보 순위에 따라 결정된다. 출마 신청이 끝나고 각 선거구에서 순위가 발표되면, 후보들은 당선 가능성이 가장 높은 선거구를 선택한다.

전술한 후보 선발 제도는 의원들이 집단대표 기능을 제대로 수행하는가를 감시하고 임무 성과를 보고받는 사후적 감시제도에 의해 보완된다. 국회에 진입한 단체대표들은 주기적으로 열리는 소속 단체의 회합에서 자신의 의정활동 내용을 공개하고, 단체 구성원들은 단체의 이익을 도모할 수 있는 입법 의제를 집단 대표에게 전달한다. 만약 집단대표가 자신들을 대변하는 입법 활동을 불성실하게 수행한 경우, 집단 구성원들은 다음 선거에서 대리인을 교체한다. 이러한 사후적 처벌 방식은 대리인으로 하여금 자신을 선발한 단체의 이익을 대변할 동기를 증가시킨다.

13.4.2. 명부 유형, 봉쇄조항과 선거구 크기

본선에서의 후보 선발은 부분 개방 명부를 사용한다. 유권자는 지지 정당과 이 정당이 추천한 후보 중 한 후보를 선택하여 해당 정당란과 후보자란에 각각 기표하되, 후보자란에는 기표하지 않아도 된다. 명부에는 정당 이름과 후보 이름뿐만 아니라 후보가 대표하는 시민사회 집단 이름 및 당원 추천 후보의 정책 전문 분야를 명기한다. 따라서 이 명부를 사용할 경우, 후보를 잘 모르는 유권자들도 정당투표 또는 단체투표를 통해 자신의 가치나 직업적 이해를 대변하는 후보를 선택할 수 있다. 유권자들이 정당 또는 후보에게 행사한 표는 일단 정당 표로 합산되고, 봉쇄조항을 충족시킨 정당들의 득표 비율에 따라 의석이 배분된다. 정당 간 의석 배분은 정당이 선거구에서 얻은 득표율에 따라 선거구 의석을 배분한다.

봉쇄조항은 어떠한 정당이 의회에 진입하는가에 영향을 미친다. 한국에서는 유력한 대선후보를 추종하는 세력 또는 공천 불복 세력들이 총선 직전에 급조한 정당들이 5% 이상을 득표한 사례가 적지 않다. 14대 총선 당시의 통일국민당, 15대 총선 당시 자민련과 통합민주당, 17대 총선 당시 새천년민주당, 18대 총선 당시 자유선진당과 친박연대, 20대 총선 당시 국민의당 등은 유력한 대선후보가 자신의 지역 기반을 통해 창당하였거나, 당내 계파 갈등 또는 공천 불복으로 창당된 정당들이다. 이 정당들은 단순다수제 중심의 현행 선거제도에서도 5% 이상을 득표할 수 있었다. 비례제가 도입되면, 공천 불복이나 당내 갈등으로 탈당한 의원들 또는 대중적 인기가 많은 사업가형 후보가 인물 중심 정당을 만들 경우, 이들의 이합집산으로 정당 체제가 불안정해질 가능성이 크다. 따라서 독일 수준과 같이 최소 5% 정도 또는 그 이상의 봉쇄조항을 설치하여 군소 지역 정당의 난립을 방지할 필요가 있다.

선거구 크기는 한 선거구에서 선발하는 의원 수를 의미한다. 한 선거구에서 많은 의원을 선발할수록, 적은 득표율로도 의석을 확보할 가능성이 증가하므로 사표가 감소하고 비례성이 증가한다. 반면, 선거구 크기가 감소하면 양당 체제가 형성될 가능성이 높으므로 다수당이 독자적인 정부를 형성할 가능성이 높아지고 책임성이 강화된다. 따라서 선거구의 크기가 감소할수록 책임성이 높은 다수제 체제가 형성될 가능성이 증가하는 반면, 선거구의 크기가 증가할수록 비례성이 높은 합의제 체제가 형성될 가능성이 증가한다(Lijhpart, 1999). 그러나 캐리와 힉스(Carey and Hix, 2011)에 의하면, 선거구의 크기가 비례성과 책임성에 미치는 영향은 단선적(linear)이지 않다. 캐리와 힉스는 선거구의 크기가 특정한 수준까지 증가하면 책임성이 크게 낮아지지 않으면서도 비례성이 매우 개선된다는 가설을 제시하였다. 이들은 1945년에서 2006년 사이의 609번의 선거를 분석한 결과 대표성이 최대한 실현되면서 유권자들이 정부에 책임성을 물을 수 있는 최적점(sweet spot)이 4인에서 8인을 선발하는 선거구라는 사실을 발견하였다(Carey and Hix, 2011).[7]

선거구 크기는 실질적 진입장벽에 영향을 미친다. 4장에서 소개한 레이파트(Lijhpart, 1994)의 실질적 진입장벽 공식에 의하면, 선거구 크기가 4일 경우 최소 16.25%를 득표한 정당이 1석을 얻을 수 있고, 선거구 크기가 8일 경우, 최소 8.68%를 득표한 정당이 1석을 얻을 수 있다. 1인 2표제가 도입된 이후 치러진 선거에서 8.68%에서 16.25% 사이의 정당 득표율을 얻은 정당은 21대 총선 당시 정의당(9.76%)과 19대 총선 당시 통합진보당(10.3%), 18대 총선 당시 친박연대(13.18%), 17대 총선 당시 민주노동당(12.92%)이었다. 이들 정당 중 공천 불복 세력이 특정 지역을 기반으로 창당한 친박연대와 같은 정당의 출몰을 억제하기 위해, 영호남과 충청 및 강원 지역의 선거구 크기는 서울이나 경기에 비해 작게 설계할 필요가 있다. 특히 이들 지역 중 인구가 밀집되지 않은 농어촌 지역은 같은 수의 의원을 선발할 경우, 선거구 면적이 도시보다 훨씬 크기 때문에 선거구 크기를 줄여 의원들이 대표하는 지역의 면적을 줄일 필요가 있다.

---

7 벨기에, 노르웨이, 스웨덴, 스위스, 스페인, 포르투갈과 같은 민주주의 국가들이 한 선거구에서 6-10명 정도를 선발한다.

표 13.5 부분 개방 명부 권역별 비례제 선거구 획정 예

지역 및 권역	인구 비율	인구 비율 *300	개혁안 의석수	선거구 크기 (괄호 안은 선거구 수)
서울	18.33	54.98	55	8인 선발 선거구(6), 7인 선발 선거구(1)
서울 권역	18.33	54.98	55	선거구 평균 크기: 7.86, 실질 봉쇄조항: 8.83
인천	5.78	17.33	17	8인 선발 선거구(1), 9인 선발 선거구(1)
경기	26.44	79.31	79	8인 선발 선거구(9), 7인 선발 선거구(1)
경인 권역	32.21	96.64	96	선거구 평균 크기: 8.00, 실질 봉쇄조항: 8.68
강원	2.98	8.95	9	5인 선발 선거구(1), 4인 선발 선거구(1)
강원 권역	2.98	8.95	9	선거구 평균 크기: 4.50, 실질 봉쇄조항: 14.65
대전	2.81	8.43	9	9인 선발 선거구(1)
충북	3.10	9.30	9	4인 선발 선거구(1), 5인 선발 선거구(1)
충남·세종	4.87	14.62	15	5인 선발 선거구(3)
충청 권역	10.78	32.35	33	선거구 평균 크기: 5.50, 실질 봉쇄조항: 12.24
광주	2.78	8.34	8	8인 선발 선거구(1)
전북	3.44	10.31	10	5인 선발 선거구(2)
전남	3.53	10.59	11	5인 선발 선거구(1), 6인 선발 선거구(1)
제주	1.32	3.96	4	4인 선발 선거구(1)
호남·제주 권역	9.75	29.25	33	선거구 평균 크기: 5.50, 실질 봉쇄조항: 12.24
대구	4.64	13.91	14	7인 선발 선거구(2)
경북	5.00	15.01	15	5인 선발 선거구(3)
대구·경북 권역	9.64	28.93	29	선거구 평균 크기: 5.80, 실질 봉쇄조항: 11.66
부산	6.45	19.35	19	7인 선발 선거구(1), 6인 선발 선거구(2)
울산	2.16	6.47	7	7인 선발 선거구(1)
경남	6.37	19.12	19	5인 선발 선거구(3), 4인 선발 선거구(1)
부·울·경 권역	14.98	44.94	45	선거구 평균 크기: 5.63, 실질 봉쇄조항: 11.99
합/평균	100.00	300	300	선거구 평균 크기 6.52, 실질 봉쇄조항: 10.48

<표 13.5>는 인구비례에 의해 300명을 지역별로 배분한 후, 각 지역에서 4인에서 9인을 선발하는 선거구를 획정한 예를 보여 준다. <표 13.5>의 세 번째 열에 있는 수치는 각 지역의 인구 비율에 의원 정수 300을 곱한 값이고 네 번째 열에 있는 수치는 세 번째 열에 있는 수치를 이용해서 헤어 의석 배분 방식으로 산출한 의석수이다. 달리 말하면, 세 번째 열에 있는 수치의 정수에 따라 의석을 지역별로 배분하고 남은 의석은 세 번째 열의 수치의 나머지 크기의 순서에 따라 배분하였다. 마지막 열은 각 지역의 선거구들이 어떻게 구성되어 있는가를 보여 준다. 영호남과 충청 및 강원의 선거구는 5인 이하로 획정하고 도시지역의 선거구는 대부분 8인으로 획정하였다. 이처럼 선거구를 획정했을 경우, 총 46개의 선거구가 만들어지고 한 선거구에서 평균적으로 6.52명을 선발하게 된다. 서울과 경인 권역의 실질적 봉쇄조항은 각각 9% 미만으로 설정되며, 수도권에 비해 인구가 밀집되지 않은 지방의 실질적 봉쇄조항은 11% 이상으로 설정된다.

<표 13.5>가 보여 준 예는 기존 행정구역을 유지한 채 선거구를 획정하였기 때문에, 행정구역 크기에 따른 선거구 크기의 편차가 발생하나 지역별 편차가 크지 않은 것으로 나타났다. 지역주의가 강한 호남에서는 한 선거구에서 평균적으로 5.8명을 선발하고, 대구·경북과 부·울·경에서는 각각 5.8명과 5.63명을 선발하도록 획정되었다. 호남과 대구·경북 선거구의 실질적 봉쇄조항은 11.66%로 서로 같았고, 부·울·경의 봉쇄조항은 11.99%로 호남과 큰 차이가 없었다. 따라서 영호남 지역의 선거구는 상대 지역정당이 의석을 얻는 것을 더 어렵게 하지 않도록 획정되었다는 것을 알 수 있다.

<표 13.6>은 <표 13.5>에서 제시한 개혁안에서 봉쇄조항을 충족한 정당에 배분할 의석을 21대 총선 당시 시도별 정당 득표율을 이용해서 분석한 시뮬레이션 결과를 보여 준다. 위 시뮬레이션에서 21대 총선 결과를 이용한 이유는 21대 총선에서 봉쇄조항을 충족한 세 군소정당의 득표율이 다양하므로 이들 정당의 득표율에 따른 의석 배분 결과를 서로 비교하는 데 도움이 되기 때문이다. 예컨대, 정의당, 국민의당, 열린우리당은 각각 9.67%, 6.79%, 5.42%를 얻었으므로,

평균적으로 6인을 선발하는 선거구를 가진 비례제에서 이 정도의 득표율을 얻은 정당은 어느 정도 의석을 확보할 수 있는가를 파악할 수 있다. <표 13.6>에서 각 정당이 권역에서 얻은 의석수는 다음과 같은 방식으로 계산하였다. 먼저 헤어 방식을 이용해서 각 선거구의 의원정수에 권역별 정당 득표율을 곱한 값의 정수와 나머지 크기의 순서에 따라 해당 선거구에서 정당들이 얻은 의석을 계산한다. 다음은 각 정당이 권역 내 여러 선거구에서 얻은 의석을 합해서 해당 권역에서 얻은 의석수를 계산한다.

<표 13.6>은 개혁안이 상당히 비례성이 높은 의석 배분을 초래하면서도 초비례제와는 달리 다수의 소규모 정당이 의회에 난립하는 것을 막아 준다는 사실을 보여 준다. 불비례성을 나타내는 갤러거 지수 값은 4%로 상당히 비례적인 의석 배분이 이루어졌음을 알 수 있다. 다섯 정당의 득표율과 의석률의 차이를 비교하면, 두 주요 정당의 득표율과 의석률은 거의 일치한다는 사실을 관찰할 수 있다. 그러나 평균적으로 10.9%의 상대 득표율을 얻은 정의당은 득표율에 비해 더 많은 의석을 얻었으나, 6.1%의 상대 득표율을 얻은 열린우리당은 득표율보다 훨씬 더 적은 의석을 얻었다. 이와 같은 의석 배분 결과가 초래된 이유는 비례성이 가장 높은 헤어 의석 배분 방식에서도 득표율이 낮은 정당은 선거구가 충분히 크지 않으면 의석을 확보하기 어렵기 때문이다. 예컨대, 6명을 선발하는 선거구에서 10%를 얻은 정당은 득표율에 선거구 크기를 곱한 값이 0.6이나, 6%를 얻은 정당은 이 값이 0.36에 불과하다. 따라서 6%를 얻은 정당이 나머지 크기에 따라 1석을 얻을 가능성은 10%를 얻은 정당에 비해 현저히 낮다. <표 13.6>은 열린우리당이 6% 정도를 득표했을 때 인천과 대전의 9인 선거구에서만 의석을 얻을 수 있다는 사실을 보여 준다. 이러한 분석 결과는 한 선거구에서 6인 정도를 선발하는 권역별 비례제가 초비례제와 달리 5% 내외의 득표를 하는 군소정당들이 의회에 진입하는 것을 어렵게 한다는 사실을 보여 준다.

표 13.6 4인에서 9인으로 구성된 권역별 비례제에서의 의석 배분 시뮬레이션

권역	선거구 크기와 선거구 수	미래통합당	더불어민주당	정의당	국민의당	열린민주당	합
서울	8인 선발 선거구 6개 7인 선발 선거구 1개	36.7% 20 (36.4)	36.8% 21 (38.2)	10.8% 7 (12.7)	9.2% 7 (12.7)	6.5% 0 (0.0)	100.0% 55 (100)
인천	8인 선발 선거구 1개 9인 선발 선거구 1개	35.0% 6 (35.3)	38.6% 6 (35.3)	13.2% 2 (11.8)	7.5% 2 (11.8)	5.8% 1 (5.9)	100.0% 17 (100)
경기	8인 선발 선거구 9개 7인 선발 선거구 1개	35.0% 29 (36.7)	38.7% 30 (38.0)	11.6% 10 (12.7)	8.1% 10 (12.7)	6.6% 0 (0.0)	100.0% 79 (100)
강원	5인 선발 선거구 1개 4인 선발 선거구 1개	44.4% 4 (44.4)	32.7% 3 (33.3)	11.0% 2 (22.2)	6.6% 0 (0.0)	5.2% 0 (0.0)	100.0% 9 (100)
대전	9인 선발 선거구 1개	36.2% 3 (33.3)	37.8% 3 (33.3)	11.0% 1 (11.1)	8.9% 1 (11.1)	6.1% 1 (11.1)	100.0% 9 (100)
충북	4인 선발 선거구 1개 5인 선발 선거구 1개	41.1% 4 (44.4)	35.0% 3 (33.3)	11.7% 2 (22.2)	7.0% 0 (0.0)	5.3% 0 (0.0)	100.0% 9 (100)
충남 세종	5인 선발 선거구 3개	38.7% 6 (40.0)	36.4% 6 (40.0)	11.4% 3 (20.0)	7.7% 0 (0.0)	5.7% 0 (0.0)	100.0% 15 (100)
광주	8인 선발 선거구 1개	3.7% 0 (0.0)	70.0% 6 (75.0)	11.3% 1 (12.5)	5.6% 0 (0.0)	9.4% 1 (12.5)	100.0% 8 (100)
전북	5인 선발 선거구 2개	6.6% 2 (20.0)	64.5% 6 (60.0)	13.8% 2 (20.0)	4.7% 0 (0.0)	10.4% 0 (0.0)	100.0% 10 (100)
전남	5인 선발 선거구 1개 6인 선발 선거구 1개	4.9% 0 (0.0)	71.1% 8 (72.7)	11.3% 2 (18.2)	4.6% 0 (0.0)	8.2% 1 (9.1)	100.0% 11 (100)
제주	4인 선발 선거구 1개	31.8% 1 (25.0)	40.1% 2 (50.0)	14.5% 1 (25.0)	6.6% 0 (0.0)	7.0% 0 (0.0)	100.0% 4 (100)
대구	7인 선발 선거구 2개	61.5% 8 (57.1)	18.2% 2 (14.3)	7.2% 2 (14.3)	9.7% 2 (14.3)	3.4% 0 (0.0)	100.0% 14 (100)
경북	5인 선발 선거구 3개	64.6% 10 (64.6)	18.4% 3 (18.4)	7.4% 1 (7.4)	6.3% 1 (6.3)	3.3% 0 (0.0)	100.0% 15 (100)

부산	7인 선발 선거구 1개 6인 선발 선거구 2개	48.4% 9 (47.4)	31.5% 6 (31.6)	8.1% 3 (15.8)	6.9% 1 (5.3)	5.1% 0 (0.0)	100.0% 19 (100)
울산	7인 선발 선거구 1개	45.4% 3 (42.9)	30.7% 2 (28.6)	11.8% 1 (14.3)	7.1% 1 (14.3)	5.0% 0 (0.0)	100.0% 7 (100)
경남	5인 선발 선거구 3개 4인 선발 선거구 1개	50.1% 8 (42.1)	28.7% 7 (28.6)	10.5% 4 (21.1)	6.1% 0 (0.0)	4.6% 0 (0.0)	100.0% 19 (100)
합	선거구 크기 평균: 5.6 선거구 크기 중간값: 7	38.0% 113 (37.6)	37.4% 114 (37.9)	10.9% 44 (14.7)	7.6% 25 (8.3)	6.1% 4 (1.5)	100.0% 300 (100)

주: <표 13.6>에서 각 칸의 퍼센트는 봉쇄조항을 충족한 정당들이 권역에서 얻은 득표율의 합에서 각 정당이 해당 권역에서 얻은 득표율이 차지하는 비율, 즉 봉쇄조항을 충족한 정당 간의 상대 득표율을 의미한다. 각 칸의 하단 좌측에 있는 숫자는 각 정당이 권역에서 얻은 의석수를 의미하며, 괄호 안의 숫자는 각 정당이 권역에서 얻은 의석 비율을 나타낸다. 각 권역의 선거구 크기에 따라 각 정당이 얻은 의석수 산출 방법은 이 장의 부록 참조.

<표 13.6>의 분석 결과는 개혁안이 다당 체제를 산출할 뿐만 아니라, 다당 체제에서 여러 정당이 두 진영으로 분리되어 서로 경쟁하는 체제(Shugart, 2002)를 산출한다는 사실을 보여 준다. <표 13.6>은 또한 개혁안이 지역 집중적 의석 배분에 어떠한 변화를 초래하는가를 보여 준다. 시뮬레이션 결과에 의하면, 더불어민주당이 대구·경북에서 5석을 확보할 수 있으나 미래통합당은 호남 전체에서 2석만 얻을 수 있다. 이처럼 미래통합당이 호남에서 의석을 확보하지 못하는 이유는 이 선거제도의 불비례성 때문에 초래되었다기보다 미래통합당이 광주·전남에서 얻은 득표율이 5%에 못 미치기 때문이다. 정의당이 호남에서 12% 내외의 득표율로 호남에 할당된 총 29석의 17.2%에 해당하는 5석을 얻었다는 <표 13.6>의 분석 결과는 미래통합당도 이 정도의 득표를 얻는다면 호남에서의 지역 집중적인 의석 배분이 어느 정도 약화할 것이라는 예측을 가능하게 한다.

13.4.3. 개혁안의 적용 방법

이 장에서 제안한 선거제도는 부분 개방 명부 비례제라는 기본적인 구조를 유지한 채, 부수적인 규칙 조정을 통해 다양하게 적용할 수 있다. 이 장에서는 8인 정도를 선발하는 선거구를 제안하였다. 그러나 이 장이 제안한 선거구 크기를 적용해 본 후, 지나치게 급진적인 집단들의 의회 진입이 예상외로 용이하다면, 선거구 크기를 축소하면서 한국 정치 실정에 바람직한 선거구 크기를 찾아갈 수 있다. 반대로 군소정당의 난립 가능성이 작다는 것이 확인되고 정책 경쟁 중심의 정당 체제가 형성된다면, 소수 세력의 의회 진입 가능성을 향상하기 위해 선거구 크기를 확대할 수 있다.

이 장의 개혁 방안은 당내 후보 순위 결정 방식의 변화를 통해 국회에 진입하는 의원들의 구성을 변화시킬 수 있다. 이 장이 제안한 부분 개방형 방식에서 후보의 당락에 영향을 미치는 중요한 변수는 자력 당선 기준이다. 자력 당선 기준을 까다롭게 할수록, 높은 순위를 받은 후보들이 정당 표를 먼저 이양받아 당선될 가능성이 크다. 예컨대, 8인을 뽑는 선거구에서 후보 표의 50%를 득표해야 자력 당선이 가능하다면, 이 정도 수준의 자력 당선 기준을 충족시킬 후보는 거의 없을 것이다. 이럴 경우, 후보의 순위가 당락을 결정할 가능성이 크고, 폐쇄 명부와 비슷해진다. 반대로 자력 당선 기준을 낮춘다면, 명부에서는 낮은 순위에 있더라도 일반 유권자에게 인기가 있는 후보가 당선될 가능성이 커진다. 매우 낮은 자력 당선 기준을 마련할 경우, 정당의 추천 순위는 후보의 당락에 영향을 미칠 가능성이 매우 낮아진다. 이럴 경우, 부분 개방 명부는 개방 명부와 비슷해진다.

자력 당선 기준은 국가가 법으로 정할 수도 있고 정당이 자율적으로 정하도록 할 수 있다. 정당에 자율적으로 맡겨둘 경우, 정당 지도부가 지배하는 정당은 매우 높은 자력 당선 조건을 마련할 것이다. 반면, 일반 유권자들의 표를 확보할 필요가 있는 정당은 매우 낮은 자력 당선 조건을 설정할 것이다. 후보의 당락이 당원보다 일반 유권자의 표심에 의해 결정될수록, 정당은 약화하고 후보를 배출한 집단들의 영향력은 약해진다. 이럴 경우, 국회의 직능대표 기능은 약화하고, 결국 인지도가 높은 정치 엘리트가 의회에 진입할 가능성이 커진다. 따라서 정당에 자력 당선 기준 제정을 위임하기보다 법으로 정하는 것이 시민사회 집단대표의 의회 진입을 촉진하기 위한 개혁 방안의 취지를 살릴 수 있을 것이다. 자력 당선 기준은 드룹 쿼터(Droop quota)를 생각할 수 있다. 드룹 쿼터는 다음과 같이 계산된다.

$$Droop\ \text{당선기준} = \frac{\text{정당 } i\text{의 후보들이 얻은 후보표의 총합}}{\text{정당 } i\text{가 확보한 의석} + 1} + 1$$

예컨대, 10명을 선발하는 선거구에서 정당 A가 얻은 정당 표와 후보 표의 합이 10%라면, 이 정당은 1명의 의원을 확보한다. 이럴 경우, 이 정당에서는 후보 표의 과반수를 얻은 후보가 자력으로 당선된다. 4석을 확보한 정당 B의 경우, 후보 표의 20%를 초과한 후보가 당선된다. 자력 당선된 후보들이 당선 기준을 초과해서 얻은 잉여표는 정당 표와 합산되어 명부의 후보 순위에 따라 배분된다. 자력 당선이 불가능한 후보도 명부에서 높은 순위를 받을 경우, 이양 표를 통해 당선될 수 있다. 따라서 후보들에게는 당 명부에서 높은 순위를 받기 위해, 자신의 소속 집단과 당원에 충성할 동기가 생긴다.

대부분 국가에서는 여성과 청년이 과소 대표된다. 이러한 문제를 해소하기 위해, 국가가 목표로 하는 비율에 따라 여성과 청년의 순위를 조정할 수 있다. 예컨대, 여성을 홀수 또는 짝수에 배정할 경우, 남성과 여성의 자력 당선 가능성이 동일하다면 여성과 남성 비율이 같은 의회가 구성된다. 청년 대표성을 증진하는 것이 목표라면, 당내 후보 순위 결정에서 낮은 순위를 받은 청년 후보라도 높은 순위에 배치할 수 있다. 여성과 청년의 과소 대표를 해소하기 위한 규칙은 국가에서 법으로 정할 수도 있고 정당에 자율적으로 맡겨둘 수도 있다. 정당에 자율적으로 맡겨둘 경우, 여성과 청년에 높은 순위를 배정하는 정당은 여성 표와 청년 표를 얻을 가능성이 크다. 따라서 정당에 자율적으로 맡겨둬도 이들의 표를 얻기 위해 정당들은 여성과 청년을 높은 순위에 배치할 동기가 있을 것이다. 그러나 정당들이 여성과 청년에 더 유리한 조건을 제시하며 서로 경쟁할 경우, 성 대결 및 세대 간 경쟁이 심해지거나 여성과 청년을 대표하는 정당이 출현할 수도 있다.

이 제도를 도입한 후 첫 번째 치러지는 선거에서는 현직 의원이나 인지도가 높은 고위 관료 출신의 정치 엘리트가 다수의 당원 추천 표를 확보해서 높은 순위를 받을 수 있다. 이뿐만 아니라, 이들은 시민사회 집단 후보보다 본선 경쟁력이 높을 수 있다. 이럴 경우, 선거제도 개혁의 효과가 나타나지 않고 원내정당이 정치 엘리트로만 구성될 수 있다. 또는 반대로 조직표를 확보할 수 있는 시민사회 집단 후보들이 높은 순위를 배정받고 본선 경쟁력도 높을 수도 있다. 이럴 경우, 원내정당이 기능대표들로만 구성될 수 있다.

이처럼 특정한 유형의 의원들이 정당을 장악하게 될 경우, 후보 순위 결정 방식을 조절해서 시민사회 집단 후보와 당원 추천 후보의 비율을 적절하게 조절할 수 있다. 예컨대, 시민사회 집단 후보는 홀수에 배정하고 당원 추천 후보는 짝수에 배정하거나, 반대로 두 집단 후보를 각각 짝수와 홀수에 배정할 수 있다. 또는 두 종류의 후보 비율을 미리 정할 수 있다. 예컨대, 8인이 입후보하는 선거구에서 두 종류 후보의 비율을 3:1로 맞추고 싶을 경우, 시민사회 집단 후보는 시민사회 집단 후보끼리의 순위에 따라 2위, 3위, 4위, 6위, 7위, 8위에 배정하고, 당원 추천 후보는 당원 추천 후보끼리의 순위에 따라 1위와 5위에 배정할 수 있다. 시민사회 집단 후보와 당원 추천 후보의 순위 결정 방식 역시 국가가 법으로 결정하거나 당에 맡겨둘 수 있다. 일단 정당들이 자율적인 규칙에 따라 시행해 보고, 의원들의 구성이 특정한 유형의 의원들로 집중된다면, 이러한 문제를 해소하기 위한 다양한 보완책을 마련할 수 있을 것이다.

13.5 대통령 선거제도 개혁 방안

13.5.1. 투표 방식

5장에서 살펴본 바와 같이, 한국 대통령의 입법적·비입법적 권한은 남미의 권위주의 국가들의 대통령 권한과 상응할 정도로 막강하다. 다수결 입법 규칙을 사용하는 의회의 단점정부 상황에서 한국 대통령이 여당을 장악하면, 대통령과 여당을 지지한 다수로부터 소수를 보호하기 어렵게 된다. 따라서 다수 지배의 원리가 소수 보호의 원리를 지배하게 되고 정치 양극화는 심해진다. 이럴 경우, 소수를 보호하고 정치 양극화를 완화하는 방법은 두 가지가 있다. 첫 번째 방법은 다수를 견제할 수 있도록 입법 규칙을 초다수결로 바꾸는 것이다. <표 7.2>가 보여 준 바와 같이, 다수결 입법 규칙에 비해 초다수결 입법 규칙은 소수 보호 및 정치 양극화 억제 순위가 각각 한 단계씩 더 높다. 그러나 입법 생산성은 감소하고 책임정치는 후퇴한다. 두 번째 방법은 입법 결과를 소수 입장을 대변하는 쪽으로 이동시키는 것이다. 7장의 분석이 보여 준 바와 같이, 비례제의 도입으로 형성된 온건한 중도 정당이 다수결 의회에서 의제 설정자의 지위를 확보하게 되면, 입법 결과는 소수 입장 쪽으로 이동한다.

대통령 선거제도는 입법 결과에 영향을 미칠 수 있다. 2장의 분석이 보여 준 바와 같이, 단순다수제에서는 급진적인 열성 지지자의 인적·재정적 선거자원이 필요한 두 정당 내지 후보가 온건한 입장으로 수렴하지 않는다. 결선투표제(run-off system)에서는 과반을 득표한 후보가 없는 경우, 1위와 2위 후보가 결선투표를 치르게 된다. 따라서 결선투표제에서는 두 주요 정당 후보들에게 과반 득표를 위해 군소정당의 후보들과 연합할 동기가 생기기에, 단순다수제에 비해 소수의 입장을 반영할 가능성이 커진다. 안용흔(2020)에 의하면, 결선투표제는 정당 내지 후보 간 정책 연합 및 연립정부 구성을 촉진하는 제도적 효과를 가진다. 안용흔(2020)은 또한 결선투표제가 다당 체제 대통령제에서 사회갈등 수준을 완화한다는 경험적 분석 결과를 제시하였다. 강원택(1997)은 결선투표제가 갑작스럽게 부상하는 선동적 후보의 당선 가능성을 낮추고, 선출된 대통령에게 분명한 대표성과 정당성을 부여한다고 주장하였다.

결선투표제는 다양한 장점을 가지고 있지만 동시에 여러 단점을 가지고 있는 것으로 지적되었다(김정현, 2012). 첫째, 결선투표제에서는 후보자가 난립하게 되어 정치 분열이 촉진될 수 있다. 둘째, 군소정당을 지지했던 유권자들이 결선투표에서 차선의 투표를 해야 하므로 결선투표에서는 기권할 수 있다. 셋째, 1차 투표에서의 1위와 2위가 결선투표 결과 바뀌게 되면 민주적 정당성 문제가 발생할 수 있다. 넷째, 결선투표는 막대한 비용을 초래한다. 이와 같은 문제 외에도, 1차 투표와 결선투표 사이 벌어지는 후보 간의 연대와 타협 과정이나 정치적 사건이 유권자의 선호를 바꿀 수 있다. 이뿐만 아니라, 후보 간 담합 과정에서 탈락자가 지지 규모에 비해 과도한 이권을 챙길 수 있게 된다.

단순다수제와 달리 결선투표제에서 당선을 위해 과반의 지지가 필요하듯이, 즉석 결선투표제(instant run-off)라 불리는 순위 투표제(alternative voting system) 역시 과반의 지지가 필요하다. 순위 투표제에서는 한 번의 선거를 통해 당선자가 결정되므로 선거를 두 번 치러야 되어 발생하는 결선투표제의 문제들을 초래하지 않는다. 순위 투표제에서 유권자들은 지지하는 후보 1인을 선택하는 대신 후보들에 대한 선호를 표시한다. 순위 투표제에서는 당선을 위해 과반의 선호가 필요하다. 1순위 선호의 과반을 확보한 후보가 있는 경우, 이 후보가 당선된다. 그렇지 않은 경우, 1순위 선호를 가장 적게 받은 후보를 제거하고, 이 후보에게 1순위 선호를 표시한 유권자의 선호는 이 유권자의 2순위 후보에게 이양된다. 이 단계에서 과반의 선호를 얻은 후보가 없는 경우, 1순위 선호를 두 번째로 적게 받은 후보를 제거하고, 이 후보에게 행사된 선호가 마찬가지 방법으로 이양된다. 이러한 선호의 이양 과정은 과반 선호를 받은 후보가 나타날 때까지 계속된다.

표 13.7 단순다수제와 순위 투표제에서의 선거 결과 차이

	좌파 후보 A	온건좌파 후보 B	온건우파 후보 C	우파 후보 D
유권자 1 (좌파)	1	2 (+1)	3	4
유권자 2 (좌파)	1	2 (+1)	3	4
유권자 3 (온건좌파)	2	1	3	4
유권자 4 (온건좌파)	2	1	3	4
유권자 5 (온건좌파)	2	1	3	4
유권자 6 (온건우파)	4	2 (+1)	1	3
유권자 7 (우파)	4	3	2	1
유권자 8 (우파)	4	3	2	1
유권자 9 (우파)	4	3	2	1
유권자 10 (우파)	4	3	2	1
유권자 11 (우파)	4	3	2	1

순위 투표제의 특징은 호불호가 분명히 갈리는 후보에 비해 가장 많은 1순위 선호를 얻지 못하더라도 광범위한 유권자로부터 차순위 선호를 얻을 수 있는 온건한 후보에게 유리하다는 것이다. <표 13.7>은 단순다수제와 순위 투표제에서 선거 결과가 어떻게 달라지는가를 보여 준다. <표 13.7>은 네 명의 후보에 대한 11명의 유권자의 1순위부터 4순위까지의 선호를 보여 준다. 우파 후보 D는 5명의 우파 유권자로부터 가장 많은 1순위 선호를 얻었으나 2순의 선호를 하나도 얻지 못했다. 이에 반해 온건좌파 후보 C는 3명의 온건좌파 유권자들로부터 1순위 선호를 얻었고 2명의 좌파 유권자와 1명의 온건우파 유권자로부터 2순위 선호를 얻었다. 단순다수제에서는 후보 D는 좌파 유권자로부터 5표를 얻어 당선된다.

반면, 순위 투표제에서는 후보 D가 과반의 1순위 선호를 얻지 못했으므로 당선되지 못한다. 이 단계에서 1순위 선호를 가장 적게 받은 후보 C를 제거한다. 후보 C에게 1순위를 표시한 온건 우파 유권자 9의 선호는 이 유권자가 2순위 선

호를 표시한 온건 좌파 후보 B에게 이양된다. 후보 B는 이양받은 선호를 합해 4개의 선호를 확보하게 되어, 이 단계에서 어떤 후보도 과반수의 선호를 확보하지 못한다. 따라서 1순위 선호의 수가 두 번째로 적은 좌파 후보 A를 제거한 후, 후보 A에게 행사한 1순위 선호가 이양된다. 후보 A를 가장 선호하는 좌파 유권자 1과 3은 모두 후보 B를 두 번째로 선호하므로, 두 유권자의 선호는 후보 B에게 이양된다. 이 단계에서 후보 B는 총 2개의 선호를 이양받아, 이전 단계에서 후보 C로부터 이양받은 선호 한 개와 자신이 얻은 1순위 선호 3개를 모두 합해 총 6개의 선호를 확보하게 된다. 이 단계에서 후보 B는 과반수를 확보했으므로 당선된다.

<표 13.7>이 보여 주는 바는 호불호가 분명히 갈리는 좌파 후보 D는 급진적인 집단으로부터 강한 지지를 얻지만, 나머지 유권자들로부터 높은 순위의 선호를 얻기 어렵다는 것이다. 반면, 온건 우파 후보 B는 자신의 좌우에 있는 유권자들로부터 2순위 선호를 얻을 수 있으므로 당선될 수 있었다. 이처럼 순위 투표제는 온건한 후보의 당선을 도울 뿐만 아니라 정당들이 선거 승리를 위해 일차원적인 정책 경쟁에서 온건한 정책을 취하려는 동기를 촉진한다(강인선 · 조석주, 2022).[8] 결선투표제의 이러한 특징은 대통령 선거 결과가 온건한 후보에게 유리하게 작동하며 후보들이 온건한 정책을 취할 동기를 촉진한다. 따라서 단점정부에서 산출되는 입법 결과는 소수의 입장을 반영하는 방향으로 움직이며 정치 양극화를 완화한다.

8 강인선 · 조석주(2022)에 의하면, 순위 투표제는 단순다수제뿐만 아니라 결선투표제와 비교해도 콩도르세 승자가 선택될 가능성을 증진한다. 2장에서 설명한 바와 같이, 콩도르세 승자란 일대일 대결에서 항상 승리하는 대안(후보)을 의미한다.

13.5.2. 대통령 임기와 선거 시점

정치권과 일부 학자들은 국회의원과 대통령의 임기가 4년으로 일치하고 중임이 가능한 권력구조 개편을 제안하였다(김정현, 2018; 이명남, 1996; 정만희, 2018). 대통령 연임제 개헌을 주장하는 시각에서는 단임제는 많은 단점을 가지고 있다. 대통령 단임제에서는 정책의 지속성을 유지하기 어렵고, 정권 말기의 권력 누수를 초래하고, 대선 때마다 이합집산하는 정당들로 인해 정당 체제의 변화를 야기할 수 있다. 또한 단임제는 정책수행의 단절성으로 인해 정책에 대한 책임성을 모호하게 할 수 있다. 반면, 연임제는 연임을 통해 대통령의 성공적인 정책성과의 지속성을 유지할 수 있게 하고 실패한 정책성과는 선거 심판을 통해 정책을 변경할 수 있게 한다는 것이다.

그러나 이러한 주장은 대통령의 국정운영에 대한 유권자들의 합리적인 평가가 가능하다는 가정에서 성립된다. 그러나 에이큰과 바르텔즈(Achen and Bartels, 2016: 145)가 지적했듯이, "갈피를 못 잡게 할 정도로 복잡한 사회와 인간의 인지적 한계 때문에" 유권자들이 국정운영 성과를 합리적으로 평가하기는 어렵다. 과거 정권의 정책 실패가 현 정권에서 나타나 현 정권이 과거 정권 정책에 대한 책임을 지게 되는 경우도 있고, 반대로 과거 정권의 성과가 현 정권에서 나타나 현 정권이 과거 정권 성과의 혜택을 볼 수도 있다. 8장에서 살펴본 바와 같이, 한국 유권자들은 총선에서 객관적인 경제투표를 하지 않으며, 후보들의 당락에 체계적인 영향을 미치는 변수는 대선과 총선 시점의 차이로 밝혀졌다. 이처럼 유권자들이 국정운영 성과를 정확하게 평가하고 심판하지 못한다면, 대통령 연임제가 단임제보다 우월하다고 보기 어렵다.

표 13.8 단임제와 연임제에서의 회고 투표 결과

현 정부		차기 정부				
여당	정책성과	당선자	회고 투표	정권	기존정책	결과
단임제						
A당	좋음	A당 후보	③ 보상 성공	유지	부분 변경	차선
		B당 후보	① 보상 실패	교체	전면 변경	최악
A당	나쁨	A당 후보	④ 심판 실패	유지	부분 변경	차악
		B당 후보	② 심판 성공	교체	전면 변경	최선
연임제						
A당	좋음	A당 대통령	③ 보상 성공	유지	유지	최선
		B당 후보	① 보상 실패	교체	전면 변경	최악
A당	나쁨	A당 대통령	④ 심판 실패	유지	유지	최악
		B당 후보	② 심판 성공	교체	전면 변경	최선

<표 13.8>은 정책에 대한 책임소재를 묻기 어려운 환경에서 여당의 정책에 대한 유권자의 심판이 대통령 단임제와 연임제에서 어떠한 결과를 초래하는가를 보여 준다. 단임제와 연임제 모두 ① 좋은 성과를 낸 여당 후보를 선거에서 보상하는 데 실패하면, 최악의 결과가 초래되고, ② 나쁜 성과를 낸 여당 후보를 선거에서 심판하면, 최선의 결과가 산출된다. 단임제와 연임제 효과의 차이는 ③ 좋은 성과를 낸 여당 후보를 성공적으로 보상하는 경우와 ④ 나쁜 성과를 낸 여당 후보를 효과적으로 심판하지 못한 경우에 발생한다. 단임제에서 좋은 성과를 낸 대통령은 연임할 수 없으므로 대선에서 승리한 여당 후보가 차기 정부에서 전직 대통령의 정책을 일부 변경할 수도 있다. 이럴 경우, 전임 대통령의 좋은 정책이 수정될 수 있으므로 차선의 결과가 초래된다. 반면, 연임제에서는 좋은 성과를 낸 대통령이 재선에 성공하여 차기 정부에서 자신의 정책을 지속해서 추진할 수 있다. 이처럼 유권자들이 좋은 성과를 낸 현직 대통령을 선거에서 성

공적으로 보상할 수 있을 때, 연임제는 최선의 결과를 산출한다. 연임제 개헌론자들의 주장은 이러한 논리에 근거한다.

그러나 대통령 연임제는 정반대의 결과를 초래할 수도 있다. 연임제에서 현 정부에서 나쁜 성과를 낸 대통령이 재선되어 실패한 정책을 지속한다면, 이는 최악의 결과를 초래한다. 반면 단임제에서는 여당 후보가 당선되더라도 나쁜 성과를 낸 대통령이 교체되기 때문에 연임제에 비해 정책수정의 가능성이 있다. 따라서 유권자가 선거 심판에 실패할 경우, 연임제는 최악의 결과를 초래하는 반면, 단임제는 차악의 결과를 초래한다. <표 13.8>은 단임제는 최선, 차선, 차악, 최악의 결과를 초래할 수 있는 반면, 연임제는 2개의 최선의 결과와 2개의 최악의 결과를 초래할 수 있다는 사실을 보여 준다.

<표 13.8>의 이러한 분석 결과는 단임제와 연임제 중 한 제도가 다른 제도보다 더 낫다는 이론적 근거가 없다는 사실을 보여 준다. 그러나 단임제와 연임제를 경험 세계에 적용할 때, 국가의 정치적 상황에 따라 단임제와 연임제 어떤 제도가 더 유리한가는 판단할 수 있다. 만약 <표 13.8>에서 ④보다 ③이 발생할 확률이 더 높다면, 단임제에서는 차악보다 차선의 결과가 발생할 확률이 더 높고 연임제에서는 최악보다 최선의 결과가 발생할 확률이 더 높으므로, 단임제보다 연임제가 종합적으로 더 나은 결과를 산출한다. 반면, ③보다 ④가 발생할 확률이 높다면, 단임제에서는 차선보다 차악의 결과가 발생할 확률이 더 높고 연임제에서는 최선보다 최악의 결과가 발생할 확률이 더 높으므로, 연임제보다 단임제가 종합적으로 더 나은 결과를 산출한다.

9장과 10장의 경험 분석이 보여 준 바와 같이 한국에서는 사후적인 대리인 심판이 효과적으로 작동하지 않는다. 네거티브 캠페인과 프레임 조작으로 여론을 오도하고 상대 후보에 대한 악의적 정치 선동이 난무하는 한국에서 좋은 성과를 내지 못한 대통령이 연임되면 최악의 결과가 초래된다. 선거 심판이 효과적으로 이루어지기 어려운 국가일수록, 여당은 재집권을 위해 수단과 방법을 가리지 않고 국가권력을 남용할 확률이 높다. 따라서 정치 양극화가 심해지는 한

국의 현실에서 연임제로부터 예측되는 부정적인 효과가 긍정적인 효과보다 더 클 수도 있다. 이러한 관점에서 최영진(2009)은 연임제를 채택했을 때의 위험성을 지적하였다. 최영진(2009)에 의하면, 여당은 대통령의 재선 전략의 도구로 사용될 가능성이 크고, 대통령의 재집권을 둘러싼 여야의 극한적인 대립은 입법적 교착과 파행을 초래할 수 있다.

대통령의 임기와 대선 일정은 대통령의 권한에 영향을 미친다. 8장의 경험 분석은 총선이 대선으로부터 멀리 떨어져서 치러질수록 여당 후보에게 불리하다는 사실을 보여 주었다. 대통령과 국회의원의 임기가 각각 5년과 4년이므로, 대통령에 따라 서로 다른 재임 기간에 총선을 치르게 된다. 임기 초반에 총선을 치르는 대통령일수록 여당에 유리한 총선 결과가 산출되고 단점정부가 형성될 가능성이 크다. 이러한 사실은 국정운영에 실패한 대통령이 임기 초반에 치러지는 총선에서 승리할 수 있는 반면, 성공적인 국정운영을 한 대통령도 임기 후반에 치러지는 총선에서 패배할 수 있다는 것을 의미한다.

9장에서는 대통령 집권 기간이 2년 정도 되면 총선 시점에 따른 여야 후보의 유불리에 큰 차이가 없다는 사실을 보여 주었다. 이러한 결과는 총선이 대통령 재임 기간이 2년이 되는 시기에 총선이 치러지면, 총선 시점이 대통령의 국정운영 성과에 대한 평가에 미치는 영향이 가장 작아진다는 사실을 의미한다. 따라서 대통령과 국회의원의 임기를 4년으로 일치시키고, 총선을 대선 뒤 2년 만에 치르고 대선 당시 형성된 여론과 총선 당시 형성된 여론이 서로 다르다면 행정권력과 입법권력이 서로 견제할 수 있게 된다. 반면, 대선과 총선이 같은 날에 치러지면 단점정부 형성 가능성이 극대화되면서 대통령의 입법적 권한은 강화된다. 이럴 경우, 대통령을 지지하는 다수가 지배할 가능성이 극대화되고 이에 반대하는 소수 입장은 보호되기 어렵다.

대통령 임기 중반에 총선을 치르는 4년 단임제는 대통령에 대한 견제력을 강화하고 대통령이 추진하는 정책을 실현하는 데 충분한 기간을 제공하지 않는다는 단점이 있다. 따라서 대통령 임기를 6년으로 늘리고 국회의원 임기를 3년으로 줄여, 대선과 함께 총선을 치르고 임기 3년 차에 중간선거를 치르게 하는 방안을 생각할 수 있다. 유권자들이 서로 다른 정당 소속의 대선 후보와 총선 후보를 지지하는 분리 투표 성향이 강하지 않다면, 대통령 임기 후반부에 비해 전반부에 단점정부가 형성될 가능성이 높다. 따라서 3년 만에 총선을 치르는 6년 대통령 단임제는 임기 전반 3년 동안 대통령이 추진하고자 하는 정책에 집중할 환경을 제공하고, 3년 동안 국정을 성공적으로 운영한다면 중간선거에서 그 성과를 인정받을 수 있다.

13.6 결론

이 장에서는 준연동형 선거제도를 개혁하기 위한 규범적 기준으로 당간 차원 대표성과 당내 차원 대표성이라는 개념을 제시하였다. 다수의 크기에 따라 다수와 소수의 이익 균형이 효율적으로 변하는 체제가 당간 차원 대표성이 높은 체제이며, 다양한 시민사회 집단들을 대표하는 의원들로 구성된 의회가 정책 대변 기능을 충실하게 수행하는 체제가 당내 차원 대표성이 높은 체제이다. 11장의 분석이 보여 준 바와 같이, 당간 차원 대표성이 촉진되기 위해서는 두 주요 정당 사이의 중도 정당이 중위정당의 지위를 차지하는 다당 체제가 형성되어야 한다. 지역구 의석수가 의원 정수의 80% 이상을 차지하는 한국 선거제도를 바꾸지 않는 한, 중도 정당이 중위정당의 지위를 차지하는 다당 체제가 형성되기 어렵고 당간 차원 대표성이 증진되기 어렵다.

이 장에서는 당간 차원과 당내 차원 대표성을 촉진하기 위한 개혁 방안으로 부분 개방 명부 비례제를 제안하였다. 한 선거구에서 평균적으로 6인에서 7인 정도를 선발하는 이 방안은 다당 체제를 산출할 가능성이 높고 중도 정당이 중위정당의 지위를 확보하면 당간 차원 대표성이 증진된다. 그러나 비례성이 높은 선거제도를 채택한다고 해서 당내 차원 대표성도 증진되는 것은 아니다. 당내 차원 대표성의 개선 없이 비례성만 증진하는 선거제도 개혁은 정치 엘리트의 이합집산을 통한 인물정당과 소지역 정당이 형성될 가능성을 증가시킨다. 한국에서 필요한 정치개혁은 정치 엘리트들로 구성된 정당 간의 권력 분산이 아니라 다양한 집단들이 자신들의 이익을 대변할 수 있도록 당내 차원 대표성을 증진하는 것이다. 이 장이 제시한 개방 명부 비례제는 이러한 목적을 달성하기 위해 제안되었다. 이 장이 제시한 방안에 의하면, 시민사회 집단들은 직접 자신을 대변할 후보를 투표로 결정하고 자신들이 지지하는 정당에 명단을 제출한다. 이들은 정당에 가입하여 명부 순위를 결정하고, 유권자는 정당 또는 후보에 투표한다. 일정한 당선기수를 얻은 후보는 자력으로 당선되고 나머지 후보는 명부 순위에 따라 결정된다.

이 장의 국회의원 선거제도 개혁 방안은 다음과 같은 정치적 효과를 가진다. 첫째, 대통령 권한을 약화한다. 개혁 방안으로 인해 여당이 중위정당 지위를 차지할 수 없게 되고 상향식 후보 선발 방식으로 인해 대통령의 여당 장악력이 약해지면, 대통령은 의제 설정자의 지위를 잃게 된다. 둘째, 지역주의 투표를 약화한다. 후보들이 자신이 대변하는 시민사회 집단의 이익을 정책적으로 대변하면, 유권자 투표 결정에서 지역적 이익보다 자신이 속한 집단의 직능적·기능적 이익이 더 중요해진다. 따라서 이 장이 제안한 후보 선발 방식은 지역주의 투표를 약화한다. 셋째, 협치의 가능성을 증가시키고 정치 양극화를 완화한다. 이 장이 제안한 비례제로 인해 온건한 정당이 중위정당의 지위를 확보하게 된다면, 협력적 입법 가능성은 증가한다. 다당 체제와 다수결 입법 규칙이 조합되면 중위정당과 여당의 사이에 있는 입법 결과가 초래되어 양당 체제에 비해 야당도 수용할 수 있는 온건한 입장이 채택된다. 이 장의 개혁 방안과 함께 다수결 입법 규칙을 채택하면, 입법적 교착을 감소시키고 협력적 입법 가능성을 증가시킨다.

이 장에서는 또한 대통령 선거제도 개혁 방안으로 순위 투표제를 제안하였다. 순위 투표제는 호불호가 강한 후보보다 광범위한 유권자로부터 비교적 높은 선호를 얻을 수 있는 온건한 후보에게 유리하다. 따라서 순위 투표제는 한국에서 진행되는 정치 양극화를 약화하기에 유리하다. 이 장에서는 또한 연임제가 단임제보다 항상 더 나은 제도가 아니라는 사실을 설명하였다. 국정운영 성과에 대한 심판이 합리적으로 이루어지기 어려운 환경에서 연임제를 채택하면, 국정운영에 실패한 대통령이 재선되는 최악의 결과가 초래될 수 있다. 한국과 같이 대통령이 여당에 막강한 권력을 행사하는 국가에서는 대통령의 통치 효율성을 증진하기 위한 개혁 방안보다 대통령 권력을 견제하기 위한 보수적인 개혁 방안이 더 적당하다. 따라서 대리인 선발과 심판이 효과적으로 작동하지 않는 한국의 정치 현실에 연임제는 시기상조일 수 있으며, 단임제가 더 적합하다. 4년 단임제가 대통령이 추진하는 정책을 실현하기에 너무 짧다면, 6년 단임제를 채택하되 임기 중반에 중간선거를 실시하여 중간선거 당시 새롭게 형성된 다수가 대선 당시 형성된 다수를 견제할 수 있도록 해야 한다.

13장 부록

표 13.9 선거구 크기에 따른 권역별 의석 배분 시뮬레이션

권역	의원 정수 선거구 크기와 수	미래 통합당	더불어 민주당	정의당	국민의 당	열린 민주당	합
서울	7석×1+8석×6=55석	36.7%	36.8%	10.8%	9.2%	6.5%	100.0%
	7인 선발 선거구	2.57 (2)	2.58 (3)	0.76 (1)	0.64 (1)	0.46 (0)	7 (7)
	8인 선발 선거구	2.94 (3)	2.95 (3)	0.86 (1)	0.73 (1)	0.52 (0)	8 (8)
인천	8석×1+9석×1=17석	35.0%	38.6%	13.2%	7.5%	5.8%	100.0%
	8인 선발 선거구	2.80 (3)	3.09 (3)	1.06 (1)	0.60 (1)	0.47 (0)	8 (8)
	9인 선발 선거구	3.15 (3)	3.47 (3)	1.19 (1)	0.67 (1)	0.52 (1)	9 (9)
경기	7석×1+8석×9=79석	35.0%	38.7%	11.6%	8.1%	6.6%	100.0%
	7인 선발 선거구	2.45 (2)	2.71 (3)	0.81 (1)	0.57 (1)	0.46 (0)	7 (7)
	8인 선발 선거구	2.80 (3)	3.10 (3)	0.93 (1)	0.65 (1)	0.53 (0)	8 (8)
강원	4석×1+5석×1=9석	44.4%	32.7%	11.0%	6.6%	5.2%	100.0%
	4인 선발 선거구	1.77 (2)	1.31 (1)	0.44 (1)	0.26 (0)	0.21 (0)	4 (4)
	5인 선발 선거구	2.22 (2)	1.64 (2)	0.55 (1)	0.33 (0)	0.26 (0)	5 (5)
대전	9석×1=9석	36.2%	37.8%	11.0%	8.9%	6.1%	100.0%
	9인 선발 선거구	3.26 (3)	3.40 (3)	0.99 (1)	0.80 (1)	0.55 (1)	9 (9)

충북	4석×1+5석×1=9석	41.1%	35.0%	11.7%	7.0%	5.3%	100.0%
	4인 선발 선거구	1.64 (2)	1.40 (1)	0.47 (1)	0.28 (0)	0.21 (0)	4 (4)
	5인 선발 선거구	2.05 (2)	1.75 (2)	0.59 (1)	0.35 (0)	0.26 (0)	5 (5)
충남 세종	5석×3=15석	38.7%	36.4%	11.4%	7.7%	5.7%	100.0%
	5인 선발 선거구	1.93 (2)	1.82 (2)	0.57 (1)	0.39 (0)	0.29 (0)	5 (5)
광주	8석×1=8석	3.7%	70.0%	11.3%	5.6%	9.4%	100.0%
	8인 선발 선거구	0.29 (0)	5.60 (6)	0.90 (1)	0.45 (0)	0.75 (1)	8 (8)
전북	5석×2=10석	6.6%	64.5%	13.8%	4.7%	10.4%	100.0%
	5인 선발 선거구	0.33 (1)	3.22 (3)	0.69 (1)	0.24 (0)	0.52 (0)	5 (5)
전남	5석×1+6석×1=11석	4.9%	71.1%	11.3%	4.6%	8.2%	100.0%
	5인 선발 선거구	0.25 (0)	3.55 (4)	0.56 (1)	0.23 (0)	0.41 (0)	5 (5)
	6인 선발 선거구	0.30 (0)	4.26 (4)	0.68 (1)	0.27 (0)	0.49 (1)	6 (6)
제주	4석×1=4석	31.8%	40.1%	14.5%	6.6%	7.0%	100.0%
	4인 선발 선거구	1.27 (1)	1.60 (2)	0.58 (1)	0.27 (0)	0.28 (0)	4 (4)
대구	7석×2=14석	61.5%	18.2%	7.2%	9.7%	3.4%	100.0%
	7인 선발 선거구	4.31 (4)	1.28 (1)	0.50 (1)	0.68 (1)	0.24 (0)	7 (7)
경북	5석×3=15석	64.6%	18.4%	7.4%	6.3%	3.3%	100.0%
	5인 선발 선거구	3.23 (3)	0.92 (1)	0.37 (1)	0.32 (0)	0.16 (0)	5 (5)
부산	6석×1+7석×1=13석	48.4%	31.5%	8.1%	6.9%	5.1%	100.0%
	6인 선발 선거구	2.91 (3)	1.89 (2)	0.49 (1)	0.41 (0)	0.31 (0)	6 (6)
	7인 선발 선거구	3.39 (3)	2.20 (2)	0.57 (1)	0.48 (1)	0.36 (0)	7 (7)
울산	7석×1=7석	45.4%	30.7%	11.8%	7.1%	5.0%	100.0%
	7인 선발 선거구	3.18 (3)	2.15 (2)	0.83 (1)	0.50 (1)	0.35 (0)	7 (7)
경남	4석×1+5석×3=19석	50.1%	28.7%	10.5%	6.1%	4.6%	100.0%
	4인 선발 선거구	1.82 (2)	1.15 (1)	0.42 (1)	0.24 (0)	0.19 (0)	4 (4)
	5인 선발 선거구	2.50 (2)	1.44 (2)	0.53 (1)	0.30 (0)	0.23 (0)	5 (5)

주: 각 칸의 퍼센트는 봉쇄조항을 충족한 정당 간 상대 득표율. 각 칸의 좌측에 있는 숫자는 선거구 크기에 상대 득표율을 곱한 값이며, 괄호 안의 숫자는 각 정당이 각 선거구에서 얻은 의석수를 의미.

14 장

지방 선거제도 개혁 방안: 개방 명부 중층 비례제

14.1 서론

이 장에서는 현행 지방 선거제도의 정치적인 효과를 설명하고, 이를 근거로 지방정치의 문제들을 해소하기 위한 개혁안을 제시한다. 이 장에서는 먼저 현행 지방 선거제도가 정당 체제에 미치는 영향을 다음과 같이 설명한다. 첫째, 지역구에서 1인을 선발하는 광역의원 선거제도는 양당 지배 체제를 촉진한다. 2인에서 4인을 선발하는 단기비이양식 기초의원 선거제도는 군소정당 후보들의 의회 진입을 촉진할 정도로 선거구 크기가 충분히 크지 않다. 게다가 주요 정당들은 선거구에서의 지지 규모에 따라 당선자 수를 극대화할 수 있도록 선거구를 획정할 수 있으므로 다당 체제를 촉진하기 어렵다. 둘째, 단기비이양식 선거제도에서는 같은 정당 후보의 득표가 정당 표로 합산되지 않기 때문에 정당 차원의 사표가 발생하고, 지역인맥과 개인 표에 의존하는 지역유지나 토호의 당선 가능성을 촉진한다.

다음은 단기비이양식 선거제도의 문제들에 대한 이론적 논의를 전개한다. 첫째, 단기비이양식 선거제도는 같은 정당 후보들의 경쟁을 촉진한다. 정책 입장이 비슷한 같은 정당 후보들은 서로 간에 차별화시키기 위해 정당 전체의 이익보다 개인 표를 추구한다. 둘째, 같은 정당의 후보 중 '가'번 기호를 받은 후보에게 표가 집중되는 기호 효과가 발생하여 유권자의 선호가 선거 결과에 반영되기 어렵다. 셋째, 단기비이양식 선거제도는 너무 많은 수의 후보를 공천하거나 한 후보에게 표가 집중되면, 최적한 수의 후보가 당선되기 어렵다. 따라서 과다 공천 억제와 균등한 표의 분배를 위해 정당이 공천 과정에 개입할 가능성이 크고, 정당의 공천개입은 후보에 대한 영향력을 강화하여 지역구에 봉사하는 후보보다 공천권자에 충성하는 후보를 산출한다. 국회의원과 지방선거 후보 간에 형성된 종속관계는 지방정치가 중앙정치에 예속될 가능성을 증가시킨다.

이러한 지방선거 제도의 문제들에 봉착해서, 한국 지방선거 제도개혁은 ① 군소정당 후보의 의회 진입을 촉진하고, ② 지역유지나 토호가 지역 인맥을 통해 의석을 확보하는 것을 억제하고, ③ 같은 정당 후보끼리의 경쟁을 억제하고, ④ 유리한 기호를 받은 후보의 당선 가능성을 높이는 기호 효과를 약화하고, ⑤ 지역 정치의 중앙정치 예속화를 억제하고, ⑥ 지역공동체의 이익과 발전을 도모하는 후보를 선발하기 위한 공천 방안이 요구된다. 이 장에서는 ①, ②, ③, ④와 ⑤를 달성하기 위해 적합한 선거제도로 개방 명부 중층 비례제(open list two-tier PR system)를 제안하고, ⑥을 달성하기 위한 공천 방안을 제시한다.

14.2 이론적 논의

한국의 지방선거 제도는 지방정치를 중앙정치에 종속시키고(박재욱, 2006; 성기중, 2010; 육동일, 2006) 지역주의 투표나 양당 지배 체제를 약화하는 데 실패하였다(강신구, 2019; 정준표, 2009, 2010; 황아란, 2007). 이러한 문제들은 정당공천 방식의 문제, 선거구 크기의 문제, 투표 방식의 문제들이 복합적으로 섞여서 나타난 것이다. 따라서 이러한 변수들이 독립적으로 가지고 있는 인과적인 효과를 구분하지 않으면, 해결하려 하는 문제와 무관한 개혁 방안을 제시할 수 있다. 예컨대 지방정치의 종속성 문제는 선거제도보다 정당공천 방식과 더 직접적으로 관련된 문제이기 때문에, 선거제도 개혁만으로 해결하기 어렵다. 이뿐만 아니라 특정한 문제를 해결하기 위한 제도개혁은 다른 문제를 악화시킬 수 있다. 예컨대 양당 지배 체제를 약화할 수 있을 정도로 선거구 크기를 충분히 증가시킬 경우, 후보들과 지역민의 연계가 약해지고 기호 효과가 증가하면서 민심이 선거결과로 반영되기 어렵다. 따라서 현행 지방선거 제도들이 가지고 있는 독립적인 영향력을 규명하고, 서로 상쇄할 수 있는 제도적 효과를 체계적으로 파악하기 위한 이론적 논의를 전개할 필요가 있다.

한국에서는 자치단체장과 광역의원을 단순다수제로 선발한다. 소선거구에서 한 명의 후보만 선발하는 단순다수제는 군소정당 후보의 의회 진입을 억제할 뿐만 아니라, 선거를 과열시키고 과다한 선거비용을 초래하며, 자치단체 전체의 이익보다 선거구 민원 위주의 의원 활동을 촉진한다(안순철, 2001). 지역의원들의 예산편성 과정에서 지역 수요와 상관없이 모든 지역에 "나눠 먹기식" 균등 배분 협상이 벌어지기 쉽고, 인지도가 높은 지역유지와 토호 세력의 선출을 촉진한다(김성호 · 황아란, 2001). 이뿐만 아니라, 지역구 범위가 좁기 때문에 후보와 지지자 간에 사적인 후견관계가 형성되기 쉽고, 부패가 발생할 소지가 많다(김성호 · 황아란, 2001).

기초의원은 2006년 4회 지방선거부터 단기비이양식 선거제도를 이용해서 중선거구에서 2인에서 4인을 선발한다. 단기비이양식 선거제도는 후보가 개인표를 추구할 동기를 가장 촉진시키는 제도이다(Carey and Shugart, 1995). 단기비이양식 선거제도가 개인 표 추구동기를 촉진시키는 이유는 같은 정당의 후보들끼리 서로 경쟁(intra-party competition)하기 때문이다(Cox and Rosenbluth, 1994). 단기비이양식 선거제도에서는 한 선거구에서 여러 명의 후보를 득표순으로 선발하기 때문에 당선자의 잉여표나 낙선자의 표가 정당 표로 합산되지 않는다(Cox and Rosenbluth, 1994, 1996). 같은 정당 후보들의 정책 입장과 이념성향은 서로 비슷하기 때문에, 이들은 상대후보와 다른 자신만의 차별적인 특성을 제시하여 개인 표를 확보하려 한다. 같은 정당의 후보들은 지지자들이 겹치지 않도록 서로 다른 계파에 가입하고 서로 다른 상임위원회 활동을 한다. 후보는 지역구에 코엔카이(後援会)라는 정치적 지지단체를 결성하고, 이들에게 다양한 정책적 혜택과 특혜를 제공하는 대가로 정치자금과 지지를 제공받는다. 이 때문에 일본의 단기비이양식 선거제도는 계파정치와 금권정치의 원인으로 지목되었다(Cox and Rosenbluth, 1996).

정당은 유권자의 투표 결정을 도와주는 정보의 지름길(informational shorcut) 또는 휴리스틱(heuristic)의 기능을 하는데(Popkin, 1991; Lupia and McCubbins, 1998), 정당 공천제를 폐지하면 휴리스틱이 작동하기 어렵게 되어 정당에 기반을 두지 않은 지역유지나 토호 세력의 당선 가능성은 더 증가하게 된다. 선거구의 크기가 커질수록, 적은 득표율로도 의석을 확보할 수 있게 되므로 급진적인 집단으로부터 결속적인 지지를 얻을 수 있는 후보들이 당선될 가능성이 커진다. 동시에 후보들이 난립하면서 후보들에 대한 정보수집이 어렵게 된 유권자들은 1번이나 2번 정당에 일괄 투표를 할 가능성이 증가한다(정준표, 2007). 선거구 크기의 증가는 군소정당 후보보다 주요 정당 후보들과 지역 인맥이 강한 무소속 후보의 의회에 진입할 가능성을 높인다(황아란, 2007; 강신구, 2019).

그렇다면 어떠한 선거제도가 군소정당 후보의 의회 진입을 촉진하면서도 후보들의 개인 표 추구 동기를 약화하는가? 폐쇄 명부(closed list) 비례제에서는 유권자가 정당이 결정한 후보의 순위를 바꿀 수 없다. 따라서 후보들은 지역구에 봉사하기보다 자신의 당락에 영향을 미치는 공천권자(기관)에 충성한다. 특히 하향식 의사결정이 이루어지는 한국과 같은 국가에서는 공천권자에 줄을 대는 후보들이 높은 순위를 받아 당선될 가능성이 크다. 따라서 한국에서 폐쇄 명부 비례제를 도입하기 위해서는 지역에 봉사할 동기가 있는 후보를 객관적이고 투명하게 선별하기 위한 공천제도 개혁이 전제되어야 한다. 그렇지 않을 경우, 공천권자와 후보 간의 후견주의 관계가 초래하는 부정부패와 공천 시비가 발생할 가능성이 크다.

개방 명부(open list) 비례제에서는 유권자들이 자신이 선호하는 후보에게 한 표를 행사한다. 단기비이양식 선거제도에서도 유권자들이 자신이 선호하는 후보에게 한 표를 행사하나, 당선자의 득표가 당선에 필요한 표를 초과한 경우, 당선자의 잉여표는 같은 정당 후보에게 이양되거나 정당 표로 합산되지 않고 버려진다. 반면, 개방 명부 비례제에서는 같은 정당 후보들의 득표가 모두 정당 표로 합산되므로 같은 정당의 후보들이 얻은 표가 자당의 다른 후보의 의석 확보에 도움이 된다. 단기비이양식 선거제도에서는 한 후보에 표가 집중되지 않도록 지지자들의 표를 관리해야 한다. 반면, 개방 명부 비례제에서는 한 후보가 집중된 지지를 받거나 다수의 후보가 명부에 포함되어도 같은 정당 후보들이 얻은 표는 모두 정당 표로 집계되어 당선자의 수를 증가시킬 수 있으므로 단기비이양식 선거제도에 비해 같은 정당 후보 간 경쟁과 개인 표 추구 동기를 약화한다.

그러나 개방 명부 비례제는 다른 선거제도에 비하면 후보들의 개인 표 추구 동기를 충분히 억제하는 제도에 속하지 않는다. 슈거트(Shugart, 2001)에 의하면, 개방 명부 비례제의 개인 표 촉진 정도는 12종류의 선거제도 중 세 번째로 높은 수준이다. 개방 명부 비례제에서 후보들은 명부 순위와 상관없이 지역민으로부터 많은 표를 얻으면 자력으로 당선될 수 있으므로, 후보가 정당에 충성할 동기를 약화한다. 개방 명부 비례제의 선거구 크기가 증가할수록, 극단적인 집단으로부터 결속적인 지지를 받거나 정치자금을 스스로 조달할 수 있는 후보들도 당선될 가능성이 커진다. 따라서 개방 명부 비례제를 도입할 때는 지나치게 큰 선거구를 도입하지 않는 것이 중요하다.

개방 명부 비례제에서는 정당이 후보의 순위를 결정하지 않음에도 불구하고, 명부에 표시된 후보의 기호는 후보들의 득표에 상당한 영향을 미친다. 이뿐만 아니라, 후보들에게 특정한 기호를 부여하지 않아도, 순서효과 때문에 명부에 기입된 후보의 순서가 득표에 영향을 미친다. 2006년 지방선거에서 가나다순으로 기호를 정하는 기호 배치 규칙의 문제점이 노출되면서, 지금은 정당이 자율적으로 기호를 배치할 수 있게 되었다. 그러나 개방 명부 비례제에서 대선거구제를 선택할 경우, 적은 득표로도 당선이 가능하므로, 명부에서 불리한 기호나 위치를 배정받는 후보가 무소속 후보로 출마할 가능성이 증가한다. 따라서 개방 명부 비례제에서 후보들이 무소속 후보로 출마하는 것을 억제하기 위해서는 지나치게 큰 선거구를 채택하지 않아야 하며 무소속 후보의 당선 가능성을 낮추는 선거제도를 도입하는 것이 중요하다.

선거제도 설계에서 주의해야 할 점은 선거제도들은 각각 고유한 단점을 가지고 있으므로 특정 선거제도가 해결하고자 하는 문제에 필적하는 부작용이 발생할 수 있다는 것이다. 예컨대, 폐쇄 명부 비례제의 도입은 정당 후보들이 지역구민에 봉사할 동기를 약화하는 반면, 개방 명부 비례제는 정당 후보들이 개인 표를 추구할 동기를 촉진한다. 선거구가 지나치게 큰 개방 명부 비례제를 도입할 경우, 무소속 후보가 산출될 가능성이 크고 기호 효과가 증가하여 투표 민심이 왜곡될 가능성이 크다. 따라서 선거제도 개혁은 도입하려 하는 선거제도의 장단점에 대한 신중한 고려가 필요하다. <표 14.1>은 한국 지방정치에서 추구하는 목표를 달성하기에 적합한 선거제도와 이러한 선거제도가 초래할 수 있는 부작용을 정리한 것이다.

<표 14.1>은 대선거구 비례제는 군소정당 의회 진입이라는 목표 해결에 가장 효과적이나 상당한 부작용을 초래한다는 사실을 보여 준다. 기호 효과 방지와 개인 표 추구 억제를 위해서는 폐쇄 명부가 효과적이나 한국과 같이 불투명하고 하향식 공천 방식을 사용하는 국가에서는 긍정적인 효과보다 부정적인 효과가 더 크다. 단기비이양식 선거제도의 전략적 공천이 초래하는 민심 왜곡 현상은 비례제를 통해서 방지할 수 있으나, 선거구의 의원정수가 너무 큰 경우 다양한 비례제의 부작용이 발생할 수 있다. 무엇보다 지역유지나 토호가 무소속 후보로 출마하여 지역 인맥을 통해 당선될 가능성이 크다. 이뿐만 아니라, 후보가 너무 큰 경우 기호 및 순서효과가 초래될 가능성이 크다. 따라서 유권자들이 후보들의 역량과 활동 내용을 인식할 수 있도록 선거구가 너무 크지 않은 개방 명부 비례제가 적합하다.

표 14.1 추구 목표에 따른 선거제도와 부작용

추구 목표	제도개혁 방안 (부작용)
지역 정치의 중앙정치 예속 방지	지역당 중심 상향식 공천 (중앙당과 지역당 갈등) 개방 명부 비례제 (지방에서의 정당 중심의 책임정치 약화)
양당 지배 체제 해소	선거구가 큰 비례제 (폐쇄 명부: 지역구 봉사 동기 약화, 공천권자의 후보 통제) (개방 명부: 개인 표 추구 강화, 사업가형 후보 양산, 기호 효과)
전략적 공천으로 인한 민심 왜곡 방지	비례제 (선거구 크기가 큰 경우 상기 비례제 단점)
기호 및 순서효과 방지	폐쇄 명부 비례제 (상기 폐쇄 명부 비례제 단점)
개인 표 추구 억제	폐쇄 명부 비례제 (지역구 봉사 동기 약화)

그러나 선거구가 작은 개방 명부 비례제를 도입할 경우, 군소정당 후보의 의회 진입이 어려워지는 딜레마에 빠지게 된다. 그렇다면 비교적 작은 크기의 선거구를 가진 개방 명부 비례제를 채택하면서도 군소정당의 의회 진입을 촉진할 수 있는 선거제도를 설계하는 것이 지방선거 제도개혁에서 해결해야 할 과제이다. 이 장에서는 개방 명부 중층 비례제를 통해 이러한 문제를 해결한다. 이 선거제도에서 유권자들은 비교적 작은 하위선거구에서 후보를 선택하나, 여러 하위선거구에서 같은 정당 후보들이 얻은 표(또는 잔여 표)를 합산해서 올린 상위선거구에서의 정당 득표율을 기준으로 정당 간의 의석 배분을 한다.[1] 이 제도에서 유권자들은 작은 선거구에서 투표하므로 후보의 역량과 활동에 대한 정보를 파악하기 쉬워지고, 의석 배분은 큰 선거구에서 이루어지므로 군소정당이 의석을 확보할 가능성이 증가한다.

다수의 서구 민주주의 국가들은 총선에서 중층 비례제를 사용한다(Lijphart, 1994). 오스트리아는 1945년에서 1970년 사이에 선거구 크기가 7명 정도인 하위선거구를 통합해서 41명 정도를 상위선거구에 선발하였고, 1971년에서 90년

1 잔여표 합산 방식은 14.5절 잔여 표 이양 방식에 대한 시뮬레이션 분석 참조.

사이에는 상·하위선거구에서 각각 평균적으로 20명과 92명 정도를 선발하였다. 1948년부터 1953년 사이의 이탈리아 선거제도는 평균적인 크기가 19명 정도인 하위선거구를 통합해서 626명 정도를 선발하는 상위선거구를 사용하였다. 아이슬란드는 1959년에서 1987년 사이에 6명 정도를 선발하는 하위선거구를 통합해서 60명을 선발하는 상위선거구를 사용하였다. 벨기에는 1946년부터 1987년 사이에 7명 정도를 선발하는 하위선거구를 통합해서 23명을 선발하는 상위선거구를 사용하였다.

서구에서 총선을 위해 채택된 중층 비례제는 지방 선거제도로도 유용하게 사용될 수 있다. 개방 명부 비례제에서는 후보들의 자력 당선이 가능하므로 작은 선거구를 선택하더라도 후보가 개인 표를 추구할 동기는 여전히 남아 있다. 그러나 정당은 명부에 포함될 예비후보를 선발할 뿐만 아니라 명부에서 후보에게 부여될 기호와 위치를 결정할 수 있으므로, 개방 명부에서도 후보의 당선 가능성에 영향을 미칠 수 있다. 정당은 예비후보의 봉사활동 실적이나 공익 활동 경력을 중요한 공천 기준으로 삼고, 이를 근거로 명부에서 유리한 기호나 위치를 부여할 수 있다. 정당이 지역구 봉사 동기와 역량이 높은 후보를 공천하고 명부에서 선 순위에 배치한다는 사실을 유권자들이 알게 될 경우, 유권자들은 선 순위 후보들을 지지할 가능성이 크다. 따라서 예비후보들은 유리한 기호나 위치를 배당받기 위해 다양한 지역 봉사활동 실적을 쌓으려 노력할 수 있다. 정당은 예비후보들의 경력을 객관적으로 측정할 수 있는 지표를 개발하고 공천 기준을 투명하게 공개할 필요가 있다. 지역 봉사활동 경력에 따라 명부를 구성하는 방법을 현직자에게도 동일하게 적용하여, 현직자와 예비후보가 동등한 조건에서 경쟁하도록 하면 현직자가 누리는 이점을 약화할 수 있다.

14.3 지방선거 개혁 방안

14.3.1. 광역의원 선거제도 개혁안: 개방 명부 중층 비례제

중층 비례제는 낮은 수준(lower tier)의 중선거구들과 이들을 통합한 높은 수준(upper tier)의 대선거구로 구성되어 있다. 이 제도에서는 유권자들이 하위선거구에서 한 표를 행사하고, 정당 간 의석 배분은 하위선거구를 통합한 상위선거구에서의 정당 득표율에 따라 비례적으로 이루어진다. 중층 비례제를 이용하는 이유는 단순 비례제가 가지고 있는 딜레마를 극복하기 위해서이다. 단순 비례제에서는 선거구의 크기가 증가할수록 비례성을 증진할 수 있다. 그러나 선거구의 크기가 커질수록, 명부에 포함된 후보들의 수가 증가하게 되고 유권자들은 다양한 후보들의 배경이나 능력을 파악하기 어렵게 된다. 따라서 유권자들은 지역구의 이해를 대변할 수 있는 후보를 선발하기보다, 정당 이름을 보고 투표할 가능성이 커진다. 유권자들이 후보의 배경이나 능력보다 정당을 보고 투표하는 성향이 강해질수록, 후보가 지역구의 이익을 대변할 동기는 약해지므로 후보와 유권자들의 연계가 약해진다.

지방선거에서는 지역일꾼을 선발하는 것이 중요하기 때문에, 유권자들이 후보들의 배경과 능력을 파악할 수 있을 정도로 적은 수의 의원을 선발해야 한다. 그러나 선거구의 의원정수 수가 감소할수록 비례성은 약해진다. 따라서 유권자들과 후보들의 연계가 약화하지 않으면서도 비례성을 증진할 수 있는 선거제도가 필요하다. 중층 비례제는 이러한 기능을 실현하기 위해 설계된 제도이다. 유권자들은 작은 하위선거구에서 투표하기 때문에 비교적 소수의 후보에 대한 정보를 수집하기 쉽고, 정당 간 의석 배분은 하위선거구를 통합한 상위선거구에서 이루어지므로, 비례성이 높은 의석 배분이 초래된다.

유권자가 지방선거에 가지는 관심은 국회의원 선거에 비해 낮은 편이며, 국회의원 후보보다 지방선거 후보들의 인지도는 낮다. 따라서 지방선거에서 유권자들은 어떤 후보가 지역의 이익을 대변할 동기와 능력이 있는가를 파악하기 어렵다. 이러한 상황에서 비례성을 높이기 위해 큰 지역구를 사용하면, 유권자들이 다수의 후보에 대한 선호를 결정하기 어렵게 되므로 명부에서 높은 순위를 배정받은 후보에게 투표할 가능성이 증가한다. 이럴 경우, 지역일꾼을 선발하기 위한 지방선거의 취지가 퇴색되고 지방선거가 중앙정치의 축소판이 될 가능성이 크다. 따라서 후보들의 인지도가 낮은 지방선거에서는 비교적 작은 선거구의 크기를 사용하면서도 비례성을 증진할 수 있는 중층 비례제가 유용하게 사용될 수 있다.

현행 광역의원 선거제도에서는 지역구 국회의원 정수의 두 배 정도의 지역구 광역의원과 지역구 광역의원의 10분의 1 정도에 해당하는 비례대표 광역의원을 선발한다. 예컨대, 21대 총선 기준 지역구 의원 수가 49명인 서울에서는 100개의 소선거구에서 100인의 지역구 광역의원과 10인의 비례대표 광역의원을 선발한다. 현행 광역의원 선거제도에서는 국회의원 선거구를 둘로 분할한 소선거구에서 각각 1명의 광역의원을 선발하는 반면, 이 장의 중층 비례제에서는 국회의원 지역구를 통합한 중선거구제에서 4인에서 6인의 광역의원을 선발한다. 대부분의 하위선거구는 2개의 국회의원 지역구로 구성되어 있으나, 일부 하위선거구는 3개의 지역구를 포함한다. 상위선거구는 하위선거구 2개를 통합하여 획정한다. <그림 14.1>은 기존의 행정구역에 부합할 수 있도록 설계된 서울의 상·하위 광역선거구 획정 방안을 보여 준다.[2] 먼저 서울을 북부, 북서, 북동, 남부, 남서 및 남동 권역으로 구분하면, 각 권역은 상위선거구인 가 선거구와 나 선거구로 나눠진다. 가 선거구와 나 선거구는 각각 하위선거구인 가-1과 가-2 그리고 나-1과 나-2로 나눠진다.

2 21대 총선 당시 중구와 성동구의 국회의원 선거구는 중구·성동구 갑과 중구·성동구 을로 획정되었으나, 중구와 성동구를 분리해서 획정한 광역의원 선거구를 기준으로 설계하였다.

그림 14.1 서울 광역의회 상·하위선거구 획정 예

<표 14.2>는 서울의 북서 지역과 북동 지역에 있는 국회의원 선거구들을 통합하여 획정한 상위선거구 사례를 보여 준다. 예컨대, 종로구와 서대문갑·을 국회의원 지역구를 통합한 북서가-1 선거구에서는 6인을 선발한다. 은평갑·을 국회의원 지역구를 통합한 북서가-2 선거구에서는 4인을 선발한다. 유권자는 각 하위선거구에 출마한 후보 명부 나와 있는 후보 중 자신이 지지하는 후보에게 1표를 행사한다. 하위선거구에서 선발하는 의원 수는 4인에서 6인이므로, 유권자는 비교적 적은 수의 후보 중에서 지지 후보를 선택하게 된다. 정당들의 의석은 각 하위선거구의 정당 표를 당선기수(full quota)로 나누어 얻은 정수 값을 기준으로 먼저 배분한다. 남은 잔여석은 첫 번째 단계에서 남은 표를 상위선거구 수준에서 합산하여 얻은 잔여 표를 이용하여 최대잉여법이나 최고평균법을 통해 배분한다.

표 14.2 광역의원 중층 비례제 서울 북서 및 북동 지역 상·하위선거구 획정 예[3]

<table>
<tr><th rowspan="3">행정
구역</th><th rowspan="3">국회의원
지역구</th><th colspan="7">광역(시도) 의원 선거제도</th></tr>
<tr><th colspan="3">현행 (비례 의석 미포함)</th><th colspan="4">개혁안 (비례 의석 포함)</th></tr>
<tr><th>시도 선거구</th><th>선거인
수</th><th>의원
수</th><th>하위
선거구
4-6인</th><th>의원
수</th><th>상위
선거구
8-12인</th><th>의원
수</th></tr>
<tr><td rowspan="2">종로</td><td rowspan="2">종로구</td><td>종로구제1선거구</td><td>65,948</td><td>1</td><td rowspan="6">종로
서대문

북서가-1</td><td rowspan="6">6</td><td rowspan="10">북서
가구

817,257

81,726
(74,296)</td><td rowspan="10">10+1</td></tr>
<tr><td>종로구제2선거구</td><td>69,015</td><td>1</td></tr>
<tr><td rowspan="4">서대문</td><td rowspan="2">서대문갑</td><td>서대문구제1선거구</td><td>63,835</td><td>1</td></tr>
<tr><td>서대문구제2선거구</td><td>66,525</td><td>1</td></tr>
<tr><td rowspan="2">서대문을</td><td>서대문구제3선거구</td><td>60,479</td><td>1</td></tr>
<tr><td>서대문구제4선거구</td><td>78,343</td><td>1</td></tr>
<tr><td rowspan="4">은평</td><td rowspan="2">은평갑</td><td>은평구제1선거구</td><td>90,914</td><td>1</td><td rowspan="4">은평

북서가-2</td><td rowspan="4">4</td></tr>
<tr><td>은평구제2선거구</td><td>110,835</td><td>1</td></tr>
<tr><td rowspan="2">은평을</td><td>은평구제3선거구</td><td>91,642</td><td>1</td></tr>
<tr><td>은평구제4선거구</td><td>119,721</td><td>1</td></tr>
<tr><td rowspan="2">중구</td><td rowspan="2">중구</td><td>중구제1선거구</td><td>57,514</td><td>1</td><td rowspan="4">중구 용산

북서나-1</td><td rowspan="4">4</td><td rowspan="8">북서
나구

632,436

79,055
(70,271)</td><td rowspan="8">8+1</td></tr>
<tr><td>중구제2선거구</td><td>54,822</td><td>1</td></tr>
<tr><td rowspan="2">용산</td><td rowspan="2">용산구</td><td>용산구제1선거구</td><td>115,908</td><td>1</td></tr>
<tr><td>용산구제2선거구</td><td>84,101</td><td>1</td></tr>
<tr><td rowspan="4">마포</td><td rowspan="2">마포갑</td><td>마포구제1선거구</td><td>55,826</td><td>1</td><td rowspan="4">마포

북서나-2</td><td rowspan="4">4</td></tr>
<tr><td>마포구제2선거구</td><td>75,691</td><td>1</td></tr>
<tr><td rowspan="2">마포을</td><td>마포구제3선거구</td><td>79,733</td><td>1</td></tr>
<tr><td>마포구제4선거구</td><td>108,841</td><td>1</td></tr>
</table>

3 서울의 다른 권역에 대한 획정 방안은 부록 참조.

성동	성동갑	성동구제1선거구	69,471	1	성동 북동가-1	4	북동 가구 572,802 71,601	8
		성동구제2선거구	68,539	1				
	성동을	성동구제3선거구	71,513	1				
		성동구제4선거구	55,111	1				
광진	광진갑	광진구제1선거구	76,673	1	광진 북동가-2	4		
		광진구제2선거구	77,363	1				
	광진을	광진구제3선거구	90,153	1				
		광진구제4선거구	63,985	1				
동대문	동대문갑	동대문구제1선거구	70,471	1	동대문 북동나-1	4	북동 나구 654,980 81,873 (72,776)	8+1
		동대문구제2선거구	84,953	1				
	동대문을	동대문구제3선거구	63,290	1				
		동대문구제4선거구	84,225	1				
중랑	중랑갑	중랑구제1선거구	77,890	1	중랑 북동나-2	4		
		중랑구제2선거구	80,673	1				
	중랑을	중랑구제3선거구	91,469	1				
		중랑구제4선거구	102,009	1				

현행제도에서 광역의원은 지역구 의원과 지역구 의원 10분의 1에 해당하는 비례대표 의원으로 구성되어 있다. 따라서 서울에 할당된 비례대표 의원 10인을 서울의 상위선거구에 배분할 필요가 있다. <그림 14.1>이 보여 준 바와 같이 상위선거구의 수가 12개이므로, 10명의 비례대표 의원을 12개의 상위선거구에 배분해야 한다. 비례대표 의원은 상위선거구 지역구 의원 1인당 선거인 수가 많은 순으로 배분한다. <표 14.2>의 우측으로부터 두 번째 열에는 상위선거구의 선거인 수와 지역구 의원 1인당 선거인 수가 표시되어 있다. 예컨대, 북서 가구의 선거인 수는 817,257명이고, 북서 가구의 지역구 의원 1인당 선거인 수는 817,257명을 지역구 의원 정수 10명으로 나눈 81,726명이다. 북서 나구의 지역구 의원

1인당 선거인 수는 79,055명이다. 이와 같은 방식으로, 12개 상위선거구의 지역구 의원 1인당 선거인 수를 계산한 후 선거인 수가 많은 순서대로 10곳의 상위선거구에 각각 비례대표 의원을 한 명씩 배분한다.

<표 14.2>의 가장 우측 열에 +1로 표시된 상위선거구가 비례대표 의원 1명을 배분받은 곳이다. 반면, 북동 가구의 지역구 의원 1인당 선거인 수는 71,601명밖에 되지 않아, 비례 의석을 배분받지 못했다. <표 14.2>의 우측으로부터 두 번째 열에 표시된 괄호 안의 숫자는 비례대표 의원을 추가로 배분받은 상위선거구의 광역의원 1인당 선거인 수를 나타낸다. 이처럼 비례대표 의원 10명을 배분했을 경우, 상위선거구 지역구 의원 정수는 8명에서 11명 정도가 되고 실질적 진입장벽은 6.4%에서 8.7% 정도로 설정된다.[4] 즉 8명을 선발하는 상위선거구에서 6.4% 이상의 득표율을 가진 정당이 한 석을 얻을 수 있다.

14.3.2. 기초의원 선거제도 개혁안: 개방 명부 중층 비례제

기초의원 선거제도에서는 광역의원 하위선거구(4인에서 6인)와 비슷한 수준의 하위선거구(3인에서 5인)를 통합하여 상위선거구를 획정한다. <표 14.3>은 규모가 서로 다른 행정구역의 기초의회를 4인에서 5인을 선발하는 하위선거구로 분할한 사례를 보여 준다. <표 14.3>이 보여 주듯이, 기초의회는 행정구역에 따라 의원 정수에 큰 편차가 발생한다. 예컨대, 총 7명을 선발하는 부산 중구는 각각 3명과 4명을 선발하는 두 하위선거구로 분할할 수 있다. 반면, 총 44명을 선발하는 창원은 4명을 뽑는 하위선거구 하나와 5명을 선발하는 하위선거구 8개로 분할한다.

4 실질적 진입장벽 공식은 4장 참조.

표 14.3 기초의회 상·하위선거구 획정안

상위	하위선거구				평균	기초단체 (구시군)
7	3	4			3.5	부산(중구, 동구, 강서), 대구(중구), 인천(중구, 동구, 강화, 옹진), 광주(동구), 울산(중구, 동구), 경기(과천 포함 10개 선거구), 강원(속초 포함 12개 선거구), 충북(진천, 증평), 충남(계룡, 금산, 서천, 청양), 전북(진안, 무주, 장수, 임실), 전남(곡성 포함 6개 선거구), 경북(군위 포함 8개 선거구)
8	4	4			4.0	부산(서구, 영도, 기장), 대구(남구), 대전(대덕구), 울산(북구), 경기(양주, 안성), 강원(동해, 삼척, 홍천), 충북(보은, 옥천, 영동, 괴산, 음성, 단양), 충남(태안), 전북(순창), 전남(보성, 영암, 무안, 영광, 장성), 경북(성주, 봉화)
9	4	5			4.5	서울(중구), 부산(수영), 경기(군포, 하남, 이천), 전남(담양, 완도, 신안), 경북(예천)
10	5	5			5.0	서울(금천), 대구(달성), 울산(울주), 경기(광주), 전북(고창, 부안), 전남(화순), 경북(문경, 칠곡), 경남(의령, 함안, 남해, 산청, 함양)
11	5	6			5.5	서울(종로), 부산(사상), 대구(서구), 인천(계양), 광주(남구), 대전(동구), 충남(부여, 홍성, 예산), 전북(완주), 전남(해남), 경남(창녕, 고성, 하동, 거창, 합천)
12	4	4	4		4.0	부산(연제), 인천(연수), 대전(중구, 유성), 경기(광명, 김포), 충남(공주, 보령, 논산), 전북(완주), 전남(고흥), 경북(영천), 경남(사천)
13	4	4	5		4.3	서울(용산), 부산(동래, 금정), 광주(서구), 경기(의정부), 충북(제천), 충남(서산, 당진), 전남(광양), 경북(의성), 경남(통영, 밀양)
14	4	5	5		4.7	서울(성동, 광진, 강북, 도봉), 부산(남구, 북구), 울산(남구), 경기(시흥, 파주), 전북(김제), 경북(영주)
15	5	5	5		5.0	서울(서대문, 서초), 부산(사하), 인천(남구), 전남(나주), 경북(경산)
16	4	4	4	4	4.0	서울(구로), 대구(동구), 경기(평택), 충남(아산), 전북(남원), 경남(거제)

17	4	4	4	5						4.3	서울(중랑, 영등포, 동작), 인천(남동구, 서구), 광주(광산구), 전북(정읍), 경북(김천, 상주), 경남(양산)
18	4	5	4	5						4.5	서울(동대문, 마포, 양천, 강동), 부산(해운대), 인천(부평), 세종, 경기(남양주), 강원(강릉),
19	4	5	5	5						4.8	서울(은평), 부산(진구), 충북(충주)
20	5	5	5	5						5.0	대구(북구, 수성구), 광주(북구, 서구)
21	4	4	4	4	5					4.2	서울(노원), 경기(안양, 안산, 화성), 강원(춘천), 경남(진주)
22	4	4	4	5	5					4.4	서울(성북, 강서, 관악), 강원(원주), 전남(목포)
23	4	4	5	5	5					4.6	서울(강남), 전북(군산), 경북(구미), 경남(진해)
24	4	5	5	5	5					4.8	대구(달서), 전남(순천), 경북(안동)
25	5	5	5	5	5					5.0	충남(천안), 전북(익산)
26	4	4	5	4	4	5				4.3	서울(송파), 전남(여수)
28	4	5	5	4	5	5				4.7	경기(부천)
29	4	5	5	5	5	5				4.8	경기(용인)
32	4	4	4	5	5	5	5			4.6	경북(포항)
33	4	4	5	5	5	5	5			4.7	경기(고양)
34	4	5	5	5	5	5	5			4.9	전북(전주)
35	5	5	5	5	5	5	5			5.0	경기(성남)
37	4	4	5	4	5	5	5	5		4.6	경기(수원)
38	4	5	5	4	5	5	5	5		4.8	제주
39	4	5	5	5	5	5	5	5		4.9	충북(청주)
44	4	5	5	5	5	5	5	5	5	4.9	경남(창원)

상위선거구는 두 가지 방법으로 획정할 수 있다. 첫 번째 방법에서는 상위선거구 크기의 편차가 최소화되도록 한다. <표 14.3>에서 굵은 테두리로 표시된 부분이 이러한 방법으로 하위선거구를 통합하여 만든 상위선거구이다. 예컨대, 총 13인을 선발하는 서울 용산은 4인 하위선거구 두 개와 5인 하위선거구 하나를 묶어 하나의 상위선거구로 획정한다. 창원은 4인 하위선거구 하나와 5인 하위선거구 두 개를 묶어

만든 하나의 상위선거구와 5인 하위선거구 세 개를 묶어 만든 두 개의 상위선거구로 구성된다. 이러한 방법은 기존의 행정구역을 쪼개서 하위선거구를 획정해야 하므로 게리맨더링(gerrymandering)이나 획정 문제를 둘러싼 갈등이 발생할 수 있다.

두 번째 방법은 기존의 행정구역을 그대로 유지하여 상위선거구로 사용하는 것이다. 이 방법은 기존의 행정구역을 유지하기 때문에 상위선거구 획정과 관련된 다툼의 소지가 없다. 이 방법을 따르면 상위선거구의 의원정수가 도시지역보다 농어촌 지역에서 더 적게 획정되므로, 농어촌 상위선거구에서 의석을 확보하는 데 필요한 득표율이 증가하게 된다. 따라서 연고주의에 의한 투표 성향이 강한 농어촌 지역에서 무소속 후보가 당선되는 것을 억제하는 효과를 얻을 수 있다. 도시지역에서는 상위선거구 크기가 매우 크기 때문에, 다수의 하위선거구에서 같은 정당 후보들이 얻은 표를 합산하게 되면 군소정당 후보들의 합산표가 무소속 후보가 얻은 표보다 월등히 많게 된다. 따라서 도시지역에서도 무소속 후보가 당선될 가능성은 감소한다.

14.4 개방 명부 중층 비례제와 다른 선거제도 의석 배분 비교 시뮬레이션

단기비이양식 선거제도에서는 중대선거구에서 유권자가 후보에게 1표를 행사하고 당선자는 득표순으로 결정된다. 이 제도에서 후보가 얻은 표는 자신만의 당선을 위해서 활용된다. 단기비이양식 제도에서는 당선자의 잉여표(당선에 필요한 표를 초과한 표)와 낙선자의 표는 사표로 처리되어, 같은 정당의 다른 후보의 당선에 도움을 주지 못한다. 따라서 유권자가 경쟁력이 막강한 후보나 당선 가능성이 없는 후보에게 행사한 표는 사표가 되어 이 유권자가 차선으로 선호하는 같은 정당 후보에게 도움이 되지 못하고 오히려 다른 정당 후보의 당선에 일조할 수 있다.[5] 개방 명부 단순 비

---

5 단순다수제 역시 유권자의 표가 원치 않는 후보의 당선에 공헌하는 문제를 가지고 있다. 만약 유권자가 가장 선호하는 후보가 군소정당 후보일 경우, 이 후보에 행사하는 표는 사표가 되어 차선 후보는 낙선되고 가장 원치 않는 후보가 당선될 수 있다.

례제에서는 같은 정당 후보들에게 행사된 표는 모두 합산되어 정당 표로 계산된다. 이 제도에서는 후보들이 얻은 표는 정당 전체를 위해서 공동으로 이용(pool)되기 때문에, 막강한 후보나 당선 가능성이 없는 후보에게 행사한 표도 같은 정당의 다른 후보의 당선에 일조하고 다른 정당의 경쟁력 있는 후보를 낙선시키는 데 활용될 수 있다. 개방 명부 단순 비례제와 중층 비례제의 차이는 전자에서는 같은 정당 후보들이 한 선거구에서 얻은 표를 공동으로 이용하는 반면, 후자에서는 같은 정당 후보들이 여러 하위선거구에서 얻은 표를 공동으로 이용한다는 것이다. 따라서 전자에서는 한 선거구에서 한 정당 후보에게 행사한 표가 같은 선거구의 같은 정당 후보의 당선에 일조할 수 있는 반면, 후자에서는 한 하위선거구에서 한 정당 후보에게 행사한 표가 다른 하위선거구의 같은 정당 후보의 당선에 일조할 수 있다.

유권자의 표가 원치 않는 후보의 당선에 공헌할 수도 있게 되는 단기비이양식 제도의 문제는 개방 명부 단순 비례제와 중층 비례제에서도 발생할 수 있다.[6] 단순 비례제에서 한 정당 후보에 투표한 유권자가 같은 정당의 다른 후보보다 다른 정당 후보를 차선으로 선호하는 경우, 이 유권자의 표는 같은 정당 후보들끼리만 이용되기 때문에 유권자의 선호에 반하여 같은 정당의 다른 후보의 당선에 일조하게 된다. 마찬가지로, 중층 비례제에서 한 하위선거구의 한 정당 후보에 투표한 유권자가 다른 하위선거구에서 경쟁하는 같은 정당의 다른 후보보다 다른 정당 후보를 선호하는 경우, 이 유권자의 표는 유권자의 선호에 반하여 다른 하위선거구의 같은 정당의 다른 후보의 당선에 일조하게 된다. 그러나 단순 비례제나 중층 비례제 모두에서 유권자들이 같은 정당 후보보다 다른 정당 후보들을 선호할 가능성은 작다. 따라서 두 제도 모두 단기비이양식 선거제도에 비해 유권자 선호에 반하는 결과를 초래할 가능성이 작다.

중층 비례제를 채택한 여러 국가는 의석 조정(adjustment seats) 방식이나 잔여 표 이양(remainder transfer) 방식으로 의석을 배분하며(Lijphart, 1994), 상하위선거구에서 동일한 의석 배분 방식을 사용하는 한 동일한 의석 배분 결과를 산출한다. 레이파트

---

6 폐쇄 명부 역시 이러한 문제를 초래할 수 있다. 만약 정당이 공천한 후보 중 당선을 원치 않는 후보가 포함되었다면, 유권자가 행사한 정당 표가 원치 않는 후보의 당선을 초래할 수도 있다.

에 의하면(Lijphart, 1994), 1945년에서 1990년 사이에 13종류의 의석 조정 방식이 사용되었고 일곱 종류의 잔여표 이양 방식이 사용되었다. 예컨대, 아이슬란드는 의석 조정 방식을 사용해서 하위선거구와 상위선거구에서 각각 6명과 60명 정도를 선발하였다. 아이슬란드는 상·하위선거구 모두 동트(d'hondt) 의석 배분 방식을 사용하였다. 오스트리아는 잔여 표 이양법을 통해 하위선거구와 상위선거구에서 각각 7명과 41명 정도를 선발하였고, 이탈리아 역시 같은 방식으로 하위선거구와 상위선거구에서 각각 20명과 626명 정도를 선발하였다. 최근에는 오스트리아, 벨기에, 덴마크, 에스토니아, 아이슬란드, 노르웨이, 스웨덴 등의 국가들이 중층 비례제를 사용하고 있다.

이 절에서는 중층 비례제의 잔여 표 이양 방식을 사용한 의석 배분 결과가 단기비이양식 선거제도와 개방 명부 단순 비례제 결과와 어떤 차이가 있는가를 설명하기 위해, 7대 과천시 기초의회 선거 결과 사례를 이용해서 살펴본다. <표 14.4>의 윗부분은 7대 기초선거 과천시 개표 결과를 보여 준다. 단기비이양식 선거제도에서는 하위선거구에서 후보들이 얻은 득표순에 따라 의석 배분을 한다. 3인을 선발하는 가 선거구에서는 민주당 후보 2인, 한국당 후보 1인, 바른미래당(이하 바미당) 후보 1인과 무소속 후보 3인이 출마하여, 민주당 후보 2인과 한국당 후보 1인이 당선되었다. 4인을 선발하는 나 선거구에서는 민주당 2인, 한국당 2인, 바미당 1인과 무소속 1인이 출마하여, 민주당 후보 2인과 한국당 및 무소속 후보 1인이 각각 당선되었다. <표 14.4>에서 당선된 후보는 굵게 표시되었다.

중층 비례제로 선거를 치른다면, 기존의 가 선거구와 나 선거구는 하위선거구가 되고 두 선거구를 통합한 선거구가 상위선거구가 된다. <표 14.4>의 첫 번째 단계가 보여 주듯이, 중층 비례제에서는 먼저 각 하위선거구에 출마한 같은 정당 후보들의 표를 먼저 합산하여 정당 표를 계산한다. 무소속 후보는 하나의 정당으로 간주한다. 다음은 최대잉여법을 사용해서 당선기수(full quota)를 충족시키는 정당이나 무소속 후보에게 의석을 먼저 배분한다. <표 14.4>에서는 드룹(Droop) 방식을 이용하였다. 가선거구와 나선거구의 당선기수는 각각 두 선거구의 드룹 크기(Droop size)인 3,844표와 3,293표이다. <표 14.4>의 두 번째 단계가 보여 주듯이,

가 선거구에서 민주당은 1석에 해당하는 당선기수를 충족시켰고 나 선거구에서 민주당과 한국당은 각각 2석과 1석에 해당하는 당선기수를 충족시켰다. 따라서 두 번째 단계에서 가 선거구와 나 선거구의 당선기수 충족 의석 각각 1석과 3석이 배분되어, 두 선거구에 배분해야 할 잔여석이 각각 2석과 1석이 남게 된다.

표 14.4 중층 비례제, 단기비이양식과 단순 비례제 의석 배분 시뮬레이션

7대 기초선거 과천시 개표 결과										
하위선거구	민주당	민주당	한국당	한국당	바미당	무1	무2	무3	무4	합
가선거구	**박종락**	**류종우**	**김현석**		박재영	구자동	문봉선	이홍천		
	4,158	2,620	3,833		1,001	1,688	688	1,387		15375
나선거구	**윤미현**	**박상진**	**고금란**	**권병준**	**백남철**				**안수정**	
	4,640	2,729	2,774	1,896	2,022				2,401	16462
첫 번째 단계: 각 선거구에서 같은 정당 후보들의 득표 수 계산 (무소속은 서로 다른 정당으로 간주)										
가선거구	민주당	한국당	바미당	구자동	문봉선	이홍천		합	의석수	드룹크기
	6778	3833	1001	1688	688	1387		15375	3	3844
나선거구	민주당	한국당	바미당				안수정			
	7369	4670	2022				2401	16462	4	3293
두 번째 단계: 두 하위선거구에서 Droop 당선기수 충족의석 배분										
가선거구	민주당	한국당	바미당	구자동	문봉선	이홍천		합	가선거구 의석 배분	
드룹 수	1.763	0.997	0.260	0.439	0.179	0.361		4	민주당 1석 잔여석 2석	
당선기수 충족	**1**	0	0	0	0	0		1		
드룹 나머지	**0.763**	**0.997**	0.260	0.439	0.179	0.361		3		
나선거구	*민주당*	*한국당*	바미당				안수정	합	나선거구 의석 배분	
드룹 수	2.238	1.418	0.614				0.729	5	민주당 2석 한국당 1석 잔여석 1석	
당선기수 충족	**2**	**1**	0				0	3		
드룹 나머지	0.238	0.418	0.614				**0.729**	2		
세 번째 단계: 두 하위선거구 잔여표의 정당 별 합산 결과로 잔여석의 정당 간 의석 배분										

선거구	민주당	한국당	바미당	구자동	문봉선	이홍천	안수정	합	잔여석 의석 배분
가선거구	2934	3833	1001	1688	688	1387		11531	
나선거구	783	1377	2022				2401	6583	
상위선거구	**3717**	**5210**	**3023**	1688	688	1387	2401	18114	민주당 1 가선거구 한국당 1 가선거구 바미당 1 나선거구
잔여의석 배분	1	1	1	0	0	0	0	3	

단순 비례제와 중층 비례제의 차이는 정당들이 잔여석을 어떻게 배분하는가에 달려 있다. 단순 비례제에서는 정당들이 각 선거구에서 얻은 드룹 수(the number of Droop quotas)에서 정수 부분(full quota)을 뺀 나머지 크기에 따라 배분한다. 가 선거구에서는 한국당과 민주당 드룹 수의 나머지 크기가 가장 크기 때문에(0.997과 0.763) 잔여석은 두 정당에 각각 1석씩 배분된다. 나 선거구에서는 안수정 무소속 후보의 나머지가 가장 크기 때문에(0.729), 안수정 후보가 잔여석을 가져간다. 그러나 중층 비례제에서는 하위선거구의 잔여석을 합산하여 산출된 상위선거구 수준에서의 잔여 표를 기준으로 의석을 배분한다. <표 14.4>의 세 번째 단계는 상위선거구에서는 잔여 표가 한국당, 민주당, 바미당 순으로 많다는 사실을 보여 준다. 상위선거구의 잔여 표를 이용해서 잔여석을 배분하기 위해 다양한 방식을 사용할 수 있다. 예컨대 최대잉여법의 하나인 헤어(Hare) 방식이나 최고평균법의 하나인 동트(d'Hondt)을 사용할 경우, 잔여석 3석은 한국당, 민주당, 바미당 순으로 배분된다.

단기비이양식 선거제도, 개방 명부 단순 비례제와 중층 비례제의 의석 배분 방식을 이론적으로 서로 비교해 보면, 단순 비례제는 단기비이양식 선거제도에 비해 무소속(군소정당) 후보에 불리(유리)하게 작동할 가능성이 크다. 왜냐하면 단기비이양식 선거제도에서 무소속 후보는 자신이 얻은 개인표만 가지고 의석을 배분받는 반면, 군소정당 후보들은 같은 정당 후보들의 표를 합산한 정당 표를 이용해서 의석을 배분받기 때문이다. 예컨대, 군소정당 후보들이 각각 얻은 개인표가 무소속 후보의 개인표보다 적어도, 군소정당 후보들의 개인표를 합산한 정당 표가 무소속 후보의 표보다 더 많을 경우, 군소정당은 무소속 후보에게 돌아갈 의석을 확보할 수 있다. 중층 비례제는 단순 비례제에 비해 무소속 후보가 의석을 얻을 가능성을 더 감소시킨다. 그 이유는 단순 비례제는 한 선거구에서 같은 정당 후보들이 얻은 표만 공동으로 이용하는 반면, 중층 비례제는 여러 하위선거구에서 같은 정당 후보들이 얻은 표를 공동으로 이용하기 때문이다.

<표 14.4>가 보여 준 단기비이양식 선거제도, 단순 비례제와 중층 비례제에서의 의석 배분 결과를 비교해 보면, 중층 비례제가 단순 비례제에 비해 무소속 후보의 의석 확보를 더 어렵게 한다는 사실을 알 수 있다. <표 14.4>의 결과에 의하면, 단기비이양식 선거제도와 단순 비례제에서는 무소속 후보인 안수정 후보가 1석을 얻은 반면, 중층 비례제에서는 안수정 후보 대신 바미당 후보가 1석을 가져갔다. 그러나 중층 비례제에서는 안수정 후보가 의석을 잃게 된다. 그 이유는 잔여석을 배분할 때 가 선거구에 출마한 바미당 박재영 후보의 잔여 표 1,001표와 나 선거구에 출마한 바미당 백남철 후보의 잔여 표 2,022표가 합산되어 바미당 잔여 표가 3,023표로 계산되는 반면, 안수정 후보는 자신이 얻은 2,402표만 잔여 표로 사용할 수 있기 때문이다. <표 14.4>의 의석 배분 결과가 보여 주는 중요한 함의는 중층 비례제는 단기비이양식 선거제도는 물론 단순 비례제보다 무소속 후보에 불리하게 작동한다는 것이다. 특히 상위선거구를 구성하는 하위선거구의 수가 증가할수록, 중층 비례제는 무소속 후보의 의석 확보 가능성을 감소시킨다.

14.5 중층 비례제와 다른 대안과의 비교

지방선거의 가장 중요한 목적은 지역일꾼을 선발하는 것이므로, 유권자와 후보의 연계를 강화하고 지방정치가 중앙정치에 예속되는 것을 방지할 수 있는 효과를 가져야 한다. 따라서 지방선거에서는 유권자가 지역일꾼이 누구인가를 판단할 수 있을 정도로 선거구에서 선발하는 의원정수가 너무 많지 않아야 한다. 현행 선거제도인 단기비이양식 선거제도는 비교적 적은 수의 의원을 선발하므로 유권자들이 후보의 장단점을 파악하기 쉬우나, 같은 정당 후보들의 표를 골고루 분산시키고 최적한 수의 후보를 전략적으로 공천해야 하는 문제 때문에 당의 개입이 심해진다. 따라서 지방정치가 중앙정치에 예속될 가능성이 크고, 전략적 공천에 능하지 않은 군소정당 후보의 당선이 어렵다. 이뿐만 아니라, 후보들의 표는 개인표로 집계되기 때문에 무소속 후보의 당선을 억제하는 효과가 약하다.

표 14.5 선거제도에 따른 지방선거 추구 목표 실현 효과

선거제도 / 추구 목표	단기 비이양식	폐쇄 명부 단순 비례대표	개방 명부 단순 비례대표	개방 명부 중층 비례대표
유권자-후보 연계	높음	낮음	중간	높음
중앙정치 예속 방지	낮음	낮음	높음	높음
군소정당 의회 진입	낮음	높음	중간	높음
무소속 후보 당선 억제	낮음	높음	중간	높음

전술한 논의와 시뮬레이션 분석 결과를 종합하면, 중층형 비례제는 단기비이양식 선거제도뿐만 아니라 다른 대안과 비교해도 지방선거 제도로서 여러 장점이 있다. <표 14.5>는 중층형 비례제가 지방선거 제도로서 어떠한 장점을 가지고 있는가를 다른 선거제도와 비교해서 정리한 것이다. 첫째, 폐쇄 명부 비례제에서는 유권자들이 후보를 직접 선발할 수 없으므로 중앙당이나 국회의원이 지방선거 후보의 순위를 정할 경우, 지방정치가 중앙정치에 예속되는 것을 방지하기 어렵다. 둘째, 개방 명부 비례제는 선거구 크기가 작을 때만 유권자들이 후보의 장단점을 파악하기 쉽다. 그러나 개방 명부 비례제에서 너무 작은 선거구

크기를 선택하면 비례성이 낮아지고 군소정당의 의회 진입이 어려워진다.[7] 이에 반해, 중층 비례제에서는 유권자들이 비교적 적은 수의 후보를 선발하는 하위선거구에서 투표하고 의석 배분은 상위선거구에서 이루어지기 때문에 군소정당의 의회 진입이 쉽다. 이뿐만 아니라, 3절의 시뮬레이션 결과가 보여 주듯이, 중층 비례제는 무소속 후보 대신 군소정당 후보의 의회 진입을 가능하게 한다.

14.6 결론

이 장에서는 현행 지방 선거제도가 가진 다양한 문제들을 해소하기 위한 개혁안으로 개방 명부 중층 비례제를 제안하였다. 이 제도에서 유권자들은 비교적 작은 하위선거구에서 후보에게 직접 투표하고, 정당 간 의석 배분은 상위선거구 수준에서의 정당 득표수를 기준으로 이루어진다. 광역의원 선거의 경우, 국회의원 지역구 2개 또는 3개를 하나로 통합한 하위선거구에서 4인 또는 6인의 광역의원을 선발하고, 하위선거구 두 개를 통합한 상위선거구에서 정당 간 의석을 배분한다. 기초의원 선거의 경우, 유권자들은 4인에서 5인을 선발하는 하위선거구에서 투표하고, 기초단체의 인구 규모 및 읍면동 수에 따라 하위선거구들을 2개에서 9개까지 통합한 상위선거구에서 정당 간에 의석을 배분한다. 유권자들은 광역의원과 기초의원 선거를 위해 평균적으로 5인 정도의 선거구에서 투표하므로 대선거구에 비해 후보에 대한 정보를 파악하기 쉽다. 따라서 대선거구에서 발생하기 쉬운 기호 효과를 억제할 수 있다.

광역의원 선거의 경우 상위선거구에서 8인에서 11인을 선발하므로 비교적

---

7 작은 선거구 크기를 가진 개방 명부 비례제는 유권자와 후보의 연계를 강화하는 효과를 가지나, 후보가 정당에 충성할 동기를 약화하고 후보의 개인표 확보에 집중한다는 단점이 있다. 따라서 국가의 중요정책을 입안하는 국회의원 선발제도로는 후보의 정당 충성 동기를 촉진하는 부분 개방 명부가 더 나을 수 있고, 정당 민주화가 확립된 국가에서는 폐쇄 명부가 바람직할 수도 있다.

높은 수준의 실질적 진입장벽이 설치되어 지방 유지나 토호 세력 출신의 사업가형 후보가 의회에 진입하는 것을 억제할 수 있다. 기초의원 선거에서는 상위선거구의 크기가 행정구역에 따라 달라지나, 대부분 행정구역이 10인 이상을 선발한다. 따라서 광역의원 선거에 비해 더 다양한 군소 후보들이 기초의회에 진입할 기회를 얻게 되며, 중층 비례제의 의석 배분 방식 덕분에 무소속 후보 대신 군소정당 후보들이 의회에 진입할 가능성이 증가한다.

이 장의 개혁안이 지역공동체에 봉사할 수 있는 지역일꾼을 자동으로 산출하는 것은 아니다. 이러한 후보들을 선출하기 위해서는 지역공동체에 봉사할 동기와 경력을 가진 후보를 선별하기 위한 투명하고 엄격한 공천제도와 선출된 지역의원의 의정활동을 감시하고 평가하는 장치가 필수적으로 마련되어야 한다. 예비후보의 봉사활동 실적이나 공익 활동 경력을 중요한 공천 기준으로 삼고 이를 근거로 명부에서 유리한 기호나 위치를 부여하는 방법이 중앙정치로부터 자율적인 지역일꾼을 선발하는 방안이 될 수 있다. 지역공동체의 이익을 위해서 일할 동기를 가진 후보를 공천하기 위한 제도가 뒷받침되지 않을 경우, 지방정치 경력을 중앙정치로 도약하기 위한 발판으로 삼거나 자신의 경제적 이익을 도모하기 위해 지방관직을 이용하는 지역 정치인의 행태는 크게 변하지 않으리라 예측된다.

14장 부록

표 14.6 중층 광역의원 선거제도 서울 북부 및 남서 지역 상·하위선거구 획정 예

<table>
<tr><th rowspan="3">행정
구역</th><th rowspan="3">국회
의원
지역구</th><th colspan="7">광역(시도)의원 선거제도</th></tr>
<tr><th colspan="3">현행 (비례 의석 미포함)</th><th colspan="4">개혁안 (비례 의석 포함)</th></tr>
<tr><th>시도의원 선거구</th><th>선거인
수</th><th>의원
수</th><th>하위선거구
4-6</th><th>의원
수</th><th>상위
선거구
8-12인</th><th>의원수</th></tr>
<tr><td rowspan="4">성북</td><td rowspan="2">성북갑</td><td>성북구제1선거구</td><td>101,096</td><td>1</td><td rowspan="4">성북
북가-1</td><td rowspan="4">4</td><td rowspan="8">북
가구
654,034
81,754
(72,670)</td><td rowspan="8">8+1</td></tr>
<tr><td>성북구제2선거구</td><td>100,984</td><td>1</td></tr>
<tr><td rowspan="2">성북을</td><td>성북구제3선거구</td><td>98,290</td><td>1</td></tr>
<tr><td>성북구제4선거구</td><td>72,804</td><td>1</td></tr>
<tr><td rowspan="4">강북</td><td rowspan="2">강북갑</td><td>강북구제1선거구</td><td>74,464</td><td>1</td><td rowspan="4">강북
북가-2</td><td rowspan="4">4</td></tr>
<tr><td>강북구제2선거구</td><td>66,982</td><td>1</td></tr>
<tr><td rowspan="2">강북을</td><td>강북구제3선거구</td><td>76,526</td><td>1</td></tr>
<tr><td>강북구제4선거구</td><td>62,888</td><td>1</td></tr>
</table>

도봉	도봉갑	도봉구제1선거구	68,746	1	도봉 북나-1	4	북 나구 749,066 74,907	10
		도봉구제2선거구	74,027	1				
	도봉을	도봉구제3선거구	58,847	1				
		도봉구제4선거구	91,076	1				
노원	노원갑	노원구제1선거구	71,068	1	노원 북나-2	6		
		노원구제2선거구	67,305	1				
	노원을	노원구제3선거구	84,760	1				
		노원구제4선거구	80,693	1				
	노원병	노원구제5선거구	65,086	1				
		노원구제6선거구	87,458	1				
강서	강서갑	강서구제1선거구	87,821	1	강서갑을 남서가-1	4	남서 가구 712,617 89,077 (79,180)	8+1
		강서구제2선거구	85,966	1				
	강서을	강서구제3선거구	81,876	1				
		강서구제4선거구	95,115	1				
	강서병	강서구제5선거구	67,547	1	강서병 양천갑 남서가-2	4		
		강서구제6선거구	90,696	1				
양천	양천갑	양천구제1선거구	100,608	1				
		양천구제2선거구	102,988	1				
	양천을	양천구제3선거구	83,298	1	양천을 구로갑 남서나-1	4	남서 나구 737,727 92,216 (81,970)	8+1
		양천구제4선거구	96,210	1				
구로	구로갑	구로구제1선거구	53,389	1				
		구로구제2선거구	100,191	1				
	구로을	구로구제3선거구	121,364	1	구로을 금천 남서나-2	4		
		구로구제4선거구	76,513	1				
금천	금천	금천구제1선거구	108,834	1				
		금천구제2선거구	97,928	1				

표 14.7 중층 광역의원 선거제도 서울 남부 및 남동 지역 상·하위선거구 획정 예

<table>
<tr><th rowspan="3">행정
구역</th><th rowspan="3">국회
의원
지역구</th><th colspan="7">광역(시도)의원 선거제도</th></tr>
<tr><th colspan="3">현행 (비례 의석 미포함)</th><th colspan="4">개혁안 (비례 의석 포함)</th></tr>
<tr><th>시도의원 선거구</th><th>선거인수</th><th>의원
수</th><th>하위선거구
4-6인</th><th>의원
수</th><th>상위선거구
8-12인</th><th>의원수</th></tr>
<tr><td rowspan="4">영등포</td><td rowspan="2">영등포갑</td><td>영등포구제1선거구</td><td>77,734</td><td>1</td><td rowspan="4">영등포
남가-1</td><td rowspan="4">4</td><td rowspan="8">남
가구
665,525
83,191
(73,947)</td><td rowspan="8">8+1</td></tr>
<tr><td>영등포구제2선거구</td><td>105,928</td><td>1</td></tr>
<tr><td rowspan="2">영등포을</td><td>영등포구제3선거구</td><td>76,291</td><td>1</td></tr>
<tr><td>영등포구제4선거구</td><td>65,083</td><td>1</td></tr>
<tr><td rowspan="4">동작</td><td rowspan="2">동작갑</td><td>동작구제1선거구</td><td>89,554</td><td>1</td><td rowspan="4">동작
남가-2</td><td rowspan="4">4</td></tr>
<tr><td>동작구제2선거구</td><td>93,745</td><td>1</td></tr>
<tr><td rowspan="2">동작을</td><td>동작구제3선거구</td><td>85,685</td><td>1</td></tr>
<tr><td>동작구제4선거구</td><td>71,505</td><td>1</td></tr>
<tr><td rowspan="4">관악</td><td rowspan="2">관악갑</td><td>관악구제1선거구</td><td>112,707</td><td>1</td><td rowspan="4">관악
남나-1</td><td rowspan="4">4</td><td rowspan="8">남
나구
809,476
101,185
(899,942)</td><td rowspan="8">8+1</td></tr>
<tr><td>관악구제2선거구</td><td>124,790</td><td>1</td></tr>
<tr><td rowspan="2">관악을</td><td>관악구제3선거구</td><td>105,871</td><td>1</td></tr>
<tr><td>관악구제4선거구</td><td>106,374</td><td>1</td></tr>
<tr><td rowspan="4">서초</td><td rowspan="2">서초갑</td><td>서초구제1선거구</td><td>81,625</td><td>1</td><td rowspan="4">서초
남나-2</td><td rowspan="4">4</td></tr>
<tr><td>서초구제2선거구</td><td>80,876</td><td>1</td></tr>
<tr><td rowspan="2">서초을</td><td>서초구제3선거구</td><td>111,834</td><td>1</td></tr>
<tr><td>서초구제4선거구</td><td>85,399</td><td>1</td></tr>
</table>

<table>
<tr><td rowspan="6">강남구</td><td rowspan="2">강남갑</td><td>강남구제1선거구</td><td>84,433</td><td>1</td><td rowspan="4">강남갑병
남동가-1</td><td rowspan="4">4</td><td rowspan="8">남동
가구
630,627
78,828
(70,070)</td><td rowspan="8">8+1</td></tr>
<tr><td>강남구제2선거구</td><td>80,777</td><td>1</td></tr>
<tr><td rowspan="2">강남병</td><td>강남구제5선거구</td><td>81,602</td><td>1</td></tr>
<tr><td>강남구제6선거구</td><td>69,199</td><td>1</td></tr>
<tr><td rowspan="2">강남을</td><td>강남구제3선거구</td><td>69,313</td><td>1</td><td rowspan="4">강남을
송파을
남동가-2</td><td rowspan="4">4</td></tr>
<tr><td>강남구제4선거구</td><td>69,538</td><td>1</td></tr>
<tr><td rowspan="6">송파구</td><td rowspan="2">송파을</td><td>송파구제3선거구</td><td>119,002</td><td>1</td></tr>
<tr><td>송파구제4선거구</td><td>56,763</td><td>1</td></tr>
<tr><td rowspan="2">송파갑</td><td>송파구제1선거구</td><td>73,041</td><td>1</td><td rowspan="4">송파갑병
남동나-1</td><td rowspan="4">4</td><td rowspan="8">남동
나구
744,394
93,049
(82,710)</td><td rowspan="8">8+1</td></tr>
<tr><td>송파구제2선거구</td><td>91,279</td><td>1</td></tr>
<tr><td rowspan="2">송파병</td><td>송파구제5선거구</td><td>102,970</td><td>1</td></tr>
<tr><td>송파구제6선거구</td><td>111,928</td><td>1</td></tr>
<tr><td rowspan="4">강동구</td><td rowspan="2">강동갑</td><td>강동구제1선거구</td><td>112,992</td><td>1</td><td rowspan="4">강동
남동나-2</td><td rowspan="4">4</td></tr>
<tr><td>강동구제2선거구</td><td>84,663</td><td>1</td></tr>
<tr><td rowspan="2">강동을</td><td>강동구제3선거구</td><td>82,547</td><td>1</td></tr>
<tr><td>강동구제4선거구</td><td>84,974</td><td>1</td></tr>
</table>

15장

맺는말

이 책은 정치제도의 작동 원리를 설명하기 위해 누가 누구를 대표할 것인가라는 질문을 제기하였다. I부와 II부에서는 누구를 대표하는가의 문제를 다루었다. 대의민주주의에서는 다수 지배와 소수 보호라는 두 원리 중 무엇을 중시하는가에 따라 국가가 다수의 입장을 효율적으로 대표할 수도 있고, 다수로부터 소수를 보호할 수도 있다. 이 책은 정치제도를 다수 지배와 소수 보호라는 두 원리 간 균형을 결정하는 규칙으로 설명하였다. 예컨대 양당 체제를 산출하는 단순다수제는 다수 지배에 유리한 반면, 다당 체제를 산출하는 비례제는 소수 보호에 유리하다. 권한의 위임 구조가 직렬형인 의회제는 다수 지배에 유리하고, 병렬형인 대통령제는 소수 보호에 유리하다. 다수결 입법 규칙은 다수 지배에 유리하고 초다수결 입법 규칙은 소수 보호에 유리하다. 이 책은 1987년 헌법에 규정된 한국 정치제도들이 두 원리의 균형에 어떠한 영향을 미치는가를 분석하였다. 1987년 헌법 체제에서 양당 체제를 창출하는 경향이 있는 단순다수제 위주의 선거제도, 행정부도 법안을 발의할 수 있는 의회제 요소와 사법부의 독립성을 보장하기에 부족한 사법부 구성제도는 다수 지배에 유리하게 작동한다.

III부에서는 누가 대표하는가의 문제를 다루었다. 이 문제는 대의민주주의의 구조적인 문제인 대리인 문제와 관련이 있다. 대의민주주의에서는 주인인 국민이 대리인인 정치인과 관료에게 권한을 위임하여 주인의 가치와 이해를 대변하도록 한다. 대리인 문제는 정치인과 관료가 위임받은 역할을 충실히 수행하지 않을 때, 또는 이들이 자신의 이익을 추구해도 이들을 통제할 수 없을 때 초래된다. 한국에서 자주 발생하는 권력형 비리는 정치인이 자신이 위임받은 권력을 이용해서 자신의 이익을 추구하는 대리인 문제의 일종이다. 대리인 문제는 주인과 가치를 공유하거나 신뢰할 수 있는 대리인을 선발하는 사전적 방법과 대리인이 임무 수행을 제대로 하는가를 감시하고 심판하는 사후적 방법으로 억제할 수 있다. 이 책의 경험 분석에 의하면, 한국 유권자는 자신들의 투표 결정에 경제 상황이 가장 중요하다고 인식하나, 총선 당시 여당에 대한 심판은 대통령의 경제성과와 무관하게 이루어진다. 이 책의 경험 분석은 또한 한국 유권자가 중앙정부 관료 경력이나 의정 경력이 있는 후보를 더 지지하나 이러한 경력을 가진 의원의 입법 성과는 다른 의원보다 더 낮다는 사실을 발견했다. 이러한 경험 분석 결과가 의미하는 바는 한국에서의 대리인 문제는 사후적 심판과 사전적 선발 모두 효과적으로 이루어지지 않기 때문에 초래된다는 것이다.

IV부에서는 당간 차원 대표성과 당내 차원 대표성이라는 개념을 제시하고, 두 종류의 대표성을 촉진하기 위한 정치제도 개혁 방안을 제시하였다. 당간 차원 대표성은 누구를 대표할 것인가의 문제와 관련이 있다. 당간 차원 대표성이 높은 체제는 다수의 규모에 따라 다수와 소수의 이익 균형이 효율적으로 조정되는 체제이다. 당내 차원 대표성은 누가 대표할 것인가 문제와 관련이 있다. 당내 차원 대표성이 높은 체제는 시민사회의 다양한 계층·직능·세대·지역 집단들을 대표하는 대리인이 국회에 진입하여 자신을 선발한 집단들을 위한 의정활동을 하는 체제이다. 즉 자신을 선발하는 집단의 이해와 가치를 공유하는 대리인을 선발하는 제도가 당내 차원 대표성을 증진한다. 당간 차원 대표성은 선거제도 개혁을 통해 증진할 수 있으며 당내 차원 대표성은 대리인 문제를 해결하기 위한 정당 개혁을 통해 증진할 수 있다.

1987년 헌법 체제가 도입된 이후, 정치권에서는 당간 차원 대표성에 영향을 미치는 중요한 제도개혁을 시도하였다. 국회선진화법은 국회의 의사결정 규칙을 다수결에서 초다수결로 바꾸었다. 준연동형 선거제도 도입은 위성정당 출현을 촉진하여 양당 지배 체제를 오히려 강화하였다. 이 책의 분석은 두 정치제도 개혁은 오히려 부정적인 효과를 산출한다는 사실을 보여 주었다. 거부권 행사자 모형의 분석에 의하면, 양당 체제와 초다수결 입법 규칙이 조합된 체제는 입법 생산성, 책임정치 실현 능력, 소수 보호 능력, 정치 양극화 해소 능력 모두 하위권에 속한 것으로 나타났다. 이 책의 분석은 또한 다당 체제 대통령제와 다수결 입법 규칙이 조합된 체제에서 중도 정당이 중추 정당의 지위를 차지할 수 있으면 당간 차원 대표성이 향상된다는 사실을 보여 주었다. 이러한 온건한 다당제 대통령제는 다른 체제에 비해 입법 생산성을 증진하고 책임정치를 구현하는 데 가장 효과적이며, 비교적 성공적으로 소수를 보호하고 정치 양극화를 억제한다. 이러한 분석 결과를 근거로 이 책은 온건한 중도 정당이 중추 정당의 지위를 차지할 정도로 비례성이 높은 단순 비례제를 개혁 방안으로 제안하였다.

당내 차원 대표성은 대리인 문제를 억제할 수 있는 당내 의사결정 방식과 후보 선발 방식을 통해 증진될 수 있다. 이 책은 시민사회의 집단 구성원들이 직접 자신들의 후보를 선발하고 당에 가입하여 후보의 순위를 결정하는 후보 순위 결정 방식을 제안하였다. 이 책이 제안한 부분 개방 명부 비례제에서는 유권자들이 정당뿐만 아니라 후보에게도 투표하기 때문에 당선 기준을 충족시킬 정도로 많은 개인표를 얻은 후보는 자력으로 당선된다. 따라서 후보는 명부에서 높은 순위를 얻기 위해 당에 충성할 뿐만 아니라 더 많은 개인표를 얻기 위해 유권자에 봉사할 동기를 가진다.

이 책은 대통령 선거 개혁 방안으로 순위 투표제를 제안하였다. 순위 투표제는 호불호가 분명하게 갈리는 후보에 비해 다양한 집단으로부터 폭넓은 지지를 받는 온건한 후보에게 유리하게 작동한다. 순위 투표제는 또한 후보가 온건한 정책 입장을 선택할 동기를 촉진한다. 따라서 순위 투표제는 정치 양극화가 심화하고 있는 한국의 현실에 적합한 대안으로 활용될 수 있다. 이 책은 또한 대통령 단임제와 연임제 중 한 제도가 더 나은 제도라고 평가할 만한 이론적인 근거가 없다는 사실을 보여 주었다. 국정운영 성과를 합리적으로 심판하기 어려운 환경에서 연임제를 채택하면, 국정운영에 실패한 대통령이 재선되는 최악의 결과가 초래될 수 있다는 사실을 보여 주었다. 대리인 심판이 효과적으로 작동하지 않는 한국의 정치 현실에서는 여당이 대선에서 승리해도 좋은 성과를 낸 대통령이 교체되는 단임제가 나쁜 성과를 낸 대통령도 재임할 수 있는 연임제보다 더 나은 제도일 수 있다.

이 책의 경험 분석은 대선과 총선이 서로 가까운 시점에 치러질수록 여당에 유리하나 먼 시점에 치러질수록 야당에 유리하다는 사실을 발견하였다. 이 결과에 의하면, 대선과 총선 일정이 일치하는 제도는 여대야소의 가능성을 증가시켜 대통령의 권한을 강화하고, 총선이 대통령 임기 후반에 치러지는 제도는 여소야대의 가능성을 증가시켜 대통령의 권한을 약화한다. 따라서 권력구조 개편의 주요 목표가 대통령 권한 축소라면, 대통령 임기와 국회의원 임기를 모두 4년으로 통일하되, 총선을 대선과 함께 치르지 않고 대통령 임기 중간에 총선을 치러 임기 전반에는 대선 이전의 국회와 함께 국정을 운영하고 임기 후반에는 중간평가에 따라 형성된 국회와 함께 국정을 운영하는 제도를 생각할 수 있다. 반면 임기 초에는 대통령의 정책 목표를 추진할 기회를 부여하고 중간평가를 통해 대통령을 견제하는 것을 목표로 한다면, 6년 단임제에서 3년마다 총선을 치르는 방안을 생각할 수 있다. 대통령 연임제는 한국에서 대리인 선발과 심판이 효과적으로 이루어질 때 대통령의 권한을 약화하는 제도적 개혁과 함께 도입되는 것이 적합하다.

이 책은 지방 선거제도 개혁 방안으로 개방 명부 중층 비례제를 제안하였다. 이 선거제도에서는 유권자들이 하위선거구에 출마한 적은 수의 후보들로부터 후보를 선택하기 때문에, 유권자들이 정당 이름을 보고 투표할 동기가 억제되고 중앙당의 지방정치 지배 능력이 약화된다. 중층 비례제는 작은 선거구들을 통합한 상위선거구에서의 정당 득표율을 기준으로 의석을 배분하기 때문에, 비례성이 높은 의석 배분을 촉진한다. 같은 정당 후보 간의 경쟁 때문에 지역 인맥을 가진 무소속 후보에 유리한 단기비이양식 선거제도와 달리, 개방 명부 중층 비례제는 하위선거구에서 같은 정당 후보들이 얻은 표를 모아서 의석을 배분하기 때문에 군소정당 후보의 당선 가능성을 높여 준다.

이 책이 제시한 개혁 방안들이 서로 결합하면 다양한 정치적 효과를 가질 것으로 예측된다. 이 방안들은 대선, 총선, 지방선거에서의 선거 경쟁이 서로 다른 방식과 서로 다른 차원에서 전개되도록 도와준다. 대선에서 유권자들은 후보들의 공공정책 방향, 이념적 가치 및 국정운영 능력을 보고 투표한다. 대선은 다수제 방식인 순위 투표제로 치러지기 때문에 주요 두 정당 간 양자 대결이 될 가능성이 크다. 총선에서는 집단대리인과 정책전문가를 선발한다. 총선은 비례제로 치러지므로 입법부 권력은 군소정당에도 분산된다. 지방선거에서 유권자들은 충실한 지역일꾼을 선택한다. 세 종류의 선거가 이처럼 서로 다른 방식과 서로 다른 차원에서 치러질 경우, 한 정당이 행정부, 입법부, 지방 권력을 독점하기 어렵다. 이 책이 제안한 당내 후보 선발 방식에서는 시민사회 집단이 자신의 이익을 대표하는 대리인을 직접 선발하기 때문에 대통령이 공천권 행사를 통해 여당 의원들을 장악하기 어렵다.

이 책의 개혁 방안은 권력구조 변경을 위한 개헌 없이도 대통령 권한을 상당히 약화할 수 있다는 사실을 보여 준다. 개혁 방안으로 인해 여당이 중위정당 지위를 차지할 수 없게 되고 상향식 후보 선발 방식으로 인해 대통령의 여당 장악력을 약화하면, 대통령은 의제 설정자의 지위를 잃게 되고 대통령의 입법적 권한은 약해진다. 반면, 정당들이 선명한 정책 경쟁을 전개하지 않는 한국과 같은 국가에서 다당 체제와 의회제가 조합되면, 정당의 이합집산으로 어떤 정부가 형성될지 예측하기 어렵다. 대통령제에서는 국민이 행정부 수반을 직접 선발하나, 다당 의회제에서는 행정부가 정당들의 교섭에 따라 구성되므로 민심과 무관한 연합정부가 형성될 수 있다. 정책적 유사성이 없는 정당들이 연합정부를 형성하면, 정부 내에서 입법적 교착이 발생할 가능성이 크고 안정된 정부를 유지하기 어렵다.

이 책의 개혁 방안은 지역주의 투표를 약화하는 효과를 가진다. 지역주의 투표를 약화하기 위해서는 정당들이 선명한 정책 경쟁을 해야 한다. 정당들이 정책 경쟁을 할 경우, 유권자들의 투표 결정에서 지역주의보다 정당들의 정책적 입장 차가 더 중요하게 작동한다. 이 책이 제안한 후보 선발 방식은 지역대표가 아닌 시민사회 집단대표를 선발한다. 후보들이 자신이 대변하는 시민사회 집단의 이익을 정책적으로 대변하면, 유권자 투표 결정에서 지역적 이익보다 자신이 속한 집단의 직능적·기능적 이익이 더 중요해진다. 따라서 이 책이 제안한 후보 선발 방식은 지역주의 투표를 약화한다.

최근에 정치권에서는 한국 정치 발전을 저해하는 원인으로 양당 지배 체제를 지목하면서, 대표성과 비례성을 향상하기 위한 비례제 도입 논의를 전개하고 있다. 그러나 대부분의 라틴아메리카 국가와 다수의 아프리카 국가가 비례제를 도입하고 있음에도 불구하고 이들 국가의 민주주의 수준이 높다고 볼 수 없다. 비례제를 도입하고 있는 서구 민주주의 국가는 당원들에 의해서 민주적으로 운영되는 정당을 가지고 있다는 공통점이 있다. 서구 민주주의 국가와 라틴아메리카 국가 모두 비례제를 채택하고 있음에도 불구하고 민주주의 수준이 서로 다른 이유는 전자에서는 정당이 시민사회와 국가를 연계하는 기능을 효과적으로 수행하기 때문이다.

한국 정치의 가장 심각한 문제는 시민사회와 국가를 연계하는 정당의 기능이 취약하다는 것이다. 한국에서 국회는 시민사회의 다양한 집단의 이익을 대변하고 이들 간의 갈등을 입법적으로 조정하는 역할을 담당하는 대신 정치 갈등을 유발하고 정치 양극화를 촉진하는 정치 엘리트 간 권력 투쟁의 장으로 변모되어 버렸다. 정당이 시민사회와 국가를 연계하는 기능을 수행하는 장치 대신 정치 엘리트가 권력을 유지하기 위한 도구로 이용된다면, 비례제가 도입된다고 해도 기존의 정치 엘리트들이 이합집산해서 구성한 인물정당과 소지역주의 정당들로 구성된 다당 체제가 형성될 가능성이 크다.

한국 정치에서 발견되는 대리인 문제는 누구를 대표할 것인가의 문제가 아니라 누가 대표할 것인가의 문제이다. 대의민주주의에서는 주인인 국민이 대리인인 정치인을 선발하여, 자신의 이해를 대변하도록 한다. 그러나 대리인이 주인의 이익을 대변하지 않고 자신의 이익을 추구할 때 대리인 문제가 발생한다. 한국 민주주의 발전을 도모하기 위한 정치개혁은 누구를 대표할 것인가의 문제와 관련된 당간 차원 대표성 못지않게 누구를 선발할 것인가와 관련된 당내 차원 대표성을 증진시켜야 한다. 따라서 자신의 권력 유지에 몰두하는 정치 기득권 집단 대신 대리인의 역할을 충실하게 수행할 동기가 있는 집단을 선발하기 위한 정치제도 개혁이 선거제도 개혁과 함께 전개되어야 한다.

참고문헌

본 **QR코드**를 스캔하시면 **'한국 정치제도와 개헌'**의

참고문헌을 확인실 수 있습니다.

저자 약력

문우진

저자는 2002년에 미국 University of California, Los Angeles(UCLA)에서 정치학 박사를 취득했고, 2004년부터 아주대학교 정치외교학과 교수로 재직하고 있다. 2020년에 민주주의 학술연구원으로부터 민주주의 학술상을 수상하였고, 2024년에 한국정당학회로부터 학술상을 수상하였다. 2018년에 발간한 『한국 민주주의의 작동원리』는 2019년에 대한민국학술원이 선정한 교육부 우수학술 도서로 선정되었다. *British Journal of Political Science*(2004, 2006), *Electoral Studies*(2015), *Party Politics*(2005), *Journal of East Asian Studies*(2022), *Public Choice*(2025)에 논문을 게재하였고, 『한국정치학회보』와 그 밖의 국내 학술지에 다수의 논문을 게재하였다. 관심 분야는 민주주의, 선거 경쟁 및 입법과정, 정치제도이다.

한국 정치제도와 개헌

초판발행 2025년 7월 31일

지은이 문우진
펴낸이 안종만·안상준

편 집 박세연
기획/마케팅 장규식
표지디자인 BEN STORY
제 작 고철민·김원표

펴낸곳 (주) 박영사
서울특별시 금천구 가산디지털2로 53, 210호(가산동, 한라시그마밸리)
등록 1959.3.11. 제300-1959-1호(倫)
전 화 02)733-6771
f a x 02)736-4818
e-mail pys@pybook.co.kr
homepage www.pybook.co.kr
ISBN 979-11-303-2380-0 93340

정 가 29,000원

이 저서는 2020년 대한민국 교육부와 한국연구재단의 저술출판지원사업(NRF-2020S1A6A4044031)과 아주대학교의 저술활동지원사업(S-2025-G0001-00022)의 지원을 받아 수행된 연구임